西藏大学人才创新团队与实验室平台建设
—中华民族共同体意识研究人才创新团队项目资助

2022 年度“西藏筑牢中华民族共同体意识专项研究”青年项目：
敦煌古藏文佛经变文对各民族交融发展影响研究（项目编号：2022-TFSCC-36）

2022 年度“西藏自治区哲学社会科学专项资金”青年项目：
敦煌藏文儒学文献中的中华民族共同体意识研究（项目编号：22CTQ01）

2020 年度“国家社科基金”青年项目：
贵德汉藏民族交融带文化变迁与交融发展研究（项目编号：20CMZ012）

ཏུན་ཧོང་བོད་ཡིག་ཤོག་དྲིལ་ལས་སྤུར་རྒྱལ་བོད་དང་ཞང་ཞུང་། ལི་ཡུལ་སྐོར་གྱི་ལོ་རྒྱུས་རིག་གནས་ཡིག་ཆ་གཅེས་བསྡུས།

གཙོ་སྒྲིག་པ། དཔལ་ལྡན་དགྲ་འདུལ།
གཙོ་སྒྲིག་གཞོན་པ། རིག་འཛིན། ཁམས་སྐྱིད་སྒྲོལ་མ།

མི་རིགས་དཔེ་སྐྲུན་ཁང་།

གླེང་གཞི།

སྤྱི་ལོ་༡༩༠༠ལོར་ཏུན་ཧོང་བྲག་ཕུག་གི་སྒོ་མོ་ཕྱེ་བ་ནས་བཟུང་ཡིག་ཚང་འདིའི་མཚན་སྙན་གྱི་གྲགས་པ་ཕྱོགས་ཀུན་ཏུ་རྒྱས་པ་དང་། དེ་ལ་སྔ་ཕྱིར་དམིགས་སུ་མཐོང་ཆེན་གནང་མཁན་ཡང་མང་དུ་བྱུང་། རྐྱེན་དང་རྒྱུ་ཚོགས་གང་མང་ཞིག་གིས་ཐོག་མར་རྒྱལ་ཕྱི་ru་དེ་ལ་ཞིབ་འཇུག་བྱེད་མཁན་རེ་འགའ་བྱུང་ཞིང་གྲུབ་འབྲས་ཀྱང་མི་དམན་པ་བླངས། རྒྱལ་ནང་དུ་སྐུ་ཞབས་ཡུས་ཏའོ་ཚོན་དང་དབང་རྒྱལ། དགེ་འདུན་ཆོས་འཕེལ་སོགས་ཀྱི་བཀའ་དྲིན་གྱིས་ཀུན་ལ་ཡིག་ཚང་འདིར་རྒྱུས་མངའ་ཙམ་བྱུང་ཐུབ་ནའང་། ལག་བྲིས་ཙམ་ལས་ཡིག་ཚང་དངོས་སུ་དཔེ་སྐྲུན་མ་བྱས་པའི་དབང་གིས་དེར་སློབ་སྦྱོང་དང་ཞིབ་འཇུག་བྱེད་འདོད་མཁན་དག་གི་འདོད་མོས་རེ་ཞིག་བསྐང་དཀའ་བར་གྱུར། སྤྱི་ལོ་༢༠༠༨ལོ་ནས་བཟུང་ནུབ་བྱང་མི་རིགས་སློབ་ཆེན་དང་ཧྲང་ཧའེ་དཔེ་སྙིང་དཔེ་སྐྲུན་ཁང་གིས་དབྱིན་ཇི་དང་ཧྥ་རན་སིར་ཉར་བའི་ཡིག་ཚང་གི་མ་ཡིག་དག་དཔེ་སྐྲུན་བྱས་པ་དེས་རང་ཅག་ལ་ཡིག་ཚང་དེ་དག་ཆ་ཚང་བར་ལྟ་བའི་གོ་སྐབས་བསྐྲུན། ཡིག་ཚང་དེ་དག་ལ་སྟར་བས་སློབ་སྦྱོང་དང་ཞིབ་འཇུག་བྱེད་བདེ་པོ་ཡོང་ཆེད་བོད་ལྗོངས་སློབ་ཆེན་གྱི་དགེ་རྒན་སྤོབས་ལྡན་མཆོག་གིས་ལོ་ངོ་དུ་མའི་རིང་དཀའ་བ་ཁྱད་གསོད་སྒོས་སྔ་རྗེས་སུ་ཧྥ་རན་སི་དང་དབྱིན་ཇིར་ཉར་བའི་ཡིག་ཚང་དག་དག་སྒྲིག་གནང་ནས་བཤུས་ཡིག་ཏུ་ཕབ་པ་དེས་རང་ཅག་ལ་སྟར་བས་སྐབས་བདེ་བསྐྲུན།

དེ་ཡང་ཞིབ་ཏུ་འཕོར་ཆེ་བའི་ཡིག་ཚང་དེ་དག་རྒྱུན་མཐུད་ནས་དཔེ་སྐྲུན་དང་། དག་སྒྲིག རིགས་དབྱེ། ཞུ་དག སློབ་སྦྱོང་བྱེད་པ་སོགས་ནི་ཡིག་ཚང་གི་ལས་ལ་འཇུག་པའི་ཐབས་ལམ་གལ་ཆེན་ཞིག་ཏུ་བརྩི་བའི་ཕྱིར་ན། རིག་ཚན་འཕེལ་རྒྱས་དང་ཆེད་ལས་ཞིབ་འཇུག་གི་ལམ་སྟར་ལས་ཡངས་པོར་ཡོང་ཆེད་ངེད་དག་སྒྲིག་ཚོ་ཆུང་གིས་ཐེངས་འདིར་ཏུན་ཧོང་ཡིག་ཚང་ལས་ཁྱབ་རྒྱ་རབ་ཏུ་ཆེ་ཞིང་སྤྱོད་སྒོ་ཤིན་ཏུ་མང་བའི་སྤྱིར་རྒྱལ་བོད་དང་ཞང་ཞུང་། ལི་ཡུལ་སོགས་དང་འབྲེལ་བའི་ཡིག་ཚང་རྣམས་དག་སྒྲིག་དང་རིགས་དབྱེ་བྱས་པ་ཡིན་ལ། ལས་ཀ་འདིའི་གོ་རིམ་ལས་གློག་པ་པོ་ཀུན་ལ་གསལ་འདེབས་བྱེད་དགོས་པའི་གནད་འགའ་ཡང་མཆིས་ཏེ།

དང་པོ། དཔེ་དེབ་ཀྱི་དཀར་ཆག་སྒྲིག་དུས་ཧྥ་རན་སིའི་ལྷམ་ལྷ་ཀླུ་དང་དབང་རྒྱལ། ཕང་ཆི་ལུང་བཅས་ཀྱི་དཀར་ཆག་དཔེར་བཟུང་ཡང་མཐའ་གཅིག་ཏུ་འབྲི་བཤུ་བྱས་མེད་དེ། ལྟ་ཀློག་དང་བཙལ་བདེ་ཡོང་ཆེད་ཡིག་ཚང་མདུན་གྱི་དབྱིན་ཡིག་གི་བསྡུས་མིང་དང་རིམ་གྲངས་སོར་བཞག་བྱས་ཐོག་ཡིག་སྙིང་

གི་ཁ་བྱང་རྣམས་དཀྱུས་གཅིག་ཏུ་དེང་དུས་ཀྱི་འབྲི་སྲོལ་ལྟར་སྒྱུར་བཅོས་དང་། ཡིག་ཚང་གི་ཁ་བྱང་མི་གསལ་བའམ་ཡང་ན་མེད་པ་དག་ཞིབ་ཕྲའི་ནང་དོན་ལ་གཞིགས་ཏེ་ཁ་བྱང་གསར་དུ་བཏགས་ཡོད།

གཉིས་པ། ཡིག་ཚང་གཅིག་གྱི་ཐྲག་ནང་གསེས་རེ་འགའ་ལས་གྲུབ་པ་ལ་རྟགས་(　　)བཀོད་དེ་ཁ་བྱང་མི་འདྲ་བ་རེ་དོས་འཛིན་ཅིང་མཇུག་གི་དབྱིན་ཡིག་གི་བསྡུས་མིང་དང་རིམ་གྲངས་སྔར་བཞིན་སོར་བཞག་བྱས་ཡོད།

གསུམ་པ། ཡིག་ཚང་རེ་འགའ་ཞིག་གི་ཐྲེང་བ་རེ་རེའི་མཇུག་གི་གྲངས་ཀ་གོ་རིམ་བཞིན་མེད་པའམ་མགོ་མཇུག་མ་ཚང་བར་ཡོད་པ་ནི་མགོ་མཇུག་ལོག་པ་མ་ཡིན་པར་ཡིག་ཚང་གི་བརྗོད་བྱ་གཞིར་བཟུང་ནས་རིགས་དབྱེ་བྱས་པའི་སྣང་ཚུལ་དུ་གཏོགས་ཏེ། དཔེར་ན། Pel.tib.0126ཡི་ཐྲེང་མགོའི་རིམ་གྲངས་དེ་དག་གིས་སྔར་བཞིན་ཧུན་ཧྭང་ཤོག་དྲིལ་གང་དེའི་མ་ཡིག་ནང་གི་ཐྲེང་བའི་ཨང་རིམ་མཚོན་ཡོད།

བཞི་པ། མ་ཡིག་ལས་ཚིག་མགོ་དང་ཤད་ཀྱི་བར་མཚམས། མཇུག་ཏུ་བར་ཚེག རྟགས་ཐམ། མེ་ཏོག་དང་མི། སྲོག་ཆགས་ཀྱི་གཟུགས་རིས་ལྟ་བུ་ཡོད་པ་རྣམས་འདིར་ཇི་བཞིན་བཤུ་མི་བདེ་བས་དོར་པ་ཡིན། དེ་ཡང་ཞིབ་འཇུག་གི་དགེ་མཚན་ཡོད་མཁན་དག་གིས་མ་ཡིག་གི་འདྲ་པར་ལ་ཞིབ་ཏུ་གཟིགས་རྒྱུ་གལ།

ལྔ་པ། མ་ཡིག་ཁྲིད་ཐྲིས་ནོར་ཐེབས་ནས་བསྒུབ་སྣོག་ཏུ་གྱུར་པ་དང་། ཡི་གེ་གསལ་པོ་མེད་པ། ངོས་འཛིན་བྱེད་མ་ཐུབ་པ་རྣམས་ལ་རྟགས་×ཀྱིས་ཚབ་མཚོན་བྱས་ཡོད། དེ་དག་ལ་ཞིབ་ཏུ་དཔྱད་པ་གཏོང་འདོད་པ་དག་གིས་སྔར་བཞིན་མ་ཡིག་གི་འདྲ་པར་ལ་ཞིབ་ཏུ་གཟིགས་རྒྱུ་གལ།

མདོར་ན། ཐེངས་འདིར་དེད་ཚོ་ཚང་གིས་བཙན་པོའི་རྒྱལ་རབས་དང་ཞང་ཞུང་། ལི་ཡུལ་བཅས་དང་འབྲེལ་བའི་ཏུན་ཧོང་ཡིག་ཆ་རྣམས་དག་སྒྲིག་དང་རིགས་དབྱེ་བྱས་པ་འདི་གོ་རྒྱ་ཆེ་བའི་སློབ་གཉེར་པ་དང་ཞིབ་འཇུག་བྱེད་མཁན་དག་བོད་ཀྱི་རིག་གནས་ལ་འཇུག་པའི་མཐུན་རྐྱེན་ཕོ་ནར་དམིགས་པ་ལགས་ན། ལས་འབྲས་འདི་ལ་འགལ་འཁྲུལ་ཅི་མཆིས་ཀྱང་རྒྱ་ཆེ་བའི་དཔྱོད་ལྡན་དག་གིས་སྤྱང་བླང་དང་དགོངས་འཆར་གནང་བའི་རེ་བ་ཞུ་ཞུ།

གཙོ་སྒྲིག་ཚོ་ཚང་ནས།

2023ལོའི་ཟླ་12པའི་ཚེས་21ལ།

དཀར་ཆག

ཆེད་བརྗོད་ལོ་རྒྱུས་ཡིག་ཆའི་སྐོར།

དང་པོ། རྒྱལ་རབས་རིམ་བྱུང་སྐོར།

Pel.tib.0126 གཉའ་ཁྲི་བཙན་པོའི་ཡབ་ཡུམ་གྱི་རུས་ཁུངས།

103 | །གནའ་དང་པོ། གཞི་ཐོག་མ། དམུ་དང་ཕྱྭ་གཉེན་པའི་འཚོ། ཕྱྭ་འི་པོ་ཉ་དམུ་འི་ཐད་དུ་མཆིས་པ་ལ།

104 དམུ་འོས་བཀའ་སྩལ་པ། ངེད་ཀྱི་དམུ་ཡུལ་འདི་དག་ན། དགའ་ལྷ་བྱེད་ནི་ནམ་མྱི་ནངས་ལ། ཇོ་ཉེ་
འོད་ཀྱིས་

105 ནི། མུན་མྱི་སྲོས་པའི་ས་ཡུལ་འདི་དག་ནི། གཡའ་མཐའ་ནི་གཡ་ཀྱིས་བསྐོར། མཐིང་མཐའ་ནི་རག་གྱིས་

106 བསྐོར་སྟེ། མཐོ་སྟེ་བྱ་མྱི་ལྡིང་ལ། དམ་སྟེ་བྱ་མྱི་བཟུལ་གྲ་གྲུ་འདི་དག་ན། ཚུ་ཚུན་ནོང་བུ་དག

107 སྤྲིན་××པའི་མཆིད་ན་རེ། ཕོ་བྲང་ཁབ་སྐོ་ན། བང་དེ་བུང་དེ་སེ་ཏུ་ལོང་ལོང་། ནེའུ་བུན་བུན་པོ། མྱི་
ཅུང་པོ་ཀ་

108 ཅམ་ལ། ཧ་ཅུང་ལྐོ་བ་ཅམ་ཁ་ཅིག་གདའ་འོ་སྐད་ན། །མྱི་ནི་སུ་འི་མྱི། ཕྱོན་ནི་གང་ནས་ཕྱོན། དོན་ནི་སུ་

109 ལ་གཉེར། དྲག་ཏུ་རྨེད་པས། ཞིབ་ཏུ་སྲིངས་ཤིག །།ཕོ་ཉས་ལན་བཏབ་པ། བདག

110 ཅག་ནི་འཕྱྭའི་འབངས། ཕྱྭ་འོས་བཀའ་སྩལད། རྗེ་ནི་ཞུ་ཕུད་ནས། མགོ་ནག་འགྲིང་ལ་རྗེ་མྱེད

111 རྗེ་སྐོས་ལ། ཛོག་ཆགས་དུད་ལ་ཁྲམ་ཐེབ་ཅིག་ཅེས་བཀའ་སྩལད་པ། འདིབས་ཤིང་མཆི་བའི་

112 ཤུལ་ཀ་ན། བབ་དམུ་ཡུལ་དུ་བབསྟེ། དགའ་ནི་ལྷ་བྱེད། ཇོ་ནི་གཉེན་བྱེད། ཡར་ནི་ལྷ་མཆོད།
མར་ནི་××

113 གཙོན་པའི་ཐད་ཀར་བབ་སྟེ། །བདག་ཅག་ངན་པ་ཡང་ལྷ་ལ་ནི་ཡོན་འབུལ། དམུ་རྗེ་ལ་ནི་བགོད་ཅམ་

114 འབུལ་ཞིང་སྐྱུང་ངར་མཆིས། །པའི་ཕོ་ཉ་ལགས།། །།དམུ་རྗེས་བཀའ་སྩལད། པའ།

115 མྱི་ཁྱོད་ཅག་གྱི་བཀའ་མཆིད་ལ། གཡོ་སྒྱུས་བསྟན་པའི་ཤོ་གེ་དག་རབ་དུ་ཆེ་བས། །ཤུལ་ནོར་×
ཕྱོན་པ་

116 འདྲ། ནོར་ཚབས་དག་རབ་དུ་ཆེ་བས། སྔར་གྱི་ཤུལ་གང་ལགས་པ་དེ་ཁོ་ཟུང་ལ་སླར་གཤེགས་ཤིག། །
ཕོ་ཉས་

117 ལན་བཏབ་པ། །བདག་ཅག་རྩང་སྨྲད་མདོ་ནས་ཚུར་མཆིས་ན། ཤུལ་ཡང་ནོར། ཏེ། །རི་རོང་ནི་རྩུབ།

ཚུ་རྫབ་

118 ནི་ཆེ། མི་དང་མཇལ་པ་ལས། སྐྲ་ནི་འཁྱམ་པ་དམྱིག་ནི་སེར་བ། སྐད་ནི་འཛེར་བ། རྐུ་ལག་ནི་ཕྱིར་བ་

119 ཅིག་དང་མཇལ་སྟེ། སུ་འི་མི་ཞེས་བདག་ཅག་ལ་འདྲི་འོ། །བདག་ཅག་གྱིས་ཀྱང་། དྲང་པོར་སྨྲས་ཏེ།
དམུ་འི་ཡུལ་དུ་

120 སྤུ་འི་ཕོ་ཉར་མཆི་ཞེས་བགྱིས་ན། ཁོ་བོ་མཆིད་ནས། འོ་ན་ཁྱོད་ཅག་ནོར་པར་འོངས་སྟེ། ཡུལ་
འདི་ནི་

121 སྲིན་གི་ཡུལ་གིས། །དམུའི་ཡུལ་ནི་ཤར་ལྷོ་འི་ཚམས་ན་ཡིན་བས། དེ་ལྟར་ཡོང་སྐད་མར་ཤུལ་

122 བསྟན་ཏེ། ད་ལྟར་དམུའི་ཡུལ་འདབ་དུ་འཕིབས་ན། མི་དང་མཇལ་ན། མི་མགོན་པོ་བས་ལེགས་

123 སྐད་མདངས་ནི་འབྲུག་སྐད་པས་ཆེ་ལ་སླན། དྲི་གསུང་ནི་སྤོས་ཀྱི་དྲི་བས་གདའ་འོ། དེ་རྗེ་འི་སྤྱུ་
ངར་སྐུ་

124 བླ་མ་ཡོན་འབུལ། དམུ་རྗེ་ལ་བཀོད་ཙམ་འབུལ་ཞིང་ཞལ་མཐོང་བར་ཅི་གནང་།། །།དམུ་རྗེས་

125 བཀའ་སྩལད་པ། ངེད་ཀྱི་ཡུལ་འདི་དག་ན། ས་འཚམས་ཀྱི་སྟག་འཁྲིང་ཁྲི་སྐུགས་དག་ན། གླིས་པ་
སྟག་དང་

126 གཟིག། དོམ་དང་དྲེད་ལས་བསྐྱོགས་པ་མང་པོར་མཆིས་ན། དེ་ཀུན་གཅིག་དང་ཡང་མ་ཕྲད་ན།
ཁྱེད་ཅག་གནམ་ནས་འོངས་

127 ན་ནི། ཕུར་བའི་འདབ་ཤོག་མེད་ལ། ས་ལས་འཛུལ་ཏེ་འོངས་ན་ནི་ཕྱི་བ་མ་ཡིན་ན། ཁྱེད་ཅག་གི་
ཚིག་ལ་ཟོལ་མང་

128 བས་སླར་གཤེགས་ཤིག།། །།ཕོ་ཉས་ལན་བཏབ་པ། བདག་ཅག་ངན་པ་ལ་སྒྱུ་དང་ཟོལ་མཚན་

129 དམུ་རྗེ་འི་སྟག་ཕྲང་གཟིག་ཕྲང་ན། གླིས་པ་སྟག་གཟིག་དང་ཡང་མཇལ། དོམ་དང་དྲེད་དང་ཡང་
མཇལ།

130 ལམ་ནི་བཙས་ཕུལ། མི་ལ་ནི་ཡོན་ཕུལ་ནས། བདག་ཅག་ངན་པ་ལ་ཤུལ་བསྟན་ནས། དམུ་རྗེ་འི་
སྤྱུ་ངར་མཆིས་

131 པ་ལགས།། །།དམུ་རྗེས་བཀའ་སྩལ་པ། །ཁྱེད་ཅག་གི་ཚིག་ལ་ཡོང་ཟོལ་ཡོད་པས། ངེད་

132 དམུ་འི་གཙན་པ་གླིས་པ་ལྷགས་ཀྱི་མི་ཧ་ཞུབ་རླུང་ལྟར་ནི་ཕྱོ་ལ། གློག་ལྟར་ནི་མྱུར་བ། ལྷགས་ཀྱི་རི་
བོང་ལ་ལྷགས་ཀྱི་

133 ཁྲ་བཀྱེ་སྟེ། སྟེ་ལེན་དུ་ལེན་བ་དག་ཀྱང་ཡོད་ན། དེ་ཀུན་གཅིག་དང་ཡང་མ་ཕྲད་ན། ཁྱོད་ཅག་ཀྱི་

ཚོག་ཡང་བརྫུན་དང་ཐོལ་མཆིས་

134 པས། སྣར་གཤེགས་ཤིག།། །།ཕ་ཉས་ལན་བཏབ་པ་། །བདག་ཅག་ངན་པ་ལ་རྫུན་དང་ཐོལ་མ་མཆིས་།
ལྟགས་ཀྱི་སྲི་

135 ཏ་ཞུབ་ལྟགས་ཀྱི་ཁྲ་བཀྱེ་བ་སློག་ལྟར་སྦུར་བ་དང་ཡང་མཇལ་ཏེ་། ལྟགས་ཀྱི་ཐུར་མ་ལ་། ལྟགས་ཀྱི་
རི་བོང་གཏུར་ནས་བསྲིག་

136 ཤ་བགྱིད་པ་དང་ཡང་མཇལ་། མཛོ་མོ་དཀར་མོ་ཞིག་བཤས་ཏེ་། མཞུག་མ་མ་བཅད་པ་དང་ཡང་
མཇལ་ནས་། དེ་ཀུན་ལ་ཡང་

137 ཕྱུའི་བཀའ་རྟགས་དང་སྐྱེས་རངས་ཕུལ་ཏེ་། ཏ་། རྐལ་ནས་མཆིས་ན་། ད་སྐུ་བླ་སྲི་མཐུར་སྨྱིག་གཡོ་
བའི་ལྷ་ཡོན་ཙམ་འབུལ་དུ་

138 མཆིས་ན་། ལྷ་ཞལ་ཙམ་མཐོ་ཞིང་ཕྱག་ཆུད་པ་ཙམ་དུ་གཅིག་ནང་།། །།དམུ་རྗེས་བཀའ་སྩལ་པ།། །

139 འོན་ཕྱུ་འི་ཕོ་ཉ་ངེད་ཀྱི་སྐུ་བུ་ལ་མཆོད་གསོལ་དུ་འོངས་ན་། མཆོད་པའི་རྐྱེན་ཅི་ཡོད་། འཇང་སྨྱུག་
མཆོང་

140 ལ་། ཐང་ཀར་ཡུག་གྱིས་བསྒྲོན་བ་ལྷ་མདའ་ཡོད་དམ་མྱེད་། ལྷ་མདའ་འི་རྐྱེན་རྒྱ་དར་རིས་ཕྲན་ཡུག་གྱིས་

141 བཏགས་པ་ཡོད་དམ་མྱེད་། གསེར་ཁ་མ་བླངས་པ་ཡོད་དམ་མྱེད་། གཡུ་འི་སླག་ཅེན་ཡོད་དམ་མྱེད་།
སྔོན་མོ་

142 འབྲུ་བདུན་ལ་ཁལ་དགུ་ཡོད་དམ་མྱེད་། སྔོན་མོ་འདིང་དིང་འབྲས་ཀྱི་ཁུ་ཁལ་དགུ་ཡོད་དམ་མྱེད་།
མཐུད་གོང་

143 གོང་མོ་ཙམ་མཆིས་སំ་མ་མཆིས་། མར་གི་སྲིག་ཤ་སྲིག་པ་ཙམ་མཆིས་སམ་མ་མཆིས་། ཨོ་མའི་

144 གདར་བྲི་ཁ་ཙམ་མཆིས་སམ་མཆིས་། ལྷ་ལུག་ང་མར་མཆིས་སམ་མཆིས་། ལྷ་ཏ་སྣན་ཀར་མཆིས་

145 སམ་མ་མཆིས་། ལྷ་འབྲི་ཟལ་མོ་མཆིས་སམ་མ་མཆིས་། ལྷ་གཡག་ཤམ་པོ་མཆིས་སམ་མ་མཆིས་།

146 དམུ་རྗེ་ལ་ཡང་སྐྱེས་རངས་རྫོགས་པར་མཆིས་སམ་། དམུ་བློན་ལ་ཡང་སྐྱེས་རངས་རྫོགས་པར་མཆིས་ན་།

147 འདྲོན་པོ་དག་། ཀྱང་དགུང་མཐའ་སྐོར་སྐོར་ནི་། རྐོད་པོ་མཐའ་ཟགས་ལ་། དོག་མཐྭ་སྐོར་བསྐོར་
ནི་མཚལ་

148 བ་ཐིལ་རྫོལ་། སྦྱི་ནི་ཆད་ཏ་ནི་ངལ་ན་ཡང་། ར་མའི་འདབ་ཙམ་དུ་གདབ་དུ་གནང་། སྐུ་བླ་ལ་ཡང་
ཡོན་འབུལ་

149 དུ་གནང་ངོ་།། །།ཞུ་བ་རྣམ་འག་སྣན་དུ་ཞུས་ཏེ་། བཀའ་གཉན་པོས་ལུང་དུ་སྩལ་ཏེ་གནང་

150 བ། གཏང་རག་སྤྱི་བོ་གཙུག་གྱིས་འཚལ་ཞིང་མཆིས་སོ།། །།༧།། །།སྐུ་གཉེན་ཕྱོགས་ཀྱི་
151 ཞ་སྔ་ནས། མང་ཞམ་ཉིད་ཀྱིས་མཆོད་གསོལ་པ། །བདག་ཅག་ངན་པ་ལྷ་ཤིག་མཆིས་པ། བུས་བ་ངན་པ་
152 འོག་ཞིག་གང་རིངས་ཏེ་སྐྱེས་ན། ཁྱེད་ཀྱི་ཞམ་འབྲིང་འདབ་དུ། རིང་བའི་ནི་སྲབ་མདའ་འཛིན་པ་འམ། བྱུང་བའི་
153 བའི་ནི་ཡོབ་ཅེན་གི་རྟེན་ཙམ་འམ། མཚན་མོ་ནི་གཡང་མོ་འི་མཐའ་སྐྱོང་བ་ཙམ་དུ་འབུལ་བར་བསཾས་
154 ཏེ། རྗེ་×××མ་འོག་ཙམ་ཞུགས་ན། ཡང་། རྗེ་ལོང་དུ་མ་བརྩིས་ཏེ། བཀའ་ཆད་ཀྱིས་མ་བཀུམ།
155 གཤེ××སུ་གནང་བ་སློ་བ་དགའ། །དེ་འི་རྗེས་ལ་མྱི་དང་འདྲ་བའི་གདན་ཚབ་འམ། གསོལ་དུ་ཅུང་བའི་
156 བཤོས××××ནི་ཅི་ཡང་མ་འགྱོར་ལགས་ན་ཡང་། ཅེའུ་ཚང་དུ་རྒྱལ་གཤེགས་པ་དང་མཚུངས་སྟེ། གདུགས་
157 ཚོད་མ་ཁོངས་པའི་ཐོག་དུ། གྲང་མོ་ཞལ་བུ་རེ་རེ་ཞིག་སྐུ་ལ་དམྱིགས་ཤིང་མཆིས་ན། ཆུངས་ཀྱིས་
158 བཀའ་མྱི་འབབ། བཞེས་པ་ཙམ་དུ་གཅིག་གནང་།། །།བདག་ཅག་ངན་པ་མཆིས་
159 པ་ཡང་དེང་གི་གདུགས་ལ། འདི་འདྲ་བའི་བཀའ་ལུང་གཉན་པོ་གཡར་དུ་སྩལ་པ་ཡང་། གཡར་ཚོད་མ་
160 མཆིས། །བདག་ཅག་གྱི་ཡབ་ཁུ་དག་ཀྱང་མ་རྗོགས། །ཡབ་ཁུ་དག་དང་བཀའ་གྲོས་བགྱིས་ལ།
161 དེ་ནས་ཁྱེད་ཅག་ལ་བཀའ་ལུང་དག་སྦྱིན་གིས།། །།སྐུ་གཉེན་འཕྲུལ་གི་ཞ་སྔ་ནས།
162 དེང་གི་གདུགས་ལ་གོར་བུ་འི་ཞབས་ཚོགས་ལ་མ་་གཟིགས་ཏེ་གདན་གཤེགས་སུ་གནང་བ་སློ་བ་
163 དགའ། བདག་ཅག་ངན་པ་ཡང་ལྷ་ཞལ་ཙམ་མཐོང་། ལྷ་བཀའ་ཙམ་ཉན་ཅིང་མཆིས་ན། བཀའ་
164 སྩལ་པ་ཙམ་དུ་ཅི་གནང་།། །།དེ་ལགས་ཁྱེད་འོ་སྐོལ་མཆིས་པ་ཡང་། ཕུ་ནི་སྟོང་སྡེ་
165 མདའ་ནི་རྒྱ་སྡེ། རྗེ་གཅིག་གི་འབངས་ལ་ཡུལ་ཅིག་གི་ནི་མྱི། ས་ཅིག་གི་འབྲས། རི་ཅིག་གི་
166 རྫ། ཁྱེད་འོ་སྐོལ་ལ་དབྱར་མྱེད་པས། ཁྱེད་ཀྱི་××××ཀྱང་ཅེའུ་ཡག་དང་ལོག་མེན་དག་ལྟོས། ཅུང་
167 ཞིང་ཤེས་པར་གྱུར་ན། བདག་×××××བཀའ་གྲོས་དང་། བགྱིས་ལ། ཁྱེད་ལ་བཀའ་ལུང་དག་སྦྱིན་གིས་

Pel.tib.1038 བཙན་པོའི་གདུང་རྩུངས།

1 ། ཡུལ་དང་མཁར་དུ་བཙས་པླ། སོ་སོ་ཡུལ་བདེ་བཞི

2 ལས། ། སྤྱི་རྒྱལ་བོན་གི་བཙན་པོ་ཨྱིའུ་རྒྱལ་པོ་ཐོད་རྒྱལ

3 བྱུང་ཏེ། །ལ་ལ་འི་མཆིད་ནས་ནི་རྒྱལ་ཕྲན། བཅུ་གཉིས

4 ལ་གཏོགས་ཤེས་ཀྱང་མཆི། །མྱི་གཏོག་ཤེས་ཀྱང

5 མཆི། །བཙན་པོ་འི་གདུང་རབ་ཀྱི་རྩུངས་སྨོས་པའ། །

6 གནམ་དགུང་གི་སྟེང་ན། །ལྷ་ཀུ་སྒྱི་སེར་བཞིས་བརྒྱ་བའ། །

7 མ་སངས་ཐམ་ཅད་གི་བདག་པོ། །སྲིད་པ་ཀུན་ལ་མངའ

8 མཛད་པའ། །ཕྱྭའི་ཡང་ཕྱྭ་ལགས་ཤེས་ཀྱང་མཆི། །རྣམ

9 གཉིས་སུ་ནི་གདོལ་པར་ཤ་ཟ་འི་རིགས། །རྒྱལ་པོ་གདོང

10 དམར་གྱི་རིགས། གངས་རི་བྱུན་གོར་གྱི་ནི་བདག་པོ། །གནོད

11 སྦྱིན་ཛ་ཞེས་བགྱི་བ་འི་རིགས་ལགས་ཤེས་ཀྱང་མཆི

12 རྣམ་གསུམ་དུ་ནི་གནམ་རིམ་པ་བཅུ་གསུམ་གྱི་སྟེང་ན།

13 ཁྲི་བར་ལ་བདུན་ཚིག །ཤེས་བགྱི། །གནམ་གི་ལྷ་ལས། །ས་ག

14 དོག་དྲུག་དུ། །འཁྲིང་འགོ་ནག་གི་རྗེ་མྱེད་གི་རྗེ། །དུད་རྫོག་ཚག

15 ལྣ་མྱེད་ཀྱི་ལྣར། །ལྣོན་པོ་ལྷོ་ཐེགས། བོན་པོ་མཆེ་གཙོ། ཕྱུག

16 ཚང་ཤ་སྤྱུག། །མྱི་རྗེ་ལྷ་དང་བདུད། དུ་བཀྱིས་ནས། །ཡུལ་བོད་ཀ

17 གཡག་དྲུག་དུ་ཡྭོན་ཞེས་མཆི། །གང་ལགས་ཀྱང་མྱི་མངོན་སྟེ།

18 གདུང་སྤྱུ་བོད་དང། སྤྱུ་རྒྱལ་དུ་གསོལ། །སྔ་ཡང་མྱི་བཙུད

Pel.tib.1040 རྒྱལ་བྱིན་གྱི་རབས།

1 ༄།:།བོན་འདི་གསང་བའི་བོན་གིས་སུལ་

2 ཡང་བསླག་པ་ལོ་ཏུས་གི་བྲོ་ལ་གཞོགསོ།

3 ༄།:།རྒྱལ་བྱིན་གི་རབས་། ཕ་ཡབ་གི་མཚན་ན་རྒྱལ་དེ

འི་ཆེད་པོ་མ་སྟོམ་ཧེའི་ངས་མོ་བུ་ཐ་ང་ཕྱུང་མོ་ཧང ཕྱུང་ཤམ་བྲ་མ་ཞལ་བཟང་སླ་རེ་འོད་དབུ་བཟང། ལྷང་ལོ་འཁྲིལ་། སུའི་ཁབ་དུ་བཞུད་ན་དམུ་ཡུལ་། སྟེང་བྲང་ན་ཕ་གཐངས་གྱི་དམུ་དང་རྫེ་མ་བ་ང་ནུ་མོ། ཧང་བུ་ཐང་འབྲིང་འོལ་ལ་ཙུང་གི་ཁབ་དང་དབྱལ་དུ་བླངསྟེ། རྫངས་དང་ཐུབསུ་གསེར་གི་སྣ་མོ་གཡུ་བསེ དུང་གི་སྣ་མོ་སྣན་ཅ་ཁེས་ལུམ་མགུར་ཙུ་བྱ་བལ་སྒུ་ཐུར་གཡག་ཐུར་སྤྱང་ངམ་སྔོན་ཅིག་དང་དམུ་དང་དིང་གསེར་གི་བྱ་མ་ངོན་དངུལ་གི་བྱེ་མ་རོན། གསེར་གི་སྟེང་བྲང་དངུལ་གི་སྟེང་བྲང་ཞིག་པོན། དེ་ཐྱི་བཤོསུ་བཤོས། ཤིང་བཞུགས་ན། །མ་བཏུབ་མ་། བཅད་དེ། །ཆེ་ཙམ་ཆེ་ཙམ་ན་མཐོ་མཁར་གི་རྩེ་ལ་སྒྲེས་ཕོ་ཕྱིང་ཅེན་དུ་རྫུས་ཏེ་འབོད་ཐོང་ཐོང་། ནུབ་གྱི་འོན་ལ་དམའ་མཁར་གི་ལྷུན་ན་ཐྱི་བཙུན་བཙུན་མོར་རྫུས་ཏེ། །ཏུད་ལྟོང་ལྟོང་། ནང་གི་ཐོན་ལ་བྱ་གག སེ་པོར་རྫུས་ཏེ་ཟེར་དང་དང་ནུབ་གི་འོན་ལ་གཡང་ཕྱུག་ཁར་བར་རྫུས་ཏེ་རྐལ་ཐོད་ཐོད་ནུབ་གི་འོན་ལ་ཁྲི་དོམ་དམར་དུ་རྫུས་དེ་ཟུགས་དང་ཁལ་ཁལ་ཉེ་མ་ཕྱེ་གསུམ་གི་སྣང་ལ་ཧྲ་ཐོད་རྔང་ཐོད། བཅག་སྨར་གི་ཐིག་ལེ་ཅེན་དུ་རྫུས་ཏེ་རྒྱལ་ནོ་ནེ་རྫུ་ཚོ་ནེ་འཕྲུལ། དམུ་ཐང་འབྲིང་འོ་ལ་ཙུང་ནི་གྲོངས་གྱིས་མྱིད་ན། །ད་རེ་ཤིག་ན་དམུ་ཐང་འབྲིང་གི་མདད་ཤིད་ནི་ཆེར་བགྱིས། ཚ་གར་ནི་མཐོར། བརྩིགས། རྗེའུ་གནག་ནི་མང་དུ་བཀུམ། གཐངས། གྱི་དམུ་དང་རྫེའི་ཞལ་ནས། ཐ་ང་ཕྱུང་མོ་ཧང་ལས་བྱིན་ང་རྒྱུད་ཕྱིག་མྱིད་གིས། ཕ་རྒྱལ་དེ་ཆེད་པོའི

གམ་དུ་བཞུད་ཅིག། མ་སྟོམ་ཧེ་ངས་མོའི་གམ་དུ་བཞུད
ཅིག་། །མྱི་སྙིང་ཆགས་གི་སྙིང་ཆགས་གི་སྙིང་ལན་
དང་ལྷ་དང་དང་ཆགས་དང་ལན། གཡུའི་སྨ་མོ་དང་
གསེར་གི་སྨ་མོ་དང་ད་ཅི་འི་རྫངས་སྟ་མ་དང་ཀུན་
བོན་དེ་བཏང་ནས། །ཕ་རྒྱལ་དེའི་གམ་དུ་བྱོན་ནས།
༄།:།གནམ་གི་ཕ་མཐ་དགུང་གི་ཕ་འབྲུམ་ལས།
ཕྱུག་མྱི་བཞུགསྨ། ཁབ་དང་གདར་མྱི་མང་ན་གསེང
ལྷེ་རི་ལྷེ་མང་ལས་ཁབ་དང་གདར་དུ་བཏང་ཧེ་གཤེགསོ་
རྫངས་དང་ཐབསུ་གཙོས་གི་བྲ་ང་དང་ཆས་ཧེ་བྱོན་ནས
མྱི་བཤོསུ་བཤོས་མཆིང་རྣམསུ་རྣམསོ། །གསེང་ལྷེ་རི
པའི་ཞལ་ནས། ང་འི་ཡུལ་བྱང་འབྲོ་བརྒྱད་གོང་དུ་ཤ་ཤོར་
དགོ་འདྲིམ་དུ་གཤེགས་གིས། དབྱར་སླ་གསུམ་ལ་ཐ་ང་
ཕུང་མོ་ཧང་ལག་པ་ཐབ། ངོགསུ་མ་མ་བསླལ་ཅིག་
ཟངས་མོ་ཁ་ཐབ་དུ་མ་སྦུབ་ཅིག། ཅེས་བགྱིས་དེ་
གཤེགསོ། །ཞག་བསྟད་ན་སྣར་མ་བྱོན་ལོ་བསྟད་ན
སྙིང་དུ་མ་བྱོན་ནས། ཐང་ང་ཕུང་མོ་ཧང་གི་ཞལ་ནས། །
མ་ལ་ལག་པ་ཐབས་ངོགསུ་བསླལ་ན་ཇི་འདྲ་ཞེས་ལག་པ།
ཐབསུ་བསླལ་ཟངས་མོ་ཁ་ཐབ་དུ་སྦུབོ། གསེང་ལྷེ་རི་
ནི་སླད་པ་གཡསུ་ཟུགས་ཧེ་ཧོངས་གྱིས་མྱིད་ན། ཐང།
ཕུང་མོ་ཧང་བྲག་དཀར་གི་སྟེང་དུ་བྱོན་དེ་དུ་མྱི་དུ་ན་
མཆི་མ་ཁྲག་དུ་དུ་ཞིང་མཆིས་ན། ད་རི་ཤིག་ན་སྲ་
ཞལ་ཐང་བ་ཞིག་རྒྱབ་ནི་བྲག་ལ་བསྟེན་ཕྱག་ནི་ཞབསྣ་
ཚོམ་ཞིང་བཞུགས་ནས། ཐ་ང་མོ་ཧང་གིས་ཞལ་གི་བཤུམ
པ་མོ་ལ་ཕྱགི་མཐིང་ཅུང་གིས་གཟར་དེ་བོར་ན་སྲ་ཞལ་
ཐང་བའི་ཞལ་ལ་ཕོག་ཧེ། འཕྱོར་ར་རྨུ་ཙུགི་ཞལ་ནས།
འདི་གནམ་སྟོ་ན་ག་ལ་ཇི་ཆར་ཞིག་འབབ་ཅིག་ཅེས་

བཀྲིས་དེ་འཁྱོར་ར་རྒྱ་ཙུག་དམུ་བྲ་གི་ཁར་ཕྱོན་དེ་བལྟསྟཟ་སྨེད་མ་དེ་ལས་བཟང་སྨེད་པ་ཞལ་བཟང་ནི་སླ་རེ།འོད་པ་ཞིག་དེ་ན་མཆིས་ན། །འཁྱོར་ར་རྒྱ་ཙུག་གི་ཞལ་ནས་ཁྱོད་སུ་བུ་སུ་ཚ་ཞེས་དྲིས་ན་མྱི་ངན་བུའིཕ་ནི་རྒྱལ་དེ་ཆེད་པོ་མ་ནི་སྲོམ་ཏེའི་ངས་མོ་གུ་ཐ་ང་།ཕུང་མོ་ཏང་ཞེས་བགྱི་བ་ལགས་ཏེ། །མྱི་ངན་བུའི་རྗོ།བོ་གསེང་ལྡེ་རི་ནི་བྱང་འབྲོག་དུ་ཤ་ཤོར་དུ་བཞུད་ན།ད་ཞག་བསྟད་ན་སླར་མ་ཕྱོན་དེ་དུ་མྱི་དུ་ན་མཆི་མ་ཁྲག་དུ་དུ་ཞིང་མཆིས། །ཤེས་བགྱིས་ནས། ཕའི་ཁོལ་པོ་རིགས་གི་ཧ་པོ་གྲོངས་གི་ཕྱུར་འཚལ་དེ་མཆིས།གིས། མྱིའུ་བུ་ཙག་གཉིས། ཁྱིམ་གཅིག་དུ་འདུའོ།ཁྱོད་གི་རྗེ་བོ་ནོངས་གིས་མྱེད་ན་ད་ཞག་དྲུག་ན་ཕའིཁོལ་པོ་རིགས་གི་ཧ་པོ་གྲོངས་གི་ཕྱུར་འཚལ།ཏེ་མཆིས་གིས། །ཁྱོད་འུ་བུ་ཙག་གཉིས། ཁྱིམ་གཅིག་དུ་འདུའོ། ཟེ་གདས་ཕུང་ར་ཅིག་དུ་ཕྱུརོ། ཞེས་བགྱིསྟ།མྱི་ངན་བུའི་རྗེ་བོ་གསེང་ལྡེ་རི་ལྡེ་རྔང་གི་གྲོངསགི་ཕྱུར་ཕའི་ཁོལ་པོ་རིགས་ཧ་པོས་འཚལ་དེ།མཆིས་ན་འུ་བུ་ཙག་གཉིས་འཚོ་དང་ནམསོ་ཞེས་བགྱིསདེ། །ཐ་ང་ཕུང་མོ་ཏང་སླར་དུ་མཆིས་ན་སྲྱ་ཞལ་ཐང་བ་འཁྱོར་ར་རྒྱ་ཙུག་གིས་ཕའི་ཁོལ་པོ་རིགས་གི།ཧ་པོས་གྲོངམ་གི་ཕྱུར་འཚལ་དེ་མཆིས་ནས། །ཐ་ང་ཕུང་མོ་ཏང་གི་མདད་ཤེད་ནི་ཆེར་བགྱིས་ཆ་གར་ནི་།རིང་དུ་བརྩིགས་ནས། །བཟང་སེ་ལམ་སར་ན་ཕུབ་།བསེ་སྲུན་མ་མྱིག་དང་འབྲོག་ཅེ་སྤྱིལ་འདོམ་གིཐ་དྭ་སེ་ལམ་སར་ཏོ། །ཐ་ང་ཕུང་མོ་ཏང་ནི་སྲྱ་།ཞལ་ཐང་བའི་ཁབ་དང་གདར་དུ་བཞུདོ། །རྗོངས།

82 དང་ཐུབསུ་ཕུབ་བསེ་སྲན་མ་མྱིག་དང་འབྲོག་ཅེ།
83 སྐྱིལ་ལྕོམ་གི་ཧུ་དང་གཙོས་གི་བྲ་ང་དང་བམངསོ་། །
84 ད་རེ་ཤིག་ན་སྲྀ་ཞལ་ཐང་བའི་ཡབ་ཉོངས་ཏེ་ཤིད
85 དང་རྒྱང་བཙུགས་ཏེ་བཟང་སེ་ལས་སར་མགྱོགས
86 གང་དགུསུ་བརྒྱུགས་ན། ཐ་ང་ཕུང་མོ་ཏང་གི་མཆིད
87 ནས། མྱི་བཟང་པོ་པ་ཕྱི་སུའི་མྱི་ཞེས་བགྱིས་ནའ།
88 སྲྀ་ཞལ་ཐང་བའི་མྱི་ཞེས་མཆི་གཡག་བཟང་པོ
89 དང་རྟ་བཟང་པོ་ཕ་ཕྱི་སུའི་ཞེས་བགྱིས་ན་སྲྀ
90 ཞལ་ཐང་བའི་རྟ་དང་གཡག་ཅེས་མཆིའོ། །
91 ཐང་ང་ཕུང་མོ་ཏང་གི་མཆིད་ནས། །སྲྀ་ཞལ་ཐང་
92 བའི་ལ་ཅང་མཆིས་ཛེ་ཡང་མཆིས་ན་གདང་ལ་།
93 གདང་ལ་རྔོད་པ་སྲྀ་ལྷུགས་འདི་ལྷ་ཅུང་ཡང་།
94 ཛེ་ཅུ་ཅུང་ཞེས་གསུང་སྟེ། ཐབ་གི་ནང་དུ་བོར་ནས།
95 དུད་པ་འལ་འོལ་གནམ་དུ་སོང་ན་ཡབ་ལ་བདག།
96 དུག་བསྒྱོན། །མདག་གྲམ་གྲུམ་ས་དུ་སོང་།
97 ས་ཧླ་མགོན་འབུམ་བསྒྱོན། དེ། །སྲྀ་ཞལ་ཐང་བའི
98 འཕྲུལ་ནི་རྣས་དེ་གྲུམ་གིས་མ་མཆིས། ནས། །མྱི་ཁོ
99 མོ་བྱེད་དེ་མྱི་སུག་བཏགས་མྱི་བཟང་ཞེས་མཆི་སྟེ།
100 འགེག་ཏེ་ཉོངས་སོ། །སྲྀ་ཞལ་ཐང་བའི་དགོར།
101 ཕུབ་བསེ་སྲན་མ་མྱིག་སྦྲུ་ངམ་སྔོན་ཅིག་དང་དམུ་།
102 དང་དི་དུ་གསེར་གི་བྱེ་མ་རོན་གཡུའི་མ་དུ་ཞམ།
103 བྲེ་དུ་ཞམ། གསེར་དང་དངུལ་གི་བྱེ་མ་རོན་གསེར་གི
104 སྟེང་བྲང་དངུལ་གི་སྟེང་བྲང་། གསེར་གི་སྣ་མོ་གཙོས
105 གི་བྲ་ང་སྣན་ཅ་ཁེས་སུ་མ་མགུན་བྱེ་བལ་འབྲོང་ནེ་
106 སྐྱིལ་ལྕོམ་གི་ཐ་དང་། ༔། ཡུལ་བལ་ཡུལ་ལང་ཏང་དུ།
107 བལ་མཁར་དངུལ་ཁྲོམ་གི་ནང་ན་བལ་རྗེ་ལ་ནམ།

གི་ཞལ་ནས། ན་ཉིང་གཞི་ཉིང་སྔ་ནའ། །གསེང་ལྡེ་དང་སྤྲ་ཞལ་ཐང་བའི་དཀོར་དང་དད་དུ་ཅུང་ན་དེ་རིང་སང་ལྷ་ན་མྱི་ཕོ་བོའི་ནོན་དང་དད་དུ་ཅུང་གྲང་ཞེས། མྱི་བརྒྱས་ཉི་བསུ་ཧ་བརྒྱས་ཉི་ཧ་བརྒྱས་ཉི་བཀུར་དེ། བལ་མཁར་དཔྱལ་ཕྲོམ་གི་ནང་དུ་བཙུག་ཏེ་ཇོ་བོའི་དཀོར་དུ་བགྱིས། ཁོལ་པོ་བོ་བལ་ཁོལ་གཉིས་བཙུའི་ནོར་དང་དད་དུ་བགྱིས། ཏེ་བཞག་ན་རྒྱལ་ཕྱུང་བའི་བྱིན་ཞིག། །རྒྱལ་བྱིན་ནོ་ནོ་ཛུ་གཙོ་བྱིན་ཚོ། ནོ་འཕྲུལ་ནས། །ཚེ་ཙམ་ཚེ་ཙམ་ནང་གི་ཐོ་ལ་། མཐོ་མཁར་གི་རྩེ་ལ་སྐྱེས་པོ་ཕྱིང་དཀར་ཅེན་འབོད་ཐོང་ཐོང་ད་ཅི་སྣ་མ་བཞིན་བགྱིའོ། ། ཉི་མ་བྱེ་གསུམ་གི་སྐང་ལ་ཧ་ཐོད་རྔང་ཐོད་བཙག་སྐར་གི་ཐིག་ལེ་ཅེན་དུ་རྫུས་དེ། རྒྱལ་ཕྱུང་བའི་བྱིན། མཁར་རལ་མོའི་བཙུད་ཞིང་ཐ་བ་རྣལ་ཆབ་རོལ་བའི་གཟར་གཡག་བམ་བའི་ཤ་ཞིག་དུ་མ་བཏུབ་མ་བཅད། རྗེ་བགྲེས་ཏེ་གདུང་ཆད་ན་བལ་རྗེ་ལ་ནམ་བགྲེས་ཏེ་གདུང་ཆོད་། །ཁབ་ལྷ་ཟ་བལ་མ་ནི་མྱི་གཞོན་དུ་དྲིར་ནོངས་ནས་བལ་མཁར་དཔྱལ་ཕྲོམ་གི་སྒོ་རྩིག་གིས་བཅད་བཞག་པ་ལ། ༔། ཡུལ་སྒྲོ་འི་སྤུ་དྲུང་གི་སྤུ་མཁར། གི་དྲུང་ན་སྒྲོ་རྗེ་རྔང་ཀུགི་ཞལ་ནས་ན་ཉིང་གཞི་ཉིང་སྤུན་བལ་རྗེ་ལ་ནམ་གི་དཀོར་དང་དད་དུ་ཅུང་ན་དེ་རིང་སང་ལྷ་ན་མྱི་ཕོ་བོའི་ནོར་དང་དད་དུ་ཅུང་གྲང་ཞེས་གསུང་ཏེ་མྱི་བརྒྱས་བཀུན་ཧ་བརྒྱས་བསུ་ནས་སྒྲོ་དྲུང་གི་སྤུ་དྲུང་སྤུ་མཁར་གི་རྩེ་དུ་བཙུག་ན་རྒྱལ་བྱིན་ནོ་ནོ་ཛུ་གཙོ་བྱིན་ཚོ་ནི་འཕྲུལ་དེ། མ་བཏུབ་མ་བཅད་ནས། །ཚེ་ཙམ་ཚེ་ཙམ་ནསྐྱེས

134 ཕོ་ཕྱིང་དཀར་ཅེན་དུ་སྤུས་ཏེ་འཕོད་ཕོང་ཕོང་སྤྲ་མ

135 བཞིན་དུ་བསླའོ། ༔། སློ་རྗེ་རྨང་ཀུག་གིས་མ་བཟུབ།

136 མ་བཙདེ་མྱི་བརྒྱུས་ནི་བཀུར་ཏ་བརྒྱུས་ནི་བསྐྱལ་ཏེ།

137 ནན་འཕོར་རོ། ༔༔། མཁར་ཁྲིང་ལུང་

Pel.tib.1042 རྒྱལ་རིགས་ཀྱི་གཤིན་འདེབས་ཚུལ།

1 ××××གསོལ××××

2 ××××གཤེན་གྱིས་××××

3 ××××གཤེན་ཕྱག་འཚལ××××

4 ××××དང་ཟྲུག་སྐྱུན། །དེའི་འོག་དུ་ཞ་××××

5 ××××རྣམས་ཕྱག་འཚལ་ནས། ས་སར་དངར། དེ་ནས་།

6 ××××ཤམ་སདུད་ཀྱིས་གདབ། །རྒྱལ་གྱིས་ཕྱག་བགྱིས་།

7 ××××པ་ལ། །ཞང་ལོན་ཞལ་ཏ་པའ། །ཟྲི་མོ་པའ།

8 ××××དང་ཕྱག་ཙང་། །དེའི་འོག་དུ་སུག་ལས།

9 ××××མཆོན་པ་དང་། འོར་གྱེར་པ་རྣམས་ཀྱིས་ཕྱག།

10 ××××ནས་གསར་གཡུ་བ××××་དུང་། ཕྱུག་མཚལ། གླས་རྣམས་དང་སྨན།

11 ××××། །སྐྱེམས་ཀྱི་ནང་དུ་ཡང་སྤུལ་ནས། །སོབས་ཏང་སྨན་གྱི་རབས་བགྱིས་ཏེ།

12 ××××ས་གཅིག་གསོལ། །དེ་ནས་ཕྱུ་སྤུང་གསོལ་ཏེ་ཡམས་གཅིག། །དེ་ནས་རྒྱལ་ལ་ལྗོས་དྲངསྟེ།

13 ལྡགས་བྱང་གསོལ། །དེ་ནས་རྒྱལ་གྱིས་། མངའ་ཐང་དང་། དབང་ཐང་བཙད་། །དེ་ནས་ཞང་གིས།

14 རྒྱལ་ལ་དབོན། །ཡོབ་ཏང་སྣམ་ཏ་འདྲིན་བར་ཕྲིན་གྱིས་གསོལ། །དེ་ནས་ཞང་དབོན་མཇལཏེ། །

15 དེ་ནས་ཐུགས་གུར་དང་། དབོན་ཡོབ་ཏང་། །ཏ་དོ་མ་གཡག་དོ་མ། སྣམ་ཏ་དང་གཡག་འཕྲལ་སྦྲིད།

16 མཇལནས། ཞང་གིས་འབན་སྐྱེམ་ལ། ཞུག་ཤང་གསེར་སྐྱེམས་ཀྱིས། །ཡམས་གཅིག་ཕྱག་བགྱིས་

17 ནས་ཞལ་ཏ་པ་རིམ་པ་བཞིན་ཞང་ལ་ཕྱག་བགྱིའོ། །དེ་ནས་ནམ་ཏ་ནི་དོ་མའི་འོག་དུ་དངར་རོ། དེའི་འོག།

18 དུ་གཉེན་འོ་བྱམས་ཀྱི་སྲིས། དེའི་འོག་དུ་རྒྱལ་ཐན་ཆགས་ཀྱི་དཀོར། དངར་རོ། །དངར་ཚུགས་ནས།

19 སྤུང་པོ་དྲངས་ཏེ། སྐུ་གཤེན་གྱིས་ཡོགས་བདའ། འབྲུམ་བཞི་གསོལ། སྔོ་བཙས་སྤུལ། སྐུ་གཤེན་

གཅིག་གིས།

20 སྐྱང་པོ་གསོལ་ཏེ། ཡམས་གཅིག། སྐུ་གཤེན་གཉིས་ཀྱིས་དཀར་མོ་མཛོལ་ཏེ་ཡམས་གཅིག། མཛོལ

21 བོན་པོ་ཕལ་གྱིས། ཆགས་བླངས་ཏེ་ཆེན་ཏགས་ལ་མཆི། །ཆེན་ཏགས་མཛོལ་ནས་སྣང་མ་དང།

22 སྤྱོས་ལམ་གསོལ་ཏེ་ཡམས་གཅིག། །དེ་ནས་བཤུམ་ཅུད་ཀྱིས་ཀྱང་གདབོ། །དེ་ནས་ནང་གི་གདན།

23 ལ་གཤེགས་ཏེ། །ཚོ་ག་དང་རིམ་པ་ནར་མ་དང་འདྲ་བར་མཛདོ། །སྐྱང་ནན་ཡམས་གསུམ་གསོལ་།

24 པའི། དབུ་མ་ལ། །ཕ་བ་མ་མ་དང་། ཆིབས་ཡེ་ཏུ་འཕང་དང། དོ་མ་ཆེན་པོ་ཕམ་ཕབས་སྐྱལད་ཏོ།
ཆིབས།

25 སླད་ལོགས་ན་མཆིས་པའི་རྣམས། །བཟང་ཡུགས་བགྱིས་ཏེ་སྤྱོས་ལམ་གསོལ། །སྐྱང་ནན།

26 ཐ་མ་ལ་ཞེས་ཕམ་བབས་སྐྱལད། །དེའི་འོག་ཏུ་གྲོ་སྐྱེམས་ཡམས་གཅིག། །རྒྱན་སྐྱེམས།

27 ××××མས་གཅིག། །××××སྐྱེམས་ཡམས་གཅིག། འདི་གསོལ་ནས་། སྐྱང་སྟེར་གྱུ་། གསང་གིས།

28 གདབ་། དེ་ནས་ཐུགས་ཕྱུར་མཇལ་ཏེ་། །མཇལ་པའི་ཚོ་ག་དང་རིམ་པ་ལ། །ཐུགས་ཀྱི་གཡས།

29 གཡོས་སུ་ཕྱུག་ཆ་དྲངས། །ཐུགས་ཀྱི་སྔ་ལ་ཏུར་བོན་པོ་དང། ཕངས་བོན་པོ་ཆེན་པོས་དྲངས།

30 དེའི་འོག་ཏུ་། ཐྲོ་རིག་། དེའི་འོག་ཏུ་ནམ་ཀའ། དེའི་འོག་ཏུ་སྒྲ་ཞལ། །དེའི་འོག་ཏུ་ཞལ་དང་སྐུ་རྟེན།

31 གཡས་གཡོས་སུ་མནབས་སྐྱེ། །དེ་ནས་ཐུགས་གུར། དེའི་འོག་ཏུ་དབོན་ལོབ། དེའི་འོག་ཏུ།

32 ཐྲི་མོ། །གུར་གཉིས་ཀྱི་གཡས་གསོས་སུ། །ཞ་འབྲིང་ནང་པ་དང། ཞང་ལོན་ཞལ་ཏ་པའ། ཞལ་གྱི།

33 སྤྱན་གཡས་གཡོས་ཀྱི་ཟུར་ལ། །གོ་ངན་དང་། ཟུག་སྐྱུན་ཚར་གཉིས། །དབོན་ལོབ་ཀྱི་ཕྱི་ཟུར།

34 གཡས་གཡོས་སུ་། སྐུ་གཤེན་གཉིས་ཀྱིས་སྔ་དྲངས་ནས། །ཕ་རོལ་ཚུ་རོལ་གྱི་ཐོག་མ།

35 ཡེ་ཏུ་ཕང་རེ་རེ། དེའི་འོག་ཏུ། དོ་མ་ཆེ་ཆུང། དེའི་འོག་ཏུ་རྣམ་ཧ་ཆེ་ཆུང། དེའི་འོག་ཏུ་ཕང་སྨ་པ།

36 ཕལ། དེའི་འོག་ཏུ་གཉེན་འོ་བྲམས་ཀྱི་སྲིས། །དེའི་འོག་ཏུ་རྒྱལ་ཐན་ཆགས་ཀྱི་དགོར་དེའི།

37 འོག་ཏུ་རོལ་བཟངས་ཧ་རྒྱན་ཅན། །དེའི་འོག་ཏུ་། དོག་གཤེན་རེ་རེས་དྲངས་ཏེ། མཛོ་བང་སྐྱལ།

38 དང་ལྕམ་མཛོ། །ཚར་གཉིས་ཀྱི། མཇུག་གི་དབུས། །སྐུ་གཤེན་གཉིས་ཀྱིས་དྲངས་ཏེ། དཀར་མོ། དེའི།

39 འོག་ཏུ་། འདྲལ་ཆེན་གཉིས་ཀྱིས་དྲངས་ཏེ། དོ་མ་དང་གཡག་རོལ་དང། སྣམ་གཡག་ལ་སྟོགས་ཏེ།

40 ཆེན་ཏགས་རྣམས་མཆི། །ཕངས་བོན་པོ་ཆུ་ཏུས། རིང་དང་རིང་གུར་དང། ཞལ་གྱི་སྤྱན་དྲངས་ཏེ། །

41 སེའི་སྒོར་གཤེགས་ནས། །ཐུགས་རྗེན་གྱི་རྣམས། ཞུགས་ཚད་ཏང་། འོར་གྱེར་གྱིས་བཅད་།

42 ནས། །ཐུགས་ཕྱུར་མཇལ་ཏེ། །རིང་གི་ཞལ་དང། ཐུགས་ཀྱི་ཞལ། །རིང་གི་གུར་དང་། ཐུགས་ཀྱི་གུར།

43 ལན་གསུམ་གཏུགས་ནས། །མཇལ་སྐྱེམས་ཡམས་གཅིག་གསོལ། །ནས་རིང་རྗེན་ནི་དེར་གཞིས།

44 ཐུགས་རྗེན་གྱིས་གཡོན་འཁོར་དུ་དྲངསཏེ། །ཁོར་མོ་གསུམ་གྱི་ཆེ་ཕྱག་ཏབ་ཡམས་རེ་གསོལ། །
45 ཧ་གྲུབ་ཀྱི་རྣམས་ཀྱང་། གཡས་གཡོས་ནས་དྲངས་ཏེ་ལན་གསུམ་བསྐོར་རོ། །ལན་གསུམ་བསྐོར་ནས།
46 གཡར་གོང་ནས། མདུང་ལན་གསུམ་བཏུད་དེ་། །གཤེན་ཕྱག་བགྱི། །ཞལ་ཏ་པ་དང། ཟེ་མོ་རྣམས་ཀྱང།
47 བཤུམས་དུད་ཀྱིས་གདབ། །བཤུམས་དུད་ཀྱིས་བཏབ་ལགས་ནས། །སྐུ་གཤེམ་མཛོལ་བོན་པོ་རྣམས།
48 གྱིས། །དོ་མ་ལ་སྨོགས་ཏེ་ཞང་འཁྲོས་ཀྱི་རྣམས་གཞོག་ཡུགས་ཀྱིས་གདབ། །དེ་ནས་རིང་སེར་གཤེགས།
49 པའི་རིམ་པའ་ལ། །སྐུ་གཤེན་རིགས་གཤེན་དང། ཕངས་བོན་པོ་གཉིས་ཏེ་གསུམ་གྱིས་སྣ་དྲང།
དེའི་འོག།
50 དུ་ནམ་ཀའ། །དེའི་འོག་དུ་ནང་གི་ཟོ་རིག། དེའི་འོག་དུ་སྨྲ་ཞལ། དེའི་འོག་དུ་གཡས་གཡོས་ཀྱི་མནབས།
51 སྒྲི། དེའི་འོག་དུ་ཞལ་དང་སྐུ་རྗེན། །དེའི་འོག་དུ་ཐུགས་གུར། དེའི་འོག་དུ་རིང་གུར། ་དེའི་འོག་དུ།
52 དབོན་ཡོབ། །སེར་གཤེགས་ནས་ཞལ་ཏ་པ་རིམས་ཀྱིས་ཕྱག་བགྱིས་ནས། །ཉམ་པག་མ་འཇུགས།
53 པར་གསོལ། །རྒྱལ་གྱིས་ཀྱང། མདའ་ཐང་བཅད་མདའ་ཐང་དུ་འདུས་སོ་འཚལ། །བཟང།
54 ངན་རིམ་པར་ཕླགས་ཏེ་། །འོ་དོད་བོད་། །སྐུ་གཤེན་ཁ་གཙང་གཉིས་ལ། ་གཅིག་གིས། །ཚིབས།
55 ལས་གཅིག་བཅད་དེ། གཡང་རྟར་བགྲང། །དཀར་མོ་དང་། གཡག་ལས་གཅིག་བཅད་དེ། དོན་པོར།
56 བགྲང། །སྐུ་གཤེན་གཅིག་གི་དགོར་ལས་སྣ་གཅིག་བཅདེ་། །ཕྱུགས་ནོར་དུ་བགྲང། དེ་ནས་སྐུ་གཤེན།
57 སྐུ་གཤེན་ན་བཟ་ལས་རེ་རེ་སྨུལད་ཏོ། །དེ་ནས་ཉུབ་ཀྱི་གདན་ལ་གཤེགས་ཀྱང། །ཚོ་ག་ནར་མར།
58 གསོལ། །དེ་ནས་ནམ་ཚབ་ཚུབ་ན་། །སྨུན་བོན་པོ་། སྨག་བོན་པོ། འཇོལ་བོན་པོ་རྣམས་ཀྱང་། ས་སར།
59 གྱིར་ལ་མཆི། །ཚོ་ག་ནར་མ་ལ་ཐོ་རམ་དང་པོ་དུང་བུམ་དང། །སྐུ་གཤེན་ཕངས་བོན་པོ་དང་། ཀླད་བོན།
60 པོ་དང། རིང་མཁན་དང། བཞེས་པའི་ཕྱག་ཅང་གཉིས། འདི་རྣམས་མཁན་སྤྱུས་བསངས་ཏེ་། །སྐམ་ཕྱག།
61 དུ་འཚལ་ནས། །རི་མཁན་གྱིས། ཐུགས་གུར་རིང་གུར་དབོན་ཡོབ། བཤུས་ནས། དུལ་ཕྱག་གིས་གདབ། །སྐུ་།
62 གཤེན་ཕངས་བོན་པོས་བཞེངས་གསོལ། སྣང་མ་གསོལ། །ཞལ་གྱི་རྣམས་ཀྱང་ཚུར་བསྒྱུར་ཏེ། སོབས་ཀྱི།
63 ཆ་རྗེན་དང་། །སྨན་གྱི་རྣམས། བུད་ཀྱང་བུད། སྐྱེམས་ཀྱི་ནང་དུ་ཡང་སྨུལཏེ། །ཡམས་གཅིག་སྨོལད།
64 མཐའ་སྐྱ་སྟེ་། དུང་དབུ་མ་བུས་ན། ཞང་ཡོན་ཞལ་ཏ་པ་དང། ཟེ་མོ་རྣམས་། གཤེན་ཕྱག་དུ་འཚལ།
དེའི་།
65 འོག་དུ་སུག་ལས་སྔི་ཕལ་ཕྱག་འཚལ། །དེའི་རྗེས་ལ་དཀུང་ཀ་ཕན་ཕུན་ན། །དུང་ཐ་མ་བུས་ནའ།
66 ཕྱག་ཆ་ཡ་ཡོ་སྤོང་ཞེས་བོད། ཕྱ་ཆ་ཡོ་བསྡང་། དཀུང་སངས་ན། །ཞ་འབྲིང་པ་དང་། ཕྱག་འཚལ་
བའ་ཕྱི་ནང།

67 རིམ་པ་བཞིན་དུ་གཉེན་ཕྱག་ཏུ་འཚོལ། །དེ་ནས་ཕྲུ་སྨྱུང་གསོལ་ཏེ། ཡམས་གཅིག། །དཀར་མོ་མཛོལ་ཏེ།
68 ཡམས་གཅིག། །ཕྱུ་མཚལ་གསོལ་ཏེ་ཡམས་གཅིག། །གདན་ཅུང་གསོལ་ཏེ་ཡམས་གཅིག། །ཕྲོ།
69 སྐྱེམས་གསོལ་ཏེ་ཡམས་གཅིག། །དེ་ནས་ཟྭའི་ནར་མ་ལ་གཤེགས་ཏེ། ཕྱག་ཤོལ་དྲུང། འོག་རི་བཏིང།
70 གཏུགས་ཚོད་དྲུང། །ཡོགས་བདའ། འབྲུམ་བཞི་གསོལ། སྙོ་བཙས་སྨྱལད། །ཕྱུགས་ཉེན་ཕྱག་ཙང་སྦྲོ་ག།
71 སྨྱལ། །སྨྱུང་ནན་དང་པོ་མདན་ཚོས་སུ་གསོལ། །སྨྱུང་ནན་དབུ་མ་ལ། ཕ་བ་མ་མ་དང་ཡེ་ཏུ་འཕང།
72 ཕམ་ཕབས་སྨྱལད། །སྨྱུང་ན་ཐ་མ་ལ་ཞེས་ཕམ་ཕབས་སྨྱལད། །དགུན་སྐྱེམས་ཡམས་གཅིག།
73 སྤྲང་སྐྱེམས་ཡམས་གཅིག། འཕྲས་སྐྱེམས་ཡམས་གཅིག། །ཁྲི་ཡུ་ཡམས་གཅིག། །འདི་རྣམས།
74 གསོལ་ནས། །ཕྲུ་སྨྱུང་སྟེར་ཀྱུ་ནས། གསང་གིས་གདབ་བོ། །དེ་ནས་གུང་སྐྱེམས་ཏང། །ཉམ་པྲ་མ།
75 འཚུགས་པར་བགྱིས་ཏེ། །སྐམ་ཕྱག་ཏུ་འཚལ་ཏེ་གསོལ་ལོ། །དེ་ནས་ནུབ་ཀྱི་གདན་ལ་གཤེགས་ཀྱང། ཟྭའི།
76 ཚོ་ག་དང་འདྲ་བར་གསོལ་ལོ། །སྨྱུང་སྟེར་ཀྱུ་ནས། གསང་གིས་གདབོ། དེ་ནས་ཕྲོ་སྐྱེམས་གཅིག་འཕྲས།
77 སྐྱེམས། ཡམས་གཉིས། སྐམ་ཕྱག་ཏུ་འཚོལ། །དེ་ནས་སྨན་པོན་པོས་སྨན་དྲངས་ལགས་ནས། ཕངས།
78 པོན་པོས་མ་པང་གསོལ། ཕྲུ་སྨྱུང་གསོལ། སྐྱེམས་ཡམས་གསུམ་གསོལ། །དེ་ནས་ཞལ་ཏ་པའི་རྣམས།
79 ཀྱིས་གསོན་ཕྱག་ཏུ་བགྱིས་ཏེ། །སོ་སོར་མཆི། །དེ་ན་སྐུ་གཤེན་གྱིས་བརྣལ་ཀབ་གསོལ་ལོ། །མ་པང་གསོལ་བ།
80 ནི་དཀྱུང་སྣ་ཇོ་རེ་ལན་རེ་མ་འཚུགས་པར་འཚོལ། །གཏོར་མ་ཆེན་པོ་བགྱིས་པའི་འོག་ཏུ། །
81 མན་ཏོག་ཤ་དུས་ཁུ་ཐུགས། །ཉ་ཏོག་ཚེས་ཏོག། གསོལ་ལོ། །མདད་ཅེན་པོ་ནི་ཐོག་མ་གྲོངས་ཇོག་ཏུ།
82 ཀྱུར་ནས། །ལོ་གསུམ་ཀྱི་དུ་སུ་བགྱི་འཚལ་ཏེ། །མཛད་པའི་ཚེ། ཟླ་བ་དང་སྐར་མར་སྦྱར་ཏེ། །ཟླ་བ་ཡར་
ཀྱི་སྨྱི་ཇོ།
83 མར་ཀྱི་སྨྱི་ཇོ། གར་མཛད་ཀྱང་ཏུང་སྟེ། །དགུན་སྣ་འབྲིང་པོ་ལ། གོར་འཁྲུགས་ཤིང་འཁྲུགས་ཏེ།
མདད་ཤིད།
84 བཏང་ཡང་ཕན་སྨྱི་ཐོགས་སོ། །དབྱར་སྣ་འབྲིང་པོ་ལ། གོར་སྟོ་ཤིང་སྟོའི་དབལ་ཏེ་སྨན་སྨྱི་ཐོགས། །
སྟོན་སྣ།
85 ཐ་ཚུངས་ཆེས་ཉི་ཤུ་གསུམ་ཕན་ཆད་ཏང། །དགུན་སྣ་ར་བ་ཆེས་གསུམ་ཚུན་ཆད། །ཞག་བཅུ་ལ་མདད།
86 ཤིད་བཏང་ན། །ནམ་ཀྱི་མཐའ་ལ་བབ་སྟེ། མདད་བཏང་ན། འདའས་པ་ལ་ཡང་སྨྱི་སྨན། །སྣད་མ་
ལ་ཡང་དཔོ་སྟེག།
87 ཏུ་མཆིའོ། །གཤེན་ལ་གཏད་ཏུ་སྨྱི་ཏུང་བའི་ཕྱུ་ལ། །རྟ་ནག་པོ་སླིང་ནག། རྟ་ཁྲ་བོ། གཡག་རོག་པོ་ཁམ་པ།
88 མཛོ་ཁམ་པ་དང་སྟག་རི་ཏུ་ཡུར། །གཡག་དཀར་པོ་ཐལ་ཀར། །འདི་རྣམས་གཡེན་དགུ་ལསྐོགས་ཏེ། །

89 མངའ་དབང་སོ་སོ་ན་མཆིས་པས། །གཏད་ཀྱང་མཆིར་མི་བཏུབ་སྟེ། མི་སྨན་ནོ། །ངུར་དུ་སྔུལད་དུ་མི་
རུང་བའ།
90 ལ་གཙན་གཟན་གཙན་དུ་གྱུར་ཏེ་མི་རུང་། །རིང་སྲོམ་འཁོར་དུ་ཁར་བ་ཆུའི་རིགས་ཏེ་མི་གཞག། །ཆང་།
91 འགྲོས་ཀྱི་རྣམས་ཀྱང་། ཐ་སྐད་ཁྲམ་བཏབ་སྟེ་། །མི་འཆུགས་པར་བགྱི། །བཤན་ལུག་བཙོ་བ་ནི། སེ་གྲུ་
བཞི་ལ།
92 ལུག་བཞི། །རྒྱལ་ཐག་བརྒྱད་ལ་ལུག་བཞི། །འདི་རྣམས་ནི་གྲངས་ལ་མ་གཏོགས་སོ། །སྐྱིབས་དང་། མཚལ།
93 མ་ནི་གྲངས་ལ་གཏོགས་སོ། །ཕྱི་གྲོངས་ངོག་དུ་གྱུར་པ་ལ། ཐོག་མའི་འོན་ཀྱང་། ཐ་མའི་གཏང་ཁྲུང་ལསྟོསྨ
94 ཏེ་ས་ལན་གསུམ་ལས་ཐུར་དུ་རྐོར་མི་རུང་ངོ། །རྟ་གཡག་མན་ཆད་ཆེ་ཆུང་། མ་འཆུགས་པར་གསོལ།
95 གཏོར་མ་ཕྲ་མོ་ལ་ཐུགས། དབབ་མི་འཚལ་ཏེ། གཤེགས་རབས་ཙམ་བགྱི། །ཆང་འགྲོས་མཛོལ་དུ་རུང་ངོ།
96 ཐུགས་དབབ་པ་དང་། སྨན་ཤན་གདབ་པ་ཡང་། །ལྔ་བཅུ་གཉིས་མགོ་དང་བཅུ་གསུམ་སྟེ་། འདི་ལས་མངས།
97 ན་ཡང་དྲགས། །ཉུངས་ན་ཡང་ཆད་དེ་མི་རུང་ངོ། །མདད་ཆེན་པོའི་ཚེ་ཡང་། །ཚོ་ག་གཞན་ནི་གཏོར་མ།
98 ཆེན་པོ་དང་འདྲའོ། །ཐུགས་སླུད་ལུ་གུ་དཀར་པོ་གཅིག།
99 སླ་སྣང་བཅུ་གསུམ་། མདའ་རྒྱུད་ཆེ་ཐང་ལསྟོགས་ཏེ། །ཡུལ་ལྷ་ཡུལ་བདག་དང་། ཡབ་མྱེས་ཡུམ་ཕྱི།
100 དང་ཡོགས་ཆེ་ཐང་སྟེ། །བཏོལ་ཆེད་པོ་བས་ཤས་རེས་བསྐྱེད། །ཕྱོས་ཆེ་ཐང་སྟེ་། རྟ་ཤུ་བོ་ཞུར་པོ་རྟེང་ཀར།
101 དང་། བ་སྐྱ་མོ་གཅིག་གིས་བསྐྱེད། །མདད་ཤིད་རྒྱལ་གྱིས་མངའ་ཐང་བཅད་དེ། །གཏད་ཏུ་གནང་བའི་རྣམས།
102 བདུད་གཅོད། །གཏང་དུ་སྔོལད་པ་ནི། ན་བཟ་སྐྱེམ་ཀོར་མཆོན་ཆ་སྣ་ཚོགས། ཐྱིས་ཆ་སྣ་སྤྱད། ཞུགས་ཆ།
103 ཐུགས་རག་པོས་ཕུལ་བའ། དམིག་མངས། རོལ་མོ་ཆ། འཕྲུལ་དུ་མ་མཆིས་སུ་མི་རུང་བའི་དགོར།
104 ཆ་སྣ་ཚོགས། ཕྲུག་ཅང་སྐྱེམ་མལ་པའི་ཆ་རྐྱེན། དང་། བཤོས་ཀྱི་ཕྲུག་ཅང་གི་ཆ་རྐྱེན་། ཞལ་ཟས་དང་
སྐྱེམས།
105 ལས་སྟོགས་ཏེ། ཡོ་བྱད་དུ་འཚལ་བའི་ཆ་རྐྱེན་། རེལ་གཏང་དུ་མཆི་འོ། །རྒྱལ་གྱིས་ཐང་བཅད་དེ་ཁྲམ།
106 གཉིས་བགྱིས་ཏེ། །གཅིག་ནི་ཞ་འབྲིང་རྗེ་བོ་ཐང་ཆེན་པོ་ལ་གཏད། །ཁྲམ་གཅིག་ནི་སྐྱིབས་ལུག་ལ།
107 གཏད། །སྐྱིབས་ལུག་གི་སྤུ་ནི་། གྲོ་གར་དཔུང་མར་རུ་བྱར་གྱིས་བགྱི། །རྒྱན་ནི་ཙུཾཿརྣ་གཡས་པ།
108 གསེར་གྱི་ཁྲིན་བས་བསྐྱི། །རྣ་གཡོན་པ་དངུལ་གྱི་ཁྲིན་བས་བསྐྱི། །སྐྱིན་མ་གཡུ་ལ་བགྱི་རྐྱིག་པ།
109 ལྕགས་ལ་བགྱིས་ཏེ་བརྒྱན་ནོ། །གཡག་གི་ཚོ་ག་ནི་བཏོལ་ཆེན་པོ་དང་འདྲ་བར་མཛོད། །སླད་ཏྲོ་
རྒྱལ་གྱིས།
110 མངའ་ཐང་བཅད་ནས། །རྒྱལ་ལ་ཡང་གཏང་ཕུད་དབུལ། །སྐུ་གཤེན་ཕངས་པོན་པོ་རྣམས་ཀྱིས་ཀྱང་།

གཏང་དུ་སྟོལད།

111 པའི་རྣམས། སྤྱད་དེ་བདུད་བཅད་ནས། སྐུ་གཞེན་གཞོག་ཐབས་སྟོལཧོ། །དགོངས་ཀྱི་གདན་ལ་གཤེགས་
ཤི་ནར་།

112 མ་དང་འདྲ་བར་གསོལ། །གདུགས་ཟར་ཟེར་ན་སྐུ་གཞེན་རྣམས་ཀྱང་གསས་བཟུ་སྟེ། །ཕངས་བོན་པོ་
ཡང་། དབོན།

113 ལོབ་ཏང། མནབས་སྐྱེ་དང། གུར་དང། མཚར་ལྷམ་སྐྱོ་མ་ཉམ་པག་རྣམས་གསོལ་ཞིང་མཆི། །མཇོལ་
བོན་པོ་ཕལ།

114 རྣམས་ཀྱང། ཆིབས་ཏང། མཇོ་བང་སྐལ་བྲ། ལྷམ་མཇོ་དང་། ཞིས་ལསྟོགས་པ་ལ་གྱེར་དུ་མཆི། །
བོན་པོ་།

115 བསོགས་ཏང། །འོར་གྱེར་ལ་སྟོགས་ཏེ། །ཞྲ་ཕུད་འདྲིན་བའི། །རྣམས་ཀྱང་གཡེན་གཅགས་ཏང།
འགབ་སྲི་ལ།

116 གྱེར། །དུང་དང་པོ་བུས་ཏེ་ཐོ་རས་སློང་ན། སྐྱིབས་ཏང། སེ་ཆོང་ཡང་གཏད་ལགས། ཆིབས་ཀྱང་ཕྱུག་
མདའ།

117 བཀུམ་ནས། ཧོ་རེ་མོ་བགྱིས་ལགས། འོར་གྱེར་གྱིས་ཀྱང་། གཏར་ལྷགས་ལགས་པར་བགྱིས་ལ། །སེ་གྲུ།

118 བཞིའི་ནུབ་ཕྱོགས་ཀྱི་འཕྲུམ་ཕྱེ་ལ། སེའི་གོང་ཏུ་དཔྱམ་ཕྱིང་ཁྲ་བོ་བཏིང་ལ། །སྐྱིབས་ལུག་འདིར་བྲངས།
ཞལ།

119 དང་ཆིབས་བྲངས་ཏེ་ཤུལ་བསྟན་ནས། །ཐོག་མ་ཞལ་གྱི་བྲངས། དེའི་འོག་དུ་ཡེ་ཏུ་འཕང། དེའི་འོག་
དུ་དོ་མ་དང།

120 སྣམ་ཏས་བཏན། ཆེན་ཏགས་ཀྱི་རྣམས། །ཀྱི་སྣ་ལ། བང་སྐལ། ལྷམ་མཇོ། མཐའ་མ་གཡག་དོ་མས།

121 བཏན་ཏོ། །དེ་ནས་དཀུང་ཀ་ཕན་ཕུན་ན་། ལུག་ཀྱང་ལ་བཟལ། ཏ་ཡང་ཡི་གཅད། །ནས་སྣར་སེ་སར་
དངར།

122 དེ་ནས་གདུགས་ཤར་བགབ་ན་གདན་ཙུང་གསོལ། །ལགས་པར་བགྱིས། །བགྱིས་ནས་སོར་གཤེགསྟེ།

123 གཤེགས་ཀྱི་རིམ་པ་ལ། ཐོག་མ་ལ་ཡག་པ་བཞི། དེའི་འོག་དུ་ཕྱུག་ཆ་མདུང་པ། དེའི་འོག་དུ་ཕྱུག་ཆ་
དགྲ་སྟ།

124 པ། དེའི་འོག་དུ་གཞེན་། དེའི་འོག་དུ་ཟྀ་རིག། དེའི་འོག་དུ་ནམ་ག། དེའི་འོ་དུ་སྦྲ་ཞལ། དེའི་འོག་དུ།

125 ཞལ་དང་སྐུ་རྟེན། མནབས་སྐྱེ་ནི་ཐུགས་ཀྱི་སྟོན་ཟུར་གཡས་གཡོས། ཞལ་གྱི་འོག་དུ་ཐུགས་གུར།

126 དེའི་འོག་ཏུ་རིང་གུར། །དེའི་འོག་ཏུ་དབོན་ཡོབ། དེའི་འོག་ཏུ་ཞ་འཁྲིང་ནང་པའ། དེའི་འོག་ཏུ་ཟྲི་མོ།
127 དེའི་འོག་ཏུ་རྒྱ་རོལ། །ཐུགས་ཀྱི་གཡས་དངར་ཧེ་མཆི་བའ། །ཚར་གཡས་གཡོས་འདྲ་སྡེ།
128 ཡེ་ཏུར་འཕང། ཕང་སྣ་ཆེ་ཆུང། དེའི་འོག་ཏུ་དོ་མ་ཆེ་ཆུང། དེའི་འོག་ཏུ་སྣམ་ཧ་ཆེ་ཆུང། ཕང་སྣ།
129 པ་རྣམས་། དེའི་འོག་ཏུ་གཉེན་འོ་བྲམ་ཀྱི་སྲིས། དེའི་འོག་ཏུ་རྒྱལ་ཐན་ཆགས་ཀྱི་དཀོར། དེའི།
130 འོག་ཏུ། ཧ་རྒྱན་ཅན། དེའི་འོག་ཏུ་རོལ་བཟངས་ཕལ། །འིའདི་རྣམས་ཀྱི་སྣ་ལ་སྐུ་གཤེན་རེ་རེས། དྲངོ།
131 ཚར་གཡས་གཡོས་སྐུ་གཤེན་རེ་རེས་ཏེ། །མཛོ་བང་སྐལ། ལྩམ་མཛོ། དེའི་འོག་ཏུ། སྐུ་གཤེན་རེ་རེས་།
132 སྣ་དྲངས་ཏེ་ཞེས་མཆི། །སྐུ་གཤེན་གཅིག་གིས། དཀར་མོའི་སྣ་དྲངསྟེ་། རྒྱ་རོལ་གྱི་མཇུག་ལ་མཆི།
133 སྐུ་གཤེན་གཅིག་གིས། ཆེན་ཏགས་ཀྱི་སྣ་དྲངས་ཏེ་དཀར་མོའི་མཇུག་ལ་མཆི། །ཆིབས་ཀྱི་གཡས།
134 གཡོས་སུ་ཧ་གྲབ་པ་མཆོའ། །དེ་ནས་གཏང་གར་གཤེགས་ནས། །ཐུགས་གུར་རྒྱལ་སྐོའི་གོང་།
135 གདངས་བུར་གཤེགསྟེ། །དགུང་བཅུ་གཅིག། བཅུ་གསུམ། བཅུ་བདུ་བདུན། བཅུ་དགུ། སྐར་མ་གར་བཟང།
136 བ་དང་སྦྲུར་ཏེ། །ཐུགས་བུ་ཞུང་ཕབ་ནས། ཐུགས་གུར་གྱི་སྟེང་ནས། ཕུབ་ཅམ་གཅིག་བཅད། བང་སོའི།
137 ཐུགས་གང་དུ་གཞགོ། །གཞའ་རིང་ཐུང་གི་ཕངས་ཆ། བང་སོའི་སྟེང་དུ་དྲངས་ནས། ཕུད།
138 བྲམས་ཏེ། མནབས་སྐྱིར་སྐུལ། ཤས་ཏང་སྐྱིབས་ཏད། མཆལ་མར་གྱི་བྲེང་ཡང་གཏང་ཏུ་སྐུལཏོ། གཏང་།
139 དུ་གཤེགས་ནས། །སྐུ་གཤེན་གསུམ་གྱིས། །གཏང་བྱད་དཀོལ་ཡོ། །དེ་ནས་ཆིབས་སྤྱོས་པའི་རྣམས།
140 མགྱོགས་གཡུ་སྐས་སྟོདེ། །ཏུར་དཀྱུས་བསྒྲལཏོ། །ཞང་ལོན་ཞིག་མདོ་སྨད་ན་ཉམ་ཇོངས་ལྒྲ
141 པར་བཏང་ནའ། །ཕངས་ཆ་རིང་གང་དུ་གཤེགས་གར་གསོལ། རི་གང་དུ་གཤེགས་ནས། སྐུ་གཤེན་ཁ།
142 གཙང་གཅིག་གིས། །ཕྲུ་སྒྲུང་དང་དཀར་མོ་དང། ཆེན་ཏགས་ཀྱི་རྣམས། ཞལ་བུའི་གཏང་རག་ཏུ།
143 བསྐྱུར་ཏེ་གསོལ། །མོ་བཙུན་ཞིག་གྲོངས་ངོག་ཏུ་ཞུར་ན། །ཚེ་གཞན་ནི་འདྲའ། །སྐུ་རྗེན་གྱི།
144 མདའ་། མོ་ང་རིངསུ་བསྐྱུར། ཐུགས་ཀྱི་ལུ་གུ་མོ་དང་བྱ་མོར་བསྐྱུར། གཡག་འཁྲིར་སྐྱུར།
145 མྱི་ཕོ་རྣལ་དང་དཀར་མོ་འདྲ་སྟེ། སྦྱོར་བས་གར་བདེ་བར་བསོ། །སེ་ནས་བང་སོར་གཤེག་གར་རྗེའུ།
146 གཡག་ཀྱང་དཔྲལ་སྤྲདོ། ༔། ཇོམ་དགེ་དཔལ་གྱིས་བྲིས། །
147 ༄།:།མཆེན་དམར་གཏང་བ་འི་རབས་ལ། །
148 ཡུར་ཤང་པོ་ཕྲེའུ་ལུང་གི་ནང་ན། མྱི་དཔུང་མེང་ཤེ་འགི་དགེདཔལ་ལགས། །

Pel.tib.1286(2) བཙན་པོའི་གདུང་རབས་རིམ་བྱོན།

1 ༄། །གནམ་ལྷབ་ཀྱི་ཐླ་ན་ཡབ་ཐླ་བདག་དྲུག་བཞུགས་པ་འྀ་སྲས། །གཅེན་གསུམ་གཅུང་གསུམ་ན། ཁྲི་འྀ་
བདུན་ཚིགས་དང་བདུན། །

2 ཁྲི་འྀ་བདུན་ཚིགས་ཀྱི་སྲས། ཉྀ་ཁྲི་བཙན་པོ། ས་དོག་ལ་ཡུལ་ཡབ་ཀྱི་རྗེ་དོག་ཡབ་ཀྱི་ཆར་དུ་
གཤེགས་ནས། །ལྷ་སྲས་ཀྱི་

3 ཡུལ་གྱི་རྒྱལ་མཛད་ཅིང་བཞུགས་པ་ལས། མངོན་དུ་ཐལ་བྱུང་དགུང་དུ་གཤེགས་པ། །ཉྀ་ཁྲི་བཙན་པོ་
དང་། གནམ་མུག་

4 མུག་དུ་བཤོས་པ་འྀ་སྲས། །མུ་ཁྲི་བཙན་པོ་མུག་ཁྲི་བཙན་པོ་དང་ས་དིང་དིང་དུ་བཤོས་པ་འྀ་སྲས། །
དིང་ཁྲི་བཙན་པོ་དིང་ཁྲི་

5 བཙན་པོ་དང་། སོ་ཐམ་ཐམ་དུ་བཤོས་པ་འྀ་སྲས། སོ་ཁྲི་བཙན་པོ། སོ་ཁྲི་བཙན་པོ་འྀ་སྲས། དེ་ཁྲི་བཙན་
པོ། དེ་ཁྲི་བཙན་

6 པོ་འྀ་སྲས། ཁྲི་སྤེ་བཙན་པོ། འདི་ཡན་ཆད་འདྲའ་སྟེ། སྲས་ཚིབས་ཀ་ཐུབ་ན། ཡབ་དགུང་དུ་གཤེགས་
སོ། །ཁྲི་སྤེ་

7 བཙན་པོ་འྀ་སྲས། དྲི་གུམ་བཙན་པོ། དྲི་གུམ་བཙན་པོ་འྀ་སྲས། སྤུ་དེ་གུང་རྒྱལ་གནམ་ལ་དྲི་བདུན།
ས་ལ་ལེགས་

8 དྲུག་བཤོས་ན། སྤུ་དེ་གུང་རྒྱལ་གྲོངས་ན། གྲང་མོ་གནམ་གསེར་བརྩིག། གསེར་བརྩིག་གི་སྲས། །ཨེ་ལེག་
9 བཙན་པོ། །ཨེ་ལེག་བཙན་པོ་འྀ་སྲས། ཤོ་ལེགས་བཙན་པོ། ཤོ་ལེགས་བཙན་པོ་འྀ་སྲས། གོ་རུ་ལེགས་
བཙན་པོ། །

10 གོ་རུ་ལེགས་བཙན་པོ་འྀ་སྲས། །འབྲོང་ཞི་ལེགས་བཙན་པོ། འབྲོང་ཞི་ལེགས་བཙན་པོ་འྀ་སྲས། ཐི་
ཤོ་ལེག་བཙན་པོའ།

11 ཐི་ཤོག་ལེག་གི་སྲས། ཨི་ཤོ་ལེག་བཙན་པོ། །ཨི་ཤོ་ལེག་གི་སྲས། ཟ་གནམ་ཟིན་ཏེ། །ཟ་གནམ་ཟིན་
ཏེ་འྀ་སྲས།

12 ལྡེ་སྤྲུ་བོ་གནམ་གཞུང་བརྩན། གནམ་གཞུང་བརྩན་གྱི་སྲས། །ལྡེ་གོལ། ལྡེ་གོལ་གྱི་སྲས། གནམ་ལྡེ་རྣོལ
13 ནམ། གནམ་ལྡེ་རྣོལ་ནམ་གྱི་སྲས། བསེའ་རྣོལ་པོ། བསེ་རྣོལ་པོ་འྀ་སྲས། ལྡེ་རྒྱལ་པོ། ལྡེ་རྒྱལ་པོ་འྀ་སྲས།

14 རྒྱལ་སྲིན་བརྩན། རྒྱལ་སྲིན་བརྩན་གྱི་སྲས། རྒྱལ་ཏོ་རེ་ལོངས་བརྩན། རྒྱལ་ཏོ་རེ་ལོངས་བརྩན་གྱི་སྲས།
15 ཁྲི་བརྩན་ནམ། །ཁྲི་བརྩན་ནམ་གྱི་སྲས། ཁྲི་སྒྲ་སྤུངས་བརྩན། ཁྲི་སྒྲ་སྤུངས་བརྩན་གྱི་སྲས། །ཁྲི་ཐོག་བརྩན
16 ཁྲི་ཐོག་བརྩན་དང། ཏ་ཡོང་ཟ་སྟོང་རྒྱལ་མཚོ་མར་བཤོས་པ་འི་སྲས། ལྷ་ཐོ་དོ་སྙ་བརྩན། ལྷ་ཐོ་དོ་
17 སྙ་བརྩན་དང། གནོའ་ཟ་མང་མོ་རྗེ་ཛི་དགོས་སུ་བཤོས་པ་འི་སྲས། །ཁྲི་སྙ་ཟུང་བརྩན། ཁྲི་སྙ་ཟུང་
18 བརྩན་དང། འབྲོའ་ཟ་ཏུང་ཁྱང་བཞེར་དུ་བཤོས་པ་འི་སྲས། འབྲོ་མཉེན་ལྡེ་རུ། འབྲོའ་མཉེན་ལྡེ་རུ་དང།
19 མཆིམས་ཟ་ཀླུ་རྒྱལ་ངན་མོ་མཚོར་བཤོས་པ་འི་སྲས། །སྟག་བུ་སྙ་གཟིགས། སྟག་བུ་སྙ་གཟིགས་ཟྭ།
20 འོལ་གོད་ཟ་སྟོང་ཙུན་འབྲོ་གར་བཤོས་པ་འི་སྲས། །སློན་བཙན་རླུང་ནམ། སློན་བཙན་རླུང་ནམ་དང།
21 ཆོས་པོང་ཟ་འབྲིང་མ་ཐོག་དགོས་སུ་བཤོས་པ་འི་སྲས། །སྲོང་ལྡེ་བརྩན། སྲོང་ལྡེ་བརྩན་དང། མོང་
22 ཟ་ཁྲི་མོ་མཉེན་ལྡོང་སྟེང་དུ་བཤོས་པ་འི་སྲས། །གུང་སྲོང་གུང་རྩན། གུང་སྲོང་གུང་རྩན་དང། ཁོན་ཅོ་
མང་མོ
23 རྗེ་ཁྲི་སྐར་དུ་བཤོས་པ་འི་སྲས། །མང་སློན་མང་རྩན། མང་སློན་མང་རྩན་དང། འབྲོའ་ཟ་ཁྲི་མ་ལོད
24 ཁྲི་སྟེང་དུ་བཤོས་པ་འི་སྲས། །འདུས་སྲོང་མང་པོ་རྗེ། འདུས་སྲོང་མང་པོ་རྗེ་དང། མཆིམས་ཟ་བཙན
25 མ་ཐོག། ཐོག་སྟེང་དུ་བཤོས་པ་འི་སྲས། །ཁྲི་ལྡེ་གཙུག་བརྩན། ཁྲི་ལྡེ་གཙུག་བརྩན་དང། སྣ་ནམ་ཟའ་
26 མང་མོ་རྗེ་བཞི་སྟེང་དུ་བཤོས་པ་འི་སྲས། །ཁྲི་སྲོང་ལྡེ་བརྩན། ཁྲི་སྲོང་ལྡེ་བརྩན་དང། ཆོས་པོང་ཟ་རྨ་རྒྱལ
27 ལྡོང་སྐར་དུ་བཤོས་པ་འི་སྲས། མུ་ནེ་བརྩན་དང། ལྡེ་སྲོང་བརྩན། མུ་བརྩན་གདུང་ཆད་ནས། ལྡེ་སྲོང་
28 བརྩན་དང། འབྲོ་ཟ་ལྷ་རྒྱལ་མང་མོ་རྗེར་བཤོས་པ་འི་སྲས། ཁྲི་གཙུག་ལྡེ་བརྩན་དང་ཁྲུ་འི་དུམ་བརྟན

Pel.tib.1287 བཙན་པོ་རིམ་བྱོན་གྱི་ལོ་རྒྱུས།

1 ༄། །དྲི་གུམ་བཙན་པོ་སྐུ་ཆུང་བ་འི་ཚེ་མཚན་ཇིར་གདགས་ཞེས། །མ་མ་གྲོ་ཞ་མ་སྐྱི་བརླིང་མ་ལ་དྲིས་ན།
མ་མ་འི་མཆིད་ནས།
2 སྐྱི་བྲག་མར་བ་ནི་རྙིལ་ཏམ་མ་རྙིལ། དང་མ་འབྲི་སྤངས་ནི་མྱེས་ཆོག་གམ་མ་ཆོག། མཚོ་དམ་ལེ་དབལ་
མཚོ་ནི་སྐམས
3 སམ་མ་སྐམས་ཞེས་མཆི། བྲག་མ་རྙིལ། མཚོ་ཡང་མ་སྐམས་སྤང་ཡང་མྱེས་མ་ཆོག་ཅེས་བགྱིསྣ། མ་མ་གྲོ་ཞ
4 མ། ཏས་ནས་རྣ་ལོག་པར་ཐོས་སྟེ། བྲག་ཀྱང་རྙིལ། སྤང་ཡང་མྱེས་ཆོག། མཚོ་ཡང་སྐམས་ཞེས་ཐོས་ནས
5 འོན་ཏང་ཚུ་དགུམ་སྲི་དགུམ་གྱིས། དྲི་གུམ་བཙན་པོར་མཚན་ཐོག་ཤིག་ཆེས་མཆི་ནས། །དྲི་གུམ་བཙན

6 ཕོར་མཚན་བཏགས་ནས། མཚན་བཏགས་ནོངསྟེ། ཐུགས་སུ་ཡང་ཞུགས། ལྷེ་སྲས་སྨྲྀ་འི་སྨྲི་ཚུལ་ཏེ། མངོན

7 བར་དགུང་དུ་གཤེགས་པ་ལ་སྐྱོགས་པ་འཕྲུལ་དང་བྱིན་ཆེད་པོ་མངའ་བས། དྲོད་དང་དྲིགས་མ་ཐུབ་སྟེ། །བཙན

8 འདྲན་བདའ་ནས། ཡབ་འབངས་ཕ་དགུའ་དང། ཡུམ་འབངས་ཚན་གསུམ་ལ་དགྲ་ཅུ་རྐལ་གཡག་ཏུ་བྲུང

9 ཕོད་དམ་ཞེས་བཀའ་སྩལ་ན། སོ་སོ་ནས་ཀུན་གྱིས་ཕྱྀ་ཕོད་ཆེས་གསོལཏོ། ལོ་ངམ་ཧ་རྗེས་ཀྱང་ཕྱི་ཕོད

10 ཅེས་གསོལ་པ་ལས་མ་གནང་སྟེ། །འུང་ནས་ལོ་ངམ་གྱིས་གསོལ་པ། དེ་ལྟར་ཕྱྀ་གནང་ན། །ལྷ་འི་དཀོར

11 མདུང་རང་འདེབས་དང། རལ་གྲི་རང་གཙོད་དང། ཁྲབ་རང་གྱོན་དང། ཕུབ་རང་བཟུར་ལ་སྐྱོགས་པ། འཕྲུལ་གྱི་དཀོར

12 ཆེད་པོ་མངའ་བ་འི་རྣམས་བདག་ལ་སྩལ་ན་ཕོད་ཅེས་གསོལ་ཏོ། དེ་ནས་ལྷ་འི་དཀོར་ཐམ་ཤད་སྩལ་ཏོ།

13 འུང་ནས་ལོ་ངམ་ཧ་རྗེ་ཡང། མཁར་མྱང་རོ་ཤམ་པོར་སྤྲར་མཆིས་སོ། བཙན་པོ་ཡང་མྱང་རོ་ཤམ་པོར།

14 གཤེགས་ནས། མྱང་རོ་ཐལ་བ་ཚལ་དུ་གཡུལ་ཐྲིས་ནས། །འུང་ནས་ཧ་རྗེ་འི་མཆིད་ནས། དབུའ་འཁྲིང་ཟང་ཡག་ཀྱང

15 གཆད་དུ་གསོལ། དབུའ་སྐས་སྟེན་དགུའ་ཡང་ཁ་ཐུར་དུ་བསྟན་དུ་གསོལ་ནས། དེ་རྣམ་གཉིས་ཀྱང་དེ་བཞིན

16 གནང་ངོ། །འུང་ནས་ལོ་ངམ་གྱིས་གླང་པོ་བརྒྱའ་ལ། གསེར་གྱི་མདུང་རྩེ་ཉིས་བརྒྱའ་རྭ་ལ་བཏགས་ཏེ། རྒྱབ་དུ་ཐལ

17 བ་བཀལ་ནས། གླང་ནང་འཐབ་སྟེ། ཐལ་བ་གཟོར་ནས། དེ་འི་ནང་དུ་ལོ་ངམ་གྱིས་བཀལ་ཏོ། བཙན་པོ་དྲི་གུམ་ལྡེ

18 གླ་གུང་རྒྱལ་གྱིས་གནམ་དུ་དྲངས་ན། ལོ་ངམ་གྱིས་མཆན་ནས་སྲེ་འུ་བྱུང་བས། ལྡེ་གླ་གུང་རྒྱལ་ནི་ཏི་ཙེ་གངས

19 ཅུམ་དུ་འཕངསྟེ་གཤེགས་སོ། །བཙན་པོ་དྲི་གུམ་ཡང་དེ་ཅུ་བཀྲོངས་ནས། སྤུར་ཟངས་བརྒྱའ་ཁ་སྦྱོར་གྱི་ནང

20 དུ་བཅུག་སྟེ་རྩང་ཆུ་འི་གཞུང་ལ་བཏང་ངོ། ཆབ་གཞུག་སེར་ཚངསུ་སླུ་འོད་དེ་བེད་དེ་རིང་མོ་འི་ལྟོར་གཤེགས་སོ

21 སྲས་གཉིས་ཀྱང་ཤ་ཁྱི་དང་ཉ་ཁྱིར་བཏགསྟེ་ཀོང་ཡུལ་དུ་སྤྱུགསྟེ་བཀྱེ་འོ། །འུང་གི་རྗེས་ལ་རྒྱ་མོ་རྒྱལ

བཞི་ཁྱུགས

22 དང། སྣ་ནམ་བཙན་བཞོང་རྒྱལ་གཉིས། །སྲིད་ཀྱི་ཁྲི་བོ་ཆེ་འོན་ཟུགས་ཡར་གྲུགས་དང། འཇང་གི་ཟུ་

ལེ་མ་འཇང་དང་

23 འོན་རྐུ་གཉིས་ཀྱི་སྲུ་ལ་དྲུག་བསྐུསྟེ། འཕྲང་པོ་འི་བྲག་གཡའ་བོ་འདའ་ནས། ཕོ་ལ་ལྟསུ་བལྟས་ན་

ལྟས་བཟང་སྟེ

24 ཡུལ་མྱང་རོ་ཤམ་པོ་དྲུང་དུ་ལྷགས་ནས། ཐབས་ཀྱིས་བསྒྱུད་དེ། ཁྲི་འི་སྲུ་ལ་དྲུག་ཡོད་པ་ད་ང་འི་ཧྲ་ཛིས་

ཁྲིད་ནས།

25 ཁྲི་བཟང་པོ་ལོ་ངམ་གྱི་ལགིས་བྱུགས་པ་དང། ང་འི་ཧྲ་ཛོས་ཁྲི་འི་སྲུ་ལ་དྲུག་བསྐུས་པས་ལག་པ་བྱུག་

སྟེ་བསད་དོ།

26 ཤ་ནླན་ནོ། །འུང་གི་འོག་དུ་བཀྲགས་ཀྱི་བུ་ལྷ་བུ་རྡུ་ལ་སྐྱེས་ཕ་ཚན་དང། །རྒྱ་ཕ་ཚན་དུ་འཐབས་སོ། རྒྱས་

27 བཀྲགས་རབས་བཆད། དྲུད་སྣ་ཕོ་ལོ། །བཀྲགས་ཀྱི་ཚུང་བ་གཅིག་བྲོས་ཏེ། ཕ་མྱིང་གི་ཡུལ་དུ་ཐར་ཏོ།

ལྟོ་ན་བུ་ཁྱེར་ཏེ

28 སོང་བ་བྱུང་ངོ། །བུ་སྲུས་ལ་འགྲེང་ནུས་ཙམ་ནས། མ་ལ་མྱི་གང་བྱ་གང་ལ་རྗེ་བོ་ཡོད་ན་ང་འི་རྗེ་བོ་

གར་རེ། མྱི་གང

29 བྱ་གང་ལ། ཕ་ཡོད་ན་ང་འི་ཕ་ག་རེ་ཞེས་ཟེར་ཏོ། ང་ལ་སྟོན་ཆིག་ཅེས་མཆི་ན། མ་འི་མཆིད་ནས། མྱི་འུ་ཚུང་ཁ

30 མ་ཆེ་ཤིག། རྟེ་འུ་ཙུང་ཁ་མ་དྲག་ང་མྱི་ཤེས་ཤེས་བྱས་ན། སྲུས་ཀྱི་བུ་ངར་ལེ་སྐྱེས་ཀྱི་མཆིད་ནས། ང་ལ་མྱི

31 བསྟན་ན་ཤིར་འགྲོ་ཞེས་བགྱིས་པ་དང། མས་ཀྱང་གདོད་བསྟན་ཏེ། ཁྱོད་ཀྱི་ཕ་ནི་རྒྱས་བསད་དོ། །

ཁྱོད་ཀྱི་ཇོ་བོ

32 བཙན་པོ་ནི། ལོ་ངམ་ཧྲ་ཛོས་བཀྲོངསྟེ། སྲུར་ནི་ཟངས་བརྒྱའ་མ་ཁ་སྦྲོད་ཀྱི་ནང་དུ་བཙུག་སྟེ། རྩང་པོ་འི་

33 གཞུང་ལ་བཏང་ངོ། ཆབ་གཞུག་སེར་ཚངས་སུ། སྲུ་འོ་དེ་རིང་མོ་འི་ལྟོར་གཤེགས་སོ། །སྲས་མཆེད

34 གཉིས་ནི་ཤ་ཁྲི་དང་ཉ་ཁྲིར་བཏགསྟེ། ཀོང་ཡུལ་དུ་སྐྱུགསྟེ་བཀྱེ་འོ། །འུང་ནས་སྲུས་ཀྱི་བུ་ངར་ལ་སྐྱེས་

35 ཀྱི་མཆིད་ནས། ང་མྱི་རླགི་ནི་ཐེས་གཙོད། ཆུ་རླག་གི་ནི་དབྲེས་ཆོལ་དུ་འགྲོ་ཞེས་མཆི་ནས། ཆསྟེ་སོང་ངོ།

36 ཀོང་ཡུལ་བྲི་སྣར་དུ་སྲས་ཤ་ཁྲི་ཉ་ཁྲི་དང་ཡང་མཇལ་ལོ། །སྲུ་འོདེ་བེད་དེ་རིང་མོ་དང་ཡང་མཇལ་ལོ། །

བཙན

37 པོ་འི་སྲུར་ཇི་འདོད་པས་བླུ་ཞེས་བྱས་ན། གཞན་ཇི་ཡང་མྱི་འདོད། མྱི་འི་མྱིག་བྱ་མྱིག་ལྟར་འདུག་པ་འོག་

ནས་འགེབས

38 པ་གཅིག་འདོད་ཅེས་ཟེར་ནས། །སྲུས་ཀྱི་བུ་དར་ལ་སྐྱེས་ཀྱིས། གནམ་མཐའ་བཞིར་བཙལ་ཀྱང་མྱི་འི་མྱིག
39 བྱ་མྱིག་དང་མཚུངས་འོག་ནས་འགེབས་པ་མ་རྙེད་ནས། བརྒྱགས་ཆད་ལྷམ་བུག་སྟེ། སླར་མ་འི་གན་
དུ་འོངས་
40 ནས། མྱི་རྣག་གི་ནི་རྗེས་ཆོད། ཆུ་རྣགི་ནི་དབྱེས་ཀྱང་རྙེད་དོ། སྲས་ཤ་ཁྲི་ཉ་ཁྲི་དང་ཡང་མཇལད།
ཀླུ་འོ་དེ་རིང་
41 མོ་དང་ཡང་མཇལ་ན། སྲུར་གྱི་ཀླུད་དུ། མྱི་འི་མྱིག་བྱ་མྱིག་དང་མཚུངས་འོག་ནས་འགེབས་པ་གཅིག་འདོད
42 ཆེས་ཟེར་ན་མ་རྙེད་ཀྱིས། ད་དུང་ཆོལ་དུ་འགྲོ་དགོས་ཀྱིས། བརྒྱགས་ཐོག་ཤིག་ཅེས་མཆི་ནས་སོང་ངོ། །
43 གང་པར་འཕྲུན་གྱི་འོག་དུ་ཕྱིན་ན། ཆོ་མྱི་བྱ་འི་བུ་མོ་ཞིག་ཡུར་བ་བྱེད་པ་འི་གན་དུ་སོང་ན། བུ་ཁུ་ལྡོ་ན
44 འདུག་པ་ཞིག། མྱིག་བྱ་མྱིག་དང་མཚུངས་འོག་ནས་འགེབས་པ་གཅིག་འདུག་ནས། དེ་བླུ་ན་ཇི་འདོད
45 ཅེས་མ་ལ་དྲིས་ན་། མ་ན་རེ་གཞན་མྱི་འདོད། ནམ་ནམ་ཞ་ཞར། བཙན་པོ་རྗེ་དབྱལ་ཞིག་ནོངས་ན།
ཐོར་ཧོ་འཕྲེན
46 མོ་ནི་བཅིངས། ངོ་ལ་མཆིལ་གྱིས་བྱུགས། ལུས་ལ་ནི་བཞགས། བཙན་པོ་འི་སྲུར་ལ་ནི་འཚོག །མྱི་ལ་འཕྲོག་
47 ཆོམ། ཟས་ལ་ནི་ཟ་འཕྲུང། དེ་ལྟར་བྱ་འམ་མྱི་བྱ་ཞེས་མཆི་ནས། དེ་བཞིན་བགྱི་བར། མནའ་བཆད་མཐོའ་
48 བཆད་། དམ་བསྒྲིས་ཚིག་བགྲིས་ནས། །ཆོ་མྱི་བྱ་འི་བུ་མོ་ཁྲིད་དེ་སོང་ངོ། །ཀླུ་འོ་དེ་རིང་མོ་འི་ལྟོར་སྲུར་
ཀྱི་ཀླུད་དུ་
49 བཙུག་སྟེ་བཏང་ངོ། ཉ་ལྷ་གཉིས་ཀྱིས་བཙན་པོ་འི་སྲུར་བཟུང་ངོ། གུང་ཧོ་བླ་འབུབས་ཀྱི་མགུར་དུ་བང་
སོ་བརྩིགསོ
50 གཙུང་ཉ་ཁྲི་ནི་ཡབ་ཀྱི་མདད་གཏོང་ངོ། གཅེན་ཤ་ཁྲི་ནི་ཡབ་ཀྱི་སྐུ་མཚལ་གཉེར་དུ་གཤེགས་སོ། ཉ་ཁྲི་ནི་
51 རྐོང་དཀར་པོ་ལགསོ། དམག་སུམ་སྟོང་སུམ་རྒྱ་ཞིག་དང་ཆསྟེ་གཤེགས་སོ། མཁར་ཕྱིང་བར་གཤེགས་སོ།
ཡུལ་ཡབ་
52 ཀྱི་རྗེ་མྱི་བཞུགས་ན་། ཕྱི་འབྲོག་གདེངས་ཕྱོལ་ཕྱོལ་གྱི་ཆ་འོ། དོག་ཡབ་ཀྱི་ཆར་མ་མཆིས྄། ས་འོན་བུ་
སྲུར་
53 ཁོག་ཁོག་ཅེས་གསུངས་སོ། མེན་པ་འཕྲེང་བ་འི་ལ་འདའསོ། ཧིང་སྲུབ་རོང་རིངས་འདའས་སོ། བ་།
54 ཆོས་གུང་དང་དུ་གཤེགས་སོ། ཀྱུང་རོ་ཤམ་པོར་གཤེགས་ན། ཡོ་ངམ་ཕོ་བརྒྱའ་ནི་ཟངས་བུ་བརྒྱའ་སླད་ལ་
55 ཕུབ་ནས་ལྡེབསྒྱུ། །ཡོ་ངམ་མོ་བརྒྱའ་ནི་སྣང་ང་ཐང་ལ་བཆར་ཏེ་དོག་གོ །ཀྱུང་རོ་ཤམ་པོ་ཕབ་བོ།
56 འཁྱིང་ནི་བཙོན་དུ་བཟུང། །དུད་ནི་མནངསུ་བཆད་ནས། བ་ཆོས་གུང་དང་དུ་གཤེགསོ། མགུར་འདི་ཞེས

57 གསུངསོ། འ་བ་ཉི་ཉེ་པ་ཉིད། བྱ་རོ་རོ་ན་མདུང་གི་རྩེ་རང་ཞིག །ཡོས་རོ་རོ་ན་ལྷམ་གྱི་གོང་ར་ཞིག །
བརླའ་
58 བརྡུངས། སྲུར་བཏབ། འོ་དེ་མྱེད་སྲུ་དེ་མྱེད་ཆེས་གསུངས་སོ། སླར་ཕྱིང་བ་སྣག་རྩེར་གཤེགས་སོ།
59 ཡུལ་ཡབ་ཀྱི་རྗེ་ཏུ་གཤེགས་སོ། ཡུལ་ཕྱི་འཕྲོག་གདེངས་མྱི་ཕྱོལ་གྱི་ཆ་འོ། དོག་ཡབ་ཀྱི་ཆབ་མཆིས་
60 ཀྱིས། ས་འོན་བུ་སྲུར་མྱི་ཕོག་གི་ཆ་འོ། དེ་ཞེས་མགུར་གསུངསོ། སྤྱིད་པོ་འོག་གཟུགས་ན། ཟངས་རྫ་
61 བླ་ནས་ཕབ་སྟེ། རྗེ་ཏུ་གཤེགསོ། །བཤོས་ན་ནི་སྲུ་དེ་གུང་རྒྱལ། གྲོངས་ན་ནི་གྲང་མོ་གནམ་བསེའ་
62 བརྩིག། འཕྲིང་མགོ་ནག་གི་རྗེ། དུད་རྫོག་ཆགས་ཀྱི་རྗེན་ དུ་གཤེགསོ། །
63 ༄ : ། བཙན་པོ་ལྡེ་སྤྲུ་བོ་གནམ་གཞུང་རྩན་གྱི་རིང་སླན་ཆད། །བློན་ཆེ་བགྱིས་པ་འི་རབས་ལ། །གནའ་ཐོག་
64 མ་འདའར་ཀྱི་བུ་སྟོང་དང་རྗེས་བྱས་ཏེ། །འཛངས་ལ་དཔའ་འོ། །བློ་བ་ཡང་ཉེ་འོ། །དེ་འི་འོག་ཏུ་རྗེགས། །
65 དུད་ཀྱི་རྗེས་བྱས་ཏེ། །དཔའ་ལ་འཛངསོ། །དེ་འི་འོག་ཏུ་ཁྲུ་ལྷ་བོ་མགོ་གར་གྱིས་བྱས་ཏེ། །དགྲ་ལ་དབླ
66 ཞིང་སྙིང་ཤེས། མྱིག་རྣོ། །དེ་འི་འོག་ཏུ་ལྡོ་ཐང་འབྲིང་ཡ་སྟེངས་ཀྱིས་བྱས་ཏེ། །ཕྱི་འི་དགྲ་ཐུབ། །
67 ནང་གི་ཁབ་བསོ་མཐོལ། །དེ་འི་འོག་ཏུ་རྗེགས་ཐ་ང་ཡོང་ཐང་རྗེས་བྱསྟེ། །དཔའ་ཞིང་འཛངསོ། །
68 དེ་འི་འོག་ཏུ་གནུབས་སྨོན་ཧོ་རེ་སྲུང་བརྩན་གྱིས་བྱས་ཏེ། །སྙིང་ཤེས་མྱིག་རྣོ། །དེ་འི་འོག་ཏུ་མཐོན་མྱི་འབྲིང་
69 པོ་རྒྱལ་བཙན་ནུས་བྱས་ཏེ། །དཀའ་ཆེད་པོ་བྱས་ནས། །པོ་ན་འི་སྲིང་མོ་མཐོན་མྱི་ཟ་ཡར་སྟེབ། དུག་བསྐུར།
70 ཏེ་བཏང་བ་ལས། །མོ་ན་དུག་འཕྲུངས་ནས། །བཙན་ནུ་བཀུམ་བ་ལགསོ། །དེ་འི་འོག་ཏུ་སྣ་ནམ། །
71 འབྲི་×ང་ཧོག་རྗེས་བྱས། །དེ་འི་འོག་ཏུ་གནུབས་ཁྲི་དོ་རེ་མཐོང་པོས་བྱས། །དེ་འི་འོག་ཏུ་གནུབས།
72 ཁྲི་དོག་རྗེ་གཙུག་བློན་གྱིས་བྱས། །དེ་འི་འོག་ཏུ་གནུབས་མཉེན་ཧོ་རེ་ངན་སྣང་གིས་བྱས། །དེ་འི་འོག
73 ཏུ་ཤུད་པུ་རྒྱལ་ཧོ་རེ་ང་མྱིས་བྱས་ཏེ། །འདི་ཡན་ཆད་ཀྱི་བློན་པོ་འཕྲུལ་དང་ལྡན་ཏེ། ལྟག་བརྟན་དང་འདོམ། །
74 སྟེ། །འཛངས་ཀྱང་ཚད་མྱེད་དོ། །མྱི་དེ་ལྡེ་བུ་མ་སྐྱེས་པ་ཙམ་གྱི་ཚོད་དོ། །དེ་འི་འོག་ཏུ་མོང།
75 ཁྲི་དོ་རེ་སྣང་ཚབ་ཀྱིས་བྱསྟེ། །འཛངས་ཀྱི་ཚད་ནི། །རྩང་བོད་ཀྱི་ཛོ་བོ་མར་མུན་བརླགས་ཏེ།
76 དཀའ་ཆེད་པོ་བློད་པ་འི་ཚེ། །དིང་ཕོ་ཉ་ཞིག་རིངས་པར་འོང་བསླམ་གིས། །ཕོ་ཉ་འི་ལན་མྱུར་དུ།
77 བགྱི་འཚལ་ཞེས་མཆི་ནས། །པོ་ཉ་འི་ལན་ཇི་ལ་མ་རག་པར་བྱས་པ་ལས། །ཞང་གི་རྗེས་ལའ། །
78 ཕོ་ཉ་མཆིས་ནས། །གསོད་བྱ་མྱི་དགོས་པར། །སྟར་སུག་ལས་བགྱིས་ལགསྟེ། །ཞང་ཙམ་མོ། །
79 དེ་འི་འོག་ཏུ། །མགར་ཁྲི་སྒྲ་འཛི་རྨུན་གྱིས་བྱསྟེ། །འཛངས་རྒྱ་དང་ལྟག་བརྟན་ནོ། །འདྲོན་པོ་མྱི།
80 གསུམ་འགྲོགས་ཏེ་འགྲོ་ན། །འདྲོན་པོ་ཐོག་མ་འི་སྙིང་ལ་འདི་སེམས། །བར་མ་འི་སྙིང་ལ་འདི། །
81 སེམས། ཐ་མ་འི་སྙིང་ལ་འདི་སེམས་ཤེས། །གྲོགས་པོ་ལ་གཏམ་བྱས་པ་དང་། །བདེན་ནམ་བརྫུན།

82 འདྲོན་པོ་གསུམ་ཁ་བཀལཏེ་རྨས་ན། །ཁྲི་སྲ་འཛི་རྨུན་མཆི་བ་བཞིན་མད་དེ། །འཛངས་ཀུད་། །

83 ནྀ་དེ་ཙམ་མོ། །དེ་འི་འོག་ཏུ་མྱང་མང་པོ་རྗེ་ཞང་སྣང་གིས་བྱས་སོ་། །བཙན་པོ་ཡབ་ཁྲི་སློན་བཙན། །

84 དགུང་དུ་གཤེགས། །སྲས་ཁྲི་སྲོང་བརྩན་གྱི་རིང་ལ། །མྱང་མང་པོ་རྗེ་ཞང་སྣང་གིས། །སུམ་ཁམས་

85 ཐམས་ཤད་འབངས་སུ་དགུག་པར་བཀའ་སྩལ་ཏོ། །མྱང་མང་པོ་རྗེ་ཞང་སྣང་གིས། །འཛངས་ཀྱི

86 གློ་སྒྲུ་གཉིས་ཀྱིས། །མྱི་ཧ་གཉིས་ཚོགས་མ་བྱུང་བར། །དཔྱའ་ཕབ་ལུག་ཧུག་གི་སྒྲུ། །ཕྱི་ཐོར་ཏོ་

87 ལ་བརྫོད་དེ་། །འབངས་གཉུག་མ་བཞིན་དུ་བཀུག་སྟེ་ཕུང་ཙམ་མོ། །དེ་འི་འོག་ཏུ་མགར་མང་

88 ཞམ་སུམ་སྣང་གིས་བྱས་སོ། །མང་ཞམ་སུམ་སྣང་དང། ཁུ་ཁྲི་སྐྱ་དགྲུའ་ཟུང་གཉིས་། རལ་གྱི་དང་བརྡའ

89 སྤྲད་ཆེས་བགྱིས་ཏེ། །གནའ་བཙན་པོ་འབྲོ་མཉེན་གྱི་རིང་ལ། །མཐོན་མྱི་འབྲིང་པོ་རྒྱལ་བཙན་

90 ནུས་བློན་ཆེ་བགྱིས་པ་ན་ཡང། །གློ་བ་རིངས་པར་། །མགར་མང་ཞམ་སུམ་སྣང་རལ་གྱི་དང།

91 བརྡའ་སྤྲད་དེ་ཚོར་བ་སྐད་དུ་བགྱིས་ནས། །བཟུང་སྟེ་བཀྱོན་ཕབ་པ་ན་ཡང། །གཤེད་མ་མང་ཞམ་སུཾ། །

92 སྣང་གིས་བགྱིས་ཏེ། །བགུཾ་ནས། །མགོ་བཆད་པ་ཐོག་ཆེས་བླངས་ཏེ། །སྐམ་སྤྲག་དུ་བཙུག་ནས། །

93 གོམ་པ་ལྔ་དྲུག་ཙམ་ཕོར་བ་དང་འགྲེལ་བ་སྐད་བྱ་འོ། །དེ་འྀ་འོག་ཏུ་ཁྱུང་པོ་སྤུང་སད་ཟུ་ཙེས།

94 བྱས་པ་ལས། །འོ་མལྡེ་ལོད་བཙན་དང་རིགས་མ་མཇལ་ནས། །མཁར་ཁྲི་བོམས་སུ་མཆིས་ཏེ། །ཁྲི་བོམས་

95 དཀའ་གང་ཕུབ་ནས། བཙན་པོ་སྲོང་བརྩན་སྟོན་མོ་གསོལ་བར་བྱས་ཏེ། །གློ་བ་རིངས་པ་། མགར་

ཡུལ་ཟུང་

96 གིས་ཚོར་ནས། རང་གི་མགོ་བཆད་དེ་གུམ་མོ་། །སྤུང་སད་ཟུ་ཙེ་འཛངས་ཀུད་ཀྱི་ཚད་ནི། །རྟེས་ཤྲ་གསུམ

97 ཞལ་ཅེ་ཤྲ་བཞི་ཡང་རྣ་བས་ཉན་ཞིང་གཅོད། མྱིག་མངས་ཤྲ་ཆིག་ཀུང་ལྟ་ལ་རྩེ་ན། རྒྱལ། །བྱ་ཕྱུག་རོན་

98 ཁྱུ་གཅིག་ནམ་ཀ་ལ་འཕྱུར་བ་ཡང། གཅིག་གཉིས་གསུམ་བཞི་ལྔ་དྲུག་ཆེས་བགྲགས་། བྱ་ཕྱིར་འཕྱུར་

99 བ་ཡངབགྲངས་པ་ལས་། །བྱ་ཆིག་མ་ཚང་ན། །ཁྲམ་བསད་པ་འདྲའས་ལྟོས་ཤེས་མཆི་ནས། །མྱི་

100 ཡོངས་ཀྱིས་བལྟས་པ་ལས། །བྱ་ཆིག་ཁྲམ་བཀུམ་སྟེ། །སྤུང་སད་ཟུ་ཙེ་ལྟེ་བུ། ཚོར་སྐྱེན་ལ་དཀའ་ཆེ། །

101 སྙིང་འཛངས། །མྱི་ཆིག་ལ་ཚོགས་དགུ་ཚོགས་ན་། །ཟུ་ཙེ་ལྟེ་བུ་སུ་ག་ལ་ཡང་མྱེད་དོ། །དེ་འི་འོག་ཏུ

102 མགར་སྟོང་རྩན་ཡུལ་ཟུང་གིས་བྱས་སོ། །ཡུལ་ཟུང་རྒས་ནས་། །འོ་མ་ལྡེ་ལོད་བཙན་བཙུག་གོའ། །

103 རིང་པོ་མ་རག་པར་གློ་བ་རིངས་ནས་བགུཾ་མོ། །འུང་ནས་བློན་སྟོང་རྩན་སྣར་བཙུག་སྟེ། ལོ་དྲུག་བགྱིས།

104 ནས་། །རྒས་ཏེ་གུཾ་མོ། །སྐྱིན་བར་ཞང་ལོན་ཕྲ་མོ་དང་འབངས་ཀྱིས་དཔྱའད་པ་ནི་། །དབའས་སུམ་སྣང།

105 བཙུག་ཀྲང་ཞེས་དཔྱད་དོ། །རྗེ་བློན་གསངས་སྟེ་བཀའ་བཏགས་པ་ནི་། །མགར་བཙན་སྣ་ལྡོམ་བུ་ཧ་ཁྲ།

106 མཚྭངས་རིགས་ཀྱིས་བློན་ཆེར་བཙུག་གོ། །བློན་ཆེ་འི་ལུགས་སྙིབ་པ་འི་འོག་པོན་། དབའས་སུམ་

107 སྣང་གིས་བྱས་ཏེ། སུམ་སྣང་གུམ་ནས། །ཀློན་བཙན་སླ་ཞོམ་བུས་བྱས་སྙོ། །དེ་འི་འོག་དུ་ཁུ་མང་པོ་
108 རྗེ་ལྷ་ཟུང་གིས་བྱས་སོ། །ལྷ་ཟུང་བཀྱོན་ཕབ་ནས། །དབའས་ཁྲི་གཟིགས་ཞང་ཉེན་གྱིས་བྱས་སོའ། །
109 དེ་ནས་མགར་ཁྲི་འབྲིང་བཙན་བྲོད་ཀྱིས་བྱས་སོ། །དེ་འི་འོག་དུ་དབའས་ཁྲི་སུམ་རྗེ་རྩང་བཞེར་གྱིས།
110 བྱས་སོའ། །དེ་འི་འོག་དུ་ཅེགས་མང་ཞམ་སྟག་ཚབ་གྱིས་བྱས་སོ། །དེ་འི་འོག་དུ་དབའས་སྟག་
111 སྒྲ་ཁོང་ལོད་ཀྱིས་བྱསཏེ། །བཀྱོན་ཕབ་ནས། །འབྲོ་ཅུང་བཟང་འོར་མང་གིས་བྱས་སོ། །དེ་འི་འོག
112 དུ་འབལ་སྐྱེ་ཟང་ལྡོང་ཚབ་ཀྱིས་བྱས་སོ་། སྐྱེ་ཟང་ལྡོང་ཚབ་བཀྱོན་ཕབ་ནས། །དབའས་སྣང་བཞེར་
113 ཟུ་བརྩན་གྱིས་བྱསོ། །དེ་འི་འོག་དུ་མགོས་ཁྲི་བཟང་ཡབ་ལག་གིས་བྱས་སོ། །དེ་འི་འོག་དུ།
114 མཆིམས་ཞང་རྒྱལ་ཟིགས་ཤུ་ཏེང་གིས་བྱས་སོ། །དེ་ནས་ངན་ལམ་སྟག་སྒྲ་ཀླུ་གོང་གིས་བྱསོ། །
115 དེ་འི་འོག་དུ་སྣ་ནམ་ཞང་རྒྱལ་ཚན་ལྷ་སྣང་གིས་བྱས་སོ། །དེ་འི་འོག་དུ་འབྲོ་ཁྲི་གཟུ་རམ་ཤགས
116 གྱིས་བྱསོ། །དེ་འི་འོག་དུ་དབའ་མང་རྗེ་ལྷ་ལོད་ཀྱིས་བྱས་སོ། །དེ་འི་འོག་དུ་འབྲོ་ཁྲི་སུམ་རྗེ་སྟག
117 སྣང་གིས་བྱས་སོ། །དེ་འི་འོག་དུ་དབའས་རྒྱལ་ཏོ་རེ་སྟག་སྣས་བྱས་སོ་། །

118 ༄། །མཁར་ཕྱིང་བ་སྟག་རྩེ་ན་ནི་རྒྱལ་སྟག་བུ་སྙ་གཟིགས་བཞུགས། །ཉེན་ཀར་རྙིང་པ་ནི་ཟིང་པོ་རྗེ་སྟག་སྐྱ་པོ་མཆིས། །

119 སྤུར་བ་འི་ཡུ་སྣ་ན་ནི་། །ཟིང་པོ་རྗེ་ཁྲི་པངས་སུམ་མཆིས། །འུང་ནས་ཟིང་པོ་རྗེ་སྟག་སྐྱ་བོ་ལྟ་ཞིག། །ཛེ་ལ་ཡང་

120 ཡོག་པ་གཉེན་ཕྱོགས་ཤེ་དག་བྱེད་དེ། །ཉེས་པ་ནི་ཞིགས་པར་བཅུག །ཞིགས་པ་ནི་ཉེས་པར་བཅུག་གོ། །འཛོཧྣ་

121 པ་སྙིང་ཉེ་བ་། །ཞིགས་པ་འི་སྲིད་བྱས་བློ་བརྟན་པ་ནི་མྱི་ཉན་། །མྱི་གཙམ་བུ་གསགི་ངོ་ཟ་རི་བྱེད་པ་འི་ཚིག་ནི་། །

122 ཆེད་དུ་ཡང་ཉན་ཏོ། །མྱི་འདི་ལྟེ་བུ་འི་ཡུས་བྱུང་ངོ། །མྱི་འཛངས་པ་དྲང་མཁྲང་བྱེད་པ་དང་། དཔའ་བོ་ཆུ་གང་བྱེད་པ།

123 ལ་སྣང་སྟེ། རི་མོ་བསྐྱངས། །མ་འོས་པ་འི་ཚད་པ་ནི་ནན་ཆེ་འོ། །མྱི་མཁོའ་བ་འི་ལས་ཀྱི་སྣ་གྲངས་ནི་མངས་སོ། །

124 འུང་ལྟར་ཟིང་པོ་རྗེ་སྟག་སྐྱ་བོ་། །ཆོས་ལོག་ཆེང་སྲིད་གྱུར་པས། །རྗེ་བོ་ཉེས་དགུའ་བྱེད་པའ། །མྱི་ཆིག་གིས། །

125 མཐོང་ཡང་། །ཉེ་པ་འི་བློ་གདབ་དུ་མ་འོས་པ་འི་ཚད་པ་ནན་ཆེས། ཚིག་དྲག་གིས། །ངེ་ག་སུས་ཀྱང་བློ་གདབ།

126 མ་ཕོད་དོ། །རྫོ་བོ་ནི་ནླ་ན་གཟུམ་མོ། །ཁོལ་པོ་ནི་འོག་ན་སླག་གོ། །རྫོ་བོ་ནི་ནླ་ན་སྨྱོ། ཁོལ་པོ་ནི་འོག། །

127 ན་གྲམ་མོ། །གཅིག་ལ་གཅིག་སླིང་སྨྲ་བརྟན་ཏེ། །ཐ་དད་དུ་སེམས་སོ། །ཇོ་བོ་ཐིང་པོ་རྗེ་ངན་ཞན་ཏེ། །

128 ཇེ་ལ་ཡང་ལོག་པ་གཞིན་ཕྱོགས་ཉེས་དགུར་བྱེད་པས། །ཡུལ་གྱི་སྲིད་ཀྱང་དམའས་སོ། །སྨྲི་ཡོངས་ཀྱང་
རྗེ་བོ།

129 ལ་འཁང་ངོ། །ཨུང་ནས་ཐིང་པོ་རྗེ་སྟག་སྐྱ་བོ་འི་བློན་པོ། །མཉན་འཛིཾ་ཟུང་ནག་པོས། །རྗོ་བོ་ལ་གསོལ་པ༹། །

130 རྗོ་བོ་ཇེ་ལ་ཡང་ལོག་པ་གཞིན་ཕྱོགས་མཛད་པས། །སྐོལ་ཀྱི་སྲིད་ནི་སྲིད་དུ་མ་རུང། ཆོས་ནི་ཆོས་སུ་

131 མ་རུང་སྟེ། ཡུལ་གྱི་སྨྱི་དབུལ། ཉམས་ཀྱི་སྲིད་དམའ་སྟེ། ན་མོ་བརླག་ཐིན་ན་ཇེ་ནོངས་ཤེས་གསོལ་ནས།

132 ཨུང་ནས། ཐིང་པོ་རྗེ་སྟག་སྐྱ་བོ་ཉན་དུ་མ་རུང་སྟེ། །འདི་སྐད་ཐེར་བ་ཉེས་སོ་ཞེས། །འཛིཾ་ཟུང་བློན་པོ་ལས།

133 ཕྱུང་ངོ། །ཨུང་ནས་འཛིཾ་ཟུང་མ་རངས་སྟེ། །ཐིང་པོ་རྗེ་ཁྲི་པངསུམ་ལ་ལྟས་ནས། །ནག་པོ་འབྲུསཏེ།

134 སྐྱ་བོ་བསད། དྲི་ཨུ་རྒལ་ཏེ་བསེའ་སྣ་བཆག་གོ། །སྟག་སྐྱ་བོ་འི་ཡུལ་། ཡུལ་ཡེལ་རབ་སྡེ་བཞི་ཐྰ། །

135 ཀླུམ་ཡ་གསུམ་། །ཐིང་པོ་རྗེ་ཁྲི་པང་སུམ་གྱིས། འདུས་སོའ། །དེ་འི་དཀུའ་འགེལ་དུ་མཁར་

136 སྟར་བས་བཆད་དེ། ཀླུམ་ཡ་སུམ་གྱི་སྣད་། །མཉན་འཛིཾ་ཟུང་གི་ཐྲན་དུ་དངར་ཏོ། །ཐྲན་གྱི་ས་

137 རིས་ཀྱི་ནང་དུ། །མྱང་ནམ་ཏོ་རེ་ཁྲུ་གུ་དང། སྣོན་ཏོ་རེ་ཙེང་སྐུ་སྤད་ཀྱང། །འཛིཾ་ཟུང་གི་ཐྲན་དུ་བཆད་དོ། །

138 ཨུང་ནས་། འཛིཾ་ཟུང་གི་ཆུང་མ་པ་ཙབ་ཟམས། །མྱང་ཐྲན་བྱེད་པ་ལ། །དྲིགས་བཀུར་ཏེ་། །ཕྱིག་བསྔོལ་།
སྤུ་བསྟན།

139 ནས། མྱང་ཙེང་སྐུ་མ་རངས་ཏེ་། །ཐིང་པོ་རྗེ་ཁྲི་པང་སུམ་ལ་། །མཉན་གྱི་ཐྲན་བྱེད་སྨྲི་ཕོད་ཆེས་འཁངས།

140 སྟེ་གསོལཏོ། །ཐིང་པོ་རྗེ་ན་རེ། །མཉན་འཛིཾ་ཟུང་ལས་ང་ལ་སྙིང་ཉེ་མྱེད་པ་འི་ཐྲན་དུ། །ཕྱོན་འདད་འ་མ

141 རན་པ་མྱེད་དོ། །རྗོ་མོས་ཕྱིག་བསྔོལ་སྤུ་བསྟན་བ་བས། །ཁར་གླན་ཡང་རྗོ་མོ་དབང་གིས། །ཉེས་པ་

142 མྱེད་དོ་ཞེས་བསྒོ་སྟེ་། གསོལ་བ་མ་གནང་ངོ། །ཨུང་གི་ཚིག་དེས་ཙེང་སྐུ་ཤིན་དུ་མ་རངས་སྟེ་ཡི་ཆད་དོའ། །

143 ཨུང་གི་རྗེ་ལ། །ཐིང་པོ་རྗེ་འི་མདན་དབའས་བཞོས་ཏོ་རེ་ཁྲུ་གུ་དང། །གཤེན་ཁྲི་བཞེར་འདྲོན་གོང་གཉིས།

144 འཕྲིན་བ་འི་རྫིང་ཀར་འཐབས་ནས། །གཤེན་ཀྱིས་དབའས་བསད་དོ། །དབའས་ཀྱི་ཕོ་བོ་ཕངས་ཏོ་རེ་
དབྱི་ཚབ་ཀྱིས།

145 ཐིང་པོ་རྗེ་ལ། ནུ་བོ་གཤེན་ཀྱིས་བསད་པ་འི་སྟོང་ཇི་གནང་ཞེས་གསོལ་ནས། །ཐིང་པོ་རྗེས་། །གཤེན་
ཁྲི་བཞེར།

146 ཁོལ་ཚབ་ནང་བློན་བྱེད་པ་འི་རོ་མ་ཆོད་དེ་། །དགེ་བས་སྨྲི་དགེ་བ་བསད་ན། བསད་དུ་ཟད་དོ་ཞེས་
བསྒོ་འོ། །

147 འུང་གི་ཚིག་དེས། །དབྱི་ཚབ་ཤིན་དུ་མ་རངས་སྟེ་ཡི་ཆད་དོ། །འུང་ནས་སྦྱང་དབའས་གཉི་ཀཱ་ཡི་ཆད་དེ། །འགྲོགྲྭ།

148 སྟེ་དོང་ངོ། །དབྱི་ཚབ་ནི་སྦྲ། ཅེང་སྐྱ་ནི་འཕྱི་སྟེ། །ཁྲིམ་དུ་དོང་ངོ། །ཅེང་སྐྱ་གཅིག་པུ་ཕྱི་ན་ཚུར་སྦྲ་སྟེ། ཆབ་ཆབ

149 ནི་ཕ་རོལ་ན། །ཡར་ཆབ་ནི་ཕ་རོལ་ན། །སྨྱི་འི་ནི་སྨྱི་བུ་སྟེ། །ལྷ་འི་ནི་སྲས་པོ་བཞུགས། །རྗེ་བདེན་ནི་བཀོལ།

150 དུ་དགའ། སྣ་བདེན་གྱིས་ནི་བསྟད་དུ་དགའ་ཞེས་སྙིང་ལ་སེམས་པ་ཁར་ཧོར་ཆེས་བྱུང་ནས། དབྱི་ཚབ་སྟུན་

151 ན་འགྲོ་བ་འི་ཐ་བར་ལྡངས་ཤེས་ཐོས་སྟེ། །དབྱི་ཚབ་གྱིས་ཚིག་དེ་ཧོག་ཅེས་བླངས་ནས། །ཅེང་སྐྱ་ཀྱོད་

152 ཟེར་བ་ལས་བདེན་བ་མྱེད་དོ། །ཁོ་བོ་ཡང་འདི་ལས་མ་རངས་པ་མྱེད་ཀྱིས། །ཁྱོད་སེམས་པ་དང་མྱི་འདྲའ

153 རེ་ཞེས་མནའ་བོར་རོ། །འུང་ནས། སྦྱང་དབའས་གཉིས་ཟིང་པོ་རྗེ་ལས་འཕྲུས་ཏེ། །བཙན་པོ་སྤུ་རྒྱལ་

154 ལ་སློབ་བ་ཉེ་བར་བྱས་ནས། མནའ་མཐོའ་ཡང་ཆེར་བཆད་དོ། །འུང་གི་འོག་དུ་དབའས་དབྱི་ཚབ་ཀྱིས། །ཞང་

155 པོ་མནོན་བཟང་ཏོ་རེ་སྒྲོན། །སློ་ལ་བཏགས་ཏེ། །མནའ་མཐོ་བཆད་པ་ལས། །བཟང་ཏོ་རེ་ཤི་ནས། བུ་པང་

156 སུམ་འཛོན་པོ། །ཟིང་པོ་རྗེ་འི་ནང་ཀོར་བྱེད་པ་སློ་ལ་བཏགསྟེ་མནའ་མཐོའ་བཆད་དོ། །སྦྱང་སྟོན་ཏོ་རེས།

157 ཚེས་པོང་ནག་སེང་སློ་ལ་བཏགས་ཏེ། མནའ་མཐོ་བཆད་དོ། །འུང་ནས་སྦྱང་དབའས་མནོན་དང་གསུཾ་གྱིས།

158 ཚེས་པོང་ནག་སེང་ལས་བྱིན་ཀྱིས། །སྤུ་རྒྱལ་སྟག་བུ་འི་སྙན་དུ་བོན་ནས། །བཙན་པོ་འི་ཞལ་ནས། །ང་འི་སྙིང་

159 མོ་ཞིག་ཀྱང་། ཟིང་པོ་རྗེ་འི་ག་ན་འདུག་མོད་ཀྱི། །ཁྱེད་ཟེར་བ་བཞིན་བྱ་འོ་ཞེས་བཀའ་སྩལ་ནས། །སྦྱང་

160 དབའས་མནོན་དང་གསུམ་། །བྲོ་ལེན་ཆེང་མཁར་ཕྱིང་བར་མཆིས་ནས། །ཉིན་ཞིང་ནི་ཕག་ཚལ་གྱི་ཤིང་

161 ཁུང་ན་སྐུགསོ། །མཚན་ཞིང་ནི་ཕྱིང་བར་མཆི་སྟེ། །དབུ་སྙུང་བྲོ་མནའ་གཙོད་པ་འི་ཚེ། ཡར་སྨྱི་འབངས

162 ཀྱིས་དཔྱད་པའ། །སྨྱི་བཟངས་ནི་ཧ་བཟངས་ཤིག། །ཉིན་ཞིང་ནི་ཕག་ཚལ་ན། མཚན་ཞིང་ནི་ཕྱིང་

163 བར་མཆིའོ། དགྲའ་འམ་ནི་ཟིན་ཅི་ཞུ་ཞེས་དཔྱད་དོ། །ཞང་གི་རྗེས་ལ། ཟིང་པོ་རྗེ་ལ་དྲ་མ་མ་དྲངས་ཕྱ།
164 རྒྱལ་སྟག་བུ་དགུང་དུ་གཤེགས་སོ། གདོད་མ་རྒྱལ་སྟག་བུ་འི་སླན་དུ་ནི། ཕྲིན་ཆོས་པོང་ནག་སེང་གིས།
165 བགྲིས་སོ། །དེ་ཙུན་ཆད་ནི་ཆོས་པོང་ནག་སེང་གི་བྲན། །སྤྱུག་གྲིམ་ཏང་རྨང་བུས་བགྲིས་སོ། །སྤྱུང་གྲིམ
166 ཏང་རྨང་བུ་བློ་ལ་བཏགས་ན། གཉིད་ལོག་པ་ན་བརྗོལ་གྱིས་དོགས་ནས། །ཁྲི་མོ་དང་མྱི་ཉལ་བར་རི་ལ་
167 ཉལ་ཞིང། ནུབ་རེ་མལ་རེ་འཕོའ་འོ། །ཁྲི་མོ་ལ་ཡང་ང་ལ་མཚར་གྱི་ཡི་དགས་ཤིག་བབ་ཀྱིས། །གསང་
168 ཐུབ་པར་གྱི་ཤིག་ཆེས་བཏམསོ། །ཞང་ནས་ཇེ་ཞིག་བྱིད་བྱིད་ནས། །ཁྲི་མོ་དང་གཉིས་ཀ་འཐབསོ། །
ཞང་ནས
169 ཁྲི་མོ་ན་རེ། །ཁྱོད་ལྟོ་བོ་ཆེ་ལ། ཡི་དགས་མ་བབ་ཀྱི། །ལྟོ་སྦྱོར་དུ་ངེས་སོ་ཞེས་བྱས་སོ། ཞང་ནས་དེ་འི
170 ནུབ་མོ་ནས་མོད་ལ་ངོ་བྱས་སྟེ། མཛའ་ནས། ནུབ་གཉིས་སུམ་ལྷན་ཅིག་ཉལ་བ་ལྟར་བྱས་སྟེ། །
171 ཁྲི་མོ་འི་ལྟེ་སོས་བཏབ་སྟེ། །དམུར་དམུར་ཏེ་བཆད་ནས། །ཁྲི་མོ་ཡང་ཤི་འོ། །ཞང་གི་འོག་དུ
172 ཟིང་པོ་རྗེ་ལ་མ་དྲངས་པར། །གྲིམ་ཏང་རྨང་བུ་ནད་ཀྱིས་བཏབ་སྟེ་རབས་ཆད་དེ་ཤི་འོ། །
173 ༄། །བཙན་པོ་སློན་མཚན་དང། སློན་ཀོལ་མཆེད་གཉིས་ཀྱིས། །མྱང་ཙེང་སྐུ་དང། དབའས་དབྱི་ཚབ་
དང། དབའས་མྱེས།
174 སྣང་དང། དབའས་པུ་ཚབ་དང། མནོན་འདྲོན་པོ་དང། ཆོས་པོང་ནག་སེང་དྲུག། །བྲོ་སྨྲལ་པ་འི་ཚིག་
ནི། །དེང་ཕན་ཆད། ཟིང་
175 པོ་རྗེ་རྒྱབ་དུ་མྱི་དོར་རོ། སྤུ་རྒྱལ་པང་དུ་མྱི་ལེན་རོ། །བཙན་པོ་སྤུ་རྒྱལ་ལ་གློ་བ་འདྲིང་རོ། །མཐང་
གྲང་རོ། མན་ངག་ཐུབ་པར་མྱི
176 འཚལ་རོ། ཕྱི་མ་ནང་འཚལ་རོ། སོམ་ཉི་བགྱིད་རོ། །བརྟུལ་ཕོད་པར་མྱི་འཚལ་རོ། །སྲོག་སྤོངས་འཚལ་
རོ། །བཙན་པོ
177 སློན་བཙན་གྱིས། །བཀའ་ཇེ་སྨྲལད་པ་བཞིན་མྱི་ཉན་རོ། གཞན་སུས་བསླུས་ཀྱང་ཉན་རེ་བར་བྲོ་
སྨྲལ་ཏོ། །མྱང
178 ཙེང་ཙུང་དང། མྱང་མུ་གསེང་དང། ཆོས་པོང་ན་གུ་དང། དབའས་མྱེས་སྣང། དབའས་པུ་ཚབ་རྣམས་བྲོ་
ལ་གཐོགསོ། །
179 དེ་ནས་དགུང་ཐུས་བགོས་སྟེ། སླར་མཆིས་སོ། །གཙུང་སློན་ཀོལ་དང། ཡུམ་སྟོང་ཙུན་གཉིས་ནི།
སླད་ན་ཡུལ་འཆོའ། །
180 ཞིང་བཞུགས་སོ། །བཙན་པོ་ཁྲི་སློན་བཙན་གྱིས། ཞབས་ཀྱིས་བཙུགསཏེ། དམག་ཁྲི་དང་ཚསྟེ་དྲངས་

སོ། །སྤྱང་ཅེང་སྐུ། །

181 དང། མཛོན་འཛོན་པ་གཉིས་ནི། །སྟག་པ་ཤ་ཏུ་ལ་རྩུན་ཆད། བྱ་གཙོད་ཆིང་ཉན་རྣར་བཀྱེ་འོ། །
དབའས་དབྱི་ཚབ་དང། །

182 ཆོས་པོང་ནག་སེང་གཉིས་ནི། བཙན་པོ་འི་སྤྱན་འདྲེན་ནོ། །ཚུ་བོ་ནི་རབ་ཏུ་བཏོད་དོ། ད྄་ལ་ནི་
དབྱེ་ཏུ་བཏིང་ངོ། མཁར་ཡུ

183 སྔ་ནི་ཕབ་བོ། །དགུ་གྲི་ཟིང་པོ་རྗེ་ནི་བཀླག་གོ། །མང་པོ་རྗེ་ཤུམ་བུ་ནི་ད྄་གུ་ཡུལ་དུ་བྲོས་སོ། ཕགི་
ཡུང་བ་སྔ་མན་ཆད། །

184 རྐོང་བྲེ་སྔར་ཡན་ཆད། བཙན་པོ་ཕྱག་དུ་བོན་ཏོ། །བཙན་པོ་ཁྲི་སློན་བཙན་གྱིས། བཀའ་སྩལ་ཏེ།
ཡུལ་ངས་པོ་ལས། །

185 འཕན་ཡུལ་དུ་སྤྱིང་སྤོས་སོ། །སྤྱང་དབའས་ཀྱིས། །མཆིད་བླངས་པ། །གཟུས་ནི་ལྷ་བོན་ཏོ། སློན་
མཚན་སློན་ཀོལ།

186 གཟུས་ནི་ལྷ་བོན་ཏོ། །ཕྲིན་བྱ་རྐོད་ཀྱིས་བཏགསྡེ། །ཆོས་པོང་ནག་སེང་གིས་བཏགས་སོ། རྗེ་བདེན་
གྱིས་ནི་བཀོལ་ཏོ།

187 སྨ་བདེན་གྱིས་ནི་བསྟད་དོ། །སྨྲི་སློན་ཏུམ་དུ་སྤུང་ངོ། །མཆེ་གཟུགས་ཏུམ་དུ་འབྲུངས་སོ། །དེ་ནས་
ཡུལ་ངས་པོ་འི།

188 འབངས། །དབའས་དབྱི་ཚབ་ལ་སྩོགས་པས། །བཙན་པོ་འི་མཚན་གསོལ་པ། །ཆབ་སྲིད་གནམ་བས་མཐོ། །

189 དབུ་རྔོག་རི་བས་བརྩན་ཏེ། །གནམ་རི་སློན་མཚན་དུ་བཏགསོ། །སྤྱང་དབའས་མནོན་དང་གསུམ་གྱིས། །

190 ཟིང་པོ་རྗེ་འི་སྲིད། །བཙན་པོ་སྤྲུ་རྒྱལ་གྱི་ཕྱག་དུ་དངར་ཏོ། །དེ་ནས་གནམ་རི་སློན་མཚན་གྱིས་ཕྱག་
ཞྭག་གིས། །

191 དྲས་ཏེ། སྤྱང་ཅེང་སྐུ་འི་བྱ་དགའར། །མཉན་འཛེ་ཟུང་གི་མཁར་སྟུར་བ་དང། ཐྲན་ཁྱིམ་སྟོང་ལྔ་བརྒྱའ་
སྩལཏོ།

192 དབའས་དབྱི་ཚབ་ཀྱི་བྱ་དགའར། །ཟ་གད་གཤེན་གྱི་ཡུལ་ས་དང། མལ་ཏྲོ་ཕྱོགས་ནས་ཐྲན་ཁྱིམ་སྟོང་ལྔ་
བརྒྱའ་སྩལ་ཏོ། །མནོན་འཛོན

193 པོ་འི་བྱ་དགའར། ཁོ་ན་འི་ཕུ་ནུ་པོ་མནོན་ལ་སྩོགས་པ་ཐྲན་ཁྱིམ་སྟོང་ལྔ་བརྒྱའ་སྩལ་ཏོ། །ཆོས་པོང་
ནག་སེང་གི་བྱ་དགཱར།

194 འོན་ཀྱི་སློན་མཁར་ནས། །ཐྲན་ཁྱིམ་སུམ་བརྒྱའ་སྩལ་ཏོ། །སྤྱང་ཅེང་ཙུང་དང། ཕ་སྤུན་པོ་མུ་གསེང་

གཉིས་ནི་དགུ་ལ། །
195 གཙོགས་སྟེ། དགུ་རྒྱལ་པ་འི་ནང་དུ་ཡང་གཙོགས་སོ། །དབའས་དབྱི་ཚབ་ཀྱི་ཚ་བོ། །སྟག་པོ་རྗེ་
མྱེས་སྣང་དང། མང་པོ
196 རྗེ་ཕྱུ་ཚབ་གཉིས་དགུའ་རྒྱལ་ལ་གཙོགས་སོ། །ཆོས་པོང་ནག་སེང་གི་ནུ་བོ་ན་གུ་དགུའ་རྒྱལ་ལ་
གཙོགས་སོའ། །
197 ཅུང་ལྷ་སྟེ། སྦྱང་དབའས་མཚོན་དང་གསུམ། ཆོས་པོང་པྲིན་དང་བཞིས། །སྙོ་བ་ཉེ་ནས། བྲན་ཁྲིམ་
མང་པོ་དང། །
198 ཡུལ་ཆེད་པོ་སྨལ་ཏེ། །བཙན་པོ་འི་སྙོན་པོར་བཙུག་གོ། །རྒྱལ་པོ་འདི་འི་རིང་ལ། །ཁྱུང་པོ་སྤུང་སད་ཀྱིས།
199 རྩང་བོད་ཀྱི་རྗེ་བོ་མར་མུན་མགོ་བཅད་དེ། །རྩང་བོད་ཁྲིམ་ཉེ་གྲི། །བཙན་པོ་འི་ཕྱག་དུ་ཕུལཏེ། ཟུ་
ཙེ་སྙོ་བ་ཉེ་བོ། །
200 ཅུང་ནས། བཙན་པོ་སྙོན་བཙན་གྱིས། །རྩང་བོད་ཁྲིམ་ཉེ་གྲི། །ཟུ་ཙེ་སྙོ་བ་ཉེ་བ་འི་བྱ་དགའར་སྩལ་
ཏོ། །ཅུང་གི་འོག་དུ། །
201 བཙན་པོ་མཆེད་གཉིས་ལ། མོང་སྙོན་པོ་སྙོ་བ་རེངས་པ། ཟུ་ཙེ་སྙོ་བ་ཉེ་བས་དགུའ་བེལ་ནས། །བཙན་
པོ་མཆེད
202 གཉིས་ཀྱི་སྐུ་ལ་མ་དར་པར། །མོང་སྙོན་པོ་བཀུམ་སྟེ། །ཟུ་ཙེ་སྙོ་བ་ཉེ་བོ། །ཟིང་པོ་རྗེ་སྲིད་བརླག་པ་འི་
སྙོ་ལའ།
203 གཙོགས་ཏེ། །ཟུ་ཙེ་སྙོ་བ་ཉེ་བོ། །ཅུང་གི་རྗེས་ལ་དགས་པོ་འབངས་སུ་མངའ་བ་ལས་ལོག་གོ། །ཅུང་
ནས་རྗེ
204 སྙོན་ཡོངས་སུ་འདུས་ཏེ། །དགས་པོ་ལྷ་དེ་དགུག་པ་འི་བཀའ་གྲོས་མཛད་ནས། དམག་པོན་སུས་བྱ་
ཞེས་སྙོད་ན། །
205 སེང་གོ་མྱི་ཆེན་གྱིས། །ཁོ་བོས་རྗེ་ཐོག་ཆེས་ཁས་བླངས་སོ། །ཅུང་ནས་ཁྱུང་པོ་སྤུང་སད་ན་རེ། །ཁྱོ་
འདའས།
206 དམག་པོན་འོང་ངམ། །མྱི་འཛངས་པ་གོ། །སྙི་ཨུ་ནང་དུ་སྦྱང་བུ་བཙུག་པ་དང་མཚུངས་ཤེས་བྱ་ན། །
ཁྱོ་འདའ།
207 བཙན་པོ་འི་སྣམ་ཕྱི་པར་བཀའ་སྩལ་ནས། །ཡོ་དུ་མ་ཞིག་ཡོན་ན། །འཛངས་རྗེ་ཐོག་གོ་ཞེས། །མྱི་ཆིག་གིས། །
208 བསྟོད་པ་ཁོ་བོས་མ་ཐོས་ན། །ཁྱོ་འདའས་མྱི་འོང་བ་ལ་བསྒྲི་བསྒྲི་སྟེ། །འབངས་ཚབ་འཚལ་བར་

མཆི་འོ། །
209 ཞེས་བྱས་སོ། །མྱི་ཆེན་ན་རེ། །མྱི་ཡོངས་ཀྱིས་ཁོ་བོ་ལ་སླན་དུ་མྱི་བརྗོད་པ་ཡང་བདེན་ནོ། །ཁོ་བོ་སྔོན
210 སྐྱེ་འུ་ནང་དུ་ཞུགས་ཀྱང་མ་ཞུགས། རྩེ་མོ་ཕྱིར་མ་བྱུང་བ་ཡང་བདེན་ནོ། །ཁོ་བོ་སྔོན་སྐྱེ་འུ་ནང་དུ་ཞུགས
211 སུ་ཟིན་ན། །རྩེ་མོ་བས་ཡུ་བ་ཕན་ཆད་ཕྱུང་སྟེ་སོང་ཟིན་ནོ། །འུང་གིས་དེང་ཁོ་བོས་གསོལ་བ་ཡང་། །
212 སྔོན་ཐེ་འི་ནང་དུ་ཡང་མ་ཞུགས་པས། གདོད་འཇུག་པར་གསོལ་བ་ཡིན་ནོ་ཞེས་བྱས་སོ། །འུང་ནས། །
213 བཙན་པོས་ཀྱང་། མྱི་ཆེན་གསོལ་བ་བཞིན་གནང་ནས། །དགས་པོ་འབངསྲུ་དགུག་པ་འི་དམག་པོན་
དུ་བཀལ།
214 སྐལ་ཏོ། །འུང་ནས་མྱི་ཆེན་གྱིས། །དགས་པོ་ལྷ་དེ་ལ་བརྐལ་ཏེ། །དགས་པོ་ཡོངས་སུ་བཀུག་སྟེ། །
མྱི་ཆེན
215 གྱི་བྱ་དགའར། །གསེར་ཁྱུང་རེ་འུ་རྒྱལ་གྱི་མྱི་དང་འགྲོག་དུ་བཆས་ཏེ་སྐལ་ཏོ། །འབྲོང་ཆེ་པོ་རྟུལ་གྱི་རྣ་མྱི། །
216 ཡོངས་ཀྱི་ཁ་ན་བརྗོད་ན། །སོང་འགོ་མྱི་ཆེན་གྱིས། །དགས་ཀྱི་བསེན་མཁར་ལ། །མདུང་མོ་ཐབས།
217 གཅིག་གིས། འགྲོག་མོ་ཐང་གང་ཐོབ། །ཕྱོགས་ཐེག་སུམ་བརྩན་སྐྱ་བོ་རེང་གིས། དཔའ་བ་འི་ཕུལ
218 ཕྱིན་ན། །ཉིན་ཅིག་ལ་དགས་པོ་མྱི་བརྒྱའ་བསད་ཆེས་འུང་སྐད་དོ། །འུང་གི་རྗེས་ལ། །མྱང་སྨོན་ཏོ
219 རེ་སྒྲོ་བ་ཉེ་བའི་བྱུ། །ཞང་སྣང་བཙན་པོ་འི་ཞ་འབྲིང་སྣང་མ་པ་འཚལ་ཞིང་མཆིས་སོ། །འུང་གི་རྗེས་ལའ། །
220 བཙན་པོ་རྗེས་འབངས་དགྱེས་སྐྱེམས་སྟོན་མོ་གསོལ་ལོ། །འུང་གི་ཚེ་ཁྱུང་པོ་སྤུང་སད་ཀྱིས་གླུ་བླངས་པ་འི། །
221 ཚིག་ལ། །མོན་ཀ་འི་ནི་སྟག་ཅིག་པ། སྟག་བཀུམ་ནི་ཟྲུ་ཅེས་བཀུམ། གུང་བཀྲོས་ནི་ཕྱག་དུ་ཕུལ། སླ་
ལྦོ་ནི།
222 ལྡེ་རིགས་སྐལད། །རྩང་བྲང་ནི་ཡ་སྟོད་ཀྱི་ཐང་གྲོམ་ནི་རྐོད་ལྡིང་བའ། །རྐོད་བཀུཾ་ནི་གཟུ་ཅེས་
བཀུམ། །རྐོད
223 གཞོག་ནི་ཕྱག་དུ་ཕུལ། །གསབ་གསོབ་ནི་ལྷོ་རིགས་སྐལད། །ན་ནོང་ནི་གཞེ་ནོང་སྤྲ། །ཏི་སེ་ནི་གངས་
དྲུང་
224 ནས། །ཤ་དང་ནི་རྒྱུང་བྱེར་བའ། །ཤམ་པོ་ནི་རྩ་ལ་བྱེར། །ངེ་རིང་ནི་སང་ལྷ་ན་ཤམ་པོ་ནི་གཉན་གྱི་རྩ། །
ཤ་རྒྱུང
225 ནི་ཚས་མ་ངན། །ཤ་རྒྱུང་ནི་ཚས་ངན་ན། །ཏི་སེ་ནི་གངས་ཀྱིས་བྲུན། །ན་ནིང་ནི་གཞེ་ནིང་སྔོན། མ་
པང་ནི་མཚོ
226 འགྲམ་ནས། ངང་དང་ནི་ཏུར་བྱེར་བ། །དང་ཀོ་ནི་མཚོ་ལ་བྱེར། །ངེ་རིང་ནི་སང་ལྷ་ན། དང་ཀོ་ནི་

ལྷ་འི་མཆོང་། །

227 ང་དུར་ནི་ཚས་མ་ངན། ང་དུར་ནི་ཚས་ངན་ན། །མ་པང་ནི་མཆོ་འིས་བྱུན། །སྐོ་རྗིགས་ནི་འཕན་
ཀྱི་སྟོན།

228 སེ་ཁྲུང་ནི་འཕན་གྱིས་བཏབ། །སྟ་ན་ནི་འཕན་བ་ལ། ད་ཙམ་ནི་སྤྱུན་ཡང་ཡས། དབུ་ཕྱིང་ནི་གྲོ་བོ་ལ།

229 ཐ་མ་ནི་གཡགིས་བསྐོརད། ཐྲུ་ཅོ་ནི་སྐུལ་ལགས་ཀྱང་། སླུ་དེ་ཞིས་བླངསོ། །འུང་ནས་བཙན་པོ་འི

230 ཐུགས་ལ་དགོངས་པ་། །བློན་པོ་སྐོ་རྗིགས་གཅིག་གིས་ལན་བླན་བར་ཐུགས་རེ་བ་ལས། སུས་ཀྱང་མ་

231 བླན་ཏོ། །འུང་ནས་ཞང་སྣང་པེ་འུ་ཟུར་འབྲིང་པོ་བཆས་པ་ཙམ་ཞིག། །སྣང་མ་ལྗོམ་ཞིང་མཆིས་པ་ལ། །

232 ཁྱོད་ཕ་སྙིང་ཉེ་བ་འི་བུ་ན་། །སླུ་ཤེས་སམ་ཞིས་རྨས་པ་དང་། །ཞང་སྣང་གིས་མཆིད་འཚལ་ཞིས་
གསོལ་ཏོ། །

233 ཞང་སྣང་གིས་སླུ་བླངས་པ། །ཀྱེ་ན་ནིང་ནི་གཞེ་ནིང་སྤ་། །ཆབ་ཆབ་ནི་ཕ་རོལ་ན་། །ཡར་ཆབ་ནི་ཕ་
རོལ་ན།

234 དགུ་གྲི་ནི་ཟིང་པོ་རྗེ། །ཉ་ལས་ནི་ཁམ་དུ་བགོང་། ཁམ་ལས་ནི་རྨིག་དུ་བཏའ་། །སྐྱི་ནས་ནི་ཉ་འདོན་པ།

235 དབྱི་ཚབ་ནི་པངས་ཏོ་རེ། །སླུམ་ན་ནི་ཆབ་གཆོད་པ་། ཅེང་སྐྱ་ནི་སྨོན་ཏོ་རེ་། ཁུར་ར་ནི་རགས་ཐོགས་ཤིང

236 དོག་གི་ནི་ས་སྐྱེད་པ་། །པང་སུམ་ནི་འཇྲོན་པོ་ཞིག། །ཐང་ལ་ནི་རྩེ་བཆད་ཆིང་། ཤམ་པོ་ནི་རྨེད་དུའ།

237 བསྣན། །ཡུ་སྣ་འི་ནི་མཁར་པབ་ཆོང་ཕྱིང་བ་འི་ནི་སྟོན་དུ་བཀྱིས། སྟ་ན་ནི་མཐོ་བ་ལ། ད་ཙམ་ནི་

238 དགུང་ལ་རེག། །ངས་པོ་ནི་སྐང་དྲས་ཤིང་། ཡར་མོ་ནི་ཁོལ་དུ་སྐྱལད། སྟ་ན་ནི་ཆེ་བ་ལ་ད་ཙམ་ནི

239 མཐའ་ཡང་ཡས། །སྐོ་རྗིགས་ནི་འཕན་ཀྱི་སྟོན། སྤོང་ཏོང་ནི་འཕན་གྱིས་བཏབ། སྟ་ན་ནི་འཕན་པ

240 ལ། ད་ཙམ་ནི་སྤྱུན་ཡང་ཡས། ན་ནིང་ནི་གཞེ་ནིང་སྤ། །ཕོ་མ་འི་ནི་འཁྲོང་བཀུྃ་བ། སྐོ་ཤིང་ནི

241 སྨུག་མོ་རྒྱལ། །ལྕགས་ཀྱིས་ནི་མ་དྲལ་ན། །སྨུག་གིས་ནི་རེ་མྱི་ཕྱུགས། །རྐོད་ཀྱིས་ནི

242 མ་བསྒྲོན་ན་། འཁྲོང་ལ་ནི་རེ་མྱི་འཛེན། །ངས་པོ་ནི་ར་ཡུལ་གྱི། ཀོམ་རྩེ་ནི་གཟིག་མོ

243 རྒྱལ། །ཁབ་ཀྱིས་ནི་མ་ཕྱུག་ན། རྒྱུས་ཀྱིས་ནི་རེ་མྱི་ཕྱུགས། རྒྱུས་ཀྱིས་ནི་མ་

244 དྲངས་ན། ཀོམ་ཅེ་ནི་ཉིད་མྱི་འཇོ་ཞིས་སླུ་བླངས་ནས། །ཆིག་དེས་། བཙན་པོ

245 ཐུགས་བཉེསྟེ། །མྱིང་ཞང་སྣང་བློན་པོར་བཙུག་ནས། བློན་པོ་འི་མཚན་མར་

246 ཡང་རྟལ་ཀྱི་སུག་བུ་ཆུང་སྐྱལཏོ། །

247 ༄།:།འུང་གི་རྗེས་ལབ། །དབའས་ཕངས་ཏོ་རེ་དབྱི་ཚབ་རྣས་ཏེ་། ཉི་མ་འདེ་ཞིང་མཆིས། །བཙན་པོ་ཁྲི་
སྲོང་བརྩན།

248 ཉེན་ཀར་ནས། སྐྱི་ལུང་དུ་གཤེགས་ཀར། །ཕངས་ཧོ་རེ་དབྱི་ཚབ་གྱིས། །ཕྲིན་སླ་དོ་རེ་གཙུག་སློན་
ལས་གསྟོ་ཏེ། །

249 གནའ་ཐྲིང་པོ་རྗེ་རྒྱབ་དུ་བོར། ། སྤྱུ་རྒྱལ་ཕང་དུ་ལེན་ལེན། །ཆབ་སྲིད་ཆུར་ནི་བསྲིངས། ཞེང་དུ་ནི་བསྐྱེད་
བསྐྱེད་ན། །

250 མྱང་གིས་སྲིད་མ་ཐུབ་སྟེ། །བཀྱོན་ཕབ་ནས། །བདག་ཆག་སྲིད་མཚན། སླར་སྒྱོ་བ་མ་རིངས། མཐང་
མ་གྲང་ཞིང་

251 མཆིས་ན། །ང་རོ་ལས་བལྟུས་ན་ནི་ཉམ་ཆུང་། །རྩ་ལས་བལྟུས་ན་ཕོག་སླ་ཆེ་ཞིང་མཆིས་ན། །བདག་
རྒན་པོ་ཙམ་

252 ཞིག་མ་གྲུམ་བར། །དབུ་སྙུང་ཁུད་པ་ཙམ་གསོལ། །བདགི་བུ་ཚ་བྲོ་ཁུད་པར་སྨྲལད་པར་ཇི་གནང་། །
བཙན་པོ་ཡབ

253 ནི་བདགི་མཆིས་བྲང་དུ་གདན་བཏིང་ཡང་གནང་ན། །ང་ཤུལ་ཡོགས་སུ། ལ་མོ་ཆག་པ་སྤྱུམ་དུ་ཕྱག་
ཐབ་ཙམ་

254 ཞིག་གསོལ་དུ་ཇི་གནང་ཞེས་གསོལ་ནས། །དེ་ཙམ་ན་མྱང་དང་ཅོག་རོ་སྟོད་རེམས་ལ་བཀྱོན་དབབ་
པར་བགྱིས་སྟེ། །ཁྲ་ཁྲུག

255 ཹ་རྗེས་ལ་བབ་པས། །གསོལ་དགུར་ཡང་གནང་སྟེ། །བཙན་པོ་ཞ་སྔ་ནས། །བཀའ་སྨྲལད་པའ། །མྱི་དྲིན
256 ×མྱི་ནི་སྙིང་མྱི་གཆད། །རྟ་ལྗེ་ཙ་རྟ་ནི་སྐལ་མྱི་དབྱུང་། །སྔ་ན་ང་འི་ཡབ་ཀྱི་རིང་ལ། །འབྲིང་ཐོ་རེ་སྦྲང་
བརྩན།

257 དང་། །ཕངས་ཧོ་རེ་དབྱི་ཚབ་དང་ཁྱིད་གཉིས། །ཆབ་ཕ་རོལ་ཚུ་རོལ་གྱི། །གྲུང་སློན་འཚོལ་ཅིག་པར་
དགོད། །

258 དགོད་པ་ལས། འབྲིང་ཧོ་རེ་སྦྲུང་བརྩན་ནི་ཤི། །ཁྱོད་ནི་རྒས་སྟེ་ཉི་མ་འདེར་གནང་སྟེ་བཞག། །མྱང་ཞང་
259 སྣང་སློན་ཆེར་བསྐོས་ཏེ་བཞག་ན། །ཡབ་ནོངས་ནས། མྱང་གིས་ཀྱང་སྒྱོ་བ་རིངསྟེ། བཀྱོན་ཕབ་པའ།
260 ཡིན་ནོ། །ང་ཁྱིད་དབའས་ཕ་ཚིག་ནི། །གདོའ་ཐག་གཉིས་སུ། སྒྱོ་བ་མ་རིངས་པས། །ལ་མོ་ཆག་པ་
སྤྱུམ་དུ

261 ཕྱག་ཐབ་ཀྱང་གསོལ་ཅིག། །དབུ་སྙུང་ཡང་གནང་ངོ་ཞེས་བཀའ་སྩལ་ཏོ། །ལ་མོ་ཆག་པ་སྤྱུམ་དུ། །རྩང
262 བྱེད་ཕུབ་སྟེ། །ཕྱག་ཐབ་གསོལ་ཏོ། །སྐུ་རྟེན་དུ་ཁྲབ་བསེའ་སྣ་བཅུ་དང་། ལྟོང་ཕྲོམ་གྱི་རལ་གྱི་མདོར་ཅོད།
263 གཉིས་གསོལ་ཏོ། །བཙན་པོས་དབུ་སྙུང་ཡང་གནང་ངོ། །དབའས་དབྱི་ཚབ་ཕྱུན་མཚན་བདུན་ཡང་བྲོ

264 སྨྲལ་ཧོ། །བཙན་པོས་བཀའ་སྨྲལད་པ། །དཔྱི་ཚབ་སློ་བ་ཉེ་བས། །ཁྲུམ་ན་མཆད་ཕྱག་དར་ཏེ་བརྩིག་
པར་གནང།

265 ཏ་ནི་བརྒྱའ་དགུམ་བར་གནང། །བུ་ཚ་གང་ཅུང་བ་གཅིག་། །གསེར་གྱི་ཡི་གེ་མྱི་ཆད་པར་སྨྲལད་
པར་བཀའ།

266 བསྨྲལ་ཧོ། །བཙན་པོ་ཞ་སྔ་ནས། མགུར་བླངས་པའ། །ཡར་མོ་ནི་ཆུ་ཐུངས་ཀྱིས། །མདོ་ནས་ནི་རྩང་དུ།
267 བསྲིད། ཡར་མོ་ནི་ཞེང་ཆུངས་ཀྱིས་། ལྷོ་ནས་ནི་བྱང་དུ་བསྐྱེད། །འཐམ་འཐམ་ནི་འདུ་འདུ་ན། ངག་
རྗེས་ནི་མྱིས

268 མྱི་བརྗོད་། །འགྲོ་འགྲོ་ནི་འཆམ་འཆམ་ན་། །ཆགས་ལྷམ་ནི་ཆུས་མྱི་སྣང། ད་ནས་ནི་ཕན་ཆད་དུ་། ཁྱོད
269 ×ས་ནི་ང་མ་གཏང། ང་འིས་ནི་ཁྱོད་མྱི་གཏང། །ང་འིས་ནི་ཁྱོད་བཏང་ན་། །དགུང་མཐའི་ནི་སྲུང་དུ་
ཅུང། །ཁྱོད་ཀྱིས་ནི

270 ××ཏང་ན། །ངས་པོ་ནི་ཐད་དུ་ཅུངཞེས་བཀའ་སྨྲལཧོ། །དེ་ནས་དབའས་དཔྱི་ཚབ་ཀྱིས་མཆིད་
བླངས་པ།

271 ×ཙན་དུ་ནི་བདག་འཚལ་ན་། །ཆུང་ན་ནི་རྗེ་ཁུར་ཆིག། །ཕྱུག་དུ་ནི་བདག་འཚལ་ན་། །ལྷ་རི་ནི་གཡང་
སྐྱོང་

272 ཤིག། །རྗེ་འིས་ནི་བཀའ་སྨྲལ་ན་གཞའ་མ་ནི་ཡུན་ཀྱི་སྲིད། །བྱ་འིས་ནི་ཞུ་ཕུབ་ན་ལ་ཕྱི་ནི་གདངས་སུ་དྲོ།
273 ཞེས་མཆིད་བླངས་ནས། །སྤྱད་མཚན་བདུན་གྱིས་གཏང་རག་ཆེད་པོ་བཏང་ངོ། །དབུ་སྙུང་གནང་པ་
འི་གོར་

274 མ་ཕྱག་དུ་འོན་པ་ནི། །རྒྱལ་འབྲིང་ལན་ཧོན་གྱིས་བླངསྟེ་ཕྱག་དུ་གསོལ་ནས། གོར་མ་དཀར་པོ་དངོས
275 ནི་། །དཔྱི་ཚབ་ཀྱི་མཆད་པ་འི་ཐད་དུ་བརྩིགསོ། །ཞང་ལོན་ཞ་འབྲིང་དུ་ཐྲོ་འདོར་འདོར་བ། ཁུ་ཁྲི་
དོ་རེ་སྨྲུང་

276 ཟྲུང་དང། གནུབས་སྣ་དོ་རེ་གཙུག་བློན་དང། ཐེགས་རྒྱལ་འབྲིང་ལན་ཧོན་དང། ཚེས་པོང་ཁྲི་བཙན་
ཁོང་སྟོ།

277 དང། འོ་མ་ལྡེ་ཁྲི་བཟང་ལོད་བཙན་དང། ཁུ་སྟོན་ཧོ་རེ་ཕངས་ཚབ་དང། རྗེ་བློན་བདུན་གྱིས་དེ་ལྟར་
དབུ་སྙུང་།

278 གནང་ངོ། །དབུ་སྙུང་གནང་བ་འི་ཚིག་ནི། ད་ཕྱིན་ཆད་ཁྱེད་སྤྱད་མཚན་གྱིས་། །བཙན་པོ་སྤྲུ་རྒྱལ་གྱི་ཞ།
279 སྔར། སློ་བ་མ་རིངས་མཐའང་མ་གྲང་ན་། །ནམ་ནམ་ནམ་ནམ། ཞ་ཞ་ཞ་ཞར་ཡང། དཔྱི་ཚབ་ཀྱི་བུ་ལ

280 མ་ཉེས་པར་བསྐྱོན་དབབ་རེ། འཕྲང་མ་སྨྱི་ངག་གསན་རེ། འཕྲང་མ་ཞིག་གསན་ན་ཡང་། ཤགས་བྱ་སྦྱི།

281 ཡུས་བཀྲོལ་ནས་། །བཀའས་སྨྱི་གཆད་རེ། །དབྱི་ཚབ་ཀྱི་བུ་ཚ་ལ་ལ་ཞིག་གིས། མ་བསམས་སྐྱེ་སྙིང

282 རིངས་ན་ཡང་། །གང་སྙིང་རིངས་པ་ཉེ་ཅེ་འི་སྐོར་སྨྱི་བསྐྱོན་རེ། །གཞན་བློ་ལ་མ་གཙོགས་པ་རྣམ

283 ལ། བསྐྱོན་རེ། །ཕག་དང་མཚུངས་མཚོན་གྱིས་སྨྱི་དགར་རེ་། བྱ་དང་མཚུངས་ཁྲུས་བདའ་རེ། མ་ཉེས

284 པ་ཞིག་གིས་རྗོ་ཇོག་ན་། །བསྐྱུང་རེ་སྐད་རེ། །དབྱི་ཚབ་ཀྱི་བུ་གཅིག་ལ། གསེར་གྱི་ཡི་གེ་ལས་སྐད་རེའ།

285 ཁོལ་ཡུལ་ཡང་མ་ཉེས་པར་དཔྲོག་རེ། །སྙིང་མ་རིངས་པར་རབས་ཆད་ན་། ཁོལ་ཡུལ་བཞེས་རེའ། །

286 ཁྱེད་བློ་བ་རིངས་ན་དབུ་སྐྱུང་ལ་མ་གཙོགས། །ཁྱེད་ཀྱིས་ཁོལ་ཡུལ་ཞིག་བཛེས་སམ་ཕུལ་ན། དབུ་

287 སྐྱུང་ལ་མ་གཙོགས། ནམ་ནམ་ནམ་ནམ། ཞ་ཞ་ཞ་ཞར་། སྲས་དཔོན་གྱི་ཞ་སྔར་འདི་བཞིན་དུ

288 གནང་ངོ། །དབྱི་ཚབ་སྤྱད་སྤྱུན་བྲོ་སྐྱལད་པའ། བཙན་པོ་སྤུ་རྒྱལ་ཁྲི་སྲོང་བརྩན་ཡབ་སྲས་བྲ།

289 གདུང་རྒྱུད་ལ། བློ་བ་འདྲིང་རེ། ནམ་ནམ་ཞ་ཞར་ཡང་། །དཔོན་སྲས་རྒྱལ་པོ་གང་མཛད་པ་ལ། བློ་
བ་འདྲིང་

290 རེ། གཞན་སྨྱི་འོ་ཆོག་ལ་རྗེ་བོ་ལྷག་པ་ཆོལ་རེ། །གཞན་བློ་བ་འདྲིང་བར་སེམས་པ་དང་གློད་རེ།

291 ཟས་ཀྱི་དོན་བཞག་པ་དང་། དུག་དུ་བསྲེ་རེ། བཙན་པོ་ཁྲི་སློན་བཙན་ལ་། ངག་སྣ་ཆིག་འཚལ་རེའ། །

292 བདག་ཕུ་མ་ནུ་དང་། བུ་ཚ་ལ་ལ་ཞིག་གིས་། །སྙིང་རིངས་སུ་བྱེད་ན། སྙིང་རིངས་སོ་ཞེས་ཀྱང་སྨྱི་འཇོལ

293 རེའ། ཕུ་ནུ་སྙིང་རིངས་པ་འི་གྲོགས་བྱེད་རེ། །བཙན་པོ་ལ་གཞན་ཞིག་སྙིང་རིངས་པར་ཚོར་ན་ཡང་།

294 སྨྱི་འཇོལ་རེ། །ཕུར་སྨྱི་མ་ནོངས་པ་ལ། །འཕྲང་མ་དང་འཕྲུག་དོག་མཆི་རེ། དཔོན་དུ་བཙུག་ནའ།

295 འབངས་སོ་ཆོག་ལ་སྙིང་སྙོམས་པར་སྨྱི་འཚལ་རེ། །བཙན་པོས་བཀའ་ཇི་སྐྱལད་པ་གཟུངས་སུ

296 སྨྱི་འཛིན་རེ་ཞེས་བྲོ་སྐྱལད་ཏོ། །བྲོ་བོར་བ་ནི་། དབྱི་ཚབ་དངོས་དང་། བུ་བ་སེ་དོ་རེ་ཉ་སྐྱོ། སྣང་ཏོ་
རེ་སུམ

297 སྣང་། ཁྲི་སུམ་རྗེ་ཙུང་། མང་རྗེ་བཙན་ཟུང་། །ཚ་བོ་སྟག་པོ་རྗེ་སྨྱིས་སྣང་། མང་པོ་རྗེ་ཕུ་ཚབ། དང་བདུན་

298 གྱིས་བྲོ་བོར་རོའ། །

299 ༄ ། བཙན་པོ་སྲོང་བརྩན་སྒམ་པོ་འི་རིང་ལ། །ཡབ་འབངས་ནི་འཁྲུས། ཡུམ་འབངས་ནི་ལོག། །

300 གཉེན་ཞང་ཞུང་། མཛོ་སུམ་པ། །ཉག་ཉི་དགས་པོ། །རྐོང་པོ། མྱང་པོ་ཀུན་ཀྱང་ལོག། །ཡབ་གནམ་

301 རི་སློན་མཚན་དུག་བོན་ཏེ་བཀྲོངས་སོ། །སྲས་སྲོང་བརྩན་སྐུ་གཞོན་མ་ཕན་ཏེ། གཟོད་མ་

302 དཀའ་བ་དང་། དུག་པ་རྣམས་རབས་བཆད་དོ། །དེ་འི་རྗེས་ལ་། དེ་འི་སྨྱི་ལོག་ཀུན་འབངསུ་སླར་བཀུག།

303 གོའ། །འུང་གི་འོག་དུ་མྱང་མང་པོ་རྗེ་ཞང་སྣང་གིས། སུམ་པ་མཐའ་དག་དམགིས་གདབ་སྨྱི་

304 དགོས་པར། ལུག་རྟུག་གིས་སྒྱུ་ཕབ་སྟེ། ལྡེ་འི་ཐོར་ཐོ་ལ་བརྫོད་ནས། ཁྲིམ་གྲངས་མ་ཤོར་པར།

305 ཡོངས་ཀྱིས་འབངས་རྣལ་མར་བཀུག་གོ། །འུང་གི་འོག་ཏུ་བཙན་པོ་ཞབས་ཀྱིས་བཙུགས་སྟེ། །

306 བྱང་ལམ་དུ་མ་བྱུང་མ་དྲངས་པར། །རྒྱ་དང་འ་ཞས་དཔྱའ་གཅལ་ལོ། །ཐོག་མ་འ་ཞ་དེ་ནས་འབངྶ

307 སུ་མངའ་འོ། །འུང་གི་འོག་ཏུ་བཙན་པོ་སྲོང་བརྩན་དང་། མང་པོ་རྗེ་ཞང་སྣང་རྗེས་འབངས

308 ཀྱི་བར་དུ། ཁྱུང་པོ་སྤུང་སད་ཀྱིས་འཕྲའ་མ་བཙུག་སྟེ། བཙན་པོ་ཞ་སྔར། ཞང་སྣང་གློ་བ་མྱི་འདྲིང་དུ་

309 ནི་འདྲིང་ཞེས་གསོལ་ཏོ། །ཞང་སྣང་ལ་བཙན་པོ་མྱི་བཀྱོན་དུ་བཀྱོན་ཞེས་བྱས་སོ། །འུང་ནས།

310 ཞང་སྣང་གི་གློ་བ་ལ། །ཁྱུང་པོ་སྤུང་སད་བདག་དང་ཤག་རག་པོ་སྟེ། སྤུང་སད་ཟེར་བ་བདེན་སྐམ་ནས།

311 བཙན་པོ་འི་བཀའ་བྱུང་ན་ཡང། ན་ཞེས་བྱ་སྟེ། མཁར་སྦུར་བར་ཐེབ་ཏེ་མཆིར་མ་ཐུང་ངོ། །འུང

312 ནས། །བཙན་པོའི་ཞ་སྔ་ནས། །ཞང་སྣང་གློ་བ་འདྲིང་ཡང་དག་ཆེས་བཀའ་སྩལ་ནས། ཞང་སྣང་

313 གི་མཁར་སྦུར་བ་ཡང་བཤིགས་སོ། །འུང་ནས་ཞང་སྣང་གི་བྲན། པ་ཚབ་ཀྱིམ་པོ་འབུསྟེ།

314 ཞང་སྣང་བཀྲུག་གོ། །མཁར་སྦུར་བ་ཡང་བཤིག་གོ །

315 ༄། །འུང་གི་འི་འོག་དུ། །ཁྱུང་པོ་སྤུང་སད་ཟུ་ཙེས། །མྱང་ཞང་སྣང་བཙན་པོ་ལ་གློ་བ་རིངས་པ། །ཟུ་
ཙེས་དཀུའ་བེལ་ཏེ། །ཞང་སྣང་བཀུམ་སྟེ། །ཟུ་ཙེ

316 གློ་བ་ཉེ་འོ། །བཙན་པོ་འི་བློན་པོ་འི་ནང་ན། །ཁྱུང་པོ་སྤུང་སད་ཟུ་ཙེ་ལས་གློ་བ་ཉེ་བ་སྔོན་ཆད་མ་
བྱུང་ངོ། །ཟུ་ཙེ་འཛངས་ཤེ་ན་འཛངས། །དཔའ

317 ཞེ་ན་དཔའ་འོ། །ཚུ་གང་ཆེ་ཞེ་ན་ཆེ། །ཡང་བ་རིང་ཞེ་ན་རིངོ། །མྱི་ཆིག་ལ་ཚོགས་དགུའ་ཚོགས་ན། །
སྤུང་ཟད་ཟུ་ཙེ་འོ། །འུང་གི་འོག་དུ།

318 བཙན་པོ་འདི་འི་རིང་ལ། །ཁྱུང་པོ་སྤུང་སད་ཟུ་ཙེ་ལྟ་ཞིག། །རྐས་ཏེ་ཉེ་མ་འདེར་གནང་ངོ། །བཙན་
པོ་ཞ་སྔར་ཁྱུང་པོ་སྤུང་སད་ཀྱིས་གསོལ་པའ།

319 སྔོན་བཙན་པོ་འི་ཡབ་གནམ་རི་འི་རིང་ལ། །བདགིས་རྩང་བོད་འབངས་སུ་བཀུག་པ་ལྟ་ཞིག། །ཡབ་
ཀྱིས་སྤྱན་གྱིས་མ་གཟིགས། །ཞབས

320 གྱིས་མ་བཆགས་ན། །བཙན་པོ་སྲས་ཀྱིས་སྤྱན་གྱིས་གཟིགས། །ཞབས་ཀྱིས་བཆགསྟེ། །བདགི་སྟུམ་པ་
ཁྲི་བོམསུ། །དགྱེས་སྐྱེམས།

321 སྔོན་མོ་གསོལ་དུ་ཇེ་གནང་ཞེས་གསོལ་ནས། །བཙན་པོས་སྤུང་སད་གསོལ་བ་བཞིན་གནང་སྟེ། །
མགར་ཡུལ་ཟུང་ཕོ་བྲངས་འདྲིར་

322 བཀའ་སྩལ་ནས། །ཡུལ་ཟུང་ཁྲི་བོམས་སུ་མཆིས་ཏེ། བཏགས་ན། །དཀུ་གང་ཕུབ་པར་ཡུལ་ཟུང་གིས་

ཚོར་ནས། །ཡུལ་ཟུང་སླར་བྲོསྟེ
323 བཙན་པོ་འི་སྣན་དུ་གསོལ་ཏོ། །ཡུལ་ཟུང་སླར་བྲོས་པ་འི་རྗེས་ལ། །ཁྲུང་པོ་སྤུང་སད་རང་ལྡེབསྟེ་
གུམ་ནས། མགོ་བཅད་དེ། །ཀྲུ་དག
324 རེ་ཁྲུང་བསྐུར་ནས། །སྐུར་མཁར་ཕྱིང་བར་མཆིས་སོ། །བཙན་པོ་འི་སྣན་དུ་ངག་རེ་ཁྲུང་གིས་གསོལ་
པའ། །བདགི་ཕ་རྣམས་ཀྱི།
325 ལ་གར། །བཙན་པོ་འི་ཞ་སྔར་གློ་བ་རིངས་ནས། །ཚམས་བསྒལ་བར་ཆད་པའ། །མགར་ཡུལ་ཟུང་ལ་
འཐོལ་བར་བགྱིས་པ་ལས།
326 ཡུལ་ཟུང་གིས་ཀྱང་ཚོར་ཏེ། ཡུལ་ཟུང་ནི་སླར་མཆིས་། །བདགིས་ཕ་བཀུམ་ནས། །མགོ་བཅད་དེ་
མཆིས་ན། སྲིད་མྱི་བརླག
327 པར་ཛེ་གནང་ཞེས་གསོལ་ཏོ། །བཙན་པོ་ཁྲི་སྲོང་བརྩན་གྱིས་ཀྱང། །ངག་རེ་ཁྲུང་གིས་གསོལ་པ་བཞིན་
གནང་སྟེ། སྲིད་མ་བརླགོ
328 ༄། །བཙན་པོ་ཁྲི་འདུས་སྲོང། །སྐུ་ཆུང་ནས་གཞོན་གྱིས་ཀྱང། །ཕག་རྔོད་ལ་བཤན་གྱིས་མཛད་།
གཡག་རྔོད་སྔོག་དུ་བཙུག། །
329 སྟགི་ཉ་བ་ལ་བཟུང་བ་ལ་སྟོགས་པའ། །ཐུགས་སྣམ་བ་འི་སྙེང་དུ། སྐུ་རྩལ་ཆེད་པོས་བསྟན་ཏེ། སྨྱི་
དང་མྱི་འདྲའ་བར་འཕགྷ
330 པས། །ཉི་ངོག་རྒྱལ་པོ་ཐམས་ཅད་དང། འབངས་མགོ་ནག་ཕྱོགས་ཀྱིས་། །མཚན་ལྷ་དགས་འཕྲུལ་གྱི་
རྒྱལ་པོ་ཞེས།
331 བཏགསྟེ། བཀའ་མཆིད་ཀྱི་དཔེར་བརྗོད་དོ། །མགར་ལ་སྟོགས་པ་བློན་པོ་ཁ་ཆིག་བློ་བ་འདྲེང་ན། །
ཐུགས་སྣམ་བ་བྷ།
332 དབུ་རྔོག་བརྩན་པོས་གཉེར་ནས། །གློ་བ་རིངས་པ་ཐམས་ཅད་བཀྱོན་ཕབ་སྟེ། །ཕྱག་ན་ཆབ་སྲིད་
སྔོན་བས་ཀྱང།
333 མཐོ། །དྲུ་གུ་ལ་སྟོགས་སྟེ་ཉི་ངོག་གཞན་འབངས་སུ་བཀུག་ཅིང། དཔྱའ་ཕབ་པ་དང། མཁར་སྲ་བ་ཕབ་།
334 ཡུལ་ཕྱུག་པོ་བཅོམ་སྟེ་ཆབ་སྲིད་ལེགས་པ་མང་པོ་ནི་འདི་འི་ནང་དུ་མ་གཐོགས་། །འུང་གི་འོག་དུ་འཇང
335 ལ་ཆབ་སྲིད་མཛད་དེ་མྦྱ་དཀར་པོ་དཔྱའ་ཕབ། །མྦྱ་ནག་པོ་འབངསུ་བཀུག་པ་ལ་སྟོགསྟེ།
336 རྒྱལ་པོ་འདི་ལས་། །དབུ་རྔོག་བརྩན་ཞིང། ཆབ་སྲིད་མཐའ་རྒྱས་པ་ནི་སྔོན་ཆད་གདུང་རབས་ཀྱིས་
337 མ་མཛད་དོ། །

338 ༄། །རྒྱལ་པོ་ཁྲི་ལྡེ་གཙུག་བརྟན་གྱི་རིང་ལ། །རྗེད་གཤིན་ཆིས་འཛམ་སྟེ། མྱི་ཡོངས་ཀྱིས་སྐྱིད་དོ། །
བློན་ཆེ་སྟག་སྒྲ་
339 ཁོང་ལོད་དང་། རྗེ་བློན་མོལ་ནས། །རྒྱལ་པོ་ཞབས་ཀྱིས་བཙུགས་ཏེ། །རྒྱ་ལ་ཆབ་སྲིད་མཛད་ན། །རྒྱ་འི
340 མཁར་ཀཱ་ཙུ་ལ་སྩོགས་པ་ཕབ་སྟེ། །དེ་ཙམ་ན་རྒྱ་འི་སྲིད་ཆེས་ནས། །ཕྱང་ཕྱོགས་ཀྱི་དྲུ་གུ་ཀུན་ཀྱང་
འདུས་ལ། །
341 ཏ་ཟིག་ལ་ཐུག་པ་མན་ཆད་རྒྱ་འི་ཁམས་སུ་གཏོགས་སྟེ། །རྒྱ་འི་ནོར་མང་པོ་སྟོད་ཕྱོགས་སུ་འདོན་པ་
རྣམས། །ཀཱ
342 ཙུ་ན་ཚོགས་བྱས་པ་ལས། །ཐམས་ཅད་བོད་ཀྱིས་ཕབ་སྟེ་བཞེས་པས། །ལྷར་ཡང་དཀོར་མང་པོ་
བརྙེས། །འབཧྶ
343 མགོ་ནག་པོས་ཀྱང་། རྒྱ་དར་བཟང་པོ་ཁྱབ་པར་ཐོབ་བོ། །སྟོ་ཕྱོགས་ཀྱི་སྨད་ན་འཇང་དུས་སྦ་དཀར་
པོ་ཞིས
344 བྱ་བ་འི་རྒྱལ་པོ་སྲེ་མྱི་ཙུང་བ་ཞིག་འདུག་པ། རྒྱལ་པོ་ཐུགས་སྐམ་པོ་འི་ཆབས་དང་ཐབས་ཀྱིས་བཀའ་
སྩལ་ཏེ།
345 སྦ་འི་རྒྱལ་པོ་ཀག་ལ་བོང་ཞེས་བྱ་བ། །འབངས་སུ་ཕྱག་འཚལ་ནས། ཐབས་གཙུང་སྩལ་ཏེ། མྱི་མང་གི
346 སྟོན་བཏབ། ཡུལ་ཆེ་འི་ནི་འདབ་བསྐྱེད་དོ། །འཇང་གི་རྒྱལ་པོ་བོད་ཀྱི་འབངས་སུ་བཞེས་པས། །རྒྱ
འི་ཆབ་སྲིད
347 ལ་ཡང་ཤིན་དུ་དམའ་ཞིང་། མྱི་བདེ་བར་བྱས་སོ། །འཇང་སྦ་འི་རྒྱལ་པོ་ལྡུ་ཞིག་རྒྱ་ལ་ལྡུ་ལྡུ་བ་ལས། །
རྒྱ་རྗེས
348 དགྲར་བླངསྟེ། །བཙན་པོ་ཁྲི་ལྡེ་གཙུག་བརྟན་གྱི་ཞ་སྔར་སྙོ་བ་ཉེ་ནས། །རྒྱ་ཡུལ་ཕབ་ཀྱིས་ནི་ཡུལ་དང་། །
349 མཁར་དུ་བཆས་ཏེ་ཕྱུལ། །གཡུལ་སྦྲད་ཀྱིས་ནི། རྒྱ་བརྩོན་ལུག་ལྟར་བསྐྱངས་སོལ། །ཀུང་ནས་བཙན་པོ
350 ཁྲི་ལྡེ་གཙུག་བརྟན་གྱི་ཞ་སྔར། །ཕང་དང་གི་ཁང་མོ་ཆེར། །ཀག་ལ་བོང་གི་བློན་པོ། དྭན་ཙུང་གོག།
351 ཕྱག་འཚལ་པ་འི་ཚེ། །བཙན་པོ་རྗེས་འབངས་ཀྱིས་མགུར་བླངས་པ་འི་ཚིག་ལ། །དགུང་སྔོ་ནི་
བདུན་རིམ
352 ཀྱི། །ལྷ་ཡུལ་ནི་གུང་དང་ནས། །ལྷ་སྲས་ནི་མྱི་འི་མགོན། །མྱི་ཡུལ་ནི་ཐམས་ཅད་དང་། མྱི་མཚུངས
353 ནི་མྱི་འདྲའ་སྟེ། །ཡུལ་མཐོ་ནི་ས་གཙང་བས། །བོད་ཡུལ་ནི་གཤང་དུ་གཤེགས། །མྱི་ཡུལ་ནི་ཀུན་ཀྱི
354 རྒྱལ། །ཆོས་བཟང་ནི་གཙུག་ཆེ་བས། །རྒྱལ་ཕྲན་ནི་ཀུན་ཀྱང་འདུམ། །ན་ཞིང་ནི་གཞི་ཞིང་སྟེ། ཆབ

355 ཆབ་ནི་མ་གཞུག་ནས། །ལ་བོང་ནི་རྗེ་དང་སློལ། སློ་ཆེ་ནི་དཀྱིལ་མཁས་ལ། །རྒྱལ་མཁས་ནི།

356 ཁོང་དཔའ་བས། །རྒྱ་རྗེ་ནི་བསམ་ལང་ལ། དགྲའ་བཞེར་ནི་གཡུལ་སྤྱད་ཅིང། །དགྲ་ཟྲིན་ནི་ག་སར་

357 སྤྱངས་པས། །སྲིད་ཀྱི་ནི་མགོ་བཟུང་ཞིང། ཕ་སྐྱབས་ནི་སྟུག་བཙལ་པའ། །ལྷ་སྲས་ནི་བཙན་ལ་

358 བཙལ། །ལྷ་སྲས་ནི་གཙུག་ཆེ་ལ། །ཆོས་བཟང་ནི་རྗེད་གཤིན་ཞིངབཀའ་དྲང་ནི་གསུང་རྟག་ལའ།

359 ལ་བོང་ནི་སྲིད་གསོལ་བླ། སྨྲ་སྲིད་ནི་ལྷས་མཛད་ཀྱིས། །སྲིད་ཆེ་ནི་མཐའར་མྱི་འགྱུར། ལ་བོང་ནི་རྗེ་དང

360 སློལ། དཔའ་འི་ནི་ལས་བྱས་པའ། །རྒྱ་མཁར་ནི་མཐོའ་བཤིག་ཅིང། རྒྱ་འབངས་ནི་མང་བསྡུས་ནས།

361 ཡུལ་དང་ནི་སྟེར་བཆསྟེ། བོད་ཡུལ་ནི་ཐིལ་དུ་བགྱིས། ཡར་ཧྟེ་ནི་གནམ་ཡང་དགྱེས། མར་ཧྟེ་ནི་ས་ཡང་

362 དགའ། ལ་བོང་ནི་རྗེ་དང་སློལ། ཛེ་ཉེ་ནི་ཛེ་ཉེ་འོ། ལྷ་ཉེ་ནི་གུང་དང་ཉེ། ཛེ་བརྟན་ནི་ཛེ་བརྟན་ན།
ཤམ་པོ་ནི་གཉན

363 ལ་བརྟན། ངི་རིང་ནི་སང་ལྷ་ན། ཙུང་གོག་ནི་དཔོན་དང་གཡོག། གནམ་ས་ནི་ཡིད་སྨོར་བ། ན་བུན
ནི་ལྷ་འི

364 སྤྲུབས། འགེང་གང་ནི་ཀུན་ལ་དཔེན། །ཐུ་བསུས་ནི་ཕྱིས་བསྐྱལ་ཞིང། ཟླུ་བླངས་ནི་བྲོ་བརྟུངས་པའ།
དགོས

365 ཀྱིས་ནི་རིམ་གྲོ་བགྱིའ། །

366 ༄། །བཙན་པོ་ཁྲི་སྲོང་ལྡེ་བརྩན་གྱི་རིང་ལ། །ཆོས་བཟང་སྲིད་ཆེ་སྟེ། རྒྱལ་པོ་ནི་གནམ་ས་གཉིས་ཀྱི་
བར་ཡུལ་དུ་

367 བརྣམ་ཞིང། །འགྲེང་དུད་གཉིས་ཀྱི་རྗེ་དང་བདག་མཛད་པ་འི་གཙུག་ལག་ཆེན་པོ། མྱི་འི་དཔེར་
ཙུང་བར་མཛད་དོ། །

368 ལེགས་ཀྱི་བྱ་དགའ་ནི་རངས་པར་ཕྱིན། ཉེས་ཀྱི་ཆད་པ་ནི་དམིགས་སུ་ཕོག་པར་མཛད་དོ། །
འཛངས་པ་དང་དཔའ་

369 བོ་འི་རོ་མོ་བསྐྱིད་དོ། །ངན་པ་མ་རབས་ནི་ཆིས་ཀྱིས་གསོས་སོའ། །དེ་འི་ཚེ་བློན་པོ་སྲིད་བྱེད་པ་འི་
རྣམས་ཀྱང།

370 བློ་མཐུན་གྲོས་གཅིག་སྟེ། །ཕྱི་འི་དགྲའ་བྱུང་བ་ལ། ཐབས་དང་ཡེ་མྱིག་ཆེར་བྱེད། ནང་གི་ཆོས་བྱ་བ་
ལ་དྲང་ཞིང་འགྲུས་

371 སུ་བྱེད། །འཕྲག་མྱི་དོག། ཉེས་མྱི་བྱེད། །དཔའ་འཛངས་གཉིས་ནི་ རྟག་པ་བཞིན་བཙལ་ཏེ། འཛངས་
པ་དཔྱ་

372 ཐོ་ནི་ཆེ་ས་ཆུང་སར་བསྐོད་ནས། ས་ས་ཡུལ་ཡུལ་དུ་བཀོད་དོ། །འབངས་འོག་མ་ངལ་ཞིང་ཡུལ་ན་
འཁོད་པ
373 ནི་། །འཇངས་དྲང་གཉིས་སློབ་ཐྭོ། དམག་མི་སོ་ལ་འཁོད་པ་ནི་དཔའ་བ་འི་ཐབས་དང་། རྩལ་སློབ་པོ། །
ཐྲོ་སྐྱུ་
374 གཉིས་ཀྱི་རླབས་ཆེན་པོས་ཐུབ་པས། །སྣང་དགྲའ་སྦོ་བ་ཡང་མྱེད་དོ། །སངས་རྒྱས་ཀྱི་ཆོས་བླ་ན་མྱེད་
པ་བརྙེསྟེ་
375 མཛད་ནས། །དབུས་མཐའ་ཀུན་ཏུ་གཙུག་ལག་ཁང་བརྩིགས་ཏེ་། ཆོས་བཙུགས་ནས། ཐམས་ཤད་
ཀྱང་སྙིང་
376 རྗེ་ལ་ཞུགས་ཤིང་དྲན་བས་སྐྱེ་ཤི་ལས་བསྒྲལ་ཏེ་། གཡུང་དྲུང་དུ་བཏོན་ཏོ། །རྗེ་བློན་མོལ་ཏེ་། ཞང་མཆིམས
377 རྒྱལ་ཟིགས་ལ་སྩོགས་པས་རྒྱ་འི་མཁར་ཀིང་ཤི་ཕབ་སྟེ། རྒྱ་རྗེ་གྭང་བུ་ཧྥང་ཏེ་བསྐོས་སོ། །ཞིགས་པ་ཞིན
378 པ་འི་བྱ་དགའ། གཡུ་འི་ཡི་གེ་ཆུ་དུ་ནམ་ནམ་ཞར་ཞར་བྱིན་ནོ། །དབའས་སྐྱེས་བཟང་སྟག་སྣང་གིས། །
379 རྒྱ་འི་དམག་པོན་ཧོན་རྗེ་སངས་དང་། འགུར་ཡོག་སྐང་དུ་གཡུལ་སྤྲད་ནས་། རྒྱ་མང་པོ་བཟུངས་སྟེ།
380 འགུར་ཡོག་རྒྱ་དུར་དུ་བཏགསྟོ། །སྣང་རྒྱལ་སྦྲ་ལེག་ཟིགས་ཀྱིས། སྟོད་ཕྱོགས་སུ་དྲངསྟེ། ས་ཡུངསུ
381 གཡུལ་བཟློག་ནས། ལྗང་གི་རྒྱལ་པོ་ཅུང་ཀོག་མན་ཆད་འབངས་སུ་བསྡུས། དབའས་བཙན་བཞེར་མདོ
382 ལོད་ལ་སྩོགས་པས། མཁར་ཚན་ཡན་ཆད་དུ་དྲངསྟེ། མཁར་ཅུ་པ་བརྒྱད་ཕབ་ནས། དོར་པོ་བཏོན་ཏེ
383 འབངས་སུ་བཞེས་སོ། །ཚབ་སྲིད་ཆེ་སྟེ་ཡོང་ཤན་ལ་རྒྱུད་ཡན་ཆད། །ཕྱག་དུ་བཞེས་ནས། མཐོང་ཁྱབ་
384 ཁྲི་སྟེ་ལྔ་བཙུགས། བདེ་བློན་ཁམས་ཆེན་པོ་གཅིག་གསར་དུ་བསྐྱེད་དོ། །བློན་ཆེ་སྟང་བཞེར་ཟླ་བཙན
385 འཇངས་ཤིང་མཁས་ལ། བཀའ་ཤེས་ཤིང་ཁ་དྲོ་བས། ནོར་བུ་རིན་པོ་ཆེ་འི་ཡི་གེ་སྩལ་ཏོ། །འབངས
386 ཀྱི་ནང་ན། དོར་ཏེ་ཕྱུག་ཚམས་སྟེ་འཇོམ་དཔའ་བ་འི་མཚན་མར། སྟགི་ཐོག་བུ་སྩལ་ཏོ། །བཙན་
387 པོ་འི་ཞ་སྔ་ནས། ཐུགས་སྐམ་པ་འི་རླབས་དང་། དབུ་རྗོག་བཙན་པོ་འི་བྱིན་ཀྱིས། །ཉི་ངོག་རྒྱལ་
388 པོ་གཞན་དཔྱའ་ཕབ་པ་དང་། རྒྱལ་ཕྲན་འབངས་སུ་བཀུག་པ་ལ་སྩོགས་པ་ཕྱིར་། །ཚབ་སྲིད་མཐའ་
389 བཞིར་བསྐྱེད། ནང་གི་བདེ་བ་ནི་སྐྱོམས་པར་མཛད་དེ། །བོད་འབངས་ཀྱི་ནང་ནས་ཞོ་ཤ་འབུལ་འབུལ
390 བ་རྣམས་ཀྱང་། ཡང་དག་པར་གཡུང་དྲུང་གི་བཀའ་དྲིན་མ་བྱིན་བ་མྱེད་དོ། །བཙན་པོ་འདི་ལས་ཆབ
391 སྲིད་ཆེ་བ། སྔོན་ཆད་གདུང་རབས་ཀྱིས་མཛད་པ་ལ་ནི་མ་བྱུང་ངོ། །རྒྱལ་པོ་འདི་འི་རིང་ལ་། འབྲོ་
ཁྲི་གཟུའ་
392 རམ་ཤགས་ཀྱིས། སྟོད་ཕྱོགས་སུ་དྲངསྟེ། ལི་འབངས་སུ་བཀུག་ནས་དཔྱའ་ཕབ་བོ། །ཙུང་གི་འོག་

393 དུ་སྦྱ་དཀར་པོ་འབབས་སུ་མངའ་བ་ལས། སློ་བ་རིངས་པ་འི་ཚེ། དམག་ཕོན་འཁྲོ་རམ་ཤགས། །

394 བཀའ་སྩལ་ནས། བྲག་རྩེར་ནོལ་ཐབས་བཀྱེ་བ་འི་ཚེ། །འཇང་མང་པོ་བཀུམ་ནས། །སྤྱན་ཆེན

395 པོ་ཉིང་རིམ་དང་། སྣ་ལ་གཞོགས་པ་དང་། དམངས་ཡན་ཆད་སུམ་བརྒྱའ་རྩ་བཅུ་གཉིས་བཟུང་ནས།

396 འཇང་རྗེ་གོལ་གྱིས་ཀྱང་ཕྱག་འཚལ་ཏེ། འབངས་རྣལ་མར་བཀུག་ནས། དཔྱའ་ཕབ་སྟེ་སྔ་མ་པོ་བཞིན་དུ

397 བཀོད་དོ། །

398 ༄། རྒྱལ་འདི་འི་རིང་ལ། །ཞང་ཞུང་ལྟེ་བུ། །གཉེན་གྱི་ཡང་ངོ། །འཐབ་ཀྱི་ཡང་སྐལ་ཏེ། །ཞང་ཞུང་
བདག་དུའ།

399 ། །བཙན་མོ་སད་མར་ཀར། །ལིག་མྱི་རྒྱ་ལ་ཆབ་སྲིད་ལ་གཤེགས་སོ། །སྦ་ན་ཤུད་ཀེ་ཟ་རྩལ་ཐིང་ཤགས་
མཆིས་སྟེ། །བཙན་མོ་དང་ནི་མྱི

400 བནལ་བར། །ལིག་མྱི་རྒྱ་ལ་ཤུད་ཀེ་ཟ་རྩལ་ཏིང་ཤགས་གནང་སྟེ། །བཙན་མོ་ཡང་ལིག་མྱི་རྒྱ་འི་སོ་
ནམ་དང་བུ་སྲིད་མྱི་མཛད་ཆིང་ལོག།

401 ཤིག་ན་བཞུགས་པར། །འདིར་དྲལ་གྱི་སྙན་དུ་གདའ་སྟེ། །བཙན་མོ་དེ་ལྟར་ལོག་པ་བགྱིས་ན། །ཆབ་སྲིད་ཀྱི་
དཀྲུགས་མར་འགྱུར་བ

402 དེ་ལྟེ་བུ་མ་བགྱིད་པར། །ལིག་མྱི་རྒྱ་འི་སོ་ནམ་དང་བུ་སྲིད་བྱུང་ཤིག་ཆེས། །ཕྱུག་གྱིམ་བརྩན་རྨང་ཚུང་
བཀའ་སྩལ་ཏེ། །མཁར་

403 ཁྲུང་ལུང་དུ་མཆིས་ན། །བཙན་མོ་མྱི་བཞུགས་ཏེ། །ཆབ་ཉ་ལ་རོལ་ཞིང་། །མཚོ་མ་པང་དུ་གཤེགས་
ནས། །རྨང་ཚུང་མ་པང་དུ

404 མཆིས་ཏེ། །བཙན་མོ་ཞ་སྟེར་ཕྱག་བགྱིས་ན། །བཙན་མོ་ཞལ་ནས། །བཙན་པོ་དྲལ་གྱི་ཞ་སྟེ་ནས། །
ཐུགས་བདེ་འམ་མྱི་བདེ་

405 ཞེས་བཀའ་སྩལ་ཏོ། །ཐུགས་བདེ་ཞེས་གསོལ་ཏོ། །རྨང་ཚུང་སློ་བ་བདེ་འམ་མྱི་བདེ་ཞེས་རྨས་ན། སློ་
བ་བདེ་ཞེས་གསོལ་ཏོ། །

406 ཤུང་གི་རྗེས་ལ། བཙན་པོ་དྲལ་གྱིས་བཀའ་འདི་ཞེས་སྩལ་ཏོ་ཞེས་གསོལ་ཏོ། །བཙན་མོ་ཞལ་ནས། །
རྨང་ཚུང་། བཙན་པོ་དྲལ

407 གྱི་ཞལ་དང་འདྲལ་སྟེ། མགྲོན་ཀྱིས་ཕྱག་ལ་འཚོལ་ཅིག་ཆེས་ཕྱག་ལ་སྩལ་ནས། །བཙན་མོས། མགུར་
གླངས་པའ། །

408 ཡུལ་གྱི་སྐལ་པོག་པ། ཁྲུང་ལུང་ནི་རྟལ་མཁར་ཞིག། །མུ་སུ་ནི་གཞན་ན་རེ། ཕྱི་བལྟས་ནི་ངམ་དང་བྲག།

ནང་བལྟས་ན་གསེར་དང་དབྱིག།

409 བདགི་ནི་གཡར་སྔ་ཏུ་མཆིས་སུ་ནི་མ་ཐོ་འམ། སྐྱ་མོ་ནི་བསེང་བསེང་མོ། །བྲན་གྱི་ནི་སྐལ་པོག་པ། ཀུ་གེ་ནི་རྐང་ཕྲན་ཞིག།

410 འཕོལ་ཏུ་ནི་མ་ཐོ་འམ། །ཀུ་གེ་ནི་བདྲིས་ཤིང་སྟང་། །ཟས་ཀྱི་ནི་སྐལ་པོག་པ། ཉ་དང་ནི་ཕྲོ་མཆིས་ཏེ། འཚལ་ཏུ་ནི་མ་ཐོ་×

411 ཉ་ཕྲོ་ནི་བཆའ་ཞིང་ཁའ། །ཕྱུགས་ཀྱི་ནི་སྐལ་པོག་པ། ཤ་དང་ནི་རྒྱང་མཆིས་སྟེ། །འཚོ་ཏུ་ནི་མ་ཐོ་འམ། །ཤ་རྒྱང

412 ནི་བཙའ་ཞིང་རྒོད། །ཀྱེ་བྱང་འབྲོག་ནི་ཡ་བི་ན། །ཕོ་མ་འི་ནི་འབྲོང་གཅིག་པ། །བྱང་འབྲོག་ནི་འབྲོང་དགུམ་ན། །ཕྱུ་ནས

413 ནི་ཁྲུས་འདེབས་པའ། །ལྟོང་ཐོང་ནི་འཕན་གྱིས་ཐོབ། །མདའ་ནས་ནི་གཡབ་འདེར་བ་སྐྱི་འི་ནི་ཤ་དང་ཕྱུག། །དབུས

414 ནས་ནི་དཔོར་འཕེན་བ། །ཡར་ཀྱི་ནི་ལྗོ་དང་རྗེགས། །ཕྱུ་ནས་ནི་ཁྲུས་བཏབ་ཆེད། །མདའ་ནས་ནི་གཡབ་པོར་ནས། །

415 དེ་འི་ནི་བར་བར་དུ། ཕོ་མ་འི་ནི་བགུཾ་ཞིད། །ཐུར་ཐུར་ནི་ཕྱིང་བ་འི་བཙུད། །ཏ་རྒྱུས་ནི་ལྟོང་ཏོང་སྣལད། །ཤ་སྐྱ་ནི་ལྷེ་རྗེགས

416 སྣལད། །ལྟེ་ཤོག་ནི་ཤ་ཕྱུག་སྣལད། །མཆིལ་པ་འི་ནི་ཏ་སྤུབས་ལ། སྟགི་ནི་ཤ་བཏགས་ཤིང། གཡས་སུ་ནི་མ་ཡོ་ཤིག།

417 གཡོན་དུ་ནི་མ་ཇལ་ཅིག། །གཡས་སུ་ནི་ཡོ་བ་ན་སོ་བྱ་ནི་གྲེ་བོ་ཆུང་། །གཡོན་དུ་ནི་ཇལ་བ་ན་སྲམ་བུ་ནི་གོང་ཏེ་དཏུལ། །

418 མར་གྱི་ནི་ཆང་ཆང་ལ་ཀྱུར་གྱིས་ནི་མ་བནབས་ན། །སང་ཕྱི་ནི་གནངས་སླད་ན་སྲམ་གྱིས་ནི་འཚལ་ཏ་རེ། །ཉ་མོ་ནི་མཐོང

419 རྒོལ་ཞིག། མཐོང་རྒོལ་ནི་མཐོང་ལ་རྒོལ། མཆིལ་པ་འི་ནི་སྣང་ཐོགས་ཤིག། སྣང་ཐོགས་ནི་སྣང་ལ་ཐོགས། །རིང་གི

420 ནི་གོད་ལན་དང་། ས་འི་ནི་ཤལ་སྦྱིག་གཉིས་ག་སྦྱི་ནི་གྱི་གོ་ལྷ། །ཇེ་ཉེ་ནི་ཇེ་ཉེ་ན། ཡར་པ་ནི་དཀྲུང་དང་ཉེ། །དཀྲུང་སྐར་ནི་སི་

421 ལི་ལི། །ཇེ་ཉེ་ཇེ་ཉེ་ན། སྨ་སྐར་ནི་བྲག་དང་ཉེ། བྲག་སྐར་ནི་སི་ལི་ལི། །སྤྱུར་བ་ནི་ཆབ་དང་ཉེ།

ཀྱུར་སྲུམ་ནི་ཕྱོ་ལ་ལབ། །

422 ཉེན་ཀར་ནི་ངོག་དང་ཉེ། འབྲས་དྲུག་ནི་སི་ལི་ལི། །མལ་ཧོ་ནི་ཀླུམ་དང་ཉེ། སྐྱི་བསེར་ནི་ཕྲུ་རུ་རུ། ། ཇེ་ཉེ་ནི་ཇེ

423 ཉེ་ན། ར་ཉེ་ནི་ཤུག་པ་ཐུ། །ཡར་གྱི་ནི་བྱེ་མ་ལ། ལྷན་ལྷན་ནི་འགྲོས་མོ་འདི། །སྐྱི་འི་ནི་ཕུར་ཐབསུ། ཟ་དུར་ནི་བཏ×

424 ཀྱང་རུངཞེས། མགུར་བླངས་པ་འི་རྗེས་ལ། རྒྱང་རུང་མཆིད་ཕྱག་བགྱིས་པ་ལས། །བཙན་པོ་དྲལ་ལ། བཀའ་ལན་ཡི་གེར་

425 གསོལ་བ་ནི་ཆང་མ་མཆིསོ། བཙན་པོ་དྲལ་གྱི་ཞ་སྔ་ནས་ཐུགས་བདེ་ཞིང་བཞུགས་པ་གློ་བ་དགའ་ཞིང་མཆིས་སོ།

426 བཙན་པོས་བཀའ་སྩལ་པ་ནི། གུམ་ཆད་གཉིས། ཇོ་ཛེ་ཐོག་གིས་འཚལ་ཞིང་མཆིས་སོ། །བཙན་པོ་འི་ཕྱག་དུ

427 འདི་ཕུལ་ཆིག་ཆེས། ཞུ་གཡག་ཞུ་གཅིག་ཕྱག་རྒྱས་བཏབ་ནས་བསྐུར་རོ། །གྲིམ་བརྩན་རྒྱང་རུང་སྐར། །

428 བཙན་པོ་སྤྱན་སྔར་མཆིས་ནས། །བཙན་མོས་བཀའ་ལན་ཡི་གེར་གསོལ་པ་ནི་ཆང་མ་མཆིས། །མགུར་བླངས་པ

429 འི་ཚིག་ནི་འདི་ཞེས་མཆི། ཕྱག་རྒྱས་བཏབ་སྟེ་སྐུར་བ་འདི་ལགས་ཤེས་གསོལ་པ་ལས། །ཞུ་ཕྱག་རྒྱ་བྱེ་སྟེ།

430 གཟིགས་ན། གཡུ་སྙིང་བཟང་པོ་སུམ་རུ་ཙམ་ཞིག་བྱུང་སྟེ། །བཙན་པོ་དགོངས་དགོངས་ནས། ཡུ་བུས་ལིག་

431 མྱི་རྒྱ་ལ་རྐོལ་ཡོད་ན་ནི་གཡུ་ཐོགས་ཤིག །རྐོལ་མ་ཡོད་ན་ནི་བུད་མྱེད་དང་མཚུངས་ཞུ་གྱོན་ཆིག་ཟེར་

432 བ་ལྷ་ཞེས་བཀའ་སྩལ་ནས། །ཇེ་སློན་སློད་སློད་དེ། །ལིག་མྱི་རྒྱ་འི་སྲིད་བརླག་གོ། །

433 ༄། །རྒྱལ་འདི་འི་རིང་ལ། །ཞང་ཞུང་གི་རྒྱལ་པོ་ལ་དྲངས་སྟེ། ཆབ་སྲིད་མཛད་ནས། །ཞང་ཞུང་གི་རྒྱལ་པོ་ལིག་མྱི་རྒྱ་སྲིད་བརླག་སྟེ། །

434 ཞང་ཞུང་ཐམས་ཅད་འབངས་སུ་བཀུག་གོ། །འུང་གི་རྗེས་ལ། །བཙན་པོ་རྗེས་འབངས་དགྱེས་སྐྱེམས་སྟོན་མོ་གསོལ་ཏེ།

435 བཙན་པོ་ཁྲི་སྲོང་བརྩན་གྱིས་མགུར་བླངས་པ། །ཀྱེ་རྗེ་འི་ནི་མཚན་བ་འདི། །ཁྲི་འི་ནི་སྲོང་བརྩན་ཞིག། །སློན་གྱི་ནི་མྱིང་བ

436 འདི་། །སྟོང་རྩན་ནི་ཡུལ་བྱུང་ཞིག། །ཚིབས་ཀྱི་ནི་སྨིང་བ་འདི། །རྟུལ་བུ་ནི་གཙང་གཙང་ལྷ། །གཙང་གཙང་ནི་ཡང་ཡང་ལྷ།

437 ཡུ་བུ་ནི་རྗེ་དང་བློན་། །ཡར་མོ་ནི་ཆུ་ཐུངས་ཀྱིས་། །མདོ་ནས་ནི་རྩང་དུ་བསྲིད། །ཡར་མོ་ནི་ཞེང་ཚུངས་ཀྱིས་ལྷོ་ནས་ནི་བྱུང་

438 དུ་བསྐྱེད། །མ་བྱུན་ནི་མཐའ་བཞི་རྒྱལ་། །ཡུ་བུ་ནི་རྗེ་དང་བློན་། །རྗེ་འིས་ནི་འབངས་མ་གཏང། རྗེ་འིས་ནི་འབངས་བཏང་

439 ན་། གནམ་མཐའི་ནི་སྲུང་དུ་ཙུད། །འབངས་ཀྱིས་ནི་རྗེ་མ་གཏང། འབངས་ཀྱིས་ནི་རྗེ་བཏང་ན་། ངས་པོ་ནི་རྨད་དུ་ཙུད། །མགུར

440 དེ་ཞེས་གསུངས་སོ། །མགུར་གྱི་ལན། །བློན་སྟོང་རྩན་གྱིས་གསོལ་པ་། རྗེ་འིས་ནི་བཀའ་སྩལ་པ་གཞའ་ཕྱི་ནི་ཡུན་གྱི

441 སྲིད། བྱ་འིས་ནི་ཞུ་ཕུབ་པ། ལ་ཕྱི་ནི་གདངས་སུ་དྲོ་། །སྒོ་བོ་ནི་མང་ཀུ་རྒྱ། ནམས་ཀྱང་ནི་ཡར་སྨྲི་ཕོ། གད་ཀྱི་ནི་གསེར་པོ་ཆེ། །

442 ནམས་ཀྱང་ནི་ཕྱིང་བ་འི་བཙུད་། རྗེ་འིས་ནི་འབངས་མ་གཏང་། །རྗེ་འིས་ནི་འབངས་བཏང་ན། བྱ་བང་ནི་ཐང་ལ་ཐམས། འབངས་ཀྱིས

443 ནི་རྗེ་མ་གཏང། འབངས་ཀྱིས་ནི་རྗེ་བཏང་ན། །འཛོན་མོ་ནི་ཤིང་ཀ་རེབས། །སང་ཕྱི་ནི་གནངས་སླད་ན་ནམ་ནམ་ནི་ཞ་ཞ

444 ཙུ། །རི་གང་ནི་ཁྲུས་བཏབ་ཀྱང། བྱ་ཕུ་ནི་ཁྲུས་མ་གདབ། ལུང་གང་ནི་རྟས་བཆགས་ཀྱང། གསེར་གད་ནི་རྟས་མ་བཆག། །

445 སོལ་སོལ་ནི་འཆམ་འཆམ་ན་། །བཀའ་མཆིད་ནི་སྨིས་སྨྲི་མཉན། །འཆམ་འཆམ་ནི་འདྲུལ་འདྲུལ་ན་། ཆགས

446 ལམ་ནི་ཆུས་མི་ཐུད། ཀླུ་དེ་ཞེས་བླངས་སོ། །བླ་ན་རྗེ་སྐམ་ན་། ཁྲི་སྲོང་བཙན། འོག་ན་བློན་འཛངས་ན་སྟོང་རྩན་ཡུལ་བྱུང།

447 རྗེ་ནི་གནམ་རི་ཕྱྭ་འི་ལུགས། །བློན་པོ་ནི་ས་འི་ངམ་ལེན་གྱི་ཚུལ། །མངའ་ཐང་ཆེན་པོ་འི་རྐྱེན་དུ། ངེ་དང་ངེར་ལྡན་ཏེ། ཕྱི་འི

448 ཆབ་སྲིད་ནི་ཕྱོགས་བཞིར་བསྐྱེད། །ནང་གི་ཁ་བསོ་ནི་མི་ཉམས་པར་ལྷུན་སྟུག། འབངས་མགོ་ནག་པོ་ཡང་མཐོ་དམན་ནི

449 བསླམས། དཔྱའ་སྐྱུ་ནི་བསྐྱུངས། དལ་དུ་ནི་མཆིས། སྟོན་དཔྱིད་ནི་བསྐྱལ། །འཕོར་བར་ནི་སྦྱུད། འདོད་པ་ནི་ཕྱིན།

450 གནོད་པ་ནི་ཕྱེ། བཙན་པ་ནི་བཙུགས། སྐྱོ་བ་ནི་སྨད། འཇིགས་པ་ནི་མནན། བདེན་བ་ནི་བསླེན། འཛངས་པ་ནི་བསྟོད།

451 དཔའ་བོ་ནི་བཀུར། སློན་པར་ནི་བཀོལ། །ཆོས་བཟང་སྲིད་མཐོ་སྟེ། །མྱི་ཡོངས་ཀྱིས་སྐྱིད་དོ། །བོད་ལ་སྔ་ན་ཡི་གེ

452 མྱེད་པ་ཡང། །བཙན་པོ་འདི་འི་ཚེ་བྱུང་ནས། །བོད་ཀྱི་གཙུག་ལག་བཀའ་ཁྲིམས་ཆེན་པོ་དང། བློན་པོ་འི་རིམ་པ་དང། ཆེ་ཆུང

453 གཉིས་ཀྱི་དབང་ཐང་དང། ཞིགས་པ་ཟིན་པ་འི་བྱ་དགའ་དང། ཉེ་ཡོ་བ་འི་ཆད་པ་དང། ཞིང་འབྲོག་གི་ཐུལ་ཀ་དང་དོར་ཀ་དང། སླུངས་ཀྱི་ཁོ་བར་བསླམས

454 པ་དང། བྲེ་ཕུལ་དང། སྲང་ལ་སྒོགས་པ། །བོད་ཀྱི་ཆོས་ཀྱི་གཞུང་བཟང་པོ་ཀུན། །བཙན་པོ་ཁྲི་སྲོང་བརྩན་གྱི་རིང་ལས་བྱུང་ངོ། མྱི་ཡོངས

455 ཀྱིས་བཀའ་དྲིན་དྲན་ཞིང་ཚོར་བས། །སྲོང་བརྩན་སྒམ་པོ་ཞེས་མཚན་གསོལ་ཏོ། །

456 ༄ །མགར་སྒྲོ་བ་རིངས་པའི་ཚེ། །བཙན་པོ་འདུས་སྲོང་གིས་མགུར་གླངས་པའ། །ཀྱེ་གནའི་ནི་ཐོག་མ་རུ། གཞི་འི་ནི་དང་པོ་ལ།

457 དགུང་སྔོ་ནི་མ་འོག་གི། དོག་མོན་ནི་ཡ་སྟེངས་ན། །གཙུག་བཙུགས་ནི་བཙུགས་ལེགསྟེ། མཐོས་ཏེ་ནི་དགུང་མྱི་རྗེབ། །དོག་མོན

458 ནི་ཕྱིང་མྱི་ཉམས། དགུང་ལ་ནི་གཉི་ཤར་བ། དྲོ་དྲོ་ནི་ས་ལ་དྲོ། །སྒྲོ་བཏགས་ནི་བཏགས་ལེགས་སྟེ། བཙའ་ན་ནི་དཔལ་ཡང་དཔལ

459 འཕངས་ན་ནི་ཤ་ཡང་ཁྲུམས། ཤ་ཁྲུམས་ནི་མྱི་ཡང་གསོས། །ཀྱེ་དི་རིང་ནི་སང་ལྟ་ན། །དོག་སྲིན་ནི་སྦུར་བུ་འིས། །བྱ་ལྟར་ནི་བཅོས་

460 བཅོས་སྟེ། གནམ་དུ་ནི་འཕུར་འདོད་ཀྱང། འཕུར་དུ་ནི་འདབ་མ་མཆིས། འཕུར་དུ་ནི་འདབ་མཆིས་ཀྱང། །དགུང་སྔོ་ནི་ཕང་མཐོས་སྟེ།

461 སྲིན་ཀྱི་ནི་ཁོ་མྱི་འདའས། །ཡ་རུ་ནི་དགུང་མ་སླེབས། མ་རུ་ནི་དོག་མ་སླེབས། མ་མཐོ་ནི་མ་དམའ་སྟེ། །ཁྲ་འི་ནི་གཟན་དུ

462 གྱུརད། བྱ་ཕུ་ནི་ལུང་ཆུངས་ན། །འབངས་ཤིག་ནི་ཛེ་རུ་རེ། མགར་བུ་ནི་ཛེ་རུ་རེ། སྤལ་པ་ནི་འཕུར་

ཏུ་རེ། །འབབས་ལས་ནི་རྗེ་རེ་བ།
463 མཐིང་ཐྲང་ནི་གྱེན་དུ་འགྱུར། པ་བོང་ནི་རི་ལ་འདྲིལ། ཕྱ་མདའི་ནི་སྨྲ་འོར་གྱིས་གྱེན་དུ་ནི་འདྲིལ་
འདྲིལ་ཡང་། །ཤམ་པོ་ནི་རྩེ་མོ
464 ཏུ་ཕྱིན་སླམ་ནི་ལེང་གྱི་བགྱིད། །ཤམས་པོ་ནི་གངས་དྲུང་དུ་སྡང་དང་ནི་ཞུགས་བལྟམ་ཡང་། ཤམ་པོ་
ནི་གངས་ཀྱི་ཞུ། ཡར་ཆབ
465 ནི་སྔོན་པོ་ལ་ཆུ་བཆད་ནི་ཡུར་དྲངས་ཀྱང་། ཡར་ཆབ་ནི་གཞུང་གྱི་སྐམས། །བོད་ཀྱི་ནི་སྤུ་རྒྱལ་དུ་
སེམས་ཤིང་ནི་རེ་རེ་ཡང་།
466 སྤུ་རྒྱལ་ནི་གདུང་གྱི་འཆད། །བྲ་ཕུ་ནི་ལུང་ཙུངས་ནས། སྤྲང་ཞིག་ནི་རྗེ་ལངས་ཀྱང་། །ཕོ་མ་འི་ནི་
སྡིང་པོ་ཆེ། རྗེ་ལངས་ནི་སྣར་གྱི་མནམ།
467 རྗེ་ལངས་ནི་སྣར་མནམ་ཡང་། ཁྲུས་བཏབ་ནི་སྡིང་གྱི་གཡོའ། །མོན་ཀ་འི་ནི་སྟག་ཚིག་པའ། བྲ་
ལྡིངས་ནི་སྒྲིག་གྱི་ལྡ། བསྒྲོགས་ཀྱང་ནི་སྒྲ
468 གྱི་ལངས། །ཅེང་ལྡིང་ནི་བྲ་ཤུ་དང་། ཡར་ལྷ་ནི་ཤམ་པོ་གཉིས། གང་ཆེ་ནི་གང་ཆུང་བ། །འགྲེང་
བརྒྱའ་ནི་ཀུན་ཀྱང་འཚལ། །སྐྱི་ཙུ་ནི་སྔོན་མོ
469 དང་། ཡར་ཆབ་ནི་ཆུ་བོ་ཆེ། གར་རིང་ནི་གང་ཐུང་བ། །ཐང་ལྷ་ནི་ཡ་བཞུར་མཁྱེན། །གནུབས་མཚོ་ནི་
གླིང་དཀྲུའ་དང་། གྲང་པོ་ནི་མཚོ་ལེ་གོང་
470 གང་ཆེ་ནི་གག་ཆུང་བ། །ཤ་མྱེད་ནི་གངས་ཀར་མཁྱེན། །ཕྱ་མདའི་ནི་ཁང་སྐྱ་དང་། ཕྱིང་བ་འི་ནི་
སྟག་རྩེ་གཉིས། །གང་མཐོ་ནི་གག་དམུ
471 བ། །ཡར་ལྷ་ནི་ཤམ་པོ་མཁྱེན། །བྲ་ཕུ་ནི་ལུང་ཆུངས་ན། མགར་ཁོལ་ནི་རྔང་བ་དང་། ཡར་ལུངས་
ནི་ཕྱིང་ལུངས་ན། ལྷོ་རྗེགས་ནི
472 འཕན་བ་གཉིས། །གང་འཕན་ནི་གག་རགས་པ། །གཉི་ཟླ་ནི་ཡ་བིས་གཟིགས། ལྷེ་ཙུ་རྗེ་ནི་ཟིན་
དགས་མཁྱེན། འགྲེང་བརྒྱའ་ནི་ཀུ×
473 ཀྱང་འཚལ། ཡར་མོ་ནི་རྗེ་ལངས་པས། བ་བདག་ནི་ངོ་མ་འཚལ། །འབངས་ཀྱིས་ནི་རྗེ་བཀོལ་ཏམ།
རྗེ་འིས་ནི་འབངས་བཀོལ་བའ།
474 དགུ་སྟོ་ནི་ཡ་བི་མཁྱེན། སྨི་འིས་ནི་ཏ་བཞོན་ནམ། ཏ་འིས་ནི་སྨི་བཞོན་བ། །ཕྱྭ་འི་ནི་གཙུག་མཁན་
མཁྱེན། རྙི་འིས་ནི་ཟོར་གཆ×
475 དམ། ཟོར་གྱིས་ནི་རྩྭ་གཆད་པ། ངོག་མོན་ནི་མ་བི་མཁྱེན། ད་ཙམ་ནི་དགུང་མཐའ་ཡན། །གཉི་ཟླ་

ནོ་སྤྱན་གྱིས་གཟིགས།

476 དགུང་སྔོ་ནི་སྣན་གྱིས་གསན། །ཕྱུ་འི་ནི་གཙུག་མི་འགྱུར། མདའི་ནི་སྒྲོ་མི་འབོག། །བདེན་ནམ་ནོ་བརྫུན་པ་འདོ། །སང་ཕྱི་ནོ་གནངས་

477 སླད་ན། འབངས་ཀྱིས་ནོ་རྗེ་མི་བཀོལ། རྟ་འིས་ནི་མི་མི་ཞོན། རྔོ་འིས་ནི་ཟོར་མི་གཆོད། །ཕྱིང་པ་འི་ནི་སྟག་རྩེ་ན། ། སྤུ་རྒྱལ་ནི

478 གདུང་མི་འཆད། །དོ་རིང་ནོ་སང་ལྷ་ནབ། །ཐྲ་ཕྱུ་ནོ་ལུང་ཅུངས་སུ། ཞུར་བུ་ནོ་ཕྲུ་ཆིག་པོ། ཞུར་བས་ནོ་བསྐྱོད་དྲགས་པས། མ་མོ་

479 ཁྲ་འིས་འཚལ། །ཞུར་སྤྱུག་ནོ་ཐང་ལ་གྲམ། །སང་ཕྱི་ནོ་གནངས་སླད་ན། ། ནོངས་ཤིང་ནོ་མ་འགྱོད་ཆིག། །གསེར་གྱི་ནི་དོང་རལ་×

480 གཡུ་འི་ནི་མདའ་ཚིག་མ། །མ་འཕངས་ནོ་ཤ་མི་ཁྲུམས། འཕངས་ན་ནི་རལ་ཡང་སྟོངས། །རི་ན་ནི་གཐང་དུ་ན། རི་དཀུའ་×

481 མཚུལ་དུ་དཀྲབ། །

482 ༄། བཙན་པོ་ཁྲི་འདུས་སྲོང། །འདམ་ཀྱི་ཙོག་རོ་ཟ་དང། འབྲི་མཛད་པ་འི་ཚོ། །ཁེ་རྙད་རྒྱལ་ཧོ་རེ་མདོ་སྣང་གིས་མཆིད་གླངས།།

483 རྭ་ཐུང་ནོ་བསར་ང་བ། ཁོང་ཁྲིམ་ནོ་སྤྱན་བུ་ཅུང། རིས་བཀྲའ་ནོ་བསར་ང་བ། སོན་ཀ་འི་ནི་སྟག་ཆིག་པ། བཙན་ཧྲེ་ནི་མི་མཁས་པ་རྒྱ་དྲུག

484 ནོ་དགུང་མཐའ་རྗེ། །མགོ་གསྟེ་ནོ་མི་མཁས་པ། ། ཤུ་མ་ནོ་རྒྱལ་མ་གཉིས། དྲག་སྟེ་ནོ་མི་མཁས་པ་མཆོག་ར་ནི་འབྲོང་གི་རྭ། རྗོ་སྟེ་ནི་མི

485 མཁས་པ་མདོ་ལྷུགས་ནོ་སྟེའུ་ག་མ། འཛངས་ཤིང་ནོ་སྲི་ཞུ་བ། ། ཡར་ཀྱི་ལྷོ་རྗེགས་ཟབ། ངན་ཞིང་ནོ་ཕོ་ཆེ་བ། འདམ་ཀྱི་ནོ་ཙོག་རོ་ཟ

486 དྲོ་ངན་ནི་ཉ་འི་དྲི། ། གཡའ་ངན་ནོ་ཟངས་ཀྱི་གཡའ། སྐུ་འི་ནི་རིང་སྟོད་དུ། ། གཡང་གི་ནི་ཡུགས་བབ་བམ། སྐུ་འི་ནི་རིང་སྨད་དུ་ཚེར་ཀྱི་ནི

487 ཡུགས་ལྷུང་ངམ། །སྲུན་ན་ནོ་འདྲེན་པ་འདོ། ། ཁྲི་གདའས་ནོ་ཡུལ་བྱིན་དང། མདོ་གྲགས་ནོ་དགུང་དང་ཉེ། །སླད་ནས་ནོ་རྗོན་པ་འདི

488 རྒྱལ་ཚན་ནོ་སྣང་གྲགས་དང། མུ་གེན་ནོ་གླུ་ཅུ་རྨད། །དབུས་ནས་ནོ་འཕེན་པ་འདི། །ཆེ་འམ་ནོ་ཆུང་མ་འཚལ། །འདུས་སྲོང་

489 ཉི་མང་པོ་རྗེ། སྐུ་ལ་ཉི་འཕྲུལ་ཡང་མངའ། །འོག་ན་ཉི་བཅིབས་པ་འདི། །རྒྱལ་མ་ཉི་མཐའ་བཞི་འདུལ། །མགྱོགས་སམ

490 ཉི་བྲུལ་མ་འཚོ། །མྱིག་རྗེས་ཉི་མྱིས་མྱི་མཐོང་། །རྗེ་ཅིག་ཉི་མང་པོ་རྗེ། གཤེགས་སོ་ནི་མང་པོ་རྗེ། བཞུགས་ཀྱང་ཉི་འོད་མྱི་དྲོ།

491 གཤེགས་ཀྱང་ཉི་དང་མ་ཆགས། །ཅོག་རོ་ཟས་མཆིད་བླངས་པ་འི་ཚིག་ལ། །ཀྱི་འདམ་གྱི་ནི་ཐང་ཀར་ཏ། ལྷ་གཤེགས་ནི།

492 ཞལ་མ་འཚལ། །ལྷ་གཤེགས་ཉི་ཞལ་འཚལ་ན། དུད་དེ་ནི་ཕྱག་ཀྱང་འཚལ། །ཕྱག་མདའ་ཉི་སླེབ་ཀྱིས་འཛིན། །དེ་འི་ནི་

493 མན་ཆད་ལ། དུད་དེ་ནི་ཕྱག་འཚལ་དུ། སོགས་བྲ་ཉི་ཡུ་བ་ཐུངས། འགྲེང་སྐྱེ་ནི་ཕྱག་འཚལ་དུ། སྐྱེན་ཀྱི་ནི་ཆོས་

494 མ་ལགས། །

495 ༄༅། །བོད་ཀྱི་བློན་པོ། །མགར་ཁྲི་འབྲིང་བཙན་བྲོད་དང་། །རྒྱ་འི་བློན་པོ་ཝེང་གེར་ཞང་ཤེ་གཉིས། །ཁ་དོར་གྱིས་བརྒྱལ་བ་འི་ཚིག། རྒྱ་

496 འི་དམག་ཁྲིན་ཆེད་པོ། །དམག་པོན་ཝེང་གེར་ཞང་ཤེས་བདའཁྱེ། །དཔུང་གིས་ཕྱུལ་ནས། །མཚོ་སྔོན་པོ་ཕྱོགས་ཀྱི་དམག་པོན་

497 མགར་ཁྲི་འབྲིང་བཙན་བྲོད་འཚལ་བ་ལ། །ཝེང་གེར་ཞང་ཤེས་སྤྲིང་བྱ། །ཁྲི་རྒྱལ་གང་དང་། ཡུངས་འབྲུ་རྒྱལ་གང་བསྐུར་ཏེ། །

498 བོད་ཀྱི་དམག། །སྟག་འཕྲང་གཡག་འཕྲང་དུ་བགྲངས་པ་འི་གྲངས་ཀྱང་ང་ལ་ཡོད་དོ། །བླད་པ་ལ་ཚོད་བླངས་སྐྱེ། །

499 ཞྭར་བྲུབས། རྐང་པ་ལ་ཚོད་བླངསྐྱེ་ལྷམ་དུ་བྲུབས། །བོད་ཀྱི་དམག་ཐུབ་པ་ཙམ་དུ་བརླབས་ནས། །ང་འི་དམག་འདི་སྙེད་

500 ཅིག་ཡོད་དོ། །མགྲིམ་ཕྲ་མོར་ཤོང་ན། ཕྱོ་ཆེད་པོར་ཞུགས་ཀྱང་། །གིས་གནམ་ཕྱགས་ཆེད་པོས་བཏབ་སྐྱེ། །གཅིག

501 སྨྱི་དགྲེ་འོ།། །མགར་ཁྲི་འབྲིང་གིས་ལན་བཏབ་པའ། །མང་ཉུང་གི་ཁར་མྱི་དོར་རོ། །བྱེ་འུ་མང་མང་ཡང་ཁྲ་ཅིག་གི་ཉོད་པའ། །

502 ཉེ་འུ་མང་མང་ཡང་སྲམ་ཅིག་གི་ཉོད་པ། ཤ་བ་རྭ་མང་སྐྱེ་འགྱེན་ཏམ། གཡག་རྭ་ཐུངེ་སྐྱེ། འགྱེན་པ་

བལྷ་འོ། །ཐང་ཤིང་ལོ་བརྒྱར་སྐྱེས

503 པ་ཡང་། སྦྲ་རེ་གཅིག་གི་དགྲ་འོ། །ཆུ་གཞའ་གསང་དུ་སོང་བ་ཡང་། །གྲུ་མདོམ་གང་གིས་སྣ་ཆིག་ཚོད་དོ། །ནས་འབྲས་ཐང་གང་སྐྱེས

504 པ་ཡང་། རང་ཏག་གཙོག་གི་ནང་དུ་ཆིབ་བོ། །སྐར་མ་གནམ་གང་ཡོད་པ་ཡང་ཉི་མ་གཙོག་གི་འོད་ལ་སྒྲིད་དོ། །ལུང་པ་གཙོ་གི་མདའ་ནས

505 སྨྱི་ཕར་ཆིག་མཆེད་ན། །རི་ལུང་གཉིས་ཀྱི་ཤིང་རྩི་ཀུན་ཆིག་པ་ཡང་ཡོད། །ཆུ་སྨྱིག་གཅིག་གི་དངོའ་ནས་། དབའ་རྒྱལ་ཞིག་བྱུང་ནའ། །རི

506 ཐང་གི་ཤིང་རྩི་ཀུན་ཁྱེར་བ་ཡང་སྲིད་དོ། །པོང་པ་ཐང་གང་གི་ནང་དུ། །རྫ་བ་གཅིག་འདྲིལ་དུ་བཙུག་ན་། རྫ་ཆག་གམ་། །པོང་པ

507 པ་བལྷ་འོ། །ཐང་ཆེད་པོ་གཅིག་ལ་། རྩ་ཁུར་གཅིག་དང་། སྲུག་ཤད་ཀྱི་ལྷུག་གཅིག་བཅིངསྟེ་བཞག་ན། རྩ་སྤར་འདྲུལ་ལམ།

508 ལྷུག་སྟུན་དུ་འདྲུལ་པ་བལྷ་འོ། །ཆུ་ཟངས་གང་གི་ནང་ན་། །ལན་ཙ་ཁྱོར་གང་བཏབ་ན། །ཆུ་བྲོ་འམ། ལན་ཙ་བྲོ་བ་བལྷ་འོ། །

509 འབྲུག་དང་སློག་ལྡེ་བུ་ལྡེ་གྲངས་ཉུང་མོད་ཀྱང་། །གནམ་མཐའ་བཞིར་གྲགས་ལ་བརྩན་ཞིང་ཆེ་འོ། །ཁྱོད་ཀྱི་དམག་ནིའ།

510 མཆོ་ག་འི་སྦྲང་བུ་དང་འདྲའ་སྟེ། །མང་ཞིང་འཕོལ་ལ་སྨྱི་ཕན་ནོ། །རི་ག་འི་ན་བུན་དང་མཚུངསྟེ་། སྨྱི་ལ་སྨྱི་ལྡེ་འོ། །ང་འི་དམག་ནི

511 རྩ་མང་པོ་ལ་ཟོར་བ་གཅིག་གིས་གཅོད་པ་དང་མཚུངསྟེ་ཆོད་ཀྱང་། །གཡག་ཆེད་པོ་ལ་མདའ་ཕྲ་མོས་འཕངསྣ་སོད་ཀྱང་། །

512 ཉེང་གེར་ཞང་ཤེས་ལན་བཏབ་པའ། །སྒོ་ང་ཆུ་དུ། རི་ཆེད་པོ་འི་ལྡིང་ཀྱིས་མནན་ན་ཚོགས་ཀྱང་། སྨྱི་འབའར་བ་། མཆོ་ཆེད་པོ་འི་རླབས་ཀྱིས

513 བསད་ན་སོད་ཀྱང་། །མགར་ཁྲི་འབྲིང་གིས་ལན་བཏབ་པའ། །རི་ཆེད་པོ་འི་སྟེང་ན་བྲག། བྲག་གི་ཁ་ན་ཤིང་། ཤིང་གི་ཁ་ན་ཚང་། ཚང

514 གི་ཁ་ན་སྒོ་ང་སྟེ། རི་མ་རྙིལ་བར་བྲག་སྨྱི་འདྲུལ། བྲག་མ་རལ་བར་ཤིང་སྨྱི་འཆག། ཤིང་མ་ཆག་དང་ཚང་སྨྱི་ཞིག། ཚང་སྨྱི་ཞིག

515 པར་སྒོ་ང་སྨྱི་ཆག་སྟེ། །རིས་སྒོ་ང་གཆག་དུ་དེ་ལྟར་སྨྱི་ཚོགས་སོ། །སྨྱི་རི་ག་ན་འབའར་བ། ཆུ་ལུང་པ་ན

འབབ་པས། གསད་

516 ཏུ་སྨི་སློབསྐྱེ། །བོད་ཀྱི་སྤུ་རྒྱལ་ནི་ཉི་མ་དང་འདྲའ། རྒྱ་རྗེ་ནི་ཟླ་བ་དང་འདྲ་སྟེ། །རྒྱལ་པོ་ཆེད་པོར་འདྲའ་
མོད་ཀྱིང་།

517 གནམ་མཐའ་འོག་ཏུ་འོད་ཐ་དད་དོ། །ཆེ་ཆུང་གི་ཁར་ཡོང་སྨི་དོར་རོ། །མཚོ་ཆེད་པོ་འི་ནང་ན། ཆུ་
སྲིན་རྒྱལ་བའ

518 འདུག་ན། གནམ་ལས་ཆེ་ཕབ་སྟེ། །ཆུ་སྲིན་རྒྱལ་བ་ཆུ་འི་ནང་ཏུ་བསད་དོ། །འབྲུག་དང་གློག་གཉིས་
ཀྱིས་ལྐྱེ་ཕབ་ན

519 བྲག་ལས་སྲ་བ་མྱིད་པ་ཡང་དྲལ་ལོ། །བོད་ཀྱི་ལྷ་བཙན་པོ་དང་། གནམ་གཉིས་ཀྱིས་བདུད་བཆད་
ན། འབལ་ལྷོ་རྨང་ལས་ཆེ

520 བ་མྱིད་པ་འི་བྱུ། །ས་དགུའ་རིམ་འོག་སྲས་པ་ཡང་བཟུང་དེ་བསད་དོ། །དེ་ལྟ་སྟེ། ཆེ་ཆུང་དང་མང་
ཉུང་གི་ཁར་དེ་ལྟར་སྨི་དོར་རོ

521 དེ་ནས་རྒྱ་འི་དམག། །ཝིང་གེར་ཞང་ཤེས་བདའསྐྱེ་བྱུང་བ་ལས། །བོད་ཀྱི་དམག་པོན་། བློན་ཁྲི་འབྲིང་
གིས། དགྲ་ཐབས། ×

522 དང་གཡག་ལྟར་བྱས་ནས། །ཁོ་བར་ཏུ་གཡུལ་སྤྲད་དེ། །རྒྱ་མང་པོ་བཐུངས་ནས། རྒྱ་འི་རོ་གཅིག་གནམ་
ཏུ་འགྲེང་བ་ཡ×

523 སྨི་འབུམ་བསད་པ་འི་མཚན་མ་ཞེས་བྱ་འོ། །སྟག་ལ་རྒྱ་དུར་དང་ཙ་རྒྱ་དུས་ཀྱང་དེ་ནས་བཏགསོ། ཛ་
རབ་ཕན་ཆད། སྨྱང་ད×

524 ××××། །དོར་པོ་ལ་སྟོགས་པ་། །རྒྱལ་པོ་དང་བཆས་སུ་འབངསུ་བཀུག་ནས། །སོ་བློན་སྣེ་ལྡེཡང་
བཙུགས་སོ།

525 ××××ང་ཀོག་དང་ལ་སྟོགས་པའ། སྟོད་ཕྱོགས་དང་སྨད་ཕྱོགས་ཀྱི་རྒྱལ་ཕྲན་མང་པོ་ཡང་འབངསུ་
བསྡུས་སྒོ། །

526 ××××མང་པོ་རྗེ་སྟག་×××ཚབ་རྒྱལ་ཧོ་རེ་རྒྱ་ལ་བྲོས་པ་འི་ཚེ། །པ་ཚབ་རྒྱལ་ཧོ་རེས་གླུ་བླངས་པའ།

527 ××××××××ན་ལས། །སྨན་ཤ་ནི་ལ་འདའས་ཀྱང་། ཤ་བཀྲའ་ནི་སྣད་ན་ལུས། ན་ནིང་ནི

528 ××××××××འགྲེས་སུ་ནི་སྤང་བཟངས་ནས། མ་སྲིང་ནི་སྤུག་གིས་བསྐྱལ། ཙོང་ག་ནི་ཆེ་ཆུང

529 ××××××××རྗེ་འི་ནི་སྐལ་པོག་པ་རྒྱ་རྗེ་ནི་བསམ་ལང་ཞིག། སྤུར་སྨི་ནི་སྐལ་བ་ཏུ་རྒྱ

530 ××××་ཆག་པ། མགར་མང་པོ་རྗེ་ནི་སྟག་རྩན་ཀྱི་མཆིས་བྲང་། །ཙོག་རོ་ཟ་ཁྲོ་དང་ལྷན་ཅིག་རྒྱ་ལ་

531 ××××མཆིད་བླངས་པའ། །ཉིན་ཀར་ནི་སྟག་རྩེ་ནས། ལྷགས་ཀྱི་ནི་ཁྲི་བཀྱེ་ཞིང་། རྨ་འི་ནི་པོང་བྲ་ནས

532 ××××དུད་བཟའ་བཏང་། མེག་ལེ་ནི་སླང་མར་ནས། གསེར་གྱི་ནི་ཤ་སླད་འདྲོགས། །འདྲོགས་སོ་ནི་

533 ××××འདའས་སོ་ནི་ཏབ་ཆེན་པོང་། འདྲིམས་སོ་ནི་སོ་ཀྲོ་རྩ། བསྐྱངས་སོ་ནི་ཡང་དང་སྟེངས

534 ××××ཉིང་ཐུ་། ཛོ་བོ་ནི་སྟག་རྩན་དང་། རྒྱ་རྗེ་ནི་བསམ་ལང་གཉིས་། བསྟོས་ཞིང་ནི་ཏོ་རེ་བ××××

535 ×××་སང་ལྷ་ན། འཕྲོང་བུ་ནི་སྐོས་ཐག་སྐེ། ན་རྩེ་ནི་བཤོར་ལ་འཚལ། མ་བྲུན་ནི་རྒྱེ×

536 སྐོལ། །

གཉིས་པ། རྒྱལ་ཕྲན་རིམ་བྱུང་སྐོར།

Pel.tib.1060 རྟའི་རབས་ལས་བྱུང་བའི་རྒྱལ་ཕྲན་རིམ་བྱུང་།

1 ××××བར།

2 ××××ཡབ་སྨྲ་སླབས་རྩ་ཤ་རྩ་ན་གདའ་སྨྲ་མནབས། །རྗེ་བདེན་དང་ཞལ་མྲི་མཇལ་ནའ། །ཏ་ལ་འོ་མཉན་

3 རྨང་ལ་ཕྱིག་བཙོད་ནའ། །ཁ་བང་གཉིས་འཚོས་གྱི་བུ་། །ར་ཡག་གཉིས་འཚོས་བུ། ཕྱུ་དཀར་དུ་བྱུང་ན་
ཏ་ལྷ་འི་ཏ་སྐེ་ལྷ་ཡུལ་གུང་དང་གྱི་ནང་དུ།

4 མཆིས་སྐེ། ཏ་ལྷ་འི་ཏ་སྐེ། གཉན་དེ་མ་བཏུབ་། །གདོད་དེ་མ་བཅད། ནའ། ཕུཾ་ཕུཾ་ཚུངས་གཅིག་། ཛ་མ་
ཉག་གཅིག།

5 མཚོ་མོ་ཉག་གཅིག། ཡུངས་མོ། སྐངས། གཅིག་སྐྱེམས་པ་དཏུལ་གང་གྱིས་ཏ་ལ་འོ་མཉེན་རྨང་ལ་ཕྱིག་
བཏོད་དོ། །ཕྱུ་གནག

6 དུ་བྱུང་ནའ་ན་ཏ་བདུད་གྱི་ཏ་སྐེ་། གཉན་དེ་མ་བཐུབ་གཏོད་དེ་མ་བཅད་ན་། ཕུཾ་ཕུཾ་ཚུངས་གཅིག། ཛ་མ་
ཉག་ཅིག།

7 མཚོ་མོ་ཉག་གཅིག། ཡུངས་མོ་སྐངས། གཅིག་སྐྱེམས་པ་དཏུལ་གང་གྱིས་ཏ་ལ་འོ་མཉེན་རྨང་ལ་ཕྱིག་
བཏོད་དོ་།

8 ཤུ་བོ་ཞུར་པོར་བྱུང་ན། ཏ་དམུ་འི་ཏ་སྐེ། གཉན་དེ་མ་བཐུབ་། གཙོད་དེ་མ་བཅད། གྱིས་ཏ་ལ་འོ་མཉེན་།
རྨང་ལ་ཕྱིག།

9 བཙོད་དོ། །ཕྱོན་པོ་ལ་ཞུར་པོར་བྱུང་ན། ཏ་དམུའ་འི་ཏ་སྐེ། ཏ་ལ་འོ་མཉེན། རྨང་ལ་ཕྱིག་བཏོད་དོ། །
དཀར་པོ།

10 ལ་ཤེའུ་རིགསུ་བྱུང་ན། རྟ་སྐར་གྱི་གྱི་རྟ་སྐེ། གཉན་ཏེ། མ་བཏུབ་གཞོད་དེ་མ། བཅད་ནའ། རྟ་ལ་འོ་མཉེན།

11 རྨང་ལ་སྟོག་བརྟོད་དོ། །ཡུ་ཤུ་དམར་དུ་བྱུང་ན། རྟ་གཞའ་འི་རྟ་སྐེ་གཉན་ཏེ་མཐུབ་གཏོད་དེ་མ་བཅད། ན་རྟ།

12 ལ་འོ། མཉེན་རྨང་ལ་སྟོག་བདོད་དོ།། །འོལ་བ་ཞུར་པོར་བྱུང་ན། རྟ་སྲིན་གྱི་རྟ་སྐེ་རྟ་ལ་འོ་མཉེན།

13 རྨང་ལ་སྟོག་བརྟོད་དོ། སྔོན་པོ་ལ་ཛ་སྐྱུར་བྱུང་ན། རྟ་མཉན་གྱི་རྟ་སྐེ། རྟ་ལ་འོ་མཉེན། རྨང་ལ་སྟོག་བརྟོད། དོ།

14 མཚལ་བུ་ཞུར་པོར་བྱུང་ན། རྟ་གླུ་འི་རྟ་སྐེ་གཉན་ཏེ་མ་བཏུབ། གདོད་དེ་མ་བཅད་ན། རྟ་ལ་འོ་མཉེན།

15 རྨང་ལ་སྟོག་བརྟོད་དོ། །ཤུ་མོ་ལ་ལ་གར་དུ་བྱུང་ན། རྟ་སྨན་གྱི་རྟ་སྐེ། རྟ་ལ་འོ་མཉེན། རྨང་ལ་སྟོག་བརྟོད།

16 དོ།། །ནག་པོ་ལ་ཇོག་བཀྲའར་བྱུང་ན། རྟ་སྲིན་གྱི་རྟ་སྐེ་གཉན་ཏེ་མ་བཐུབ། གཞོད་དེ་མ་བཅད། ན།

17 རྟ་སྟོག་བཞོད་དོ། །རྟ་ལ་འོ་མཉེན་ནི་གནམ་དུ་མཉེན་ནོ། །རྨང་ལ་སྟོག་བརྟོད་ནི་ས་ལ་བརྟོད།

18 དོ། །༡།ཿ།རྟ་ལ་ཚེ་མ་སློས་རྨང་འབྲང་མ་བླགས་ན་རྗེ་བདེན་དང་ཞལ་མྱི་མཇལ་ནའ། །རྟ་ལ།

19 ཚེ་སློས་སོ་རྨང་ལ་འབྲང་བླག། །ནའ། གནམ་ལ་སྤྲིན་ཁ་བོ་སྨྲ་ཤེས་སྐྱེ་སྤྲིན། གའ། དཀར་ན། །ས་ལ་རྟ་སྤུ་དཀར། །གནམ།

20 ལ་སྤྲིན་ཁ་གནག་ནའ། ས་ལ་རྟ་སྤུ་གནག། །གནམ་ལ་སྤྲིན་ཁ་སྨུག་ན། ས་ལ་རྟ་སྤུ་སྨུག། གནམ་ལ་སྤྲིན་སྔོ་ན། ས།

21 ལ་རྟ་སྤུ་སྔོ། །གནམ་ལ་སྤྲིན་ཁ་སེར་ནའ། ས་ལ་རྟ་སྤུ་སེར་།། །ཁ་བང་གཉིས་འཚོས་གྱི་བུ། སྤུ་དཀར་དུ་བྱུང་ནའ། ལྷ་ཡུལ།

22 གུང་དང་གི་ནང་དུ་མཆིས་ཏེ་རྟ་ལྷ་འི་རྟ་སྐེ། ཚེ་ཡང་ལྷ་རྟ་འི་ཚོ། འབྲང་ཡང་ལྷ་རྟ་འི་འབྲང། དོ་མ་འི་མྱི་རིགས་སླིང་དགས་གྱི་མྱི་རིགས།

23 སྤུ་གནག་དུ་བྱུང་ན་རྟ་བདུད་གྱི་རྟ་སྐེ། ཚེ་ཡང་བདུད་རྟ་འི་ཚེ་འབྲང་ཡང། བདུད་རྟ་འི་འབྲང། །སྐེ་དོ་མ་འི་མྱི་རིགས། སླིང་དགས།

24 གྱི་མྱི་ཚོ། །སྤུ་སྨུག་པོ་ལ་ཞུར་པོར་བྱུང་ན། རྟ་དམུ་འི་རྟ་སྐེ་ཚེ་ཡང་དམུ་རྟ་འི་ཚོ། འབྲང་ཡང་དམུ་རྟ་འབྲང་། དོ་མ་འི་མྱི།

25 རིགས། སླེ་དགས་གྱི་མྱི་ཚོ། །སྐྱ་བོ་ལ་འོད་པོར་བྱུང་ནའ། རྟ་ཚེ་ཡང་སྨྲ་རྟའི་འབྲང་སྐེ། །དོ་མ་འི་མྱི་

རིགས། སྙིང་།
26 དགས་ཀྱི་སྐྱི་རིགས། །སྔོན་པོ་ལ་ཞུང་པོར་བྱུང་ནའ། །ཆོ་ཡང་གཉི་རྟའི་ཆོ་འབྲང་ཡང་གཉི་རྟ་འི་
འབྲང་། །ཏེ་དོ་མའི་
27 སྒྱི་ཆོ་སྙིང་དགས་དཀར་པོ་ཤིའུ་རོས་སུ་བྱུང་ནའ་ཆོ་ཡང་སྐར་རྟའི་ཆོ་འབྲང་ཡང་སྐར་རྟའི་འབྲང་། །
ཏེ་དོ་མའི།
28 སྒྱི་ཆོ་སྙི་། །དགས་ཀྱི་སྐྱི་རོགས། །ཤུ་བོ་ལའ་ཞུར་པོར་བྱུང་ནའ། ཆོ་ཡང་གཞ་རྟ་འི་ཆོ་འབྲང་ཡང་གཞ་
རྟའི།
29 འབྲང་། །ཏེ་དོ་མའི་སྒྱི་ཆོ་འབྲང་ཡང་གཞརྟའི་འབྲང་ཏེ་སྙིང་དག་ཀྱི་སྐྱི་རིགས། །འོལ་བའ་ལ་ཞུར་པོར་
པོར།
30 བྱུང་ནའ། །ཆོ་ཡང་། །ཁྲིན་རྟ་འི་འབྲང་ཏེ་དོ་མ་འི་སྐྱི་ཆོ་སྙིང་དགས་ཀྱི་རིགས། །སྔོན་པོ་ལ་ཛསྐྱར།
31 བྱུང་། ནའ། །ཆོ་ཡང་གཉན་རྟའི་ཆོ་རོགས་ཀྱང་གཉན་རྟའི་རོགས་སྟེ་དོ་མའི་སྒྱི་ཆོ་དགས་ཀྱི་སྒྱི་རོགས།
32 མཚལ་བུ་ལ་ཞུར་པོར་བྱུང་ནའ། །ཆོ་ཡང་སླུ་རྟའི་ཆོ་འབྲང་ཡ་ཡང་སླུ་རྟའི་འབྲང་ཡང་སླུ་རྟ་འི་འབྲང་སྟེ།
33 དོ་མ་འི་སྒྱི་ཆོ་སྙི་དགས་ཀྱི་སྒྱི་རིགས། །ཤུ་མོ་ལག་གར་དུ་བྱུང་ནའ་ཆོ་ཡང་སླན་རྟའི་ཆོ་འབྲང་ཡང་སླན།
34 རྟའི་འབྲང་། །དོ་མའི་སྐྱི་ཆོ་སྙིང་གདགས་ཀྱི་སྐྱི་འབྲང་། །ནག་པོ་ལ་ཇོག་བཀྲའར་བྱུང་ནའ། །ཆོ་ཡང་ཁྲིན།
35 རྟའི་འབྲང་དོའི་སྒྱི་ཆོ་སྙང་དགས་ཀྱི་སྒྱི་རོགས། །དབོ་ཡོག་སེར་དུ་བྱུང་ནའ། །རྟ་མེན་སྦྱི་བ་ཁོབ་ལ་ལ་རྟ་
ཤི་ནའ།
36 བྱ་རོག་གྲོག་བྱུང་ཏེ་ཆོ་ཡང་བྱ་ཟན་ཀྱི་འབྲངསྟེ། །དོ་མ་འི་སྐྱི་ཆོ་སྙིང་དགས་ཀྱི་སྒྱི་རིགས། །སྲོ་མ་ཆོ།
37 ཆེད་པོ་ནི་གནམ་ལས་སླག་འབྲང་མ་པོ་ནི་སའ་ལས་བཙོ་འོ། །རྟ་ལ་ཆོ་མྱེད་རྣང་ལ་འབྲ་མེད་སྐམ་ཏེ་
ཡི་མ་
38 འཆད་ཅིག། །ཁྱོད་ལྷ་མ་ལགས་ཀྱི། །དཔོ་ཡོག་སེར་ལ་ཡང་ཆོ་དང་འབྲང་ཡོད་དེ་ཆོ་ཡང་བྱ་ཟན།
39 འདྲང་ཡང་བྱ་ཟན་ཀྱི་འབྲང་། །ངོ། །དོ་མོད་རྟ་ལ་ཆོ་སྨོས་སོ་རྣང་ལ་། །འབྲང་བླག་གོ། །རྟ་དཀར་པོ་བརྒྱ་
40 བསོགས་ནའ། དཀར་པོ་སྲོ་གངས་དང་བརྒྱ་སྟོང་རེ་ཐམ་འབབ། །དོ་མ་འི་དེ་ཆོ་སྙིང་དགས་ཀྱི་དེ་
རོགས་སོ།
41 ནག་པོ་བརྒྱ་བསོགས་ནའ་ནག་ཚུང་སྲུན་མ་དགྱི་ག་དང་བརྒྱ་ཏེ་སྟོང་རེ་ཐམ་འབབ། །སླུག་པོ་བརྒྱ་
བསོགས་ནའ།
42 སླུག་པོ་བརྒྱ་བསོགས་ནའ་ཆོས་ཀྱི་གཙོས་གོང་གོང་དང་བརྒྱ་སྟོང་རེ་ཐམ་འབབ། འོལ་བའ་བརྒྱ་

བསོགས་ནའ།

43 ཐང་བྲང་འོལ་ཀབ་འཕྱོ་དང་བརྒྱ་སྟོང་རེ་ཐམ་འབབ། །སེར་པོ་བརྒྱ་བསོགས་ནའ་གསེར་བྱེ་ཙུ་ནམ་ཀབ།

44 ལྡིང་དང་བརྒྱ་སྟོང་རེ་ཐམ་འབབ། །ཁྲ་བོ་བརྒྱ་བསོགས་ནའ་ཁྲིཙུ་ལོ་རྒྱུན་དང་བརྒྱ་སྟེ་སྟོང་རེ་ཐམ་འབབ།

45 ཤུ་བོ་བརྒྱ་བསོགས་ནའ། དང་རེ་དང་བརྒྱའ་སྟོང་རེ་ཐཾ་བ། མོག་རོ་བརྒྱ་བསོགས་ནའ། ཧིང་ཕུཾ་པོ་
དང་བརྒྱ་སྟོང་རེ་ཐཾ་བ། །ཡང།

46 ཚེ་ཡང་དོ་མ་ཐུགས་དགས། ཀྱི་ཚེ་འབྲང། ཡང་དོ་མ་ཐུགས་ཀྱི་འབྲང། དོ། །ཚེ་ཡང་ཕུ་དང་མགྱོགས་
དང། ནུ་ཡིད་མགྱོགས།

47 ཀྱི་ཚེ། འབྲང་ཡང་ཕུ་དང་མགྱོགས་དང་ནུ་ཡིད་མགྱོགས་ཀྱི། འབྲང། །ཁོད་དེ་བྱང་སྟོང། དང་ནག་
པོ་སྤྲ་ཤེས། ལས་སོགས།

48 པ་ཡང་ནན་གོང་ངོ་མ་བཞིན་སྐོར་ཅིག །༧ཿ།ཡོ་མ་ཉིད་ཏུ། གྲལ་གང་དངར་པ་ཁེན་རྣམས། །རྗེ་དང་
འབྲངས།

49 མཛལ། སྨི་དང་ཕྱུགས་མཛལ། གསེར་དང་གཡུ་མཛལ། སྙིང་ལོ་དགའ་སྐྱིད། སྐྲ་ལོ་གསར་བཐགས་རྗེ་
བདེན་དང་ཞལ་མཛལ།

50 ཏུ། སྤོ་མ་ཁེན་རྣམས་ཀྱི་མཐོ་རྫོག་སྤྲ་ཕྱུར་ཕྱུར་མན་ཅད་དང། དམའ་དགྱིག་བཞི་ལྕགས། ཀའ་ཡན་ཅད།
ཏུ་གནམ།

51 ལ་གཡེན་དགུ་འི་གཡལ་ཆགས། །གཡལ་ང་བ་སྐད་ཏུ་སྤྱི་ན། ལྷ་འི་གཡལ་ཆགས་ན་ལྷ་རྗེ་ཁར་མངས་
སྐྱོལ་ཀྱི།

52 གཡལ་ཆགས། །ཚམ་ཀྱི་གཡལ་ཆགས། ན་ཚམ་རྗེ་ཐད་ཀར་ཀྱི་གཡལ་ཆགས། །བདུད་ཀྱི་གཡལ་
ཆགག་ན་བདུད།

53 རྗེ་རྨང་ཁྱུག་ཀྱི་གཡལ་ཆགས། །དམུ་འི་གཡལ་ཆགས། ནའ། དམུ་རྗེ་བཙན་པ་འི་གཡལ་ཆགས། །སྨ་
འི་གཡལ་ཆགས།

54 ན་སྨ་ཁྲི་བོ་གང་རྒྱལ་ཀྱི་གཡལ་ཆགས། །གཉེ་འི། གཡལ་ཆགས། ནའ། མང་རྒྱལ་ལྡོ་ས་ཙུང་ཀྱི་གཡལ་
ཆགས། །

55 སྐར་ཀྱི་གཡལ་ཆགས་ན་སྐར་སྤོ་དེ་རྒྱལ་བ་འི་གཡལ་ཆགས། །གཙོ་འི་གཡལ་ཆགས། ན། གཞ་བཟང་
ཁྱུག་མོ

56 འོ་རྒྱད་སྟོང་འབུཾ་ཀྱི་གཡལ་ཆགས། །སྤྲིན་ཀྱི་གཡལ་ཆགས། ནའ། སྤྲིན་རྗེ་ཁེའུ་ཐུང་རྨང་གཡག་སྐྱེས་

གྱི་གཡལ་ཆགས།

57 གཉན་གྱི་གཡལ་ཆགས་ནའ། གཉན་སྲུ་ཐོ། དེ་རྒྱལ་བ་འི་གཡལ་ཆགས། ཟླ་འི་གཡལ་ཆགས་ནའ། ཟླ་
རྫིང་དེ་ཐོ་འི་གཡལ་།

58 ཆགས། །སྨན་གྱི་གཡལ་ཆགས་། སྨན་ཙུན་ཆུང་མ་རོན་གྱི་གཡལ་ཆགས། །གཟིད་གྱི་གཡལ་ཆགས་ན།
གཟི་རྒྱལ་ཐང་པོ།

59 འི་གཡལ་ཆགས། །སྲིན་ཀྱི་གཡལ་ཆགས་ན་སྲིན་རྗེ་དགུ་ལྡོགས་གྱི་གཡང་ཆགས། པ། །ཕུཾ་ཕུཾ་ཚུངས་
གཅིག། ཟ་མ་ཉག།

60 གཅིག། མཚོ་མོ་ཉག་གཅིག། ཡུངས་སྨོ་སྐངས་གཅིག། སྐྱེམས་པ་པ་དཏུལ་གང་གྱིས་གཡལ་ང་བ་ཡང་།
སྐད་དུ་སྐྱོ།

61 འོ་། རྒྱང་རྫོག་པ་ཡང་སྐད་དུ་གཙད་དོ། །ཀ།ཿ།སྒོ་མ་གྲལ་གང་དངར་པ་ཁེ་ན་རྣམས། རྗེ།

62 བདེན་དང་ཞལ་མཇལ་དུ་། མ་ལ་། རྒྱལ་པོ་བཙུ་གསུམ་གྱི་ཕུང་དང་བྱིན་ཆགས་ནའ། གཡལ་ང་རྒྱང་
རྫོག། ན་གཞུ།

63 ང་བ་སྐད་དུ་སྐྱོ་རྒྱང་ཐོག་པ་སྐྲ་དུ་གཙད་ནའ། ཡུལ་ཆབ་གྱི་ཡ་བགོ་། མཁར་ཁྱུང་ལུང་ཧྲུལ་མཁར།

64 གྱི་ནང་ན་རྒྱལ་པོ་ཞིག་སྐ་ཤུར་། བློན་པོ་ནི་ཁྱུང་པོ་དང་ར་སྐུང་རྗེ། ཕོལ་གུ་གེ་དང་གུག་ལྡོག་གྱི་རྟ་འི་
ཚོ་དང་འཕྲང་དུ།

65 འ་བཟུབ་མ་བཙད་ན་ཚིབས་ན་རོད་དང་མང་རོག་། ཉ་མོ་དང་སྤལ་ཙལ་ཡན་ཅད། བརྒྱ་སྟོང་རེ་ཐམ་
བ་འི་ཚོ་དངའཕྲང་དུ།

66 མ་བཟུབ་ན་མ་བཙད་ན། རི་གཅིག་གྱི་སྟོ་ལ་མཉམ་དུ་འཚལ་འཚལ་ལུང་གཅིག་གྱི་ཆབ་ལ་། མཉམ་དུ་
འཚལ།

67 འཚལ། །སྤང་སྔར་གྱི་སྐང་འགྲམས་འགྲམས། །ལུང་ཕྲན་གྱི་མུལ་འཐུབ་འཐུབ། །རྩ་བྲོགས་པ་སྤང་དང་།

68 སྨྲིག་གྱི་དྲིན་། །ཆབ་འཚལ་བ་གོང་གྱི་གཙགས། རྟ་ཕ་ལ་བྱིན་ང་། མ་ལ་རྒྱང་ཐོག་། བུ་ལ་གཡག་
ཆགས་པ།

69 ཕུཾ་ཕུཾ་། ཚུངས་གཅིག་ཟ་མ་ཉག་གཅིག་། མཚོ་མོ་ཉག་གཅིག་། ཡུངས་མོ་གངས་གཅིག་། སྐྱེམས་པ་
ཧྲུལ་གང་གྱིས།

70 ལྷ་ཐུགས་ཅགས་གྱི་ཐུགས་ལན་ནའ། ཞང་ཞུང་གྱི་ལྷ་མུ་རྒྱུང་དང་ཉང་རྒྱུང་ཐུགས་ཅག་གྱི་ཐུག་ལན་།

71 ཡང་སྨན་དུ་སྨན་ནོ། །རྒྱལ་དང་ཅགས་གྱི་དང་ལན་ཡང། །སྐད་དུ་སྨན་ནོ། བློན་སྙིང་། །ཅགས་གྱི་

སྙིང་ལན།
72 ནའ་ཁྱུང་པོ་ར་སང་། །རྗེ་སྙིང་ཅགས་ཀྱི་སྙིང་ལན་ཡང་། །སྣད་དུ་སྣན་ནོ། །ལྷ་སྣན་ཡང་སྣད་དུ་སྣན་ནོ
73 རྒྱལ་སྦྲ་ཡང་། །སྣད་དུ་དགར་རོ། །འདི་མན་ཅད་རྒྱལ་པོ། །རོལ་ཡང་ནན་འདི་བཞིན་བསྐོར།
74 ཡུལ་ཁ་ལ་རྩང་སྟོད་རྩང་གྱི་དངོ་མཁར་གྱི་ནང་ནའ། ལྷ་རྩང་ལ་འོ་བྱེའུ།། རྗེ་རྩང་རྗེའི་སྤུའ། །སྣོན་
པོ་སུདུ།
75 དང་གནང་། ཁོལ་རྩང་ཀོལ་རེའུ་རྫི། །ཧ་རྩང་ཧ་དགྲོ་ལོང་ལེག་པའ། །དང་བརྒྱ་སྟོང་རེ་ཐམ་འབའ་འི
76 ཚ་དང་འཕྲང་དུ་མ་བཏུབ། །ཡུལ་སྐྱི་རོ་ལྷང་སྟོན་མཁར་སྐྱི་མཁར་ཟྲོ་ཡོང་སྟོན་འབུའི། །ནང་ནའ། ་ལྷ་
སྐྱིབས་ལ་བྱ་མང
77 ངས། །རྗེ་སྐྱི་རྗེའི། །རྨང་པོ། །ཤུའུ་དང་ཐུག། ཧ་སྐྱི་ཧ་སྐྱུ་མ་ལན་གར། ཧང་བརྒྱ་སྟོང་རེ་ཐམ་འབའ
78 དབྱེ་མོ་ཡུལ་དུག་ནའ་རྗེ་དབྱེ་རྗེ་མཁར་པའ། ལྷ་དབྱེ་བླ་སྦྱི་བགངས། །ཕོ་གུམ་དང་ཕོག་རོལ་དབྱེ་ཧ་ཐང
79 མངས། དང་བརྒྱ་སྟོ་རེ་ཐམ་འབའ། །ཡུལ་རྫེགས་ཡུལ་སེ་མོ་གྲུ་བཞི། །ལྷ་རྫེགས་ལྷ་འོ་བྱུར་མངས་རྫེགས
80 རྗེའི་ལོན་འཕྲང་། །སྣོན་པོ་སས་པ་དང་ས་པོད། །ཧ་རྫེགས་ཧ་སྦོ་མ་གཞུང་བཀྲའ། །དང་བརྒྱ་སྟོང་རེ་
ཐམ
81 འབའ། །ཡུལ་མཚམས་ཡུལ་དགུ་སུལ་ནའ། ལྷ་མཆིམས་ལ་འི། །ཐན་འཚོ། །རྗེ་མཚམས་རྗེ་ནེའུ། སྣོན་
པོ་དང་།
82 དང་དིང་། །གཉིས་མཚམས་ཧ་སེའུ་གད་ལ་བན། །དང་བརྒྱ་སྟེ་རེ་ཐམ་འབའ། །ཡུལ་ལྟོ་ག་ལང་དྲུག་ནའ།
83 ལྟོ་བླ་འི་གང་རྒྱལ། །རྗེ་ལྟོ་རྗེ་ལང་ལོང་སྣོན་ལྟོ་སྣོན་ལྟོ་སྣོན་ཐོག་སྣན། །ལྟོ་ཧ་དང་བྲང་། །བརྒྱ་སྟོང་རེ།
84 ཐམ་འབའ། །ཡུལ་སྟོད་རོ་ལུང་གསུམ། །སྟོད་ལྷ་འི་ཐེཐེ་རྗེ་སྟོད་རྗེ་འཕྲོང་ལོམ། །
85 ཧ་སྣར་འཕྲང་དང་བརྒྱ་སྟོང་རེ་ཐམ་འབའ། །མཁར་སྨྲང་རོ་ཤམ་པོ་དགུ་རྩིགས་ལང་ཞིང་གི་ནང་
ནའ་རྒྱལ་པོ
86 ལོང་ངམ་རྗེ་དང་ངམ་ཚ་ཕྱི་བྲོམ་དཀར་པོ། ་སྣོན་པོ་། །ཕ་མྱི་དང་འབྲི་གས། །ཧ་ངས་པོ་རྫི་ཧོང་། །དང་བརྒྱ
87 སྟོང་རེ་ཐམ་འབའ། །སྨྲང་ཡུལ་ཤིང་ནག་ནའ། །ལྷ་སྨྲང་ལྷ་འི་བོ་མོ། རྗེ་སྨྲང་ཙུན་གྱི་རྒྱ་པོ། །ཧ་སྨྲང་ཧ
88 ནག་བྲའ། །དང་བརྒྱ་སྟོང་རེ་ཐམའབའ། །ཡུལ་རྐོང་ཡུལ་བྲེ་སྣན་ནའ། །ལྷ་རྐོང་ལྷ་ཏེས་ལེགས།
རྗེ་རྐོང་
89 རྗེ་དཀར་པོ། མཁར་པ་དང་འཕན་གཏུག་གཉིས། །ཧ་ཀྲོང་ཧ། །རྗོག་བགྲའ། ་དང་བརྒྱ་སྟེ་སྟོང་རེ་
90 ཐམ་འབའ། །ཡུལ་བྱང་ཀའ་སྣམ་བརྒྱད་མཁར་ཤུ་བའ་བ་ལེག་གྱི་ནང་ནའ། །དྲུགུའི་ལྷ་ཡོལ་དང་

91 རེའ། རྒྱལ་ཧྲིར་ཀིན་དང་དར་ཀན། བློན་པོ་དུན་རྒྱུས་དང་ཨ་མ་ཙའ། ཕོལ་××××ནག་དྲུག་ཏང་ཏང་ཨ་མ་ཙའ་

92 རྟ་ཏལ་ཙུན་དང་ཐོག་བྱ་རྨད། །དང་བརྒྱ་སྟོང་རེ་ཐམ། །ཡུལ་ཆབ་གྱི་མ་གཞུག་རྒྱ་མཁར་སྟེགས་པའི

93 ནང་ནའ། །ལྷ་རྒྱ་བླའི་འཁོར་ནམ་རྗེ་རྒྱ་རྗེའི་སྨྱི་འཚན། །རྒྱ་བློན་གྱི་ཟྱིང་བའ། རྒྱ་རྟ་འཆམ་འགམ་དང་བརྒྱ།

94 སྟོང་རེ་ཐམ་འབབ། །འི་ཚེ་དང་འཁྲང་དུ་མ་བཏུབ་པ་མ་བཙད། །རྒྱ་པོ་བཅུ་གཉིས་ན་སེ་ར་གྲི་དང་

95 བཅུ་གསུམ་བློན་པོ་ཉི་ཤུ་རྩ་བཞི་ནའ། །སྐྱང་རེ་གནག་དང་ཉི་ཤུ་རྩ་ལྔ་འ་ཡུ་བཅུ་གཉིས་ནའ

96 རྟོད་གྱི་སེ་མོ་གྲུ་དང་བཅུ་གསུམ། །མཁར་བཅུ་གཉིས་ནའ་དབུ་སྟེ་ངམ་པ་ར་དང་བཅུ་གསུམ།

97 གི་རྟ་འི་ཚེ་དང་འཁྲང་དུ་མ་བཏུབ་མ་བཙད་ནའ། །རྟ་པ་ལ་བྱིན་ང་མ་ལ་གཡལ་ཙགས་བུ་ལ་རྒྱང་སྟིག།

98 ཐུམ་ཐུམ་ཚུངས་ཅིག་ཟ་མ་འཕན་ཅིག་སྐྱིམ་པ་དངུལ་གང་གྱིས་ལྷ་ཐུགས་ཆགས་གྱི་ཐུགས།

99 ལན་ཡང་སྣད་དུ་སྣུན་རྒྱལ་དང་ཙགས་གྱི་དང་ལན་ཡང་སྣད་དུ་སྣུན་རྒྱ་སྨྱི་སྐྱི་ཆགས་གྱི་སྐྱི་ལན།

100 ཡང་སྣད་དུ་སྣུན་ནོ། །

Pel.tib.1285 བོན་རབས་ལས་བྱུང་བའི་རྒྱལ་ཕྲན་རིམ་བྱུང་།

1 ཆབ་ཆེ་འོར་དུ་སྟུང། དབྱལ་མོ་གཉི་ཏུ་སྟུང་། སྐན་མོ་ལྡེ་ཏུ་སྟུང་། བློན་པོ་××××

2 མངད་ཅིང་སེས་ཀྱིས་མངད་དུ་མངད། །རྨ་མངད་ཅིང་སེས་ཀྱིས་རྦུ་××××

3 རི་སུམ་ཤ་མ་བཤོར། ཐང་རི། འབྲོག་རི། བྱང་རི་རྒུམ་པ་གསུམ། ཞིག་ཤ་མ་བཤོར××××

4 བྱང་མཚོ་གསུམ་ཞིག་ཉ་མ་བཤོར། །པ་བོ་ཐོ་ཏུ་གཤེགས། ཆབ་གོར་ཀར་ཐོ་ཏུ་གཤེགས××××

5 གཤེན་། ཞལ་ན་ཛི་བནབས་ན། བུ་དམ་གདན་ངར་ཞིག་མནབས། །ཕྱུག་ན་ཛི་བསྣམས་ན། དར་××××

6 ཞི་བྱི་སྟུན་། བུ་མོ་བཟང་བྱི་བསྟོན་ཞིང་ཞི་མ་སྟུན་གྱི་པ་བོ་བ། སྨྱི་སྟོན་ཞིམ་སྨྱི་སྟུན། པ་བོ་བཟང་སྨྱི་བསྟོན××××

7 སྐྱིད་དེ་མ། ངད་བྱ་དྲུག་མོ་གྱིན་ཞིག་སྐྱིད་དེ་མ། མནའབས་གྱི་ནའ་བཟའ། གྱོན་གྱིས། བྱིའུ་དྲོ་དྲོ་ལྡིའ། བཤོས་ཀྱི་ཕམ་པ××××

8 བྱིའུ་ཞིམ་ཞིམ་ལྡིའ། །བྱའ་བྱའ། འབྱུང་ལ་མངད། ཐང་ཏེ་ཟངས། འབྱུང་ཡེ་མངད། །བྱི་གསང་དུ་བསྒྲུགས། སྟོན་ཀ་མང་དུ་སྣུ××××

9 ××××། གགས། བུ་མོ་བྱང་ཤེན། བུ་མོ་ཚོང་བུ་མོ། རྐོང་ཤེན་བུ་མོ་ཞིག་ཞལ་ན་ཛི་མནབས་ན་སྐ་

དང་གཡེར་ཞིག་××××

10 ××××××××ས་ནའ་སྟོན་མར་མཛེས་བའི་བསྟམས། བུ་མོ་བཟང་བྱིས་། བསྐོན་ཅིང་བུ་མོ་ཞི་བྱི་སྐུན། བྱིའུ་བཟང་བྱི་××××

11 ཞན་བྱི་སྐུན་ནོ། །བྱིའུ་སྐྱིད་དེ་མ། ངད་བྱ་དྲུག་མོ་ཀྱིན་ཅིག་སྐྱིད་དེ་མ། ནད་ལ་ཚོལ་ནི་ཁྲོ། རོད་ལ་ཚོལ་ནི་ཁྲོ། མྱི་སྐྱུང་ཆོ་དགུ་××××

12 སྐྱུང་ཚོ་དགུ་བུ་བྱ་ལ་བཤན་། བྱ་ལ་མངད། བྱ་ལ་གནས་མཆོས་ཏེ། བྱ་ལ་དགོས་མཆིས་ཀྱིས། མྱི་ལ་ཚེར་ལྟར་ཕྱུང་ཞིང་། ××××

13 ལྟབ་ཟུག་། མྱི་ལ་ཕགས་ལྟར་བཞུས་ཤིང་བྱ་ལ་ལྷན་ལྟར་ཐོབ། །དེ་ནས་མྱི་ཤའ་བགྲང་ཞིང། བྱི་ཤ་ཡང་མྱི་ཤ་དང་འདྲ་××××

14 མྱི་ནད་ཆེ་དགུ་བྱ་ལ་དགུ་ཞེས་བགྱི་འོ། །སང་གི་ནམ་ནངས་དགུང་སངས་ནའ། རི་སྤོ་མཚལ་མནབས་ནའ། ཤ་བཞི་གནག་××××

15 བཞི་སྔོ་ཊུ་ཤོག། ཤ་བཞི་སེར་དུ་ཤོག། ཤ་བཞི་སྨུག་དུ་ཤོག། གཞུག་རྒྱན་གཞན་ནི་འདི་དང་འདྲ་འོ། །

16 ༧། །ཡུལ་སྐྲ་ཡུལ་ཐག་བརྒྱད་ན། ཕ་དང་ཡབ་ཀྱི་མཚན། སྐྲའ་དིང་དིང་དིངས་ཀྱི་རྗེ་། མ་དང་ཡུམ་ཀྱི་མཚན་དབྱལ་གུན་གུན་མ་བཙུན

17 བཤོས་ཏང་ནམས་ཀྱི་སྲས་ནའ། བུ་མོ་ཊུང་བྱུང་སྲས་ལྷམ་དུ་། བལྟམ་མྱིང་དང་མཚན་བཏགས་པའ། ཐང་ང་བརྣ་མར་བཏགས། ཐ་ང

18 བརྣ་མ་ཞིག། གོང་ལ་སྤངས་བཙལ། སྤངས་མཆིས། སྐྲ་གོལ་སྐྱི་མ་ཞིག། ཐན་ཀྱི་རྗེ་བཙལ་རྗེ་མ་མཆིས། རོང་ཡུལ་བྲི་སྣར་མང་དུ་མཆིས

19 ××××་དེ་དཀར་པོ་ཞིག་ཐ་ང་བརྣ་མའི་གོང་སྤངས་བཙལ་སྤངས་མ་ལགས། སྐྲ་གོལ་སྐྱི་མ་རྗེ་སྟོན་རྗེ་མ་ལགས། མྱང་དང་ཐགས་ལྟུམ་ན

20 ཕྱུང་ཆུན་རྒྱལ་པོ་ཞིག། ཐ་ང་བརྣ་མའི། གོང་ལ་ལྟངས་སྟོན་ལྟངས་མ་ལགས། སྐྲ་གོལ་སྐྱི་མ་ཐན་ཀྱི་རྗེ་སྟོན་ཞོང་དུ་དམ་××××ན་ཞི××××

21 རྗེ་དྲུམ་པོ་ཞིག་ཐ་ང་བརྣ་མའི། གོང་ལ། ལྟངས་སྟོན་ལྟངས་མ་ལགས། སྐྲ་གོལ་སྐྱི་མའི། ཐན་ཀྱི་རྗེ་སྟོན་ན་རྗེ་མ་ལགས། །མཆིམས་

22 ཡུལ་དགུ་སུལ་ན་མཆིས་རྗེ། གཉི་སྣ་ཚེའུ་ཞིག། ཐ་ང་བརྣ་མའི། གོང་ལ། ལྟངས་སྟོན་། ལྟངས་མ་ལགས། སྐྲ་གོ་སྐྱི་མའི་། ཐན་ཀྱི་རྗེ་སྟོན

23 ཇེ་མ་ལགས། །དགས་ཤུལ་ཤིང་ནག་ནའ། དགས་རྒྱལ་སྒྲོགས་ཞིན་ཞིག། ཐ་ང་བརླ་མའི། གོང་ལ།
ལྡངས་མ་ལགས། སླ་གོལ་སྐྱི་མའི། ཐ××××

24 ཀྱི་ཇེ་ཐོན་ཇེ་མ་ལགས། །ཇེགས་ཡུལ་གྲུ་བཞི་ན་ཇེགས་ཇེ་གླིང་བྲང་ཚེའུ་ཞིག་ཐ་ང་བརླའི་གོང་ལ་
ལྡངས་སྟོན་ལྡངས་མ་ལགས། །

25 སླ་གོལ་སྐྱི་མའི་ཐན་གྱི་ཇེ་སྟོན་ཇེ་མ་ལགས། །ཕུ་འོལ་ཕུ་གདའ་དང་ནའ། འོལ་ཇེ་ཟིན་འཐང་ཞིག།
ཐ་ང་བརླ་མའི་གོང་ལ། ལྡངས་

26 སྟོན་ལྡངས་མ་ལགས། སླ་གོལ་སྐྱི་མའི། ཐན་གྱི་ཇེ་སྟོན་ཇེ་མ་ལགས། །དབྱེ་མོ་ཡུལ་དྲུག་ནའ། དབྱེས་ཇེ་
མཁར་པ་ཞིག། ཐ་ང་བརླ

27 མའི་གོང་ལ། ལྡངས་སྟོན་ལྡངས་མ་ལགས། སླ་གོལ་སྐྱི་མའི། ཇེ་སྟོན་ཇེ་མ་ལགས། །ཡར་ལུང་སོགས་།
དཀར་ན་འོ་ལྡེ་སྤུ་རྒྱལ་ཞིག

28 ཐང་ཐང་བརླ་མའི་གོང་ལ་ལྡངས་། སྟོན་ལྡངས་མ་ལགས། །སྐྱི་རོ་ལྷང་སོན་ན་སྐྱི་ཇེ་རྨང་པོ་ཞིག།
ཐང་ཐང་བརླ་མའི་གོང་ལ། ལྡངས

29 སྟོན་ལྡངས། སླ་གོལ་སྐྱི་མའི། ཐན་གྱི་ཇེ་སྟོན་ཇེ་མ་ལགས། །དའ་རེ་ཤིག་རེ་ཤིག་ནའ། གཡུ་རོ་ལུང་
སུམ་ནའ། ཐང་བ་གཡུ་ཐང་ཞིག།

30 ཐང་ཐང་བརླ་མ་འི་གོང་ལ། ལྡངས་ཀྱང་ལྡངས། སླ་གོལ་སྐྱི་མའི་ཐན་གྱི་ཇེ་བཙལ་ཇེ་ཡང་རྗེད། ཐང་ཐང་
བརླ་དང་ཐང་བ་གཡུ་ཐང་གཉིས་

31 མྱི་བཤོས་མཆིང་རྣམས་ཞིང་བཞུགས། ནའ། རེ་ཤིག་རེ་ཤིག་ན་ཐང་བ་གཡུ་ཐང་བྱུང་འཁྲིག་རྣམ་
སྟོད་དུ། ཤ་ཤོར་འཁྲིང་འགོར་བཞུད་། སླ་གོལ།

32 སྐྱི་མ་ནི། ཤ་བལཿགཚོགས་བལ་། ཐུ་ཏུ་མཆིས། ཐང་བ་གཡུ་ཐང་དང་། སླ་གོལ་སྐྱི་མ་གཉིས་ཤིག། ཤ་
བཤོར་ཤ་མ། ཁྲུམས། དགོ་བྲིམས་དགོ་མ

33 ཁྲུམས། ཁ་བབ་བྱུང་འཐུལ་ནས། དབྱམ་བུ་མཐའ་བསྒྲིགས་ནས། ཐུམ་ཐུམ་བརྩལ་གྱིས་ལོག་ཅིང་
བཞུགས། །བཞུགས་ནའ། གཡུ་བོ་ལུང

34 སུམ་ནའ་ཐ་ང་ཐུགས་གྱིས། ཚོར་བརླ་མ་ཐུགས་ཀྱིས་ཚོར། ཐང་ཐང་བརླ་མ་ཞིག། ཐུགས་སྨྱུང་འཐང་
གམ་ནས། གནམ་གྱི་ནད་ཀ་ཚ་དགུ། སྨིན་ཀ

35 ལྡེ་བརྒྱད་གཉི་བྱུང་ཟེར་ལས་གཏང། ཟླ་བྱུང་འོད་ལས་གཏང་། སྐར་བྱུང་ཟིལ་ལས་གཏང། སྤྲིན་བྱུང་
གཆུར་ལ་གཏང་། གཞའ་བྱུང་འོད་ལས

36 མངས་སྐེ་གཏང་ནའོ། བྱང་འཕྲོག་རྣམ་སྟོད་ནའོ། ཐང་བ་གཡུ་ཐང་ཞིག་ནད་ཀའ་ཚ་དགུ། སྐིན་ཀ་ལྔེ་བརྒྱད་ཅིག། གཉི་བྱུང་ཟེར། ཟླ་བྱུང་།

37 ××××ད། སྐར་བྱུང་ཟེལ། སྲིན་བྱུང་གཟུར། འཇ་བྱུང་འོད་ལས་མཆི་སྐེ། ཐང་བ་སྟུན་གྱིས་བཏབ། གཡུ་ཐང་སྟུན་གྱིས་བཏབ། ནུ་ནུ་ནམ་སྨྱི་ནངས།

38 སྟོན་ནམ་ཕྲུ་བོ་ནམ་སྨྱི་ནངས། ཙུ་ཙུ་ཉིན་སྨྱི་ནུབ། དཔྱིད་ཉི་དུང་ཡུག། ཁྲུ་གྲགས། གཡང་བཟོས་ཉིན་སྨྱི་ནུབ། བནྡ་ཕག་ཤ་བྲི་སྐམས། མ་ཁད།

39 འོག་ཕག་སྨྲུ་ལོ་ཉུལ་མ་ཁད། དགས་རི་དཀར་པོ་ལས། ཕོ་གཤེན་ཐོད། དཀར་བརྒྱའ་བསྟུས་ཏེ། སྒྲིགས་ཏང་ཤ་ར་ར། མོ་བཏབ་ཕྱ་ཀླུགས་གྲུང་

40 སྟུན་གྱི་བྲོ་མ་འཚལ། སྐྲན་གྱི་ལྡེ་མ་རིག། སྲིབ་སྲི་ནག་མོ་ལ་མོ་གཤེན་དགུ་བརྒྱ་བསྟུས་ཏེ། མཐོ་དང་ལྡོགས་སེ་ལྡོགས། མོ་བཏབ་ཕྱ་ཀླུགས།

41 ཀྲུང་སྟུན་གྱི་བྲོ་མ་འཚལ། ནད་ཀྱི་ལྡེ་མ་རིག། །བོན་པོ་ལམ་བའ་མཆིས། སྨྲ་བོན་ལམ་བ་མཆིས། སྨྲ་བོན་ཟིང་བ་མཆིས། ལམ་བ་མཆིས་སྨྲ།

42 བོན་ཟིང་བ་ཡིས། ཁ་སྨྲི་གདངས་ལ་བགྲུས། ལག་སྨྲི་མཆོ་ལས། བསྐལ། མོ་བཏབ་ཕྱ་ཀླུགས་སྣ། སྟུན་གྱི་བྲོ་ཡང་འཚལ། སྐྲན་གྱི

43 ལྡེ་ཡང་རིག། །སྨྲ་བོན་ཟིང་བ་མཆིད་ན་རེ། ཐང་བ་གཡུ་ཐང་འདི། །ཁ་བབ། བྱང་འཕྲུལ་ནས། །སྨྲ་གོལ་ནི་སྐྲི་མ་དང་། དབྱམ་བུ་ནི་མཐའོ། །

44 བསྲིགས་ཏེ། ཐུམ་ཐུམ་ནི་བརྟལ་ཅིང་བཞུགས་བཞུགས་ནའོ། གཡུ་རོ་ནི་ལུང་སུམ་ནའོ། ཐང་ཐང་ནི་བནྡ་མ་ཐུགས་ཀྱིས་ཚོར། ཐང

45 ཐང་བནྡ་མ་ཐུགས་སྟུང་ནི་འཁྲང་གམ་སྐེ། །གནམ་གྱི་ནད་ཀ་ཚ་དགུ། སྐར་ཀ་ལྔེ་བརྒྱད། ཅིག། །གཉི་བྱུང་ཟེར། ཟླ་བྱུང་འོད། སྐར་བྱུང་།

46 ××××ལ། སྲིན་བྱུང་གཟུར། འཇ་བྱུང་འོད་ལ་མངགས་སྐེ་བཏང་། །ཐང་བའ་གཡུ་ཐང་ཞིག་ནད་ཀའོ། ཙ་དགུ་སྐར་ཀ་ལྔེ་བརྒྱད་ཅིག་གཉི

47 བྱུང་ཟེར་ལ་མཆིས་སྐེ། །ཐང་བ་སྟུན་གྱིས་བཏབ། གཡུ་ཐང་སྟུན་གྱིས་བཏབ། ཅེས་བགྱིས་ནབ། །ཐང་བ་གཡུ་ཐང་གིས། །རོ་གྲུ

48 ནི་སྲུན་རྟོན་ལས། ཐན་ཏང་ནི་ཕྲིན་བཏང་སྐེ། །སྨྲ་གོལ་ནི་སྐྲི་མ་འིས། །སྙིང་ཡང་ནི་མ་རིངས་སོ། མཐ་ཡང་ནི་མའ་གྲངས། ཁ་བབ་ནི་བྱང།

49 འཐུལ་ནས། དཔྱམ་བུ་ནྀ་མཐའ་བསྐྱོགས་ནས། །ཐུམ་ཐུམ་ནི་བརྡལ་བས་ནས་ནད་ཀ་ནི་ཚ་དགུ་དང་
སྐྲར་ནི་ལྡེ་བརྒྱད་ཀྱང་། སྣད་དུ་ནི་སྟུས་ཤིག
50 དང་སྐྲ་གོལ་ནྀ་ལྡེ་མ་ཡང་། ཤ་བལ་ནྀ་གཙོས་བལ་འཚལ་ཏེ་མཆིས་ཤེས་བགྱིས། །རོ་གུ་ནི་སྤྱན་སྔོན་
གྱིས། གཡུ་རོ་ནི་ལུང་སུམ་དུ།
51 ཐང་ཐང་བརྣ་མའི་སྣན་དུ་གསོལ། །ཐང་ཐང་བརྣ་མ་ཞིག། ནད་ཀ་ཚ་དགུ་སྐར་ཀ་ལྡེ་བརྒྱད། གཉྀ་
ཕྱུང་ནྀ་ཟེར། ཟླ་ཕྱུང་འོད། སྐར་ཕྱུང་ཟེལ། ཕྱིན་
52 ཕྱུང་ནྀ་གནུར། འཇའ་ཕྱུང་ནྀ་འོད། སྣར་ཧུ་བསྟུས། སེ་སྨོག་ཧུབ་དུ་བཙུག་ནའོ། །ཕྱང་འཕྲོག་སྣམ་
སྣོད་ནའོ། ཐང་བ་གཡུ་ཐང་སྨན་ཀྱང་གདངས
53 ཐང་བ་གཡུ་ཐང་དང་། སྐྲ་གོལ་སྐྱི་མཐིང་གཉིས། ཤ་བལ་གཙོས་བལ་འཚལ་ཏེ་གཡུ་རོ་ལུང་སུམ་དུ་
མཆིས། ནའ་ཤ་བལ་གཙོས་བལ་ནི། ཐང
54 ཐང་བརྣ་མའི་ཕྱག་དུ་ཕུལ། །སྐྲ་བོན་ཐེང་བ་ཞིག། གཉེར་ཏེ་ནད་ལྷག་རིད་ལྷག། ནད་ཕུར་རིད་ཕུར་
ནྀ། སྤང་སྲིན་ཕྱི་བལ། ཐུ་སྐྱིན་དེ་ལ་ཐུ། གཤན།
55 སྐྱིན་དེ་ལ་བཤན། །ཐང་བ་གཡུ་ཐང་སྨན་ཀྱང་བཤོས། གནའ་བས་དའ་བཟང་། ཕྱུམ་བས་ཡོད་
དཀར། །དའ་དེ་རིང་སང་ལྟའ་ན། མྱི་རྒྱ་བུ།
56 མཆིང་རྒྱལ། འདི་ཡང་བཙན་དང་ནྀ་སྤྱུངས་ཀྱིས་ནྀ་མྱི་མངད་དོ། །ཡོད་ཏང་ཕྱུག་གིས་མྱི་མངད་དོ། །
ན་འིས་མངད་དོ། ཚ་འོས་མངད་དོ། །
57 ནན་གཞན་ནྀ་གོང་མ་དང་འདྲའོ། །མཚལ་མངད་དོ། བགྱི། །དེའི་འོག་ཏུ་རོ་མངད་བགྱི། དེའི་འོག་
ཏུ་སྙིན་མངད་བགྱི། དེའི་འོག་ཏུ་དམུ་མངད
58 བགྱི་བའི་རབས་ལའོ།།:།:།དམུ་ཡུལ་དང་བྲང་གསང་བྲང་། ཏ་ཏ་དགྱི་དགྱི། སྟང་སྟང་། སྟེང་
སྟེང་། དམུ་མཁར། རྒྱ་ལ་རྒྱལ། འཛོང
59 གི་ནང་ནའ། དམུའི་ཕ་ཡབ་ཀྱི་མཚན་ནའ། གཏངས་བྲག་ཆ་དང་དང། མ་ཡུམ་ཀྱི་མཚན་། དཔྱལ་
ཟུམ་ཆའི་ཏུར་ཏུར་། བཤོས་ཏང་ནམས་ཀྱི
60 སྲས། མྱིང་པོ་དྲལ་པོ་ཐང་བ་དམུ་ཐང། འབྲིང་བ་དམུ་འབྲིང། །སྲིང་མོ་ལྕམ་། ཐ་ང་དམུ་མོ་ཐང།
འབྲིང་ང་དམུ་མོ་འབྲིང། དམུ་ལྕམ་གོང་ང་གོང་ཆུང་ཞིག
61 བཞུགས། །དའ་ཐང་བ་དམུ་ཐང་ཞིག། མཐོ་སྟེ་ལྷ་མྱི་འདའ། དམུ་ལ་གོང་སུམ་ལ་མྱི་འདའ། །དམའ་
སྟེ་རབ་མྱི་འབོག། དམུ་མཚོ་ཐོར་བའོ།

62 རབ་ཕྱི་འགོག་ཅིང་བཞུགས་བཞུགས་ནའོ། །དའི་རེ་ཤིག་རེ་ཤིག་ནའོ། ཐང་བ་དགུ་ཐང་ཞིག། ཐུགས་སུ་གཏོན་བཅུག། ཕྱག་ཏུ་མཚོན་དར་ཏེ། རྟའ

63 ལ་བཅིབས་སྟེ་གཤེགས། དགུ་རྟ་ཤུ་བཞུར་ལ་བཅིབས་སྟེ། དགུ་ལ་གོང་སུམ་དུ་གཤེགས། མཐོ་སྟེ་གཞན་ཞིག་ལངས། དགུ་ལ་གོང་སུམ།

64 གཞན་ཞིག་ལངས། དགུ་མཚོ་ཐོར་བའི། འགྲམ་དུ་ཕྱིན། དམ་སྟེ་གླུ་ཞིག་ལངས། ཐང་བ་དགུ་ཐང། ཏུ་ནུ་ནམ་ཕྱི་ནངས། སྔོན་ནམ་ཕྲུ་བོ་ནམ།

65 ཕྱི་ནངས། །ཨུ་ཚུ་ཉིན་ཕྱི་ནུབ། དཔྱིད་ཉི་དུང་ཡུག། ཁུག་གྲགས་གཡང་བཞོས་ཉིན་ཕྱི་ནུབ། །ཀླ་ཏུ་ག་དུགས་བོར་སྙུང་སྙུང་ལྷ། འོག་དུ་གདན

66 བཏིང་བཙེ་བཙེ་ལྷ། དགས་རི་དཀར་པོ་ལའི་ལམས། ཕོ་གཤེན་ཐོད། དཀར་བརྒྱ་བསོགས་ཏེ་སྒྲིགས་དང་ཤར་ཏེ་ཤར། མོ་བཏབ་ཕྱ་ལྒགས་ཀྱུང།

67 སྨན་གྱི་ཟོ་མ་རྗེད། སྨན་གྱི་ལྡེ་མ་རིག། །སྲིབས་རི་ནག་མོ་ལའི། མོ་གཤེན་ཞུ་བུབ། བརྒྱ་བརྒྱུས། མཐོ་དང་ལྡགས་སེ་ལྡགས། མོ་བཏབ་ཕྱ་ལྒགས

68 ཀྱུང་སྨན་གྱི་ཟོ་མ་འཚལ། སྨན་གྱི་ལྡེ་མ་རིག། །བོན་པོ་ལྷ་མཆི་ཤིག། དགུ་བོན་ཡེའུ་ཐན་རྒྱང་བ་ལ་མཆི་ཤིག། །ཁའ་སྒྲི་གངས་ལའ

69 བཀྲུས། ལག་སྒྲི་མཚོ་ལ་བསྒལ། གཏོ་ཞིང་དཔྱད། དཔྱད་ནའོ། ཐམ་ཞིང་བྱུལ་བྱུལ་ནའོ། སྨན་གྱི་ཟོ་ཡང་འཚལ། སྨན་གྱི་ལྡེ་ཡང་རིག། །

70 དགུ་བོན། དགུ་བོན་ཡེའུ་ཐན་བཙན་བ་མཆིད་ན་རེ། ཐང་བ་དགུ་ཐང་འདི། ཐུགས་སུ་གཏོན་བཅུག། ཕྱག་ཏུ་ས་ཕྱར་ཏེ། མཐོ་སྟེ་ལ་འདས་ནའ

71 དགུ་ལ་གོང་སུམ་ལ་ཞིག་འདས། དམའ་སྟེ་རབ་འགོགས་ནའོ། དགུ་མཚོ་ཐོར་བ་རབ་ཅིག་འགོགས། མཐོ་སྟེ་གཞན་ལངས་ནའོ། དགུ་ལ་གོང་སུཾ

72 གཞན་ཞིག་ལངས། །དམ་སྟེ་གླུ་ལངས་ནའོ། དགུ་མཚོ་ཐོར་བ་གླུ་ཞིག་ལངས། ཤེས་བགྱིས་ནའོ། ཐང་བ་དགུ་ཐང་མཆིད་ན་རེ། མདད་ཏུ།

73 ཚོག་ཕྱི་ཅོག། དབུ་ཏུ་ཚོག་ཕྱི་ཅོག་ཅེས་བགྱིས་ནའ། དགུ་བོན་ཡེའུ་ཐན་མཆིད་ན་རེ། མདད་ཏུ་དོ་ཡང་ཚོག། དབུ་ཏུ་དོ་ཡང་ཚོག། བཤན་ཏུ་དོ།

74 ཡང་ཚོག་ཅེས་བགྱིས་ནའོ། མདན་སྐྱེན་ཛེ་ལ་མདད། ཕུ་སྐྱེན་ཛེ་ལ་ཕུ། དགུ་རྟ་ཤུ་བཞུར་ལའོ། །གསེར་སྒ་བང་པ་དགྱིག་གིས་བསྟད། དུང།

75 སྲུབ་ཆིག་པས་བསྲུབས་སྐྱེ། ནུབ་སུམ་བྲུ་ཅུ་བྲུ། ནང་སུམ་ཤན་དུ་བཤན། །མདད་སྐྱིན་དེ་ལ་མདད། བྲུ་སྐྱིན་དེ་ལ་བྲུ། བཤན་སྐྱིན་དེ་ལ་བཤན།

76 བསྣིན་སྐྱིན་དེ་ལ་བསྣིན་། ཐང་བ་སྣུན་ཀྱང་བཤོས། དམུ་ཐང་བཤོས། གནའ་བས་དའ་ཡང་བཟང་ཁྲོམ་བས་ཡོད་ཀྱང་དཀར། །དེ་རིང་སང

77 ལྟ་ནའ། མྱི་རྨ་བུ་མཆིང་རྒྱལ་ཡང་། བཙན་དང་རླུངས་ཀྱིས་མྱི་མདད་དོ། ཡོད་དང་ཕྱུག་གིས་མྱི་མདད་དོ། །ན་ཡིས་མདད་དོ་ཚ་འིས་མདད་དོ།

78 རྟ་ལ་མདད་ན། ཤུ་བོ་ཤུ་བཞུར་ལ་མདད་དོ། སྐྱ་ལ་མདད་ན། གསེར་སྐྱ་བང་པ་དམྱིག་ལ་མདད། སྲུབ་ལ་མདད་ན། དུང་སྲུབ་ཆིག་པ་ལ་མདདོ།

79 འཇྲུག། གཞན་ནི། ནན་གོང་མ་དང་འདྲ་འོ།།:།ལྷེ་མདད་ཀྱི་རབས་ལ། །ཡུལ་ཡར་ལུང་སོགས་དཀར་ནའ། མཁར་བར་པོ།

80 ཐེ་བྲང་གི་ནང་ནའ། ག་གར་ལྡངས་ཀྱི་རྗེ། ཞིག་བཞུགས། ག་གར་ལྡངས་ཀྱི་རྗེ་ཞིག་མཐོ་སྐྱེ་ལ་མྱི་འདའ། བྲག་ལ་ལྷམ་པོ་ལ་མྱི་འདའ། དམའ་སྐྱེ

81 རབ་མྱི་འབོག །ཡར་ཆབ་སྔོན་མོ་རབ་མྱི་འབོག །ཅིང་བཞུགས། བཞུགས་ན། །རེ་ཤིག་རེ་ཤིག་ནའ། ག་གར་ལྡང་གྱི་རྗེ་ཞིག་ཐུགས་སུ་གདོན

82 ××××××××ཕྱུག་དུ་ས་ཕྱུར་ནས། མཐོ་སྐྱེ་ལ་ཞིག་འདས། བྲག་ལ་ལྷམ་པོ་མྱིག་གི་ལ་ཞིག་འདས། དམའ་སྐྱེ་རབ་འབོགས་ན

83 ཡར་ཆབ་སྔོན་མོ་རབ་ཅིག་འབོགས། མཐོ་སྐྱེ་གཉན་ལངས་ན། བྲག་ལ་ལྷམ་པོ་མྱིག་གི་གཉན་ཞིག་ལངས། དམའ་སྐྱེ་ཀླུ་ལངས་ནའ། ཡར

84 ཆབ་སྔོན་མོ་སླུ་ཞིག་ལངས། ག་གར་ལྡངས་ཀྱི་རྗེ་ཞིག་ཕྱུག་ཞ་བྲང་ལ་ཞའ། ཞབས་ཞས་འགབ་དུ་བསྐུམས། ཏ་ན་ན་འིས་ནམ་མྱི་ནངས། སྔོན

85 ཕུ་བོ་འཁྲིག་ཆམ་། ནམ་མྱི་ནངས། ཨུ་ཙུ་ཙུ་ཉིན་མྱི་ནུབ། དཔྱིད་ཉི་དུང་ཡུག་ཁྱུག་གྲགས་གཡང་བཤོས་། ཉིན་མྱི་ནུབ། ཟླ་ཕག་ཤ་བྲི་སྐམས་མའ

86 ཁད་འོག་ཕག་སྨུ་ལོ་ཅུལ་མ་ཁད། །དགས་རི་དཀར་པོ་ལ། ཕོ་གཤེན་ཐོད་དཀར་བརྒྱ་བསྟུས་སྐྱེ། མོ་བཏབ་ཕྱུ་ཀླུགས་ཀྱང་སྣུན་ཀྱི་ཐོ་མ་འཚལད

87 སྐྲན་གྱི་ལྷེ་མ་རིག། །སྲིབས་རི་ནག་མོ་ལ། མོ་གཤེན་བརྒྱ་བསྟུས་སྐྱེ། མོ་བཏབ་ཕྱུག་ཀླུགས་ནའ། སྣུན་གྱི་ཐོ་མ་འཚལ། སྐྲན་གྱི་ལྷེ་མ་རིག །

88 བོན་པོ་ལ་མཆི་ཤིག། ལྡེ་གཤེན་རྨུན་བུ་ལ་མཆི་ཤིག །ལྡེ་གཤེན་རྨུན་བུའིས། ཁ་སྨྲི་གདངས་གདངས་ལ་བགྱུས། ། ལག་སྨྲི་མཚོ་ལ་བསྒལ

89 ག་གར་ལྡངས་ཀྱི་རྗེ། ཞིག་མཐོ་སྤྱི། དབུ་སྐ་ཕྱུར་ཕྱུར་མན་ཆད་དུ། གམའ་སྤྱི་ཞབས་ཀྱི་རྗེས་མཆིལ་ཡན་ཆད་དུ། རྒྱང་བུ་སྣན་མར་ལའ

90 སྦུ་སྐྱིན་དེ་ལ་སྦུ། མདང་སྐྱིན་དེ་ལ་མདང། བསླིན་སྐྱིན་དེ་ལ་བསླིན། །རྫིགས་སྨོ་གྲུ་བཞི་ནའ། རྫིགས་རྗེ་གླུམ་འབྲང་ཚོའུ་ལ། རྫིགས།

91 ཤེན་སྟོ་བོ་སོ་ངན་འིས། ཡེ་ཟུ་ཏ་ར་ཆུང་ལ་སྦུ། །དགས་ཤུལ་ཤིང་ནག་ནའ། དགས་རྒྱལ་སྲོ་ཟིན་ལ། དགས་ཀྱི་རྒྱལ་གཤེན་ཏོ་ད་འིས

92 རྣ་པོ་མཆིང་ཏང་དེ་ལ་སྦུ། །མཆིམས་ཤུལ་དགུ་སུལ་ན། མཆིམས་རྗེ་གཉི་ཟླ་ཚོའུ་ལ། མཆིམས། གཤེན་ལོ་རབ་འབྲིང་སྣར་སྐྱོལ་གྱིས།

93 སླ་པོ་འགབ་ན་ལ་སྦུ། ཞོང་དུ་དམ་དྲུ་ནའ། ཞོང་རྗེ་དྲུམ་པོ་ལ། ཞོང་ཤིན་ལོན་ཤེན། ཐང་པོ་འིས། བྲའ་བ་རྩིང་ཀར་ལ་སྦུ། རྐོང་ཡུལ་བྲེ་སྣར

94 རྐོང་རྗེ་དཀར་པོ་ཞིག །དབུ་སྐུང་ཡང་མ་ཡོང། སྤྱན་སྐུང་བླང་མ་བླིང། ཐུགས་སྐུང་མང་མ་མོང། བོན་པོ་ལ་མཆི་ཤིག །རྐོང་ཤེན་དོག་པོ

95 དོག་རྙིང་གིས། སྲི་བོ་ཙུ་འཛོང་ལ་སྦུ། རྒྱལ་མདང་ཅིང་སེས་ཀྱིས་མདང་དུ། མདང། རྒྱལ་མདང། མདང་ཅིང་སེས་ཀྱིས་སྦུ་ཙུ་སྦུ། འོང་ཟུག་གིས

96 ཐུབ་ཀྱི་ཆ་ལེན་གྱིས་ཆའ། སྣང་གིས་ཆལ། ཟུག་གིས་ཆལ། འོང་གི་མ་བཐུབ། མ་བསྣར། མ་ལེན་མ་ཟུག་ན། འོལ་མདང། མདང་ཅིང།

97 སེས་ཀྱི་མདང་དུ་མདང། །འོལ་མདང་ཅིང་སེས་ཀྱིས་སྦུ་ཙུ་སྦུ། །:།:། འོལ་ཕུ་དགའ་དང་ནའ། །ཕ་དང་ཡབ་ཀྱི་མཚན། འོལ་རྗེ་ཟིན་བྲང་ལོ།

98 མའ་དང་ཡུམ་གྱི་མཚན་བྲག་ཟ་སླིབས་སྨ་གཉིས། བཤོས་ཏང་ནམས་གྱི་སྲས། །བུ་མོ་ཙུ་ཕྱུང་སྲས་ལྕམ་དུ་བལྟམ། །མྱིང་དང་མཚན་བཏགས

99 པའ་འོལ་ཟ་ལྷམ་བུར་བཏགས། ཞལ་བཟང་ཟླ་རེ་འོད། ཚེམས་བཟང་འགྲོན་རེ་དཀར། དབུ་བཟང་ལྡང་རེ་འཁྲིལ། རིང་བཟང་སྐྱུག་རེ་ལྡེམ་ཞིང

100 བཞུགས། །སྐྲི་རོ་ལྕང་སྔོན་ཡ་བི་ནའ། །སྐྲི་རྗེ་རྨང་ཞལ་ན་རེ། །སྨྲི་མཐའ་གཉེན་དུ་བཀྱི་བལ་ལྡུ་གཡག་ཏུ་རྐྱལ། །སོལ་དང་རྒྱས་སུ་བཆའ

101 ཁབ་ཏང་གདར་དུ་བཞེད་ཆེས་གསུང་། ཐན་མཆིས་ཤུ་ཊུ་ཊུ། ཕྲིན་མཆིས་སེ་ར་ར། ཉ་ལུང་བྲག་འོར་ན་། བྲག་རྒྱལ་ཐང་པོ་ཞལ་ན་རེ། མྱི་མཐའ་གཉེན

102 དུ་བགྱི། བལ་དང་གཡག་དུ་རྐྱལ། སོལ་དང་རྒྱུས་སུ་བཙའ། ཁབ་ཏང་གདར་དུ་བཞེད་ཙེས་གསུང། ཐན་མཆིས་ཤུ་ཊུ་ཊུ་། ཕྲིན་མཆོས་སེ་ར་ར། །

103 འོལ་རྗེ་ཟིན་བྲང་ཞིག། ཉིན་སུམ་བསམས། མཚན་སུམ། མནོས། །ལམ་རིངས་ཉེ་དུ་བས། ལམ་ཐུང་ཁྲིམས་ཆེས་བླབ། བྲག་རྒྱལ་ཐང་པོ་ཁབ་དུ

104 པོན། འོལ་ཟ་ལྕམ་བུ་དང་བྲག་རྒྱལ་ཐང་པོ་། གཉིས། མྱི་བཤོས་སུ་བཤོས། མཆིང་རྣམས་སུ་བརྣམས། ཤིང་བཞུགས། །འོལ་ཟའ་ལྕམ་བུས་བལྟས

105 ཤིང་གཟིགས་ནའ། བྲག་རྒྱལ་ཐང་པོའི། ཡུལ་ངན་ས་དོགས་སྐྱེ། འོལ་བུ་དགའ་དང་ན་། ཕ་ཡུལ་ཕྲོག་སྨམ་སྐྱེ། ཡབ་ཡུལ་ཕྲོག་སྨམ་སྐྱེ། ཁམ་ལེན

106 མོའི་ཚིགས། ཉའ། སྨང་མའི་སྐྱུ། བྱའ་རགས་སྤུའི་ལྷུ་ལས། ཟམ་ཟམ་རྨ་འོག་དུ་། འོལ་ཟམ་རྨ་འོག་ཏུ་ཛེ་བཙོ། ཁབ་ལ་ལ་། དུག་བཙོ། ཁབ་ལ་ལ་ཛི

107 བཙོ། ཁྲི་ལི་ལི་དུག་བཙོ། ཁྲི་ལི་ལི་། ཁབ་སྨྲིག་ཆེ་གང་ན་། འཁྲིང་མ་ཆེའི་བདུད། ཁབ་སྨྲིག་ཆུང་གང་ན་འཁྲིང་མ་ཆུང་གི་བདུད། །འོལ་དུག་ཁྱུ

108 སེར་མ། ཉ་ལུང་ལྗེན་མོང་བརྒྱའ། ལས། བརྐུས་པའི་གན་དུ་མཆིས། ཡབ་ཀྱི་གན་དུ་མཆོས། ཉ་ལུང་ལྗེན་མོང་བརྒྱ་ཞིག་པའི་ཕྱུག་དུ་ཕུལ།

109 འོལ་རྗེ་ཟིན་བྲང་གིས། གསོལ་བ་། སྐུ་ཊུ་གསོལ། འདངས་པ་དུག་དུ་འདངས། འོལ་དུག་ཁྱུ་སེར་སྐུ་མ་གདིངས་སུ་འདངས། ཏ་ན་ན་ཡིས་ནམ།

110 མྱི་ནངས། ཏུ་ཚུ་ཚུ་འིས་ཉིན་མྱི་ནུབ། ཕོ་གཤེན། མོ་གཤེན་བརྒྱ་བརྫུས་ཀྱང། སྨན་ཀྱི་ཟོ་མ་འཚལ། འོལ་པོ་ལྡོང་ཙ་གཤེན་གྱི་མོན་ཡུག་གིས

111 ན་ཀྱི་ཟོ་ཡང་འཚལ། སྨན་ཀྱི་ལྡེ་ཡང་རིག། །ལྡོང་ཚ་མཆིད་ན་རེ་མོན་ཡུག་མཆིད་ན་རེ་། །འོལ་ཟ་ལྕམ་བུ་ཡིས། འོལ་དུག་ཁྱུ་སེར་། ཉའ

112 ལུང་ལྷན་མོ་བརྒྱ་ལ། བསྐུམ། འོལ་རྗེ་ཟིན་བྲང་སྐུ་ཊུ་གསོལ། ཀླངས་པ་དུག་ཏུ་འདངས། ཤེས་བགྱིས། ། འོལ་རྗེ་ཟིན་བྲང་ཞལ་ན་རེ། མདང

113 དུ་ཚོག་མྱི་ཚོ། དབུ་ཊུ་ཚོག་མྱི་ཚོག། །འོལ་པོན་མཆིད་ན་རེ་མདང་དུ་དོ་ཡང་ཚོག། དབུ་ཊུ་དོ་ཡང་ཚོག་དབུ་ཊུ་དོ་ཡང་ཚོ། མདང་སྐྱིན

114 ཇོ་ལ་མདད། བུ་སྐྱིན་ཇི་ལ་བྱ། མདད་ཟུང་རེ་ལོ། །ལྟ་ང་ཕོ་ཆུང་ཞིག་བཟུང་ཇེ་ལོ། མདད་བྱ་བཟུང་དྲུག་མོ་གྱེན་ཞིག་བཟུང། སྡེ་ནུབ་སུམ

115 མདད་དུ་མདད། ནང་སུམ་དབུ་ཏུ་དབུ། འོལ་རྗེ་ཟིན་བྲང་སླན་ཀྲུང་བཤོས། གནའ་བས་དའ་ཡང་བཟང་ཕྲུམ་བས་ཡོད་གྲུང་དཀར། །དེ་རིང

116 སང་ལྟ་ན་མྱི་རྨ་བུ་མཆིང་རྒྱལ། འདི་ལ་ཕན་ཏེ་བསོད།:།:།།འོང་གིས་ཐུབ་ཀྱིས་ཆ། ཆོད་ཀྱིས་ཆའ། འོང་གིས་མ་ལེན་མ་ཟུག། མ

117 ལེན་ནའ། །རྒྱ་མདད་ཅིང་སེས་གྱིས་མདད་དུ་མདད། །རྒྱ་ཡུལ་གཏན་བཟངས་ན་། ཕ་དང་ཡབ་གྱི་མཚན་། རྒྱ་རྗེ་མྱིང་མཚན་ཞིག

118 མ་དང་ཡུམ་གྱི་མཚན་། རྒྱ་བདག་བཙུན་མོ་གཉིས་བཤོས་དང་ནམས་ཀྱི་སྲས། ཐ་ང་རྒྱ་མོ་ཐང་ཞིག་ཞལ་བཟང་ཟླ་རེ་འོད། རིང་བཟང་།

119 སྨྲུག་རེ་ལྡེམ། དབུ་བཟང་ལྡང་ཡོ་འཁྲིལ། ཞིང་བཞུགས། །ལྷ་ཡུལ་གྲུང་ན་ལྷ་བཙན་པ་སྟང་རྗེའི་། ཁབ་དང་དབྱལ་དུ་བཞེད་ཅེས་།

120 གསུང་། ཐན་མཆིས་ཕྲིན་མཆིས་ཏེ། མྱི་མཐའ་གཉེན་དུ་བགྱི། བལ་ལྟ་གཡག་དུ་རྨལ་ལོ། ཞེས་བགྱིས་སྣ། །རྒྱ་རྗེ་མྱིང་མཚན་ཞལ

121 ནའ་རེ། རྨང་གི་བུ་ཅིག་མ་འཕན་གྱི་མྱི་ངོ་སླམ། །དབྱལ་གྱི་ར་ཅིག་མ་ཕྲུག་གི་མཚོ་པོ་སླམ། །མྱི་མའ་གཉེན་དུ་མྱི་བགྱི་བལ་མ་གཡག་དུ

122 ××××ལ། ཆེས་གསུང། གཞན་ཡང་འདི་དང་འདྲ་བར་བགྱི་འོ། །ཟླུ་ཡུལ་ན་དྲ་གསིང་སྡོན་གྱི་ནང་ནའ། ཟླུ་བཙན་ཛ་སྟང་རའོ། ཞལ་ནས་། ཁབ་དུ

123 བཞེད་ཆེས་གསུང་། །མྱི་ཡུལ་སྐྱི་མཐིང་ནས། མྱི་བཙན་ཆོམ་པོ་བ་ཏེའི་ཞལ་ནས་། ཁབ་དུ་བཞེད་ཅེས་གསུང། །སྲིན་ཡུལ་ནག་པ་དགུ་སུལ

124 ན་སྲིན་ཙན་དགུ་པོ་ཁའི་མཆིད་ནས། ཁབ་དུ་བཞེད་ཆེས་གསུང། །རྒྱ་རྗེ་ཞལ་ན་རེ་རྨང་གི་བུ་ཅིག་མ། འཕན་གྱི་མྱི་ངོ་སླམ། །དབྱལ་གྱི་ར་ཅིག

125 མ་ཕྲུག་གི་མཛོ་མོ་སླམ། མྱི་མ་གཉེན་མྱི་བགྱི་བལ་མ་གཡག་མྱི་རྨལ་ཞེས་གསུང། །རེ་ཤིག་རེ་ཤིག་ན་སྲིན་ལས་ཀྲུ་བྱང་སྟེ། སྲིན་ལས་སྤྲ་བྱུང།

126 སྲིན་བཙན་དགུ་པོ་ཁས། སྲིན་ཏའ་ཕྱོ་སངས། ཉེན་སུམ་གཅུད་ལ་བོར། མཚན་གསུམ་ལྷགས་ཟླ་བོར། ཏའ་ཞིག་ཏེའུ་སྨྲུས། སྲིན་ཏ་ཕྱོ་སངས

127 ཧེའུ་སྨུས། སྲིན་བཙན་དགུ་བོ་ཁས། །ཐང་ང་རྒྱ་མོ་ཐང་གི །མཆན་དུ། ཧེའུ་རོ་བཅུག་སྟེ། བཞག། སང་གི་ནམ་ནངས་དགུང་སངས་ནའ། སྲིན

128 ཚན་དགུ་བོ་ཁའི་མཆིད་ནས། ཐང་རྒྱ་མོ་ཐང། ཧ་དང་རོལ་རོལ་ཏམ། ཧ་སྲུས་མཆན་ན་མངའ། ཕ་ཡབ་གྱི་སྣན་དུ་གསོལ་ལོ། མའ་ཡུམ

129 གྱི་སྣན་དུ་གསོལ་ལོ། སྐད་གསུང། ཕ་ཡབ་གྱི་སྣན་དུ་མ་གསོལ་ཅིག། མྱི་མ་ཁོ་མོ་སྲིན་ཙན་དགུ་བོ་ཁའི། ཁབ་དུ་མཆི་ཞེས་གསུང། ནས།

130 སྲིན་ཙན། དགུ་བོ་ཁའི། ཁབ་དུ་མཆིས། མྱི་བཤོས་ཤིང་མཆོས། མཆོང་ཇམས་ཤིང། བཞུགས། བཤོས་ཏང་ཇམས་ཀྱི་སྲུས། སྟིག་ཏང་ཏུ

131 ××××ལག་པོ་ཆེ། སྤྲར་པའི་བུ་མ་བོང་གསུམ་། ཟམ་ཟམ། རྫང་འོག་དུ་སྲིན་ཟམ། རྫང་འོག་དུ་སྲི་ཟངས་མར་བ་བཙུགས། ཛི་བཙོ་

132 ཁབ་ལ་ལའ། དུག་བཙོ་ཁབ་ལ་ལ། ཛེ་བཙོ་ཁྲི་ཁྲི། དུག་བཙོ་ཁྲིལ་ཁྲི། །སྲིན་དུག་མར་བ་དང་སྤྲུ་དུག་རེག་ཆོད། པའི་རངས་སུ། ཟ་བོག་ཡིད་ཀྱི།

133 ཡི་རོས། །མའི་རངས་སུ་ཀོ་ཤོན་སྟོ་ལོ་རེས། སྲིན་དུག་མར་བའ་སྤྲུ་དུག་རེག་ཆོད། བསྐུས་སྟེ། པའི་རངས་སུ་བསྣམས། ཡབ་གྱི་རངས་

134 སུ་བསྣམས། སྲིན་ཡུལ་ནག་པ་དགུ་སུལ་ནས། །རྒྱ་ཡུལ་གཏང་བཟངས་ཀྱི་ནང་དུ་ཕྱོན། རྒྱ་རྗེ་སྨིང་མཚན་ལ་ཕྱག་མ་དུད་ཀྱིས་འཚལད།

135 སླིབ་མ་འོད་ཀྱིས། བཟུང་། པའི་ཕྱག་དུ་ཕུལད། ཡབ་ཀྱི་ཕྱག་དུ་ཕུལ། རྒྱ་རྗེ་སྨིང་མཚན་གྱིས། གསོལ་བ་སུ་ཏུ་གསོལད། ལངས་པ་དུག་དུ་ལངས

136 སྲོན་དུག་མར་བ་དང་སྤྲུ་དུག་རེག་ཆོད། ན་བཟའི་སྐྱིར་ནས་ལངས། ཟུ་ཟུ་ནམ་མྱི་ནངས། ཙུ་ཙུ་ཉིན་མྱི་ནུབ། ཕོ་གཉེན་བརྒྱ་བསྡུས་ཏེ། མོ་གཉེན

137 བ××××་བསྡུས་ཀྱང་སྣུན་ཀྱི་ཟོ་མ་འཚལད། སྐྲན་གྱི་ལྡིང་མ་རོག །བོན་པོ་ལ་མཆི་ཤིག་ལེག་ཏང་རྔང་བ་ལ་མཆི་ཤིག །མོ་བཏབ་ཕྱ་གླགས་ནའ། སྣུན

138 ××××འཚལ། སྐྲན་གྱི་ལྡེ་ཡང་རོག། །བོན་པོ་རྒྱ་བོན་ལེག་ཏང་རྔང་བའི་མཆིད་ན་རེ། ཐ་ང་རྒྱ་མོ་ཐང་གིས། སྲིན་ཡུལ་ནག་པ་དགུ་སུལ།

139 སྲིན་དུག་མར་བ་དང་སྤྲུ་དུག་རེག་ཆོད། དར་ཀར་ལ་ཡུག་བརྒྱའ། དར་སྣ། སྣ་ཚོགས་ལ་བསྐུས་ཏེ། པའི་རངས་སུ་ཕུལ། ཡབ་ཀྱི་རངས་སུ་ཕུལ

140 ན་ན་རྒྱ་ རྫེས། གསོལ་པ་རིང་ལ་གསོལ། ལངས་སྤ་དུག་དུ་ལངས། སྤུ་དུག་རེག་ཆོད་མའོ། །ན་བཟའི་སྐྱེར་ནས་ལངས། ཤེས་བགྱིས་ནའོ། ན་ན།

141 རྒྱ་རྗེ་མཆིད་ན་རེ། མངད་དུ་ཆོག་སྒྱི་ཆོག །དབུ་རུ་ཆོག་སྒྱི་ཆོག །བོན་པོ་མཆིད་ན་རེ། དབུ་རུ་དོ་ཡང་ཆོག །མངད་དུ་དོ་ཡང་ཆོག །མངན་སྐྱེན་ཇི། །

142 ལ་མངད། དབུ་སྐྱེན་ཇོ་ལ་ཟུ། གཡའ་བྱ་གོང་མོ་དང་། ངད་ར་ལྷང་པོ་ཆུང་དང་། ངད་བྱ་དྲུག་མོ་གྱེན་ལ་ནུབ་སུམ་མངད་དུ་མངད། ནང་སུམ་ཟུ་རུ

143 ཟུ། ན་ན་རྒྱ་རྗེ་སྟན་གྱང་བཤོས། །དའ་དེ་རིང་སང་ལྟ་ནའོ། སྒྱི་རྨ་བུ་མཆིང་རྒྱལ་འདི། རྒྱ་མངད་སེས་གྱིས་མངད་དུ་མངད། རྒྱ་མངད་སེས་གྱིས་ཟུ་རུ་ཟུ།

144 ༧། །བལ་མངད་ཅིང་སེས་གྱིས་མངད་དུ་མངད། །བལ་ཡུལ་ལེང་ཏང་ནའོ། ཕ་དང་ཡབ་ཀྱི་མཚན་བལ་རྗེ་ལ་ནམ་ཞིག། །མའ་དང་ཡུམ

145 གྱི་མཚན་བལ་བདག་བཙུན་མོ་གཉིས། བཤོས་ཏང་ནམས་ཀྱི་སྲུས། ཐ་ང་བལ་མོ་ཐང་རིང་བཟང་སྨུག་རེ་ལྡེམ། ཞལ་བཟང་ཟླ་རེ་འོད་ཅིང་བཞུ

146 གས་ནའོ། ནགས་ཡུལ་དེང་བ་ན། ནགས་རྗེ་ཁྲི་བ་ཞིག །ཁབ་དུ་བཞེད་ཅེས་གསུང། བལ་རྗེ་ལ་ནམ་གྱིས། །ནགས་རྗེ་ཁྲི་བའི་ཁབ་དུ་བོན། །རེ་ཤིག

147 རེ་ཤིག་ནའོ། ཐ་ང་བལ་མོ་ཐང་ཞིག །ནགས་ཡུལ། དེང་བའོ། ཡུལ་ངན་ས་དོག་སྟེ། །ཕ་ལ་ཐུགས་ཆད་ཡབ་ལ་ཐུགས་ཆད་དེ། སྡལ་དུག་སྣང་མཆིན

148 མ་ཉིན་སུམ་ཅིབ་དུ་ཅིབ། ནུབ་སུམ། ཐབ་དུ་བམ། བམ་ཞིང་ཅིབ་ཅིབ་སྟེ། ཁབ་སྒྱི་ཆེ་གང་ན་འགྲེང་མ་ཆེའོ། བདུད། ཁབ་སྨུག་ཆུང་གང་ན

149 འགྲེང་མ་ཆུང་གི་བདུད། །བལ་གྱི་ཕྲུས་ལ་བསྐུས་སྟེ། ཕའི་སྐུ་རུ་གསོལ། ཡབ་ཀྱི་སྐུ་རུ་གསོལ། །བལ་རྗེ་ལ་ནམ་ཞིག །གསོལ་པ་སྐུ་རུ

150 ལངས་པ་དུག་དུ་ལངས། །བལ་དུ་སྣང་མཆིན་མ། སྐུ་མ་སྤྱངས་ནས་ལངས། ཏ་ན་ན་ཡིས་ནམ་སྒྱི་ནངས། །ཧུ་ཙུ་ཙུ་འོས། ཉིན་སྒྱི་ནུབ། ཟླ

151 ཕག་ཤ་བྲེ་སྐམས། སྨ་ཁད། འོག་ཕག་སྨྱུ་ལོ་རུལ་མ་ཁད། །དགས་རི་དཀར་པོ་ལ་། ཕོ་གཤེན་། ཐོད་ཀར་བརྒྱ་བསྟུས་ཀྱང་སྟན་གྱི་བྲོ་མོ།

152 འཚལད། སྨན་གྱི་ལྡེ་མ་རིག། །སྲིབས་རི་ནག་མོ་ལའོ། །མོ་གཤེན་བརྒྱ་བསྟུས་ཀྱང་། སྟན་གྱི་ཟྲོ་མ་འཚལ། སྨན་གྱི་ལྡེ་མ་རིག། །བོན་པོ་ལ

153 མཆི་ཤིག །བལ་བོན་ཏུམ་ལ་མཆིས་ཤིག། །བལ་བོན་རོམ་པོའིས། གཏོ་ཞིང་དཔྱད་། དཔྱད་ནའ།
བྲམ་ཞིང་བཆ། བཆག་ནའ། སྨན་གྱི་ཟོ་ཡང།

154 སྨྲན་གྱི་ལྡེ་ཡང་རིག །བལ་བོན་རོམ་པོ་མཆིད་ན་རེ། བལ་རྗེ་ལ་ནམ་འདི། ཐ་ང་བལ་མོ་ཐང་གྱིས།
བལ་ཏུ་སྣང་མཆིན་མ། བལ་གྱི། ཉ་ཕྱིས་ལ་། །

155 བསྐུས་ཏེ། །བལ་རྗེ་ལ་ནམ་སྐུ་ཏུ་གསོལད། །བལ་ཏུག་སྣང་མཆིན་མ་སྐུ་མ་སྤྱངས་ནས་། ལངས།
ཤིས་བགྱིས་ནའ། བལ་རྗེ་ལ་ནམ་ཞལ་ནའ་རེ

156 ཆོག་སྨྱི་ཆོག །དབུ་ཏུ་ཆོག་སྨྱི་ཅིག །ཆེས་བགྱིས་ནའ། བོན་པོ་མཆིད་ན་རེ། མདད་ཏུ་དོ་ཡང་ཆོག །
དབུ་ཏུ་དོ་ཡང་ཆོག །མདད་སྐྱིན་ཇེ་ལ་། །

157 ××××××××ན་ཇེ་ལ་ཐུ། །བལ་ལ་གོང་སུམ་ནའ། །བལ་གྱི་རའ། བརྒྱ་བརྟུས། །མདད་ར་ཅིག་
བྱུང་ནའ། ལྷང་པོ་ཆུང་ཅིག་བྱུང། །བལ་བྲག་དམར

158 ××××བལ་གྱི་བྱའ། བརྒྱའ་བརྟུས། ངད་བྱ། ཅིག་ཅིག་བྱུང། དྲུག་མོ་གྱེན་ཅིག་བྱུང་། །ངད་ར་ལྷང་
པོ་ཆུང་དང་། ངད་བྱ་དྲུག་མོ་གྱེན་ལ། ནུབ་སུམ། །

159 ××××མདད་ཏུ་མདད། །ནང་སུམ་ཐུ་ཏུ་ཐུ། །བལ་རྗེ་ལང་ཏང་སྨན་ཀྱུང་བཤོས། །དེ་རིང་སང་ལྷ་
ནའཤི་སྨྱི་རྨ་བུ་མཆིང་རྒྱལ། འདི། བལ་མདད××××

160 གྱིས་མདད་ཏུ་། མདད། །མདད་མ་ཅིག་སེས་གྱིས་། ཐུ་ཏུ་ཐུ། འདི་མན་ཆད་ཀྱུང་ནན་ལྷག་མ་དང་
འདྲའ་འོ། །

161 ༄།:།ལྷམ•མདད་མདད་ཅིག་སེས་གྱིས་མདད་ཏུ་མདད། །ལྷམ་མདད་ཅིག་སེས་གྱིས། ཐུ་ཏུ་ཐུ། །ལྷམ་
སྲུལ་གུང་དང་ནའ། ××××××××

162 བཞུགས། ད་རེ་ཤིག་རེ་ཤིག་ནའ། །ལྷམ་ཟ་ཡས་སྨོ་བཙུན་གྱིས། ལྷམ་བ་དགོ་མོ་ཞིག །བཞོས་
སྟེ། ཁང་པའི་མཐོང××××××××

163 ××××། ཉི་ཏུག་མཐིང་སིལ་མ། ལྷམ་བ་དགོ་མོའི། ཚོའི་ནང་ཏུ་བབ། །ལྷམ་ཟ་ཡས་སྨོ་བཙུན་གྱིས་།
ལྷམ་བ་དགོ་མོའི་ཚོ། །××××

164 ××××། གསོལ་པ་ཚོ་ཏུ་གསོལ། །ལང་བ་ཏུག××××། གཉི་ཏུག་མཐིང་སིལ་མའ། སྐུ་མ་གདིངས་
ན་ས་ལངས། ཏ་××××་

165 ××××སྨྱི་ནངས། ཏུ་ཙུ་ཙུས་ཉིན་སྨྱི་ནུབ། །ཀླ་ཏུ་གདུགས××××ལྷའ། །འོག་ཏུ་གདན་བཏིང་བརྩེ་
བརྩེ་ལྟའ། །དགས་རི་དཀར་པོ་། །ཕོ། །

166 གཤེན་ཐོད་གར་བརྒྱ་བརྩུས་ཀྱང་། སྨུན་གྱི་ཟོ་མ་××××××××་མ་རི། སྤྲིབས་རི་ནག་མོ་། མོ་གཤེན་ཞུ་བུབ། བརྒྱ་བརྩུས་ཀྱང་། སྨུན་ཀྱི

167 ཟོ་མ་འཚལ། སྨྲན་གྱི་ལྡེ་མ་རིག། །བོན་པོ་ལ་མཆི་ཤིག །ལྷམ་བོན་དམུས་ལོང་། །ལ་མཆི་ཤི ། ལྷམ་བོན་དམུས་ལོང་གིས། གཙོ་ཞིང་དཔྱད

168 དཔྱད་ནའ། །བྲམ་ཞིང་བྱུལ་བྱུལ་ནའ། །སྨུན་གྱི་ཟོ་ཡང་འཚལད། །སྨྲན་གྱི་ལྡེ་ཡང་རིག། །ལྷམ་བོན་དམུས་ལོང་མཆིད་ན་རེ། ལྷམ་རྫེ་ཡ་བོ

169 ལྷམ་ཟ་ཡས་སྨྲོ་བཙུན་གྱིས། ལྷམ་བའ། དགོ་མོའི། ཞོ་བཞོས་ནས། ཁང་པའི་མཐོངས་སུ། བཞག །ཉི་མའི་ཟེར་བབ་སྐེ། གཉི་××××་མཐིང་

170 ××××བ། དགོ་མོ་ཞོ། ཡི་ནང་དུ་བབ། ནའ་ལྷ་རྫེ་ཡ་བོ་སྐུ་ཙ་གསོལད། །ལྷུངས་པ་དུག་དུ་ལངས། ། ལྷམ་མངད་××××

171 ××××ཡུལ་རྩང་རོ་དབྱེས་གར་ནའ། །རྩང་ལ་བྱེའུ་ཞིག །དབུ་སྟུང་སྤྱན་དུ་སྟུང་། གཉའ་ན་ལྷག་དུ་ཙ་ནའ། །རྩང་ཤེན་སྐ་ལྷག་གི་××××

172 རྐང་དམར་ལ། ནུབ་སུམ། མདད་དུ་མདད། །ནང་སུམ་ནུ་ཙ་ནུ། རྩང་བྲང་ཙབ་དུ་བོར། །དབུ་སྟུང་། སྤྱན་སྟུང་། གཉའ་ན་ལྷ××××

173 ༄། །སྐྱི་རོ་ལྷང་སྟོན་ན་སྐྱི་བླ། བྱ་རྨང་དབུ་སྟུང་། སྤྱན་སྟུང་སྟེ། སྐྱི་གཤེན་རྒྱན་ངར་གྱིས། ཚུ་བྱ་གཉའ་རིངས་ལ། ནུབ་སུམ། ནུ་ཙ་ནུ

174 ནང་སུམ་བཤན་དུ་བཤན། སྐྱི་འཕྲང་ཙབ་དུ་བོ། །སྐྱི་བླ་བྱ་རྨངས། དབུ་སྟུང་། སྤྱན་སྟུང་ཡང་བཤོས།:། རྐོང་ཡུལ་བྲི་སྣར་གྱི་བར་དུ།

175 ××××གི་བར་དུ་འདི་དང་འདྲ་བར་བགྱི་འོ།:།ཡར་ལུང་སྐྱོགས་གར་ནའ། །ཡར་ལ་ཤམ་པོ་ལ། ལྡེ་གཤེན་རྒྱན་བུ་ཡིས། ཁྲུང་ཁྲུང

176 ××××ལ་ནུ། །དབྱེ་མོ་ཡུལ་དྲུག་ནའ།:།དབྱེ་བླ་སྤྱིལབ། གངས་ཞིག་སྟུང་བ་ལའ།:། དབྱེའ། གཤེན། ། ཁར་བུ་ལྡོན་ཕྱུག་གིས་ཉེས

177 ××××ན་ཕང་ལ་ནུ། །འོལ་སུ་དགའ××××འོལ་ལྷ་ཤ་བཟན། སྟུང་འོལ་གཤེན་འཇང་ཙ་མོན་ཡུག་གིས། ཤུག་བྱ་ཐི་བ་ལ་ནུ

178 ༄། །རྫིགས་ཤུལ་གྲུ་བཞི་ནའ། །རྫིགས་××××རྨང་སྟུང་། རྫིགས་གཤེན་སོ་ངན་སྟོ་བོའིས། བྱའ་སྟེག་པ་ལ་ནུའ། །དགས་ཤུལ་ཤེང

179 ནག་ན་དགས་ལྷ་སྨམ་པོ་སྟུང། དགས་ཤེན་ཐམ་དང་ཆས། བྱེའུ་ནེ་ཚོ། འཕོང་དུར་མ་ལ་ཐུབ། །མཚམས་
ཤུལ་དགུ་སུལ་ནའ་མཆིམས

180 ××××་འཚོ་སྟུང། མཚམས་གཤེན་ལོ་རབ་འབྲིང་། སྣར་སྐྱོར་གྱིས། ཟེར་མོ་འཕན་བཟངས་དེ་ལ་
ཐུབ། །ཞོང་ཡུལ་དམ་དྲུག་ན་ཞོང

181 ××××། །ཞོང་གཤེན་ལོན་ཤེན་ཐང་པོའིས། བྱ་བོན་བང་རིག་དེ་ལ་ཐུ། །ཕོང་ཡུལ་བྲི་སྣར་ནའ།
ཕོང་ལྷ་དེས་ལེགས་སྟུང། ཕོང་ཤེན།

182 ××××གདང××××གསུང་སྐན་དེ་ལ་ཐུ། །ཕོང་ལྷ་དེས་ལེགས་སྐུན་ཀྱང་བཤོས། །དེ་རིང་སང་ལྷ་
ནབ། སྨྲི་རྒྱ་བུ་མཆོང་རྒྱལ།

183 ××××གྱིས་མདད་དུ་མདད་། ལྷ་མདད་ཅིང་སེས་གྱིས་ཐུ་ཅུ་ཐུ། །གཞན་ནི་གོང་མ་བཞིན་བགྱི་འོ། །
དེ་འིས་སྣང་གི་ཆ། ཟུག་གིས་ཆ

184 ××××ཟུག་ནའ། རྒྱལ་མདད་དུ་མདད་ཅིང་སེས་གྱིས་མདད་དུ་མདད།། །རྩང་པོ་ཕྱིད་ཀར། རྩང་
རྗེ་པོ་བླ་སྟུང་དབུ་སྟུང་ཡང།

185 ཡོད། སྤྱན་སྟུང་བླང་མ་བླིང་། ཐུགས་སྟུང་མང་མ་། སོང་ཞིང་བཞུགས། རྩང་གཤེན་སྐེན་སྐ་ངགིས།
གཙོས་བུ་བྱང་ཀའ་ཚུང་ལ། །ནུབ་སུམ

186 ××××དུ་མདད། ནང་སུམ་ཐུ་ཅུ་ཐུ། སྤེ་རྩང་བྲང་ཅུབ་དུ་བོར་ནའ། རྩང་རྗེ་ཕྱ་སྐུན་ཀྱང་བཤོས། །
སྐྱི་རོ་ལྡང་སྟོན་ནའ། སྐྱི་རྗེ་རྨང་པོ་སྟུང། དབུ་སྟུང་ཡང

187 མ་ཡོང་། སྤྱན་སྟུང་བླང་མ་བླིང། ཐུགས་སྟུང་མང་མ་སོང། སྐྱི་གཤེན། རྒྱན་དར་གྱིས། ཤ་པོ་ཅུ་བཅུ་
ལས། ནུབ་སུམ་། མདད་དུ་མདད། ནང་སུམ

188 ཐུ་ཅུ་ཐུ། །སྐྱི་འཕྲང་ཅུབ་སོར་བོར། །སྐྱི་རྗེ། རྨང་པོ་སྐུན་ཀྱང་བཤོས། །འདི་མན་ཆད་ཕོང་ཡུལ་ཡན་
ཆད་འདི་བཞིན་བསྐོར་རོ། །ཡར་ལུང

189 སོགས་དཀར་ན་འོལ་ལྡེ་སྤུ་རྒྱལ་སྟུང་དབུ་སྟུང་ཡང་མ་ཡོང་སྤྱན་སྟུང་བླང་མ་བླིང། ཐུགས་སྟུང་མང་
མ་སོང། ལྡེ་གཤེན་རྨན་བུ་འིས་དགེའུ་ཕོངས

190 དཀར་ལ་ནུབ་སུཾ་། མདད་དུ་མདད་དུ་མདད་། ནང་སུཾ། ཐུ་ཅུ་ཐུ། །དབྱེ་མོ་ཡུལ་དྲུག་ནའ། དབྱེ་རྗེ་
ཁར་པ་ཞིག་སྟུང། དབྱེ་གཤེན་ཁར་བུ་ལྡོན

191 ཕྱུག་གིས། དགེའུ་ཕོངས་དཀར་ལ་ཐུ་། །འོལ་ཕུ་དགའ་དང་ནའ་། འོལ་རྗེ་ཟིང་བྲང་སྟུང་། འོལ་
བོན་འཇང་ཙ་སོན་ཡུག་གིས། །

Pel.tib.1285V(1) བོད་ཡིག་ཐོར་བུ།

1 ××××གོ། །འོ་ན་ཡུལ་མྱིང་ཡུལ་སྤྲུགས་པ་ཐང་དུ་ཕ་ནི་ཆསྟེ་མཆིས་ཀྱ་མག་ལིག་མཆིསྟེ། ××××

2 ××××བྲུ་ན་ལེར་ཆས་སྟེ་མཆིས། །ཡལ་མྱིང་ཡུལ་སྤྲུགས་པོ་ཐང་དུ། རྡུང་རྡུང་ཞིང་མཆིས་མ××××

3 ××××མཆིས་ན། །འོག་རྗེ་སླང་ལྟར། མཁྱུན་ཐེའུ་བྱ་ལྟར་ཡར་ཚ་ཚ། སྐར་ལྟར་འགྲུགས་པྲ་སྐམ་××××

4 ××××སྟེ། །སང་གཙོམ་ནངསྟ་སང་། ནི་དགུང་སངས་བ་བྱང་སྟེ་དྲོསྟ་ས་ཀུལ་གུལ་གིས་གཡོས××××

5 ××××གས་ཀྱིས་མཆིསྟ། གས་ཀྱི་ས××××ནས་མྱིའི་མྱི་བུ་ལྷའི་སྲས་པོ་ལྡེ་ཞིག་བལ་གི་མྱི་ཙུར××××

6 ××××ཞིག་། །གསེར་གི་ན་བུན་ཐུལ་ཐུལ་ཏེ་ཐུལ། རིང་ལ་ཕར་བལྟས་ན་གས་ཚོས་ཀྱི་བླང་××××
མར། །པ་ནི××××

7 ××××ཞེས་འཛིགས་ཀྱིས་མ་མཆིས་མྱི་ཁྲོད་ཀྱང་འཛིགས་××××མ་འཛིགས་ཤིག་བྲོས་ཀྱང་མ་བྲོས་ཤིག་
××××

8 ××××མ་མཆོས་བྱམས་གཉེན་དུ་མཆིས། །ཁྲོད་ཀྱི་རྗེ་བོ་ཐུགས་སྨོ་སྨོ་དུ་མྱི་དགྱེས། །ཞལ་མུལ་མུལ་དུ

9 ××××ལ་ཞིང་བཙོན་ནེ་འཇུའོ། །མཙན་གསུམ་གདུགས་བ××××་ངབ་གསེར་གྱི་སྣད་སྣོང་གནམ་
དགུང་ཙམ་ཡང་དུ་པ××××

10 ××××ཞིང་འཙོན་ནི་སྟའོ། །ཁོང་ཀྱི་རྗེ་བོ××××

Pel.tib.1285V(2) བོད་ཡིག་ཐོར་བུ།

1 ཀྱི་མཆན་ན་གནམ་ཤོང་གི་ཐོལྟོ་། །མ་ས་ཤོང་གི་སྟེ××××

2 དབྱེ་མོ་སྨུ་ཚུག་ཤུག་པ་འི་:××××སྐད་ཞིག་རིར་དུ་མཉན××××

3 སྲ་ཞིག་བདག་སུ་མཉན་ནོ་། །སྲིབས་ཀྱི་སྲ་ཞིག་སྲིབས××××

4 ལྷོ་སྣང་རྒྱ་སྣང་གྱི་འབིལ་མྱིད་། །སྔོན་ཤིང་གི་བྱ་བལ་××××

5 མདག་དང་ཆེམ་ཆེམ། །མ་བུས་འོད་ལམ་ལམ་མ་བུམ་ནི××××

6 གཤེགས་སྟན་ནི་སྣང་བལྟམ་མོ། །:།ཕྱུག་གི་རབས་ལ་། །××××

7 ཡུམ་གྱི་མཆོན་ན་གཉེར་དང་སིག། །བཤོས་དང་ནམས་ཀྱི××××

8 ལ་ཆར་བབ་གཡའ་ཆབ་ཀྱི་སིལ་མ་ནའ་ཆར་བབ་ན××××

9 གྱི་སྲུམ་ཛྫང་པོ་གཞུང་སུམ་ཞིག་ལས། །དཀའ××××
10 ལ་མ་ལུ་མ་འོ་གདའ་འཇམ་། །འདི་ལས་ཕྱུག་བཅབས××××
11 གསེར་སྐྱོགས་ཀྱི་སེར་མོ་ནི་ཡས་ཀྱིས་བསྐད། དངུལ××××
12 སློན་དགུ་ཚེན་བཅུ་ཞིག་ཕྱུག་བཅབས་ནའ་། །དཔྱུལ××××
13 ནི་མས་ཀྱིས་བགད་དོ། བཞར་དང་ཡར་ཡར་། །འབ××××
14 གྱིས་ཕྱུག་བཅབས་ན་བཞད་དང་། །ཡར་ཡར་ཕྱུག་××××
15 བས་དམར་། །ད་གཞ་རིང་ཐུང་གྱི་བགོས་གྱི་སྐལ་ག××××
16 རོལ་གྱི་ཐེབ་མཐུར་དང་ཤ་འི་ལག་བཀལ་དགོ་འི་དང××××
17 གསིང་མོ་སྦོ་མཐ་ཏུ་གཡང་ཕྱུག་ཀར་བའ་བགུམ××××
18 སྟེ་གསོལ་། །འོ་ཏུ་མ་ལས་ན་བྲ་ཁྲུ་པོང་ཁྲུང་། ××××
19 ཁྲུ་ཤ་ལས་གསོལ་ཏོ། །ཐུག་གསུམ་ཞིག་ལས་××××
20 ཐུག་། །བྲང་ཐུག་འདི་ལས་གསོལ་། །དོན་གས××××
21 ལས་གསོལ་ལོ་། །གས་འཕྲུ་གངས་འདྲོན་འདྲོ××××
22 དུལ་དུལ་། །སྤྲིབས་ཀྱི་ནན་དུ་གསོལ་ལོ་། །རྒྱ་ག××××
23 གསོལ་ཏོ་། །མོན་གསང་ཚེ་དགུ་ན་བུ་རམ་འ××××
24 སྤོ་མ་ཐང་ཐིང་ལས་། །གསོལ་ན་། །ནས་འདི××××
25 རྐོང་རབ་ནས་ཀྱི་འཁྲིང་བའ་ཀར་ཏུ་བཞིན་བཟངས××××
26 ཐྲན་། །ནས་གྱི་ཐ་མ་ཀྲོ་འི་ཞ་མོ་སོ་བ××××
27 གཉན་དང་གདོད་གྱི་ནས་ཤིག་། །ནས་ཀྲ××××
28 པ་འི་སྨྱིད་ནི་ན་ལར་ཆུ། ལང་། །ཟངས་××××
29 བཚོ་ན་ཟངས་བརྒྱ་མ་བཅུ་མ་འི་ནང་དུ་བཚོས××××

Pel.tib.1285V(3) བོད་ཡིག་ཤོར་བུ།

1 ×××× ××××ཏུར་ས×××××དེ་ནས་བཞེངས་གཅལ་ན་××××
2 ×××× ××××ཧྗེ་གཤེགས་××××××××བལྟམ་ན་ཤིང་ག××××

3 ××××བཤོས་དང་××××ཀྱི་སྲས་××××དང་མོ་མྱུ་××××

4 ×××× ××××ཤུག་པ་ཁྲུབ་གི་སྐྱོ་ཞིག་ལུང་དུ་མ་ཉན་ནོ་བདགས××××

5 ×××× ××××ཉན་ནོ། །བུ་གདའ་ཙུས××××××××། །××××

6 ×××× ××××ར་ནོ་བལྟག། །མདག་དེ་ནི××××ཁྲུབ་འོད་××××

7 ×××× ××××གསུར་ཆོམ་ཆོམ། ཞུགས་འབར་ལ་ཕྱུག××××

8 ×××× ××××ཀྱི་ཕ་རོལ་××××ཀྱི་ན་ནའི་དང་××××

9 ×××× ××××ནྀ་གངས་××××བ་ན་གངས་ཆ××××

Pel.tib.1285V(4) བོད་ཡིག་ཐོར་བུ།

1 པ་ལྡགས་སྒྲ་ལྡགས་གྱིས་བཟུང་། མ་མཆ××××

2 ཚོ་བཙོས་ན་ཤོ་ཡང་རེ་བདམ་ཕུན་ཕུན་བལ་བལ་ན་བལ་ཡང་རེ་ཆེ། ཕུར་ཚོ་བཙོསྣ་ཚོ××××

3 མདའ་རུ་བན་བནཏེ་བན་མ། འ་རུ་བལ་བལ་ན་ཕུ་རུ་ཉིལ་ཏེ་ཉིལ་། །འོ་ན་མ་ནི་ཆསྟེ་བཞུད།

4 ××××ཁེ་ལེ་སྤྱང་བཟངས་ལ་སེ་མོ་གུར་གར་ལུབ། སྐྱིང་བུ་ཆེ་××××་བུབ། ཟ་རབས་ལ།

5 ××××སྙིང་རྗེ་ན་བུ་ཤོར་ཀྱིས་མེ།

Pel.tib.1285V(5) བོད་ཡིག་ཐོར་བུ།

1 མང་གི་ཕབས་སི། །བདལ་སྨི་བདལ་ན་རལ་ཀྱི་××××

2 བདལ་ཏེ། །དགྲི་སྨི་དགྲི་ན་ནི་སྟག་ཐུལ་གཟིག་××××

3 ཞག་གཅིག་ཞག་གཉིས་ཞག་གསུམ་××××

Pel.tib.1286(1) རྒྱལ་ཕྲན་རིམ་བྱུང་།

1 ༄། །རྒྱལ་ཕྲན་ཡུལ་ཡུལ་ན། མཁར་བུ་རེ་རེ་ན་གནསྟེ། རྒྱལ་ཕྲན་བགྱིད་པ་དང་། རྒྱལ་ཕྲན་གྱི་བློན་པོ་བགྱིད་པ་འི་རབ་

2 ལ། །ཞང་ཞུང་དར་པ་འི་རྗེ་བོ་ལིག་སྙ་ཤུར། བློན་པོ་ཁྱུང་པོའ་ར་སངས་རྗེ་དང་། སྟོང་ལོམ་མ་ཙེ་གཉིས། །
སྤྱང་

3 རོ་འི་ཕྱེད་ཀར་ན། རྗེ་རྩང་རྗེ་འི་ཐོད་ཀར། བློན་པོ་སུ་ཏུ་དང་གནང་གཉིས། །ཡུལ་གནུབས་ཀྱི་སྤྱིང་དགུའ་ན།
4 རྗེ་གནུབས་རྗེ་འི་སྲིས་པ། བློན་པོ་རྨེ་འུ་དང་གྲོ་གཉིས། །ཡུལ་མྱང་རོ་འི་ཤམ་པོ་ན། རྗེ་ལོ་ངམ་ཀྱི་བྲོམ་
5 ཚ། བློན་པོ་××××མྱི་དང་འབྲི་གཉིས། །ཡུལ་སྐྱི་རོ་འི་ལྷང་སྤོན་ན། རྗེ་སྐྱི་རྗེ་འི་རྨང་པོ། བློན་པོ་ཤེ་འུ་དང་སྤུག་
6 གཉིས། །ཡུལ་ངས་པོ་འི་ཁྲ་སུམ་ན། རྗེ་དགུག་གྱི་འི་ཟིང་པོ་རྗེ། བློན་པོ་མགར་དང་མཉན་གཉིས། །
7 ཡུལ་དབྱེ་མོ་ཡུལ་བཞི་ན། རྗེ་དབྱེ་རྗེ་འི་མཁར་བ། བློན་པོ་དབོ་དང་རྟུག་གཉིས། །ཡུལ་འི་ཡུལ་གྱི་སྤང་
8 གར་ན། རྗེ་འོལ་རྗེ་འི་ཟིན་བྲང་ཚ། བློན་པོ་རྗེ་དང་དབའས་གཉིས། །ཡུལ་རྗེགས་ཡུལ་གྱི་གྲུ་
9 བཞི་ན། རྗེ་རྗོགས་རྗེ་འི་ལ་བྲང། བློན་པོ་སས་པ་དང་མྱང་ནད་གཉིས། །ཡུལ་ཀླུང་རོ་འི་ཡ་སུམ་ན་
10 རྗེ་ནམ་པ་འི་བུ་གསེང་ཏེ། །བློན་པོ་མྱང་དང་སྦྲང་གཉིས། །ཡུལ་སྲིབས་ཡུལ་གྱི་རལ་མོ་གོང།
11 རྗེ་དྲང་རྗེ་འི་རྣོལ་ནམ། བློན་པོ་ཞུག་ཚམས་དང་དབྲད་གཉིས། །ཡུལ་ཀོང་ལ་བྲེ་སྣར་ན། རྗེ་
12 ཀོང་རྗེ་འི་དཀར་པོ། བློན་པོ་མཁར་པ་དང་ཕ་དྲུག་གཉིས། །ཡུལ་མྱང་ཡུལ་གྱི་ཧ་གསུམ་ན།
13 རྗེ་མྱང་ཙུན་སྣང་རྒྱལ། །བློན་པོ་འོ་ཏུ་དང་སྦྲགས་གཉིས། །ཡུལ་དགས་ཀྱི་གྲུ་བཞི་ན། རྗེ་དགས་
14 རྒྱལ་གྱི་སྤྲོག་ཟིན། །བློན་པོ་ཕོ་གུ་དང་པོག་རོལ་གཉིས། །ཡུལ་མཆིམས་ཡུལ་གྱི་དགུའ་ཡུལ་
15 ནའ། རྗེ་མཆིམས་རྗེ་འི་ནེ་ལུ། བློན་པོ་དང་དང་དིང་དིང་གཉིས། །ཡུལ་སུམ་ཡུལ་གྱི་ཡ་སུམ་ནའ།
16 རྗེ་འབལ་ལྷོ་མང་ཏུ་ཏེ། བློན་པོ་ཀླང་དང་ཀམ་གཉིས། །ཡུལ་འབྲོག་མོ་རྣམ་གསུམ་ནའ།
17 རྗེ་སེ་རེ་ཁྲི། བློན་པོ་སྐྱང་རེ་གནག། །རྒྱལ་ཕྲན་བཅུ་གཉིས་ན། སེ་རེ་ཁྲི་དང་བཅུ་གསུམ། བློན་པོ་
18 ཉེ་ཤུ་རྩ་བཞི་ན། སྐྱང་རེ་གནག་དང་ཉེ་ཤུ་རྩ་ལྔ། མཁར་བཅུ་གཉིས་ན། དགུ་ལྡེ་བམ་པ་དང་བཅུ་གསུམ།
19 ཡུལ་བཅུ་གཉིས་ན། བྱང་ཀ་སྣམ་བརྒྱད་དང་བཅུ་གསུམ། རྒྱལ་དགུའ་སྡོ་བཅུ། །བློན་དགུའ་
20 མཆིམས་བཅུ་ཞེས་བྱ་སྟེ། དེ་ཡན་ཆད་ཡ་ཡོགས་ནི། གདོད་བྱིན་ཏུམ་གྱི་ནི་རྐྱེན་ཞེས་བྱ་སྟེ། །
21 གནའ་ཡུལ་ཡུལ་ན་རྒྱལ་ཕྲན་དང། བློན་པོ་འདི་ལྟར་བབ་སྟེ། །མྱི་མང་གི་རྗེ། ཡུལ་ཆེ་འི་བདག་
22 བྱེད་བྱེད་པ་ལས། རྒྱལ་པོ་བཙན་བ་དང། བློན་པོ་འཛངས་པ་དཀའ་པོ་ཆེ་རྣམས་ཀྱིས། གཆིག་
23 གིས་གཆིག་བརླག་སྟེ། འབངས་སུ་བཀུག་ན། མཐའ་མ་འོ་ལྡེ་སྤུ་རྒྱལ་གྱི་དབུ་རྨོག་མ་ཐོབ་སྟེ།
24 མནར་ནི་ལྷ་ནར་གྱིས་གནརད། ཐུན་ནི་རྗེ་ཐུན་གྱིས་བཐུན་ཏེ་བཀུག་གོ། །
25 ༄།:།ལྷ་གནམ་གྱི་སྟེང་ནས་གཤེགས་པའ། གནམ་ལྷབ་ཀྱི་བླ་ན། །ཡབ་ལྷ་བདག་དྲུག་བཞུགས་པ་འི་སྲས། གཅེན་

26 གསུམ་གཙུང་གསུམ་ན། ཁྲི་འི་བདུན་ཚིགས་དང་བདུན། ཁྲི་འི་བདུན་ཚིགས་ཀྱི་སྲས། ཁྲི་ཉག་ཁྲི་བཙན་པོའ། །

27 ས་དོག་ལ་ཡུལ་ཡབ་ཀྱི་རྗེ། དོག་ཡབ་ཀྱི་ཆར་དུ་གཤེགས་སྟོ། །ལྷ་རི་གྱང་དོར་གཤེགས་ན། རི་རབ་ལྷུན་པོ་ཡང་

28 དགུའ་དུད་དུད། ཤིང་སྡོང་པོ་ཡང་བང་ཐང་ཐང་། ཆབ་ལུ་མ་ཡང་དཛོ་སིལ་སིལ། གོར་ཕ་བང་ལ་སྤོགས་པ་ཡུ་

29 མཉེད་ཁྲུང་ཁྲུང་གིས་ཕྱུག་འཚལ་ལོ། །བོད་ཀ་གཡག་དྲུག་གི་རྗེར་གཤེགས་སོ། ཐོག་མ་ས་ལ་གཤེགས

30 པ་ཡང། གནམ་མཐའ་འོག་གི་རྗེར་གཤེགས་པས། གནམ་གྱི་ནི་དབུས། ས་འི་ནི་དཀྱིལ། གླིང་གི་ནི་སྙིང་

31 པོ། གངས་ཀྱི་ནི་ར་བ། ཆུ་བོ་ཀུན་གྱི་ནི་མགོ་བོ། །རི་མཐོ་ས་གཙང། ཡུལ་བཟང། མི་འཛངས་ཤིང་

32 དཔའ་ཏུ་སྐྱེ། ཆོས་བཟང་དུ་བྱེད། རྟ་མགྱོགས་སུ་འཕེལ་བ་འི་གནས། ཚུལ་ཀྱིས་བདམས་སྟེ་གཤེགསོ།

33 རྒྱལ་པོ་གཞན་དང་མི་མཚུངས་པ་འི་ཆོས། ཕྱག་མཉེད་ཁྲུང་ཁྲུང་གིས་འཚལ་ཞིང། སློ་བ་འོད་ཀྱིས

34 ལེན། མི་བཙུན་སོན་པ་འི་རྣམས། རྗེ་ས་འི་གོས་གྱོན་ཞིང། སྐྱེས་པ་ཆེད་པོ་རྣམས་བཙུན་བ་འི་རྣམ

35 པ་ཡང་དེ་ནས་བྱུང་བ་ཡིན་ནོ། །ཤིང་རབས་ཀྱི་ནང་ན་ནི་ཐང་ཤིང་རིང་པོ་རིང། ཆུ་རབས་ཀྱི་ནང་ན་ནི

36 ཡར་ཙུ་སྔོན་པོ་ཆེ། །ཡར་ལྷ་ཤམ་པོ་ནི་གཙུག་གི་ལྷ་འོ། །

pel.tib.1290(2) རྒྱལ་ཕྲན་རིམ་བྱུང་།

5 །:།རྒྱལ་ཕན་ཡུལ་ན། །མཁར་བུ་རེ་རེ་དང་མཆིསྟེ། །རྒྱལ་ཕན་བགྱིད་པ་དང་། །རྒྱལ་ཕྲན་གྱི་བློན་པོ། སུ་སུམ་བགྱིས་པར་ཞང་ཞུང་དར་མ་འི་རྗེ་བོ་ལགསྒྲ་ཤུར། །བློན་པོ་ཁྱུང་པོ་ར་སངས་རྗེ། སྟོང་ལམཛ་ཙེ་གཉིས། །མྱང་རོ་འི་ཕྱུར་མཁར་ན་རྗེ་རུང་རྗེ་འི་ཐོད་ཀར། ས། བློན་པོ་སུ་དུ་དང་གནང་གཉིས། །

6 ཡུལ་གནུབས་ཡུལ་གྱི་གླིང་དགུ་ན། རྗེ་གནུབས་རྗེའི་སྲིས་པ། བློན་པོ་རྨེ་འུ་དང་ལྡང་། སོན། རྗེ་སྐྱི་རྗེའི་རྨང་པ། །བློན་པོ་ཤེའུ་དང་སྤུག །གཉིས། ཡུལ་ངས་པོའི་ཁྲ་སུམ་ན། །རྗེ་དགུ་གྲི་ཟིང་པོ་རྗེ་ཁྲི་པང་སུམ་ཡུལ། འོལ་གྱི་སྟངཀར་ན། རྗེ་འོལ་རྗེའི་ཟིང་བྲང་ཚ། བློན་པོརྗེ་དང་དབའས་གཉིས། །

7 ཡུལ་ཊེགས་ཡུལཀྱི་གྲུ་བཞི་ན། རྗེ་ཊེགས་རྗེ་ལ་བྲང་། །བློན་པོ་སས་བ་དང་མྱང་གཉིས། །ཡུལ་གླུམ་རོའི་ཡ་སུམ་ན། རྗེ་གུ་ནམ་པའི་བུ་སངས་ཏེ། །བློན་པོ་མྱང་དང་སྤྲང་གཉིས། །ཡུལ་སྲིབས་སྣའི་འོལ་རྨ་གོང་ན། །རྗེ་དང་རྗེ་འི་ཚིཛོལ་ནམ། བློན་པོ་བཞུགས་ཙམ་ན་དངདབྲད་གཉིས

8 ཀྱེ་མ་མཐོང་ཅག་བལྟ་འཚལ་བའོ། །ཕོ་གི་དག་ཕོ་གི་ན། །རྡོ་རྗེ་ཅག་དེའུ་ཅི་གང་ཞུག། །རྡོ་རྗེ་ཅག་
དེའུབྲུང་ནའོ། །གཡུང་བྲུང་དག་ཆབཅིག་འབབ། །གཡུང་བྲུངཅག་ཆབའཁྲམ་ན། །མེན་ཏོག་དག་ཧྭ་
ཞིག་འཁྲུངས། །མེན་ཏོག་དག་ཧྭབྲུང་ན། །གསེར་གི་ཅག་བྱེའུ་ལིང་ཁའ་ཐུཐན། འཕུརཅིང་དག་ཕན་
ཤིང་སྟེ། །

9 དགུང་བ་ལས་དག་ལྷ་གཤེགས་ཀྱང་། རྡོ་རྗེ་ཅགདེའུ་མྱིཆྒང་། །རྒྱ་ཐན་དག་ག་སྐར་ཚོགས་ཀྱང་། །གཡུང་
བྲུཏ་དག་ཚབམྱི་སྐམས། །དེང་གི་ཁྲི་གདུགས། །ཡོད་ཀྱིད་བྱིག་སདུགས། གསེར་ལེ་མཐོན་གོང།
གཡུ་ལེ་བྱུང་ཕངས། །བཙོད་ལེ་སྣར་གོང་། ར་མའོ་སྟོན་གོང་། །དུང་ལེ་དཀར་གོང་། སྤང་སྣར་གི་
མཐོན་གོང་ན། གསེརསྣོ་ཅག་

10 ཁང་ཕུག་སྟེ། །ཁང་ཁང་ཅག་རྔམསྟེ་བྲུག །བར་ཁངཅགཁྱི་མསདང་བདུན། །གསེར་སྣོ་ཅགཁྲིགས་
དང་བརྒྱད། །ཐ་རམཅག་སིལ་དང་དགུ། ཕྱུག་རྒྱུད་ག་བདེན་དང་བཅུ། །བདེནཅུ་དག་ཁྲིགསྤ་ལ་
ར་གན་དག་བདག་གཞན་སྟེ། །གཅིག་ཅམདག་སྒོ་མ་ཕྱེའ། གཅིག་ཅམ་དག་སྒོ་ཕྱེ་ན། །བཟང་དགུ་
དག་ཟ་ཐོག་དར། །བཀྲ་དགུ་དག་སྤག་དང་

11 གཟིགས། །འཛམ××××××××××××བུ་དག་ད་ཡི་དང་སྤྱང་། །གདའདགུ་དག་ཁྲི་དང་འཕྲས། །ཆེ་
དགུ་དག་རྗེདང་བློན། །རྙེ་དགུ་དགམདའ་དང་མདུང་། དེཅམ་དགདེའུ་ཏུ་བས། མ་བས་དག་སྣད་ན་
མཆིས། །བདག་ཆག་ནི་བོད་ཀྱི་འབངས། གར་འབབ་ནི་ཐོག་ཐོག་ཐོག་བཞིན། དཔའ་ཁྲུད་ནི་སྟག་
དང་འགྲན། བཟང་ཁྲུད་ཞེས་བཞིན། རི་སྐྱིད་ནི་བོད་ཀྱི་བུ

12 སེ་ལོང་ནི་ཧོར་××××××××××××ལ། བདལ་ཧེ་གཏངབར་ནི་གནམ་དགུང་ལས་ཀྱང་ཆད་དོ། །ས་དོག་
ལས་××××མྱི་གསུམགྱི་ཁ་ནས་ཀྱང་ཆད་དོ། །ར་གསུམ་གྱི་རྩེསན་ཡང་ཆད་དོ། །ནང་པོ་ཅག་ཕྱོ་གསུ་
ཐུགས་ཧག་ཏུ་བདེ་བར་སྨོན་ཏོ། སྐྱེས་ཆུང་ཤས་ཤིག་སུག་རྒྱས་བཏབ་སྟེ། །སུག་རྗེར་ཅོ་གཟི་སྤྱི་ལོད་
ལས་འབུལ་ཞིང་མཆིས་ན།

13 … ཐིལ་ན། །འཕྲུལ་ཀྱིས་ན་མཐོས་བཤན་ཆེ××གང་དུད××××××སྐྱིད་པའི་རྟགས། །བཀྲ་ཤིས་ནི་
འབྲུག་ལོ་ནས། །××ལོ་ནི་རྒྱུན་དུ་འབྱུང་། ཀྱེ་ལེགས་ཉེས་དབྱར་གྱི་ཡོན། །སྐྱེས་དགུ་རིམས་ཀྱིས་ཕྱིར་
ཞིང་རྒྱས་ལ་འཕེལ། །དགུན་གྱི་ཉལ་དགུ་ལངས་དཔྱིད་ན་བཏབ་དགུ་སྐྱེས།

14 རྣ་ཚོགས་རྣམ…སྐྱིའི་ལྷ་ལུང་དུའ་བཙན་པོ་མུཙུ་བརྟན་ལས། །ཁྲི་གཙུག་ལྡེ་བཙན་དུ་མཚན་གསོལ་
བ་××། །བན་དེ་ཡོན་ཏན་གྱིས། རོལ་མོ་སྒྲ་ཚོགས་བགྱིས་པ་། །རི་མཐོ་ས་གཙང་གདངས་རོ་དབྱུས། །
ཆུ་བོ་ཆླུང་ཅེན་འབབ་གྱི་མགོ། །བོད་ཁ་གཡའས། དྲུག་སའི་སྣང་། ལྷ་གནས་ཡུལ་དབྱིག་དཀྱིལ་འདི་

ན་། །ཕྱི་རྗེ་ལྷ་མཛད་གཙུག་སྤྱི་འ
15 ཀྱུརད། །དེ་ཕྱིར་སྤུ་རྒྱལ××××××ཁྲི་ཞིག། རྒྱལ་ཕན་ཡུལ་ཡུལ་ན། །མཁར་བྱ་རེ་རེ་དང་། མཆི་
སྐྱེ། །རྒྱལ་ཕྲན་བཀྱིད་པ་དང་། །རྒྱལ་ཕྲན་གྱི་བློན་པོ་རྨེའུ་དང་ལྡང་། བཞི་དང་། བྱུན་དེ་དང། ཁས་
ཞིན་གྱི་སུག་རྒྱ་དང། སུག་ཡིག་ཚད་ཀྱིས་བཏ་པ། །སྟག་གི་ལོ་འི་དགུན། །མའི་རྗེ་བོ་ཞིག་སྐྲ་ཤུར། །
བློན་པོ་ཤེའུ་དང་སྤུག་གཉིས་ཡུ
16 ལ་ངས་བོ་འོ་ཁྲ་སུམ། བློན་པོ་ཁྲུང་པོ་ར་སངས་རྗེ། སྟང་ལམ་ཐྲ་རྟེ་གཉིས་མྱང་རོའི་ཕྱིར་ཁར་ན་རྗེ་
ཚང་རྗེ་འོ་ཐོདཀར། །བློན་པོ་སུ་དུ་དང་གང་གཉིས། །ཡུལ་གནུབས་ཡུལ་གྱི་གླིང་དང་དགུན་། རྗེ་
གནུབས་རྗེའི་སྲིས་པ། །བློན་པོ་རྨེའུ་དང་ལྡང་། །སྟོན། རྗེ་སྨྱི་རྗེ་འི་རྫོང་པ། །བློན་པོ་ཤེའུ་དང་སྤུག་
གཉིས་ཡུལ་××
17 ཡུལ་ངས་པོ་ཁྲ་སུམ་ན་རྗེ་དགུ་ཁྲི་ཟིང་པོ་རྗེ་ཁྲི་པས་སུམ་ཡུལ། །འོལ་གྱི་ལྡེ་བཀང་ན། རྗེ་འོལ་རྗེ་
འི་ཟིང་བྲང་ཚ། །བློན་པོ་རྗེ་དང་དྭའས་གཉིས་། །ཡུལ་ཇེགས་ཡུལ་གྱི་གྲུ་བཞི་ན། རྗེ་ཇེགས་རྗེ་ལ་
བྲང། བློན་པོ་སས་པ་དང་མྱང། བློན་པོ་རྗེ་དང་དབའས་གཉིས། །ཡུལ་ཇེགས་ཡུལ་གྱི་གྲུ་བཞི་ན། །
རྗེ་ཇེགས་རྗེ་ལ་བྲང། བློན་པོ་སས་པ
18 དང་མྱང་གཉིས། ཡུལ་གླུམ་རོ་འི་ཡ་སུམ་ན། རྗེ་གུན་མ་པའི་བུག་སེང་ཧི། །བློན་པོ་མྱང་དང་སྦྲང་
གཉིས། ཡུལ་སྲིབས་སྣ་འི་འོ་ལ་མོ་གོང་××། རྗེ་དང་རྗེ་འི་ཚོ་རྫོལ་ནམ་། བློན་པོ་བཞུགས་ཙམན་
དང་བྲད། བློན་པོ་རྗེ་དང་དབའས་གཉིས། །ཡུལ་ཇེགས་ཡུལ་གྱི་གྲུ་བཞི་ན། །རྗེ་ཇེགས་རྗེ་
19 ལ་བྲང་། བློན་པོ་སས་པ་དང་མྱང་གཉིས། ཡུལ་གླུམ་རོ་འི་ཡ་སུམ་ན། རྗེ་གུ་ནམ་པའི་བུག་སེང་ཧི། །
བློན་པོ་མྱང་དང་སྦྲང་གཉིས། ཡུལ་སྲིབས་སྣ་འི་འོལ་མོ་གོང་ན། རྗེ་དང་རྗེའི་ཚོ་རྫོལ་ནམ། བློན་པོ་
བཞུགས་ཙམན་དང་དཔྲད་གཉིས། །ཀྱི་མ་མཐོང་ཙག་བ་ལྷ་འཚལ་བའོ། །ཕེ་གི་དག
20 ཕེ་གི་ན། ཇེ་རྗེ་ཙག་དེའུ་ཅིག་བཞུགས། །རྗོ་རྗེ་ཙད་དེའུ་དྲུང་ནའོ། །ཡུང་དྲུང་དཆབ་ཅིག་འབབ། །གཡུང་
དྲུང་ཙག་ཆབ་འགྲམ་ན། །མན་ཏོག་དག་ཏྲ་ཞིག་འཁྲུངས། །མེན་ཏོག་དག་ཏྲ་དྲུང་ན་། །གསེར་གཙག་
བྱེའུ་ཐྲཐན་ལྡིང་ཁའ་ཕུར་ཅིག་དག་ཕན་ཤིང་རྟེ། །དགུང་ལས་དག་ལྷ་གཤེགས་ཀྱུང། རྗོ་རྗེ་ཙག་དེའུ་
སྨྱི་ཉིད། རྒྱ་ཐན་
21 དགག་སྐར་ཆིགས་ཀྱུང། །གཡོང་དྲུང་དག་ཆབ་སྨྱི་སྐམས། །དེང་གི་ཁྲི་གདུགས། ཕོང་
ཀྱུདབྱིགདུགས། གསེར་ལེ་མཐོན་གོང་། །གཡུལེ་བང། ཕངས་བཙོད་ལེ་སྣར་གོང། །རམ་ལེ་སྔོན་གོང་།
དུང་ལེ་དཀར་གོང་། སྤང་སྣར་གི་མཐོན་གོང་ན། །གསེར་སྐོ་ཙག་ཁང་ཕུག་སྐྱེ། །ཁང་ཁང་ཙག་རིམ་

སྔེ་དྲུག ། བར་ཁང་ཅག་ཁྲིམས་དང་བདུན། །གསོར་སྒོ་ཅག་ཁྲིགས་དང་བརྒྱད།
22 ཐར་མ་ཅག་སིལ་དང་དགུ། ཕྱག་རྒྱ་དག་བདེན་དང་བཅུ། །བདེན་ཙུ་དག་ཁྲགས་ཕྱལ། ར་གན་ག་
བདེགག་ཞན་སྙེ། གཅིག་ཅམ་དག་སྒོ་མ་ཕྱེའ། བཀའ་རྟགས་ཡི་གེ་ཕྱག་རྒྱ་ཞིག་ལྷགནའ་རིངས་སམ་
ཀྱི་རིངས་པ་ལས་སྤྱོད་དུ་གཞུག་པ་དང་བསྐྱལ་བའི་ཐག་པོ་ཉ་ལ་སྟོགསྟེ། སླུངས་ལ་མཅིའོ་འཚལ་གྱི་
བཀའ་རྟགས་དང་། ཕྱག་རྒྱ་ཡི་གེ་ཞིག་ཤུལ་ན་ལྷག་ནའ་སྣད་ལོགས
23 གྱི་སླུར་ངཙང་པ་ལ་བཀའ་རྟགས་ལག་གམ་མ་ལག་བརྟག་སྟེ། སླུང་ཅང་སྣད་ལོགས་པོས་འདི་ནས་
མཆིས་པ་ན་བཀའ་རྟགས་མཅིས་མད་ཆེས་མཆོད་གྱིས་ཕྱེ་ན་འགོ་ན་ཅི་ལ་མཆི་བ་འི་ལོ་དྲུང་བརྟག་
སྟེ་མྱི་རིགས་པ་ཞིག་ནའ་སོད་དུ་ཚུགསྟེ་བཀའ་རྟགས་གཟོད་མགལས་ནོས་པར་བཀའ་རྟགས་གསོལ་
བ××ཤིག་དྲིསྟེ་རིངས་པ
24 ཞིག་དེ་། །པོ་ཉ་ལྟགས་བྱ་ཐོགས་ཐོགས་པ་ཞིག་ནའ་གར་བཀའ་སྤྲལདེ་མཆི་བར། སླུངས་གཅིག་ནས་
གཅིག་དུ་རྟགས་ཀྱི་སྙེ་མ་འཁྱིས་སླེབས་པར་སྐྱོལ་དེ་ཐོང་ཤིག །པོ་ཉ་ཕྱག་རྒྱ་ཐང་ལས་ཤོར་ཏམ་ཤོར་ད་
སླུག་དང་འགིགཀྱུཔས་གསོལ་བའི་ཐང་ལའོ། །པོ་ཉ་ཞིག་ཡན་མན་ནས་མཆིས་ཀྱང་རུང་། །

གསུམ་པ། དོན་ཆེན་གནད་བསྡུས་སྐོར།

Vol.69.fol.84 འཞའི་དོན་ཆེན་གནད་བསྡུས།

1 ×××། ཅོག་རོ་ཙུང་བཟང་འདམ་ཀོར×××
2 གོན་ཁ་གན་ལ་ཕྱག་×××སྟོན་མོ་ཆེད་པོ་གསོལ།
3 ×××ཕ་འབབས་དབུ་ལྷ་དང་། བྱ་དགའ་ཆེད་པོ།
4 ×××དང་། དབྱ་སྣ་ར་འི་སྐུ་བླ་ཆེད་པོ་ག×××
5 ×××དབྱར་རྨ་ཅབ་ཀྱི་སུ་ཧོ་ཀླེང་ན་ཚུད་དུ་བཏབ།
6 ×××ཤིངས་ཆེད་པོ་བགྱིས་ཏེ། རེ་དགས་རྐྱང་
7 ཁྲི་བ×××མ་ཀྱི་ཐོ་བྲང་དེའི་དགུན་
8 དེ་ནས་དེའི་×××གནམ་ཀྱི་སྲུས་མ་གོ་ཐོ་གོན་ཁ་གན་གྱི་
9 ×××ཉེན་×××བ་དུ་བཞེས××འ་ཞ་རྗེའི་དཔྱར་ལགིས་བཀབ་ནས།
10 ×དའི་××ཛེང་དུ་ཡར། །དེ་ནས་སྤྱིའུ་ལོའི་ལོ་སར་། །སྲ་བང××

11 ཐོ་ཡང་དེར་གསོལ། དེའི་དབྱར་ཡུ་བཙན་མོ་ཁྲི་བངས་ཀྱི་ཞམ××
12 སྟོང་སྟེ××་བཀལ་ནས། །ཕོ་བྲང་རྒྱ་ཅབ་གྱི་སྣང་ལུང་དུ་
13 དེའི་སྟོན་ཕོ་བྲང་ཙོ་གོ་སྨྱི་ཅལ་གྱི་གསང་ཅན་×××
14 ×××ན་མཁར་དུ་བཞུགསྟེ། །ཞང་རྒྱལ་ཙན་སུག་ལས་
15 ཞང་ལོན་འདི་གཉིས་སུག་ལས་རྫེས་ནས་རྟེས་ཆེད་པོ་བགྱིས།
16 ཐོ་ཡང་དེར་གསོལ། །དེའི་དབྱར་ཕོ་བྲང་སེ×××ཧོད་དུ་བཏབ
17 སྐུ་བླ་ཡང་དེར་གསོལ། །དེ་ནས་འཕྲུལ་གྱི་ལྷ་བཙན་པོའི་
18 དབའས་སྟེང་རེ་གནང་ཙུང་ལ་སྟོགས་པ་མཆལ་ཏེ། །འདུན་མ་
19 ×××བཏབ། གང་ཧོ××དང་རྟེས་ཆེད་པོ་×××
20 ལོ་སར་དང་། དབྱར་སླ་ར་བའི་སྐུ་བླ་ཆེད་པོ་གསོལ། །དེ་ནས་ཟླ་བ་
21 ×××རྒྱ་རྗེའི་སྲས་མོ་མུན་ཤེང་ཁོན་ཅོ་བཞེས་
22 ཞང་བཙན་ཧོ་×××དང་། འབྲོ་ཞང་ཁྲི་བཟང་ཁ་ཅེ་སྟང་དང་། ཅོག་རོ་
23 ×××དེ་ནས་བཙན་མོ་ཁྲི་བངས་དང་། སྲས་མ×××
24 གཤེགས་ནས། ×××ཀྱི་ཞམ་×××། །འ་ཞའི་ཞང་ལོན་×××
25 ×××། །མུག་ལྡེན་པའི་སྤོན་སྤོན་དང་། དཔོན་ཕང་×××
26 ×××དང་། ཕུའི་ཐོབ་པ་། །ཐབས་ཅག་གི་མཆིས་བྲང་ལ་སྟོགས་
27 མུན་ཤེང་ཁོན་ཅོ་དང་མཇལ་ནས་ཕན་ཚུན་ཕྱག་བགྱིས། །སྟོན
28 སྔ་མང་པོ་འབུལ། །དེ་ནས་མུན་ཤེང་ཁོན་ཅོ་××ཡུལ་དབུསུ
29 ཙུར་བཏབ། །དེ་ནས་ཕོ་བྲང་×××བཏབ་ནས། །དགུན
30 སླ་ར་བའི་སྐུ་བླ་ཆེད་པོ་ཡང་དེར་གསོལ། །དེའི་དབྱར་ཕོ་བྲང་×××
31 མདོ་བློན་ཆེད་པོ་འབྲོ་ཞང་བཙན་སྒྲ་ཡ་སྟོ་ལ་སྟོགས་པ། ཕྱག་འཚལ་
32 ཕ་འབབས་དང། །བྱ་དགའ་ཆེད་པོ་×××
33 དེའི་དགུན་འ་ཞའི་ཞང་ལོན་གྱི་གཙོ་། །ད་རེ་××××གུ། །××××
34 གཡུའི་ཡི་གེ་ནི་དེའི་སྤྱ་རོལ་དུ་ཐོབ། །མ་གི་བློན་པོ་ཞལ་ཆེ་པར×××
35 ××××དང་། དབྱར་སླ་ར་བའི་སྐུ་བླ་ཡང་དེར་གསོལ། །དེ་ནས་སྟོན་
36 དེ་ནས་དེའི་དགུན་ཡང་ཚ་ཤོད་དུ་བཞུགསྟེ་། །བཙན་མོ་ཁྲི་བངས་

37 ཞང་ཉེན་གྱི་××། དབའས་ཁྲི་བཟང་ཡོ་སྐྱེས་ལ་སྩལ་ཏེ་བརྫངས

38 གོན་ཁ་གན་གྱི་ཁབ་དུ། །མུག་ལྷན་ཥ་རོད་པར་གྱི་བུ་མོ། །མུག

39 ×××ནས། །མཆན་ཡང་ལྕེང་ཕབ་དིག་××བཏགས། །×××

40 དེ་ནས་སྤྲེའུ་གི་ལོ་ལ། ཕོ་བྲང་ཚ་ཤོད་དུ་བཏབ་ནས། །ཡོ×××དབྱར

41 ལན་ཏུ་སྐུརསྟེ། །སྐྱིན་ཅང་ཙང་སུ་ཁྲི་གཟུ་སྤུར་ཙུང་བསྐོས×××

42 དེའི་དབྱར་ཕོ་བྲ་ཚ་ཤོད་དུ་བཞུགསྟེ། །ལྩམ་ཁོན་ཅོ་གཉི་འོད་

43 ཆེད་པོ་གསོལ་ཏེ་། །རྫོངས་ཀྱང་ནོད་དུ་མཆས། །སླར་ཡང་ཡང་

44 ×××། ཛ་མོ་ཡང་ཛ་ཛི་དང་བཅས། ཧ་ཡང་ཧ་ཛི་དང་བཅས

45 དང་བཅས་ཏེ་བརྫངས×××དབའས་དཔོན་གཡོག་××

46 ×××ཕོ་བྲང་ཚ་ཤོད་དུ་བཞུགསྟེ། །དགུན་སླ་ར་བའི་སྐུ་བླ་ཆེད་པོ་ག

47 གོན་ཁ་གན་གྱི་ཁབ་དུ། །ཅོག་རོ་སྟོང་རེ་ཁོང་ཟུར་གི་བུ་མོ་ཅོག་རོ

48 དིག་ཞིང་དུ་བཏགས། །སྟོང་རེ་ཁོང་ཟུར་ཐབས་པར་ཏེ་དཏུལ་གྱི་ཡི

49 བཏབ་ནས། །སྟགི་ལོའི་ལོ་སར་དང་×××བའི་སྐུ་བླ་ཆེད་པོ་

50 རིང་ལུགས××། དབའས་སྟག་སྒྲ་ཁོང་ལོད་དང་། །ཅོག་རོ་×××

51 ཉང་ཉེན་×××དང་། །མུག་ལྷེན་××སྦྱིན་སྦྱིན་དང་། དཔེར

52 སྩལ་ཏོ་། །འ་ཞ་ཡུལ་དུ་མ×××་ནས། །འབངས་འ་ཞ་ཕྱོགས

53 ××འ་ཞ×××དེ་གཤེགས་ནས་། །ཤུལ་པོ

Pel.tib.1288 ལོ་རྒྱུས་དོན་ཆེན་གནད་བསྡུས།

1 ××××××། འཁྲུས་ནས། སྙིང་དྲུང:

2 ××××××་པ་མཐའ་དག:ཀྱང

3 ××××××

4 ×××××××ང:སློ་བ་རིངས་ནས། ཁོ་ནའི་བྲན་པ་ཅབ:གྱིམ་པོ:

5 ××××བཀྲོན་ཕབ་ནས:བཀུམོ། མཁར་སྤུར་བ:བཤིག་གོ།

6 ××××བཙན་པོ་ཁྲི:སྲོང་རྩན་གྱིས། ཤུལད:བྱང་ལམ:དུ་ཕྱུང:སྟེ། འ་ཞ་དང:རྒྱ་ལའ་

7 ××××དང་འ་ཞ་གཉིས་གྱི་དཔྱའ་གཙལཏོ།

8 ××××ནའ། བཙན་པོ་གཅེན་སྲོང་རྩན་བླ། གཙུང་བཙན་སྲོང་གཉིས་ནོལད་ནས། གཙུང་

9 ××××མཁའས་སྲིགས་འཕྲུསྟེ། མཉའད་གྱི་གཟིན་དུ། གཙུང་བཙན་སྲོང། ཞུགསུ

10 ×××ོ།

11 ××××བཙན་མོ་མུན་ཆང་ཀོང་ཅོ། མགར་སྟོང་རྩན་ཡུལ་ཟུང་གྱིས་སྤྱན་དྲང་སྟེ་བོད་ཡུལ

12 དུ་གཤེགསོ། བལ་པོ་ཡུ་སྣ་ཀུག་ཏི་བཀུམ། ན་རེ་བ་བ་རྒྱལ་པོར་བཆུག། གནག་ནད་ཆེན་པོ་བྱུང།། །

13 ༄། །དེ་ནས་ལོ་གསུམ་ན། བཙན་པོ་ཁྲི་སྲོང་རྩན་གྱི་རིང་ལའ། ཡིག་སླ་ཤུར་བཀླག་སྟེ་ཞང་ཞུང་ཐམས

14 ཅད་འབངསུ་བཀུག་སྟེ་མངའོ།

15 ༄། །དེ་ནས་ལོ་དྲུག་ནའ། བཙན་པོ་ཁྲི་སྲོང་རྩན་དགུང་དུ་གཤེགསོ། བཙན་མོ་མུན་ཅང་ཀོང་ཅོ་དང་

16 དགུང་ལོ་གསུམ་བཤོས་སོ

17 ༄།།ཁྱིའི་ལོ་ལ་བབ་སྟེ། བཙན་པོ་མྱེས་ཁྲི་སྲོང་རྩན་གྱི་སྤུར་ཕྱིང་བའི་རིང་ཁང་ནའ་རིང་མཁྱུད་ཆིང་

18 བཞུགསྟེ། བཙན་པོ་སྲོན་ཁྲི་མང་སློན་མང་རྩན་མེར་ཀེ་ན་བཞུགས་པར་ལོ་གཅིག།

19 ༄།།ཕགི་ལོ་ལ་བབ་སྟེ། བཙན་པོ་ཉེན་ཀར་ན་བཞུགས་ཤིང། ཕྱིང་བར། བཙན་པོ་མྱེས་ཁྲི་སྲོང་རྩན་གྱི་

20 མདའདབཏང་བར་ལོ་གཅིག།

21 ༄།།བྱི་བའི་ལོ་ལ་བབ་སྟེ། བཙན་པོ་ཉེན་ཀར་ན་བཞུགས་ཤིང། བློན་ཆེ་སྟོང་རྩན་གྱིས་གློ་བ་དང་
རྩང་རྒྱའ་

22 བཀུག་པར་ལོ་གཅིག།

23 ××ང་གྱི་ལོ་ལ་བབ་སྟེའ། བཙན་པོ་ཉེན་ཀར་ན་བཞུགས་ཤིང། བློན་ཆེ་སྟོང་རྩན་གྱིས། གཡུག་དུ་

24 གནག་ཡིངས་བཏབ། ད་རྒྱལ་མང་པོ་རྗེས་ཞིང་གྱི་ཕྱིང་རིལ་བགྱིས། ར་སང་རྗེའི་བློན་རིད་སྟག་རྒྱ་དང་

25 ཞིང་གྱི་ཚོང་ཆེན་སྤྱུརད། ཞང་ཞུང་ཡུལ་གྱི་མངན་དུ་སྤུག་གྱིམ་རྩན་རྨ་ཆུང་བཆུགམདོ་སྨད་ཀམ་ཁྲི་

26 བཟང་བྱི་འདའ་ཐོང་མྱིས་བཀུམ་སྟེ་ཤ་གཉརད་པར་ལོ་གཅིག །

27 ༄།།སྟག་ལོ་ལ་བབ་སྟེ། བཙན་པོ་མེར་ཁེ་ནའ་བཞུགས་ཤིང། བློན་ཆེ་སྟོང་རྩན་གྱིས། མོང་པུ་
སྲལ་འཛོང་དུའ་

28 བསྡུསྟེ། ཐོད་གཡུང་དབྱེ་ཞིང། མགོ་ཤམ་ཆེན་པོ་བགྱི་བའི་རྩིས་མགོ་བགྱི་བར་ལོ་གཅིག།

29 ༄།།ཡོས་བུའི་ལོ་ལ་བབ་སྟེའ། བཙན་པོ་མེར་ཁེ་ན་བཞུགས་ཤིང། བློན་ཆེ་སྟོང་རྩན་གྱིས། འགོར་
ཏིར། བཀའ།

30 གྲིམས:ཀྱི་ཡི་གེ:བྲིས་ཕར་ལོ་གཅིག།
31 ༄:།འབྲུག་ལོ་ལ་བབ་སྟེ། བཙན་པོ་མེར་ཀེ་བཞུགས་ཤིང། བློན་ཆེ:སྟོང་རྩན་གྱིས། གཙམ་གྱི་
ཡུལ:མར་དུའ་ཤ་
32 ལིངས:ཆེན་པོ་བཏབ་ཕར:ལོ་གཆིག།
33 ༄:།སྤྲེལ་གྱི་ལོ་ལ། བཙན་པོ་མེར་ཀེ་ན་བཞུགས་ཤིང། བློན་ཅེ་སྟོང་རྩན། དབྱར: ཐྱི་དྲུང་གྱི་གཡེ:
ཐལ:བ་ཞོ་ན་མཆིས་ཕར་
34 ལོ་གཅིག།
35 ༄:།རྟའི་ལོ་ལ། བཙན་པོ་མེར་ཀེ་ན་བཞུགས་ཤིང། བློན་ཆེ་སྟོང་རྩན་སྙིང་དྲུང་གྱི་སྣ་རིངས་ན་
མཆིས་པར:ལོ་ཆིག།
36 ༄:།ལུག་ལོ་ལ་བབ་སྟེ། བཙན་པོ་སྤྲགས་ཀྱི་ཤ་ར་ན:བཞུགས་ཤིང། བློན་ཆེ་སྟོང་རྩན་འ་ཞ་ཡུལ་ན་
མཆིསྟེ:
37 ད་རྒྱལ:མང་པོ་རྗེས། མཚོ་ནག་སྟོང་རུར། རྒྱ་སེའུ:དིན་པང་བླ། ནོལ:ཐབས་བགྱིསྟེ། ད་རྒྱལ་གུང་གུམ་ཞིང:
38 བརྒྱད:ཁྲི་སྟོང་ལ:རྟུགས་ཕར་ལོ་གཅིག།
39 ༄:།སྤྲེའུ་ལོ་ལ། བཙན་པོ་མལ་ཏོ་སྙེ་ཅེ་ན་བཞུགས། ཤིང:བློན་ཆེ་སྟོང་རྩན་འ་ཞ་ཡུལ་ན་མཆིས་ཕར་
ལོ་གཆིག
40 ༄:།བྱ་གག་ལོ་ལ། བཙན་པོ་མེར་ཀེ་ན་བཞུགས་ཤིང། བློན་ཆེ་སྟོང་རྩན:འ་ཞ་ཡུལ་ན་མཆིས་ཕར:ལོ་
གཆིག།
41 ༄:།ཁྱིའི་ལོ་ལ། བཙན་པོ:ཊོང་གཡུག་དུ:འགོརད:མཛད་ཆེང། བློན་ཆེ:སྟོང་རྩན་གྱིས། དུ་གུལ:
དུ:ཞང་ཞུང་གྱི་
42 མཁོས:བགྱིས:ཕར:ལོ:གཆིག།
43 ༄:།ཕག་ལོ་ལ། བཙན་པོ:སྣམ་སྟོང་ན་བཞུགས་ཤིང། བློན་ཆེ་སྟོང་རྩན་འ་ཞ་ཡུལ་ན་མཆིས་ཕར་ལོ་ཆིག།
44 ༄:།བྱི་བའི་ལོ་ལ། བཙན་པོ:བྲང་རོལདུ་གཤེགས་ཤིང། བློན་ཆེ་སྟོང་རྩན་འ་ཞ་ཡུལ་ན་མཆིས་པར:
ལོ་ཆིག།
45 ༄:།གླང་གྱི་ལོ་ལ། བཙན་པོ་ཟྲིད་ཀྱི་ལྷུ་ནག་ན་བཞུགས་ཤིང། བློན་ཆེ་སྟོང་རྩན་འ་ཞ་ཡུལ་ན་མཆིས་
པར་ལོ་ཆིག།
46 ༄:།སྟག་ལོ་ལ་བབ་སྟེ། བཙན་པོ་ཟྲིད་ཀྱི་ལྷུ་ནག་སླད་མ་ན་བཞུགས་ཤིང། བློན་ཆེ་སྟོང་རྩན:འ་ཞ

ཡུལ་ནས་སླར

47 འཕོརད་ཏེ། ཐྲིད་མདའར་ཐོང་མྱིག་ཕྱུང་བར་ལོ་གཅིག།

48 ༄:།ཡོས་བུའི་ལོ་ལ། བཙན་པོ་འོར་མང་དུ་གཤེགསྟེ། བློན་ཆེ་སྟོང་རྩན་རིས་ཕྱུར་གུམ་བར་ལོ་གཅིག།

49 ༄:།འབྲུགི་ལོ་ལ། བཙན་པོ་སྤྲགས་ཀྱི་ཤ་ར་ན་བཞུགས་ཅིང་། ཇེ་མ་ཁོལ་དུ་དགྲ་བཞེར་བརྩིགས་པར་
ལོ་ཆིག།

50 ༄:།སྦྲུལ་གྱི་ལོ་ལ། བཙན་པོ་ཐྲིད་ཀྱི་ལྷུ་ནག་ན་བཞུགས་ཤིང་། འ་ཞ་མྱི་པོ་ཕྱག་འཙལཏེ་གཏེའུ་བསྟུས་
པར་ལོ་ཆིག།

51 ༄:།རྟའི་ལོ་ལ། བཙན་པོ་འོ་དང་ན་བཞུགས་ཤིང་། ཇེ་མ་ཁོལ་དུ་རྒྱ་མང་པོ་བདུངས་པར་ལོ་གཅིག།

52 ༄:།ལུགི་ལོ་ལ་བབ་སྟེ་བཙན་པོ་དབྱརད་ལྷམ་ཀྱི་ར་སྟོན་ན་བཞུགསྟེ། དགུན་ཉ་མངས་ཚལ་དུ་གཤེགས

53 ཤིང་། བཙན་མོ་སྣ་མོ་སྣངས་སྣ་ཤུར་སྤྱངས་ཏེ་རྒྱུག་ལ་བག་མར་གཤེགས་པར་ལོ་གཅིག

Or.8212-0187 ལོ་རྒྱུས་དོན་ཆེན་གནད་བསྡུས།

1 བསྟུན་ཏེ་། བོད་ཡུལ་གྱི་ཕ་ལོས་ཀྱི་མགོ་མཛད། དགུན་པོ་བྲང་བྲག་མར་ན་བཞུགསྟེ་། དགུན་འདུན་བློན་
ཅེ་ཙུང་བཟང་གྱིས་རྣམ་

2 སུ་བསྟུན་ཏེ་། ཕ་ལོས་བཀྱིས་པར་ལོ་ཅིག། སྦྲུའི་ལོ་ལ་བབ་སྟེ། བཙན་ཕོ་ཕོ་བྲང་། མཚར་དུ་བཏབ་སྟེ།
ཕྱང་རོ་ལྷུ་གཤེགས་

3 དགུན་འདུན་སྐྱི་ཤོ་མ་རས། བློན་ཅེ་ཙུང་བཟང་དང་། འབལ་ལྡོང་ཙབ་གཉིས་ཀྱིས་བསྟུན་ཏེ་། ཏུ་བཞི་
མཁོས་བཀྱིས་པར་ལོ་ཆིག་

4 ཕྱ་གགི་ལོ་ལ་བབ་སྟེ། བཙན་པོ་ཕོ་བྲང་། ཡར་འབྲོགི་ཡི་དང་ན་བཞུགས། རྒྱའི་དམག་དཔོན་འབའ་
ཙང་གུན། ཀོག་ཡུལ་གྱི་རྒྱའི་

5 ཁྱིམ་པོ་དྲངསྟེ་། དཔོན་འ་ཞ་རྗེ་དང་བློན་མང་པོ་རྗེ་གཉིས་ཀྱིས་མཁར་ཇིད་པར་ལ་བཀླྀ་ཏེ་། རྒྱའི་རམ་
འདའ་ཇོད་པར་དུ། ××××

6 གོན་མཁར་ཕོ་ཅེར་དྲངསྟེ་། རྒྱ་ཕལ་ཅེར་བཀུམ། དགུན་བཙན་པོ་བྲག་མར་ན་བཞུགས་པར་ལོ་གཅིག།
ཁྱི་ལོ་ལ་བབ་སྟེ། དབྱར་

7 བཙན་པོ་ན་མར་ན་བཞུགསྟེ་། གསེར་ཁུང་དུ་རོལ་དུ་གཤེགས། དགུན་ཕོ་བྲང་བྲག་མར་ན་བཞུགས།

མདུན་མ་སྐྱི་བྱ་སྣིང་ཙལ་དུ་
8 སྔོན་ཅེ་ཙུང་བཟང་དང། འབལ་ལྫོང་ཙབ་དང་ལང་མྱེས་ཟིགས་གསུཾ་གྱིས་བསྡུསྟེ། ཊ་བཞི་འབྲོག་སོག་
མཁོས་བགྱིས། དགུ་
9 ཁོལ་གྱི་ཁྲལ་ཕབ་ཕ་བསྡུསྟེ། སྔོན་སྐྱེས་བཟང་སྟག་སྣང་ལ་ཏང་བཏབ་པར་ལོ་གཅིག། ཕགི་ལོ་ལ་བབ་
སྟེ། དབྱར་བཙན་པོ་
10 ཏ་མར་ན་བཞུགས། སོག་ཡུལ་དུ་རྒྱའི་ཕྱིམ་པོ་བྱུང་སྟེ། བྲུ་ཤ་དང་སོག་སྟོརད། དགུན་བཙན་པོ་བྲག་
མར་ན་བཞུགསྟེ། དགུན་འདུན་དྲའི་རྩེ་གྲོར་སྔོན་ཅེ་ཙུང་
11 བཟང་དང། འབལ་ལྫོང་ཙབ་དང་སྔོན་མང་པོ་རྗེ་དང། ཞང་འབྲིང་རྩན་ལས་སྩོགས་པས་བསྡུསྟེ།
འབྲོག་སོགི་རྩིས་གྱི་××××་བཙདེ། ཞིང་གྱི་རེག་××××××
12 ཡབ་གྱི་ཁོར་ཕ་དག་དམག་མྱིས་ཕབ། སྟོང་སར་སྟོང་སྡེ་གསུམ་གྱི་སྟོང་དཔོན་བསྐོས། ལང་འབལ་གྱི་
བྲན་སྤྱུགསྟེ།
13 མཧོང་སོང་དུ་བཏོན། སྔོན་ཁྲི་བཟང་དང། ཞང་སྟོང་རྩན་གཉིས་གྱིས། མཁར་ཏེའུ་ཙུ་ཕབ། རྨ་གྲོམ་
ཕྱིར་བཙུགསྟེ། ཞང་མདོ་
14 བཞེར་རྨ་གྲོམ་གྱི་དམག་དཔོན་དུ་བཀའ་སྩལད། མདོ་སྨད་གྱི་དབྱར་འདུན་དབུ་ལེ་ལམ་ནག་
དུ། སྔོན་ཁྲི་སྒྲ་དང། མང་རྩན་
15 འཕན་གང་དང། སྔོན་མདོ་བཞེར་ལས་སྩོགས་པས་བསྡུསྟེ། ཏེའུ་ཙུར་དྲ་མ་དྲངསྟེ། དགུན་འདུན་
ཞང་རྒྱལ་ཟིགས་གྱིས།
16 རག་ཏགི་ཀོག་དུ་བསྡུསྟེ། ལང་འབལ་བཀྱོན་པབ་པའི་ནོར་བརྩིས་པར་ལོ་ཅིག།། སྦྲེའུ་ལོ་ལ་བབ་
སྟེ། དབྱར་བཙན་པོ་
17 ཟུང་ཀར་ན་བཞུགས། བཙན་པོ་མཙན་ཁྲི་སྲོང་ལྡེ་བརྩན་དུ་བོནད། ཙབ་སྲིད་ཕྱག་དུ་བཞེས།
འབངས་མཏའ་བཞི་ལ་
18 བཀའ་ཤོ་ཅེན་པོ་ཕྱུང། དབྱར་འདུན་སླགི་བུ་ཙུང་དུ་སྔོན་སྐྱེས་བཟང་རྒྱལ་ཀོང་གྱིས་བསྡུསྟེ། ལང་
འབལ་གྱི་ནོར་གྱི་××××
19 བརྩིས། དགུན་བཙན་པོ་ཟུང་ཀར་ན་བཞུགས། དགུན་འདུན་སྐྱི་ཕྱི་ཙལ་དུ། སྐྱེས་བཟང་རྒྱལ་ཀོང་
དང། རྒྱལ་ཏ་ཁྲི་སོང་ཉེས་
20 གྱིས་བསྡུསྟེ། བན་འཇག་ནག་པོ་དང་སོག་དང། ཤིག་ནིག་ལས་སྩོགསྟེ། སྟོད་ཕྱོགས་གྱི་པོ་ཉ་ཕྱག་

འཚལད། ཕོ་ཉའི་

21 ལན་དུ་པ་གོར་ན་འདོད་དང་། ཅེ་སྣང་རྩན་གཉིས་བཀའ་སྩལད། བློན་ཁྲི་བཟང་དང་ཞང་སྟོང་རྩན་དང་། ཀག་ལ་བོང་གསུཾ་

22 གྱི་དམགིས་། སེ་ཐུ་ཕབ། །ཅོ་ཅི་མན་ཅད་འབངསུ་བཀུག། མདོ་སྨད་ཀྱི་དབྱར་འདུན་ཡོལ་དུ་བློན་ཁྲི་བཟང་གྱིས།

23 བསྡུསྟེ་། གསར་བུ་པལ་ཕོ་ཅེ་མཆིས། དགུན་འདུན་ཡོལ་དུ་བློན་སྣང་བཞེར་གྱིས། བསྡུས། པར་ལོ་ཅིག།

24 ××××དབྱར་བཙན་པོའི་ཕོ་བྲང་བ་བམས་ཀྱི་གཡག་རུ་གོང་ན་བཞུགསྟེ་རྒྱའི་པོ་ཉ་ཕྱག་འཚལྡེ་དབྱར་འདུན་

25 སྟོད་ཀྱི་མོང་དུ་བློན་ཆེན་པོ་སྣང་བཞེར་དང་ཞང་རྒྱལ་ཟིགས་གཉིས་ཀྱིས་བསྡུས་ཏེ་བློན་སྐྱེས་བཟང་རྒྱལ་གོང་བློན་ཆེའི་

26 འོག་དཔོན་འཚལ་འཚལ་བ་ལས་གུཾ། མདོ་སྨད་ཀྱི་དབྱར་འདུན་རེ་ཀྲས་འཇོང་དུ་ཞང་སྟོང་རྩན་དང་བློན་མང་རྩན་

27 འཕན་གང་གྱིས་བསྡུས་དགུན་བཙན་པོའི་པོ་བྲང་སྟོད་ཀྱི་ལྟང་བུ་ན་བཞུགས་མདོ་སྨད་ཀྱི་དགུན་འདུན་བློན་མང་རྩན་

28 དང་བློན་མདོ་བཞེར་གཉིས་ཀྱིས་གཙོ་ནམ་ཡོར་དུ་བསྡུསྟེ་བློན་ཆེན་པོ་སྣང་བཞེར་ལས་སྩོགས་པས་རྒྱའི་མཁར་ཙོང་ཀ།

29 ཆེན་པོ་དང་སེག་ཤིང་ཀུན་གཉིས་ཕབ་པར་ལོ་ཅིག་××××དབྱར་བཙན་པོ་ཁྲི་སྲོང་ལྡེ་བརྩན་གྱི་

30 ཕོ་བྲང་ཟུ་སྤུག་ན་བཞུགསྟེ་བློན་ཆེ་སྣང་བཞེར་བོད་ཡུལ་དུ་སླར་མཆིས་མདོ་སྨད་ཀྱི་དབྱར་འདུན་ཞང་སྟོང་

31 རྩན་གྱིས་དབུ་ཤིང་ཉག་དུ་བསྡུསྟེ་ཡུལ་ཡུལ་དུ་ཆད་ཀ་བགྲངས། དགུན་བཙན་པོའི་ཕོ་བྲང་བྱར་གྱི་ལྟང་བུ་ན་

32 བཞུགསྟེ་མདོ་སྨད་ཀྱི་དགུན་འདུན་གཙོ་ནམ་ཡོར་དུ་བསྡུསྟེ་ཆད་ཀའི་རྩིས་བགྱིས་བློན་ཁྲི་བཟང་དང་སྐྱེས་བཟང་

33 སྟག་སྣང་ལས་སྩོགས་པས་ཁར་ཙན་ལེང་ཐུ་ཙོགསུ་དྲ་མ་དྲངས་པར་ལོ་ཅིག།

34 དབྱར་བཙན་པོའི་ཕོ་བྲང་སྟོད་ཀྱི་མཁོ་ན་བཞུགསྟེ་མདོ་སྨད་ཀྱི་དབྱར་འདུན་བློན་ཁྲི་སྦྲ་དང་བློན་

མདོ་བཞེར་གྱིས་
35 དབུ་ཞེར་བསྡུས་ཏེ་སུམ་ཏྭ་པལ་པོ་ཆེ་ཡིག་གཙང་སྐྱལ་བློན་ཁྲི་བཟང་དང་ཞང་སྟོང་རྩན་གཉིས་འ་ཞ་
ཡུལ་དུ་
36 མཆིས་དགུན་བཙན་པོ་ཕོ་བྲང་ཉེན་ཀར་ན་བཞུགས་དགུན་འདུན་བློན་སྐྱེས་བཟང་སྟག་སྣང་གྱིས་
སློར་བསྡུས་
37 མདོ་སྨད་ཀྱི་དགུན་འདུན་རག་ཏགི་རྩ་རོང་དུ་བློན་ཁྲི་སྒྲས་བསྡུས་ཏེ་བློན་ཁྲི་བཟང་དང་ཞང་སྟོང་
རྩན་དང་ཞང
38 བཙན་བ་གསུམ་གྱིས་ཙོང་ཀ་ཚུ་ཏུ་ཕབ་པར་ལོ་ཅིག། ××××དབྱར་བཙན་པོའི་ཕོ་བྲང་སྦྲུད།
39 སྲོམ་དུ་བཏབ་བཙན་པོའི་སྲས་བལྷམ་དབྱར་འདུན་ནེ་ཙོ་ལུང་དུ་བློན་ཆེན་པོ་སྣང་བཞེར་གྱིས་
40 བསྡུས་ཏེ་སྟོད་ཕྱོགས་པ་ཤ་ཕྱག་འཚལ། མདོ་སྨད་ཀྱི་དབྱར་འདུན་བློན་ཁྲི་སྒྲང་དང་བློན་སྣང་བཞེར་
རྩང་
41 ཁོང་གྱིས་རེ་ལུང་བཟངསུ་བསྡུས། ××དབྱར་བཙན་པོ་ཕོ་བྲང་ཟུ་སྤུགི། ཕོ་བྲང་སྦེངསྔ་××××××
42 དབྱར་འདུན་མལ་ཏྲོའི། བཟེན་ཐང་དུ་འདུས། །མདོ་སྨད་ཀྱི། དབྱར་འདུན་ཉས་ཀྱི་ཞོ་ཐང་དུ་འདུས། །
དགུན་ཕོ་བྲང།
43 བྱར་གྱི་ལྷང་བུ་ན་བཞུགས། །དགུན་འདུན་སྐྱི་བུར་དུ་འདུས། །མདོ་སྨད་ཀྱི་དགུན་འདུན་གཙེ་ནམ་
ཡོར་དུ་འདུས།
44 ཏེ་བློན་སྐྱེས་བཟང་ལས་སྩོགས་པས། ཁར་ཙན་བ་མགོ་དང་ཀེའུ་ཤན་གཉིས་ཕབ། །ཞང་སྟོང་རྩན་
45 གྱིས་ཟོང་ཙུ་དང། ཟངས་ཀར་གཉིས་ཕབ་པར་ལོ་གཅིག། །××××ཕོ་བྲང་དབྱར་ས་བྱར་ན་××××།
46 དབྱར་འདུན་སླུགི་བུ་ཙུང་འདུ་འདུས། །རྒྱའི་ཕོ་ཉ་××འདོ་ཤི་ལས་སྩོགས་པ། ཕྱག་འཚལད། །མདོ་
སྨད་ཀྱི།
47 དབྱར་འདུན། དབུ་ལེའི་ལྕ་རི་མོར་འདུས། །དགུན་ཕོ་བྲང་བྱར་གྱི་ལྷང་བུ་ན་བཞུགས། །དགུན་འདུན་
སྐྱི་བུར་དུ།
48 འདུས། །མདོ་སྨད་ཀྱི་དགུན་འདུན། གཙེར་བློན་ཁྲི་སྒྲ་སྟག་ཚབ་གྱིས། བསྡུས། རྒྱའི་དཔྱ་དར།
49 ལས་སྩོགས་པ། ××ཕྱོགསུ། སྟོང་དཔོན་ཡན་ཅད་བྱ་སྐར་སྐྱལད། །དགུན་སྨད་རྒྱ་རྗེ་ནོངས་ནས། །རྒྱ་
50 རྗེ་གསར་དུ་བཙུག་པ། །དབྱའ་དར་དང་ས་རིས་ལས་སྩོགས་པ་འབུལ་དུ་མ་ཏྭང་ནས། །ཆབ་སྲིད་
ཞིག་ནས་

51 ཞང་རྒྱལ་ཟིགས་དང་ཞང་སྟོང་རྩན་ལས་སྩོགས་པས། །བྲུམ་ལིང་ལྷུག་ཟམ་རྐལ་ཏེ། །དྲ་ཅེན་དྲང་སྟེ།

52 འབུ་ཤིང་ཀུན་དང་ཟིན་ཅུ་དང་ག་ཅུ་ལས་སྩོགས་པ། རྒྱའི་མཁར་མང་པོ་ཕབ་སྟེ། ཞང་རྒྱལ་ཟིགས་

53 སླར་བོད་ཡུལ། དུ། མཆིས་ཏེ། ཞང་རྒྱལ་ཟིགས། །དང། བློན་སྟག་སྒྲ་དང་ཞང་སྟོང་རྩན་དང་ཞང།

54 བཙན་བ་ལས་སྩོགས་པས། ཀེང་ཤིར་དྲ་མ་དྲང་སྟེ་ཀེ་ཤི་ཕབ། །རྒྱ་རྗེ་བྲོས། །ནས། རྒྱ་རྗེ་གསར་དུ་

བཙུག།

55 ནས། དྲ་མ། སླར་ལོག་ནས། །ཞང་རྒྱལ་ཟིག་བོད་ཡུལ་དུ་མོལ་ཅེན་ལ། མཆིས། པར་ལོ་གཆིག།

56 ××××ཕོ་བྲང་བྱར་གྱི་ལྷུང་བུ་ན་བཞུགས། །དབྱར་འདུན་སྐྱིགི་བུ་ཚུང་དུ་འདུས། །མདོ་

57 སྨད་གྱི་དབྱར་འདུན་བློན་ཁྲི་སྒྲ་སྟག་ཚབ་གྱིས། སྣ་ཤོད་ཀྱི་སྡིག་དུ་བསྡུས། །བོད་ཡུལ་དུ་མོལ་ཅེན།

58 མོལ་ཅེན་མཛད་༎ །ཞང་ལོན་ཆེན་པོ་སྤྱི་བླིག་མཛད་། །བློན་ཆེ་

59 སྣང་བཞེར་ཀེ་ཀེ་ཏུའི་ཡི་གེ་སྨྲལ་ཏེ་། བློན་ཆེར་བཙུག། ཞང་རྒྱལ་ཟིགས་ཆེན་པོ གཡུའི་ཡི་གེ་

60 ××སྨྲལ་ཏེ་། མགར་འཛོ། ཐུན་གྱི་ཐང་དུ་ཆོག་ཤེསུ་བསྟོད། །བློན་ཁྲི་བཟང་བློན་ཅེར་བཙུག། །

61 སྟོང་རྩན་གཡུའི་ཡི་གེ་སྨྲལ་ཏེ། སོ་མཐ་བའི་དམག་པོན་དུ་བཀའ་སྩལད། །པར་ལོ་གཅིག། །

62 ༄། །ཕོ་བྲང་བྱར་གྱི་ལྷུང་བུན་བཞུགས། །དབྱར་འདུན་སྐྱིགི་བུ་ཚུང་དུ་འདུས་མདོ་

63 སྨད་གྱི་དབྱར་འདུན་བློན་ཁྲི་སྒྲ་སྟགཙབ་གྱི་སྣ་ཤོད་ཀྱི་སྡིགས་དུས་བསྡུས་བོད་ཡུལ་

64 དུ་མོལ་ཅེན་མོལ་ཅེན་མཛད་ཞང་ལོན་ཆེན་པོ་སྤྱི་བླིག་མཛད་བློན་ཆེ་སྣང་བཞེར་

65 ཀེ་ཀེ་ཏུའི་ཡིགེ་སྤྲལ་དེ་བློན་ཆེར་བཙུག་ཞང་རྒྱས་ཟིགས་ཆེན་པོ་འི་ཡིགེ་

66 སྩལ་དེ་མགར་འཛི་ཐུན་ཐང་དུ་ཆོག་ཤེསུ་སྟོད་བློན་རྒྱལ་བཟང་བློན་ཆེར་བཙུག་

67 སྟོང་རྩན་གཡུའི་ཡིགེ་སྨྲལ་ཏེ་སོ་མཐ་བའི་དམག་པོན་དུས་བཀའ་སྩལད་པར་ལོ་

68 གཅིག་བཙན་པོ་ཁྲི་བཙུག་ལེགས་བཙན་གྱི་བཀའ་སློས་དེ་མཆིས་པ་

69 ཁོང་ཀྱིས་རེ་ལུང་བཟང་སུ་བསྡུས་དབྱར་བཙན་ཕོ་ཕོ་བྲང་ཟུ་སྤོས་གྱིས་

70 ཕོ་བྲང་སྙིང་སྒ་བཞུགས་དབྱར་འདུན་མར་རྫོའི་བརྗེན་དུས་འདུས་མཆིས་དང་

71 མདོ་སྨད་གྱི་དབྱར་འདུན་ཤས་ཀྱི་ཤོ་ཐང་དུ་འདུན་དགུན་ཕོ་བྲང་བྱར་གྱིས་ལྷུང་བུ་

72 ན་བཞུགས་དགུན་འདུས་སྐྱི་བུར་དུ་འདུས་མདོ་སྨད་གྱིས་དགུན་འདུན་གཙོ་ནམ་

73 ཡོར་དུས་འདུས་དེ་བློན་སྐྱི་བཟང་ལས་ལ་སྩོགས་པ་ཁར་ཙན་བ་མགོ་དང་ཀེཙུ་ཤེན་

74 གཉིས་ཕབ་ཞང་སྟོང་སྩན་གྱིས་ཟོང་ཅུ་དང་ཟངས་ཀར་གཉིས་ཕབ་པ་ལོ་གཅག་

75 ཕོ་བྲང་དཔྱར་སྤྲར་ན་བཞུགས་དབྱར་འདུས་སྐྱ་གི་བུ་ཚུང་འདུ་འདུས་རྒྱ་འི་ཕོ་ཉང་

76 ཡང་འདོ་ཞི་ལས་སྒྱགས་པ་ཕྱུགས་འཚལ་མདོ་སྨད་ཀྱིས་དཕྱར་འདུས་

77 དབུ་ལེའི་ལྷ་རིས་མོར་འདུས་དགུན་ཕོ་བྲང་བྱར་ཀྱིས་ལྔང་བུ་ན་བཞུགས་

78 དགུན་འདུན་སྐྱི་བུར་ཉ་འདུས་མདོ་སྨད་ཀྱིས་དགུན་འདུན་གཙོར་ཁྲི་སྒྲ་དང་

79 གི་སྟག་ཅེབ་ཀྱིས་བསྡུས་རྒྱའི་དཔྱ་དར་སོ་ཕྱོགས་སུ་སྟོང་དཔོན་

80 ཡན་ཅད་བྱ་སྐར་སྒྱལད་དགུན་སྨད་རྒྱ་རྗེ་ཉོས་ནས་རྒྱ་རྗེ་གསར་དུས་

81 བཙུག་པ་དབྱར་དང་དངས་རིས་ལས་ལས་སྟོགས་པས་བུམ་རིང་ལྷུག་ཟམས་

82 རྒྱལ་དེ་དྲ་ཅེན་དྲང་ཏེ་ལསྟོགས་པ་བུམ་ལིང་ལྷུག་ཟམ་ཏལ་ཏེ་དྲ་ཅེན་དྲང་

83 སྟེ་ཞང་རྒྱལ་ཟིགས་དང་ཞང་སྟོང་སྒྱན་ལས་སྟོགས་པ་བུམ་རིང་ལྷུག་ཟམ་

84 ཏལ་དེ་དྲ་ཅེན་དྲང་སྟེ་འབུ་ཤིང་ཀུན་དང་ཟེན་ཙུང་ལས་སྟོགས་པ་རྒྱའི་མཁར་

85 མང་པོ་ཕབདེ་ཞང་རྒྱལ་ཟིགས་སླར་བོད་ཡུལ་དུས་མཆིས་སྟེ་ཞང་

86 རྒྱལ་ཟིགས་དང་བློན་སྟག་སྒྲ་ཞང་སྟོང་སྒྱན་དང་ཞང་བཙན་བ་ལས་སྟོགས

87 ༄༅། །ཁ། བཙན་ཕོ་བྲང་ནས་ཡམ་ཙུ་དང་སྟག་ཙུང་བཟང་ཀྱིས་ཀྱ་ཙུ་ཁར་ནང་དུ་

88 མཆིས་པའི་དུ་སུ་ཁར་ནང་ནས་རྒྱཔོ་ཀོ་ཧེ་མཆིས་པའི་ཀམ་ཙུ་མཇལ་དེ་

89 རྨས་པ་མཆིད་ནས་བོད་ཀྱིས་དྲན་མ་དྲང་དེ་མཆིས་པ་དང་བྱར་ནས་

90 བྲོ་ཡེ་ཀན་ལས་གཏོག་དེ་ཕྱིན་ཅད་བདེན་དུས་གཟུང་ཡང་སྨྱི་ཊུང་པ་བོད་

91 ཀྱང་ཁྲལ་ཡང་སྨྱི་ཧྲ་ད་ཕྱིན་ཅད་ནས་ཟཀྱི་ཁྲིམ་དང་ཡང་འཕྱོར་སྟེ།

92 བཙན་ཕོ་ཕོ་བྲང་ལྷ་སྐལ་ནས་བཞུགས་སྟེ་ཧླ་ན་བཀའ་ནན་ཕྱུར་དྲགས་སྟེ་མཆི་

ལོ་རྒྱུས་ཡིག་ཆ་འགྱུར་མའི་སྐོར།

Pel.tib.0986 ཞང་ཤུ་བམ་པོ་དྲུག་པ།

1 ××××××××××××××××××××××××××××སྟེ་ལེའུ་གཉིས་པའོ། །ལོ་བཅུ་གསུམ་ལོན་བའི་དཔྱིད་

2 ××××××××××××××××××××××××××ལ་ལག་ཅུའི་བྱང་ཕྱོགས་ཀྱི་ཚུ་འགྲམ་དུ་བསྐོགས་ནས། །

3 ×××××××××××××××××××××××××××××××འདུས་པའི་རྣམས། །བདག་གིས་བསྒོ་བའི་ཚིག་

4 ××××××××××××××××××××ནི། །ཞིགས་པ་མི་ གྲུབ་ཀྱིས་དོགས་ཏེ། རྒྱུན་དུ་ལིགས་པ་ཤེ་དག་

5 ××××××××××××××××××××××××××་མ་པ་དང་རྟག་ཏུ་མི་འབྲལ་བའི་དཔེར་ནི། །ལིགས་
པ་སྤྱོད་པ་དང་

6 ×××××××××××××××××××××××××××××××་དོ། །ཨིན་གྱི་རྒྱལ་པོ་ཅིའུ་ཡང་། ཆོས་
ལུགས་ལས་འགལ་བ།

7 ×××××××××××××××××××××××××××××××་སྨི་རྒན་××××××དྲང་དཀན་ཅན་ནི་བསྲིངས། །
ཉེས་བྱེད་པ་

8 ×××××××××××××××××××××××××××××་བྱེད་ན། །མི་རིགས་པའི་དྲག་ཤུལ་ལ་འདོད་རྒྱལ་ཤེ་
དག་ཏུ་སྤྱོད་

9 ××ཅིང་བྱེད་པས་ཉེ་ཉེ་བཤེས་བཤེས་འདུ་སྟེ་དགུང་བཅས་ནས་དུ་ནང་འཐབ་སྟེ་གཅིག་གིས་གཅིག་
གསོད་པས། འབྲུངས་མ་ཉེས་སྣམས་ལས་བཅད་པ་ན་རེ། །རྒྱལ་པོ་

10 ××××××××××××××××××××××××་པར་××××××ཀྱང་གསལ་བར་གཟིགས་ཤིང་གསན་ཏོ། །
ཡོང་གནམ་ནི་མི་མང་པོ་

11 ××××××། །མིའི་བདག་དུ་བསྐོས་པ་ནི། གནམ་གྱི་ཆོས་གུས་པར་བསྲུང་བ་ཡིན་ན། །རྒྱལ་པོ་
ཁེར་གྱིས་གནམ་གྱི་ཆོས་ལྷར་

12 ། །××××××་ནད་ཅིང་གདུགས་བུ་དང་འདྲ་བར་ཕབ་པས། །ཁེར་གྱི་སྲིད་བརླག་པར། གནམ་གྱིས་
ཅིའུ་ལ་བཀྲ་སྐྱལད་པ་

13 ××××ཅེས་སོ། །ཁེར་ཆོས་ལུགས་ལས་འགལ་བར་སྤྱོད་པ་ནི། །རྒྱལ་པོ་ཅིའུ་བས་ཀྱང་ལྷག་སྟེ། །ལིགས་
པ་སྤྱོད་ཅིང་ཚུལ་འཛིན་པའི་

14 ××××་སྟེ་ནོར་རྫས་ཕྱོག་གི་བསྟན་པ་ལས་གཙོད། །ཁུ་དབོན་ལསྐོགས་པ་སྙིང་ཉེ་ཞིང་དྲང་དཀན་

ཆན་ནི་སློག་ལ་

15 ××××་གནམ་དང་སྲུ་བླ་དང། ཞལ་བུ་ལསྟོགས་པ་མ་×××××མང་གནོད་པ་ཅི་ཡོད་། །ཆོས་ལམ་ལས་འགལ་བ་བྱས་ཀྱང་

16 ××××་པྲར་བདེན་ཅེས་ཟེར་ཏེ་། །འདི་འདྲ་བར་མི་རིགས་པར་སྨྲོད་པས་། །དེ་×××་དྲིའུ་བས་ཀྱང་ལྷག་ཅེས་བྱའོ་། །གནམ་གྱིས་འབངས་ཀྱི་ཆེས་

17 ××××་དག་བསྐོས་པས་། །རྒྱལ་པོ་ཅིའུ་གྱི་སྤྱོད་ལམ་ངན་ཅིང་མི་གཙང་བ་མྱེད་པར་བྱ་དགོས་སོ་། །བདག་གི་རྗེ་ལམ་དང་མོ་འཐུན་བར་

18 བཟང་སྟེ་། །བསམ་བ་འགྲུབ་པའི་ལྟས་པས་། །ཛྲིའུ་གྱི་ཡུལ་དུ་དམག་དྲངས་ཀྱིས་ཀྱང་ཐུབ་པར་འགྱུར་རོ་། །རྒྱལ་པོ་ཛིའུ་ལ་ཁུ་དཔོན་ལསྟོགས་

19 སྟེ་པ་ཚན་ནང་ནས་བསྐོས་པི་བློན་པོ་ཁྲི་པྲག་ཡོད་ཀྱིས་ཀྱང་། །སེམས་དང་སྤྱོད་ལམ་འཐུན་བ་ནི་གཅིག་ཀྱང་མྱེད་དོ་། །བདག་ལ་ཉུས་མྱི་

20 གཅིག་པའི་བློན་པོ་བཅུ་ཡོད་ཀྱིས་ཀྱང་། །སེམས་སྤྱོད་པ་རོལ་འཐུན་ཏེ་། །ཛིའུ་ལ་བློན་པོ་ཉེ་བ་ལས་བསྐོས་པ་འདོ་སྙེད་ཡོད་ཀྱིས་ཀྱང་།

21 བདག་གི་བློན་པོ་མྱི་ཡང་དགྲ་པའི་སྤྱོད་ལམ་དང་འཐུན་བ་ཉུ་དུ་ཙམ་ཡང་མྱི་ཕོད་དོ་། །མྱི་ལསྟོགས་ཏེ་སྲིད་པ་ཐམས་ཆད་གནམ་གྱིས་ཡོད་

22 བར་བྱས་པ་འདི་། །གནམ་གྱི་སྤྱན་དང་སྙན་དུ་ནི། རྒྱལ་པོ་བསྐོས་པ་ཡིན་ཏེ། །འབངས་མྱི་སྐྱིད་ཅིང་ཉེས་པ་བྱུང་བ་ནི་། །རྒྱལ་པོ་རང་གིས་ཆེས་ཉེས་

23 བའོ་། །ད་བདག་དམག་དཔའ་ཞིང་བཟང་བ་དང་ཆས་ཏེ་། །ཛྲིའུ་གི་སོ་བསྣུས་ནས་། །ཛྲིའུ་གི་སྐྱོན་མྱེད་པར་བསལ་ཏེ་། །དགྲ་ཆོསུ་བྱ་བའི་རྣམས་ལེགས་

24 ཤིང་གསྟུལ་བ་། །རྒྱལ་པོ་ཐང་བས་ལྷག་པར་བྱ་དགོས་པས་། །རྒྱལ་པྲན་དང་དམག་མྱི་ཕྱོགས་གྱིས་ཀྱང་། བདགི་ཚིག་འདི་ཁྲད་

25 དུ་མྱི་གསད་པ་དང་། །དགྲ་ལ་བརྒལ་བ་ཡཱ་དང་པོ་ནས་ཐུབ་པ་འདྲ་བར་ཆས་མྱི་གཅད་ཅིང་། མྱི་ཐུབ་པར་དོགས་པར་བསམ་

26 སྟེ། །བརྒལ་ན་། །དགྲ་ཐུབ་པར་འགྱུར་བས། །ཕྱོགས་སུ་སྲིམས་ལ། གཉེམས་པར་གྲོལ་ཅིག། །རྒྱལ་པོ་ཛྲིའུ་

27 གི་འབངས། འཛིགས་ཤིང་བག་ཚ་བ་ནི་། །སླང་དང་། ཤ་བ་ཀ་སྟོར་པ་དང་འདྲ་བར། རང་གི་སྲ་

ཞུམ་བས། །དམ་

28 མྱི་ཕྱོགས་བ་བདག་གི་བསམ་བ་དང། འཐུན་བར་བྱ་སྟེ། །དོན་ཆེན་པོར་གྲུབ་ན། ནམ་ཞའི་སྲིད་
བརྟན་བར་འགྱུར་རོ། །དེ་

29 ན། རྒྱལ་པོ་བུ་ལྡུང་གིས། །དམག་མྱི་མང་པོ་ལ་གཙིགས་སྐྱལ་པ། ཐ་མ་སྟེ། །ཞིའུ་གསུམ་པ་འོ། །ལོ་
བཙུ་གསུཾ་

30 ལོན་བའི་དཔྱིད་སླ་ར་བ་ཆོས་ཉི་ཤུ་དགུ་ལ། །རྒྱལ་པོ་ཙུའུ་བླུ་འུང་གིས། དམག་མྱི་མང་པོ་བསགས་ཏེ།
སྲུ་ང་ཕྲིམླ་

31 ནས།། །དམག་ཧུ་ཧྲུག་ལ། གཙིགས་གསལ་བར་སྐྱལ་ནས། །ཕྱོགས་ལ་བསྒོ་བ། །ཡུལ་ནུབ་ཕྱོགས་ན།

32 འདུག་པའི་མྱི་ཡ་རབས་བྱད་རྣམས། གནམ་གྱི་×××གསལ་བར་ཤེས་པ་ཡིན་བས་×××ལེགས་ཉེས་
ཆོས་ལུགས་དང་། ཐང་

33 ཁྲིམས་ལ་སྩོགས་པ་གསལ་བར་དྲུང་ཤིག། །ཨིན་གྱི་རྒྱལ་པོ་ཛིའུ་སྲི་ཞུ་དང། ཚུ་གང་གི་ལུགས། སྲིད་

34 པ་རྣམ་ལྔ་ནི་མྱི་སྤྱོད་། །གནའ་མྱི་སྔ་རབས་ཀྱི་གཙུག་ལག་དང་། སྐུ་བླ་དང་མགོན་མཚུན་ལ་སྩོགས་
པ་ལ་ནི་།

35 གུས་པར་མྱི་སེམས་པས་། ཛིའུ་གི་སྲོག་གནམ་གྱིས་བཅད་པ་ཡིན་ཏེ། །བདགི་སྤྱོད་ལམ་གྱིས་རང་
སྲོག་རང་གིས་

36 བཅདོ་། །མྱི་མང་པོ་དང་མཐོན་པ་ཡུ་། འབངས་སྐྲམས་ལམ་བཅད་པའི་དཔེར་། རྒྱལ་པོ་ཛིའུ་དང་།
ཁབ་ཏར་ཀིས་ཡང་

37 ཏོག་སྟེང་ན་བཞུགས་པས། དགུན་ཆུ་འཁྲམ་དུ་མྱི་××་གཉིས་འོངས་པ་དང། གཅིག་ནི་འོངས་མ་ཐག་
དུ་ཆུ་ཀྱལ། །

38 ×××་ཚུ་ཀྱལ་མ་ནུས་པ་དང། ཁབ་ཏར་གྱིས་གསོལ་པ། །བདག་གིས་ཐོས་ན། ××××་མ་གཞོ་ནུའི་
བུ་ནི་ཧུས་པས་ཁྲ××

39 ཤིང་། ལྷགས་པ་ལ་དཔྱ། །ཕ་མ×××××་ན་བའི་བུ་ནི་ཧུས་པ་གསུ་པས། ལྷགས་པ་ལ་ཞན་ཅེས།
བྱས་པ་དང་། །རྒྱལ་

40 པོ་ཛིའུ་གསོ་སྨྲ་དེ་གཉིས་བཅུག་ཉེ་འདི་བདན་བ་ཞུན་བརྟག་པའི་ཕྱིར། རྐང་པ་བཅག་པར་བྱས་པ་

41 དང། ཁུ་ཧྱི་ཀན་གྱི་ཆོས་ལུགས་ལས་འགལ་བ་། འདི་ལྟ་བུ་མཛད་པའི་མྱི་རིགས་པར། བློན་གསོལ་པ་

42 དང། ང་མྱི་གཅིག་གསོད་ལ་ཡང་མྱི་དབང་ངམ་ཞེས། བཀའ་ཕབ་པ་དང་། ཁབ་དར་གིས་གསོལ་

པ། བདག་གྲི་

43 ཐོས་པ་མྱི་འཕྲུལ་ཞེས་པ་ནི། སྙིང་ལ་ཁྲུང་བུ་དགུ་མཆིས། མྱི་འཇངས་པ་ནི་སྙིང་ལ་ཁྲུང་བུ་བདུན་མཆིས་

44 ཤེས་གདའ་སྟེ། །འདི་ཡང་འཇངས་པར་གསོལ་བ་ཞིག་ན། །སྙིང་ལ་ཁྲུང་བུ་བདུན་མཆིས་པ་མད་དམ་

45 མྱི་མད་པ། སྤྱང་བྲིམ་བའི་རིགས་སམ་མྱི་རིགས་ཤེས་གསོལ་པ་དང་། མྱི་ཀན་འཕྲལ་དུ་བཀུམ་སྟེ།

46 སྙིང་ཕྱུང་ནས། །×××××་ཁྲིམས་ན། སྙིང་ལ་ཁྲུང་བུ་ཡུ་བདུན་མཆིས་པར་ནུསོ། །ཆབ་བརྒྱལ་པ་མྱི་གཉིས་

47 ཀུང་རྐང་པ་བཅད་སྟེ། སྤྱང་བྲིམས་ན། །ཁབ་གྱིས་གསོལ་པ་ལྟར་མང་པར་གྱུར་ཏོ། །འདི་ལྟར་མ་ཉེས་

48 པར་སྟམས་ལས་བཅད་པ། །གནམ་མཐའ་འོག་དུ་ཁྲབ་པར་བྱས་སོ། །རྒྱལ་པོའི་ལུགས་ཕྲུལ་བར་པོར་

49 ནས་××××བ་ཁུ་དང་བློན་པོ་ལ་སྔོགས་ཏེ། སྙིང་ཉེ་བས། བློན་བཏབ་པའི་རྣམས་ཀྱང་། རིལ་གྱིས་ཁྲིམས་དང་སྦྱར།

50 ལོ་×××××གྱི་རྒྱན་ཡ་མཚན་ཤེ་དག་སྦྱོར་ཞིང་། ཁབ་ཏར་ཀི་ཡིད་དང་འཐུན་བར་སེམས་ཤིང་། རོལ་མོ་དང་།

51 འཕྲལ་གང་གིས་ཐུམ་འབབ་ཤིག་སྤྱོད་པས། གནམ་གྱིས་ཚམ་ཕབ་སྟེ། ཇིའུ་གི་སྲོག་གཅད་པར་དགོངས་

52 པས། དམག་×××××ཀྱང་། ལེ་ལོ་བླ་ཁྲད་མ་བཟེན་པར། བདག་གི་ཚིག་གུས་པར་ཉན་ཏེ། །གནམ་གྱིས་

53 དགོངས་པ་དང་། ××××ཀུན་པར། ཇིའུ×××སྲོག་འཕྲོག་གོ། །གསལ་མྱི་དང་གསལ་ལས། ང་དང་། འཐུན་བར་

54 བྱེད་པ་ནི་ལྷི་ཞིང་×××××གུས་པར་བ་××××མོ་གནོད་པར་བྱེད་པ་ནི་ལན་མཁོན་གྱིས། གླན་ནོ་ཞེས་འབྱུང་སྟེ། །

55 ཇིའུ། རྒྱལ་པོའི་སྤྱོད་ལམ་ལས་ནི། འགལ་བར་སྤྱོད་ཅིང་། །མྱི་མང་པོ་སྟམས་ལས་བཅད་པས། ཚེ་རབས་ཀྱི་

56 མཁོན་དུ་གྱུར་ཏོ། །ཡོང་ལེགས་པ་ཞིག་བྱེད་ན་ནི། གྲུབ་ཅིང་རྒྱས་པར་བྱ། །ཉེས་པ་ཞིག་བསལ་ན་ནི། རྩ་བ་

57 ཡན་ཅང་། རོལ་གྱིས་ལ་གདོན་དགོས་ཏེ། །རྒྱལ་ཕྲན་བདག་དང་། དམག་མྱི་ཕྱོགས་སུ་བསྡོངས་ནས། །རྒྱལ་

58 པོ་ཇིའུ་གི་བུ་ཙལ་ན་ན་ཅང་རྒྱུད་མྱེད་པར་བྱ་དགོས་སོ། །བདག་རེ་བ་ནི་དམག་མྱི་ཕྱོགས་ཀྱིས་

ཀྱང་། བཏྲལ་

59 བ་ལ་ཚམ་ཚོམ་མི་ཟ་བར། །བདག་གིས་བསམས་པའི་དོན་བསྒྲུབ་དགོས་སོ། །དེ་ལ་སྒྲོག་སྒྲོངས་མ་བྱས་

60 ཏེ། ཇོ་འཕྲུལ་ལ་ཐུག་པ་ནི་བྱ་དགྲ་ཆེར་སྨིན། །བདགི་ལུང་ལྟར་མ་བྱས་ཏེ། ཇེ་བླས་ཉམས་སུ་མྱི་ལེན་པ་

61 ནི། སྒྲོག་ལ་ད་བབ་རོ། རྒྱལ་པོ་བླུ་འུང་གིས། གདུང་བའི་ཚིག་གིས་སྨྲས་པ། །བདག་གི་ཡབ། བླུན་འུང་

62 ལེགས་པའི་ཡོན་ཏན་དང་ལྡན་ཏེ། །ཕྱོགས་སུ་སྐོམས་པའི་དཔེར་ནི། །གཉི་ཟླ་འོད་དང་འདྲ་སྟེ། མ་

ཁྱབ་པ་མྱེད་

63 པས། །མཐའ་བཞི་འབངས་ཀྱང་། ལེགས་པའི་ཡོན་ཏན་ལ་མོས་ནས། །ཕལ་ཆེར་འབངས་སུ་རང་

འདུས་སོ། །

64 བདག་གིས། ད་རྒྱལ་པོ་ཇེའུ་ཐུབ་པར་གྱུར་ན་ཡང་། བདག་དཔའ་ཞིང་། དགྲ་ཆོས་ལ་མཁས་པ་མ་ཡིན་

ཀྱི། །བདག་

65 གི་ཡབ་བླུན་འུང་གིས། གནམ་ལ་ཉེས་མ་བྱས་ཏེ། །གནམ་གྱི་ཆོས་དང་མཐུན་བར་སྤྱད་པས། གནམ་གྱིས་

66 བསྐྱངས་པ་ཡང་། ཡབ་ཀྱི་ཡོན་ནོ། །གལ་ཏེ། །བདག་གིས་ཇེའུ་མ་ཐུབ་པར་གྱུར་ན་ཡང་། བདག་

ཡབ་ལ་མ་

67 གཏོགས་ཏེ། །རྒྱལ་ཕྲན། བདག་ལ་ལེགས་པའི་ཡོན་ཏན་མྱེད་པའི་ཕྱིར་རོ། །

68 ༄། །རྒྱལ་པོ་འབུ་འུང་གིས། ཡུལ་འངོགས་ཡར། རྒྱལ་ཕྲན་དང་། དམག་མྱི་ཕྱོགས་ལ་གཙོགས་སྐུལ་

པའི། ལེའུ་

69 བཞི་པ། །རྒྱལ་པོ་འབུ་འུང་། ཤིང་ རྟ་སུམ་བརྒྱ་རྩེན་གྱི་དམག་ཉི་ཁྲི་གཅིག་སྟོང་དང་། ཕ་ཕོད་སྟག་ཚད་

ཏུ་དཔྱ་བ། །

70 སུམ་བརྒྱ་དང་ཆས་ཏེ། །ཡུལ་འངོག་ཡར་ནོལ་ཐབས་ཀྱི་སར་གཙོགས་སྐུལ་ནས། །དཔྱིད་ སླ་འབྲིང་པོ་

ཚེས་བཞི་སྟེ།

71 ཤིང་པོ་ཁྱི་བའི་ནམ་ཀ་ཕན་ཕུན་ན། ཇེའུ་དང་འཐབ་མོ་བྱ་བར་ཆད་དེ། གཡུལ་བཤམས་ནས། །རྒྱལ་པོ་

འབུ་འུང་ཕྱག་

72 གཡོན་པར། གསེར་ཀྱི་དགྲ་སྟ་ཐོགས། ཕྱག་གཡས་པར་ནི་ཏུ་མཆོན་ཐོགས་ཏེ། ཕྱོགས་སུ་བསྒོབ། །ནུབ་

73 ཕྱོགས་ནས། འོངས་པའི་དམག་མྱི་ཁྱིད་རྣམས། རེ་ཤིག་ཁྱེད་ལ་སྟོད་ཅིག། །ཁྱིམ་ཚེས་ཀྱི་རྒྱལ་

ཕྲན་གྲོགས་

74 པོའི་རྣམས་ཀྱང་། དང་པོ་ནས། ཡིད་འཐུན་བའི་ཕྱིར། གྲོས་མཐུན་ཏེ། །ཕྱིན་པ་དང་། དམག་པོན་

དང་། ཁ་ཆེན་གྱི་

75 དཔོན་སྣ་མན་ཅད། སྟོང་པོན་སྟོང་ཙུང་ལ་སྩོགས་ཏེ། །སྣ་ཟྲ་མོ་ལ་གཏོགས་པ་ཡན་ཅད་དང༌། དམག་
མྱི་ཟྲ

76 ཕྱོགས་སུ། ཐ་ཕྱིར་གཙིགས་བྱིན་ཞིང་བསྐོ་བ། རྣམས་གུས་པར་སོམས་ཏེ་། དགྲ་ལ་བརྒྱལ་ཞིང་འདོར་

77 པ་དང༌། དགྱེད་པ་ལ་སྩོགས་པ། །ངས་ཊ་མཚོན་ཇི་ལྟར་བསྒྱུར་བ་བཞིན་གྱིས་ཤིག། །གནའི་མྱི་དངགས་

78 ལས་། བྱ་མོ་ཟེར་ན་ནི་ཁྱིམ་ཕུང། མོས་ཕོ་འི་དབང་ཕྱོགས་པ་ནི་སྲིད་ཤོར་ཞེས་། །འབྱུང་སྟེ། །ད་རྒྱལ་པོ་

79 ཛིའུ་ཁབ་ཏར་ཀའི་ངག་མྱི་ལོན་ཏེ། །ཛི་ཨུ་གི་དབང། ཏར་གྱིས་ཕྱོགས་པླ། །གནམ་ས་དང་། སྐུ་བླ་
དང་ཞལ་བུ་

80 ལ་སྩོགས་པ་མཆོད་ཅིང། གསོལ་བའི་རིགས་པ་ཕྱཱ་མྱི་མཆོད་མྱི་གསོལ། །ཕུ་ནུ་བྲུང་གིས་བློན་བཏབ་པ་ནི་།

81 བཟློག་སྟེ། ཤ་ཊུས་ནི་བསྲིངས། །རྒྱལ་ཁམས་གཞན་ནས་ཉེས་པའི་མྱི་མཆུ་ཐོགས་པ་། སྐྱོན་ཅན་རོལ།

82 བསོགས་ནས། ལས་སུ་བསྐོས་ཏེ། མྱི་འདི་དག་དང་བསྟོངས་ནས། །ཆོས་ལུགས་ལས་འགལ་བ་མྱི་
རིགས་པ་རྫ་

83 ཚོགས་སྤྱོད་དེ། །ཁྲི་ནང་འདྲ་བར་བརྩུན་སྨྲ་ཤེ་དག་བྱེད་ཅིང། འབངས་སྨམས་ལས་བཅད་པས། བདག་

84 གནམ་གྱི་ལུང་གུས་པར་ཉན་ཏེ། །ཛོ་ཨུ་ལ་དམག་དྲངས་པ་ཡིན་བས། །དེང་ཐབ་མོ་བྱ་བ་ནི། བརྒྱལ་
ཞིང་བསླག་

85 པ་ཕྱཱ་། འདོམ་བདུན་ལས་འདར་མྱི་ཊུང། སླར་ནུར་ཞིང་དགྱེད་པ་ཡང། འདོམ་བདུན་ལས་ནུར་དུ་
མྱི་ཊུང་བས།

86 ཕྱོགས་སུ་འཐུན་བར་གྱིས་ཤིག་། །དམག་མྱི་ཕྱོགས་ཀྱང་སྲོག་སྲོངས་མ་འཚལ་བར། །སྤྱུགས་ཏེ་།

87 དཔའ་ཞིང་རྩལ་དབྱུང་བ་ནི། སྟག་དང་གུང་དང་དོམ་དང་དྲེད་དང་འདྲ་བར་། བྱ་དགོས་སོ། །ཕམ་སྦྱོ་
བ་ཉེར་འོང་

88 བ་ནི་། མ་བགག་མ་བརྒྱལ་བར་ཐོང་ཤིག། །ཕྱོགས་སུ་བསྒྲིམས་ལ། ལེ་ལོ་མ་བྱེད་ཅིག། །ངའི་ཚིག་

89 ལྟར་མྱི་བྱེད་པ་ནི་། འཕྲལ་དུ་གསད་དོ།

90 ༄། །དགྲ་ཆོས་དང་། དཔའ་རྩལ་གྱི་དོན་འགྲུབ་པའི་ལེའུ་ལྔ་པ། །རྒྱལ་པོ་འབུ་འུང་གིས། ཛིའུ་གི་སྲིད་

91 བཏྲག་ནས། །སླར་ལོག་སྟེ་། །བཀའ་སྩལ་པ། །ངས་དགྲ་ཆོས་ལན་གཅིག་སྤྱད་པས། །གནམ་མཐའ་འོག་

92 བདེ་བར་འགྱུར་ཏེ་། །ཆམ་ལ་ཕབ་པས། ཕྱིན་ཅད་དགྲ་ཆོས་སྤྱད་མྱི་དགོས་ཏེ་། །དྲ་མའི་རྐྱེན་གྱི་
དགོས་པས། །

93 དམག་མི་བརྒྱགས་ཁལ་གནག་རྟ་རྣམས། རང་ཉམ་དུ་ཡན་པར་ཐོང་ཤིག་ཅེས་བསྒོ་ནས། །གནག་རྟའི་རྣམས་

94 རོ་ཧྥ་ཤ་ན་ལ་ཡན་པར་བཀྱེའོ། །ཇེའུ་གི་སྲིད་བརླག་པའི་རྗེས་ལ། །ཨིན་ཏང་གི་ཁྲིམས་རྩིས་མགོ་××××

95 ང་ཁྲིམས་ནས། །ཇོའུ་གི་ཡབ་མྱེས་ཡོན་ཏན་ཅན་གྱི་ཁྲིམས་བཟང་པོ་ནི་བཞག། །ཇོའུ་གི་ཁྲིམས་ངན་པ་ནི།

96 བསལ་ཏེ། །བོར་རོ། །རྒྱལ་པོ་འབུ་འུང་གིས། །ཇེ་འུ་ལ་དམག་དྲང་བར་ཆད་པའི་ཚེ། །དཔྱིད་སླ་ར་བ་ཚེས་གཉི་

97 ཏེ། །ཆུ་བོ་འབྲུགི་ཉི་མ་ལ། །སླ་བ་ཚེས་གྱིས་ཀྱང། ད་ཙུང་གཤེད་ནག་པོས། ཁབས་ཏེ། མི་མངོན་བས། ཞག་ཅིག་

98 བསྡིས་ཏེ། །ཚེས་གསུ་ཆ་མོ་སྦྲུལ་གྱི་ཉི་མ་ལ་ལམ་དུ་ཞུགས་ཏེ། ཇེའུ་ལ་དམག་དྲང་བར་ཆས་ནས། །དཔྱིད་སླ་ར་

99 བ་ཚེས་ཉི་ཤུ་བརྒྱད་ལ། ཟྰ་ཆུ་ལ་རབ་མང་ཆེན་དུ་བརྒལ་ནས། །ཇེའུ་གི་སྲིད་བརླག་སྟེ། །དབྱར་སླ་ར་བ་ཚེས་

100 གསུ་སྟེ། སླ་བ་སོས་ཤིང་གསལ་བའི་དུས་སུ། །ཤང་ཇེའུ་གི་ཡུལ་ནས། སླར་ཡུལ་བུང་དུ་ལོག་སྟེ། །དགྲ་ཅའི་རྣམས་

101 རིལ་བསླལ་ནས། །སྣུན་ཅད་གཙུག་ལག་དང། ཡིག་རྩིས་སྤྱོད་ཅིང། སློབ་དུ་བསྐུལ་ནས། །དྲ་རྐྱེན་གྱི་རྟ་ནི་ཡུལ་

102 ཧྥ་ཤན་དུ་ཡན་དུ་བཀྱེ། །གནག་ནི་ཚལ་ཐི་འུ་ལིམ་དུ་བཏང་ནས། །ང་ཕྱིན་ཅད་དགྲ་ཚོས་མི་སྤྱོད་པས། །

103 དགྲ་ཅ་དང། དགྲ་རྐྱེན་གྱི་རྐང་འགྲོས་ལ་སྟོགས་པ། །ཕྱིན་ཅད་མི་སྤྱད་པར་བྱའོ་ཞེས། བཀའ་སྐུལ་ནས། །

104 དབྱར་སླ་ར་བ་ཚེས་གཅིག་སྟེ། མྱེ་མོ་ལུག་གི་ཉི་མ་ལ། །གདུང་རབས་བདུན་རྫུན་ཅད་ཀྱི་ཞལ་བུ་གསོལ་

105 པའི་ཚེ། །ཕོ་བྲང་ནས། ཤི་ནར་ཉིས་སྟོང་ཚུན་ཅད་གནས་པའི་རྒྱལ་ཕྲན་རྣམས་མ་བཀུག་པར། རང་ལྷ་འབྲས་

106 དང་མཆོད་པའི་ཡོ་བྱད་འཚལ་ཏེ། །ཞལ་བུ་གསོལ་བའི་སར་འདུས་ཏེ། གསོལ་ལོ། །དབྱར་སླ་ར་བ་

107 ཚེས་བཞི་སྟེ། ལྕགས་པོ་ཁྱིའི་ཉི་མ་ལ། ཤིང་སྤུངས་པའི་ཁར། སྲོག་ཆགས་སྣ་གསུམ་བཞག་སྟེ། མྱེ་བཏང་

108 ནས། གནམ་མཆོད་དེ། །གནམ་གྱིས་ལུང་སྐུལ་པ་བཞིན་དོན་ཆེན་པོ་གྲུབ་སྟེ། །ཇེའུ་གི་སྲིད་བརླག་ནས།

109 བདག་གི་དོན་ཆེར་གྲུབ་ཅེས་གསོལ་ནས། །ཆབ་འོག་དུ་འདུས་པའི་སྐྱ་བླའོ་འཚལ་དང། རོ་གཉན་པོ་དང།

110 ཆུ་ཆེན་པོ་ལ་སྟོགས་པ། རི་ལ་མཆོད་དེ། །དབྱར་སླ་ར་བ་ཉ་བྲི་ནས། །ཕྱོགས་བཞི་རྒྱལ་ཕྲན་དང་།

111 ཞང་ལོན་སྣ་ལ་གཏོགས་པ་ཡན་ཅད་རིལ་འདུས་ཏེ། །རྒྱལ་པོ་རྗེའུ་འབྲུན་འུང་གི་བཀའ་གྲུས་པར་

112 ཉན་ནས། །རིལ་ཆགས་འོག་དུ་འདུས་སོ། །རྒྱལ་པོ་འབྲུན་འུང་། གདུང་བའི་ཚིག་གིས། རྒྱལ་

113 ཕྲན་རྣམས་ལ་བསྒོ་བ། །བདག་གི་ཡབ་མྱེས་སྤྲ་རབས། དེའུ་ཚིག་ནས། །རྒྱལ་ཕྲན་གྱི་སྲིད་

114 རྙེད་དེ་། །ཡུལ་ས་མཐོ་བའི་མགོ་ཡང་དེ་ནས་བྱུང་། །དེའུ་ཚིག་གི་ཡང་ཙ། ཀོང་ལེའུ་གིས་ཀྱང་། ལེགས་

115 པའི་ཡོན་ཏན་དང་། གནའ་མྱི་སྤྱོད་ལམ་རྒྱས་ཤིང་། །གྲུས་པར་བྱེད་དེ། །སྲིད་ཕྱིར་ཞིང་དར་ནས། ། རྒྱལ་པོ་དེའི་

116 འུང་གིས། ཡབ་མྱེས་སྤྲ་རབས་ཡོན་ཏན་དང་ལྡན་བའི་རྗེས་སུ་། །རྒྱལ་པོ་ཆེན་པོར་བསྟུབ་པའི་ སྲོལ་བཏོད་

117 དེ། །སྲས་སྒྱི་ལིག་། སྐམ་ཞིང་འབབས་ལ། འོ་བྱམས་ཤིང་། ཆེས་མཁས་པའི་ཕྱིར། །སྲས་བུན་འུང་སྐྱེས་

118 པ་ཡང་། གནམ་གྱི་དགོངས་པ་དང་འཐུན་བར། དོན་ཆེན་པོ་བསྒྲུབ་པ་ལ་མཁས་པས། །གནམ་མཐའ་བཞི།

119 འབབས་ཀྱང་བདེ་བར་བྱས་སོ། །འབྲུན་འུང་སྐལ་དཀྱིལ་ཆེ་བས། ཆབ་སྲིད་བསྐྱེད་པའི་ཕྱིར། རྒྱལ་ཁམས་

120 ཆེན་པོ་ནི་མཐུ་དང་བྱིན་གྱིས་མནན་། །ཁམས་ཆུ་དུ་ནི་ལེགས་པའི་ཡོན་ཏན་ལ་མོས་ཞིང་འདུད་དུ་ སྦྱལ་པ།

121 ལས། །དགོངས་པ་དོན་ཆེན་པོ་མ་གྲུབ་པར་ནོངས་སོ། །རྒྱལ་པོ་རྗེའུ་གི་སྲིད་བརླག་པ་། བདག་རང་གིས་

122 བྱས་པ་མ་ཡིན་ཏེ། །ཡབ་འབྲུན་འུང་གི་ཞལ་ཆེམས་དང་། རྒྱལ་པོ་རྗེའུ་མ་འོས་མ་རིག་པར། རྒྱལ་པོའི་

123 ལུགས་ལས་འགལ་བར་བྱེད་པའི་ཕྱིར་རོ། །རྗེའུ་ལ་དམག་དྲངས་པའི་ཚེ་ཡང་། འདི་ལྟར་འགལ་བར་བྱེད་

124 པས། ངའི་ཡབ་མྱེས། ཆོས་ལམ་དང་། རྒྱལ་ལུགས་བཞིན་བྱེད་པའི་བུ་ཙ། འབྲུ་འུང་གིས། །རྗེའུ་གི་སྲིད་

125 བརླག་གོ་ཞེས། གནམ་ས་དང་། ལྷ་ཀླུ་དང་། སྐུ་བླ་དང་། ཞལ་བུ་ལ་སྟོགས་པ་ལ་སྨྲན་ཏེ་། གསོལ་ནས། དསྐྲ་

126 ཕབ་བོ། །རྒྱལ་པོ་རྗེའུ་ཆོས་ལམ་ལས་འགལ་བར་བྱེད་པས། །གནམ་ས་དང་། སྐུ་བླ་དང་། ཞལ་བུ་ལ་

127 སྟོགས་པ། །མངའ་ཐང་བཅད་དེ། མཆོད་པའི་རིགས་པ་ལས། །རིལ་མྱི་གསོལ་བར། །གནམ་མཐའ་

128 འོག་ཉེས་པ་བྱེད་པའི་སྐྱོན་ཅན་། ཐམས་ཅད་བསྡུས་ཏེ་། །སྐྱབས་བྱས་ནས། །ཉེས་བྱེད་པའི་མྱི་མྱི་ རྙེད་མྱི་

129 ཐྲིན་པའི། དཔེར་ན་། གཙན་ཟན་ནགས་ཙལ་དང་། བྲག་ཕུགས་སུ་ཞེན་པ་དང་། ཆུ་མྱིག་གི་ཆུ་རྫང་པོར་

130 འདྲིས་ན། །བཙལ་དུ་སྨྲོ་རྙེད་པ་དང་འདྲའོ། །བདག་རྒྱལ་སྲན་ཆུང་གིས། སློན་པོ་ལངས་པ་ཡོན་ཏན་
ཅན་དགུ་དང་། །
131 བུད་མྱེད་གཅིག་དང་བཅུ་རྙེད་དེ། །སློན་པོ་འདི་རྣམས་དང་། གནམ་གྱི་ཆོས་གུས་པར་བསྱུངས་ནས། །
132 རྒྱལ་པོ་ཇི་ཙུ། འབྲུགས་པའི་ལམ་བཅད་དོ། །ང་རྒྱལ་ཁམས་གཞན་དང་མྱི་འདྲ་བར་ཆེ་ཞིང་།
གཙུག་ལག་
133 དང་ལྡན་བས། །སྔོ་བལ་ལ་སྟོགས་ཏེ། །རྒྱལ་ཁམས་ཐམས་ཅད་ཆསྒྲ་འོག་དུ་འདུས་ནས། །བཀྲ་གུས་
134 པར་ཉན་ཏོ། །དང་པོ་ཛེའུ་ལ། དམག་འདྲེན་བར་ཆས་པའི་ཚེ། །ཡུལ་དེའི་མྱི་ཕོ་སློས་མང་དུ་འདུས་ནས།
135 རྒྱལ་པོ་སྣམ་པོ་འབུ་འུང་བྱོན་བས། །བདག་ཅག་སྣན་ཅད་སྡུག་བསྔལ་ལས་ཐར་པར་འགྱུར་རོ་
136 ཞེས་གསོལ་ཏེ། །ཟབ་དར་མང་དུ་བསྟུས་ནས། སྐྱེས་སུ་ཕུལ་ལོ། །གནམ་གིས་ཀྱང་ཅིའུ་གི་ལེགས་
137 པ་འགྲུབ་པར་དགྱེས་ནས། །དོན་ཆེན་པོ་གྲུབ་པ་ཡྰ། གནམ་གྱིས་བསྐྱངསོ། །ཛེའུ་དང་ནོལ་ཐབས་
138 དཔྱིད་སླ་ར་བ་ཚེས་བརྒྱད་ཀྱི་ནུབ་མོ། །གཡུལ་བཤམས་པ་ལས། །ཆར་མོ་ཆེ་ཕབ་སྟེ། གནམ་གྱིས་
139 བདག་ལ་སྟོང་ན་ནི་ཆར་པ་ཆད་པར་འགྱུར། ཛེའུ་ལ་སྟོང་ན་ནི་ཆར་པ་མྱི་འཆད་དོ་ཞེས་སྨྲས་པ་དང་།
140 ཆར་པ་མོད་ལ་ཆད་པ་ཡང་། ལེགས་པ་གནམ་གྱིས་བསྐྱངས་ཤེས་བྱའོ། །ཕྱི་དེ་ནང་པར་དཔྱིད་སླ་འབྲིང་
141 པོ་ཚེས་བཞི་སྟེ། །ཤིང་པོ་བྱི་བའི་ནམ་ག་ཕན་ཕུན་ན། །ཛེའུ་གིས་དམག་མང་པོ་ནགས་ཙལ་དང་།
142 བཤམས་ནས། བསྔོས་ཏེ། །བཀལ་པ་ལས། །ཅིའུ་ལ་ལྷ་ག་ལ་ཐུབ་སྟེ། །ཛེའུ་གི་དམག་མྱི་ནང་གཅིག་
143 གིས་གཅིག་བསད་ནས། ཁྲག་མང་པོ་ཕུབ་ཐིག་པ་ཙམ་དུ་ཕབ་སྟེ། །བདག་གིས་གོ་ཀྱོན་ཏེ། དགྲ་ཚོས་
144 ལན་ཅིག་སྒྱུད་པ་ཙམ་གྱིས། །གནམ་མཐའ་འོག་བདེ་བར་གྱུར་ཏོ། །སྔོན་རྒྱལ་པོ་ཛེའུ་ཕ་ཁྲུ་ཡོན་
145 ཏན་ཅན། གི་ཙི་དང་། བྱིད་དགན་གྱིས། །ཛེའུ་ལ། སློན་དྲག་དུ་བཏབ་པ་ལས། །བྱིད་དགན་སྙིང་
ཕྱུང་སྟེ་
146 བསད་པ་དང་། གི་ཙི་ཕྲུག་སྤལ་དུ་བཙུག་པ་ཡང་། །ཕྲུག་སྤལ་ནས་ཕྱུང་། །བྱིད་གན་ནི་སློན་པོ་ཆེད་པོའི་
147 ཐང་དུ་ཤིད་བཏང་། །ཡོང་ལུ་ཞེས་བྱ་བ་འཛངས་པ་དབེན་ས་ན་གནས་ཏེ། །ཛེའུ་གིས་ལས་སུ་མ་
བསྐོས་པ་
148 ཡང་། ལས་སུ་བསྐོས། །ཕྲུག་མཛོད་ཆེན་པོ་ལོག་ཐེའི་དགོར་དང་། །ཁྲུ་ཀེའི་སྤྱང་རོལ་གྱིས་བཏོན་
149 ནས། །འབངས་ཕྱོགས་སུ་བྱ་དགྲ་ཆེར་བྱིན་ཏེ། །འབངས་མང་པོ། བཀའ་དྲིན་གྱིས་འདི་ལྟར་
150 ཁྲབ་ཅེས། གཏང་རག་གཏོང་ངོ། །སྔོན་གྱི་དུས་ན། རྒྱལ་སྲན་དང་། སློན་པོ་རིམ་པ་ལྔ་ཡོད་
151 དེ། །བར་དུ་ཛེའུ་གིས་མྱེད་པར་བྱས་པ་ཡང་། སྔོན་གྱི་ལུགས་བཞིན། ལས་གྱི་རིམ་པ་ཡོད་པར་བྱསོ། །

152 ཞིང་པའི་དབང་ཏང་རྣམ་གསུམ་ཡཱ། སྨོན་གྱི་ལུགས་དང་མཐུན་བར་དགོངས་ཏེ། །དམིགས་ཕྱིའོ། །
153 ལས་སུ་བསྒོ་བ་ཡཱ་ཤེས་པའི་ཡོན་ཏན་དང་མི་ལྡན་ན། །ཉེ་ཞིང་བཤེས་གྱིས་ཀྱང་མི་བསྒོའོ། །ཚུ་གང་དང་
154 སྲི་ཞུའི་ལུགས་རྣམ་ལྔ་དང་། ཤི་བདུར་དང་ལྷ་མཆུན་མཆོད་པའི་ལུགས་དང་། ཞིང་ཆོས་དང་མི་དྲང་
155 པོ་གཞུང་ཅན་ལ་སྟོགས་ཏེ་། །གོང་ནས་སྨོས་པའི་རྣམས། གུས་ཤིང་ལྷི་བར་སྤྱོད་པས། །འབངས་
156 གྱི་ཆོས་ཡང་མི་མཛད་པར། ཕྱུག་བརྒྱུད་སྐྱེ། བཞུགས་གྱིས་ཀྱང་། །གནམ་མཐའ་འོག་གི་འབནྡ་
157 རང་བཞིན་དུ་སྐྱིད་པར་གྱུར་ཏོ། །
158 ། །ཞང་ཤུ་བམ་པོ་དྲུག་པ་རྫོགས་སྷོ། །

pel.tib.1291A ཀྲོན་ཆེའུ་ཧེ་དབྱི་བོད་འགྱུར་མ།

1 ༧། །རྒྱལ་པོ་སྲེ་འུང་ནོངས་ནས། །སྲས་ཨེ་ཧེ་འུང་རྒྱལ་པོར་ཞུགས××། །ཨེ་ཧེ་འུང་རྒྱལ་པོར་ཞུགས་
ནས། །བློན་××
2 ××་སུ་བསྐོས་ཏེ། །ཐུགས་རབ་ཏུ་ཅེ་སྐེ་གནང་བ་ལས། །གཙུག་ལག་ཅན་ཏྱེ་ཆོས་ཐེན་སུ་ལ་སླས་
པ། །ཁྱོད་བློ××××
3 ××་ལ་ཡང་། ཞེ་སའི་ཚུལ་དུ་འཚོལ་ཅིག། །ཡོང་དཔེར་བགྱི་ན་མ་གལ་གྱི་ཤིང་ལྟ་བུ་བསྐལ་ན་ཡང་
སྐྱེ་སྟེ། །བསྐྱེ××
4 ཅིག་གིས་ཕྱུང་ན་མི་སྐྱེ་བར་འགྱུར། །མི་བཅུ་ཞིག་མ་གལ་གྱི་ཤིང་སྐྱེད་དུ་བཙུག་པ་ལས། །མི་གཅིག་
གིས་རྩ་ཏོན་
5 པ་མི་སྐྱེ་བར་འགྱུར་ཏེ། །མི་བཅུས་མཁར་ལན་བྱས་ཏེ་མ་གལ་གྱི་ཤིང་སྐྱེ་སླ་བ་བསྐྱེད་བསྐྱེད་པ་ལས། །
མི་གཅིག་གིས་ཕྱུང་
6 ཅིའི་ལན་ཞེ་ན། །ཡོང་འཛུགས་ཤིང་སྐྱེད་པ་ནི་དཀའ། །གཞིག་ཅིང་དྲལ་བ་ནི་སླ་ཞེས་བགྱི་བ་ལགས་
ཏེ། །ཁྱོད་བསྐོས་
7 དེ་སོར་ཆུད་ལ། རྒྱལ་པོའི་གནང་ཅེན་དུ་གྱུར་ཀྱང་ཁྱོད་ལ་མི་དགའ་ཞིང་བློན་པོ་ལས་འབྱུང་ཟེར་བ་
མང་། །བས། །
8 ××་སྲིད་མི་བརྟན་ལ་གཡང་ཟའོ། །དེ་ལས་བློན་པོ་ཚུལ་ཟུང་ཤིག། །
9 རྒྱལ་པོ་ཨེ་འུང་ནོངས་ནས། །སྲས་ཅེའུ་འུང་རྒྱལ་པོར་ཞུགས་ཏེ། ལོ་བཅུ་དགུ་ལོན་ནས་ཛེའུ་འུང་ནོངས་

ཏེ། །སྲུས་ལ་

10 རྒྱལ་སར་ཞུགས་པའི་རིང་ལ། །ཇོན་གྱི་དམག་གིས་འགུའི་མཁར་ནྟ་ཡང་ཇོ××། འགུའི་××་མང་ཡོན་ཡང་

11 སླེངས་ནས། བློན་པོ་དྭན་ཀྭན་དང་། ཇོ་ཅོང་གཉིས་ཆེན་ཡུལ་དུ་ཕོ་ཉར་བཏང་སྟེ། །ཇོན་དང་མཇལ་ཏུཾ་དུ་གསོལད་

12 ××ཏེས་བཀའ་གྲོས་གསོལད་པ། །ད་ལྟར་ཕོ་ཉར་མཆི་ར་གསོལ་བ། དྭན་ཀྭན་ནི་ཇོ་འཆལ་ཡིག་ཅང་××××××××

13 ××་ཡུལ་ས་འདོད་པས། །ཕོ་ཉས་འགུའི་ས་ཡུལ་ཆེན་ལ་ཕུལ་ན་མཇལ་དུམ་དུ་ཡང་ཉུང་ལ། །ཕོ་ཉའི་ཇོ་འཕྲུལ་ཡིག་

14 ཕབ་མད་ན། །འགུའི་ཡུལ་ས་མ་ཟད་གྱི་བར་དུ་མཇལ་མྱི་འདུཾ་མོ། །ཡོང་ནི་ཡུལ་ས་ཇོན་ལ་ཕུལ་ཏེ་མཇལ་ཏུཾ་དུ་གསོལ་བ་

15 བགྱི་ན་ཤིང་སྐྲ་པང་པར་ཐོགས་ཏེ། །མྱེ་ཤོར་པའི་ར་མདའ་བགྱི་བ་དང་འདྲ་སྟེ། །ཤིང་མ་ཟད་གྱི་བར་དུ་མྱེ་མྱི་སོད་དོ། །འགུའི་

16 ལས་བཅད་དེ། ཆེན་ལ་ཕུལ་ནས་མཇལ་ཏུཾ་དུ་གསོལ་བ་ནི། ཆེན་ནི་ཕྱིར་ཞིང་བདོ་ལ་དརད། ཤིང་ཐོགས་ཏེ་མྱེ་ཤོར་××

17 ××བགྱི་བ་ནི། མྱེ་མཆེད་པར་འགྱུར་བ་དང་འདྲའོ། །རྒྱལ་པོ་ཨན་ལི་འུང་གི་ཞལ་ནས་ཁྱོད་གྱིས་གྲོས་གསོལད་པ་ཡང་

18 བདེན་ན། ཇོན་ལ་ཡུལ་ས་འབུལ་བར་གྲོས་གྱུང་ཆད། །ཕོ་ཉ་ཡང་ལམ་དུ་ད་འཇུག་པས་བཤོལ་དུ་མྱི་ཉུང་ངོ། །བློན་××

19 སྨྲལད་པ། །རྒྱལ་པོའི་ཞ་སྔ་ནས་སྲིན་བྱ་མ་གཟིགས་པ་ལྟ། ཡོང་སྲིན་བྱ་ནི་ཟས་ཤིག་རྙེད་དཾ་ཟས་གྱི་སླགས་ག××

20 ཟན་ཀྱི་ས་མྱི་དཔྲོག་ཅིང་གནས་བདེ་བར་མཆི་ན་ནི་གདོང་ཟས་འཚོལ། །གནས་མྱི་བདེ་སླན་ཅད་ཟས་རྙེད་གྱུང་མྱི་འཚོལ་ཏེ། །××

21 ཞ་སྔ་ནས་དགོངས་པ། །ཇོན་ཡུལ་དུ་ཕོ་ཉར་གཏོང་བ་གྲོས་ཆད་པས་བཤོལ་དུ་མི་ཉུང་ཞེས་གསོལ་བ་ག་ལ་གདའ། །ཞ་སྔ་ནས

22 དགོངས་པ། །སྲིན་བྱ་ཙམ་ཡང་མ་སྐྱོད་དོ་ཞེས་གསོལད་ནས། །རྒྱལ་པོས་ཁྱོད་གྱི་གྲོས་××××མ་

ཉོངས་སོ་ཞེས་བཀའ་སྩལད་ཏོ།

23 ཛིན་ཡུལ་དུ་ཕོ་ཉ་ཡུལ་ས་འབྲུལ་དུ་གཏང་བར་བགྱིས་པ་ཡང་མ་བཏང་སྟེ་བཞོལ་ལོ། །

pel.tib.1291B ཀྲོན་ཆེའུ་ཏེ་དབྱེ་བོད་འགྱུར་མ།

1 འགུའི་རྒྱལ་པོ་ཏན་ལི་འུང་གི་རིང་ལ། །ཚེ་དང་ཆུའི་ད××ག་སྤོངས་ཏེ་འགུའི་ཡུལ་དུ་སོངས་པ་ལས། །
འགུའི་ཕོངས་སྟེ་

2 ལ་དུ་ར་མདའ་གཡར་ནས་ར་མདའ་པ་མཆིར་རེ་སྟེ་བྱ་ར་འཁྲིད་ཆགས་པ་ལས། །ར་མདའ་པ་མ་མཆིས་
བས་འགུའི་མྱི་

3 རབས་ཐང་ཙུ་ཞེས་བགྱི་བ་ལོ་དགུ་བཅུ་ལྷག་ལོན་བ་ཞིག་རྒྱལ་པོ་ལ་གསོལད་པ་བདག་ངན་པ་ནུབ་ཀྱི་
རྗེ××××××××

4 ཞིང་། ར་མདའ་པོ་མྱུར་དུ་མཆི་བར་ཆོན། །རྒྱལ་པོ་ལ་གྲོས་དྲུག་དུ་གསོལ་དུ་མཆི་ཞེས་གསོལད་པ་ལས། །
འགུའི་རྒྱལ་

5 ཐང་ཙུ་ལ་ཕྱུག་བཞེས་ནས། །བཀའ་ལུང་བསྩལ་ཏེ་བསྐྱལ་ཏོ། །ཐང་ཙུ་ཛིན་ཡུལ་དུ་ཕྱིན་ཏེ་རྒྱལ་པོ་
དང་མཇལད་པ་

6 ཕྱིས་ཐང་ཙུ་ལ་བཀའ་སྩལད་པ། །རྒན་པོ་སྐྱིང་ཀུང་རུབ་པ་××××འགྲིམས་ར་མདའ་གཡར

7 ཕོ་ཉ་ལན་མང་དུ་འོངས་ལ། །འགྱི་ཕོངས་པར་ཡང་གྲིགས་ཤེས་སོ། །ཐང་ཙུས་××བཏབ་པ། །
××××××××

8 སུ་ཆུད་ལ། །ར་མདའ་མ་བཏང་བ། ཞ་སྔ་ནས་བཀའ་གྲོས་ནོངས་པར་××××

9 ××ཞིག་སྟེ། །ནུབ་ཀྱི་ས་ངོས་སུ་ཛིན་གྱི་འབངས་སུ་གྱུར་ལ། །ཛིན་གྱི་ཆུ་སྲིད××××

10 ཛིན་བདེ་སྟེ་ཁ་དྲག་པོའི་དབང་དུ་ཡང་གྱུར་ཏོ། །ད་ཆེ××་གཉིས་བསྒོངས་ཏེ××××

11 ××འ་མ་བགྱིས་པ། །འགྱི་ཕོངས་བྲིད་པ་ཙམ་མ་ལགས་མད། །ཕོངས་བྱིད་དེ་འགྱིའི་ས་ཡུལ། ཛིན་
ལ××××××

12 ལ་སྤོངས་ལགས་སྙན་ཅད་ཞ་སྔ་ནས་ར་མདའ་པ་བཏང་ན་ཡང་མྱི་སྙན་ཏོ། །འགྱི་ཕོངས་ཏེ་མྱི་རུང་
བར་ཐུགས་××××

13 དའ་པ་གདོད་གཏང་བར་དགོངས་ན་ནི། །ཛིན་གྱི་ཁ་འབངས་འགུའི་ཡུལ་ཤོར་ཏོ། །འགྱིས་ཆེ་དང་ཆུ་

གཉིས་དང་××××

14 གཅིག་ཏུ་སྔོང་བར་གྱུར་ན། །ཛོན་ལ་ཕན་བ་ལྷ་ག་ལ་བཀྲིད་ཅེས་གསོལ་ནས། །ཛོན་གྱི་རྒྱལ་པོས་དམག་མང་པོ་བཏུས་

15 འགྲོའི་ར་མདའ་བཀྲིས་ནས། །འགྲོ་སྲིད་མ་སྟོརདད་པ་ནི་ཐང་ཙུའི་ཡོན་ལགས་སོ། །

16 འགུའི་རྒྱལ་པོ་ཀའི་རིང་ལ། །ཛོན་གྱི་རྒྱལ་པོ་ཤི་ཧྭང་གིས་དམག་པོན་དུ། །འུང་ཕེ་བཀའ་སྐྱལ་ཏེ××××

17 པ་ལས། །འུང་ཕེས་ཆུ་ཆེན་པོ་བྲངས་ཏེ་འགུའི་ཡུལ་མཁར་དེའི་ཡུང་སྦངས་ནས། །མཁར་ཞིག་སྟེ། ××××

18 དུ་བཟུང་ངོ་། །སྲིད་བརླག་སྟེ་འབངས་སུ་བསྡུས་པའི་རྗེས་ལ། །འགུའི་རྒྱལ་པོའི་བུ་ནུ་པའི××××

19 ཏེ། །ཛོན་གྱི་འབངས་སུ་སྡར་མ་འདུས་པ་ཞིག་མཆིས། །ཛོན་གྱི་རྒྱལ་པ་ཤི་ཧྭ××××

20 ན་ལ་སྲིང་བ། །ཁྲིད་གྱི་རྒྱལ་པོའི་སྲིད་ནི་ཁོ་བོས××××××ཡུལ་ཡང××××

pel.tib.1291C ཀྲོན་ཆེའུ་རི་དཔེ་བོད་འགྱུར་མ།

1 ××××ས་བཀའ་སྩལད་པ། །བཀའ་དྲིན་ནི་ཆེན་ན་འོན་ཀྱང་བདག་གི་ཕ་ལ། །རྒྱལ་པོ་××××

2 ××××མཁར་འདི་གཏན་སྲུངས་ཤིག་པ་ལགས་པས། །བདག་ཆོས་གཙལ་ཏེ་མཁར་འདི་××××

3 ××××ལར་མྱི་ཏུང་ཞེས་གསོལ་ནས། །ཛོན་གྱི་རྒྱལ་པོ་རབ་དུ་མྱི་དགྱེས་ནས། །སླད་གྱིས་××××

4 ××××ར་བཏང་སྟེ་ཛོན་གྱི་རྒྱལ་པོ། །ཤི་ཧྭང་དང་མཇལ་པ་ལས། །ཤི་ཧྭང་གིས་བཀའ་སྩལ་××××

5 ××××འགུ་གཉིས་ཀྱི་སྲིད་བརླག་པས། །ཨིན་ལིང་ཀུན་གྱི་ཡུལ་ས་ལི་ལྔ་བཅུ་ཞིག་ལུས་པ××××

6 ××××མ་འཛངས་པ་ཞིག་པས། །ངོ་མ་ཚོད་མ་ཐོགས་ཏེ། །སྐྱིན་བ་ཡུལ་ས་ལས་བཅུ××××

7 ××××མ་རྙེདད། ཁོ་བོའི་ངག་གཅིག་ཅིང་ཡིད་དང་འགལ་བར་བྱེད་པ། །ཁོ་བོ་ལ་བརྙས་པ་××××

8 ××××ཙུས་གསོལད་པ། །དེ་ལྟ་མ་ལགས་སྐུ་བརྙས་གསོལ་བའི་ཐུགས་ག་ལ་ཐུབ། །××××

9 ××××ཤིག་ཅེས། །རྒྱལ་པོ་ཡབ་མྱེས་ཕངས་ཀྱིས་བཀའ་སྩལད་པས། །གཏན་བསྲུ××××

10 ××××རྗེ་བའི་ཐུགས་སྨྲི་ཐུབ་ན་ལི་ལྔ་བརྒྱ་སྩལད་པ་ལྷ་ག་ལ་འཚལ། །ཡོང་ནི་ཆབ་གང་ཁྲལ××××

11 ××××ཁེ་ཙམ་ལ་ཨིན་ལིང་ཀུན་ཡང་ག་ལ་ལྷ། །མྱི་ཉན་པ་ལགས་ཤེས་གསོལད་པ་ལས། །××××

12 ××××ལ་ཟུང་གྱུར་ནས་། །ཐང་ཙུ་ལ་བཀའ་སྩལད་པ། །ཁྱོད་ཀྱིས་སྟོན་ཅད་རྒྱལ་པོ་ཁྲིས་××××

13 ××××ཏབ་པ་བདག་གིས་སྟོན་ཅད་མ་ཐོས། །རྒྱལ་པོ་ཤི་ཧྭང་གི་ཞལ་ནས་། །རྒྱལ་པོ་××××

14 ××××བར་སྟོང་དུ་འབབ་པ་འོང་ངོ། །ཐང་ཙུས་ལན་བཏབ་པ། །ཞ་སྣ་ནས་མྱི་སྟོ××××

15 ××××འྭང་གི་ཞལ་ནས་འབངས་སྟོད་རིམས་ཁྲིས་ན་། །འགོ་ས་ལ་འཛུགས་ལ་མག××××

16 ××××ཙུས་ལན་བཏབ་པ། །འདི་ནི་འབངས་མྱི་ངན་པ་ཁྲིས་པའོ། །སྟོད་རིམས་ཁྲིས××××

17 ××××ག་ཅག་ལྷ་བུ་ཁྲིས་ན། །འཕྲུལ་དུ་མྱི་རོ་ནི་གཉིས། །ཁྲག་ནི་འདོམ་ལྷར་འབར་××××

18 ××××མས་ཅད་མདུན་བཏབ་པ་ནི་དེང་མཐོང་ངོ་ཞེས་གསོལ་ནས། །ཐང་ཚུས་ར××××

19 ××××ལ་པོ་ཤི་ཧྭང་སྐྲག་ནས་ཐང་ཙུ་ལ་འཛུམ་གྱིས་བསུ་སྟེ། །ཕྱུས་མོ་ས་ལ་བཙུགས་××××

20 ××××བཞིན་དུ་མཛད། །བཀའ་སྩལད་པས་མཇལ་ཏེ་ཉན་ཏོ། །ཏན་དང་འག××××

21 ××××། །ཨིན་ཞིང་ཀུན་ཀྱི་ཡུལ་ཞི་ལྔ་བཅུ་མ་འདུས་ཏེ་ལུས་པ་ནི། །སློབས་××××

22 ××××བཀའ་སྩལཏོ།། །།

pel.tib.1291D ཁྲོན་ཆེའུ་ཏེ་དབྱི་བོད་འགྱུར་མ།

1 གནའ་ཐོག་མ་ཨིག་ཞིང་གི་ཡུལ་མྱི། །ཤུ་ཀེའུ་ཞེས་བགྱི་བ་འི་བུ། ××××

2 ××རྗིན་ཀྱིས་ཡུལ་ཀྭན་ཞེས་བགྱི་བ་འི་རྩེ་རྗེར་བསྐོས་ཏེ་། །ཀྭན་ཀྱི་རྩེ་××××

3 འགུ་འི་སློན་པོ་སོན་ཞིང་ཀུན་ཀྱིས། །རྗིན་ཡུལ་ཀྭན་ལ་རླ་ཞིང་། །དམག་འདྲིན་པར་བསམ་××××

4 ××ན་ཀྱི་གན་སུ་ཕོ་ཉ་བཏང་སྟེ་སྤྲིང་བ་ལ། །ཁྲོད་ཀྱི་འབངས་ཤུ་ཀེའུ་འདིར་ཐོང་ཤིག། ××××××འི་
ཕྱིའི་ཁྲལ་××ཆེན××××

5 བསྐོའོ་ཞེས་སྤྲིང་བ་ལས། །ཨེན་ཞིན་ཀུན་ཀྱི་ཕོ་ཉ་དང་མཇལ་ནས་བསྐོ་བ། །ཤུ་ཀེའུ་××××××ཡུལ་ཆུ་
དུའི་ཀྱི། །རྗེ་བླས××××

6 ××ག་གོ། །ཤུ་ཀེའུ་དངོས་ཕོ་ཉ་དང་སྤྲད་པ་ལས། ཤུ་ཀེའུ་ན་རེ་འགུའི་སློན་པོ་ཆེན་པོས་བདག
××××××པ་ནི། །རྗིན་ཀྱི་××××

7 བཀལ་བའི་ཚེ། །བདག་འབོད་དུ་སྩལད་སྐམ་སྟེ་། །བདག་གི་བུ་ཀྭན་ཀྱི་རྩེ་རྗེ་འཚལ་××××××འབོད་
དུ××××

8 པ་ནི་མྱིས་ཀྱུང་ཁྲིལ་ལོ། །བདག་གི་བུས་བདག་མཐོང་སྟེ་བབས་ན་ནི། །ཕས་བུ་བསྐག××××

9 ཞེས་ཀྱུང་མཆི་སྟེ་འཕྲོ། །ཕས་བུ་བསླུས་ཏེ་འགུའི་འབངས་སུ་ཁུགས་ན་ཡང་། །བུ་ཆེན་××××

10 སློན་པོ་ཆེན་པོ་ཁྲོད་ཅི་ཅམ་དུ་དགའ་ཞེས་། །ཕོ་ཉ་ལས་སྤྲིང་བ་ལས། །སློན་པོ་ཆེན་པོ××××

11 ཁྲིས་ནས། །ཨེན་ཞིང་ཀུན་ལ་སྤྲིང་བ། །ཨེན་ཞིང་གི་ཡུལ་ས་ཉིད་འགུ་དབང་××××××ན། །ད་ལྟར་

ཁོ་བོས××××

12 ཀུན་ལ་བརྒྱལ་ཏེ་ཕེབས་པས། །ཇོན་གྱི་ར་མདའ་ཡང་དག་པར་འོང་སྟེ། ར་མདའ་པ××××××། །ཁོ་བོ་འགྲུ××××

13 འདོན་ཟབོ། །ཤུ་ཀེའུ་འོང་དུ་མ་བཏུབ་ན། །ཟུང་ལ་སྦོ་ཤིག། །ཤུ་ཀེའུ་མ་བཏང་ན་××××××དམག་ཁྲི་ཁྲག་××××

14 ཕིང་གི་མཁར་དུ་འོང་ངོ། །ཨོན་ཕིང་ཀུན་གྱིས་ལན་སྤྲིང་བ། །བདག་གི་རྒྱལ་པོ་སྤྱ་མས་×××××× རྗེས་ཕངས××××

15 ལུང་མནོས་ཏེ་། །ཐང་ཁྲིམས་བྲིས་པ་ལས། །མཁར་འདི་ཐུབ་པར་སྲུངས་ལ། །འབངས××××

16 ××་པ་དང། རྗེ་རྗེ་མཁར་བོར་ཏེ་སློ་བ་འབྲིང་བ་དང། །བུ་ཚ་ལ་ཁྲིལ་བོར་ཞིང་བསད་པ་ལྟ××××

17 ××་འབྱུང་བས། །ཤུ་ཀེའུ་དངོས་རྗེས་འབངས་དང་སྤད་དུ། །ཆུ་གང་བྱེད་དེ་མཆིར་མ××××

18 བ་། །བདག་རྒྱལ་པོ་ཡབ་མྱེས་ཀྱི་བཀའ་ལུང་ནོས་པ་དང། །ཐང་ཁྲིམས་དང་། བ××××

19 ××ན་པོ་ཆེན་པོ་ཨོན་ཕིང་ཀུན་། ངག་ཉན་ཅིང་། ཤུ་ཀེའུ་གཟུང་བ་ལྟ་། །བདག་བཀུམ་××××

20 བ། །ཤུ་ཀེའུས་ཐོས་ནས། །ཤུ་ཀེའུ་ན་རེ། །འགུའི་བློན་པོ་ཆེན་པོ་། །སིན་ཕི××××

21 ཆེ་ཞིག་པས། །ཨོན་ཕིང་ཀུན་གྱིས་སྤྲིང་བའི་ཚིག་། །སིན་ཕིང་ཀུན་གྱིས××××

22 ཕིང་ཀུན་གྱི་སྲིད་ལ་གནོད་པ་བྱེད། །པར་འགྱུར་བས། །བདག་ཨེན་ཕིང་ཀུན་གྱི་××××××ཞིག་ནས××××

23 ××མ་མཆིས་སུ་ག་ལ་རུང་སྟེ། །བདག་མ་རུང་བའི་ཕྱིར་། །བདག་གི་དཔོན་པོ་××××××ཡང་××××

24 ××བྱེད་དུ་ག་ལ་གཞུག་ཅེས་མཆི་ནས། །འགུའི་ཕོ་ཉའི་མདུན་××××

25 ××བས་ཏེ་གྲུཾ་བར་སིན་ཕིང་ཀུན་གྱིས་ཐོས་ནས་མདུན་××××

26 ××ང་ཀུན་ལ་སྤྲིང་བའི་ཚིག་ལ། །བདག་ངན་པ་སློ་བ་རྒྱུན་ཏེ་། སྙིང་རྒྱ་ཆུང་བ××××

27 ངག་དུ་སྤྲིང་བ་ནོངས་ཁྲི་ལན། །བཀའ་སྩོ་འབབ་དུ་གསོལ་ཞེས་སྤྲིང་ནས། །རྒྱ××××

28 ××་ཁས་བླངས་ནས་གནོང་བཀུར་རོ། །

མི་རིགས་གཞན་པའི་ལོ་རྒྱུས་ཡིག་ཆའི་སྐོར།

Pel.tib.0953 ལི་ཡུལ་ལུང་བསྟན།

1 དབེན་པ་ཡི་××××××××འདི་ནི། དགེ་བ་ཞེས་བྱའོ། །དེ་ནས་དེའི་ཚེ་ལྷའི་ཡང་ལྷ། སངས་རྒྱས་བཅོམ་

ལྡན་འདས་ཀྱིས་ཡུལ་དགེ་བ་དང།

2 མཁར་དགེ་བ་ཅན་དང་དགེ་འདུན་སོ་སོའི་ཀུན་དགའ་ར་བ་དང། གཙུག་ལག་ཁང་དང། དགོན་པའི་གནས་

དང། ཡུལ་དེར་སོ་སོ་ནས་བསོད་ནམས་བྱ་བའི་

3 དངོས་པོ་དགེ་བ་བྱེད་པར་འགྱུར་བའི་རྒྱལ་པོ་དང་ཆོས་དང་ལྡན་པའི་དད་པ་ཅན་དང། སྦྱིན་བདག་

དང། །ལོ་ཐམས་ཅད་འབྱུང་བར་ལུང་

4 བསྟནད་དོ། །དེ་ནས་བཅོམ་ལྡན་འདས་ཀྱིས། བྱང་ཆུབ་སེམས་དཔའ་རྣམས་ལ་བཀའ་སྩལ་པ། །

རིགས་ཀྱི་བུ་ཁྱེད་རྣམས་གིས་ཀྱང། མ་འོངས་པའི།

5 ××××བྱུང་བའི་ཡུལ་འདིར་ཅི་གནས་ཀྱང་སེམས་ཅན་རྣམས་དམ་པ་ཆེད་པོ་མྱུར་དུ་ཐོབ་པར་འགྱུར་

བ་དང། ཧོང་དེ་འཛིན་གྲུབ་པར་འགྱུར་བར་

6 ××××ཤིག། །དེ་ནས་དེའི་ཚེ་བཅོམ་ལྡན་འདས་མཚོ་རོལ་ནས་ཆུང་ཟད་ཅིག་སླར་འཁྱིར་དེ། དེ་འི་མོད་

ལ་འི་ཤླང་ཙུ་འི་སྟེང་དུ་གདན་ཁྲི་བཤ

7 ××××གྲུ་མ་བཅས་ཏེ་བཞུགས་ནས། ཞལ་ནུབ་ཕྱོགས། བཅོམ་ལྡན་འདས་ཀྱི་ཕོ་བྲང་མཆོད་རྟེན་གོམས་

ལ་གནད་གང་ན་བ་དེ་ཕོ་

8 ×××××དེ་འི་ཚེ་འཇིག་རྟེན་གྱི་ཁམས་གཞན་གཞན་ནམ། བྱང་ཆུབ་སེམས་དཔའ་ཉི་ཁྲི་མངོན་པར་

གཤེགས་པ་དང་ལྡན་བའི་དྲང་སྲོང་×××××

9 ×××མ××××གདོམ་

ཀྱིས། ན་ལ་གནད

10 ××××××××××××××××××××××××××××××འི་སྐྱབས་སུ་སོང་ནས། ཕྱོགས་གཅིག་དུ་

11 ××××××××××××××××××××××××××××འཁོརད་དེ་དག་ལ་འདི་སྐད་ཆེས་བཀའ་

སྩལད

12 ××××××××××××××××××××××××××མཆོད་རྟེན་གོམས་ལ་གན་ད་ཡུལ་དུ་དཔའ་ངེས་

13 ×××××××××××××××××××××××××××མ་ཅིག་འབྱུང་བར་འགྱུར་ཏེ། །དེ་དག་ཐམས་

14 ××ཆིང་ན་མཚམས་གང་
×××××××བཀྲ་ཤིས་

15 ×××
××××××××××××××

16 ×××
××××××××××××གཞན

17 ཡང་དེ་བཞིན་གཤེགས་པ་××
×××××××××

18 བསམ་བརྟན་པ་རྣམ་པ་ཡོངས××
×××××××

19 སྐྱི་བྲང་དུ་བཞུགས་ཏེ། ×××
××××××××××

20 སོ། །དེ་བཞིན་དུ་སྨོན་ལམ་ཆེན་པོ་×××
×××××××

21 དང་སྦྱོང་བྱེད་ཆེམ་བྱ་བའ། །××
×××××××××

22 སོ། །དེ་བཞིན་དུ་ནམ་པ་ལྟར×××××××××××××××××××××××××××××××××××××××
×××××××××

23 སྦྱོང་བྱེད་ཆེས་བྱ་བ་འབྱུང་བར་སྒྱུ×××××××××××××××××××××××××××××××××××××××
××××××

24 ལྷ××། བྱང་ཆུབ་དེ་ཡང་བདུ××××××××××××××××××××××××××××××××××××××
×××××××××

25 འགྱུར་××
××××××××××××××

26 མཚམས་×××
×××××××××××××

27 ××××་སོ×××
×××××××××××××××

28 ལགས་×××
×××××××××××××

29 ×××
×××××××××××××××

30 ཐོས་ཀྱང། གཙུག་ལག་ལྷ་××××××××××××××××××××××××××××××××××××××
××××××××

31 ××××ལ་ཆེ་×××
××××××××××××××

32 ཞེས་བྱ་བ་འདུག་བཅས××
×××××××××

Pel.tib.0960 ལི་ཡུལ་དུ་བསྟན་པ་དར་བའི་ལོ་རྒྱུས།

1 ༄། །ཆོས་བྱུང་ནས་ལོ་སྟོང་བདུན་བརྒྱ་སུམ་ཅུ་རྩ་གསུམ་ལོན། །རྒྱལ་པོ་ས་ནུ་ནས། །ཤི་ཛྫེ་བརྩུན་ལེགས་ཀྱི་བར་དུ། རྒྱལ་པོ་རབས་ལྔ་བཅུ་རྩ་དྲུག། གིས་བགྱིས×××××

2 ×××། དེ་ནས་བྱང་ཆུབ་སེམས་པ་བྱམས་པ་དང་། འཕགས་པ་འཇམ་དཔལ་གཉིས་ཀྱིས། །ལི་ཡུལ་འདི་དུས་གསུམ་གྱི་སངས་རྒྱས་ཀྱི་ཞིང་ཁྱད་པ། ལགས་པར་ཐུགས་སུ་ཆུད་ནས། ལི་ཡུལ་དུ་གཤེགསྟེ། ×××××

3 ××××ལ་གྱི་མྱི་རྣམས་ཀྱི་དགེ་བའིི་བཤེས་ཉེན་མཛད་པའི་ཕྱིར། །དང་པོར་ཅར་མ་ཅུ་ལི་ཞེས་བྱ་བའི་ཚལ་དུ་གཤེགས་སྟེ། །བྱང་ཆུབ་སེམས་པ་བྱམས་པ་ནི། རྒྱལ་པོ་བྱི་ཛ་ཡ་སམ་བྷ་བ་ཞེས་བྱ་བར། །

4 ××××མས་ཀྱི་རྒྱལ་པོ་མཛད། །འཕགས་པ་འཇམ་དཔལ་ནི། དགེ་སློང་བེ་རོ་ཙ་ན་འི་ལུས་སུ་སྤྲུལ་ཏེ། །ཅར་མ་ཅུ་ལིའི་ཚལ་ན་བཞུས་ནས། །དང་པོ་བྱིས་པ་ཕྲུགས་ཇོ་རྣམས་ལ། ཡི་གེ་དང་སྐད་བསྟུན××××

5 ××ནས་ཆོས་བྱུང་ངོ། །དེ་ནས་རྒྱལ་པོ་བྱི་ཛ་ཡ་སམ་བྷ་བ་དགེ་བའི་བཤེས་ཉེན་འཕགས་པ་འཇམ

དཔལ་གྱིས་སྤྱལད་པ། །དགེ་སློང་བེ་རོ་ཙ་ན་འི་སྐད་དུ། །དང་པོ་ལི་ཡུལ་དུ་ཙར་མའི་གཙུག་ལག་ཁང་
བའིxxxxx་
6 རྒྱལ་པོ་ས་ནུ་འི་ཚ་བོ། རྒྱལ་པོ་ཡེའུ་ལ་ཞེས་བགྱི་བས། །ལི་ཡུལ་འུ་ཧེན་གྱི་མཁར་དངར་ལྷན་གྱི་གྲོང་ཁྱེར་
ཆེན་པོ་བརྩིགསོ། །༔། །དེ་ནས་རྒྱལ་པོ་བི་ཇ་འུ་ཧེན་གྱི་མཁར་དངར་ལྷན་གྱི་སྟེང་། ཤར་ལྷོ་མཚམསུ་
xxxxx
7 བྱུང་སྟེ་བལྟས་ན། །མཁར་གྱི་ཕྱི་རོལ་ན། ཤ་བ་སྨྱུ་གསེར་དང་རྡུལ་གྱི་ཁ་དོག་ལྟར་སྣང་བ་ཞིག་མཐོང་
ནས། །རྒྱལ་པོ་འཁོར་དང་བཅས་པས་བསྙགས་པ་དང་། ད་ལྟར་འགོའུ་ཏེ་ཤན་ཤོད་ན། །འགྲུམ་ཏིར་
གྱི་མཆོད་
8 རྟེན་ཆེན་པོ་བཞུགས་པའི་སར་སླེབས་ནས། །བལྟས་ན། ཤ་བ་ནི་གནོད་སྦྱིན་གྱི་རྒྱལ་པོ་ཀུན་དུ་རྒྱལ་
བར་གྱུར་ཏེ། །གནོད་སྦྱིན་གྱི་རྒྱལ་པོ་ཀུན་དུ་རྒྱལ་གྱིས། རྒྱལ་པོ་ལ་སྨྲས་པ། །ཀྱེ་རྒྱལ་པོ་ཆེན་པོ་ཁྱོད་
ཀྱིས། ས་
9 འདིར་མཆོད་རྟེན་གཅིག་བརྩིག་པའི་རིགས་སོ་ཞེས་བགྱིས་པ་དང་། རྒྱལ་པོས་སྨྲས་པ། སུའི་ཕྱིར་བརྩིག་
ཅེས་བགྱིས་པ་དང་། །སངས་རྒྱས་ཀྱི་ཕོ་ཉ་དགྲ་བཅོམ་བ། འཕྲུ་ཏ་འདུ་ཏ། དང་། སང་ག་སྟ་དང་། སང་
ག་བོ་
10 ཡང་དང་། སང་ག་སྟ་ན་འདི་བཞི། ཁྱོད་ཀྱི་དགེ་བའི་བཤེས་ཉེན་དུ་འོང་གིས། དེ་དག་གི་ཕྱིར་རྩིག་ཤིག་
ཅེས་བགྱིས་པ་དང་། །དེ་མ་ཐག་དུ་དགྲ་བཅོམ་བ་བཞི་ཡང་དེར་མངོན་དུ་གཤེགས་ནས། །ཆོས་བཤད་
པས། རྒྱལ་པོ་ཡཱ་
11 དད་པའི་ཤུགས་ཆེད་པོ་སྐྱེས་སྟེ། །མཆོད་རྟེན་བརྩིག་པའི་ཕུར་བུ་ཡང་དེར་བཏབ་ནས། །དེ་འི་འོག་དུ་
འགྲུམ་ཏིར་གྱི་གཙུག་ལག་ཁང་གི་མཆོད་རྟེན་ཆེན་པོ་བརྩིགས་སོ། །༔། རྒྱལ་པོས་འགྲུཾ་ཏིར་བརྩིགླ
12 པའི་ཚེ། བུ་ཆུང་དུ་ཞིག་ཁྲིད་ཁྲིད་པ་ལས། །སྔོརད་པ་རྗེས་བཙད་དེ་བཙལ་ན། །ད་ལྟར་འགེའུ་ཏེ་ཤན་གྱི་
སྟེང་། འཛམ་དཔལ་གནས་པ་དང་གཉིས་ཀྱི་བར་ན། ལུང་བུ་སྨྱི་ཆེ་བ་ཞིག་གི་ནང་ནས་རྙེད་ནས། །
རྒྱལ་པོསxxxxx
13 རྙེད་པའི་ས་ར། ལུང་བུ་འི་ནང་དུ་གཙུག་ལག་ཁང་གཅིག་བརྩིག་སྟེ། །རབས་བདུན་གྱི་སངས་རྒྱས་ཀྱི་
ཤ་རི་རམ་ཡང་དེ་ན་བཞུགས་སྟེ། །དུས་གསུམ་གྱི་མཆོད་པའི་ས། གཙུག་ལག་ཁང་གི་མཚན་ཨ་ཏྲ་
སྨ་ན་ཞེས་
14 བགྱི་བ་ལགས་སྟེ། །རྒྱལ་པོས་བུ་ཆུང་དུ་དེ་ཡང་ཐར་པར་བཏང་སྟེ། །མོད་ལ་དགྲ་བཅོམ་བའི་འབྲས་

བྱ་ཐོབ་ནས། །དང་པོར་ཡི་ཡུལ་དུ་དགྲ་བཅོམ་པའི་འབྲས་བུ་ཐོབ་པ་འདི་ལས་སྔ་བ་མ་བྱུང་། བས།
འདི་ནི་ལམ་
15 མ་ནོར་པར་སྟོན་པ་ཞེས་མཚན་མོར་གྲུ་བདེ་ཤིལ་དུ་བཏགས་སྟེ། །ཐོག་མ་མོར་གྲུ་བདེ་ཤིལ་ཞེས་བགྱི་
བའི་གླིང་ཡང་དེ་ལས་བྱུང་སྟེ། །སླན་ཅད་མོར་གྲུ་བདེ་ཤིལ་ཡང་ཐུབ་ལྡན་
16 གང་ཆེ་བ་དང་། དཀའ་ཐུབ་ཀྱི་མཆོག་ལས་བཏུས་སྟེ། །མོར་གྲུ་བདེ་ཤིལ་དུ་བསྙོས་པ་ལགས། །ཿ། ཡི་
ཡུལ་མཆོར་མཆིས་པའི་ཚེ། །བཅོམ་ལྡན་འདས་ཀྱིས་བྱང་ཕྱོགས་ཀྱི་རྒྱལ་པོ། བེ་ཤ་ར་མ་ནེ་དང་། ༑
17 དགེ་སློང་ཤ་རི་འི་བུ་གཉིས་ལ་བཀའ་སྩལད་པ། །ད་ལྟར་མཚོ་མཆིས་པའི་འདི་དུས་གསུམ་གྱི་སངས་རྒྱས་
ཀྱི་ཞིང་ཁུད་པ་ལགས་སྟེ། །ཕྱིས་ཡུལ་དུ་གྱུར་ནས། །ད་ལྟར་པད་མོ་སྐྱེས་པའི་སར་ཡང་། གཙུག་
ལག་ཁང་རེ་རེ་འབྱུང་།
18 བྱང་ཆུབ་སེམས་དཔའ་ཡང་མང་དུ་འབྱུང་གིས། །མཚོ་འདི་ཁྱེད་ཀྱིས་གྲུ་དུ་ཐོ་ལ། སྣར་ཡུལ་དུ་
སྒྱུར་ཅིག་ཅེས་བཀའ་སྩལ་ནས། །བྱང་ཕྱོགས་ཀྱི་རྒྱལ་པོ་བེ་ཤ་ར་མ་ནི་དང་། དགེ་སློང་ཤ་རི་འི་བུ་
གཉིས་ཀྱིས་
19 ཤང་ཤན་དུ་སེག་ཅང་གི་རྩ་བ་དང་། མདུང་གི་མ་རྩེས་མཚོ་དྲལ་ཏེ། །མཚོ་ཡང་སྐམས་ནས། །སངས་
རྒྱས་ཀྱུང་མྱ་ངན་ལས་འདས་སྟེ། །ལོ་བརྒྱ་ལོན་ནས་ཡུལ་དུ་གྱུར་ཏོ། །ཿ། །ཐོག་མ་ཡུལ་དེའི་
20 རྒྱལ་པོ་ས་ནུ་ཞེས་བགྱི་བ་ནི། །རྒྱ་གར་གྱི་རྒྱལ་པོ་ཨ་ཤོ་ཀའི་བུ་ལགས་སྟེ། །རྒྱ་གར་གྱི་རྒྱལ་པོ་ཨ་ཤོ་
ཀ་ལྡོངས་རྒྱུ་ཞིང་ཡུལ་ཚོལ་དུ། རྒྱ་གར་གྱི་དམག་མང་པོ་དང་། ལམ་དུ་བཅས་སྟེ་མཆི་མཆི་བ་ལས།
ཙུ་ཏེན་ཡང་དེ་ཙམ་ན་མ་×××དུ་མཆིས་པར×××××། བྲམཟེ་དང་ལྟས་མཁན་རྣམས་བསྟོགས་
21 ནས། །མཚན་ལྟར་སྩལད་པ་ལས། ལྟས་མཁན་གྱིས་བལྟས་ན། འཕགས་པར་མཚན་བཟང་པོ་དང་
ལྡན་བ་ཞིག་སྟེ། །རྒྱལ་པོ་ཁྱོད་པས་ནི། བུ་རྒྱལ་བུ་འདི་མདའ་ཐང་ཆེ་ཞེས་བགྱིས་པ་དང་། རྒྱལ་པོ་
ཕྲག་དོག་
22 སྐྱེས་སྟེ་ཁྲིས་ནས། །བུ་ཡང་དང་མོ་བཅས་པའི་སར་བོར་ཏེ། །རྒྱལ་པོས་བུ་བོར་བའི་ས་ནི། ད་ལྟར་
ཙུ་ཏེན་བྱང་སྒོའི་ནང་ལོགས་ལྷ་གང་རིང་པོ་འི་དྲུང་ན། ཨ་ཏྲ་བ་ལོ་བཞུགས་པའི་རྒྱབ་ན། མགོན་པོ་
འི་རྟེན་ཀང་བཞུགས་པ་ལགས། །
23 རྒྱལ་པོས་བུ་བོར་བའི་ཚེ། །བྱང་ཕྱོགས་ཀྱི་མགོན་པོ་བཻ་ཤ་ར་མ་ནི་དང་། དཔལ་གྱི་ལྷ་མོས་སའི་ནང་
ནས་ནུ་མ་ཕྱུང་སྟེ། །གསོས་ནས་བུ་ཡང་མ་གུམ་སྟེ། །གླིང་ཡང་ས་ནུར་བཏགས་ཏེ། ཤ་ར་མ་ནིས་བླངས་
ནས། །རྒྱ་རྗེ་ལ་

24 བུ་སྟོང་དུ་གྲངས་གཅིག་གིས་མ་ཚང་བར། རྒྱ་རྗེའི་བུར་སྤྲུལ་ཏེ། །རྒྱ་རྗེ་འོ་གནང་ཅེན་འཚོལ་ཞིང་མཆོས་མཆིས་པ་ལས། །དུས་ཆེན་པོ་ཞིག་གི་ཚེ། རྒྱ་རྗེ་འོ་བུ་རྣམས་རྩེ་རྩེ་བ་ལས། །ས་ནུ་དང་། རྒྱ་རྗེའི་བུ་གཞན་དུ། །

25 འཐརས་སྟེ། །ཚིག་ལས་ངན་པ་ཁྱོད་རྒྱ་རྗེ་འོ་བུ་མ་ཡིན་ཏེ། གྱི་ན་རྟེད་པ་དང་། ངེད་རྒྱལ་རིགས་ཐ་དད་ཅེས་བགྲིས་པ་དང་། རྒྱལ་བུ་ས་ནུ་སྨྲི་དགའ་ནས། སོད་ལ་རྒྱ་རྗེ་ལ་གསོལད་པ། །བདག་ཅག་རྒྱ་རྗེ་འོ་སྲུས་རྣམས་དེ་རིང་རྩེ་རྩེ་

26 བ་ལས། །སྲུས་གཞན་གྱི་མཆིད་ནས། །ངན་པ་ཁྱོད་རྒྱ་རྗེ་འོ་བུ་མ་ཡིན་ཏེ། གྱི་ན་རྟེད་པ་དང་། ངེད་རྒྱལ་རིགས་བུ་ཡང་དག་པ་ཡིན་ཏེ་ཐ་དད་ཅེས་མཆི་ན། །བདག་རྒྱ་རྗེ་འི་བུ་མ་ལགས་པར་གྱུར་ན། བདག་རྒྱ་རྗེ་འི་ཞམ་འཁྲིང་

27 ན་མཆིས་ན་ཅི་སླན། །བདག་ཡུལ་ཚོལ་ཞིང་ཕྱོགས་གཞན་དུ་མཆི་བར་ཅི་གནང་ཞེས་གསོལད་པ་ལས། ། རྒྱ་རྗེས་ཀྱང་འཕྲུལ་དུ་ཁྱོད་ངའི་བུ་ཡང་དག་པ་ཡིན་ཏེ། །བུ་གཞན་དེ་སྐད་ཟེར་བ་བརྫུན་གྱིས། འགྲོར་མི་གནང་

28 ཞེས་མཆི་བ་ལས། །ཡང་ས་ནུ་གལ་གྱིས་གཙུས་སྟེ། །གསོལ་གསོལ་ནས། །རྒྱ་རྗེས་ཀྱང་ཤ་ར་མ་ནོས་བུ་ཕྱིན་བ་འདི་འཕགས་པར་ཡང་སྡུག་ན། འདུག་དུ་མ་ཏུང་ཞེས་སྨྲི་དགའ་ནས། བུ་ས་ནུས།

29 གསོལད་བ་བཞིན་གནང་སྟེ། །རྒྱ་འི་དམག་མང་པོ་དང་འཁོར་དུ་བཅས་སྟེ། །བརྫངས་ནས། ཡུལ་ཚོལ་ཞིང་ལི་ཡུལ་ཕྱོགས་སུ་མཆི་བ་དང་། རྒྱལ་བུ་ས་ནུའོ་ཕ་རྒྱ་གར་གྱི་རྒྱལ་པོ་ཨ་ཀའི་བློན་པོ། ཆེན་པོ། ཨ་མ་ཙ་ཡ་ཤི་ནོངས་བྱུང་ནས། །

30 ཡུལ་ནས་བསྐྲད་དེ། རྒྱ་གར་གྱི་དམག་མང་པོ་དང་འཁོར་དུ་བཅས་སྟེ། ལི་ཡུལ་ཕྱོགས་སུ་མཆི་བ་དང་། །ཤེལ་ཆབ་གོང་མ་འི་ཧང་འགུ་འཇོར་མཇལ་ནས། དང་པོ་ནི་རྐྱུས་མ་འཚལ་ཏེ། །སོ་སོ་ནས་གཡུལ་བཤམས་སྟེ། ཐབ་མོ་བགྱི་བར།

31 བགྱིས་པ་ལས། །མགོན་པོ་བེ་ཤ་ར་མ་ཎ་དང་། དཔལ་གྱི་ལྷ་མོ་དང་། ས་འི་ལྷ་མོ་ལས་སྩོགས་པ་དབུས་ནས་བྱུང་སྟེ། །དང་པོ་འི་རྐྱུས་ཀྱང་ཞིབ་དུ་བཤད། །བྲན་དང་རྗེ་བོར་ཡང་ངོ་ཤེས་པར་བསྟནད། ། སྡུམས་བགྱིས་ནས། །

32 དང་པོ་རྒྱལ་པོ་ས་ནུ་དང་། ཨ་མ་ཙ་ཡ་ཤ་རྗེ་གོལ་མཇལ་ནས། །གཞི་འདི་གཉིས་ཀྱིས་བཟུང་སྟེ། ཁུ་ཏེན་གྱི་ཡུལ་ས་ནི། དེ་ལྟར་བཟུང་ཞིང་བཙུགས་སོ། །ཿཿ། ལི་ཡུལ་དུ་དམ་པའི་ཆོས་སྨྲི་འཇིག་པ་དང་། ཡུལ་གྱི་སྲུངས་མ་ཆེན་པོ།

33 བརྒྱད་བཞུགས་པ་ལ། །མགོན་པོ་ཆེན་པོ་བ་ཤ་ར་མ་ནི། སྔོ་དཔོན་ས་ཏེ། ཨ་པ་ར་ཛི་ཏ། ཛྙ་ཛྙ་ན
ཤྭ་ར། །སུ་གར་ན་མ་ལ། ཞྭགས་ཀྱཱུ། སྟ་ན་བ་ཏི། ཀླུ་འི་རྒྱལ་པོ་འབྲུ་ཏ་བ་ད་ཏ་ལ་སྟོགས་པ། དེ་དག
གི་འཁོར་དམ་ཚིག་ཅན། །སྤྱིར་སྲུང

34 བ་ནི་སུམ་ཁྲི། ལྷ་སྟོང་ལྔ་བརྒྱ་རྩ་བདུན་སྲུང་ངོ་། ༔ ཀླུའི་རྒྱལ་པོ་བཞི་ཆོས་དང་ཡུལ་དུ་བཅས
པར་སྲུང་བའི་མཚན། །འདི་བཞི་སྲུང་། བྱང་ཆུབ་སེམས་དཔའ་ལྔ་བརྒྱ་ནི།

35 རྟག་པར་བཞུགས་སྟེ། །ཉིས་བརྒྱ་ལྔ་བཅུ་ནི་དགེ་སློང་ཕོ་སློམས་ཀྱི་ཚུལ་དུ་བཞུགས། །ཉིས་བརྒྱ་ལྔ་
བཅུ་ནི་ཁྱིམ་པ་སྐྱ་བོ་ཕོ་སློམས་ཀྱི་ཚུལ་དུ་བཞུགས་སོ། ༔ མཚོ་འི་ནང་ནས་དང་པོ་པད་མོ་འབྱུང་
བའི་སར། གཙུག་ལག་ཁང་རེ་རེ

36 འབྱུང་སྟེ། །འགེའུ་ཏི་ཤན་དང་། འགུམ་ཏིར་དང་། འགུན་འབང་དང་། ཅར་མ་དང་། འཛོ་ཏིར་དང་།
དར་མ་ཏིར་དང་། སང་ཏིར་དང་། སྐོའི་གྲོང་ལ་སྟོགས་པ། གཙུག་ལག་ཁང་གཉན་པོ་སྤྱིར་སུམ་བརྒྱ
སུམ་ཅུ་རྩ་གསུམ་བཞུགས། ༔ །

37 བྱང་ཆུབ་སེམས་དཔའ། རང་བྱུང་བ་བརྒྱད་ད་ལྟར་ལི་ཡུལ་ན་བཞུགས་པའི་མཚན། །ཕྱག་ན་རྡོ་རྗེ་
ནི་གསང་བའི་བདག་པོ་ལགས་སྟེ། །ད་ལྟར་ཡང་འགེའུ་ཏི་ཤན་གྱི་བང་རིམ་བླ་སྟེངས། ཤོང་ཕྱ་ན
བཞུགས། །ཨ་རྱ་བ་ལོ་ནི་འཇུ་སྣ་ན།

38 བཞུགས། །ནམ་ཀའི་སྙིང་པོ་ནི་སྐོའི་གྲོང་ན་བཞུགས། །འཇམ་དཔལ་དང་། མ་ནི་རྒྱ་བ་གཉིས་ནི་
འགེའུ་ཏི་ཤན་ན་བཞུགས། །སའི་སྙིང་པོ་ནི་འཛོ་ཏིར་ན་བཞུགས། །ཀུན་དུ་བཟང་པོ་ནི་ཏོ་ལའི་སང་
ག་པོ་ལོང་ན་བཞུགས། །སྨན་གྱི

39 རྒྱལ་པོ་ནི་འབའ་ནེ་ཅོ་ན་བཞུགས། །བྱམས་པ་ནི་འབས་ནོ་ཉ་ན་བཞུགསོ། ༔ དགེ་འདུན་སྡེ་
གཉིས་ཀྱི་ལྟ་བ་ནི། དགེ་སློང་ཕོ་སློམས་སྡེ་གཉིས་ལས། ཐེག་པ་ཆེན་པོ་པ་ནི། རྣམ་པར་མི་རྟོག་པ་
དང་། དཔའ་བར་འགྲོ་བའི

40 ཏི་ངེ་འཛིན་གྱི་སྒོར་འཇུག། །ཉན་ཐོས་པ་ནི་བདེན་བ་བཞི་འི་སྒོར་འཇུག་སྟེ། །དགེ་འདུན་སྡེ་གཉིས
དང་། སྐྱ་བོ་ལས་ཐེག་པ་ཆེན་པོ་འི་སྒོར་འཇུག་པ་དང་། ཉན་ཐོས་ཀྱི་སྒོར་འཇུག་པ་མང་ཉུང་གི་
ཚད་ནི། །ཐེག་པ་ཆེན་པོ་པ་ནི།

41 རྟའི་ལུས་ཀྱི་སྤུ་ཙམ། ཐེག་པ་ཆུང་ངུ་པ་ནི་རྟའི་རྣ་བའི་སྤུ་ཙམ་སྟེ། མང་ཉུང་གི་ཚད་ནི་དེ་ཙམ་ཞིག་
བཞུགསོ། ༔ ལི་ཡུལ་འུ་ཏིན་སྣར་འཇིག་ཅིང་མཚོར་འགྱུར་བའི་དུས་ནི། །ནམ་དགེ་བ་བཅུ་མི་
སྤྱོད་པའི་དུས་ན། །

42 ཡུལ་གྱི་སྲུངས་མ་མགོན་པོ་དམ་ཆོས་ཅན་རྣམས་དང་། སྲུངས་མ་ལྷ་ཀླུ་རྣམས་ཀྱིས། ཞིང་ཤན་གྱི་རོང་ཡང་སླར་ཐུབ་པར་བགྱིས་ནས། །ཤེལ་ཐུ་ལྷག་འོག་གཉིས་ཀྱི་ཆབ་ཀྱང་། ཙུ་ཧེན་གྱི་མཁར་དངར་ལྡན་གྱི་ནང་དུ་ལྷར་ཚོང་

43 དུས་ཆེན་པོ་འི་སྐད་ན། འགུམ་ཧྲིར་གྱི་གཙུག་ལག་ཁང་ཆེད་པོ་པྲ་བ་ཤ་བཞུགས་པའི་གཙུག་ལག་ཁང་། གི་སྐོར་འདུས་ནས། སླར་ཡང་མཆོར་འཕྲིལ་ཏེ། མཆོར་ཞུར་དེ་ཚེ། །ཤ་རི་རམ་གཞན་ནི་ཀླུ་རྣམས་ཀྱིས་འཚལད། ཏེ། །

44 སོ་སོ་འི་གནས་ན་མཆོད་པ་བགྱིད། །སངས་རྒྱས་རབས་བདུན་གྱི་ཤ་རི་རམ་ཤས་ནི་ད་ལྟར་འགོའུ་ཧེ་ཤན་གྱི་སྒེང་འཇམ་དཔལ་གནས་པ་དང་གཉིས་ཀྱི་བར་ན། ལུང་བུ་སྨི་ཆེ་བ་ཞིག་གི་ནང་ན། །རྒྱལ་པོས་བུ་སྟོར་པ་རྙེད་པ་འི་སར་

45 གཙུག་ལག་ཁང་གཅིག་བརྩིགས་པ་ལགས་སྟེ། །ད་ལྟར་དུས་གསུམ་གྱི་མཆོད་པའི་སའི་གཙུག་ལག་ཁང་མཚན་ཨ་ཏྲ་སྟ་ན་ཞེས་བགྱི་བ་དེ་ན་ཤ་རི་རམ་གྱི་ཤས་བཞུགས་སྟེ། །ལི་ཡུལ་སླར་མཆོར་ཞུརད་པའི་ཚེ་ནི། ཨ་ཏྲ་སྟ་ནའི་

46 གཙུག་ལག་ཁང་བཞུགས་པའི་ལྟུང་བུ་དེ་ཡང་། སླར་ཁ་ཐུབ་ནས། །ས་གཞི་དེ་ནས་ཤ་རི་རམ་སུས་ཀྱང་མི་འཚལ་བར་བཞུགས་སྟེ། །ནམ་སངས་རྒྱས་བྱམས་པ་འཇིག་རྟེན་དུ་མགོན་དུ་གཤེགས་པའི་དུས་ན། །ལི་ཡུལ་གྱི་

47 མཚོ་ཡང་སླར་སྐམས་ནས། །ཡུལ་དུ་འགྱུར། །གཙུག་ལག་ཁང་ཤ་རི་རམ་བཞུགས་པའི་ལུང་བུ་དེ་ཡང་། སླར་ཁ་བྱེ་ནས། །སངས་རྒྱས་བྱམས་པ་འཁོར་དང་བཅས་པའི་མཆོད་གནའས་སུ་འགྱུར་རོ། །༎ །

48 ། བཅོམ་ལྡན་འདས་ཀྱིས་བཀའ་སྩལད་པ། །ཡུལ་ལི་ཡུལ་གྱི་ལུང་བསྟན་འདི་མྱི་ཕལ་གྱིས་བཅད་དུ་ཡང་མྱི་ཐུང་། ཐོས་པའི་བསོད་ནམས་ཀྱང་བསྐལ་པ་གཅིག་གི་སྡིག་འབྱང་། །ཀློགས་པའི་བསོད་ནམས་ནི། བསྐལ

49 པ་གྲངས་མྱེད་བའི་སྡིག་འབྱང། །དགེ་སློང་ལས་སྩོགས་སྟེ་ཆོས་སྤྱོད་པ་རྣམས་ལ་ཆེ་ཞིང་སེམས་དཀྲུག་དུ་མྱི་ཐུང་། བླ་ན་མྱེད་པའི་ཆོས་ཡང་དག་པ་ཡིན་ནོ། །༎ ལི་ཡུལ་དུ་ཐ་མ་དམ་པའི་ཆོས་འཇིག་པའི་དུས་ནི། །སྟོད་ཀྱི་

50 མཁར་བཞི་འི་དགེ་འདུན་རྣམས་རིལ་ཀྱིས་ཙུ་ཧེན་དུ་གཤེགས་སྟེ་འདུས་པ་ལས། །དེའི་ཚེ་ལི་རྣམས་བདུད་ཀྱིས་བསླུས་ནས། དམ་པའི་ཆོས་དང་དགེ་འདུན་མ་དད་པས། །དགེ་འདུན་ལ་སྐུར་པ་

འདིབས། ནོར་རྫས་ལ་རྐུ་འཕྲོག
51 བྱེད་ཅིང་། །དཀོན་མཆོག་གསུམ་གྱི་ནོར་རྫས་དང་། ཚར་དང་རྐྱེན་རིས་རིལ་གྱིས་ཕྲོགས་ནས། །ཡིས་
ཀྱང་གཅགས་པ་སྨྲི་འདྲ་ནས། དེའི་འོག་ཏུ། །དགེ་འདུན་རིལ་གྱིས་གཤེགས་སྟེ། །གཙུག་ལག་ཁང་
ཅར་མར་འདུས་ནས། །
52 འདིར་ནི་ཡིས་ཀྱང་སྨྲི་གཅགས་ན། གར་འདོང་བའི་རིགས་ཞེས་བཀའ་གྲོས་སུ་མཛད་པ་ལས། །དུས་དེ་
ཙམ་ན་ཡང་བོད་ཀྱི་ལྷ་བཙན་པོ་ལས་དམ་པའི་ཆོས་ལ་དད་ལ། དགེ་འདུན་ལ་བཀུར་སྟི་རིམ་གྲོ་ཆེ་
བས། །དེ་ནས་བོད་། །
53 ཡུལ་དུ་གཤེགས་པར་ཆད་ནས། །དེ་འི་ཚེ་དགེ་འདུན་གྱི་འཕྲུལ་གྱི་བཤོས་གསོལ་བ་ཡང་མ་མཆིས་། །
པར་གྱུར་ཏེ་། །ཆད་པ་ལས། ཅར་མ་འི་གཙུག་ལག་ཁང་གི་འོག་ནས། གཏེར་སྦྲོམ་བུ་ཞིག་གི་ནང་
ནས། གསེར་གྱི་
54 བཤོས་ཆ་བདུན་བྱུང་སྟེ། །དགུང་ཟླ་གསུམ་གྱི་བར་དུ་ནི་དགེ་འདུན་ཇི་བཀྱི་འཚོ་བ་ཡང་དེས་སྦྱརད། །
དེ་ནས་དགུན་གྱི་དུས་ལ་བབ་ནས། དགེ་འདུན་རིལ་གྱིས་ཅར་མ་ནས་འཛྭ་ཧིར་དུ་ཤུལ་བྱུང་སྟེ། །
གཤེགས་ནས། །འཛྭ་ཧིར་ན་
55 བྱང་ཆུབ་སེམས་དཔའ་ས་འི་སྙིང་པོ་རང་བྱུང་བཞུགས་པའི་གཙུག་ལག་ཁང་གི་གོང་ན། །བོག་རི་
སྨྱི་ཆེ་བ་ཞིག་མཆིས་པ་དེའི་ཚེ་ན་རང་ཞིག་སྟེ། དེ་འི་ནང་ནས་ཀྱང་མུ་ཏིག་བྲེ་གང་བྱུང་སྟེ། དེས་ཀྱང་
དགུང་ཟླ་གསུམ་གྱི་འཚོ་བ་སྦྱརད་ཏེ། །
56 དེ་ནས་ཤུལ་དཔྱིད་ཟླ་ར་བ་ལ་ཤུལ་མྱེས་གར་དུ་བྱུང་སྟེ། གཤེགས་པ། །མྱེས་གར་དུ་ཡང་བྱང་ཕྱོགས་ཀྱི་
རྒྱལ་པོ་ནམ་ཐོས་ཀྱི་བུ་དང་། དཔལ་གྱི་ལྷ་མོ་ཆེན་མོས། མྱིའི་ལུས་སུ་སྤྲུལ་ཏེ། དཔྱིད་ཟླ་གསུམ་གྱི་
འཚོ་བ་སྦྱར་ནས། །
57 དེ་ནས་ཆ་རྫས་ཀྱང་ཟླ་ལ་བགྱིས་སྟེ། །དབྱར་ཟླ་ར་བ་ལ་བོད་ཡུལ་དུ་གཤེགས་ནས། །དེའི་ཚེ་ན་སླར་
སྐྱ་བོར་བབས་པ་དང་། ཤུལ་དུ་ཆབ་འཚལད་པ་ཡང་མང་། །༔། དུས་དེ་ཙམ་ན། བོད་ཀྱི་ལྷ་བཙན་པོ་
དང་། རྒྱ་རྗེར་ཡང་དབོན་ཞང་དུ་མཛད།
58 ནས། །གོང་ཅོ་ཡང་ལྷ་བཙན་པོའི་ཁབ་དུ་བཞེས་སྟེ། །གོང་ཅོས་བོད་ཡུལ་དུ་གཙུག་ལག་ཁང་ཆེད་
པོ་གཅིག་བརྩིགས་ནས། །རྐྱེན་རིས་ཀྱང་བཅད་དེ། །དགེ་འདུན་རིལ་གྱིས་ཀྱང་དེར་གཤེགས་ནས། །
འཚོ་བ་ཡང་གོང་ཅོས་སྦྱར་ཏེ། །
59 བོད་ཡུལ་དུ་ཐེག་པ་ཆེན་པོ་འི་ཆོས་ཀྱང་རྒྱས་པར་བྱུང་ནས། ༔། ལོ་བཅུ་གཉིས་ཀྱི་བར་དུ་ནི། །

དགེ་འདུན་དང་སྐུ་བོ་ཕལ་ཡང་ཆོས་སྤྱོད་ཅིང་རབ་ཏུ་བདེ་སྐྱིད་པ་ལས། །དེར་ཡང་བདུད་ཀྱི་སྡེ་
འཁྲུགས་སྟེ། །འབྲུམ་ནག་ལས་སྟོགས་པ། །
60 ནད་ཀྱི་སྣ་མང་དུ་བདུད་ཀྱིས་བཏང་ནས། །གོང་ཅོ་ཡང་སྙིང་ཀར་འབྲུམ་ནག་བྱུང་ནས་གུམ། །དེ་ནས་
སྐུ་བོ་རྣམས་མ་དད་པ་སྐྱེས་སྟེ། །འབྲུំ་ནག་དང་ནད་སྣ་མང་པོ་བྱུང་བ་ཡང་། དགེ་འདུན་སྡེ་འདི་
རྣམས་བོད་ཡུལ་དུ་ཕྱིན་པས། །
61 ཉེས་ཤེས་མཚི་ནས། །བོད་ཡུལ་དུ་ཡང་དགེ་འདུན་གཅིག་ཀྱང་གནས་སུ་མི་གནང་ཞེས་མཚི་སྟེ། །སོ་སོར་
བསྐྲད་པ་ལས། དེ་ནས་ཀྱང་དགེ་འདུན་རིལ་ཀྱིས། །རྒྱ་གར་ཡུལ་གྱི་གན་ རྡ་རར་གཤེགས། རྒྱ་གར་
62 ཡུལ་ཕན་ཅན་ན། ཉེ་བར་བཞུགས་པའི་དགེ་འདུན་གྱི་རྣམས་ཀྱང་། །ཡུལ་གན་ད་རར་དུས་གཅིག་
ཏུ་འདུས་སྟེ་གཤེགས་ནས། །དེའི་ཚེ་རྒྱ་གར་གྱི་ཡུལ་ཀཽ་ཤན་བྷིའི་མན་འདྲེ། སེང་གེ་འི་བུ་རྒྱལ་པོ་
འདྲེ་སྲི་སད་ཅེས་བགྱི་བ། ཞིག་སྐྱེསྟེ། །
63 དེའི་དུས་ན། ཀཽ་ཤམ་འཁྱིར། རྒྱལ་པོ་ཆེན་པོ་ཆེན་པོ་གསུམ་ལ། རྒྱ་རྗེ་དང་། བོད་ཀྱི་རྒྱལ་པོ་དང་།
ཧོར་གྱི་རྒྱལ་པོ་རྣམས་ཀྱིས་དམག་སྟོང་ཕྲག་བརྒྱ་དྲངས་ནས། །ཀཽ་ཤམ་འཁྱི་འི་རྒྱལ་པོ་འདྲེ་སྲི་སད་
ཅེས་བགྱི་བ་ལ་བརྒལ་ཏེ། །ལོ་བཅུ་
64 གཉིས་ཀྱི་བར་དུ་བགྱི་བ་ལས། །རྒྱལ་པོ་གསུམ་གྱི་དམག་གིས་མ་ཐུབ་ནས། །དམག་ཀྱང་རིལ་ཀྱིས་
རད་པ་དང་། །ཀཽ་ཤམ་བྷི་འི་རྒྱལ་པོ་འདྲོ་སྲི་སད་ཀྱིས་བསམས་པ། །བདག་གིས་ཚེ་འདི་ལ་འདི་
སྙིད་ཀྱི་དམག་མི་ཞིག་བསད་པས། །
65 མཚམས་མེད་པའི་སྡིག་པ་བྱས་ན། སྡིག་པ་ཅི་ལྟར་བྱས་ན་འ་བྱང་བར་འགྱུར་ཞེས། བསམས། གཅིག་
ཏུ་སྨྲས་ཏེ་འགྱོད་པའི་སེམས་སྐྱེས་ནས། །འགྱོད་ཚངས་དང་། སྡིག་པ་སྦྱང་ཞིང་བཤགས་པར། །
བསམསྟེ། །ཕྱོགས་བཞིར་དགེ་འདུན་སྤྱན་
66 འདྲེན་བའི་ཕོ་ཉ་བཀྱེ་སྟེ། །འཛམ་བུ་གླིང་གི་དགེ་འདུན་ལས་བཅས་པ་དང་། ཤུལ་དུ་ཆབ་འཚལད་
པའི་སྐད་མ། །དགེ་འདུན་སྟོང་ཕྲག་བརྒྱ་ཞིག་འདུས་པའི་ནང་ན། །དགྲ་བཅོམ་བ་གཅིག་དང་།
སྡེ་སྣོད་གསུམ་དང་ལྡན་བ་ཡང་གཅིག་ལས།
67 མི་བཞུགས་སྟེ། །དགེ་འདུན་སྤྱན་འདྲེནད་པའི་ཕོ་ཉས། །དགེ་འདུན་རྣམས་གཤེགས་སུ་གནང་སྟེ། །
འདིར་ཁྱོན་ལགས་ཤེས། །རྒྱལ་པོ་ལ་གསོལད་པ་དང་། །རྒྱལ་པོ་ཡང་འཕགས་པར་དགའ་ཆེས་སྟེ། །
དད་པའི་
68 ཤུགས་ཆེན་པོ་སྐྱེས་ནས། །དེ་ཙམ་ན་དུས་སླ་ དྲོར་གྱུརད་པས། །ཅིག་ཅར་སང་གདུགས་ཚོད་ཀྱང་

གསོལ། །ཕྱག་ཀྱང་འཚལ། །དགེ་འདུན་གྱི་ན་བཟའ་དང་། ཡོན་དུ་དབུལ་བུ་ཡང་སྣ་གོན་བཀྱི་ཞིང་བསར་ཞེས་བྱུང་བ་ལས། །

69 དེའི་ནུབ་མོ་དགུང་སླ་ཉའི་དུས་བབ་སྟེ། །དགེ་འདུན་གསོ་སྦྱིན་མཛད་པའི་ཚེ། ངོར་བི་ལི་སེ་གསུམ་དང་ལྡན་བ་ཞིར་ཞག་གི་སློབ་མ་ཨང་ཧྲན་དེས། །དགྲ་བཅོམ་བ་སུ་རག་བསད། །དགྲ་བཅོམ་བའི་སྲུངས་མ་གནོད་སྦྱིན། །

70 འདྲ་ཧྐ་ཨུ་གམ། ཇི་བི་ལི་ཤིར་ཞག་བསད་དེ། །དེའི་ཚེ་དགེ་འདུན་ཡང་འཕྲལ་ལ་སེ་གཉིས་སུ་ཆེད་དེ། ནང་འཁྲུགས་ནས་མཚོན་གར་བསྒྱི་སྟེ། །དགུང་མ་སངས་པར། དགེ་འདུན་གཅིག་ཀྱང་མ་ལུས་སྟེ། །ནང་པར་དཀོན་མཆོག

71 གསུམ་གྱི་མྱིང་ཤེས་ཤིང་། འདོན་པ་མྱེད་པར་གྱུར་ནས། ནམ་ནངས་སྔེ་རྒྱལ་པོ་མལ་ནས་ལངས་ནས×××། །དགེ་འདུན་ལ་ཕྱག་ཀྱང་འཚལ། སྦྱིན་འདྲེན་ཅིང་མཆི་མཆི་བ་ལས། །དེའི་ནུབ་མོ་དགེ་འདུན་གཅིག་ཀྱང་མ་ལུས

72 ཤེས་ཐོས་ནས། །རྒྱལ་པོ་ཡང་མྱི་དགའ་བའི་དུད་མོ་འི་སྒྲ་ཆེན་པོ་ཕྱུང་ནས། །སྡུག་བསྔལ་བའི་སྨྲེ་སྔགས་རྣམ་པ་མང་པོ་སྨྲེ་སྟེ། །ལུས་ས་ལ་བརྡབས་ནས། ཐུགས་ངན་ཆེར་མཛད་དེ། །དེའི་ནུབ་མོ་དམ་པའི་ཆོས

73 ཀྱང་ནུབ་ནས། །ས་ཡང་ཆེར་གཡོས། །འཛིག་རྟེན་གྱི་ཟས་ཀྱི་རོ་རྣམ་པ་དྲུག་ཀྱང་ནུབ། ནཾ་ག་ལས་ཁྲག་གི་ཆར་པ་ཡང་བབ་ནས། །དེ་འི་ནུབ་མོ་སུམ་ཅུ་རྩ་གསུམ་གྱི་གནས་ནས། ཤག་ཀྱ་ཐུབ་པའི་ཡུམ་སྒྱུ་མའི་འཁོར་ལྷ་བརྒྱ་ཡང

74 འཛིག་རྟེན་གྱི་ཟས་ཀྱི་རོ་རྣམ་པ་དྲུག་ཀྱང་ནུབ། །སྒྲ་བཤིག་སྟེ་གཤེགས་ནས། །ནམ་ག་ལས་དུད་མོ་འི་སྒྲ་ཆེན་པོ་ཕྱུང་སྟེ། །འཛམ་བུའི་གླིང་དུ་དམ་པའི་ཆོས་ནུབ་བའི་ཐུགས་ངན་ཆེར་མཛད་ནས། །དགེ་འདུན་ཚེ་འདས

75 པ་རྣམས་ཀྱི་སྒྲ་དང་། སེན་མོ་རྣམས་བསྡུས་སྟེ། །སླར་སུམ་ཅུ་རྩ་གསུམ་གྱི་གནམ་སྟེང་དུ་བསྣམས་ནས། །མཆོད་རྟེན་ཆེད་པོ་གཅིག་བརྩིག་སྟེ། །མཆོད་པ་མཛད་དོ། །དམ་པའི་ཆོས་ནུབ་ནས། ནི། །དེ་ནས་ལོ

76 ཉིས་པ་དང་། ནད་སྣ་ཚོགས་འབྱུང་སྟེ། དུས་ཀྱང་ཕྱིར་ཞིང་ངན་པར་འགྱུར་རོ། །༔། དེ་ནས་བཅོམ་ལྡན་འདས་ཀྱིས། །རྒྱལ་པོ་ཟེ་ཤ་ར་མ་ཎི། དང་། ལྷ་ཀླུ་ལི་ཡུལ་གྱི་སྲུངས་མ་རྣམས་ལ། །ལི་ཡུལ་དུ་ཆོས་རོང་དུ་བཞུགས་པ་དང་། །

77 བསྲུང་བར་གཏད་དེ། ལྷ་ཀླུ་རྣམས་ཀྱིས་ཀྱང་ཞལ་གྱིས་བཞེས་ནས། །དེའི་ཚེ་སྲུངས་མ་རྒྱལ་པོ་ཆེན་པོ་དང། ལྷ་ཀླུ་རྣམས་ཀྱིས། །སངས་རྒྱས་ལ་གསོལད་པ། བཅོམ་ལྡན་འདས་དུས་སྣད་མ་ལ། སེམས་ཅན་རྣམས་དད་པ་ཆུང་།

78 དཀོན་མཆོག་གསུམ་ལ་བཀུར་སྟི་ཆུང་། །ཡུལ་དེའི་དབང་པོ་རྣམས་ཀྱང་ཡོ་གལ་བགྱིད་པར་འགྱུར་ཏེ། །དེའི་དུས་ན་ལྷ་ཀླུ་སྲུངས་མ་རྣམས་ཀྱི་མཐུ་སྟོབས་ཀྱང་། ཉམས་པར་འགྱུར་ན། །དེ་ལ་ཅི་ལྟར་བགྱི་ཞེས་གསོལད་པ་དང་། །སངས་རྒྱས་

79 ཤག་ཀྱས་བཀའ་སྩལད་པ། །ཕྱི་མའི་དུས་ན་ཡུལ་སྐྱོབ་པ། དང་། །དམ་པའི་ཆོས་རིང་དུ་བཞུགས་པའི་སླད་དུ། །ངས་བྱང་ཆུབ་སེམས་དཔའ་དང་། གཟུགས་བརྙན་དང་སྤྲུལ་པའི་སྐུ་གཟུགས་ཤེང་ཡོང་ཕུར་དང་། ལྷ་གང་འགྱོར་འབྱི་

80 ཞེས་བགྱི་བ་དང་། །འུ་ཉེན་གྱི་ཚོང་དུས་ཆེན་པོ་ན། ལྷ་གང་པྲ་བ་ཤ་ན་སྐུ་གཟུགས་ཀྱི་མཚན་ར་ཛེ་གྲོ་མ་དང། །གཙུག་ལག་ཁང་བཞ་སང་གྲེ་མ་ན་སྤྲུལད་པའི་སྐུ་གཟུགས་ཛོཨུ་པ་ནི་དང་། གཙུག་ལག་ཁང་ཅར་མ་འཛོ་ན། །

81 སྐུ་གཟུགས་ཧོར་ཀོང་བཞུགས་པ་དང་། ཧོང་ཀན་སྨད་ན་གཙུག་ལག་ཁང་རྙིང་པ་བོར་བ་ཞིག་ན། །སྐུ་གཟུགས་ཤེ་ན་འཇའ་ཞེས་བགྱི་བ་དང་། སྐུ་གཟུགས་འདེར་ཧི་བ་ནི་དང་། ཧོ་ལ་ན་ལྷ་གང་ཀོར་ཤི་ཕི་ན། སྐུ་གཟུགས་གཅིག་

82 བཞུགས་པ་དང་། དུ་ཉེ་ན། རྒྱ་གར་ཡུལ་ནས་སྤྲུལ་ཏེ་གཤེགས་པའི་སྐུ་གཟུགས་གཅིག་བཞུགས་པ་དང། ཀོ་ཤེང་གི་མཁར་སྔོན་ན། རྒྱ་གར་ཡུལ་ནས་གཤེགས་པའི་སྤྲུལ་པའི་སྐུ་གཟུགས་ལུག་ཕུར་དྲུག་བཞུགས་པ་འདི་རྣམས། །

83 ཡུལ་གྱི་མཚམས་སྲུང་བར་བཀའ་སྩལ་ཏོ། །ཁམ་ཤེང་ན་ཞུགས་ངམ་གྱི་དབུས་ན། ཡང་། །སྔོན་གྱི་སངས་རྒྱས་འོད་སྲུང་གི་ཤ་རི་རམ་གྱི་མཆོད་རྟེན་རང་བྱུང་ཞིག་བཞུགས་པའི་གཙུག་ལག་ཁང་གི་མཚན། སུ་མ། ཞེས་བགྱི་བ་

84 ཨ་ཤི་ཤན་ན། གང་ཞིག་བཞུགས་པ་ཡང་གཞན་རབ་སྟེ། མཆོད་རྟེན་འདི་རྣམས་ཀྱི་བྱིན་གྱི་རླབས་ཀྱིས་བྱིན་ཀྱིས་བརླབས་པ་ལགས་སྟེ། །ཡུལ་ཕྱོགས་དེ་དག་དུ་དགྲ་དང་འབྲུག་པ་འམ། མྱི་བདེ་བ་ནད་དང་། ལོ་ཉེས་ལསྩོགས་

85 པ་བྱུང་ན། །ཡུལ་ཕྱོགས་དེར་མདོ་སྡེ་ས་དྷ་རྨ་པུ་ན་ཌ་རཱི་ཀ་དང་། བྱེས་ལ་ཕྱི་ཅ་འི་ནང་ནས། སྔགས་ཀྱི་སྙིང་པོ་བརྒྱ་རྩ་བརྒྱད། སངས་རྒྱས་ཀྱིས་ཞལ་ནས་གསུངས་པ་ཀློག་ཅིང་། བསོད་ནམས་སྤེལ་

ཏེ། ལྷ་ཀླུ་སྲུངས་མ་རྣམས་ལ་
86 རྟག་ཏུ་དམ་ཚིག་བསྐྱལ་ན། །དམ་པའི་ཆོས་རིང་དུ་བཞུགས་ཤིང་། ཡུལ་ཕྱོགས་སུ་མི་དགེ་བ་ཐམས་
ཅད་ཞི་བ་དང་། །ཡུལ་བརྟན་བར་འགྱུར་རོ། །༔། རྒྱ་གར་གྱི་ཡུལ་གྱི་རྒྱལ་པོ་མྱིང་འབལ་བུ་སོང་
དར་གྱི་དགོར་པ་།
87 ཤི་རི་དན་ཞེས་བགྱི་བ། འཕགས་པར་ཆོས་ལ་དད་པ་ཆེ། སྙིང་རྗེ་ཆེ། ནོར་ཕྱུགས་ཙི་མཆིས་པ། དཀོན་
མཆོག་གསུམ་ལ། མཆོད་ཅིང་ཡོན་དུ་ཕུལ། །མ་རབས་ཕོངས་པ་ལ་སྦྱིན་གཏོང་བགྱིད། ནོར་ཕྱུགས་
88 དང་བྲན་ཀོ་ལ་ཡང་བས་ནས། དབུལ་བར་རྒྱལ་པོས་ཐོས་ནས། །བྲུལ་སོད་ཀྱང་བྲན་དང་ནོར་
ཕྱུགས་མང་མོ་ཞིག། རྒྱལ་པོས་སྩལད་པ་ལས། །དེ་ཡང་དཀོན་མཆོག་གསུམ་ལ་ཡོན་དུ་ཕུལ་བ་
ལས། བར་སྐབས་དེར།
89 སོག་དག་ཚོང་པ་མི་ལྔ་བརྒྱ་ཞིག། རྒྱལ་པོ་དེའི་ཡུལ་འདབ་དུ་མ་ཕྱིན་བར། །ཤུལ་འཁྱམས་སྟེ། །འགྲུམ་
བ་ལ་ཐུག་པ་ལས། ལྷ་མ་སྲིན་ཨ་ག་སྐྲི་ལ་སྐྱབས་སུ་གསོལ་ཏེ། སྨོན་ལམ་བཏབ་པ་དང་། ཤུལ་རྙེད་
ཅིང་མ་གུཾ་སྟེ
90 ཡུལ་དུ་ཕྱིན་ན། མི་གསོན་པོ་གཅིག་གིས་མཆོད་ཅིང་གསོལ་བར་བགྱིས་པ་ལས། ཤུལ་ཡང་སྔར་རྙེད་
ནས། རྒྱལ་པོ་འབལ་བུ་སོང་དར་གྱི་ཡུལ་དུ་ཕྱིན་ནས། །ལྷ་མ་སྲིན་མཆོད་ཅིང་གསོལ་བའི་མི་དེ།
མཇལ་བར་སྨས་པ་ལས
91 དགོར་པ་ཤི་རི་དན་གྱིས་ཐོས་ནས། །ཤི་རི་དན་གྱིས་བསམས་པ། བདག་ཆེ་རབས་གྲངས་མེད་པ་ཚུན་
ཅད། ཤིང་རྟའི་ཕང་ལོ་འཁོར་བ་བཞིན་དུ། འཇིག་རྟེན་ན་འཁོར་ཞིང་སྐྱེ་སྐྱེ་སྟེ། །དེ་ལྟ་བུ་ཤི་དག
ལ་སྐྱོ་མ་ཤེས
92 ནས། རྒྱུན་ཆད་མ་མྱོང་སྟེ། །ད་ངའི་ལུས་ངན་པ་འདི་ལྟ་ཞིག་ལ་ཕངས་ཤིང་གཅེས་པ་ཡང་ཙི་ཡོད། །
སེམས་ཤན་གཞན་གྱི་ལུས་ཕངས་པར་སེམས་ཤིང་། འཇིགས་པའི་སྐྱབས་ཀྱང་བྱ། །སོག་དག་ཚོང་པ་
93 མི་མང་མོ་ཞིག་གི་རེ་བ་ཡང་བསྐང་བར་བྱ་སྙམ་ནས། སོག་དག་ལ་ལུས་བཙོངས་སྟེ། །ལུས་རིན་དུ་
ནོར་བླངས་པའི་རྣམས་ཀྱང་། དཀོན་མཆོག་གསུམ་ལ་མཆོད་ཅིང་ཡོན་དུ་ཕུལ། །མ་རབས་བྲེལ་ཕོངས་
94 པ་ལ་སྦྱིན་གཏོར་བགྱིས་ལགས་ནས། །སོག་དག་ལ་བྱིད་ཀྱིས་བཀའ་སྩལད་པ་ཙི་མཆིས། བཀའ་ལུང་
ནོད་ཅིང་མཆིས་ཤེས་བགྱིས་པ་དང་། སོག་དག་གིས། ཤི་རི་དན་ལ་ཁྲུས་བགྱིད་དུ་སྩལ་ཏེ། །ལྕགས་
95 ཐག་གིས་བཅིངས་ནས། །ལྕགས་ཀྱི་ཕུར་པ་ལ་དགྲི་སྟེ། །ཅེ་ཤ་བཙོ་བ་བཞིན་དུ་ཞུགས་ལ་བསྲེགས་ནས། །
ཤི་རི་དན་དད་པའི་ཤུགས་ཆེ་བའི་སླད་དུ། །ལྷ་ཀླུ་རྣམས་ཀྱིས་བསྐྱབས་སྟེ། གནམ་ནས་ཀྱང་ཆར་པ་

ཕབ་། པས། སྨེ་ཚ་བས་

96 ཀྱང་གནོད་པར་མ་གྱུར་ཏེ་། །སོག་དག་གིས་ཀྱང་བཀྲོལ་ཏེ་བཏང་ནས། །ཤི་རི་དན་གྱིས་ཡང་བསམས་པ། འཛམ་བུ་གླིང་བཞིའི་སེམས་ཅན་སྐྱེ་བ་རྣམ་བཞི་ལ་སྐྱེ་བ་ཐམས་ཅད་། བཟའ་བ་དང་བཏུང་བས་། ཚིམ་བར་

97 བགྱིས་ན་། བསོད་ནམས་ཆེ་སྟེ། བདག་གཟོད་བླ་ན་མེད་པའི་འབྲས་བུ་ཐོབ་ཡང་དག་། བདག་ཚེ་འདི་ན་འདས་ནས་། །ཕྱོགས་ཤིག་ན་། མཚོ་ཆེན་པོ་ཞིག་ཡོད་པར་དའི་རྒྱལ་པོར་སྐྱེས་སྟེ་། །ཕྱོགས་བཞིར་འཛམ་བུ་གླིང་

98 བཞིར་ཆུ་འབེབས་པར་གྱུར་ཅིག་ཅེས་སྨོན་ལམ་བཏབ་པ་ལས་། །མཚོ་དེར་ཀླུའི་རྒྱལ་པོར་གྱུར་ཏེ་། །གླིང་ཨ་འད་འབད་ཅེས་བགྱི་། །ཡང་ཁམ་ཤེང་དུ་ཆོས་གཟུགས་ཤིང་སྤེལ་བ་དང་། །གཙུག་ལག་ཁང་བརྩིག་པར་

99 དད་ནས་། །སྨོན་ལམ་གྱི་དབང་གི་མཐུས་། །ཁམ་ཤེང་གི་སྤྲ་འཛེ་ཡོས་ཀྱི་བུར་སྐྱེས་པ་ལས། །འུ་ཏེན་གྱི་གཙུག་ལག་ཁང་འདྲོ་ཏིར་དུ་ཐར་པར་ཞུགས་ནས། །འཕགས་པ་དགྲ་བཅོམ་བའི་མཐུ་ཐོབ་སྟེ་། དགེ་སློང་འཕགས་པ་དགྲ་བཅོམ་བའི་ཡའ་ནོ་ག་ཛོའུ་ཞེས་བགྱི་མདའ་སྤྲའི×××××ས་ཀྱི་ཕོ་བོ་ས་འགྲོར་གྱི་བུ་×××××། །འཕགས་པ་དགྲ་བཅོམ་བ་ས་ཕི་ཞེས་བགྱི་བ་ཐྲ།

100 པ་སྤྱན་པོ་གཉིས་གཙུག་ལག་ཁང་འདྲོ་ཏིར་ན་གནས་གནས་པ་ལས་། །ཁམ་ཤེང་དུ་ཆས་སྟེ། དགེ་བའི་བཤེས་གཉེན་བགྱི་བའི་སླད་དུ་། །འུ་ཏེན་ནས་ཤུལ་མྱེས་ཀར་དུ་བྱུང་སྟེ་། །མཆིས་པ་ལས་། །མྱེས་ཀར་དུ་

101 ཕྱིན་ན་། སྤྲ་ཞིག་གི་སྣོ་ན་ཤོལ་པོའི་སྐྱིད་ཤིང་བཟང་པོ་དག་ཅིག་མཐོང་ནས་། །དེ་ནས་ཁམ་ཤེང་དུ་ཕྱིན་ནས་། །འཕགས་པ་དེ་གཉིས་ནང་འགྲན་པར་ཆད་དེ་། །གཙུག་ལག་ཁང་གང་སྔར་ལགས་། འགན་དེ་

102 བརྟུང་བ་གང་ས་ཞེས་འགྲན་བ་ལས། །འཕགས་པས་སྤྲས་གཙུག་ལག་ཁང་འགོ་བང་ཞེས་བགྱི་བ་དེ་ན་། སྔོན་མཚོ་ཆེན་པོ་ཞིག་མཆིས་པ་དེར་། །ཀླུ་ལས་གཙུག་ལག་ཁང་གི་ས་གཞི་བསླངས་ནས་། མཚོ་ཐུར་དུ་།

103 བསྐུར་ཏེ་། །ད་ལྟར་འབྲིའུ་སེ་ར་འི་མཚོ་ལགས་། །འཕགས་པས་ཕྲིས་ནི་རན་ལས་རིངས་ཐབས་སུ་སྤྲེལ་བུ་གཅིག་བགྱིས་ནས། །དེ་མ་ཐག་དུ་འགན་དེ་བརྟུངས་སྟེ་། །ལི་སྐད་དུ་སྤྲེ་ལ་བུ་ལ་འགོ་བང་ཞེས་བགྱི་། །འཕགས་པ་དགྲ་བཅོམ་བ་

104 ནོ་གེ་ཛོ་འུ་གིས་ཨོར་ཉོང་གི་གཙུག་ལག་ཁང་གི་དོག་ས་ཐོག་མ། བརྟགས་ནས། །སྣར་མྱེས་གར་ཏུ་མཆིས་སྟེ། །ས་དེ་ལ་བདག་ཁམ་ཤིང་དུ་གཙུག་ལག་ཁང་གཅིག་རྩིག་ན། སྐྱིད་ཤིང་འདི་ཀུན་བསླངས་པ་ལས། །སྤུས་བསམས་པ་ཁམ་ཤིང་དུ

105 གཙུག་ལག་ཁང་རྩིག་པའི་ཤིང་འདི་ནས་སློང་བ་འདི། བདག་ལ་འགམ་འམ་ཅི་ཟེར་བ་ཞིག་སླམ་ནས། འདོད་ན་རིལ་ཀྱིས་ཁྱེར་ཅིག་ཅེས་བགྱིས་པ་ལས། །འཕགས་པ་དགྲ་བཅོམ་པས་སྦྱིན་པའི་ཚིགས་བཤད་བགྱིས་ནས། །ཕྱག་བརྙན

106 བདུན་མཆིས་པས། །མཚན་གཅིག་དུ་ཤིང་ཀུན་རྩ་ཧོན་དུ་རང་བྱུང་སྟེ། །ལྷ་དྲུག་ཙམ་ཞིག་བམ་པོར་བ་སྤོགས་ནས། །ཁམ་ཤིང་དུ་ཡོགས་སུ་མཆི་བ་མཐོང་ནས། །དེ་ནས་གཙུག་ལག་ཁང་བརྩིགས་སྟེ། །དེ་ནི་གཙུག་ལག་ཁང

107 ཨོར་ཉོང་ཞེས་བགྱི་བ་ལགས། །གཙུག་ལག་ཁང་དེ་ལགས་ནས། །སྣར་ཀླུའི་རྒྱལ་པོར་གྱུར་ཏེ། །མྱིང་མ་དྲོས་ཀླུའི་རྒྱལ་པོ་ཞེས་བགྱི། །རྒྱ་གར་ཡུལ་གྱི་མྱིང་ནི་རོ་ཛེ་གྲེ་ག་ན། བྱ་རྒོད་ཕུངས་པའི་རི་ལ། །སངས་རྒྱས་ཤག་ཀྱ་ཐུབ་པ

108 ཆོས་ཉན་དུ་མཆིས་པ་ལས། ཆོས་མ་ཉན་ནས། །སངས་རྒྱས་ཀྱིས་ལུང་བསྟན་པ། །བསྐལ་པ་འདིའི་ཕྱེད་ཟད་ན། །ཕྱིད་པའི་སངས་རྒྱས་སུ་གྲུབ་སྟེ། དུས་གསུམ་གྱི་སངས་རྒྱས་ཀྱིས། །སེམས་ཅན་རྣམས་ཀྱི་དོན་མཛད་དེ། །ཁམས་གསུམ་གྱི་སེམས

109 ཅན་ཅི་ལྟར་བསྒྲལ་བ་བཞིན་དུ། །མཐུ་ཡོད་པར་གྱུར་ཅིག་ཅེས་དབང་བསྐུར་ནས་ལུང་བསྟན་ཏོ། །ལི་ཡུལ་འུ་ཏེན་གྱི་དབུས་མཚོའི་མྱིག་ནི། །འུ་ཏེན་གྱི་མཁར་དངར་ལྟན་གྱི་ནང་ན། ཚོང་དུས་ཆེད་པོ་འི་སྣད་ན། །འགུུ་ཏིར་གྱི་གཙུག་ལག་ཁང

110 བྲ་བ་ཤའི་སྐུ་གཟུགས་སྤྲུལ་པ་བཞུགས་པའི་ཞབས་ཀྱི་འོག་ལགས་སྟེ། །མཚོའི་མྱིག་ནི་ད་ལྟར་ཡང། བྲ་བ་ཤའི་སྐུ་གཟུགས་སྤྲུལ་པའི་ཞབས་ཀྱིས་མནན་ཏེ་མཆིས་པ་ལགས། །༔། །ལི་ཡུལ་འུ་ཏེན་ན། དགེ་འདུན་སྡེ་གཉིས

111 ཀྱི་གྲངས། །དགེ་འདུན་ཕོ་སྨོས་གཉིས་ལ། །བཞི་སྟོང་བདུན་བརྒྱ་ལྔག་ཙམ་བཞུགས། ཀྲིལ་ཡང་མན་ཅད། ཀོ་ཤིང་དང། དུར་ཡ་ཡན་ཅད་ན། དགེ་འདུན་ཕོ་སྨོས་གཉིས་ལ། ལྔ་བརྒྱ་སུམ་ཅུ་ཙམ་བཞུགས། །ཀམ་ཤིང་ན་དགེ་འདུན

112 སྡེ་གཉིས་ལ་ཉིས་བརྒྱ་ལྔ་བཅུ་ཙམ་བཞུགས་སྟེ། །ཀྲིལ་ཡང་མན་ཅད། ཀོ་ཤིང་དང། འུ་ཏེན་གཞི་དང། གམ་ཤིང་ཡན་ཅད་ན། སྤྱིར་དགེ་འདུན་སྡེ་གཉིས་ལས། རྒྱན་པ་དང་འཚོ་བ་སྨོས་སྦྱོར་ཡན

ཙད་ལྷ་སྟོང་བཞི་

113 བཀྱ་བརྒྱད་ཙུ་ཙམ་བཞུགས་སྟེ། །ད་ལྟར་ཡང་དགེ་འདུན་དེ་དག་གི་ནང་ན་ཡང་། །བྱང་ཆུབ་སེམས་པ་ཐབས་ཀྱིས་རོལ་ཅིང་སེམས་ཤན་གྱི་དོན་མཛད་ཅིང་སྤྲུལ་པ་ཡང་མང་དུ་བཞུགས་སོ། །དར་མ་མདོ་སྡེ་སུ་ཏྲ་གཏ་དང་།

114 ཙན་དྲ་གཏ་དང་། ཅེ་མ་ལ་ཕྲི་ཙའི་གཞུང་ལས་མདོ་ཙམ་ཞིག། མཁན་པོ་མོ་ཀྱུ་བདེ་ཤིལ་གྱིས། གསར་དུ་བསྒྱུར། །ལི་ཡུལ་ཆོས་ཀྱི་ལོ་རྒྱུས་ཀྱི་དཔེའ། །ཞུས།

IOL.Tib.J.VOL.114. ལི་ཡུལ་གྱི་དགྲ་བཅོམ་པས་ལུང་བསྟན་ཚུལ།

1 ༄། །བཅོམ་ལྡན་འདས་ཤག་ཀྱ་ཐུབ་པ་མྱ་ངན་ལས་འདས་པའི་འོག་དུ། །དམ་པའི་ཆོས་ཀྱི་གཟུགས་བརྙན་ཇི་ལྟར་ནུབ་ཅིང་འཇིག་པར་འགྱུར་བ། ལི་ཡུལ་གྱི་དགྲ་བཅོམ་བས་ལུང་བསྟན་པ།། །།ལི་ཡུལ་དང་པོ་བྱུང་ནས་ལིའི་རྒྱལ་པོ་རབས་

2 དྲུག་ནི་འདས། །རྒྱལ་པོ་རབས་བདུན་པ་བི་ཇ་ཡ་ཀིར་ཏ་ཞེས་བྱ་བའི་ཚེ། །གཙུག་ལག་ཁང་སར་ག་པྲ་ཏ་ན་ཡ་ཞེས་བྱ་བ་དང་ཉེ་བའི་ལུང་པ་ས་ག་ཡ་ཀི་ར་ཞེས་བྱ་བ་ན་འཕགས་པ་དགྲ་བཅོམ་བ་སང་ག་བ་ཏ་ན་ཞེས་བྱ་བ་ཞིག་བཞུགས་ཏེ། དེའི་སློབ་མ་དགེ་

3 སློང་ཞིག། འཕགས་པ་དེ་ལ་འདུལ་བ་སློབ་པ་ལས། དེས་བྱང་ཆུབ་སེམས་དཔའ་ཟླ་བའི་སྙིང་པོ་ལ་ལུང་བསྟན་པའི་མདོ་མཐོང་ནས། སློབས་དཔོན་འཕགས་པ་དགྲ་བཅོམ་བ་དེ་ལ། ལི་ཡུལ་དང་ཤུ་ལིག་དང་ཨན་སེ་འདི་གསུམ་ན་བཅོམ་ལྡན་འདས་མྱ་ངན་

4 ལས་འདས་པའི་འོག་དུ་དམ་པའི་ཆོས་ཀྱི་གཟུགས་བརྙན་དང་མཆོད་རྟེན་བཞུགས་པའི་རྣམས་དུས་ཇི་ཙམ་ཞིག་ན་ནུབ་པར་འགྱུར་ཞིང་སུས་ནི་བཤིག། མཐར་ཇི་ལྟར་འགྱུར་ཞེས་ཞུས་པ་ལས། །འཕགས་པ་དེས་འདི་ལྟ་བུའི་ཐེ་ཚོམ་ཞུས་པ་ལེགས་སོ་ཞེས་བསྔགས་པ་

5 བརྗོད་ནས། རིགས་ཀྱི་བུ་བཅོམ་ལྡན་འདས་མྱ་ངན་ལས་འདས་པའི་འོག་དུ་དམ་པའི་ཆོས་ཀྱི་གཟུགས་བརྙན་དང་མཆོད་རྟེན་ནི་ལོ་ཉིས་སྟོང་གནས་ནས་ནུབ་པར་འགྱུར་རོ། །ལི་ཡུལ་ལ་སྐྱོགས་པ་ཡུལ་འདི་གསུམ་དུ་ཡང་། རྒྱ་དང་གདོང་དམར་དང་སོ་ཕྱི་དང་དྲུ་གུ་དང་ཧོར་ལ་སྐྱོག

6 པའི་དགྲ་ཕལ་ཆེར་གཡོས་པས་ཇོད་ཅིང་འབྲུག་པར་འོང་བས་སངས་རྒྱས་ཀྱི་ཆོས་ཉམས་ཤིང་མཆོད་རྟེན་ཡང་ཕལ་ཆེར་བཤིག་སྟེ་རེའུ་རལ་དུ་འགྱུར། །དགེ་འདུན་གྱི་འཚོ་བའི་ཡོ་བྱད་ཀྱང་བར་ཆད་དུ་

འགྱུར་རོ། །ཡུལ་འདི་གསུམ་ལས་ཀྱང་ཨན་སེ་དང་ཤྲུ་ལིག་ནི་དམ་

7 པའི་ཆོས་མི་སྤྱོད་པའི་དགྲ་མང་པོས་དཀྲུགས་ཏེ། ཕལ་ཆེར་བསྒྲིགས་བཤིག་ནས་སྟོངས་པར་འོང་

ངོ། །གཙུག་ལག་ཁང་འདི་རྣམས་ཀྱི་དགེ་འདུན་ཡང་ཕལ་ཆེར་ལི་ཡུལ་དུ་འོང་བར་འགྱུར་རོ། །ལི་ཡུལ་གྱི་

གཙུག་ལག་ཁང་དང་མཆོད་རྟེན་ལ་སྩོགས་པ་ནི། བྱང་ཆུབ་སེམྶ་

8 དཔའ་ལྷ་བརྒྱས་བསྲུངས་ཏེ། ཉིས་བརྒྱ་ལྔ་བཅུ་ནི་རབ་དུ་བྱུང་བའི་ཚུལ་དུ་གནས། །ཉིས་བརྒྱ་ལྔ་བཅུ་

ནི་ཁྱིམ་པའི་ཚུལ་དུ་སྐྱེ་བ་བླངས་ནས་ཡོངས་སུ་བསྲུང་བར་འགྱུར་རོ། །འགེའུ་ཧོ་ཤན་གྱི་གཙུག་ལག་

ཁང་ནི་བསྐལ་པ་བཟང་པོའི་སངས་རྒྱས་སྟོང་རྩ་ལྔ་

9 འབྱུང་བ་རྣམས་ཀྱིས་ཞབས་ཀྱིས་འཆག་ཅིང་རྒྱུན་མི་འཆད་པར་བཞུགས་པའི་ཕོ་བྲང་དུ་འགྱུར་རོ། །

འཕགས་པ་འདི་རྣམས་ཀྱི་གཟི་བྱིན་དང་ཐུགས་རྗེའི་བྱིན་གྱི་རླབས་ཀྱིས་ལི་ཡུལ་གྱི་མཆོད་རྟེན་དང་

དམ་པའི་ཆོས་སྤྱོད་པ་ཡང་ཡུལ་གཞན་བས་རྒྱས་ཤིང་ཡུན་རིང་

10 དུ་གནས་པར་འགྱུར་རོ། །རྒྱལ་པོ་མང་པོ་ལི་ཡུལ་འདོད་པའི་ཕྱིར་རྩོད་ཅིང་འཐབ་པར་འགྱུར་ཏེ། །

རྒྱལ་པོ་གང་གིས་ཐོབ་པ་དེ། ལི་ཡུལ་གྱི་ཡོན་བདག་ཆེན་པོ་བྱེད་པར་འགྱུར་བས། མི་བཤིག་མི་དབྲི་

བར་མཆོད་པར་འོང་ངོ། །དེའི་ཚེ་གདོང་དམར་གྱི་རྒྱལ་པོ་དབང་ཐང་དང་མཐུ་

11 ༄། །ཆེ་བས་གཞན་གྱི་ཡུལ་ཁམས་མང་པོ་ཐོགས་ནས་འཛིན་པར་འགྱུར་རོ། །དེའི་དུས་སུ་བྱང་ཆུབ་

སེམས་དཔའ་གཅིག་གདོང་དམར་གྱི་རྒྱལ་པོར་སྐྱེ་བ་བླངས་ནས། བོད་ཁམས་སུ་དམ་པའི་ཆོས་སྤྱོད་

པར་འགྱུར་བས། །རྒྱལ་ཁམས་གཞན་ནས་ཆོས་ཀྱི་མཁན་པོ་

12 དང་གསུང་རབ་མདོ་སྡེ་ལ་སྩོགས་པ་སྤྱན་དྲངས་ནས། གདོང་དམར་གྱི་ཡུལ་དུ་གཙུག་ལག་ཁང་

དང་མཆོད་རྟེན་མང་དུ་བརྩིགས་ཏེ། དགེ་འདུན་སྡེ་གཉིས་བཙུགས་ནས། རྒྱལ་པོ་དང་བློན་པོ་ལ་

སྩོགས་པ་འཁོར་རིལ་ཀྱིས་དམ་པའི་ཆོས་སྤྱོད་པར་འགྱུར་རོ། །ལི་

13 ཡུལ་ཀྱང་དེའི་ཚེ་གདོང་དམར་གྱི་རྒྱལ་པོ་འི་རིས་སུ་དབང་བར་འགྱུར་བས་དམ་པའི་ཆོས་རྒྱས་

པར་སྤྱོད་ཅིང་མཆོད་རྟེན་ལ་སྩོགས་པ་དཀོན་མཆོག་གསུམ་གྱི་མངའ་རིས་ཀྱང་མི་དབྲི་སྔེ་རྒྱས་པར་

འཛུགས་ཤིང་མཆོད་པར་འགྱུར་རོ། །རྒྱལ་པོ་གདོང་

14 དམར་གྱི་རྒྱུད་ལས་རབས་བདུན་གྱིས་དམ་པའི་ཆོས་སྤྱོད་པར་འགྱུར་ཏེ། རྒྱལ་པོ་རབས་བདུན་ཆོས་

སྤྱོད་པའི་ཚེ་ཡུལ་ཁམས་གཞན་ན་བཞུགས་པའི་དཀོན་མཆོག་གསུམ་དང་མཆོད་རྟེན་དག་ལ་གནོད་

པ་ཡང་མི་བྱེད། ངན་སེམས་ཀྱང་མི་སྐྱེད་དོ། །དེའི་ཚེ་

15 ལི་ཡུལ་གྱི་དགེ་འདུན་ཡང་བྱང་ཆུབ་སེམས་དཔའ་ཟླ་བའི་སྙིང་པོ་ལ་ལུང་བསྟན་པའི་མདོ་ལས་འབྱུང་བ་

བཞིན། དད་པ་ཁྲི་ཆོས་ཁྲིམས་དང་སྨྲི་ལྡན། འཇིག་རྟེན་གྱི་ཁེ་དང་གྲགས་པ་ཆེ་ལ། །རྒྱལ་པོ་དང་བློན་
པོའི་དཀྱུ་གསང་གི་ནང་དུ་འཇུག་ཅིང་དམ་པའི་ཆོས་དམན་བར་བྱེད་པ་དག་ཀྱང་
16 མང་དུ་འབྱུང་སྟེ། ཞང་བློན་དང་ཞང་བློན་གྱི་བུ་ཚ་དད་པ་འཕྲི་བར་འགྱུར། །དཀོན་མཆོག་གསུམ་
གྱི་མངའ་རིས་ཀྱང་དགེ་སློང་གིས་སྤྱད་པས། ལི་ཡུལ་གྱི་མཆོད་རྟེན་དང་དཀོན་མཆོག་གི་མངའ་
རིས་ཀྱང་སྟོན་བས་འཕྲི་བར་འགྱུར། །རྒྱལ་པོ་དང་བློན་པོ་ཡང་དགེ་སློང་ལ་
17 མྱི་དགའ་བར་འགྱུར་རོ། །དེའི་རྗེས་ལ་བྱང་ཆུབ་སེམས་དཔའ་གཅིག་གདོང་དམར་གྱི་རྒྱལ་པོ་ཆོས་
སྐྱོད་པ་རབས་བདུན་པ་བྱེད་པར་འགྱུར་ཏེ། རྒྱལ་པོ་དེའི་བཙུན་མོ་ཡང་རྒྱ་ཡུལ་ནས་རྒྱ་རྗེའི་བུ་མོ་
ཀོང་ཅོ་བྱང་ཆུབ་སེམས་དཔར་གྱུར་པ་ཞིག་འཁོར་དྲུག་བརྒྱ་དྭ་
18 གདོང་དམར་གྱི་ཡུལ་དུ་འོང་བར་འགྱུར་ཏེ། ཀོང་ཅོ་དེ་ཡང་འཕགས་པར་དམ་པའི་ཆོས་ལ་དགའ་
དབང་ཐང་ཆེ་ལ། གདོང་དམར་གྱི་རྒྱལ་པོ་ཡང་དད་པ་ཆེ་བས། སྟོན་བས་དམ་པའི་ཆོས་རྒྱས་པར་
འགྱུར་རོ། །དེའོི་ཚེ་ལི་ཡུལ་གྱི་རྒྱལ་པོ་ཡང་ནས
19 གཞོན་ཞིང་དམ་པའི་ཆོས་མྱི་སྐྱོད་པ་ཞིག་བྱུང་ནས། ལི་ཡུལ་གྱི་དགེ་སློང་རྣམས་ལ་ཡང་ན་ནི་ཁྲིམ་
པར་ཐོབས་ཤིག། ཡང་ན་ནི་གར་དགའ་བར་དེང་ཤིག་ཅེས་སྐྲོད་པར་འགྱུར་བས་དགེ་འདུན་རིལ་
ཅར་མ་ཞེས་བྱ་བའི་གཙུག་ལག་ཁང་དུ་འདུས་ནས་གྲོས་བྱེད་པའི་
20 ཚེ། གཙུག་ལག་ཁང་གི་ནང་དུ་འཁོར་འདུས་པའི་མདུན་དུ་གསེར་གྱི་ཟན་དང་གསེར་གྱི་ཁུར་བ་ཆ་
བདུན་བྱུང་ནས་དགེ་འདུན་ལྔ་སྟོང་རྒྱལ་པོས་འཚོ་བ་བཅད་དེ་མྱི་འབྱོར་པ་རྣམས་ཀྱིས་ཟོང་བསྐྱུར་
ནས་ཟླ་བ་གསུམ་གྱི་འཚོ་བ་བྱེད་པར་འགྱུར་རོ། །དེའི་ཚེ་དགེ་སློང་ཡང་ལ་ལ་ནི་ཁྲིམ་
21 ༄། །པར་འབབས་པར་འགྱུར། །མ་བབས་ཏེ་གུ་དུ་འགྲོ་བ་རྣམས་ཀྱང་ཕ་མ་དང་གཉེན་འདུན་དང་ཡུལ་
ས་དང་བྲལ་བས་མྱི་དགའ་སྟེ་དུད་མོ་ཆེན་པོ་ཕྱུང་ནས། དགེ་འདུན་ཕལ་མང་པོ་ལམ་དུ་ཞུགས་ཏེ་
དོང་བ་ལས་འབོམ་ཞེས་བྱ་བའི་གཙུག་ལག་ཁང་དུ་ཕྱིན་པ་དང་དེ་ན་མཆོད་རྟེན་ཆེན་པོ་ཞིག
22 བཞུགས་པ་ རླུང་གི་རྒྱལ་པོ་དད་པ་ཞིག་གིས་དྲལ་ཏེ་ནང་ནས་གསེར་གྱི་ཕོར་པ་མུ་ཏིག་གིས་བཀང་
བ་ཕྱུང་ནས་དགེ་འདུན་སྤྱི་ལ་འབུལ་བར་བྱེད་དོ། །གཞན་ཡང་ཡོན་བདག་དད་པ་ཅན་གྱིས་འཚོ་
བའི་ཡོ་བྱད་སྣ་སྣ་ནས་འབུལ་བར་འགྱུར་རོ། །དེ་ནས་དགེ་འདུན་མདོ་ལོ་མྱི་སྐར་གྱི་
23 ཡུལ་དུ་ཕྱིན་པ་དང་མུ་ཏིག་དེས་ཟླ་བ་ཕྱེད་ཀྱི་འཚོ་བ་སྦྱོར་བར་བྱེད་དོ། །མྱི་སྐར་ན་སོང་ཏ་རོང་
ཉང་ཞེས་བྱ་བའི་གཙུག་ལག་ཁང་ན་དགེ་འདུན་བཞུགས་པའི་ཚེ་རྒྱལ་པོ་ཆེན་པོ་རྣམ་ཐོས་ཀྱི་བུ་དང་
དཔལ་གྱི་ལྷ་མོ་མྱི་ཁྲོ་ཤུག་ཅིག་དུ་སྤྲུལ

24 ནས་ཡུལ་དེ་ན་གནས་པས་དགེ་འདུན་ཐམས་ཅད་ལ། བདག་ཅག་བསོད་ནམས་བགྱིད་དོ་ཞེས་
གསོལ་ནས། ཟླ་བ་ཕྱེད་ཀྱི་བར་དུ་དགེ་འདུན་ལ་མཆོད་སྟོན་གསོལ་ནས། །དཔལ་གྱི་ལྷ་མོས་ཕུ་དུང་
གང་གི་གསེར་གྱི་དོང་ཙེ་དགེ་འདུན་སྤྱི་ལ་ཡོན་དུ་ཕུལ་
25 བ་དང་དགེ་འདུན་རོལ་གདོང་དམར་གྱི་ཡུལ་ཕྱོགས་སུ་ཁ་ལྟས་ཏེ་དོང་བ་ལས། ཡུལ་ཕ་ཤན་གྱི་
རོང་དུ་གཅན་པ་དང་ཕྲད་དེ་མ་བཏང་ནས་འདི་སྐད་དུ་གཞན་ན་ལམ་ཡོད་ན་དེང་ཤིག་ཅེས་བསྒོ་བ་
དང་། དེའི་ཚེ་རྒྱལ་པོ་ཆེན་པོ་རྣམ་ཐོས་ཀྱི་བུས་བདག་ཉིད་གཡག་དཀར་པོ་སྤྲུལ་
26 ཅན་སྣ་ལྷུ་ཡོད་པ་ཞིག་དུ་མངོན་བར་སྤྲུལ་ནས་མདུན་ན་འདུག་པ་དགེ་འདུན་གྱིས་མཐོང་ནས། གཡག་
སྤྲུལ་ཅན་འདི་ནི་མིའི་ཕྱུགས་ཡིན་བས་འདི་གར་འགྲོ་བའི་ཕྱི་བཞིན་དུ་འདོང་ངོ་ཞེས་གཡག་དེས་ཉེ་
ལམ་དུ་དྲངས་པས་ཞག་བཞི་ལྡུས་དགེ་འདུན་རོལ་གདོང་དམར་
27 གྱི་ཡུལ་ཚལ་ཕྱི་ཞེས་བྱ་བར་ཕྱིན་པར་འགྱུར་རོ། །དེའི་ཚེ་ཡུལ་དེའི་དབང་པོས་དགེ་འདུན་མང་པོ་
སྟོད་ཕྱོགས་ནས་གཤེགས་སོ་ཞེས་གདོང་དམར་གྱི་རྒྱལ་པོ་ལ་གསོལ་པ་དང་རྒྱལ་པོའི་བཙུན་མོས་སྟོད་
ཕྱོགས་ནས་དགེ་འདུན་མང་པོ་ཡུལ་དང་བྲལ་ཏེ་འབྲུམས་
28 ནས་འདིར་གཤེགས་པའི་སུན་མ་དང་ཡོ་བྱད་བ་དག་སྦྱོར་ན། གདོང་དམར་གྱི་ཡུལ་དུ་སྤྱན་དྲང་
བར་ཅི་གནང་ཞེས་གསོལ་པ་ལས། དེ་བཞིན་དུ་གནང་ནས་དགེ་འདུན་རྣམ་བཞོན་བ་དང་འཚོ་
བས་བསུས་ཏེ་གདོང་དམར་གྱི་ཡུལ་དུ་ཕྱིན་པ་དང་གདོང་དམ
29 གྱི་རྒྱལ་པོ་དང་ཀོང་ཙེ་འཁོར་དང་བཅས་པས་མཆོད་པ་བྱས་ཏེ་ཕྱག་བྱས་ནས། དགེ་འདུན་དེ་དག
གི་ནང་ན་སྡེ་སྣོད་གསུམ་ལ་མཁས་པའི་མཁན་པོ་རྣམས་ལ་ཁྱེད་མ་གཏོགས་པར་གཞན་འདི་ལྟར་
འབྲུམས་པ་བཞུགས་སམ་ཞེས་ཞུས་པ་དང་། མཁན་པོ་དེ་
30 དག་གིས་ཨན་སེ་དང་ཤུ་ལིག་དང་སྲུ་ཤ་དང་ཁ་ཆེ་ཞེས་བགྱི་བའི་ཡུལ་དག་དུ་ཡང་འདི་འདྲ་བར་
འབྲུམས་པའི་དགེ་འདུན་མང་དུ་མཆིས་སོ་ཞེས་གསོལ་པ་དང་དེའི་མོད་ལ་འགུགས་པའི་ཕོ་ཉ་བཀྱེ་
སྟེ། དགེ་འདུན་དེ་དག་རོལ་གྱིས་གདོང་དམར་གྱི་ཡུལ་དུ་སྤྱན་འདྲེན་
31 ༄། །པར་འགྱུར་རོ། །དེའི་ཚེ་གདོང་དམར་གྱི་ཡུལ་དུ་གཙུག་ལག་ཁང་བདུན་བརྩིགས་ནས། མཆོད་
པའི་ཡོ་བྱད་དང་དཀོན་མཆོག་གི་མངའ་རིས་སྟོན་བས་ཆེར་བསྐྱེད་ནས། དགེ་འདུན་རྣམས་ཀྱང་
གཙུག་ལག་ཁང་བདུན་པོ་དེ་དག་གི་ནང་དུ་གནས་པར་འགྱུར་རོ། །དེ་ནས་ལོ་
32 གསུམ་འམ་བཞི་ལོན་བ་དང་ཀོང་ཙེའི་སྙིང་ཁར་འབྲུམ་ཆེན་བྱུང་ནས་ན་བའི་ཚེ་ཀོང་ཙེས་རྒྱལ་པོ་ལ།
བདག་ནི་ནད་འདི་ལས་མི་འཚོ་སྟེ་ད་འགུམ་ན། བདག་གི་བྲན་དང་ནོར་ཕྱུགས་རྣམས། །དཀོན་མཆོག

གསུམ་ལ་མ་གུམ་བར་འབུལ་བར་ཅི་གནང་ཞེས་གསོལ་ནས་འབུལ་
33 བར་འགྱུར་། །འཁོར་དྲུག་བརྒྱ་ཡང་དགེ་བསྙེན་གྱི་མཚན་མས་བཏབ་སྟེ་རབ་ཏུ་བྱུང་བ་དང་ཀོང་ཅོ་
གདོད་ཚེ་འདའ་བར་འགྱུར་རོ། །ཀོང་ཅོ་འདས་པའི་འོག་ཏུ་རྒྱལ་པོ་གདོང་དམར་གྱི་ཡུལ་དུ་འབྲུམ་
ནད་བྱུང་ནས། སློན་པོ་དང་ཞང་ལོན་གྱི་བུ་ཚ་ལ་སྩོགས་པ་མང་དུ་ཤི་བ་དང་
34 སློན་པོ་རྣམས་འདུས་ཏེ། རྒྱལ་པོ་ལ་རྒྱལ་ཁམས་འདི་ན་སྔོན་ཆད་འདི་འདྲ་བའི་འབྲུམ་ནད་མ་
བྱུང་བ་ལས། ད་ལྟར་ལྷོ་བལ་གྱི་དགེ་སློང་འཁྲམས་པ་མང་པོ་འདེར་མཆིས་པས་ཀོང་ཅོ་ཡང་
འདས། །སློན་པོ་དང་ཞང་ལོན་གྱི་བུ་ཚ་ལ་སྩོགས་པ་ཡང་མང་དུ་གུམ་བས། དགེ་སློང་འདི་རྣམས་
35 རྒྱལ་ཁམས་འདེར་མི་གཞག་པར་བསྐྲད་པའི་རིགས་ཤེས་གསོལ་པ་དང་རྒྱལ་པོས་འདི་དག་བསྐྲད་
པའི་རིགས་སམ་མི་རིགས་ད་དུང་ཞིབ་ཏུ་དཔྱོངས་ཤིག་ཅེས་བསྒོ་བ་ལས། །སློན་པོ་རྣམས་དགེ་འདུན་
བསྐྲད་པར་ཁ་འདུས་ཏེ། རྒྱལ་པོ་ལ་རྒྱལ་ཁམས་སུ་དགེ་སློང་མི་གཞག་པར་གསོལ་ནས་བསྐྲད་པ་
36 ལས། གདོང་དམར་གྱི་དགེ་སློང་གཞི་ན་གནས་པ་རྣམས་ཁྲིས་ཏེ། དགེ་སློང་འདི་རྣམས་བསྐྲད་པར་
གྱུར་ན། བདག་ཅག་ཀྱང་འདི་ན་མི་གནས་སོ་ཞེས་བྱས་པ་དང་སློན་པོ་རྣམས་ཁྲིས་ནས་ཁྱེད་ཀྱང་གར་
དགའ་བར་དེང་ཤིག་ཅེས་སྨྲ་བར་འགྱུར་རོ། །ཀོང་ཅོ་གདོང་དམར་གྱི་ཡུལ་དུ་འོངས་པའི་འོག་ཏུ་
37 རྒྱའི་རྒྱལ་པོས་དེའུ་ཤིའི་ཆོས་སྐྱོད་པས་རྒྱའི་དགེ་སློང་རིལ་གདོང་དམར་གྱི་ཡུལ་དུ་འོང་བར་འགྱུར་
རོ། །དེའི་དུས་ན་གདོང་དམར་གྱི་ཡུལ་ན་གནས་པའི་དགེ་སློང་རྣམས་རིང་བསྲེལ་དང་གསུང་རབ་
དང་མཆོད་པའི་ཡོ་བྱད་དང་དཀོན་མཆོག་གི་མངའ་རིས་གཅིག་ཀྱང་མ་ལུས་པར་བཀལ་ནས་
38 ནུབ་ཕྱོགས་ལོགས་སུ་ཁ་ལྟས་ཏེ་གན་ཏྲ་ར་ཆེན་པོའི་ཡུལ་དུ་འགྲོ་བར་འགྱུར་བས། །རྒྱ་དང་གདོང་
དམར་དང་རྒྱ་གར་དང་ལི་ལ་སྩོགས་པ་གང་གའི་གླིང་ཙུན་ཆད་ན་དམ་པའི་ཆོས་སྐྱོད་པའི་གཟུགས་
བརྙན་ཡང་དེར་ནུབ་པར་འགྱུར་རོ། །གང་གའི་གླིང་གི་ཕ་རོལ་
39 ན་ཀེཽ་ཤ་འབྱིའི་ཡུལ་དུ་ནི་ཟླ་བ་གསུམ་ཞིག་འཕྲོ་སྟེ་གདོད་དམ་པའི་ཆོས་ཀྱི་གཟུགས་བརྙན་ནུབ་
པར་འགྱུར་རོ། །དེའི་ཚེ་དགེ་འདུན་རྣམས་གནད་རའི་ཡུལ་འདབ་ན་གླུའི་རྒྱལ་པོ་ཨེ་ལའི་འདབ་
ཅེས་བྱ་བའི་གནས་མཚོ་འགྲམ་དུ་ཕྱིན་པ་དང་དཀོན་མཆོག་གསུམ་གྱི་བྱིན་ཀྱི་
40 རླབས་ཀྱི་མཐུས་མཚོ་རྣོག་ཅིང་འཁྲུགས་པར་འགྱུརད་པ་དང་གླུའི་རྒྱལ་པོས་བདག་གི་གནས་ཅིའི་
ཕྱིར་རྣོག་ཅིང་འཁྲུགས་པར་གྱུར་ཅེས། ལྷའི་མིག་གིས་བལྟས་པ་ལས། །སངས་རྒྱས་ཤཱཀྱ་ཐུབ་པའི་
གསུང་རབ་དང་དམ་པའི་ཆོས་ནུབ་ཏུ་ཉེ་ཞིང་དགེ་འདུན་མང་པོ་
41 ༄། །མཐོང་བའི་དུས་ཐ་མ་དེ་ཡིན་བར་རིག་ནས། །བདག་ཉིད་མི་ཏན་པོ་ཞིག་ཏུ་མངོན་བར་སྤྲུལ་

ཏེ་མཚོའི་འགྲམ་དུ་བྱུང་ནས་དགེ་འདུན་ལ་ཕྱག་བྱས་ཏེ། དགེ་འདུན་འདི་སྙེད་གང་ནས་བྱོན་གར་
གཤེགས་ཤེས་རྨས་པ་དང་། དགེ་འདུན་གྱིས་སྨྲས་པ། །བདག་ཅག་གདོང་དམར་གྱི་
42 རྒྱལ་པོའི་ཡུལ་ན་གནས་པ་ལས་ཡོན་བདག་དད་པ་ཆུང་སྟེ། དཀོན་མཆོག་གི་རྟེན་བཞིག་པས།
བདག་ཅག་གན་ྡྷ་ར་ཆེན་པོའི་ཡུལ་དུ་འགྲོའོ། །ཀླུའི་རྒྱལ་པོས་དགེ་འདུན་འདི་སྙེད་ལ་འཚོ་བ་ཅི་
མངའ། །གན་ྡྷ་ར་ཆེན་པོའི་ཡུལ་དུ་ནི་མཚོ་ཆེན་པོས་བསྐོར་ཏེ་མཆིས་པས་ཞག་བཞི་བཅུ་ལྔག་གྱི་
43 ཕྱིན་པར་འགྱུར། དགེ་འདུན་ལ་ནི་ཞག་ཉི་ཤུའི་འཚོ་བ་ལས་མི་མངའ་ན། ཇི་ལྟར་ཕྱིན་པར་འགྱུར་
ཞེས་སྨྲས་པ་དང་དགེ་འདུན་ཕལ་ཆེར་དུ་ཞིང་སྐྱེ་བ་ཀླུའི་རྒྱལ་པོས་མཐོང་ནས་ཀླུའི་རྒྱལ་པོ་ཡང་མི་དགའ་
སྟེ་གདུང་བ་སྐྱེས་ནས་དགེ་འདུན་ལ་སྨྲས་པ། །ཐད་ཀ་འདི་ན་ཉེ་ལམ་སྦྲུལ་
44 གྱི་ཟམ་པ་ཞིག་མཆིས་ཏེ་དེའི་སྟེང་དུ་གཤེགས་པར་སྤྱོད་ན་མྱུར་དུ་ཕྱིན་པར་འགྱུར་རོ་ཞེས་སྨྲས་ནས
ཏན་པོ་ཡང་མི་སྣང་བར་འགྱུར་རོ། །དེ་ནས་ཀླུའི་རྒྱལ་པོ་དེས་རི་ཁར་འཛེག་པའི་ལམ་ཞིག་སྣང་བར་
བྱས་ནས། བདག་ཉིད་སྦྲུལ་ཆེན་པོ་ཞིག་ཏུ་སྤྲུལ་ཏེ། མཚོའི་སྟེང་དུ་ཟམ་པ་
45 བྱས་ནས་དགེ་འདུན་མང་པོ་འདི་དག་བཟླས་ན་བདག་གིས་སྔོན་སྡིག་པ་བྱས་པའི་ལས་ཀྱིས་ད་ལྟར་
དུད་འགྲོའི་ལུས་ཐོབ་པ་འདི་ལས་ཐར་པར་འགྱུར་རོ་སྙམ་ནས་སྦྲུལ་ཟམ་བཙུགས་པ་དང་ཉིན་ཞག་
བཅོ་ལྔའི་བར་དུ་མི་ཕྱུགས་མང་པོ་བརྒྱུས་པ་ལས་མི་ཕྱུགས་ཁ་ཅིག་ནི་སྦྲུལ་གྱི་ཟམ་
46 པ་ལས་ལྷུང་ནས་འཆི་བར་འགྱུར་རོ། །མི་ཕྱུགས་མང་པོ་རྒྱུ་བའི་ཚེ་སྦྲུལ་གྱི་རྒྱབ་ཀྱང་ཁ་ཅིག་ཏུ་ནི་
རྫོལ་ཁ་ཅིག་ཏུ་ནི་རལ་ཏེ་རྣག་ཁྲག་གི་ཐིགས་པ་ཆར་བཞིན་དུ་ཟགས་པས་མཚོ་ཡང་ཁྲག་ཅན་དུ་
འགྱུར་རོ། །དགེ་འདུན་མང་པོ་སྦྲུལ་ཟམ་རྒལ་བའི་མཇུག་ཀྱང་གདོང་དམྲ་
47 གྱིས་བཅད་པ་དང་སྦྲུལ་ཡང་མཚོར་ལྷུང་སྟེ་ཚེ་འདས་ནས་དགའ་ལྡན་དུ་སྐྱེ་བར་འགྱུར་ལ་མཚོ་ཡང་
སྐམས་པར་འགྱུར་རོ། །དེ་ནས་དགེ་འདུན་མང་པོ་གན་ྡྷ་རའི་ཡུལ་དུ་ཕྱིན་པ་དང་དེའི་རྒྱལ་པོས་
ལོ་གཉིས་ཀྱི་བར་དུ་འཚོ་བའི་ཡོ་བྱད་སྦྱར་ཏེ་སོ་སོར་བདེ་བ
48 ལ་འགོད་པར་འགྱུར་རོ། །ལོ་གཉིས་ལོན་བ་དང་རྒྱལ་པོ་དེ་ཡང་དུས་ལས་འདའ་བར་འགྱུར་རོ། །
རྒྱལ་པོ་དེ་ལ་བུ་གཉིས་ཡོད་དེ་གཅིག་ནི་སངས་རྒྱས་ལ་མངོན་བར་ཡིད་ཆེས། གཅིག་ནི་མུ་སྟེགས་
ཅན་གྱི་ཆོས་སྤྱོད་དེ། རྒྱལ་ཐབས་ལྟོད་པར
49 འགྱུར་བས་ཆོས་སྤྱོད་པའི་ནོན་དགེ་སློང་གིས་བྱས་པས་དེ་རྒྱལ་ནས་རྒྱལ་སྲིད་འཛིན་པར་འགྱུར་བས། །
རྒྱལ་པོ་དེའི་ཚེ་དགེ་འདུན་ཡང་སྤྱ་བས་དབང་ཐང་བསྐྱེདེ། ཡོ་བྱད་དང་ལྡན་ཞིང་བདེ་བ་ལས་ལོ་
ཕྱེད་ལོན་བ་དང་དགེ་སློང་གཅིག་གིས་རྒྱལ་པོ་བསད་ནས་རྒྱལ་སྲིད

50 དགེ་སློང་གིས་བཟུང་བ། གན་ཧྭ་རའི་རྒྱལ་འབངས་རོལ་ཡོག་སྟེ་དགེ་སློང་རྒྱལ་པོ་བྱེད་པ་བསད་ནས་དགེ་སློང་གཞན་རྣམས་ཀྱང་རྒྱལ་ཁམས་དེ་ན་གནས་སུ་མི་སྟེར་ཏེ་རིལ་སྤྲོད་པར་འགྱུར་བས། གན་ཧྭ་རའི་ཡུལ་དུ་ཡང་དམ་པའི་ཆོས་ཀྱི་གཟུགས་བརྙན་ནུབ་པར་འགྱུར་རོ། །

51 ༄། །དགེ་འདུན་རྣམས་ཀྱང་ཡུལ་ཁམས་གཞན་དུ་འཕྲམ་ཞིང་འདོང་བར་འགྱུར་རོ། །དེའི་ཚེ་དེའི་དུས་ན་ནུབ་ཕྱོགས་ཀྱི་རྒྱལ་པོ་དང་བྱང་ཕྱོགས་ཀྱི་རྒྱལ་པོ་ཡ་བ་ན་ལ་སྩོགས་པ་སྟོ་བས་དབང་ཐང་ཆེ་བས་རྒྱལ་པོ་དེ་གསུམ་མཇལ་དུམ་བྱས་ནས་རྒྱལ་པོ་དེ་གསུམ་གྱིས

52 ནུབ་ཕྱོགས་དང་བྱང་ཕྱོགས་ཀྱི་ཡུལ་ཡང་བཟུང་སྟེ། རྒྱལ་པོ་དེ་གསུམ་གཅིག་ཅིང་ཡང་དམག་འབུམ་འབུམ་དང་ཆས་ནས། ཀེའུ་ཤ་འབྱིའི་ཡུལ་དུ་དྲངས་པ་ལས། ཀེའུ་ཤ་འབྱིའི་རྒྱལ་པོས་དམག་སུམ་འབུམ་རྒྱལ་པོ་དང་བཅས་ཏེ་གཅིག་ཀྱང་མ་ལུས་པར

53 བསད་པར་འགྱུར་རོ། །དེ་ནས་ཀེའུ་ཤ་འབྱིའི་རྒྱལ་པོ་དམག་མང་པོ་བསད་པའི་སྡིག་སྦྱོང་བའི་ཕྱིར་འཛམ་བུ་འི་གླིང་ན་དགེ་སློང་གནས་པ་རོལ་སྤྱན་དྲངས་པ་ལས་ཀེའུ་ཤང་འབྱིའི་ཡུལ་དུ་ཕྱིན་པ་དང་དགེ་འདུན་ནང་འཕྲུགས་ནས

54 གཅིག་གིས་གཅིག་བསད་པས་འཛམ་བུའི་གླིང་དུ་དམ་པའི་ཆོས་ཀྱི་གཟུགས་བརྙན་རོལ་དེར་ནུབ་པར་འགྱུར་ཏེ། །ཞིབ་ཏུ་བྱང་ཆུབ་སེམས་དཔའ་ཟླ་བའི་སྙིང་པོ་ལ་ལུང་བསྟན་པའི་མདོ་ལས་གསུངས་པ་བཞིན་དུ་རིག་པར་བྱའོ། །

55 བཅོམ་ལྡན་འདས་ཤག་ཀྱ་ཐུབ་པ་མྱ་ངན་ལས་འདས་ནས་ལོ་བྱེ་བ་ཕྲག་ལྔ་བཅུ་རྩ་བདུན་དང་ས་ཡ་ཕྲག་དྲུག་ལོན་ན། །སངས་རྒྱས་བྱམས་པ་མི་མཇེད་ཀྱི་འཇིག་རྟེན་གྱི་ཁམས་འདིར་སེམས་ཅན་གྱི་དོན་ལ་གཤེགས་པར་འགྱུར་རོ། ཿ།

56 བཅོམ་ལྡན་འདས་ཤག་ཀྱ་ཐུབ་པ་མྱ་ངན་ལས་འདས་པའི་འོག་ཏུ་དམ་པའི་ཆོས་ཀྱི་གཟུགས་བརྙན་ཇི་ལྟར་ནུབ་ཅིང་འཇིག་པར་འགྱུར་བ་ལི་ཡུལ་གྱི་འཕགས་པ་དགྲ་བཅོམ་པས་ལུང་བསྟན་པ་རྫོགས་སྷོ།། །།

57 བཅོམ་ལྡན་འདས་ཤག་ཀྱ་ཐུབ་པ་མྱ་ངན་ལས་འདས

Pel.tib.1256 ལི་ཡུལ་ནས་བཏང་བའི་པོ་ཉའི་མཚན་བོ།

1 ༄། །ཕག་གི་ལོ་སྟོན་སླ་ར་བ་བཅུ་དྲུག་ལ། །ཡུ་ཐེན་གི་པོ་ཉ་ལིའུ་སི་ཀོང་དང་། ཚོ་གམ

2 ལས་སྩོགས་པ་ཆས་པའི་དུས་སུ། །པོ་ཉ་འདི་རྣམས་ཉེས་ཡོ་མྱེད་པར་ཡུ་ཐེན

3 ཏུ་བརྫངས་བར་ཁས་བླངས་པའི་མྱིང་སྒྲ××××། །ཕྱུ་སྟི་བོ་ཟམ་ཤུ་གའ། ཡོ་རོག་ཙ་
4 བོ་ག་ཧོ་ཧོག། ཤབ་ཏ་ར་ཀུ་ལ་ཅེ་ཧོ་ཧོག། ཟི་མ་ལིག་བིག་དེ་མེར་ཧོ་ཧོག། རྫོར་ལོ་ཞོད་
5 ཅན་ཧོ་ཧོག། ཏུལ་བྱེར་ལིག་གོལ་མྱིས། ཨོ་སྨ་མམ་བྲམ། ཤབ་ཏ་ར་ཉ་ཅན། བོ་ཅོ་ཉ་
6 ཤུས་ཅག། །

Pel.tib.1256(2) བྱང་ཕྱོགས་ན་རྒྱལ་པོ་ཏུ་བཞུགས་པའི་རྗེ་རབས་ཀྱི་ཡི་གེ །

532 ༄། བྱང་ཕྱོགས་ན་རྒྱལ་པོ་ཏུ་བཞུགས་པའི་
533 རབས་ཀྱི་ཡི་གེ
534 ༄། ་།ཁཞ
535 ༄། ་།ཁནའ། ཧོར་གྱི་རྒྱལ་པོས། །བཀའ་སྐུལ་ཏེ། །བྱང་ཕྱོགས་ན།
536 རྒྱལ:པོ། ཏུ་མཆིས་པར། །ཧོར་མྱི་ལྷ་རྗེག་ཏུ་བཏང་བའི་བཀའ་མཆིད་
537 གྱི་ཡི་གེ། །ཕྱུག་སྤལ་ན་མཆིས་པ་ལས་དཔྱ་བླངས་བའོ། །
538 ༄། ་།ཡུལ་གྱི་མྱིང་རྒྱ་སྐད་དུ་ཧི་ཝེར། །དྲུགུ་སྐད་དུ། །བ་གེར་པ་ལིག་ཆེས
539 བགྱི་བ། །ཡན་ཆད་གྱི་ཕྱོགསྣ། །དྲུགུ་འབུག་ཆོར་སྡེ་བཅུ་གཉིས་མཆིས་ཏེ། །
540 རྒྱལ་པོ་ཞ་མ་མོ་ངན་སྡེ་ཆིག །。། ཏ་ལི་སྡེ་ཆིག。། ཨ་ཤ་སྟེའི་སྡེ་ཆིག。། ཤར་དུ་ལིའི་
541 སྡེ་ཆིག。། པོ་ལད་གྱི་སྡེ་ཆིག。། པར་མི་ལ་སྡེ་ཆིག。། རྫི་གེའི་སྡེ་ཆིག。། སོ་ནི་སྡེ་ཆིག。
542 འཇོལ་ཧོ་སྡེ་ཆིག。། ཡན་ཏི་སྡེ་ཆིག。། ཏེ་བདལ་སྡེ་ཆིག。། གར་ཀ་ཕུར་སྡེ་ཆིག。། འདི་རྣམས་
543 ལ་རྒྱལ་པོ་ནི་མ་མཆིས། །འདི་རྣམས་ལ་དམག་དྲུག་སྟོང་མཆིས། 。།དེའི་ཤར་ཕྱོགས་
544 ལྟར། བོད་གྱིས་ནི་ཏེ་ཞེས་བགྱི། །རྒྱའི་ནི་ཏེ་ཚེ། གུ་གུ་ནི། དད་པྱི་ཞེས་བགྱི་བ་སྡེ་དཔོན
545 ཅོང་བོང་ཡ། །དད་པྱི་འདིའི་ཕ་མྱེས་ཏུང་བའི་མགོ་བོ། །གསེར་དངུལ་གྱིས་བརྒྱན་ཆེང་
546 ཆང་འཐོར་དུ་བགྱིད། 。།དེ་ནས་ཤར་ཕྱོགས་ལྟར། །དྲུ་གུས་ནི། མུག་ལིག། རྒྱ་ནི་གེའུ་ལི
547 ཞེས་བགྱི་བ། །ཤན་ཧོང་ཕྱོགས་གྱི་དབང་བློན། ཆང་ཆུང་ཆེའི་ཁམས། གེའུ་ལི་འདི་ཕྱོགསྣ
549 མྱི་སྐོ་སྐོ་བྲང་ལ་འབྱར་ཆེད། །མྱི་ཤ་འཚལ་སྟེ། །ཕ་མ་ཀན་ཀོན་དང་མྱི་ཀན་ཀོན་རྣམས
550 སྐྱིན་པོར་གཏོང་ཞིང་གསོད། 。།དེ་ནས་ཤར་ཕྱོགས་ལྟར། །མོན་བ་བེག་ཙེ་ཞེས་གཆེར
551 བུར་མཆི་བ་མཆིས། །དེ་ནས་ལྷོ་ཕྱོགས་ལྟར། །མྱི་ཆུའི་ནང་དུ་ཉ་བཞིན་དུ་འདུག་

པ་མཆིས་། 。།དེ་ནས་ལྷོ་ཕྱོགས་ལྟར། མོན་པ་ནག་པོ་མིག་དཀར་པོ། སྐྲ་ཅུ་ཏ་བཞིན་དུ་འཁྱིལ་བ། མཆིསྟེ། །ཞ་བཞིན་དུ་རྒྱལ་སྐྱེའོ། 。།དད་པྱིའི་བྱང་ཕྱོགས་ལྟར། །ད་སྲི་སྡེ་ཆིག་མཆིསྟེ་། གུར་ཤིང་ཕྱུ་ཉའི་ལྷིབ་མས་བགྱིད། གུར་གཡོགས་གྱང་། ཡ་རབླ ནི། ཉ་ལྤགས་ལ་བགྱིད་། མ་རབས་ནི་། གྲོ་བ་ལ་བགྱིད། 。།འབྲུག་ཆོར་ནས་ནུབ་ཕྱོགས་ལྟར། །བོད་གྱིས་ནི། དྲུགུ་ཅུས་དགུ་ཞེས་བགྱི། སྡེ་དགུ་མཆིས་པའི་སྡེ་དཔོན་ཆེན་པོ་ཞུ་ཡི་གོར་དོ་ཏོག་ལས། །རྒྱས་བབས་སྐྱལ་པ་། ཁ་གན་ཐབ་སྟེ་། །ཅུས་ནི། ཡག་ལེ་གེར་ཞེས་བགྱི། །སྔོར་ནི་ཏོག་དགུ་འཇུགསྟེ། །ཧོ་ཡོ་འོར་སྡེ་ཆིག་དམག་དྲུག་སྟོང་མཆིས། 。།འདིའི་བྱང་ཕྱོགས་ལྟར། གེ་ཏང་ཞེས་བགྱི་བ་མཆིསྟེ་། རྒྱལ་པོ་གེ་ཏན་གྱི་ཁ་གན ཟས་དང་ཆོས་གྱང། འ་ཞ་དང་འདྲ་སྟེ། ཕྱུགས་སུ་ཕྱུ་། བའུ་ལུག་དང་རྟ་ཕལ་ཆེ། སྐད་གྱང་འ་ཞ་དང་ཕལ་ཆེར་འཐུན། 。།ཧོ་ཡོ་ཧོར་དང་ཆེར་ནི་འཐབ། ཆེད་ནི་གཉེན། 。།དེ་ནས་ཤར་ཕྱོགས་ལྟར དད་པྱི་མཆིས། དེ་ནས། བྱང་ཕྱོགས་ན། །ག་ར་བྱི་གིར་སྡེ་ཆིག་མཆིསྟེ་ཡུལ་རིང་ཕྱོགས་སུ་ཕྱུགས་སུ་ཕག་འབའ་ཤིག་མཆིས། 。།དོ་ལི་མན་སྡེ་ཆིག་མཆིས་ཡུལ་ནས་བྱི་ཙོ་པད་བཟང་པོ་དེ་ནས་བྱུང། །གུར་གྲོ་བས་གཡོག་པ་སྡེ་ལྔ་མཆིས་ལ། 。།དེ་ནས་བྱང་ཕྱོགས་ན། མཚོ་མཐའ་མེད་པའི་འགྲམ་ན། །མི་ཁྱིམ་དང་གཟུགས་འ་ཞ་དང་འདྲ། །ཕྱུགས་སྣ་ཚོགས་པར་མཆིས། །གོསུ་སྲུ་ལྤགས་གྱོན། དགུན་ཐང་ཆེན་པོ་ལ་། ས་གས་སྟེ། མི་ཕན་ཚུར་མི་ཐརད། །པ་། སྡེ་ཆེ་ལ་སྐྱིད་པ་ཞིག་མཆིས། 。།དེ་ནས་བྱ་སྨད་ལྟར། ཁེ་རྒེད་སྡེ་ཆིག་མཆིསྟེ། །གུར་གྲོ་བས་གཡོག་། །སྔོར་ལ་། བྱི་བ་སྟོན་པོའི་པགས་པ་འབུལ། 。།དེ་ནས་བྱང་ཕྱོགས་ན། ཡེ་དྲེ་སྡེ་བདུན་མཆིསྟེ་རྒྱལ་པོ་ནི་མ་མཆིས། །ཧོར་དང་རྟག་དུ་འཐབ། །གུར་གྲོ་བས་གཡོག། སྟག་པའི་ཤིང། །ཤིང་མ་ཞོ་ལྟར་འཇོ་ཞིང་ཆང་དུ་བགྱིད། །ཡུལ་རིང་ཕྱོགསྟེ་བཙན། 。།དེ་འི་ནུབ་ལྟར་། གུད་སྡེ་ཆུ་ངུ་ཞིག་མཆིསྟེ ཁྱིམ་ཕྱུ་རི་ལ། སྦྲའི་སྐྱབ་མོ་། ཤ་བ་ལ་། ཁལ་འགེལ་ཞིང་སྤྱོད། །གོསུ་དབྱར་དགུན་འདྲ་བར། རི་དགས་གྱི་པགས་པ་། སོལ་བ་ནག་པོས་། བསྐུ་ཞིང་གྱོན་ཟསུ་། རི་དགས་གྱི། ཤ་དང། གྲོ་མ་དང། མོན་བུ་། བྱི་བས་བྱི་བྲུན་བསྐུག་བསྐུག པ་དང། བྱི་མངས་དང། བྱིའུ་ཤིང་སྨ་མོས། །ཤིང་སྦོམ་པོ་ཅུལ་བ་འི་ནང་དུ། ། བསྐུག་བསྐུག་པ་འཚལད། །ཧོར་ལ་ཆན་གཟན་གྱི:པགས་པ:འབུལ། 。།དེ་ནས བྱང་སྟོད་ལྟར། ག་ཅུ་ཞུར་སྡེ་ཆིག་མཆིསྟེ། །ཡུལ་བཙན་ཏེ། །ཧོར་གྱི་དག་མི་

578 ཉན་ནས་རྟག་དུ་འཐབ། ◦།དེའི་ལྟག་ན། ཧིར་ཏིས་སྤེ་ཚུ་དུ་གཉིས་མཆིས་ཏེ་
579 ཧོར་དང་ཆེད་ནི། འཐབ་ཆེད་ནི་གཉེན། དེ་ནས་བྱང་ཕྱོགསྣ། །གིར་ཏིས་སྤེ་ཆིག
580 མཆིས་པ། །མྱིག་ཤེལ་མྱིག །སྐྲ་མར་པོ། །ཡུལ་ན། ཕྱུགས་སྣ་ཚོགས། མཆིས། རྟ་པོ་
581 ཆེ་སྐྱེ། ◦།དེ་ནས་བྱང་ཕྱོགསྣ། །སྐྱེ་ངམ:བྱི་རི་རྒྱུད་ཆེན་པོ་ཞིགིས་ཆོད། ཞ་མ་
582 ཁ་གན་གྱིས། །དམག་དྲངསྣ། །དམག་ནི་མ་ཐར། །དེའི་ཕ་རོལ། བྱང་ཕྱོགསྣ་
583 མྱི་ལུས་རིང་པོ་ཆེན་པོ་ཞིག། མཆིསྟེ། །ཕོའི་ལུས་འདོམ་གསུམ་ཚམ། མདའ་ཞི
584 ཆ་ངར་དང་ཟས། རྒྱལ་པོ་གཞན་དང་འདྲ། །དགྲ་བགྱིད་ཆེང་མྱི་ཕྱོད་ལ་འདོགྷ་
585 ཞིང། འགུམས་པའི་ཆོས་མ་མཆིས། །མྱི་གུམ་ན། ཤིད་མྱི་བགྱིད། མཆད་པ་མྱི་
586 སྐྱིག། བྱིས་པ་རྦ་ཕྲད་པ་ཡན་ཆད། །ལྷ་ལ་ཕྱག་འཚལ། །ཕྱུགསུ་བའུ་ལུག
587 སྣ་ཚོགས་མཆིས། །ཧིར་གིས། །ཕོ་ཉ་གཏང་གཏང་ན། །འདི་ལྟ་བུ་བྱིས་པ་འདྲ་བ་
588 ཁྱིས་བཀུས་པར་འོང་ཞེས། །མཆི་ནས། །ཕོང་ཏའི་རྣ་ཞུ:ནང་དུ་སྦལ་ཏེ་
589 དཔྱང་ལ་འདོགས། །ཕོ་ཉ་ལ་འདྲི་བ། །ངེད་ཀྱི་བའུ་ལུག:རྫི:། ག་ར་གང་ཡིག
590 ཞེས་བྱ་བ་ཡོད་པའི་རིགསྣ། ག་ལ་འཕོད་འདྲི་ཞེས་མཆི། །མྱི་རིང་པན་
591 ཆད་ནི། མྱི་མཆིས་པ་སྐད་མ་ཐོས། ◦།དེའི་བྱང་ཕྱོགསྣ་བ་སྒྲེ་སྤེ་ལྔ་མཆིས།
592 དེ། །ཧོར་དང། གར་ལོག་དང་གསུམ་བསྔོངསྟེ། འབྲུག་ཆོར་གྱི་རྒྱལ་པོ། ཁ་གན་
593 གྱི་སྲིད་བརྟགསྟེ། །བ་མེལ་གྱི་སྤེ། དཔོན། ཁ་གན་གྱིས་ཐོབ་པ་ལས། །ཧོར་
594 དང། གར་ལོག་གིས། བ་མེལ་ཁ་གན་བསད་ནས། བ་སྨེལ་སྤེ་འཐོར་ཏེ། སྤེ་བྲན་
595 དུ་མཆིས་པ་ལས། །བ་སྨེལ་གྱི་ཁམས། གེས་དུམ་སྤེ་ཆིག། བ་སྨེལ་གྱི་ཁམས་
596 བ་ཡང་བགོ་སྤེ་ཆིག། སྤེ་དཔོན་ཡེད་མྱིས། ཧིར་གིན། །ཧི་དོག་གས་སྤེ་ཆིག་
597 སྤེ་དཔོན་ཧི་གིལ་རྐོར་ཧིར་གིན། ཡུལ་བརྩན་ཏེ། །གར་ལོགས་གིས། མ་ཁྲུགས་
598 དེ་ནས་བྱང་ཕྱོགསྣ། གོ་ཀོག་སྤེ་ཆིག་སུ་དང་ཡུ་མྱི་འཐབ་མྱི་རྩོད། ◦།དེའི་ནུབ་ཕྱོགས
599 ན། །སྤེ་བཅུ་ཚམ་ཡོད། ◦།ལ་ལ་ནི་ཡུལ་བརྩན་ལ་ལ་ནི་རོང་ཆེ་ལ་ལ་ནི་ཡུལ་བཟྲ
600 ཞིང་འཁྲུག་ཆེ། ◦།འདི་རྣམས་ཀྱི་བྱང་ཕྱོགསྣ། མྱི་ངམ་བྱེ་རི་རྒྱུད་ཆེད་པོ། ཕ་རོལ་ན་
601 གནམ་གྱི་རྒྱལ་པོ་སྤེ་གཉིས་མཆིསྟེ། །འབུག་ཆོར་གྱི་རྒྱལ་པོ། ཞ་མ་ཁ
602 གན་གྱི་སྲིད་བདེ་བའི་ཚོ། །འདི་ཕྱོགས་ན། དམག་དྲང་ན། དམའ་གིས། མ་ཐར་ཏེ་
603 མྱི་ཉིས་འཁྱམསྟེ། མཆི་མཆི་བ། །ཛ་མོའི་རྫེས་ཞིག་དང་མཇལ་ནས། རྫེས་

ཚུ་དག་ཏུ་མཚོ་མཚོ་ན། །ཇ་མོ་ཕལ་མོ་ཆེ་ཞིག་མཆིས་པའི་གན་ན། བུད་མེད་། མཆིས་པ་དག་ཆིག་དང་མཇལ་ནས། བྲུ་གུ་སྐད་དུ་ར་མཇལ་ནས། །བུད་མེད་དེས་བགྲི་བགྲི་སྟེ། སྨས་ན། །ཕྱི་འབྲེད་། ཁྱི་ཕལ་མོ་ཆེ་ཞིག་། །རི་དྭགས་ཤོར་དུ་མཚོ་མཚོ། བ་སླར་མཆིས་པས། །ཁྱིས་སྣས་ཚོར་ཏེ། ཁྱི་ལ་ཕྱུག་འཚལ་དུ་བཆུགོ། །དེ་ནས། །ཁྱིས་། ཇ་མོང་བཅུ་དང་ཆེ་འདོད་དགུ། །དང། །མྱི་ངམ་བྱེ་རི་རྒལ་བའི་ཆུ་བཀལ་ཏེ། སླར་བཏང་ནས་བྲུ་གུ་ཡུལ་དུ་ཕྱིནོ། །ཁྱི་དང་པོ་གནམ་ལས་བབ་ཁྱི་དམར་པོ་མཆིག་དང་ནག་པོ་གཆི་དང་གཉིས། །ལ་བབ་སྟེ། ཆུང་མར། །སྲྱིང་མོ་ཞིག་གཆིག་དང་ཕྲདེ་འཚོས་ན་། བུར་མ་འུའོ། །དེ་ནས་བྲུ་གུའི་ཁྱིམ་འདབ་ནས བུ་མོ་གཆིག་བཏྲུསྟེ། བུ་མོ་དེ་དང་འཚོས་ནས། །བུ་ཕོ་རྣམ་སྐྱེ། ཁྱི་བྱུང་ངོ། མོ་རྣམས་ནི། མྱིར་བྱུང་ནས། བུད་མེད་དག་ཆིག་དུ་རེདོ། 。།ཁྱིར་དམར་པོའི་སྡེ་ནི་། གི་ཟིར་གུ་ཤུ་ཞེས་བགྱིའོ། །ཁྱི་ནག་པོ་འི་སྡེ་ནི། །ག་ར་གུ་ཤུ་ཞེས་བགྱིསྟེ། །ཁྱི་དང་བུད་མེད་བྲུགུ་སྐད་དུ་ར་མཇལ་ནས། །ཕྱུགས་ལ་སྔོགས་པ་། ནོར་ཟས་ནི་བུད་མེད་གྱིས་། སྲྱོར་ཞིང་སྐྱོངོ། །དེའི་ཕན་ཆད་ན། མྱི་མཆིས་པ་སྐད་མ་ཐོས། །འདིའི་ནུབ་ཕྱོགས་ལྷར། གར་ལོག་སྡེ་གསུམ་ཞིག་མཆིསྟེ། །དམག་བརྒྱད་སྟོང་མཆིས། དུ་རྒྱུས་དང་ཏ་ཞིག་དང་འཐབོ། 。།དེའི་ཤར་ཕྱོགས་ལྷར། །ཨོག་རག་སྡེ་གསུཾ་མཆིསྟེ། །ཧོ་ཡོ་ཧོར་ཙེ་ཕྱོགས་ལྷར། །ནེ་ཤག་ཆོས་ཀྱི་མཁན་པོ་ཚོལ་ཞིང་འགུག་པའི་རྟེན་བྱེད་ཆིང། ཧོ་ཡོ་ཧོར་དང་འཐབོ། 。།དེའི་བྱང་སྨད་ན། །བྲུ་གུ་གུ་ལོག་གོལ་ཆོར་གྱི་འཕྲོ་། ཨི་བྱིལ་ཀོར་། སྡེ་ཆིག་མཆིསྟེ། དམག་སྟོང་མཆིས། 。།དེའི་བྱང་སྟོན་ན་། བེ་ཛ་ནག་སྡེ་ཆིག་མཆིསྟེ། །དམག་ལྔ་སྟོང་མཆིས་། །ཧོར་དང་འཐབོ། ༔། དེའི་ནུབ་ཕྱོགས་ན། །བྲུ་གུ་ཏ་ལ་ཡུན་ལོག་སྡེ་ཆིག་མཆིསྟེ། །སྡེ་ཆེ་ལ། སྐྱིད་པ་ཞིག་མཆིས། བྲུ་གུ་ཏ་བཀྲ་དེ་ནས་མཆིའོ། 。།དེའི་བྱང་ཕྱོགསྣ། །མྱི་ངམ་བྱེ་རི་རྒྱུད་གྱི་ཕ་རོལ་ན། །མྱི་ཨུད་ཏ་དག་ལེག་ཞེས་བགྱི་བ་། །རྐང་པ་། བ་ལང་གི་རྨྱིག་པ་ཅན་ལ། །ལུས་ལ་སྤུ་ཤོལ་ཤོལ་པོ་ཞིག་མཆིས། མྱི་ཤ་ལ་འཚལ། ༔། འདི་ཕྱོགས་ནས་པར། །བྲུ་གུའི་མྱི་རྐྱེད་དག་ཆིག་མཆི་མཆི་ན། །མྱི་རྐྱེད་གཆིགི་རྐང་པ་ཆགསྟེ་། འགྲོ་མ་ཕོད་ནས། །རོགས་པོ་དག་གིས། །རྐང་པ་ཆག་པའི་བྲུང་དུ་། ར་ཆིག་བསད་ནས་ཤིང་མང་དུ་བསྟུསྟེ། མྱི་ཆ་ལག་ཏུ་བྱིན་ཏེ། །དེར་བོར་ནས། །རེ་ཤིག་ན། །སྟག་གཆིག་

630 སྤངས་ཟིན་ཏེ། །ཆང་ཆག་གན་དུ་ཕྱིན་ན། །སྐྱིག་ཕྱི་བཞིན་དུ། །ལུས་བྱི་ལ་ཆེན་

631 པོ་ཚམ། །སྤྱི་ལྕགི་ཐུར་མ་བཞིན་དུ་སྤྲ། །ཞྙིག་མ་དང་། མཆན་འོག

632 གཡང་གཡོ་ན། །མཐེབ་བོ་ས་ཚམ་རེ་རེ་དཀར་ནས། སྨྱི་ཆང་ཆགིས་

633 མཆན་འོག་དཀར་བ་དེར་མདའ་ཆིགིས་འཕངསྟེ་བསད་ན། །ལུས་ནི་ཕག

634 བཞིན་སྨྲར། །སྤྱི་ནི་ལྕགི་འཐུར་མ་བཞིན་དུ་སྤྲ་ལ་རྔོ། །སྨྲའི་ཐོག་མ་ནས་

635 མཇུག་ཐོག་××××བར་དུ། །རལ་གྱི་བཞིན་དུ་རྔོ། །དྲུག་སྐད་དུ། ཀོག་ཉོ་ཡོག་

636 ཆེས××××བྱ། །སྟེ། སྟག་དང་ལྷང་འཐབ་པ་དེར་མཐོང་། 。|

637 ××××སོས་གྱི་བར་དུ། །སྐྱིགས་རི་དགས:བསད་ཆེ

638 ×××× ××××། སྨྱི་བྱ་ད་གཟུགས་གཞན་དང་འདྲ། །གོས་ཚུང་

639 ×××× ××××ག། སྙོག་རུས་གཡས་གཡོས་ན་མཆིས། དེའི་

640 ×××× ××××ཞིག་ནང་ན། །རི་བོག་རི། ཉ་བེ་བའི××××

641 ××××རྡེ་ཐུན་ཐུན་ཡྰ་མཆིསྟེ། །རི་××××

642 ××××

Pel.tib.1109 བྱང་ཕྱོགས་ཀྱི་དམག་དོན་གནས་ཚུལ་རྗེ་བོ་ལ་མཆིད་གསོལ་བའི་ཡི་གེ །

1 ××××དང་། གྲལ་ཐང་གོ་མཚོད་གསོལ་བླ།

2 ××××ཐང་འབྲུམ་××××། དགོངས་པ་མཐའ་ཕྱིན། །ཅི་ཡང་ལེགས་དགུ་ཞིག་ཏུ་སོན་ཏེ། །

3 ××××། །དག་བསྐྱལད་པ་ཙམ་དུ་ཅི་གནང་། །

4 ××××སྒྲ་ལས། །བཀྲུས་སྲིད་བས་མཇལ། །མོད་ལ་དམག་བཟང་བཀྲབས་སྟེ། །རྩ་ལཾ་དང་།

5 ××××ན་སྒྲུགས་དང་། ཀླི་གུགས་སྐྱལད་པ་ལས། །སོག་དྲུག་སྨྱི་ཉེ་ཤུ་རྩ་གསུམ་ཨི་ཅུར་དུ་

6 ××××སྟོན་སླ་ཐ་ཙུངས་ཚོས་བཅུའི་དགོངས་ཐེབས་ནས། །ཨི་ཙུར་མཆིས་སྟེ། །བོད་ཀྱི་ནང་དུ

7 ××××དམག་མྱིས་འཕྲུལ་དུ་སུག་བནངམ་སུ་ཅི་འཚལ། །ཕོ་ཉ་དང་དམག་མྱི་ཞི་སུམ་དུ་རྨས་བའི་

8 ××××དྲག་གི་མདོ་རིས་གིས་བཏབ་སྟེ་གསོལད་པ་ལགས། །

9 ××××བ་ཡང་། །རིལ་རད་བར་དྲུབས་ནས། །ལུས་ལ་འཚལ་ཞིང་མཆིས་པ་བཤུས་པ་ལགས་སྟེ། །

10 ××××བྲ་དབྲེ་ཆན་ཡང་མང་། །ཡར་བཞེས་སུ་མཚར་ཆིག་སྨྱི་རུང་གིས་ཀྱང་། །སྒྲུ་དཔལ་གྱི་×××

×××××

11 ××××ཟ་འོག་ཡུག་གཅིག། དོག་ཆིག་དམར་པོ་ཡུག་གཅིག། ཧུལ་གི་སྣ་རག་གཅིག། མེན་ཧྲི་

12 ××××ཡུག་གཉིས་། །སུག་རྒྱ་སྒྲུལད་ཏེ། །དགྲ་སློན་ཏ་ཡང་ལེགས་ལས་འབྱུལ

13 ××××དུ་ཅ་གནང་། །

14 ××××སྤུས་ནས། །དམ་ཞག་བགྲེས་སྟེ་མཆིས་ན། །སྤྱི་ནི་མས་གསོལ་ཡང་མྱི་འཚལ། །ཐུགས་

15 ××××ཡང་གདའ། །བྱུང་ངོས་འདིར་ཡང་དགྲ་ཟུན་དུ་གྱུརད་ཏེ། །མྱི་ངན་པ་མནངས་ཅམ་གིས

16 ××××བ་དུ་ཡང་མྱིདཔན། །ལྷན་ཅད་རྒོལ་བ་དག་ལ་ཡང་སྲོག་ཕོངས་འཚལ་དུ་སློ་བ་ཆུང་

17 ××××དུ་མཆིས་པའི་རྣམས་བྱ་དགར་སྒྲུལད་པའི་རིགས་སཾ་མྱི་རིགས། །བཀླ་ལུང་ཅེ་

18 ××××མཆིས་བ་ནི། །མཁར་རྩེན་གི་མཚོན་ཆ་མ་མཆིས་སྟེ། །ཡར་ཡང་སུ་སྣད་དུ་སྐྱན་

19 བཞིས་××××མྱི་ཉུང་ནའ། །མཁར་རྩེན་དུ་གཏད་པ་ཅམ་དུ་ཐུགས་དཔགས་ཅིར་

20 ××××ཨི་ཚུར་ཐེབས་པ་ཉི་ཤུ་རྩ་གསུམ་དང་། ཆོས་བཙུ་གཉིས་གི་གདུགས་ལ། །ཧུ་ཡེན་གི་རྒྱུད་ནས་
སོག་པོ་ཐམ་

21 ××××མཆིས་པའི་ཚོགས་ལ། །ཁྲིམ་ཆེན་པོ་ཧུ་ཡེན་ན་བཏབ་པའི་ཚེ། །བདག་ཅག་མྱི་གསུཾ་ཁྲིམ་
མདབ་དུ་

22 ××××། རྒྱ་ཞང་ལོན་དཔོན་གཡོག་བཞི་དང་མཇལ་ནས། །ལུས་བཙལ་དེ་མེན་ཧྲི་ཡུག་གཉིས་བྱུང་
བ་ནི་འཚལ

23 ××××སྒྲུལད་ནས། །××××་གཉིས་ཨི་བུར་སོང་ཞིག་པར་། །ཞང་ཤེམ་ལུང་ཡུལ××××ཅེམ་མཆི་
བ་དང་།

24 ××××རྩ་ལྔ་ལ། །སླས་འདྲམས་ཆེ་བ་མཆི་རྗེ་མྱི་ཐོག་པས་བརྟོན་བའི་སྣད་ནའ། །པི་རོགས་འོན་ལ་
སྐྱོགས་ལྷ། །

25 གྱི་སྐྱིལ་མ་དགྲ་སློན་ཏ་ཡང་ལེགས་དང་། མཁར་བསེལ་ལས་མྱི་ཉི་ཤུ་ཞིག་ལས་བཟུངས་པ་དང་། ཤ་
ཚུ་ནས་འ་ཞ་མྱི་བྲོས་ཆེ་བྲ་

26 ××××མཆིས་པ་། །འདབ་ཅིག་མཁར་ན་འཁྲམ་ཞིང་མཆིས་བ་ལས་ཟུན་ནས། །ར་མགོ་ནི་འཕྲལ་དུ་
ཁྲིམས་དང་སྦྱརད། །

27 འབངས། དང་དུས་གཅིག་ཏུ་བཟུངས་པ་ལགས། །

28 ××××ངོས་ཀྱི་ཉམས་ནི་ཕོ་××××ངན་བསམ་བས་གསོལད་བ་ལགས། །ཨི་ཚུ་ཡང་སོའི་མཐྱ། །

××××སློན་××××ནི་ཤུལ

29 ཙང་དུ་གྱུར་ད། །དགྲ་བསྐྱིངས་ཆེད་པོ་ཞིག་བྱུང་ན་ཡང་རམ་འདའ་ཁྱུ་སྐད་ཀྱིས་ནི་མྱི་སླེབས། །ཡུལ་མཁར་ཕྱི་ཤེར་བ་དང།

30 ཚུགས་ཞིག་ཏུ་བཀྲལ་འཚལ་། །ཞིབ་ཏུ་ནི་སྤར་ཞལ་མཐོང་བའི་དྲུང་དུ་གསོལད་པ་ལགས། །བསྐྱིངས་སྟོན་ཤ་ཙུའི་

31 ལས་གནང་བ་ནི་གཅིག་ལ་ཡང་མཆོན་ཅ་མ་མཆིས་པའི་སྙིང་དུ་རད་པ་དགུན་ཆ་འཚལད་པ་ནི་འགའ་ཡང་མ་མཆིས། །

32 ××××མྱི་ཉི་ཤུ་ཞིག་བརྫངས་པ་ཡང་××××མ་མཆིས་ཤེས་གསོལད་ཏེ་རིལ་འཐེན་བ་ལས་། །བཟང་བཀྲབས་སྐྱི××××

33 ××××བྱང་ན་ཡང་བུ་སྨད་དང་བཙེ་བ་ལ་བརྫོང་བ་ནི་མ་མཆིས་། །སླར××××

སྨོན་ལམ་ཡིག་ཆ་ལས་བྱུང་བའི་ལོ་རྒྱུས་སྐོར།

Pe1.tib.0001(1) བཙན་པོའི་ཆེད་དུ་གསོལ་བའི་སྨོན་ལམ།

1 ༄༅སྨོན་ལམ་དུ་གསོལ་བའ། །གྲགས་པས་མངོན་བར་ཁྱབ་ཅིང་། །གཞི་མགོན་ཐམས་ཅད་ཀྱི་མངའ

2 བདག་། །དཔལ་ལྷ་བཙན་པོ་དང་། །ཡོན་གྱི་བདག་པོས། །དཀོན་མཆོག་གསུམ་ལ་། །ཡོན་དོན་དམ་པས་མཆོ

3 ཅིང་གསོལད་པའི་ཡོན་གྱིས་། །དཔལ་ལྷ་བཙན་པོའི་སྐུ་ལ། གདོན་དང་བགེགས་ནི་བསྒྱལད་། །བག་ཆགས

4 ཐམས་ཅད་ནི་ཞུ་བྱང་། །ཐུགས་ལ་དགོངས་སོ་འཚལད་ནི་འགྱོརད་གྲུབ། །ཡུལ་ཇེར་ཡང་བདེའ་ཞིང་འགྱོར་པས།

5 དམ་པའི་ཆོས་མཆོག་བཙུན་བ་དང་ལྡན་ཏེ། །གདུང་རབས་དང་། ཡོན་གྱི་བདག་པོ་དང་། མཁན་པོ་སློབས་

6 དཔོན་དང་། ཚེ་རབས་སྔ་ཕྱིའི་སྐྱེ་གནས་ཀྱི་ཕ་མ་ལ་སྟོགས་ཏེ་། །མཐའ་ཡས་སུ་མྱེད་པའི་སེམས་ཅན་ཐམས་ཅད་ཀྱང

7 མྱུར་དུ་བླ་ན་མྱེད་པའི་སངས་རྒྱས་སུ་གྲུབ་པར་སྨོནད་ཏོ། །

8 ༄༅སྨོན་ལམ་དུ་གསོལ་བླ་། །གྲགས་པས་མངོན་བར་ཁྱབ་ཅིང་། །གཞི་མགོན་ཐམས་ཅད་ཀྱི་མངའ་བདག། །དཔལ

9 ལྷ་བཙན་པོ་དང་། །ཡོན་གྱི་བདག་པོས་དཀོན་མཆོག་གསུམ་ལ་། །ཡོན་དོན་དམ་ལས་མཆོད་ཅིང་གསོལད་པའི་ཡོན་གྱིས

10 ཁམས་གསུམ་ཏུ་སྐྱེ་ཞིང་འཁོར་བའི་སེམས་ཅན་ཐམས་ཅད་ཉོན་མོངས་པའི་རྒྱུ་ལས་གྲོལ་ཐར་པར་མཛད་དེ་། །བསྟན་བསླབས

11 ནས་། ཕལ་མང་པོ་ཐམས་ཅད་ཀྱི་ལུས་དང་ངག་ཡིད་། གསུམ་གྱི་སྒོ་ནས་ཇེར་ཡང་དགེའ་ཞིང་ལེགས་སོ་ཚོག་དུ་། །

12 བརྗོད་སྤྱད་པའི་ཡོན་གྱིས་། །དཔལ་ལྷ་བཙན་པོའི་སྐུ་ལ་གདོན་དང་བགེགས་ནི་བསྒྱལད། །བག་ཆགས་ཐམས་ཆད

13 ནི་ཞུ་བྱང་། །ཐུགས་ལ་དགོངས་སོ་འཚལ་ནི་འགྱོརད་གྲུབ་། །ཡུལ་ཇེར་ཡང་བདེའ་ཞིང་འགྱོར་པས། །དམ་པའི་ཆོས་མཆོག་

14 བཙུན་བ་དང་ལྡན་ཏེ་། །གདུང་རབས་དང་། ཡོན་གྱི་བདག་པོ་དང་། མཁན་པོ་སློབས་དཔོན་དང་། ཚེ་

རབས་སྡུ་ཕྱིའི་ཕ་མའ

15 ལས་སྩོགས་ཏེ་། །མཐའ་ཡས་མུ་མེད་པའི་སེམས་ཅན་ཐམས་ཅད་། །མྱུར་དུ་བླ་ན་མེད་པའི་སངས་རྒྱས་སུ་གྲུབ་ཕྲ

16 སྨོན་ཏོ། །

Pel.tib.0130(1) བཙན་པོ་ཁྲི་གཙུག་ལྡེ་བཙན་གྱི་ཆེད་དུ་གསོལ་བའི་སྨོན་ལམ།

1 ༄། །××××ཐའ་ཡས་མུ་མེད་པའི་འཇིག་རྟེན་གྱི་ཁམས་ན། །དུས་གསུམ་དུ་གཤེས་པའི་དེ་བཞིན་གཤེགས་དགྲ་བཅོམ་བ་ཡང་

2 དག་པར་རྫོགས་པའི་སངས་རྒྱས་དང་། །བྱང་ཆུབ་སེམས་དཔའའི་དགེ་འདུན་དང་། བཅས་བ་རྣམས་ལ་ཕྱག་འཚལ་ལོ། །

3 མཆོད་བ་བླ་ན་ཡོད་པ་དང་། བླ་ན་མེད་པ་ལསྩོགས་ཏེ། མཆོད་པའི་རྣམ་པ་ཐམས་ཅད་ཀྱིས། མཆོད་ཅིང་དབུལ་ལོ། །བཙན་པོ་ལྷ་

4 སྲས་ཁྲི་གཙུག་ལྡེ་བརྩན་གྱི་ཞ་སྔ་ནས། དང་། །བདག་ཅག་གིས་ཐོག་མ་མཆིས་པའི་དུས་ནས། སྡིག་པ་མི་དགེ་བའི་ཆོས། བདག་ཅག་

5 ཉིད་ཀྱིས་བགྱིས་པ་དང་། བགྱིད་དུ་སྩལད་པ་དང་། གཞན་གྱིས་བགྱིས་པ་ལ་ཡི་རང་བ་དེ་དག་ཐམས་ཅད་མི་འཆབ་བར་འགྱོལ་ཞིང་བཤགླ་

6 སྟེ། མ་ལུས་པར་བྱང་བར་སྨོན་ཏོ། །བཙན་པོ་ལྷ་སྲས་ཀྱི་ཞ་སྔ་ནས་དང་། བདག་ཅག་རྣམས་དེང་གི་དུས་འདི་ནས་བཟུང་སྟེ། ནམ་

7 བྱང་ཆུབ་ཀྱི་སྙིང་པོ་ལ་ཐུག་གི་བར་དུ། ཕྱོགས་བཅུ་འི་དཀོན་མཆོག་གསུམ་ལ་སྐྱབས་སུ་མཆིའོ། །འཇིག་རྟེན་དང་། འཇིག་རྟེན་ལས་

8 འདས་པའི་དགེ་བའི་ཚོགས་རྒྱུ་དང་འབྲས་བུར་བཅས་པ་ལ། །བཙན་པོ་ལྷ་སྲས་ཀྱི་ཞ་སྔ་ནས་དང་། །བདག་ཅག་རྣམས་རྗེས་

9 སུ་ཡི་རང་ངོ། །ཕྱོན་གྱི་སངས་རྒྱས་དང་། བྱང་ཆུབ་སེམས་དཔའ་རྣམས། ཐུགས་རྗེ་ཆེན་པོའི་དབང་གིས། བྱང་ཆུབ་ཀྱི་ཐུགས་རིན་པོ་

10 ཆེ་×××བཞིན་དུ། །བཙན་པོ་ལྷ་སྲས་ཀྱི་ཞ་སྔ་ནས་དང་། བདག་ཅག་གིས་ཀྱང་བྱང་ཆུབ་ཀྱི་སེམས་

མཆོག་དམ་པ་ཡོངས་སུ་བསྐྱིད་

11 ××××གས་པ་ཐམས་ཅད་དགོངས་སུ་གསོལ། །བཙན་པོ་ལྷ་སྲས་ཁྲི་གཙུག་ལྡེ་བཙན་གྱི་སྐུ་ཡོན་དུ། ཕ་རོལ་དུ་ཕྱིན་པ་དྲུག་ལ་སྟོགས་

12 ××××འཇིག་རྟེན་ལས་འདས་པའི་དགེ་བ་སྤྱད་དོ་འཚལ་གྱི་བསོད་ནམས་དང༌། དཀོན་མཆོག་གསུམ་གྱི་མཐུ་དང༌། བྱིན་གྱི་རླབས་དང༌། །

13 ××××པོ། ཡོ་བྱད་གཞུང་བཞིན་དུ་སྦྱར་ཏེ། །ཚུལ་བཞིན་བགྱིས་ནས། སྨྲི་མང་པོ་བཙུག་པ་དང༌། །གསེར་ཕྱེ་ལ་སྟོགས་ཏོ། རིན་པོ་ཆེ་

14 ×××××ས་ཏེ། སྐུ་བཞེངས་པ་དང༌། །དབུང་མཐའ་ནས་དཀོན་མཆོག་མཆོད་དེ། །དགེ་འདུན་མཆོད་སྟོན་གསོལ་ཞིང༌།

15 ××××འཕགས་པ་ཤེས་རབ་འབུམ་པ་ལ་སྟོགས་པ། །ཞལ་ནས་གསུངས་པའི་མདོ་སྡེ་དང༌། གཟུངས་མང་པོ་བླགས་བ་

16 ××××ང༌། གཙུག་ལག་ཁང་མང་པོ་བརྩིགས་ཤིང་བཅོས་པ་དང༌། །ཞུགས་མར་×མང་པོ་བལྷམས་པ་དང༌། སྨྲི་ཆོས་

17 ××××ལྷན་བ་མང་པོ་ཐར་པར་བཀྱེ་བ་དང༌། །མྱི་ལ་སྟོགས་ཏེ། སེམས་ཅན་མང་པོ་སྲོག་བཏོན་པ་ལསྟོགས་པ། །སྦྱིན་བ་རྣམ་

18 ××××ང་བཞིན་བགྱིས་པའི་བསོད་ནམས་ཀྱིས། །པོད་ཀྱི་རྒྱལ་པོ་ཆེན་པོ་བཙན་པོ་ལྷ་སྲས་ཁྲི་གཙུག་ལྡེ་བཙན་གྱི་ཞ་སྔ་ནས། །

19 སྐུ་ལ་སྙན་མྱི་མངའ་ཞིང་སྐུ་ཚེ་རིང༌། །གཟའ་ལསྟོགས་པའི་གནོད་པ་ཐམས་ཅད་ཞི་ནས། གྲོལ་ཐར་ཏེ། །མཐར་བླ་ན་མྱེད་པའི་སངས་རྒྱས་

20 སུ་གྲུབ་ནས། །ཆོས་ཀྱི་རྒྱལ་པོ་ཆེན་པོ་མཛད་པར་གྱུར་ཅིག། །སེམས་ཅན་ཐམས་ཅད་ཀྱང་བླ་ན་མྱེད་པའི་སངས་རྒྱས་སུ་གྲུབ་པར་སྨོན་ཏོ། །

Pel.tib.0131 བཙན་པོ་ལྷ་སྲས་ཡུམ་སྲས་རྗེ་འབངས་ཀྱི་ཆེད་དུ་གསོལ་བའི་སྨོན་ལམ།

1 ༄། །སྨོན་ལམ་དུ་གསོལ་བའ། །ཕྱོགས་བཅུ་འི་འཇིག་རྟེན་གྱི་ཁམས་མཐའ་ཡས་མུ་མྱེད་པ་དག་ན། །དུས་གསུམ་དུ་བཞུགས་པའི།

2 དེ་བཞིན་གཤེགས་པ། དགྲ་བཅོམ་པ་ཡང་དག་པར་རྫོགས་པའི་སངས་རྒྱས་ཐམས་ཅད་ལ་ཕྱག་འཚལ་
ལོ། །དམ་པའི་ཆོས་ངོ་བོ་ཉིད་

3 ཀྱིས་རྣམ་པར་དག་པ། སྒྲིབ་པ་ཐམས་ཅད་དང་བྲལ་བ། །ཁྱད་པར་ཅན་རྣམས་རང་གིས་རིག་པའི་སྐལ་
བ་ཅན། །ཕྱི་ཐུན་གྱི་རིག

4 པའི་ལམ་དུ་གྱུར་པ་དེ་ལ་ཡང་ཕྱག་འཚལ་ལོ། །འཕགས་པའི་དགེ་འདུན་མི་ཕྱེད་པ་རང་བཞིན་ཅན།
ལྷ་མི་ཡོངས་ཀྱི་བསོད་

5 ནམས་ཀྱི་ཞིང་། དེ་བཞིན་གཤེགས་པའི་གདུང་འཚོབ་པའི་སྲས་པོ་ཅི་སྙེད་པ་མཐའ་དག་ལ་ཡང་ཕྱག་
འཚལ་ལོ། །མི་མཇེད་

6 ཀྱི་བདག་པོ་ཚངས་པ་དང་། ལྷ་འི་དབང་པོ་བརྒྱ་བྱིན་དུས་གསུམ་གྱི་བསྟན་པ་སྲུང་ཞིང་། རྒྱལ་བ་
གཤེགས་སོ་འཚལ་གྱི་གཞི་

7 འཛིན། ལྷ་འི་རྒྱལ་པོ་འི་ སྤྱི་པའ་མཛད་པ་དེ་དག་ལ་ཡང་ཕྱག་འཚལ་ལོ། །རྒྱལ་པོ་ཆེན་པོ་བཞི་ལ་
སྩོགས་པ། འཇིག་རྟེན་སྐྱོང་

8 བ་བཅུ་གླིང་བཞི་ཆོལ་པར་སྲུང་ཞིང་། ལྷ་དང་ཀླུ་དང་། གནོད་སྦྱིན་དང་། དྲི་ཟའི་གདོན་དང་། འཇིག་
རྟེན་འཁྲུག་པར་བྱེད་པ་དེ་དག

9 ལ་མངའ་དང་མཐུས། །འཚལ་དུ་མི་གནང་བར། བཀའ་ནན་གྱི་འོག་དུ་སྩོལ་པའི་སྐད་དུ། རྒྱལ་སྲིད་
ཐབས་ཀྱིས་འཛིན་

10 ཅིང་བསྐྱང་བར། ཞལ་གྱིས་བཞེས་པ། ལྷ་འི་སྡེ་དཔོན་ཆེན་པོ་འཇིག་རྟེན་གྱི་གཙོ་བོ་དེ་དག་ལ་ཡང་
ཕྱག་འཚལ་ལོ། །འཕགས་

11 པ་དེ་དག་ལ་མཆོད་པ་འབུལ་བ་ནི། མེ་ཏོག་དམ་པ་འཁྲིང་བ་སིལ་སྙན། ཕྱེ་མ་བདུག་པ། མར་མེ
སྤྱན་ཟིགས་བཞོས་

12 སྣང་དཀོར་བཅིབས་པ་ལ་སྩོགས་པ། ལྷ་དང་མི་འི་འབྱོར་པ་དངོས་དང་། ཡིད་ཀྱིས་དམིགསྟེ་མཆོད་
དོ། བདག་ཅག་རྣམས་

13 ཀྱི་ལུས་དང་ངག་དང་ཡིད་ཀྱི་སྒོ་ནས། ཉོངས་པར་གྱུར་ཏེ། འཕགས་པས་བཤུང་བ་ཐམས་ཅད་དང་། ལྷ་
སྲས་ཡབ་

14 མྱེས་ཀྱི་སྐུ་རིང་ལ། དཀོར་མཆོག་གསུམ་གྱི་ཕྱོགས་གཉན་རིསུ་ སྲུགས་ཏེ། ཆོས་གཙིགས་གནང་བ་
དང་། ཕུ་དུད་

15 དང་ཞི་ས་ཡན་ཅད་མཚམས་ཚོགས་ཆེར་བཅས་པ་ལས། བྱ་འོག་ཀུན་ནས་དབང་བཟའ་བར་གྱུར་པ་དང་། བག་ཞད་

16 གྱིས་ཞུམས་པ་ཡན་ཅད། སྙིང་ཐག་པ་ནས་གདོང་ཞིང་ངོ་ཚ་བའི་སེམས་ཀྱིས་འཐོལ་ཞིང་བཤག་སྟེ། སྨན་ཅད་

17 མི་བགྱི་བར། །འཕགས་པ་ཐམས་ཅད་ལ་དཔང་དུ་གསོལ་ཏེ། དམ་ཆ་འོ། །འཕགས་པ་དང་སྐྱེ་བོ་རྣམས་ཀྱི་དགེ་བ་

18 ཚོགས་གཉིས་ཀྱི་རྒྱུར་གྱུར་པ་ཐམས་ཅད་ལ་རྗེསུ་ཡི་རང་ངོ་། །མཛད་པ་མཐར་ཕྱིན་པའི་འཕགས་པ་ཐམས་

19 ཅད་ཐུགས་རྗེ་འི་ཤུགས་ཀྱིས་འཇིག་རྟེན་མི་སྟོང་བར།། སེམས་ཅན་ཀྱི་དོན་ལ་འཁོར་བའི་མཐའ་དང་སྐོམ་

20 ཞིང་བཞུགས་པར་གསོལ་ལོ། འཕགས་པ་སྤྲུལ་བའི་ས་ལ་གཞིས་པ་ཐམས་ཅད་མྱུར་དུ་ཆོས་ཀྱི་འཁོར་ལོ་

21 བསྐོར་ཏེ། །བོད་ཁམས་ཡོངས་བསྲུང་ཞིང་བསྐྱབ་པར་བསྐུལ་མ་འཚལ་ལོ། །འཕགས་པ་ནཾ་ཐོས་ཀྱི་སྲས།

22 ཙ་བྲང་ལྡང་ལོ་འི་བདག་ཙོ། རི་རབ་ཀྱི་རྐེད་ན་བཞུགས་པར་ཚུལ་སྟོན་ཡང་བྱེས་ཡུལ་ཕྱད་པར་གཤེགས་ཤེང་།

23 གདོང་སྦྱིན་གྱི་རྣམས་ལ་ནི། ཁྲི་གཉེར་གྱི་ཚར་གཅོད་པའི་འཕྲིན་ལས་ལྷུར་མཛད། དུས་གསུམ་གྱི་སངས་

24 རྒྱས་ཀྱི་བསྟན་པ་གང་ན་གནས་པ་རྣམས་སུ་ནི། སྲུང་ཞིང་སྐྱོབ་པའི་དམ་མངའ། ཨ་ཙ་འཛམ་བ་ལ་རྐྱེན་དུ་

25 གྱུར་པས་ནི། འཇིག་རྟེན་ན་ལོང་སྤྱོད་སྨོང་བ་རྣམས་ལ།། ཡིད་བཞིན་དུ་འཁྱོར་པ་ཕུན་སུམ་ཚོགས་པར་

26 སྨོལ་ཅེས་ཐུགས་དམ་བཞེས་པ་དང་། སྐབས་སྐབས་སུ་འཇིག་རྟེན་གྱི་དགེ་བ་ཞབས་ཀྱིས་བཙུགསྟེ་བྱུལ་

27 ནས། དཀར་ཅག་ལ་སྣོན་པའི་འཕྲིན་ལས་མཛད་པར་ཡང་ཞལ་གྱིས་བཞེས་པ་བཞིན། བོད་ཡོངས་ཀྱི་

28 རྒྱལ་པོ་ཆེན་ཙོ། ལྷ་བལ་དུམ་ན་བཞུགས་པ། ཇོ་མོ་བཙན་མོ་འཕན་ཀྱི་ཙ་བྲང་འོད་སྲུང་། རྗེས་འབངས་

29 འཁོར་དང་བཅས་པ་དང་། །བདག་ཆག་མྱིང་འདི་ཞེས་བགྱི་བ་ཡང་ལུས་འབྱུལ་སྲོག་ཕྱོགས་ཏེ། ལེགས་པ་

30 ཐམས་ཅད་དང་ལྡན་བར་གསོལ་ཞིང་མཆིས་ན། ལྷག་པར་སྐྱབས་གསོལ་བ་ལ། །རི་བ་བཞིན་ཕན་

31 མ་སོན་ན་མཆེད་ལ་བསྟུས་ཏེ་དམ་བཞེས་པ་བཞིན། བཙན་པོ་ལྷ་སྲས་ཡུམ་སྲས་རྗེས་འབངས་ཀྱི་སྐུ་

32 ཙེ་དང་། ཆབ་སྲིད་དང་བདག་ཆག་གི་སྲོག་སྲིད་ཀྱང་། ཕྱག་དུ་འདོར་ཞིང་མཚས་ན། ཐུགས་རྗེའི་ཤུགས་

33 ཀྱིས་ཆང་ཁྲུར་བཞེས་ཤིང་ཅི་ལྟར་སྨོན་པ་བཞིན་དཔག་བསམས་ཀྱི་ཤིང་དང་ལྡན་བར་ཐུགས་རྗེ་ཅིར་

34 གཟིགས། །

Pel.tib.0132 བཙན་པོ་ཁྲི་གཙུག་ལྡེ་བཙན་སོགས་ཀྱི་ཆེད་དུ་གསོལ་བའི་སྨོན་ལམ།

1 ༄༅ཕྱོགས་བཅུ་མཐའ་ཡས་མུ་མེད་པའི། །འཇིག་རྟེན་ཀྱི་ཁམས་ན་བཞུགས་པའི་དེ་བཞིན་གཤེགས་པ་དགྲ་བཅོམ་པ་ཡང་

2 དག་པར་རྫོགས་པའི་སངས་རྒྱས་དང་། །དམ་པའི་ཆོས་དང་། བྱང་ཆུབ་སེམས་དཔའ་ཆེན་པོའི་དགེ་འདུན་དུ་བཅས་པ་ལ་ཕྱག་འཚལ་

3 ལོ། །སངས་རྒྱས་དང་བྱང་ཆུབ་སེམས་དཔའ་ཐམས་ཆད་བདག་ཆག་ལ་དགོངས་སུ་གསོལ། །བདག་ཆག་རྣམས་ཀྱིས།

4 སྐྱེ་བའི་ཐོག་མ་མཆིས་པ་ནས། །འཁོར་བ་ན་འཁོར་བའི་ཚེ། །སྡིག་པ་མི་དགེ་བའི་ཆོས། བདག་ཆག་གིས་བགྱིས་པ་

5 དང་། །བགྱིད་དུ་སྩལ་པ་དང་། གཞན་གྱིས་བགྱིས་པ་ལ།། །རྗེས་སུ་ཡི་རང་བ་དེ་དག་ཐམས་ཆད་རང་སངས་རྒྱས་

6 དང་། །བྱང་ཆུབ་སེམས་དཔའ་ཐམས་ཆད་ཀྱིས་སྤྱན་སྔར་སོ་སོར་བཤགས་སོ། །རང་སངས་རྒྱས་དང་། བྱང་ཆུབ་སེམས་དཔའ་

7 ཐམས་ཆད་དང་། །བདག་ཆག་ལ་དགོངས་སུ་གསོལ། །བདག་ཆག་མིང་འདི་ཞེས་བགྱི་བ་དེང་གི་དུས་འདི་ནས། །ནམ་བྱང་ཆུབ་ཀྱི་སྙིང་པོ་

8 ལ་མཆིས་ཀྱི་བར་དུ་། །ཡང་དག་པར་རྫོགས་པའི་སངས་རྒྱས་ལ་སྐྱབས་སུ་མཆིའོ། །དེ་བཞིན་གཤེགས་པ་ཆོས་ཀྱི་སྐུ་། །སོ་སོ་

9 རང་གིས་རིག་པ་ལ་སྐྱབསུ་མཆིའོ། །ཕྱོགས་བཅུའི་བྱང་ཆུབ་སེམས་དཔའ་ཆེན་པོ། །ཕྱིར་མི་ལྡོག་པའི་དགེ་འདུན་ལ་སྐྱབས་སུ་མཆིའོ།

10 སངས་རྒྱས་དང་བྱང་ཆུབ་སེམས་དཔའ་ཐམས་ཅད། །བདག་ཅག་ལ་དགོངས་སུ་གསོལ། །བདག་ཅག་

སྦྱིང་འདི་ཞེས་བགྱིའ་བ། །
11 དེང་གི་དུས་འདི་ནས་། །ནམ་བྱང་ཆུབ་ཀྱི་སྙིང་པོ་ལ་མཆིས་ཀྱི་བར་དུ། །སངས་རྒྱས་དང་བྱང་ཆུབ་
སེམས་དཔའ་ཐམས་
12 ཅད་ལ། །བདག་ཅག་གི་ལུས་དབུལད་ཀྱིས། ཐུགས་རྗེ་ཆེན་པོ་རྣམས་གྱིས་བདག་ཅག་ལ་བཞེས་པར་
×××××××××××
13 སངས་རྒྱས་དང་བྱང་ཆུབ་སེམས་དཔའ་ཐམས་ཅད་། །བདག་ཅག་ལ་དགོངསུ་གསོལ། །དངོས་པོ་
ཐམས་ཅད་དང་×××××
14 ཁམས་དང་། སྐྱེ་མཆེད་དང་། གཟུང་བ་དང་འཛིན་པ་རྣམས་རྣམ་པར་སྤངས་པ། །ཆོས་བདག་མྱེད་
པ་མཉཾ་བ་ཉིད་ཀྱི་××××
15 ཐོག་མ་ནས་མ་སྐྱེས་པའི་བྱང་ཆུབ་ཀྱི་སེམས། །དེ་ཇི་ལྟར××ཀྱི་སངས་རྒྱས་དང། །བྱང་ཆུབ་སེམས་དཔའ་
རྣམས་ཀྱིས།
16 བྱང་ཆུབ་ཀྱི་སྙིང་པོ་ལ་བཞུགས་ཀྱི་བར་དུ། །བྱང་ཆུབ་སེམས་བསྐྱེད་པ་དེ་བཞིན་དུ། བདག་ཅག་
མྱིང་འདི་ཞེས་བགྱི་བ་ཡང་
17 དེང་གི་དུས་འདི་ནས། །ནམ་བྱང་ཆུབ་ཀྱི་སྙིང་པོ་ལ་བཞུགས་གྱི་བར་དུ་བྱང་ཆུབ་སེམས་བསྐྱེད་དོ། །
སངས་རྒྱས་བཅོམ་
18 ལྡནད་འདའས་རྣམས་དང། བྱང་ཆུབ་སེམས་དཔའ་ཆེན་པོ་རྣམས་དང། འཕགས་པ་ཉན་ཐོས་དང་།
སངས་རྒྱས་
19 རྣམས་དང་། སོ་སོའི་སྐྱེ་བོ་དེང་གི་དུས་འདི་ནས། ནཾ་བྱང་ཆུབ་ཀྱི་སྙིང་པོ་ལ་མཆིས་ཀྱི་བར་དུ། །བླ་
ན་མྱེད་པའི་རྗེསུ་
20 ཡི་རང་བར་། །བསོད་ནམས་ཀྱི་རྗེསུ་ཡི་རང་ངོ། །བདག་ཅགིས་འདི་ལྟར་ཕྱག་འཚལ་བ་དང། །རྗེསུ་ཡི་
རང་བ་ལ་
21 སྒོགས་པ། དགེ་བའི་རྩ་བ་འདིས་དཔལ་ལྷ་བཙན་པོ། ཁྲི་གཙུག་ལྡེ་བཙན་ལ་སོགས་པ་། །བདག་ཅག་
རྣམ་པ་དང་དཔ××
22 དང་། །བསོད་ནམས་སྐྱེས་པར་གྱུརད་ཏེ་། །གཙོད་པ་ཐམས་ཅད་དང་། ཐལ་ཞིང་བསམ་པ་ཐམས་
ཆད་ཡོངསུ་རྫོགས་སྟེ།
23 འཇིག་རྟེན་དང་འཇིག་རྟེན་ལ་འདའས་པའི་བདེ་བ་ཕུན་སུམ་ཚོགས་པ་དང་། དགྲ་དང་ཞུ་གེ་དང་

དུས་མ་ཡིན་པར་འཆིའི་བ་ལ་

24 སྔོགསྤ་ཐམས་ཅད་ཀྱིས་། ། མི་ཆུགས་པར་གྱུར་ད་ཅིག། །བརྒྱའ་བྱིན་དང་། ཚངས་པ་དང་། རྒྱལ་པོ་
ཆེན་པོ་བཞི་དང། འཇིག་

25 རྟེན་སྐྱོང་བ་བཅུ་དང་། གཟའ་ཆེན་པོ་བརྒྱད་དང་། །རྒྱུ་སྐར་ཉི་ཤུ་རྩ་བརྒྱད་རྣམས་དང་། །གཞན་
ཡང་འཇིག་རྟེན་གྱི་ལྷ་དང་། ཀླུ་དང་། གནོད་སྦྱིན་ལ་སྔོགས་པ།

26 མཐུ་ཆེ་ཞིང་རྫུ་འཕྲུལ་ཆེ་བའི་རྣམས། །བདག་ལ་དགོངསུ་གསོལ། །འཇིག་རྟེན་གྱི་ལྷ་དང་། ཀླུ་ལ་སྔོགས་
པ་དག། །བདག་ཆག་གིས་མཆོད་

27 ཚིང་བརྗོད་པའི་རྟེན་བཙུགས་པ་ཡང་རུང་། །མ་བཙུགས་པ་ཡང་རུང་སྟེ། །དུས་གསུམ་དུ་མཆོད་པ་
དང་། མཆོད་པའི་ཚོ་ག་ནོངས་པ་དང་། །

28 གཙང་སྦྲ་མ་ཕྱིནད་པ་དང་། །སྔང་ཤབ་མ་ཐུབ་པ་དང་། གཞིབ་དང་། གསུར་ཀྱིས་བབས་པ་སྔོགས་
པ་×××××××××××××××××××

29 མི་བདད་ཚིང་ཕང་བ་དང། །མནོལ་བར་གྱུརད་པའི་ཚོངས་པ་ཇི་བགྱིས་པ་ཐམས་ཅད། །དེང་ཁྱོད་
ཀྱིས་×××××××××××××××××

30 བཤགས་ཏེ། །ཕྱིན་ཆད་གྱང་མི་བགྱིད་པར་ཡི་དམ་འཆ་ནའ། །བརྒྱའ་བྱིན་གྱིས་བདག་ཆག་ལ་བཟོ
××××××××××××××××××

31 ད་ཡང་བདག་ཆག་ལས་མཆོད་པ་བཞེས་ཏེ། །དཔལ་ལྷ་བཙན་པོ། ཁྲི་གཙུག་ལྡེ་བཙན་ལ་སྔོགས་པ། །
བདག་ཆག་××××××××××××××

32 གསོལ། །ཕས་ཀྱི་དགྲ་དང། དུས་མ་ཡིན་པར་མཆི་བ་དང་། །ནད་དང་། གནོད་པ་ཐམས་ཅད་ལ་
སྔོགས་པ། །××××××××××××××××××

33 རབ་ཏུ་ཞི་བར་བརྒྱའ་བྱིན་གྱིས་རླབ་པར་གསོལ། །ཕས་ཀྱི་དགྲ་དང། དུས་མ་ཡིན་པར་མཆི་བ་དང་།
མུ་གེ་དང་། ×××××××××××××××

34 དུག་དང་། མཚོན་ལ་སྔོགས་པ། །ཚིས་ཀྱང་མི་ཚུགས་པར་བསྲུང་ཞིང་། །ཆར་དུས་སུ་འབབ་པ་དང་།
པོ××××××××××××××××××××

35 པར་བྱིན་གྱིས་རླབ་པར་གསོལ། །འཕགས་པའི་དམ་ཚིགས་རྣམས་ཀྱང་། །དམ་ཚིགས་བཞིན་××
××××××××××××××××××××××××

36 རྒྱ་ཆེར་འཕེལ་བར་བགྱི་བ་དང། །འགྲོ་བ་མང་པོ་ལ་། བསྲུང་ཞིང་། བསྐྱ×་པ་ལ་སྔོགས་ཕ་མཛད་དུ་

ག××××××××××××××××××××××

37 ཤད། །སོ་སོའི་གཞུང་ལུགས་བཞིན་དུ་ཡི་དམ་བཅས་ཏེ། །ཡོངས་རྫོགས་པར་མཛད་ཆིང་འགྲོ་བ་

××××××××××××××××××××××××

38 ཚོགས་པ་ལ་ལྡན་པར་མཛད་པར་གསོལད། །

Pel.tib.0134(1) བཙན་པོ་ལྷ་སྲས་ཁྲི་དུམ་བཙན་གྱི་སྐུ་ཡོན་དུ་བསྔོ་བའི་སྨོན་ལམ་དུ་གསོལ་བ།

1 ༄། །བཙན་མོ་ལྷ་སྲས་ཞྭའི་དུན་བརྟན་ཀྱི་སྐུ་ཡོན་དུ་བསྔོ་བའི་སྨོན་ལཾ་དུ་གསོལ་ལྟ། །

2 ༄། །ཕྱོགས་བཅུ་དུས་གསུམ་ཀྱི་དེ་བཞིན་གཤེགས་པ་། །སྐུ་གསུམ་ཀྱི་ངོ་བོས་བསྡུས་པའི་སངས་རྒྱས་

ཐམས་ཙ་

3 དང། །དམ་པའི་ཆོས་མདོའི་སྡེ་ལ་སྩོགས་པ་། །གསུང་རབ་ཡན་ལག་བཅུ་གཉིས་དང། །འཕགས་པའི་

དགེ་འདུན་

4 བྱང་ཆུབ་སེམས་དཔྭ་ས་ཆེན་པོ་ལ་རིམ་པར་ཞུགས་པ་དང། ཉན་ཐོས་གང་ཟག་ཆེན་པོ་བརྒྱད་ལ་སྩོགསཔ་

དང། །

5 ཁྲི་བོ་དཔལ་སྒྲིན་གཟི་བརྗིད་འབར་བ་འདུལ་བའི་སྟོམ་བས་བསྡམས་པའི་ཚུལ་ལྟར་མིྃ་བཞུགས་

ཀྱང་། འདུལ་

6 ××བས་ཀྱིས་ཁྲི་འཛོམ་དུས་གཅིག་དུ་སྟོན་པའི་སྐུ་ཐམས་ཅད་ལ། །བཙན་པོ་ཞྭའི་དུན་བརྟན་གྱིའ་སྔ་ནས་

7 དང། །བདག་ཅག་རྣམས་ལུས་དང་ངག་ཡིད་དང་བས་གུས་པར་ཕྱག་འཚལ་ལོ། །བསོད་ནམས་ཀྱི་ཞིང་སེམས་

8 ཅན་ཀྱི་དཔལ། །དཀོན་མཆོག་གསུམ་པོ་དེ་དག་ལ་། མིྃ་དང་ཞིང་འབྲོག་དང། །ཁང་འགྲོས་དང། བླ་

རེ་དང། ཕན་

9 གདུགས་དང། མེན་ཐོག་པོག་སྤོས་ལ་སྩོགས་པ། །མཆོད་པ་དངོས་ཅི་འབྱོར་པ་དང། །གཞན་ཡང་བླ་

ན་མྱེད་

10 པའི་མཆོད་པ་དམ་པ་ཁྱད་བར་ཅན་ཐམས་ཅད་ཡིད་ཀྱིས་དམྱིགས་ནས་མཆོད་ཅིང་དབུལ་ལོ། །

དངོ་སྔོག་

11 བཤགསཔ་ནི། །བཙན་པོ་ཞྭའི་དུན་བརྟན་ཀྱི་ཞ་སྔ་ནས་དང། །བདག་ཅག་རྣམས་ཀྱིས་ཐོག་མ་མ་

མཆིས་པ་ནྡ་

12 དུག་གསུམ་གྱི་དབང་གིས། །སྡིག་པ་མི་དགེ་བའི་ལས་མཚམས་མེད་པ་ལྔ་དང་། །མཚམས་མེད་པ་
དང་ཉེ་བ

13 དང་། །མི་དགེ་བ་བཅུ་ལ་སྩོགས་པ། །ལས་གང་གིས་ནད་མང་བ་དང་ཚེ་ཐུང་བར་འགྱུར་བ། བགྱིས་
པ་དང་། བགྱིད་དུ

14 སྩལ་པ་དང་། །ཛྙེ་སུ་ཡི་རང་བར་གྱུར་པ་ཐམས་ཅད་རབ་དུ་འཐོལ་ཏེ། །ཕྲི་ན་མེད་པའི་སེམས་ཀྱིས་སོ་
སོར་བཤགས

15 ནས། །སྙིན་ཅད་ཀྱང་སྡོམ་བར་བགྱིའོ། །དམ་པའི་ཆོས་བསྲུང་བ་དང་། །རྒྱལ་ཁམས་བྱིན་ཆེན་པོའི་
སྲིད་བཙའ་བ

16 འི་དོན་དང་། །རྒྱལ་པོ་ཆེན་པོའི་དབང་དང་མཐུ་སྟོབས་ཀྱིས་དཀྲར་གྱུར་པའི་སེམས་ཅན་གཞན་།
སྲོག་སྲིད་འ

17 ཕབ་པ་མན་ཅད། གནོད་པའི་ཕྱོགསུ་གྱུར་ཏེ། ལས་གང་གིས་ནད་མང་བ་དང་ཚེ་ཐུང་བར་འགྱུར་བའི་
སྒྲིབ་པའི་དྲི་མ་

18 ཅི་མཆིས་པ་ཐམས་ཅད་ཀྱང་། ཚེ་འདི་དང་ཕྱི་མའི་བར་ཆད་ཀྱི་སྒྲིབ་པར་མི་འགྱུར་བར་འཐོལ་ཞིང་
བཤགས་སོ། །

19 ཕུང་པོ་གསུམ་པ་དང་། །བཟང་པོ་སྤྱོད་པའི་སྨོན་ལམ་ཀྱི་རྒྱལ་པོའི་མདོ་ལས། །བསོད་ནམས་ཀྱི་ཛྙེ་སུ་ཡི་
རང་བ

20 དང་། །ཆོས་ཀྱི་ཁོར་ལོ་བསྐོར་བར་བསྐུལ་བ་དང་། མྱ་ངན་ལས་མྱི་འདའ་བར་བཞུགས་པར་གསོལ་བ་
དང་། བྱང་ཆུབ

21 ཀྱི་སེམས་བསྐྱེད་པར་འབྱུང་བ་བཞིན་། །བཙན་པོ་ལྷའི་དུན་བརྟན་གྱི་ཞ་སྔ་ནས་དང་། །བདག་ཅག་
རྣམས་ཀྱང་

22 དགེ་བའི་ཕྱོགས་ཐམས་ཅད་ལ་མོས་པ་ཆེན་པོས་ཛྙེ་སུ་ཡི་རང་ངོ་། །ཆོས་ཀྱི་འཁོར་ལོ་བསྐོར་བར་
བསྐུལ་ཞིང་

23 གསོལ་ལོ། །མྱ་ངན་ལས་མྱི་འདའ་ཞིང་འཇིག་རྟེན་ན་བཞུགས་པར་གསོལ་ལོ། །བྱང་ཆུབ་མཆོག་གི་སེམས
24 བསྐྱེད་པར་བགྱིའོ། །བཙན་པོ་ལྷའི་དུན་བརྟན་ཀྱི་སྐུ་ཡོན་དུ་བསྔོ་སྟེ། ཆགས་འོག་གི་འབངས་ལས་
མཆོད་པའི

25 ·གནསུ·གནང་སྟེ། རང་དབང་བསྒྱུར་ནས། མྱི་མང་པོ་ཐར་པར་བགྱི་བ་ཡང་གྲོལ་ཐར་པའི་སྣོད་དུ་འགྱུར་ཞིང་། འགྲོ་བ་མང

26 པོ་ལ་ཕན་བ་དང་། །བདེ་བའི་དོན་བྱེད་པར་གྱུར་ཅིག། །བཙན་པོ་ཁྲིའི་དུས་བརྟན་ཀྱི་ཞ་སྔ་ནས་ཀྱང་། ཚེ་ལ་སྟོགས་པ

27 དབང་བཙུ་དང་ལྡན་ནམ། གཞན་གྱི་དབང་དུ་མྱི་འགྱུར་བར་སྨོན་ནོ། །ས་ཚ་དང་ཅེ་ཧི་བཏབ་པ་ཡུ། འཇིག་རྟེན་ཅི་སྲིད

28 གནས་ཀྱི་བར་དུ་ལྷ་དང་མྱི་དང་སྲོག་ཆགསོ་འཚོ་ཀྱི་མཆོད་པའི་རྟེན་དུ་གྱུར་ཅིག། །བཙན་པོ་ཁྲིའི་དུས་བརྟན་ཀྱི་ཞ

29 སྔ་ནས་ཀྱང་འགྲོ་བའི་བླ་མ་མང་པོས་བཀུར་བའི་གནས་ཐོབ་པར་སྨོན་ནོ་། །དཀོན་མཆོག་གསུམ་ལ་མར་མྱེ་ཁ

30 མང་པོ་ཕུལ་བ་ཡུ། ཀོང་བུ་ནི་སྟོད་ཀྱི་འཇིག་རྟེན་ཀྱི་ཁམས་ཙཾ་དུ་གྱུར། མར་ནི་རྒྱ་མཚོ་ཙམ་དུ་གྱུར་། སྙིང་པོ་ནི་རི་

31 ཙམ་དུ་གྱུར་ལ། འོད་ཀྱིས་སྲིད་པའི་རྩེ་མོ་མན་ཅད་སྣང་བས་ཁྱབ་པར་གྱུར་པས། །འཕགས་པ་ཐམས་ཅད

32 ལ་མཆོད་པར་གྱུར་ཅིག། །བཙན་པོ་ཁྲིའི་དུས་བརྟན་ཀྱི་ཞ་སྔ་ནས་ཀྱང་ཉོན་མོངས་པ་དང་ཤེས་བྱ་འི་སྒྲིབ་པ་བྱང་

33 སྟེ། ཡེ་ཤེས་ཀྱི་སྣང་བ་ཆེན་པོ་དང་ལྡན་བར་སྨོན་ནོ། །སེམས་ཅན་ཆེ་ཕྲའི་སྲོག་གི་སྐྱབས་བགྱིས་པ་ཡང་ཁོཾས

34 གསུཾ་ཀྱི་སེམས་ཅན་ཐམས་ཅད་ཤི་བ་མྱེད་པའི་གནས་རྙེད་པར་གྱུར་ཅིག། །བཙན་པོ་ཁྲིའི་དུས་བརྟན་ཀྱི་ཞ་སྔ

35 ནས་ཀྱང་། ཚེའི་བར་ཆད་ཀྱི་བགེགས་དང་བྲལ་ཏེ། ཚེ་ལ་དབང་ཐོབ་པར་སྨོན་ནོ། །གཙུག་ལག་ཁང་དང་མཆོད་རྟེན

36 གསར་བརྩིགས་ཤིང་རྙིང་བཅོསཔ་ཡང་ལྷ་དང་མྱིའི་མཆོད་པའི་རྟེན་ནམ་ཉི་མ་ཟྲ་ཟླ་བ་ཡོད་ཀྱི་བར་དུ་དམ

37 པའི་ཆོས་མྱི་འཇིག་ཅིང་གནས་པར་གྱུར་ལ་འགྲོ་བ་མང་པོའི་བསོད་ནམས་ཀྱི་གཞིར་གྱུར་ཅིག། །

38 བཙན་པོ་ཁྲིའི་དུས་བརྟན་ཀྱི་ཞ་སྔ་ནས་ཀྱང་འགྲོ་བ་མང་པོའི་དགེ་བའི་བཤེསཉེན་བྱང་ཆུབ་ཀྱི་×××མཛད་པ

39 པར་སློན་ནོ། །ཞལ་ནས་གསུངས་པའི་མདོ་སྡེ། ཤེས་རབ་ཀྱི་ཕ་རོལ་དུ་ཕྱིན་པ་ལ་སྐོགས་པ་མཆོད་ཅིང་པླགས་པ་ཡང་

40 སྲོག་ཅགསོ་འཚལ་གྱིས་ཐེག་པ་ཆེན་པོའི་ཆོས་ཐོསྡེ། །བྱང་ཆུབ་ཀྱི་ས་བོན་ཐོབ་པར་གྱུར་ཅིག། །བཙན་པོ་ལྷའི་

41 དུན་བརྟན་གྱི་ཞ་སྔ་ནས་ཀྱང་། ཐེག་པ་ཆེན་པོའི་ཆོས། ཤེས་རབ་ཀྱི་ཕ་རོལ་དུ་ཕྱིན་པའི་དོན་མངོན་བར་རྟོགས་པར་

42 སློན་ནོ། །དེ་ལྟར་བཙན་པོ་ལྷའི་དུན་བརྟན་གྱི་སྐུ་ཡོན་དུ་བསྔོསྡེ། །དགེ་བའི་ཕྱོགསུ་གྱུརཔ་སྔར་བགྱིས་པ་དང་།

43 ད་ལྟར་བགྱིདཔ་དང་། ཕྱིས་བགྱིདཔར་འགྱུར་བ་ཅི་མཆིསཔ་ཐམས་ཅད་ཀྱི་མཐུ་སྟོབས་དང་། འཕགས་པ་ཀུན་གྱི་

44 བྱིན་གྱི་རླབས་དང་། །ཆོས་ཉིད་རྣམ་པར་དག་པའི་མཐུས། །བཙན་པོ་ལྷའི་དུན་བརྟན་གྱི་ཞ་སྔ་ནས། །ཚེ་རབས་ཀྱི་

45 དརོཥྲིག་གི་དྲི་མ་ནི་བྱང་། བསོད་ནམས་དང་ཡེ་ཤེས་ཀྱི་ཚོགས་ནི་མྱུར་དུ་རྫོགས་ཤིང་། ཕྱོགས་བརྒྱད་ཀྱི་རྒྱལ་པོ་

46 ཐམས་ཅད་ཀྱང་། བཀའ་འོག་དུ་འདུས་པ་དང་། ད་ལྟར་བཞུགས་པའི་སྐུ་འདིས་ལྟས་ངན་པར་སྟོན་པ་དང་། བགེགས་

47 དང་ཕས་ཀྱི་རྒོལ་བ་ཐམས་ཅད་ཀྱིས་མྱི་ཚུགས་ཤིང་སྐུ་ཚེ་གཡུང་དྲུང་དུ་བཞུགསཔར་སློན་ནོ། །ཚངས་པ་དང་།

48 བརྒྱ་བྱིན་དང་། རྒྱལ་པོ་ཆེན་པོ་བཞི་དང་། འཛིག་རྟེན་སྐྱོང་བ་བཙུལ་སྐོགསཔས་ཀྱང་མཐུ་དང་བྱིན་བསྐང་ཞིང་། །

49 བཙན་པོ་ལྷའི་དུན་བརྟན་གྱི་སྐུ་ལ་གནོད་བྱེད་ཀྱི་བགེགས་ཐམས་ཅད་ཀྱིས་མྱི་ཚུགས་པར་བསྲུང་ཞིང་བསྐྱབཔར་

50 བསྐུལ་ཞིང་གསློལོ། ཿ། རྫོགས། །

Pel.tib.1123 བཙན་པོ་ཁྲི་གཙུག་ལྡེ་བཙན་གྱི་སྐུ་ཡོན་དུ་བསྔོ་བའི་སྨོན་ལམ།

1 ××××དག་ཆག་རྣམ××××

2 ××××ལོ་བསྐོལ་བར་བསྐུལ་ཞ××××

3 ××××བ་ལ། །བྱང་ཆུབ་མཆོག་གི་སེམས་བསྐྱེད་པ

4 ××××གྱི་སྐུ་ཡོན་དུ་བསྔོསྟེ། །ཆགས་འོག་གི་འབངས་ལས××××

5 ××××། རང་དབང་བསྐུལ་ནས། སྨྱི་མང་པོ་ཐར་པར་བགྱི་བ་ཡང་། གྲོལ་ཐར་པའི××××

6 ××××མང་པོ་ལ་ཕན་བ་དང་བདེ་བའི་དོན་བྱེད་པར་གྱུར་ཅིག། །བཙན་པོ། ཁྲི་གཙུག་ལྡེ་བརྩན་གྱི

7 ××××ང་། །ཚེ་དང་ལས་ལ་སྟོགས་པ་དབང་བཅུ་དང་ལྡན་ནས། གཞན་གྱི་དབང་དུ་མྱི་འགྱུར་བར་ སྨོན་××××

8 ××××ཙ་དང་ཅི་ཏི་བཏབ་པ་ཡང་། འཇིག་རྟེན་ཇི་སྲིད་གནས་གྱི་བར་དུ་ལྷ་དང་མྱི་དང་། ཕྱོག་ཆགས་སོ་ འཚལ་གྱི་མ××××

9 པའི་བརྟེན་དུ་གྱུར་ཆིག། །བཙན་པོ། ཁྲི་གཙུག་ལྡེ་བརྩན་གྱི་ཞལ་སྔ་ནས་ཀྱང་། །འགྲོ་བའི་བླ་མ་མང་པོས

10 བསྐུལ་བའི་གནས་ཐོབ་པར་སྨོན་ཏོ། །དཀོན་མཆོག་གསུམ་ལ། མར་མྱི་ཁ་མང་པོ་ཕུལ་བ་ཡང་། གོང་བུའི

11 སྟོད་གྱི་འཇིག་རྟེན། གྱི་ཁམས་ཙམ་དུ་འགྱུརད། །མར་ནི་རྒྱ་མཚོ་ཙམ་དུ་གྱུར། །སྙིང་པོ་ནི་རི་རབ་ཙམ་ ××××

12 ལ། འོད་ཀྱིས་སྲིད་པའི་རྩེ་མོ་མན་ཙད་སྣང་བས། ཁྱབ་པར་གྱུར་པས། འཕགས་པ་ཐམས་ཙད་ལ་མཆོད་

13 གྱུར་ཅིག། །བཙན་པོ་ཁྲི་གཙུག་ལྡེ་བརྩན་གྱི་ཞལ་སྔ་ནས་ཀྱང་། །ཉོན་མོངས་པ་དང་ཤེས་བྱའི་སྒྲིབ་ པ་བྱངསྟེ། །

14 ཡེ་ཤེས་ཀྱི་སྣང་བ་ཆེན་པོ་དང་ལྡན་པར་སྨོནཏོ། །སེམས་ཅན་ཆེ་ཕྲའི་ཕྱོག་གི་སྐྱབས་བགྱིས་པ་ཡང་།

15 ཁམས་གསུམ་གྱི་སེམས་ཅེན་ཐམས་ཅད་ཤི་བ་མྱེད་པའི་གནས་རྙེད་པར་གྱུར་ཆིག། །བཙན་པོ་ཁྲི་གཙུག་ལྡེ

16 བརྩན་གྱི་ཞ་སྔ་ནས་ཀྱང་། །ཚེ་འི་བར་ཆད་ཀྱི་བགེགས་དང་། ཐལཏེ། ཚེ་ལ་དབང་ཐོབ་པར་སྨོན་ཏོ། ། གཙུག་ལ

17 ཁང་དང་མཆོད་རྟེན་གསར་བརྩིགས་ཤིང་། །རྙིང་བཅོས་པ་ཡང་། ལྷ་དང་མྱིའི་མཆོད་པའི་རྟེན། །ནམ་ ཉི་མ་དང་ཟླ་བ

18 ཡོད་ཀྱི་བར་དུ། །དམ་པའི་ཆོས་མྱི་འཛིགས་ཅིང་གནས་པར་གྱུར་ལ། །འགྲོ་བ་མང་པོའི་བསོད་ནམས་ཀྱི་གཞིར་

19 གྱུར་ཅིག། བཙན་པོ། ཁྲི་གཙུག་ལྡེ་བཙན་གྱི་ཞ་སྔ་ནས་ཀྱང་། །འགྲོ་བ་མང་པོའི་དགེ་བའི་བཤེས་ཉེན་བྱང་ཆུབ་

20 ཀྱི་སྤྱོད་པ་རྒྱུན་མྱི་འཆད་པར་མཛད་པར་སྨོན་ནོ། །ཞལ་ནས་གསུང་བའི་མདོ་སྡེ། ཤེས་རབ་ཀྱི་ཕ་རོལ་

21 དུ་ཕྱིན་པ་ལ་སྩོགས་པ་མཆོད་ཅིང། སླགས་པ་ཡང། སྲོག་ཆགས་སོ་འཚལ་ཀྱིས། །ཐེག་པ་ཆེན་པོའི་ཆོས

22 ཐོས་སྟེ། །བྱང་ཆུབ་ཀྱི་ས་བོན་ཐོབ་པར་འགྱུར་ཅིག། །བཙན་པོ་ཁྲི་གཙུག་ལྡེ་བཙན་གྱི་ཞ་སྔ་ནས་ཀྱང་། །ཐེག་པ་ཆེན

23 པོའི་ཆོས་ཤེས་རབ་ཀྱི་ཕ་རོལ་དུ་ཕྱིན་པའི་དོན་མངོན་པར་རྟོགས་པར་སྨོན་ནོ། །དེ་ལྟར་བཙན་པོ་ཁྲི་གཙུག་ལྡེ

24 བཙན་གྱི་སྐུ་ཡོན་དུ་བསྔོས་སྟེ། །དགེ་བ་འི་ཕྱོགས་སུ་གྱུར་པ། སྔར་བགྱིས་པ་དང། ད་ལྟར་བགྱིད་པ་དང་ཕྱིས་བགྱིད་

25 པར་གྱུར་ཅིག། །ཅི་མཆིས་པ་ཐམས་ཅད་ཀྱི་ཐུབ་སྟོབས་དང་འཕགས་པ་ཀུན་གྱི་རླབས་དང། །ཆོས་ཉིད་

26 རྣམ་པར་དག་པའི་མཐུས། །བཙན་པོ་ཁྲི་གཙུག་ལྡེ་བཙན་གྱི་ཞ་སྔ་ནས། །ཚེ་རབས་ཀྱི་དངོས་ཤིག་གི་དྲི་མ་ནི་

27 བྱང། །བསོད་ནམས་དང་ཡེ་ཤེས་ཀྱི་ཚོགས་ནི་མྱུར་དུ་རྫོགས་ཤིང། །ཕྱོགས་བརྒྱད་ཀྱི་རྒྱལ་པོ་ཐམས་

28 ཅད་ཀྱང། །བཀའ་འོག་ཏུ་འདུས་ཕའ་དང། །ད་ལྟར་བཞུགས་པའི་སྐུ་འདི་ལ། །ལྟས་ངན་པར་སྟོན་པ་དང། །

29 བགེགས་པ་དང་ཕས་ཀྱི་རྒོལ་བ་ཐམས་ཅད་ཀྱིས་མྱི་ཚུགས་ཤིང། །སྐུ་ཚེ་གཡུང་དྲུང་དུ་བཞུགས་པར་སྨོན་ནོ།

30 ཚངས་པ་དང་བརྒྱ་འབྱིན་དང། རྒྱལ་པོ་ཆེན་པོ་དང་འཇིག་རྟེན་སྐྱོང་བ་བཅུ་ལ་སྩོགས་པསཀྱང། །མཐུ་དང་བྱིན་བསྟང་

31 ཞིང། །བཙན་པོ་ཁྲི་གཙུག་ལྡེ་བཙན་གྱི་སྐུ་ལ་གནོད་བྱེད་ཀྱི། །བགེགས་ཐམས་ཅད་ཀྱི་མྱི་ཚུགས།

32 པར་བསྲུང་ཞིང་བསྐྱབ་པར་བསྐྱལ་ཞིང་གསོལ་ལོ། །༔། །

Pel.tib.1007 ལྷ་སྲས་ཀྱི་ཆེད་དུ་དགེ་བསྔོའི་མཚན་ཐོ།

1 ༄།:།ལྷ་སྲས་ཀྱི་སྐུ་ཡོན་ལྔ་སྐྱེསུ། །××××

2 ××××དེ། །ཞང་ལོན་ཆེན་པོའི་སུག་རྒྱ་འོག་ནས××××

3 ××××ས། ལྷ་བཙུ་ཟ་བཞི་ཐར་པར་གཏང་བར་མཛད××××

4 ××××བ་བཞིན། །རྒྱ་སྡེ་××××གྱི་××××ས། ××××

5 ××××བཙན་བཟང་པ་ཤོས་དབྱངས་ཏེ་××××ས་བ××××ས་ནས་། །××××

6 ××××ད་སར་གྱི་སྡེ་ལ། །དགེ་སློང་ཕ་ཅི་འབིན། མོང་ཨ××××

7 ཅི་འགེག། །སག་ལྡིང་རྫོག། །དགེ་སློང་ཕ་ཅི་ཡིའུ××××

8 དགེ་སློང་ཕ་ཅི་འགྭེན། ཕོང་ལྱུང་འགྭི། །དགེ་སློང་ཕ××××

9 དར། །དགེ་སློང་མ་ལ། །དགེ་སློང་མ་འགི་ཕོ××××འབ་ཟ་××××

10 དགེ་སློང་མ་ཙུ་ཕོད། ཅང་ཏིག་ཉ××××། །དགེ་སློང་མ་བེན་ཕོ××××

11 ཅོ། །དགེ་སློང་མ་ཅིང་ཕོད། ཨ××××ཧམ་××××། །སྙིང་××××

12 དགེ་སློང་ཕ་ཅི་ཀམ། རྫོའུ་དཔལ་ལེགས། །དགེ་སློང་ཕ××××

13 འགྭག། །དགེ་སློང་ཕ་ཅི་ཡུག། །སེར་ཧྲི་དར། ××××

14 རྫོའུ་ཀྱེན་ཀྱེན། །དགེ་སློང་ཕ་ཅི་ཤད། ཨིམ་ཧེ་××××

15 ཅི་ཕྱེན། རྫོའུ་བཙན་ལེགས། །དགེ་སློང་མ་ལ། །དགེ××××

16 འཕོ་ཟ་འགིམ་འགིམ། དགེ་སློང་མ་ཁྱི་ཕོད། །བུ་××××

17 དགེ་××××་ཕ་ཀྭང་སྲིན། ཡམ་ཕོད་ཅོ། །དགེ་སློང་མ་རྫིང་××××

18 དོ་ཟ་××××། །དགེ་སློང་མ་ཉིང་ཅེར། ××××ག××××ཙུ××××

19 དགེ་སློང་མ་××××ཕྱོད། ཀྭག་ཟ་ཤིང་ཤིང། །༔××××

20 ཏོ××××ཀྲུན། །དགེ་སློང་ཕ་ཕུན་ཅིང། འགི་××××

21 དགེ་སློང་ཀྭང་ཙྭེན། ཧྭན་ཀླུ་ལེགས། །××××སློང་××××

22 ཚེང་ཟ་སཾ་སམ། །དགེ་སློང་མ་ཐེ་ཅེའུ། ××××མ་ཟ་ལྷ××××

23 སྙིང་ཙོམ་ས་གི་སྡེ་ལ། །དགེ་སློང་ཕ་ཉེང་ཙྭེན་××××

24 བཧན། །དགེ་སློང་ཕ་ཕུན་དེའུ། ཀྭན་ཨི××××

25 ××××གེ་སློང་ཕ་ཀྭང་ཅེའུ། དེང་ཧུང་ཨེ××××

26 ཨང་ཚེའུ་ཚེའུ། །དགེ་སློ××××

27 དགེ་སློང་མ་ཐེ་ཞེན། ཨིན××××

28 ལྡེམ་། །

Pe1.tib.0045V(6) ལྷ་བཙན་པོ་དང་སེམས་ཅན་ཐམས་ཅད་ཀྱི་དོན་དུ་གསོལ་བའི་སྨོན་ལམ།

331 པའིི་དོན་སྐྱལ་ཆེན་པོ་ཁྲིད་པར་སྐྱལད་པ་ལས་བསྒྱགས་ཏེ། དགེ་བའིི་ཕྱོགས་བགྱིས་
332 པ་དང། བགྱིད་དུ་སྐྱལད་པ་དང། རྗེས་སུ་ཡིི་རང་བ་དང། བགྱིད་པར་གྱུར་པ་ཐམས་ཅད་
333 ལྷ་བཙན་པོ་དང། བདག་འདིི་ཞིས་བགྱི་བ་འཁོར་དང་བཅས་པ་དང་། མ་ལུས་པའིི་སྐྱེ་
334 བོ་ཐམས་ཅད་ཀྱི་དོན་དུ་བླ་ན་མྱེད་པའིི་བྱང་ཆུབ་ཏུ་བསྔོ་འོ། །བདག་གི་དགེ་བའིི་
335 རྩ་བ་འདིས། ལྷ་བཙན་པོ་དང་། སེམས་ཅན་ཐམས་ཅད་བླ་ན་མྱེད་པའིི་བྱང་ཆུབ་དུ་སངས་

Pel.tib.0175 བོད་ཀྱི་ལྷ་བཙན་པོ་འཁོར་དང་བཅས་པའི་འགྱོད་ཚངས་དང་སྨོན་ལམ་དུ་གསོལ་བ།

1 ༄བོད་ཀྱི་ལྷ་བཙན་པོ་འཁོར་དང་བཅས་པའིི་འགྱོད་ཚངས་དང་སྨོན་ལམ་དུ་གསོལ་བ། །
2 ༄དཀོན་མཆོག་གསུམ་ལ་ཕྱག་འཚལ་ལོ། །ཇི་ལྟར་དུས་གསུམ་གྱི་སངས་རྒྱས་དང་བྱང་ཆུབ་སེམས་པ་རྣམས་
3 ཀྱིས་བླ་ན་མྱེད་པའི་བྱང་ཆུབ་དུ་སེམས་བསྐྱེད་པ། །དེ་བཞིན་དུ་བདག་ཅག་རྗེ་བློན་འཁོར་དང་བཅས་
པས། ཀྱང་བླ་ན་མྱེད་
4 པའི་བྱང་ཆུབ་དུ་སེམས་བསྐྱེད་དོ། །ཇི་ལྟར་དུས་གསུམ་གྱི་སངས་རྒྱས་དང་བྱང་ཆུབ་སེམས་པ་རྣམས་
ཀྱིས་སྡིག་པ་ཐོལ
5 ཚད་ཡོངས་སུ་བཤགས་པ་དེ་བཞིན་དུ་བདག་ཅག་རྗེ་བློན་འཁོར་དང་བཅས་པས་ཀྱང་ཐོག་མ་མྱེད་
པའི་དུས་ནས། སྡིག་པ་
6 མྱི་དགེ་བའི་ལས་མཚམས་མྱེད་པ་མན་ཆད་རྟུལ་ཕྲ་མོ་ཙམ་ཡན་ཅད་ཇི་བགྱིས་པ། ཐམས་ཆད་འཐོལ་ལོ། །
7 བཤགས་སོ། །ཇི་ལྟར་དུས་གས྄ུཾ་གྱི་སངས་རྒྱས་དང་བྱང་ཆུབ་སེམས་དཔའ་རྣམས་ཀྱིས་དགེ་བའི་རྩ་བ་ཐོཾས་
8 ཆད་ཀྱི། རྗེསུ་ཡི་རང་བའི་དེ་བཞིན་དུ་བདག་ཆག་རྗེ་བློན་འཁོར་ཏང་བཅས་པས་ཀྱང་འཇིག་རྟེན་
དང་འཇིག་
9 རྟེན་ལས་འདའས་པའི་བསོད་ནམས་ཐམས་ཆད་ཀྱི་རྗེསུ་ཡི་རང་བ་བགྱིའོ། །ཇི་ལྟར་དུས་གསུམ་སངས་

10 རྒྱས་དང་བྱང་ཆུབ་སེམས་དཔའ་རྣམས་ཀྱི་དགེ་བའི་རྩ་བ་ཐམས་ཅད་བླ་ན་མེད་པའི་བྱང་ཆུབ་ཏུ་
བསྔོས་པ། དེ་

11 བཞིན་དུ། བདག་ཅག་རྗེ་དཔོན་འཁོར་དང་བཅས་པས་ཀྱང་དགེ་བའི་རྩ་བ་ཐམས་ཅད། བླ་ན་མེད་
པའི་བྱང་ཆུབ་

12 ཏུ་བསྔོའོ། །མདོ་སྡེ་དག་གི་ནང་ནས་འབྱུང་བ་སྟོན་སངས་རྒྱས་ཤཱཀྱ་ཐུབ་པ་འཇིག་རྟེན་དུ་གཤེགས་སྟེ། །
13 ཆོས་ཀྱི་འཁོར་ལོ་བསྐོརད་པའི་ཚེ། །ཕྱོགས་བཅུའི་མགོན་པོ་དང་ལྷ་ཀླུའི་རྒྱལ་པོ་འཁོར་དང་བཅས་
14 པ་ཐམས་ཅད་ཀྱིས། བཅོམ་ལྡན་འདའས་ཀྱིས་བྱ་བ་ཡི་དམ་མནོས་ཐེ། །སྙན་ཆད་གང་ན་དཀོན་
15 མཆོག་གསུམ་གྱི་རྟེན་བཙུགས་ཤིང་དམ་པའི་ཆོས་ཚུལ་བཞིན་དུ་སྤྱོད་པའི་རྒྱལ་ཁམས་དེར་བདག་
16 ཅག་རྗེ་དཔོན་འཁོར་དང་བཅས་པས། གནོད་པར་བྱེད་པ་ཐམས་ཅད་ནི་བཟློག། དགྲ་དང་འཁྲུག་པ་དང་། །
17 མུ་གེ་དང་མི་ནད་ཕྱུགས་ནད་མི་འབྱུང་བར་བསྲུངས་ཞིང་བསྐྱབ་བོ། ཞེས་དམ་བཅས་པར་འབྱུང་བ་
ད་བོད་ཁམས་སུ་

18 ཡང་དཀོན་མཆོག་གསུམ་གྱི་རྟེན་བཙུགསྟེ། ཐར་པར་བགྱི་རྐྱེན་རིས་སྣ་ཚོགས་བཅད། དམ་པའི་ཆོས་
19 ཡུན་དུ་མཛད་པར། རྗེ་དཔོན་ཐུགས་དམ་བཞེས་ཐེ། །བོད་ཁམས་ཡོངས་ཀྱིས་དམ་པའི་ཆོས་ལྷུར་
20 སྤྱོད་དར་མ། །ཤེས་རབ་ཀྱི་ཕ་རོལ་དུ་ཕྱིན་པ་ལསྩོགས་པ། །ཐེག་པ་ཆེད་པོའི་མདོ་སྡེ་གཟུངས་ཆེ་ཕྲ་
21 ལསྩོགས་པ། །དཔྱང་མཐ་རྒྱས་པར་གླག་པ་དང་། བཤད་ཆིང་མཉན་པ་དང་། ཚུལ་བཞིན་བསྒོམ་བ་ལ་
22 སྩོགས་པ་རྒྱས་པར་མཛད་པ་ལ་དམ་པའི་ཆོས་ཡུན་དུ་གནས་པ་དང་། དགེ་འདུན་གྱི་དགེ་བའི་བཤེས་ཉེན་
23 བགྱི་བའི་སླད་དུ་ཆོས་དང་། དགེ་འདུན་གྱི་ཕྱོགསུ་དྲག་དལ་དང་། གཞུང་ལས་འགལ་བ། །བག་ཚམ་
དག་བྱུང་

24 བར་གྱུར་ན། ཡང་དན་སེམས་གྱིས་བགྱིས་པ་ནི། མ་ལགས་ན། དངོ་སྲིག་དུ་མི་འགྱུར་བ་དང་། འཕགས་པ
25 ཕྱོགས་བཅུའི་མགོན་པོ་ལ་སྩོགས་པ། རྒྱལ་ཁམས་དང་། དམ་པའི་ཆོས་སྲུང་བ་ཐམས་ཅད་ལ་ཡང་
བཟོད་པར་

26 གསོལ་ཏེ། དབུང་མཐའ་ནས། བསོད་ནམས་ཆེད་པོ་སྤྱད་པའི་མཐུ་དང་། འཕགས་པ་དང་། མགོན་པོ་དང་།
27 ལྷ་ཀླུ་ལ་སྩོགས་པ་སྟོན་གྱི་ཐུགས་དམ་ཅན་གྱི་བྱིན་གྱིས་བརླབས་པ་དང་། དགེ་འདུན་ཐམས་ཅད་ཀྱི་
28 བདེན་བའི་ཚིག་གི་བྱིན་གྱིས། རྗེ་དཔོན་སྐུ་ཚེ་རིང་ཞིང་དགོངས་པ་འགྲུབ་པ་དང་། བོད་ཁམསུ་ཕས་ཀྱི་དགྲ་
29 དང་། ངན་སྟགས་ལ་སྩོགས་པ་ལོག་པར་དམིགས་པ། །ཐམས་ཅད་ཀྱིས་མི་ཚུགས་པ་དང་། མུ་གེ་དང་
30 མི་ནད་ཕྱུགས་ནད་མི་འབྱུང་ཞིང་བདེ་སྐྱིད་པར་སྨོན་ཏོ། །

Pel.tib.0230 ལྷ་སྲས་ཁྲི་འོད་སྲུངས་བཙན་ཡུམ་སྲས་ཀྱི་ཆེད་དུ་གསོལ་བའི་སྨོན་ལམ།

1 ཆད་ལས་ཆངས་ཤ××××××××××

2 དང། སོ་སོ་འི་སྐྱེ་བོ་འི་དགེ་བ་མཐའ་དག་གི་བསོད་ནམས××

3 ཆད་དཔལ། ཆོས་ཀྱི་འཁོར་ལོ་བླ་ན་མེད་པར་བསྐོར་བར་བསྐུལ་མ×××××

4 བཞེད་པའི་རྣམས་ལ། འགྲོ་བ་མང་པོ་འི་དོན་དུ། འཇིག་རྟེན་ན་ཡུ××××××

5 དམ་པ་འི་ཆོས་སྐྱོང་བ་ཐམས་ཅད་ལས་མཐུ་བསྟན་ནས་སྐྱུ××××××

6 ཡོངས་ཀྱིས། ཐེག་པ་མཆོག་ལ་གནས་ཤིང་། འགྲོ་བ་མང་པོ་འི×××××

7 བསྟན་པོར་བགྱིའོ། །དེ་ལྟར་ལྷ་སྲས་ཁྲི་འོད་སྲུངས་བཙན་ཡུམ་×××××××

8 སྡིག་བཤགས་པ་རྗེསུ་ཡི་རང་བ་དང་། བསྐུལ་ཞིང་གསོལ་བ་བཏབ××××

9 དབྱུང་མཐའ་ནས་དཀྱིལ་འཁོར་མང་པོ་གཞུང་བཞིན་དུ××××××

10 བསོད་ནམས་དང་། མྱི་མང་པོ་ཐར་པར་བགྱི་སྟེ། འཕགས་པའི×××××

11 སྐུ་གཟུགས་བཞེངས་ནས་སྤྱན་ཕྱེ་བའི་བསོད་ནམས་དང×××××

12 སྟོན་གསོལ་ཞིང་། ཡོན་རྣམ་པ་མང་པོ་ཕུལ་བའི་བསོད་ནམས××××

13 ཡང་། བོད་རྗེས་འབངས་ཆབ་སྲིད་བརྟོན་པའི་ཞང་ལོན་ཆེན་པོ་×××××

14 དགེ་འདུན་མང་པོས་བསྒུ་སྟེ། མང་པོའི་སེམས་རྩེ་གཅིག་པས

15 འབུམ་ལ་སྟོགསྟེ། །མདོ་སྡེ་དང་གཟུངས་སྔགས་མང་པོ་×××ཚ

16 པ་དང། དྲག་པོ་འི་ཧོམ་གཞུང་བཞིན་དུ་མཛད་པ་དང། གཟའི་ད་འི×××

17 དང། འཇིག་རྟེན་ལས་འདས་པའི་གཙོ་བོ། མཐུ་དང་དམ་ཚིགས་××××

18 པ་ལ་སྟོགས་པའི་བསོད་ནམས་དང། །གཞན་ཡང་། །འབངས××××

19 ཞིང། །བཀླ་ལུང་ཐང་ཁྲིམས་དང་འགལ་བར་སྤྱོད་པ། ཁྲིམས་ཆེ×××××

20 རྗོ་མོ་ཡུམ་ཀྱི་ཐུགས་རྗེ་འི་གཟུངས་ཀྱིས་གཆོགས་སྐྱལ་×××××

21 པོ་ཐབས་ལ་མཁས་པའི་རྣམས་ཀྱིས། དྲག་ཤུལ་ཆེན་བརྩལ×××××

22 ནང་གི་སྲིད་སྤྱུར་ནས། འབངས་བློ་བ་རིངས་པ་ཁྲིམས་དང་འགྲོ××××

23 བྱ་ནས། འབངས་གཟུག་མར་བགྱི་ཤིང་། བདེ་བ་ལ་རྣལ་དུ། བཀོ××××

24 བརྟན་ཡུམ་སྲས་ཀྱི་ཞ་སྔ་ནས་སྐུ་ཚེ་རིང་ཞིང་ཆབ་སྲིད་བ××××××

25 འབངས་ཀྱི་ཆབ་སྲིད་གཡུང་དྲུང་དུ་བྱིན་གྱི་ཉམས་པར། འབངས

26 ལ་སྟོགས་པའི་སྔགས་བྱད་དང་། སྐུ་སྲི་དང་ལྟས་ངན་པ་ལ

27 ནི། གཡུང་དྲུང་དུ་བསྲུང་བར་ཆེ། ལེགས་པས་རྒྱས་པའི་སླན

28 བའི་རྒྱལ་པོ་འི་ཚུལ་དང་། འཛམ་བུ་གླིང་ཡོངས་ལ་ཆོས་བ

29 ཡིད་བསྒྱུར་ནས། གློ་བ་རིངས་པའི་ཕྱོགསུ་བཀུར་པའི་ནམ

30 དམ་བསྐུལ་ནས། འཕྲིན་ལས་བཙོལ་པ་ལསྟོགས་པའི

31 གཡོ་བོར་ནས། སྔན་ཆད་རྗེས་འབངས་ཀྱི་ཚུལ་བཞིན།

32 མདུད་པར་བྱིན་གྱིས་བརླབ་དུ་གསོལ། །ལྷ་སྲས་ཡབ་མྱི

33 འབངས་གློ་བ་ཉེ་འོ་འཚལ་གྱིས། རྗེ་འི་སྐུ་དང་ཆབ་སྲིད་བཙ

34 སྨོ་ནས། དགའ་བ་ཉམསུ་བླང་སྟེ། ཡིད་གཅིག་དུ་འདུས

35 སྔགས་བྱད་ལས་སྟོགས་པས་མྱི་ཚུགས་པ་དང་། ཐབས

36 གྲུབ་སྟེ། བོད་ཁམས་ཡོངས་ཡུལ་ཞི་བ་དང་། མྱི་ནད

Pel.tib.0999 ཁྲི་གཙུག་ལྡེ་བཙན་དང་འོད་སྲུང་གི་སྐུ་ཡོན་དུ་སྤེལ་པའི་ཆོས་ཀྱི་རྣམ་གྲངས།

1 ༄།:།××××ན་ལྷ་སྲས་ཁྲི་གཙུག་ལྡེ་བརྟན་གྱི་སྐུ་ཡོན་དུ། །ཤ་ཙུར་རྒྱ་བོད་ཀྱི་དར་མ་ཚེ་དཔག་དུ་མྱེད་པ

2 ××××ཏེ། །འབངས་ཕྱོགསུ་ཆོས་ཀྱི་སྤྱིན་བ་ཆེད་པོ་ཁྱབ་པར་མཛད་པར་སྤྲུར་ཏེ། །ཤུང་ཧུང་སིའི
གཙུག་ལག

3 ཁང་གི་དར་མའི་བཛོད་དུ་བྲུབས་པ་ལས། །རྒྱའི་ཚེ་དཔག་ཏུ་མྱེད་པ་བམ་པོ་བརྒྱའ་སུཾ་ཙུ་རྩ་ལྔ་དང

4 བོད་ཀྱི་བམ་པོ་བཞི་བརྒྱའ་བརྒྱད་ཅུསྟེ། སྦྱི་སྔོམ་བམ་པོ་དྲུག་བརྒྱའ་རྩ་བཅོ་ལྔ། །ཕྱི་བ་ལོའི

5 དབྱར་སླ་ཐ་ཅུངས་ཆོས་བརྒྱད་ལ། །ཇོ་མོ་བཙན་མོ་འཕན་གྱི་ཡུམ་སྲས་ཀྱི་ཕོ་བྲང་འོད་སྲུང་གི

6 སྐུ་ཡོན་དུ། །ཤ་ཙུའི་དགེ་འདུན་སྡེ་གཉིས་ཀྱིས། །ཤ་ཙུ་ཡུལ་ཕྱོགས་ཀྱི་ཁྲིམ་པ། སྐུ་ཡོན་དུ

7 བསྔོསཏེ། མཆོད་སྟོན་གཅིག་སྐྱལད་པར། །ཕོ་བྲང་གི་མཛད་བྱང་དང་འཕྲིན་བྱང། །ཆོས་ཀྱི་གཞི

8 འཛིན་དང་བདེ་བློན་གྱི་འཕྲིན་བྱང་ལས་འབྱུང་ནས། །ཁྲིམ་པ་ཉི་སྟོང་བདུན་བརྒྱའ་མཆོད་སྟོན་སླ

པའི་དུ་སུ། །ཆོས་ཀྱི་སྦྱིན་པ་ཆེན་པོ་བགྱིས་པའི་རྒྱུར་སྤྱད་པར། །གནས་བརྟན་བན་དེ་ཧོང་བེན་དང་དབང་མཆོག་གིས་གཟད་དེ་བོད་ནས། །དར་མའི་རབ་མ་པ་བན་དེ་ཡུན་ཛྭེའི་ཧེ་དང་། ལོ་དམ་འགྲུང་དར་མའི་བོད་དང་གཏན་ཚིགསུ་འཚང་དུ་སྐྱལད་ཏེ། །སླད་ཀྱིས་དར་མའི་སྤྱི་རྗེས་ནི་མཛད་པའི་ཚེ། བོད་རྒྱ་འདི་དང་། བོད་ཡིག་ཀླ་དཔེའ་མཆིས་པ་དང་གཏུགས་ནས། །མཐུན་ན་བོད་སྐྱལ་བར་བགྱིས་ཏེ། གཏན་ཚིགས་སུག་རྒྱ་ཅན་འཚང་དུ་སྐྱལད་པ། །

བཅའ་ཁྲིམས་ཀྱི་ཡིག་ཆའི་སྐོར།

Pel.tib.1071(1) སྤྱོག་སྟོང་གི་ཁྲིམས་ཡིག

1 ༧:། །ཞང་ལོན་ཆེན་པོ་དང་། ཁོང་ཏའི་མྱེས་པོ་དང་ཕ་དང་འདི་རྣམས། ནང་གཅིག་གིས། གཅིག་རི་དགས་ལ། མའཚས་དཇྱལ་བས་ཐོག་བར

2 ཞང་ལོན་འདི་རྣམས་ལའ། ཞང་ལོན་གཡུའི་ཡི་གེ་པ་མན་ཅད། དམངས་མཐའ་མ་ཡན་ཅད། གྱིས་རི་དགས་ལ་མདའས་དཇྱལ་བའི་ཁྲིམ་

3 ལ། ༑ །བློན་ཆེན་པ་དང་། ནང་བློན་ཆེན་པོ་དང་། བཙན་པོའི་ཞང་དྲུང་ཆབ་སྲིད་ལ:དབང་བ་གཅིག་དང་བློན་ཆེན་པོའི་འོག་པོན

4 ཞང་བློན་ཆེན་པོ་འདི་བཞི། ཁོང་ཏ་ཛོ་བོ་དང་། ཁོང་ཏའི་མྱེས་པོ་དང་ཕ་དང་འདི་རྣམས། མདའ་དཇྱལ་པ་ལའ། སྟོང་མཉམོ། །སྟོང་།

5 མཉམ་བ་འདི་རྣམས། །གཅིག་གིས་གཅིག་ལ། ལ:། རི་དག་ལ:མདའ:དཇྱལ་པ་ལས། སྨོགས་པས་ཐོགས་པ་དང་། ཞང་ལོན

6 འདི:རྣམས་ལ་གཡུའི་ཡི་གེ་པ་མན་ཅད། ཕྲ་མེན་ཀྱི་ཡི་གེ་པ་ཡན་ཅད། སྟོང་མཉམ་བ། གཅིག་གིས་གཅིག:། རི་དག་ལ།

7 མདའ་དཇྱལ:། པ་ལསྨོགས་པས། ཐོགས་དང་། གུམ་ཡང་རུང་མ་གུམ་ཡང་རུང་། མགོན་མཆིས་ཏེ་ཆད།

8 ཀར:འཕངས་རེ་ཞེས། གཙང་དཀར་བཅུ་གཉིས་དང་ཁོ་ན་བདག་དང་བཅུ་གསུམ:། ཐྲོ་སྦལདོ:། དཀར་ཆསྐ:། ཐོང་མྱི

9 དང་ཁྲིམས་གཅིག་གོ:། སྟོང་འཇལདུ་ཡང་མྱི་གནོ། དཀར་གྱིས་ཆངས་ཏང་། མདའ་ཐོགས་པའ་གུམ་དང་། མྱི་སྟོང

10 སྲང་ཁྲི་བབསྐེ:། ཡུས་བདག་དང་། འདམ་པོ་ཕྱེད་མར་དབོ། འདམ་པོ་མ་མཆིས་ན། སྲང་ཁྲི་ཡུས་བདག་དབོ།

11 མདས་ཐོགས་པ། མ་གུམ་ན། གསོ་སྟོང་སྲང་ལྔ་སྟོང་ཕབསྐེ:། ཡུས་བདག་དང་འདམ་པོ་ཕྱེད་མར་དབོ། འདམ་པོ་མ་མཆིས

12 ན། སྲང་ལྔ་སྟོང་ཀུན་ཡུས་བདག་དབོ། །མདས་ཐོག་སྐེ:། ངའི་མདའ་མ་ཡིན་ཅེས:སྐྱོན་སློན་མ་ཆངསྐེ:། མདས།

13 ཚོགས་གུམ་ཡང་ཏུང་མ་གུམ། ཡང་ཏུང་། །ཐོང་ཁྱི་དང་ཁྲིམས་གཅིག་གོ། །སློན་སློན་པ་ཚངས་དང་། སྐུར་པ་ཟན་ཀྱུང།

14 ཐོང་ཁྱིའི་སྐུར་པ་ཟན་དང་ཁྲིམས་གཅིག་དུ་དབོར་། །៖། །ཞང་ལོན་ཆེན་པོ་ཪ་བ་དང་། ཆེན་པོ་དང་སྟོང་མཉམས་བ་ཞིག

15 ལ་། ཞང་ལོན་དངུལ་གྱི་ཡི་གེ་བ་མན་ཙད་། ཟངས་ཀྱི་ཡི་གེ་པ་ཡན་ཙད་། སྟོང་མཉམ་བ་གཅིག་གིས་། རི་དག་ལ་མདའ།

16 བརྟུལད་། པ་ལ་སྩོགས་ཕས་ཚོགས་ན་། གུམ་ཡང་ཏུང་། མ་གུམ་ཡང་ཏུང། མགོ་ན་མཆིས་ཏེ་ཆད་ཀར་མདངས་།

17 འཕང་རེ་ཞིས་། དཀར་བཅུ་གཉིས་དང་པོ་ན་བདག་དང་བཅུ་གསུམ་བྲོ་སྟོལདེ་། བྲོ་སྟུལད་པ་ལ་དཀར་ཆགསྣའ།

18 ཐོང་ཁྱི་དང་ཁྲིམས་གཅིག་གོ། །སྟོང་འཇལ་དུ་ཡང་ཁྱི་གནངོ། །དཀར་གྱི་ཆངས་ཏེ་། མདའས་ཚོག་པ་གུམ་དང་། །

19 མདའས་འཕོང་འཕོང་བ། པོ་ན་སྐོར་རབས་བཅདེ་། པོལ་ཡུལ་ཀུན་དང་། བང་ཟ་དང་ཕྱུག་ནོར་ཀུན་། ཡུས་བདག

20 དང་འདམ་པོ་ཕྱིད་མར་སྟུལད་ཏོ། །འདམ་པོ་མ་མཆིས་ན་། པོལ་ཡུལ་དང་བང་ཟ་ཕྱུག་ནོར་ཀུན་། ཡུས་བདག

21 སྟུལདོ་། བུ་མོ་སྨད་ནི་། སྐོར་རབས་ཆད་པའི་འོག་ན་། ཕ་མཆིས་ན་ཕ་སྟུལདོ། ཕ་མ་མཆིས་ན་། ཕུ་ནུ་བོ་གག །

22 འདུར་པ་སྟུལད་ཏོ་། །མདའས་ཚོག་པ་མ་གུམ་དང་། གསོན་སྟོང་དུ་སྲང་ལྔ་སྟོང་ཕབསྟེ་། ཡུས་བདག་དང་། འདོ་

23 ཚོས་ཕྱིད་མར་དབོར་། འདམ་པོ་མ་མཆིས་ན་གསོན་སྟོང་ཀུན་ཡས་བདག་དབོར་། མདའས་ནི་ཚོགསྟེ་། ངའི་

24 མདའ་མ་ཡིན་ཅེས་། མཆི་། སློན་སློན་མ་ཆངས་དང་། མདའས་ཚོག་པ་གུམ་ཡང་ཏུང་། མ་གུམ་ཡང་ཏུང་། ཐོང་

25 ཁྱི་ཁྲིམས་བཞིན་དུ་དགུམ། སློན་སློན་ཆངསྣ་། སྐུར་པ་ཟན་ཀྱུང་། ཐོང་ཁྱིའི་སྐུར་པ་ཟན་དང་ཁྲིམས་གཅིག

26 དུ་ག××××ོར་། །៖། །ཞང་བློན་ཆེན་པོ་ཪ་བོ་དང་། ཞང་ལོན་ཆེན་པོ་སྟོང་མཉམ་བ། ཞིག་ལ་། གཙང་

ཆེན་མན་ཅད། དམང་མཐའ།

27 མ་ཡན་ཅད། གཅིག་གིས་གཅིག། རི་དག་ལ་མདའས་རྩལ་བས་ལས་སྐྱོགས་ཕས་ཕོགས་ནའ།

28 གུམ་ཡང་ཀུང་མ་གུམ་ཡང་ཀུང་། །ཁོན་མཆིས་ཏེ་ཆད་ཀར་འཕང་རེ་ཅེས། གཙང་ཀར་སྨི་བཅུ་གཉིས་དང་

29 ཁོ་ན་དང་བཅུ་གསུམ་བྲོ་སྤྱལད་ཏོ། བྲོ་སྤྱལད་པ་ལས། དཀར་ཆགསྣ་ཐོང་སྨི་དང་ཁྲིམས་བཀྲིསྲ་གཅིག་གོ །དཀར།

30 ཀྲིས་ཆང་དང་། ཁོ་ནི་སྐོར་རབས་བཅདེ། ཁོལ་ཡུལ་ཀུན་དང་བང་ཟ་ཕྱུགས་ནོར་ཀུན། ཡུས་བདག་དང་འདམ་པོ།

31 ཕྱེད་མར་སྤྱལདོ། འདམ་པོ་མ་མཆིས་དང་། །ཀུན་ཡུས་བདག་སྤྱལདེ་བུ་སྨད་ནི་སྐོར་རབས་ཆད་པའི

32 འོག་ཏུ། ཕ་མཆིས་དང་ཕ་སྤྱལད་ཏོ། ཕ་མཆིས་དང་ཕུ་ནུ་བོ་གང་འདུར་པ་སྤྱལད་ཏོ། །མདའས་ཕོགསྟེ་ངའི།

33 མདའ་མ་ཡིན་ཅེས་སློན་སློན་མ་ཆང་ན། མདའས་ཕོག་པ་གུམ་ཡང་ཀུང་། མ་གུམ་ཡང་ཀུང་། ཐོང་སྨིའི་ཁྲིམས

34 བཞིན་ཏུ་དགུམ། སློན་སློན་ཏེ་ཆང་དང་། སྐུར་མ་ཟན་ཀྱང་། ཐོང་སྨིའི་སྐུར་པ་ཟན་ཐང་ཏུ་དབོར། །

35 ༡། །ཞང་ལོན་གཡུའི་ཡི་གེ་པ་ཇོ་བོ་དང་། གཡུའི་ཡི་གེ་པ་དང་། སྔོམ་མཉམ་བ་ཞིག་ལ། ཞང་ལོན་ཆེན་པོ།

36 མན་ཅད། དམངས་མཐའ་མ་ཡན། ཀྱིས། །རི་དག་ལ་སྐྱོགསྟེ་མདས་རྩལཏེ་པས་ཕོགསྟེ། གུམ་བ་ཧྲ། མ་གུམ་པའི།

39 ཁྲིམས་ལ། ༔ །ཞང་ལོན་གཡུའི་ཡི་གེ་ཁོང་ཏ་ཇོ་བོ་དང་། གཡུའི་ཡི་གེ་པའི་མྱེས་ཕོ་དང་ཕའ། དང་ཞང་ལོན་ཆེན་པོ།

40 བཞིའི་ཕུ་བོ་སྤྱད་ཕན་ཅད། ཕ་སྤྱུན་སྤྱད་ཚུན་ཅད། ཡི་གེ་མ་མཆིས་པའི་རྣམས། དང་མ་ཡར་མོ་དང་། བནའམ།

41 དང། ཕྱྭ་མོ་དང་། བུ་སྲིང་ཕྱྭ་མ་མཆིས་པ་དང་། འདི་རྣམས། རི་དག་ལ་མདའ་རྩལ་པ་ལ་སྐྱོགསྟེ། ཕོག་པ་ལ། སྟོང་།

42 མཉམོ། སྟོང་མཉམ་བ་གཅིག་གིས་གཅིག། ལ། རི་དག་ལ་སྐྱོགས་པ་ལ། མདའས་རྩལཏེ། ཕོག་པ་དང་འདི་རྣམས།

43 ལ༔། ཞང་ལོན་ཆེན་པོ་ངོ་བོ་དང་། ཞང་ལོན་ཆེན་པོ་དང་སྟོང་མཉམ༔པ་དང་། ཟླ་མེན་ཀྱི་ཡི་གེ་པ་
དང་སྟོང་མཉམ་པ༔།

44 གཅིག་གིས།། །རི་དག་ལ་སྩོགསྩ་ལ༔། མདའས་རྩལདེ་ཐོགས་པ་དང་། གུམ་ཡང་རུང་མ་གུམ་ཡང་
རུང་། ཁོན།

45 མཆིསཏེ་། ཚད་ཀར་འདར་འཕང་རེ་ཅེས༔། གཙང་དཀར་གྱི་བཅུ་གཉིས་དང་། ཁོ་ན་དང་བཅུ་གསུམ་བྲོ་
སྩལདོ་། བྲོ་སྩལ་པ་ལ

46 དཀར་ཆགསྣ་། ཐོང་གྱི་དང་བཀའ་ཁྲིམས་གཅིག་གོ །སྟོང་འཛལདུ་ཞི་གྱི་གནངོ། དཀར་ཀྲིས་ཆངསྟེ་།
མདས་ཐོག་པ།

47 གུམ་དང་། གྱི་སྟོང་དུ་སྲང་དྲུག་སྟོང་ཕབསྟེ་། འདམ་པོ་དང་ཡུས་བདག་ཕྱེད་མར་སྩལད་ཏོ། འདམ་
པོ༔མ་མཆིས་དང

48 སྲང་དྲུག་སྟོང་ཀུན་ཡུས་བདག་དབངོ་། །སྲང་ཅིག་མ་ཁོར་ན་དགུམོ། །མདས་ཐོག་པ་ལ་མ་གུམ་
དང་། གསོན་

49 སྟོང་དུ་། སྲང་སུམ་སྟོང་ཕབསྟེ་། ཡུས་བདག་དང་འདམ་པོ་ཕྱེད་མར་དབངོ༔། འདམ་པོ་མ་མཆིས་
དང་། སྲང་སུམ་སྟོང

50 ཀུན་ཡུས་བདག་དབངོ་། མདའས་ཞི་ཐོགསྟེ༔། ངའི་མདའས་མ་ཡིན་ཅེས། །སྣོན་སྣོན་མ་ཚོང་ན་།
མདའས་ཐོག་པ་གུམ་ཡང་རུང

51 མ་གུམ་ཡང་རུང་། ཐོང་གྱིའི་ཁྲིམས་བཞིན་དུ་དགུམོ༔། སྣོན་སྣོན་ཆང་ན་། སྐུར་པ་ཟན་ཀྱང་། ཐོང་གྱི་
སྐུར་པ་ཟན་དང།

52 ཁྲིམས་གཅིག༔གོ༔། ༔།།ཞང་ལོན་གཡུའི་ཡི་གེ་པ་ངོ་བོ་དང་། གཡུའི་ཡི་གེ་པ་སྟོང་མཉམ་པ་དང་།
དངུལ་ཀྱི་ཡི་གེ་པ་ཧྲ་

53 སྟོང་མཉམ་པ་མན་ཅད་། ཟངས་ཀྱི་ཡི་གེ་པ་དང་སྟོང་མཉམ་པ་ཡན་ཅད་ཅིག་གིས། རི་དག་ལ་སྩོགས

54 པ་ལ༔། མདའས་རྩལ་ཕས་ཐོགས་ན་། གུམ་ཡང་རུང་མ་གུམ་ཡང་རུང་། མཁོན་མཆིསཏེ་། ཚད་ཀར་
འཕང་རེ།

55 ཅེས་། གཙང་དཀར་བཅུ་གཉིས་དང་། ཁོ་ན་བདག་དང་བཅུ་གསུམ༔། གིས༔བྲོ་སྩོལད་ཏོ་། བྲོ་སྩལ་པ་
ལས། དཀར།

56 ཆགསྣ༔། ཐོང་གྱི་དང་བཀའ་གྲིམས་གཅིགོ༔། ཀར་ཀྲིས་ཆངསྟེ་། མདས་འཐོག་པ་ཞི་གུམ་ན་། མདའ་འཐོང།

57 འཕོང་བ། ཁོ་ན་འབྲས་ཤིག་བཀུམསྟེ། ཁོལ་ཡུལ་ཀྱི་ཕྱེད་དང་། བང་ཟའི་ཕྱེད་དང། ཕྱུག་ནོར་ཀྱི་ཕྱེད་། ཡུས་བདག་

58 དང་འདམ་པོ་ཕྱེད་མར་སྟྱལདོ་། ༔། འདམ་པོ་མ་མཆིས་ན་། ཁོལ་ཡུལ་ཀྱི་ཕྱེད་དང་བང་ཟ་དང་ཕྱུག་ནོར་ཀྱི་ཕྱེད་། ཡུས་བདག་

59 སྟྱལདོ། །ཁོལ་ཡུལ་ཀྱི་ཕྱེད་དང་། བྲང་ཟའི་ཕྱེད་དང་ཕྱུག་ནོར་ཀྱི་ཕྱེད་། ནི་བུ་པོ་མཆིས་ན་། བུ་པོ་སྟྱལདོ་། བུ་ཕོ་མ་མཆིས

60 དང་ཕ་སྟྱལདོ༑ ཕ་བུ་ཞིག་མ་མཆིས་ན། བུ་མོ་སྨད་དང་ཟང་ཟ་ཕྱེད་དང་ཕྱུག་ནོར་ཕྱེད། ཕུ་ནུ་པོ་བདུར་པ།

61 སྟྱལདོ༑ མདའ་འཕོང་འཕོང་བ། བཀུམ་བ༑ ཁོལ་ཡུལ་ཀྱི་ཕྱེད་ནི། སུའི་བྲན་སུའི་འབང་། སོ་སོར་བཞེས།

62 འཚོལ་ཞིག༑ །མད་འས་ཕོག་པ་མ་གུམ་ན་། གསོན་སྟོང་སྲང་སུམ་སྟོང་ཕབསྟེ༑ ཡུས་བདག་དང་

63 འདམ་ཕོ་ཕྱེད་མར་དབཞོ་། །འདམ་པོ་མ་མཆིས་ན་། སྲང་སུམ་སྟོང་ཀུན་ཡུས་བདག་དབཞོ། མདའས།

64 ནི་ཕོགསྟེ༑ངའི་མདའ་མ་ཡིན་ཅེས༑ སྣོན་ཏེ་མ་ཚངསྣ༑ མདས་ཕོག་པ་གུམ་ཡང་རུང་། མ་གུམ་ཡང་

65 རུང་། ཐོང་སྨིག་ཁྲིམསུ་དགུམོ༑ སྣོན་སྣོན་དེ་ཚངསྟང་། སྐུར་པ་ཟན་ཀྱང་། ཐོང་སྨིག་ཀྱི་སྐུར་པ

66 ཟན་དང་ཁྲིམ་གཅིག་དུ་གབཞོ་། །༔། །ཞང་ལོན་གཡུའི་ཡི་གེ་པ་དང་། གཡུའི་ཡི་གེ་པ་སྟོང་མཉམ་བ། ཞིག།

67 ལ། གཙང་ཆེན་མན་ཅད་། དམངས་མཐའ་མ་ཡན་ཅད་། ཅིག་གིས༑ རི་དག་ལ་སྟོགས་པ་ལ༑ མདའ།

68 རྩལ་པས། ཕོག་སྟེ་གུམ་ཡང་རུང༑ །མ་གུམ་ཡང་རུང་། མཁོན་མཆིས་ཏེ་། ཆད་ཀར་

69 འཕང་རེ་ཅེས། གཙང་ཀར་བཅུ་གཉིས་ཁོ་ན་བདག་དང་བཅུ་གསུམ་བྲོ་སྟྱལདོ་། བྲོ་སྟྱལ་པ་དཀར་ཆག །

70 དང་། ཐོམ་སྨིག་དང་བཀའ་གྲིམས་གཅིག་གོ༑ བཀར་གྲིས་ཆངསྟེ༑ མདའས་ཕོག་པ་གུམ་ན། མདའས

71 འཕོང་འཕོང་བ། ཁོ་ནའ༑ སྐོར་རབས་བཅདེ་། ཁོལ་ཡུལ་བང་ཟ་ཕྱུག་ནོར་བུ་སྨད་ལ། ཡུས་བདག་དང།

72 འདམ་པོ་ཕྱེད་མར་དབཞོ། །མདའས་ཕོག་པ་མ་གུམ་ནའ༑ མདའ་འཕོང་བ། ཁོ་ན་འབྲ་ཤིག་བཀུམ།

73 སྟེ། ཕྱུག་ནོར་ཀྱི་ཕྱེད་དང་བང་ཟའི་ཕྱེད་། བཀུམ་བའི་འོག་ན་བུ་པོ་མཆིས་དང་། བུ་པོ་སྟྱལདོ། བུ་མོ

74 མ་མཆིས་དང་། ཕ་སྟྱལདོ། ཕ་ཡང་མ་མཆིས་ན་། བུ་མོ་སྨད། དང་ཕྱུག་ནོར་ཕྱེད་བང་ཟ་ཕྱེད་།

75 ཕུ་ནུ་པོ་གག་གིས་འདུར་པ་ཞིག་སྟྱལད་ཏོ་། ཁོལ་ཡུལ་ནི་མདའས་འཕོང་འཕོངསྟེ་བཀུམ་བ།

76 སུའི་བྲན་སུའི་འབངས། སོ་སོར་བཞེས༑འཚོལ་ཞིག༑ །མདས་ནི་ཕོགསྟེ་ངའི་མདའ་མ་ཡིན།

77 ཅེས། སྣོན་ཏེ་མ་ཆང་དང་། མདས་ཕོག་པ་གུམ་ཡང་རུང་། མ་གུམ་ཡང་རུང་། ཐོང་སྨིའི་བཀའ།

78 ཁྲིམས་བཞིན་དུ་དགུམོ༑ །སྣོན་སྣོན་ཏེ་ཆང་ན་སྐུར་པ་ཟན་ཀྱང་། ཐོང་སྨིའི་སྐུར་པ་དང་ཐང་།

79 གཅིག་དུ་དབོར:།

80 ༄། །ཞང་ལོན་གསེར་གྱི་ཡི་གེ་ངོ་བོ་དང་། གསེར་གྱི་ཡི་གེ་པ་དང་། སྟོང་ཐང་མཉམ་པ། ཞིག་ལ། ཞང་ལོན

81 མན་ཅད་། དམངས་མཐའ་མ་ཡན་ཅད། གཅིག་གིས་རི་དག་ལ་སྐྱོགས་པ་ལ:། མདས་རྟུལ་པས

82 ཐོགསྟེ་། གུམ་དང་། མ་གུམ་པའི་ཁྲིམས་ལ། ༔། །ཞང་ལོན་གསེར་གྱི་ཡི་གེ་པ་ངོ་བོ་དང་། གསེར་གྱི་ཡི

××××

83 པའི་མྱེས་ཕོ་དང་ཕའ་དང་། ཞང་ལོན་གཡུའི་ཡི་གེ་པའི་བུ་པོ:སྤྱད་ཕན་ཅད་། ཕ་སྤུན་སྤྱད་ཚུན་

84 ཅད་། ཡི་གེ་མ་མཆིས་པའི་རྣམས་དང་། མ་ཡར་མོ་དང་མནའ་མ་དང་ཁྲོ་མོ་དང་། བུ་སྲིང་ཁྲོ་མ་མཆིས

85 པ་འདི་རྣམས། རི་དག་ལ་མདའ་རྟུལ་པ་ལ་སྐྱོགསྟེ་། ཐོག་པ་ལ:། སྟོང་མཉམོ། སྟོང་མཉམ་བ།

86 གཅིག་གིས་གཅིག་ལ་། རི་དག་ལ་སྐྱོགས་པ་ལ། མདས་རྟུལ་ཕས་ཐོག་པ་དང་། སྟོང་མཉམ།

87 བའི་རྣམས་ལ:། ཞང་ལོན་ཆེན་པོ་དང་། སྟོང་མཉམ་པ་མན་ཅད་། ཟངས་ཀྱི་ཡི་གེ་པ་དང་། སྟོང་མཉམ།

88 ཡན་ཅད་། གཅིག་གིས། རི་དག་ལས་སྐྱོག་པ་ལ། མདས་རྟུལ་ཕས་ཐོག་དང། གུམ་ཡང་རུང་

89 མ་གུམ་ཡང་རུང་། མཁོན་མཆིས་ཏེ་། ཆད་ཀར་འབང་རེ་ཅེས:། གཙང་དཀར་མྱི་བཅུ་གཉིས་དང

90 ཁོ་ན་བདག་དང་། བཅུ་གསུམ་བྲོ་སྨྲལདོ། བྲོ་སྨྲལ་པ་དཀར་ཆག་དང་། ཐོང་མྱི་དང

91 ཁྲིམས་གཅིག་གོ་། དཀར་གྱི་ཆངསྟེ་། མདས་ཐོག་པ་ནི་གུམ། དང་མྱི་སྟོང་དུ་སྲང་ལྔ་སྟོང་ཕབསྟེ་

92 ཡུས་བདག་དང་འདམ་པོ་ཕྱེད་མར་དབོར་། །འདམ་པོ་མ་མཆིས་དང་སྲང་ལྔ་སྟོང་ཀུན་ཡུས་བདག

93 དབོར་། །མདས་ཐོག་པ་མ་གུམ་ན་། གསོན་སྟོང་སྲང་ཉི་སྟོང་ལྔ་བརྒྱ་ཕབསྟེ་། ཡུས་བདག་དང་

94 འདམ་པོ་ཕྱེད་མར་དབོར། འདམ་པོ་མ་མཆིས་ན། སྲང་ཉི་སྟོང་ལྔ་བརྒྱ་ཀུན་ཡུས་བདག་དབོར

95 མདས་ཐོགསྟེ་། ངའི་མདའ་མ་ཡིན་ཅེས། སྣོན་སྣོན་མ་ཆང་ན་། མདས་ཐོག་པ། གུམ་ཡང་རུང་

96 མ་གུམ་ཡང་རུང་། ཐོང་མྱིའི་ཁྲིམས་བཞིན་དུ་དགུམ། སྣོན་སྣོན་ཏེ་ཆང་ན། སྐུར་མ་ཟན་ཀྱང་། ཐོང་

97 མྱིའི་སྐུར་པ་ཟན། ཐང་བཞིན་དུ་དབོར་། །༔། །ཞང་ལོན་གསེར་གྱི་ཡི་གེ་པ་ངོ་བོ་དང་། གསེར་གྱི་ཡི་གེ་པ།

98 དང་སྟོང་མཉམ་བ། ཞིག་ལ:། གཙང་ཆེན་མན་ཅད་། དམངས་མཐའ་མ་ཡན་ཅད་། གྱིས:། རི་དག་

ལ་སྐྱོག

99 པ་ལ:། མདའས་རྟུལ:ཕས་ཐོག་དང་། བགུམ་ཡང་རུང་མ་གུམ་ཡང་རུང་། ཁོན་མཆིསཏེ་ཆད་ཀར་འཕང་

100 རེ་ཅེས། །གཙང་དཀར་བཅུ་གཉིས་དང་ཁོ་བདག་དང་བཅུ་གསུམ་བྲོ་སྨྲལདོ། བྲོ་སྨྲལདེ་དཀར་ཆག་ན

101 ཐོང་མྱི་དང་བཀའ་ཁྲིམས་གཅིགོ:། །དཀར་ཀྱིས་ཆངསྟེ་མདའས་ཐོག་པ་གུམ་ཧྲ་། ཁོ་ན་འབྲ་××××

102 བགུམསྟེ:། བུ་སྨད་སྒྲི་བོར་ཕྱུག་གོ:། །ཁོལ་ཡུལ་དང་བང་ཟ་དང་ཕྱུག་ནོར་ཀུན་། ཡུས:བདག་དང་།

འདམ་

103 ཪོ་ཕྱེད་མར་དབཪ། འདམ་པོ་མ་མཆིས་དང་། ཁོལ་ཡུལ་དང་བང་ཟ་ཕྱུག་ནོར། ཡུས་བདག་དབཪའ

104 མདས་ཪོག་པ་ཿམ་གུམ་དང་། ཁོ་ན་འབྲ་ཞིག་བགུམསྟེ། ཕྱུག་ནོར་དང་བང་ཟ་ཀུན་ལ་ཡུས་བདག་

དང་འདམ

105 ཪོ་ཕྱེད་མར་དབཪ། །འདམ་ཪོ་མ་མཆིས་ན་ཕྱུག་ནོར་དང་བང་ཟ་ཀུན་ཡུས་བདག་གབཪཿ། །

106 ༧ཿ། །ཞང་ལོན་ཕྲ་མེན་ཀྱི་ཡི་གེ་པ་ཪ་བོ་དང་། །ཕྲ་མེན་ཀྱི་ཡི་གེ་པ་དང་སྟོང་མཉམ་བཿ། །ཞིག་ལའཿ། །

ཞང་ལོན་ཆེན་པོ་མན།

107 ཅད། དམངས་མཐའ་མ་ཡན་ཅད། །ཀྱིས་རི་དག་ལཿསྐྱོགས་པ་ལཿ། མདས་རྒྱལདེ། ཪོགསྟེ་གུམ་བ་

དང་མ་གུམ་བཞི།

108 ཁྲིམས་ལཿ། ༄༅། །ཞང་ལོན་ཕྲ་མེན་ཀྱི་ཡི་གེ་པ་ཪ་བོ་དང་། །ཕྲ་མེན་ཀྱི་ཡི་གེ་པའི། མྱེས་པོ་དང་ཕའ་དང་།

ཞང་ལོན་གསེར་

109 ཀྱི་ཡི་གེ་པའི་བུ་པོ་སྤྱད་ཕན་ཅད། ཕ་སྤུན་སྤྱད་ཚུན། ཅད། ཡི་གེ་མ་མཆིས་པའི་རྣམས་དང་། མ་

ཡར་མོ་དང་མནའ

110 མ་དང་ཕྲུ་མོ་དང་། བུ་སྲིང་ཕྲུ་མ་མཆིས་པ། རྣམས། །རི་དག་ལ་སྐྱོགས་པ་ལ། མདས་རྒྱལདེ་ཪོག །

པ་ལ་སྟོང།

111 མཉམོཿ།། །སྟོང་མཉམ་བ་གཅིག་གིས། གཅིག་ལཿ། རི་དག་ལ་མདས་རྒྱལ་པས་ཪོག་པ་དང་། སྟོང་

མཉམ་འདི་རྣམས་ལ། ཞང་

112 ལོན་ཆེན་པོ་དང་། སྟོང་མཉམ་བ་མན་ཅད། ཟངས་ཀྱི་ཡི་གེ་པ་དང་། སྟོང་མཉམ་བ་ཡན་ཅད།

གྱིས་རི་དག་ལ་སྐྱོགས།

113 པ་ལ། མདའས་རྒྱལ་ཕས་ཪོག་ཀྱང་ཏུང་། མ་གུམ་ཡང་ཏུང་། མཁོན་མཆིསཏེ་ཆད་ཀར་འཕང་རེ་ཅེས།

གཙང་དཀར་བཅུ།

114 གཉིས་། ཁོ་ན་བདག་དང་། བཅུ་གསུམ་བྲོ་སྐྱལཿ། ཏོ། དཀར་ཆག་ན་ཪོང་མྱི་དང་བཀའ་གྲིམ་གཅིག་

གོཿ། དཀར་གྲིས་ཆངསྟེ

115 མདས་ཪོག་པ་ཿགུམ་དང་། སྟོང་དུ་སྲང་བཞི་སྟོང་བབསྟེཿ། ཡུས་བདག་དང་། འདམ་པོ་ཕྱེད་མར་

སྐྱལདོ། འདམ།

116 ཪོ་མ་མཆིས་ན། སྲང་བཞི་སྟོང་ཀུན་ཡུས་བདག་དབཪ། མདས་ཪོག་པ་མ་གུམ་ན། གསོན་སྟོང་དུ་སྲང་

117 སྟོང་ཕབསྟེ་། ཡུས་བདག་དང་འདམ་པོ་ཕྱེད་མར་དབོར་། །འདམ་པོ་མ་མཆིས་ན་། ཀུན་ཡུས་
བདག་དབོར་

118 མདས་ནི་ཕོགསྟེ་། ངའི་མདའ་མ་ཡིན་ཅེས་སྙན་སྙན་ཏེ་མ་ཆང་ན་། མདས་ཕོག་པ་གུམ་ཡང་རུང་།

119 མ་གུམ་ཡང་རུང་། ཐོང་སྐྱིའི་ཁྲིམས་བཞིན་དུ་དགུམོ། སྙན་སྙན་ཚངསྟ་། སྐྱུར་བ་ཟན་ཀྱང་། ཐོང་སྐྱི་

120 འི་སྐྱུར་པ་ཟན་དང་ཁྲིམས་གཅིག་དུ་དབོར་། །༔། ཞང་ལོན་ཕྲ་མེན་ཀྱི་ཡི་གེ་པ་ངོ་བོ་དང་། ཕྲ་མེན་གྱི་

121 ཡི་གེ་པ་ཏྲ་སྟོང་མཉམ་བ་ཞིག་། གཙང་ཆེན་མན་ཅད་། དམངས་ཡན་ཅད་ཞིག་གིས། རི་དག་ལ་སྐྱོགས

122 པ་ལ། མདས་རྟུལ་པས་ཕོག་ན་གུམ་ཡང་རུང་། མ་གུམ་ཡང་རུང་། མཁོན་མཆིས་ཏེ། ཆད་ཀར།

123 འཕང་རེ་ཅེས། གཙང་དཀར་བཅུ་གཉིས་དང་། ཁོ་ན་བདག་དང་བཅུ་གསུམ་བྲོ་སྦྱལདོ་། བྲོ་དཀར

124 ཆགསྟ་། ཐོང་སྐྱི་དང་ཁྲིམས་གཅིག་གོ་། །དཀར་གྱིས་ཆངསྟེ་། མདས་ཕོག་པ་གུམ། དང་ཁོ་ན་འཁྲུ་
ཞིག་དགུམོ་།

125 བུ་མོ་སྨད། སྤྲ་བོར་སྤྱུག་གོ་། །ཁོལ་ཡུལ་དང་བང་ཟ་ཕྱུག་ནོར་། ལ་ཡུས་བདག་དང་འདམ་པོ་ཕྱེད་མར

126 དབོར་། །འདམ་པོ་མ་མཆིས་ན་། ཁོལ་ཡུལ་དང་། བང་ཟ་ཕྱུག་ནོར་ཀུན་ཡུས་བདག་དབོར་། མདས་
ཕོག་

127 པ་མ་གུམ་ན་། ཁོ་འདའ་འཁྲུ་ཞིག་བགུམསྟེ་། བང་ཟ་ཕྱུག་ནོར་ཀུན་ལ་འདམ་པོ་དང་ཡུས་བདག་ཕྱེད།

128 མར་དབོར་། །འདམ་པོ་མ་མཆིས་ན་། ཕྱུག་ནོར་དང་བང་ཟ་ཀུན་ཡུས་བདག་གབོར་། ཁོལ་ཡུལ་ནི་།

129 བུ་སྨད་སྦྱལད་། མལ་ན་དགོདོ། །ཕུ་བོ་མ་མཆིས་ན་། ཕ་སྦྱལདོ། ཕ་ཡང་མ་མཆིས་ན་། ཁོལ།

130 ཡུལ། ཕུ་ནུ་བོ་དྲུང་མཆིས་ཀྱང་སྦྱི་སྦྱལདོ་། བུ་མོ་སྨད་ཕུ་ནུ་བོ་སུ་འདྲུར་པ་ཞིག་སྦྱལ་ཏོའ།

131 ཁོལ་ཡུལ་ནི་། སུའི་འབངས་སུའི་བྲན་བཞེས་འཚོལ་ཞིག་། །མདས་ནི་ཕོགསྟེ། ངའི་མདའ་མ་ཡིན

132 ཅེས་། སྙན་སྙན་མ་ཆངསྟ་། །མདས་ཕོག་པ་གུམ་ཡང་རུང་། མ་གུམ་ཡང་རུང་། ཐོང་སྐྱི་དང་ཁྲིམས།

133 བཞིན་དུ་དགུམོ་། སྙན་སྙན་ཆང་ན། སྐྱུར་པ་ཟན་ཀྱང་། ཐོང་སྐྱིའི་སྐྱུར་པ་ཟན་དང་ཁྲིམས

134 གཅིག་དུ་དབོར་།

135 ༧ः། །ཞང་ལོན་དཔྱལ་གྱི་ཡི་གེ་ངོ་བོ་དང་། དཔྱལ་གྱི་ཡི་གེ་པ་དང་སྟོང་མཉམ་ཞིག་ལ་། ཞང་ལོན་ཆེན་

136 མན་ཅད་། དམངས་མཐའ་མ་ཡན་ཅད་། གྱིསཿརི་དགས་ལ་སྐྱོགས་པ་ལ་། མདས་རྟུལཿཏེ་། ཕསཿ།

137 ཕོགསྟེ་། གུམ་བ་དང་མ་གུམཿ། པའི་ཁྲིམས་ལ། ༔། །

138 ཞང་ལོན་དཔྱལ་གྱི་ཡི་གེ་པ་ངོ་བོ་དང་། དཔྱལ་གྱི་ཡི་གེ་པའི། མྱེས་པོ་དང་ཕའ་དང་། ཞང་ལོན་ཕྲ་མེན་

139 པའིཿ། བུ་པོ་སྤྱད་ཕན་ཅད་། ཕ་སྤུན་སྤྱད་ཚུན་ཅད། ཡི་གེ་མ་མཆིས་པ་རྣམས་དང་། །མ་ཡར་མོ་དང

140 མནའ་མ་དང་ཁྲོ་མོ་དང་། བུ་སྲིང་ཁྲོ་མ་མཆིས་པ་འདི་རྣམས། རྀ་དག་ལ་མདའས་རྒྱལ་ཕ་ལ་སྩོག
141 ཏེ་། ཕོགས་པ་ལ་། སྟོང་མཉམ་བོ། །སྟོང་མཉམ་བ་གཅིག་གིས་། གཅིག་ལ། རི་དགས།
142 ལ་། མདས་རྒྱལ་པ་ལ་སྩོགསྟེ་། ཕོག་པ་དང་། སྟོང་མཉམ་བ་འདི་རྣམས། ལ་། །ཞང་ལོན་ཆེན་××××
143 དང་། སྟོང་མཉམ་བ་མན་ཙད་། ཟངས་ཀྱི་ཡི་གེ་པ་དང་སྟོང་མཉམ་བ་ཡན་ཙད་། གྱིས་། རི་དགས
144 ལསྩོགས་པ་ལ་། མདའ་རྒྱལད་ཕས་ཕོག་དང་། གུམ་ཡང་རུང་མ་གུམ་ཡང་རུང་། འབོན་
145 མཆིསྟེ་ཆེད་ཀར་འཕངས་རེ་ཞེས་། གཙང་དཀར་སྒྲི་བཅུ་གཉིས་ཁོ་ན་བདག་ཐྲ
146 :བཅུ་གསུམ་བྲོ་སྦལདོ་། དཀར་ཆག་ནའ་། ཐོང་སྒྲི་བཀའ་གྲིམས་དང་གཉྀ
147 འོ་། དཀར་གྱིས་ཚངསྟེ་། མདའས་ཕོག་པའ་གུམ་ཐྲ་སྒྲི་སྦོང་དུ་སྲུང་སུམ
148 སྟོང་ཕབ་སྟེ། ཡུས་བདག་དང་འདམ་ཕོ་ཕྱེད་མར་དབོ། འདམ་པོ་མ
149 མཆིསྣ་། སྲུང་སུམ་སྟོང་གུན་ཡུས་བདག་དབོ། མདའས་ཕོག་པ
150 མ་གུམ་ནའ་། གསོན་སྟོང་། སྲུང་སྟོང་ལྔ་:བརྒྱ་ཕབ་སྟེ་ཡུས་བདག
151 འདམ་ཕོ་ཕྱེད་མར་དབོ། འདམ་ཕོ་མ་མཆིསྣ་སྲུང་སྟོང་ལྔ་བརྒྱ
152 ཡུས་བདག་དབོ། སྲུང་ཆིག་མ་ཁོར་ནའ་། དགེ་བ་ཡང་དགུམོ།
153 མདའས་ནི་ཕོག་སྟེ་ངའི་མདའ་མ་ཡིན་ཞེས་སློན་སློན་མ་ཚྣ
154 ན་མདའས་ཕོག་པ་གུམ་ཡང་རུང་མ་གུཾ་ཡང་རུང་ཐོང་སྒྲི་བཀའ་
155 གྲིམས་གཅིག་དུ་དགུམོ། སློན་ཚངས་དང་། སྐྲུར་པ་ཟན་ཀྲང་ཐོང
156 སྒྲི་སྐྲུར་པ་ཟན་དང་ཐང་གཅིག་དུ་དབོ། ༔། ཞང་ལོན་དངུལ་གྱི
157 ཡི་གེ་པ་ངོ་བོ་དང་དངུལ་གྱི་ཡི་གེ་པ་དང་སྟོང་མཉམ་བ་གཅིག
158 ལ་གཙང་ཆེན་མན་ཆད་། དམངས་མཐ་མ་:ཡན་ཙད་གྱིས་། རི་དྭ
159 ལ་སྩོགས་པ་ལ་། མདའ་རྒྱལ་པས་ཕོག་ནའ་། གུམ་ཡང་རུང
160 མ་གུམ་ཡ་རུང་། མཁོན་མཆིསྟེ་ཆེད་ཀར་འཕངས་རེ་ཞེས། གཙང་
161 དཀར་སྒྲི་བཅུ་གཉིས་ཁོ་ན་བདག་དང་བཅུ་གསུམ་བྲོ་སྦལཏོ།
162 ། དཀར་ཆག་ན་ཐོང་སྒྲི་ཐྲ་ཁྲིམས་གཅིགོ། །དཀར་གྱིས་ཚངསྟེ་མདའ་།
163 ས་ཕོག་པ་གུམ་ཐྲ་ཁོ་ན་བྲ་ཤིག་བཀུམ་སྟེ་ཁོལ་ཡུལ་གྱི་ཕྱེད་དང་བང་ཟའི་
164 ཕྱེད་དང་ཕྱུགས་ནོར་གྱི་ཕྱེད་ཐྲ་གུན་ཡུས་བདག་དང་འདའམ་པོ་ཕྱེད་མར་དབོ
165 འདམ་པོ་མ་མཆིས་ན་ཁོལ་ཡུལ་གྱི་ཕྱེད་ཕྱུགས་ནོར་གྱི་ཕྱེད་ཐྲ་བང་ཟ་།

166 :ཀུན་ཡུས:བདག:དབོ། ཁོལ:ཡུལ:གྱི་བྱེད་ཐྲ་ཕྲུམླ:ཎོར:གྱི:བྱེད་ནི་བུ་
167 སྨད་སྐྱལདེ:མལ:ན:དགོདོ། ཕུ:བོ:མ་མཆིས:ན་ཕ:སྐྱལདོ། བ:མཾ་ཆྗི
168 ན:ཁོལ:ཡུལ:གྱི་བྱེད་པོ:ནི:། ཕུ:ནུ་བོ:དྲུང་མཆིས:ཀྱང་མྱི:སྐྱལདོ་
169 བུ:སྨད་ཐྲ་ཕྲུགས:ཎོར:གྱི:བྱེད་ནི:ཕུ་ནུ་བོ:སུ:འདུར:བ:ཞིག:སྐྱལདོ། ཁོལ:།
170 ཡུལ:གྱི:བྱེད་ནི:སུའི:འབངས:མིའི:བྲན་བས:སོར:བཞེས:འཚོལ
171 ཚིག:། མདའས:ཐོག:མ:ཀུམ:ཁོལ:ཡུལ:གྱི:བྱེད་ཐྲ་བང་ཟ:ཕྲུག:
172 ཎོར:ཀུན་གྱི་བྱེད་ཡུས:བདག:དང་འདའམ:པོ་བྱེད་མར་དབོ
173 འདམ:པོ:མ:མཆིས:ན་བང་ཟ:ཕྲུམླ:ཎོར་གྱི:བྱེད་ཡུས:བདག་
174 དབོ། །ཁོལ:ཡུལ:། དང་བང་ཟ:ཕྲུགས:ཎོར་གྱི:བྱེད་པོ:ནི:
175 ཁོ་ན་སྐྱལདེ། མལ:ན་དགོདུ་བསོ། །མདའས:ནི:ཐོག:སྔེ:ངའི་
176 མདའ:མ:ཡིན་ཞེས:སློན་སློན་མ་ཚངས་ནའ:། མདའས:ཐོག་
177 པ:ཀུམ:ཡང་ཧུང་མ:ཀུམ:ཡང་ཧུང་། ཐོང་མྱི:བཀླ:གྲིམས་གཉི་
178 དུ:དགུམོ། །བསློན་སློན་ཚངས:དང་སྐུར:པ:ཟན་ཀྱང་། ཐོང་མྱིའི་
179 སྐུར:པ:ཟན་དང་ཁྲིམས:གཅིག:དུ་དབོ
180 ༄:། ཞང་ལོན་ར་གན་ཀྱི་ཡི་གེ་པ་ཛོ་བོ་དང་། ར་གན་ཀྱི་ཡི་གེ་པ་དང་སྟོང་མཉམ་བ་ཞིག་ལ། ཞང་ལོན་
ཆེན་པོ་མན།
181 ཅད་། དམངས་མཐའ་མ་ཡན་ཅད་། ཀྱིས། རི་དགས་ལ་སྐྱོགས་པ་ལ། མདས་ཧྲུལཏེ་། ཐོགས་ན་།:།
182 ཀུམ་བ་དང་མ་ཀུམ་བའི་ཁྲིམས་ལ:༔ །ཞང་ལོན་ར་གན་པ་འི་ཡི་གེ་པ་ཛོ་བོ་དང་། ར་གན་ཡི་གེ།
183 པའི་མྱེས་པོ་དང་། ཕ་དང་། ཞང་ལོན་དངུལ་ཀྱི་ཡི་གེ་པའི། བུ་ཐོ་སྤྱད་ཕན་ཅད་། ཕ་སྤྱུན་སྤྱད་ཚུན།
184 ཅད་། ཡི་གེ་མ་མཆིས་པའི་རྣམས་དང་། མ་ཡར་མོ་དང་མནའ་མ་དང་། ཁྲོ་མོ་དང་བུ་སྲིང་ཁྲོ་མ་མཆིས།
185 པ་འདི་རྣམས་། རི་དག་ལ:མདའ་ཧྲུལཏེ་། ཐོག་པ་ལ་སྐྱོགསྟེ:། སྟོང་མཉམོ:། །སྟོང་མཉམ་བས།
186 གཅིག་གིས་གཅིག་ལ། །རི་དག་ལ་མདའས་ཧྲུལ་པ་ལ:སྐྱོགསྟེ་ཐོགས་པ་དང་། སྟོང་མཉཾ།
187 བའི་རྣམས་། ལ:། ཞང་ལོན་ཆེན་པོ་དང་། སྟོང་མཉམ་བ་སྨ་ཅད་། ཟངས་ཀྱི་ཡི་གེ་པ་དང་སྟོང་མཉམ
188 ཡན་ཅད་། ཀྱིས:། རི་དགས་ལ་སྐྱོགས་པ། མདས་ཧྲུལ་ཕས་ཐོག་དང་། ཀུམ་ཡང་ཧུང་། མ་ཀུམ་ཡང།
189 ཧུང་། མཁོན་མཆིསཏེ་། ཆད་ཀར་འཕངས་རེ་ཅེས། །གཙང་དཀར་བཅུ་གཉིས་། ཁོ་ན་བདག་ཐྲ།
190 བཅུ་གསུམ་བྲོ་སྐྱལདོ:། བྲོ་དཀར་ཆགསྣ:། ཐོང་མྱི་དང་ཁྲིམས་གཅིག་། དཀར་ཀྱིས་ཆངསྟེ།

མདའས་ཐོགས་པ། གུམ་དང་། སྲང་ཉེ་སྟོང་ཕབསྡེ་། ཡུས་བདག་དང་འདམ་པོ་། ཕྱེད་མར་དབོར༑ འདམ་པོ་མ་མཆིས་ན་། སྲང་ཉེ་སྟོང་ཀུན་ཡུས་བདག་དབོར། །དའས་ཐོག་པ། མ་གུམ་དང། གསོན་སྟོང་དུ། སྲང་སྟོང་བབསྡེ་། ཡུས་བདག་དང་འདམ་པོ་ཕྱེད་མར་དབོར། འདམ་པོ་མ། མཆིས་ན་། སྲང་སྟོང་ཀུན་ཡུས་བདག་དབོར། །སྟོང་སྲང་ཅིག་མ་ཕོར་ན་། །དགེ་ཡང་ཉུང། དགུམོ༑། །མདས་ནི་ཐོགསྡེ༑ ངའི་མདའ་མ་ཡིན་ཅེས་། སློན་སློན་མ་ཆངསྣ༑ མདས་ཐོགས པ་གུམ་ཡང་ཉུང་། མ་གུམ་ཡང་ཉུང་། ཐོང་མྱིའི་ཁྲིམས་བཞིན་དུ་དགུམོ༑ སློན་སློན་ཆང དང་། སྐུར་པ་ཟན་གྱང་། ཐོང་མྱིའི་སྐུར་བ་ཟན་ཟླ་ཁྲིམས་གཅིག་དུ་དབོར༑ ༚། །ཞང་ལོན། རགན་ཀྱི་ཡི་གེ་པ་ངོ་བོ་དང། རགན་ཀྱི་ཡི་གེ་པ་དང་། སྟོང་མཉམ་བ་ཞིག་ལ༑ གཙངས་ཆེན་མན་ཅད། དམངས་མཐའ་མ་ཡན་ཅད། ཞིག་གིས༑ ངོ་དགས་ལ༑ སྨོགས་པ་ལ༑ མདའས་རྒྱལ་པས༑ཐོགས། པ དང་། གུམ་ཡང་ཉུང་མ་གུམ་ཡང་ཉུང་། ཕོན་མཆིསཏེ་། ཆེད་ཀར་འཕང་རེ་ཅེས༑ གཙང་དཀར། མྱི་བཅུ་གཉིས། ཕོ་ན་བདག་དང་བཅུ་གསུམ་ བྲོ་སྟལདོ། །དཀར་ཆགསྣ་ཐོང་མྱི་དང་ཁྲིམས་གཅིག གོ༑ །དཀར་ཆངསྡེ་མདའས་ཐོགས་པ་གུམ་དང་། ཕོ་ན་འབྲས་ཤིག་དཀུམ། ཕོལ་ཡུལ་ཀྱི་ཕྱེད་དང་། ཕྲུག་ནོར་ཀྱི་ཕྱེད་བང་ཟ་ཀུན་། ཡུས་བདག་དང་འདམ་པོ་ཕྱེད་མར་དབོར་། འདམ་པོ་མ་མཆིས། ཕོལ་ཡུལ་ཀྱི་ཕྱེད་དང་། ཕྲུག་ནོར་ཀྱི་ཕྱེད་དང་བང་ཟ་ཀུན་། ཡུས་བདག་དབོར༑ །ཕོལ་ཡུལ་ཀྱི་ཕྱེད་ཕོ་ དང་ཕྲུག་ནོར་ཀྱི་ཕྱེད་ཕོ༑ ནི་བུ་སྨད་སྟལདེ་། མལ་ན་དགོད་དོ་། བུ་པོ་མ་མཆིས་ན་ཕ་སྟལདོ། ཕ་མ་མཆིས་ན་། ཕོལ་ཡུལ་ཀྱི་ཕྱེད། ཕུ་ནུ་པོ་དྲུང་མཆིས་ཀྱང་མྱི་སྟལདོ༑ །བུ་མོ་སྨད་དང་ཕྲུག། ནོར་ཀྱི་ཕྱེད་ནི་། ཕུ་ནུ་པོ་སུ་འདྲུར་བ་སྟལ། ཏོ༑ །ཕོལ་ཡུལ་ཀྱི་ཕྱེད་པོ་ནི་། མདའ་འཕོང་འཕོང་པ། སུའི འབངས། སོའི་བྲན་སོ་སོར་བཞེས་འཚོལ༑ཞིག། །མདའས་འཕོང་འཕོང་བ་མ་གུམ་ན་། ཕོལ་ཡུལ ཀྱི་ཕྱེད་དང་། ཕྲུག་ནོར་ཀྱི་ཕྱེད་། ལ་ཡུས་བདག་དང་འདམ་པོ་གཉིས་། ཕྱེད་མར་དབོར༑ །འདམ་པོ། མ་མཆིས། ཕོལ་ཡུལ་ཀྱི་ཕྱེད་དང་། བང་ཟ་ཕྲུག་ནོར་ཀུན་ཀྱི་ཕྱེད་། ཡུས་བདག་དབོར་། ཕོལ་། ཡུལ་དང། བང་ཟ་ཕྲུག་ནོར་། ཕྱེད་པོ་ནི་། ཕོ་ན་བདག་སྟལདེ་། མལ་ན་མཆིསུ་བས་སོ༑། །མཐུས ནི་ཐོགསྡེ་། ངའི་མདའ་མ་ཡིན་ཅེས། སློན་སློན་མ་ཆངསྣ་། །མདའས་ཐོག་འམ། གུམ་ཡང་ཉུང་། མ་གུམ། ཡང་ཉུང༑ སྡེ༑ །ཐོང་མྱི་ཁྲིམས་བཞིན་དགུམོ༑ །སློན་སློན་ཆང་སྣ་། སྐུར་པ་ཟན་གྱང་། ཐོང་མྱིའི་། སྐུར་པ་ཟན་བཞིན་དུབོར་། །

༄༑ །ཟངས་ཀྱི་ཡི་གེ་པ་ངོ་བོ་དང་།

༄༑ །ཞང་ལོན་ཟངས་ཀྱི་ཡི་གེ་པ༑ངོ་བོ་དང་། ཟངས་ཀྱི་ཡི་གེ་པའི་། ཕ་དང་སྟོང་མཉམ། བ་ཞིག་ལ༑

ཞང་།

217 ལོན་ཆེན་པོ་མན་ཅད། དམངས་མཐའ་མ་ཡན་ཅད། ཀྱིས་རི་དག་ལ་སྐོགས་པ་ལ་མདའ་ས་རྟུལ་བས།

218 ཕོགསྟེ:། གུམ་བ་དང་མ་གུམ་བའི་ཁྲིམས་ལ། ༔། །ཞང་ལོན་ཟངས་ཀྱི་ཡི་གེ་པ་ཛ་བོ་དང་། ཟངས།

219 ཀྱི་ཡི་གེ་པའི་མྱེས་ཕོ་དང་། ཕ་དང་ཞང་ལོན་ར་གན་པའི། བུ་པོ་སྤྱད་ཕན་ཅད། ཕ་སྤུན་སྤྱད་

220 ཚུན་ཅད། ཡི་གེ་མ་མཆིས་པའི་རྣམས་དྲ། མ་ཡར་མོ་དང། བནའ་མ་དང་ཁྲོ་མོ་དང་། བུ་སྲིང།

221 ཁྲོ་མ་མཆིས་དང་། འདི་རྣམས:ལ:། རི་དགས་ལ:མདའ་ས་རྟུལ་ཕ་ལ་སྐོགས་པ་ཕོག་

222 པ། ལ་སྟོང་མཉམོ:། སྟོང་མཉམ་བ་། གཅིག་གིས་གཅིག་ལ་། རི་དགས་ལ་མདའ་ས་རྟུལ་བ་ལ:།
སྐོགས།

223 པས་ཕོགས་པ་དང་། སྟོང་མཉམ་བ་འདི་རྣམས་ལ་། ཞང་ལོན་ཆེན་པོ་དང་སྟོང་མཉམ་བ། །མན་ཅད།

224 ཟངས་ཀྱི་ཡི་གེ་པ་དང་། སྟོང་མཉམ་བ་ཡན་ཅད་། ཀྱིས:། རི་དགས་ལ་སྐོགས་པ་ལ:། མདའ་ས་རྟུལ་ལྷ

225 ཕོགས་ཏེ་གུམ་ཡང་རུང་། །མ་གུམ་ཡང་རུང་། མབོན་མཆིས་ཏེ། ཆེད་ཀར་འཕང་རེ་ཅེས། གཙང་དཀར:།

226 བཅུ་གཉིས་དང་། པོ་ན་བདག་དང་བཅུ་གསུམ:བྲོ་སྐྱལདོ་། །དཀར་ཆགས་དང་ཐོང་སྨྱི་དང་ཁྲིམས།

227 གཅིག:། དཀར་གྱིས་ཆངསྟེ:། མདས་ཕོག:པ་གུམ་དང་། སྨྱི་སྟོང་དུ་སྲང་སྟོང་ཕབསྟེ་། ཡུས་བདག་དང།

228 འདམ་པོ་ཕྱེད་མར་སྐྱལད་དོ། །འདམ་པོ་མ་མཆིས་དང་། སྲང་སྟོང་ཀུན་ཡུས་བདག་དབའོ་། །མདས་ཕོག:

229 པ་མ་གུམ་ནའ། གསོན་སྟོང་དུ་སྲང་ལྔ་བརྒྱའ:ཕབསྟེ:། ཡུས་བདག་ཅག་འདམ་པོ་གཉིས་ཕྱེད་མར་དབའོ:

230 འདམ་པོ་མ་མཆིས་ན་། སྲང་ལྔ་བརྒྱའ་ཀུན་ཡུས་བདག་དབའོ་། སྲང་ཅིག་མ་ཁོར་ན་། དགེ་ཡང་དགུམོ།

231 མདས་ཕོགསྟེ་། ངའི་མདའ་མ་ཡིན་ཅེས་སློན་སློན་མ་ཆང་དང་། མདས་ཕོག་པ་གུམ་ཡང་རུང།

232 མ་གུམ་ཡང་རུང་། ཐོང་སྨྱིའི་ཁྲིམས་བཞིན་དུ་དགུམོ:། སློན་སློན་ཏེ་ཆང་དང་། སྐུར་པ་ཟན་ཀྱང་། ཐོང

233 སྨྱི་སྐུར་པ་ཟན་། ཀྱི། ཁྲིམས་བཞིམ་དབའོ:། ༔:། །ཟངས་ཀྱི་ཡི་གེ་པ། ཛ་བོ་དང་། ཟངས་ཀྱི་ཡི་གེ་པ་
དང་

234 སྟོང་མཉམ་བ་ཞིག་ལ:། གཙངས་ཆེན་མན་ཅད་། དམངས་མཐའ་མ་ཡན་ཅད་། ཀྱིས་རི་དགས་ལ་
སྐོགས་པ།

235 ལ:། མདའས་རྟུལ་ཕས་ཕོགས་དང་། །བོན་མཆིས་ཏེ་ཆེད་ཀར་འཕང་རེ་། ཅེས:། གཙང་དཀར་བཅུ་
གཉིས།

236 པོ་ན་བདག་དང་བཅུ་གསུམ་བྲོ་སྐྱལདོ:། །དཀར་ཆགསྐ:། ཐོང་སྨྱི་དང་ཁྲིམས་གཅིག་གོ། །དཀར་ཀྱིས་།

237 ཆངསྟེ:། མདས་ཕོགས་པ་གུམ་དང་། པོ་ན་འབྲ་ཅིག:དགུམསྟེ:། པོལ་ཡུལ་ཀྱི་ཕྱེད་དང་། ཕྱུག་ནོར་

ཀྱི་ཕྱེ་དང་།

238 བང་ཟ་ལ་། ཡུས་བདག་དང་འདམ་པོ་ཕྱེད་མར་དབོར། འདམ་པོ་མ་མཆིས་ན། ཁོལ་ཡུལ་ཀྱི་ཕྱེད་
དང་། ཕྱུག་

239 ནོར་ཀྱི་ཕྱེད་དང་། བང་ཟའི་ཕྱེད་། ཀུན་ཡུས་བདག་དབོར་། །ཁོལ་ཡུལ་ཀྱི་ཕྱེད་དང་ཕྱུག་ནོར་ཀྱི་
ཕྱེད་པོ་ནི་།

240 བུ་སྨད་སྤྱལདེ། མལ་ན་དགོད་ཧོ་།། །བུ་པོ་མ་མཆིས་ན་ཕ་སྤྱལདོ་། ཕ་མ་མཆིས་ན་། ཁོལ་ཡུལ་ནི་།
བུ་ཆུ་བོ་དྲུང་།

241 མཆིས་ཀྱང་མྱི་སྤྱལདོ་། །བུ་མོ་སྨད་དང་། ཕྱུག་ནོར་ཀྱི་ཕྱེད། ནི་ཕུ་ནུ་བོ་སུས་འདྲུར་བ་སྤྱལདོ། །ཁོལ་
ཡུལ་ཀྱི་ཕྱ

242 པོ་ནི་། སོའི་འབངས་སོའི་བྲན་། སོ་སོར་བཞེས་འཚལ་ཞིག་། །མདས་ཕོག་པ་མ་གསུམ་ན་། ཁོལ་ཡུལ་།

243 བང་ཟ་ཕྱུག་ནོར་ཀུན་ཀྱི་ཕྱེད་། ལ་། ཡུས་བདག་དང་འདམ་པོ་གཉིས་ཕྱེད་མར་དབོར། །འདམ་པོ་
མ་མཆིས་ན་།

244 ཁོལ་ཡུལ་དང་བང་ཟ་ཕྱུག་ནོར་ཀྱི་ཕྱེད་། ཡུས་བདག་དབོར། །ཁོལ་ཡུལ་དང་བང་ཟ་དང་། ཕྱུག་
ནོར་ཀུན་ཀྱི་ཕྱེད་ཁོ་ན་སྤྱལ།

245 ཧེ་མལ་ན་དགོད་དོ་། །མདས་ནི་ཕོག་དང་། ངའི་མདའ་མ་ཡིན་ཅེས། བསྐོན་སྐོན་མ་ཆངསྣ་། །དམས་
ཕོག་པའ།

246 གུམ་ཡང་རུང་། མ་གུམ་ཡང་རུང་། ཐོང་མྱིའི་ཁྲིམས་དང་བཞིན་དུ་དགུམ་། །སྐོན་སྐོན་ཆང་དང་།
སྐུར་པ།

247 ཟན་ཀྱང་ཐོང་མྱི། སྐུར་པ་ཟན་། བཞིན་དབོར། །

248 ༄། །གཙང་ཆེན་དང་། སྟོང་མཉམ་བ། རྐོལ་དོ་འཚལད་ལ་། ཞང་ལོན་ཆེན་པོ་མན་ཅད་ཀྱིས། རི་དགས

249 ལ་སྟོགས་པ་ལ། མདས་རྡུལདེ་ཕོག་པ་སྡེ་། །གུམ་བ་དང་མ་གུམ་བའི་བཀའ་ཁྲིམས་ལ། ༔ གཙང་

250 ཆེན་ངོ་བོ་དང་། ཟངས་ཀྱི་ཡི་གེ་པའི་། བུ་པོ་སྤྱད་ཕན་ཅད་། ཕ་སྤུན་སྤྱད་ཚུན་ཅད་། ཡི་མ་མཆིས་
པའི་རྣམས་

251 དང་། །མ་ཡར་མོ་དང་བཙའ་མ་དང་། ཁྱོ་མོ་དང་། བུ་སྲིང་ཁྱོ་མ་མཆིས་པ་དང་། རྒྱལ་འབངས་རྐོད་དོ།

252 འཚལ་དང་། །ཞང་ལོན་དམང་ཀྱི། བྲན་རྒྱ་ལ་གཏོགས་པ་དང་། །མངན་ཀྱི་མངན་ལག་དང་། འདི་
རྣམས་། ཕོ།

253 སློས། རི་དགས་ལས་། མདའེས་རྟུལ་པ་ལ་སྙོགསྟེ། ཐོག་པའི་སྟོང་ཐང་མཉམོ་། སྟོང་མཉམ་བ།
254 འདི་རྣམས། ལ་།། །ཞང་ལོན་ཆེན་པོ་དང་། སྟོང་མཉམ་བ། །མན་ཅད། ཟངས་ཀྱི་ཡི་གེ་པ་སྟོང་མཉམ།
255 བ་ཡན་ཅད་། །རི་དགས་ལ། སྙོགས་པ་ལ། །མདའེས་རྟུལ་ཕས་ཐོག་དང་། གུམ་ཡང་རུང་། མ་རུང་ཡང།
256 རུང་། མཁོན་མཆིས་ཏེ། ཆེད་ཀར་འཕངས་རེ་ཅིས། །གཙང་དཀར་བཅུ་གཉིས། ཁོ་ན་བདག་དང་
བཅུ་སུཾ།
257 བྲོ་སྨྲལདོ། །དཀར་ཆགས་ན། ཐོང་མྱི་དང་ཁྲིམས་གཅིག་། ༔། དཀར་ཀྱིས་ཆངསྟེ། མདས་ཐོག་པ་
གུམ་ཏྲ།
258 མྱི་སྟོང་དུ་སྲང་སུམ་བརྒྱ་བབསྟེ། །ཡུས་བདག་དང་འདམ་པོ། ཕྱེད་མར་དབདོ། །འདམ་པོ་མཆིས་ནའ།
259 སྲང་སུམ་བརྒྱའ་ཀུན་ཡུས་བདག་དབདོ། །མདས་ཐོག་པ་མ་གུམ་དང་། གསོན་སྟོང་དུ་སྲང་བརྒྱའ།
260 ལྔ་བཅུ་བབསྟེ་། ཡུས་བདག་དང་འདམ་པོ་ཕྱེད་མར་དབདོ། །འདམ་པོ་མ་མཆིས་ན་། སྲང་བརྒྱ་ལྔ་བཅུ།
261 ཀུན། ཡུས་བདག་དབདོ། སྟོང་འཚལ་བ་སྲང་ཅིག་མ་ཁོར། དགེ་བ་ཞུ་ལོན་ཀྱང་དགུམོ་། །མདས་
ནི་ཐོགསྟེ་། ངའི།
262 མདའ། མ་ཡིན་ཅིས་། བསློན་སློན་མ་ཆང་ན། །མདས་ཐོག་པ་གུམ་ཡུང་རུང་། མ་གུམ་ཡང་རུང་།
263 ཐོང་མྱིའི་ཁྲིམས་བཞིན་དུ་དགུམ་།། །སློན་སློན་ཆང་དང་། སྐུར་པ་ཟན་ཀྱང་། ཐོང་མྱིའི་སྐུར་པ།
264 ཟན་བཞིན་དུ་དབདོ།། །གཙང་ཆེན་ངོ་བོ་དང་། ཟངས་ཀྱི་ཡི་གེ་པའི་བུ་ཕོ་སྲིད་མན་ཅད། ཕ་སྤུན
265 སྲིད་ཚུན་ཅད། ཡི་གེ་མ་མཆིས་པའི་རྣམས་དང་། མ་ཡར་མོ་དང་། བནའ་མ་དང་། ཁྲོ་མོ་དང
266 བུ་སྲིང་ཁྲོ་མ་མཆིས་པ་དང་། རྒྱལ་འབངས་རྐྱེད་དོ་འཚལད་དང་། ཞང་ལོན་དང་། དམངས།
267 ཀྱི་བྲན། རྒྱ་ལ་གཏོགས་པ་དང་། མངན་ཀྱི་མངན་ལག་དང་། འདི་རྣམས་ཕོ་སློས་སྟོང་མཉམ་
268 ཞིག་ལ། རི་དགས་ལ་མདའེས་རྟུལ་པ། པ་ལ་སྙོགས་ཕས། ཐོག་དང་། གུམ་ཡང་རུང་། མ་གུམ་ཡང་
269 རུང་། །མཁོན་མཆིསཏེ། ཆེད་ཀར་འཕངས་རེ་ཅིས། གཙང་དཀར་བཅུ་གཉིས། ཁོ་ན་བདག་དང་བཅུ།
270 གསུམ་བྲོ་སྨྲལདོ། དཀར་ཆག་ན། ཐོང་མྱི་པའི་ཁྲིམས་དང་ཁྲིམས་གཅིགགོ །དཀར་ཀྱིས་ཆངསྟེ
271 མདས་ཐོགས་པ། གུམ་དང་། མྱི་སྟོང་དུ་སྲང་བརྒྱའ་ལྔ་བཅུ་བབསྟེ། ཡུས་བདག་དང་། འདམ་པོ་ཕྱེད་མར
272 སྨྲལདོ་།། །འདམ་པོ་མ་མཆིས་ཏྲ་ལྔ་བརྒྱའ་ལྔ་བཅུ་པོ་ཡུས་བདག་དབདོ། མདས་ཐོག་པ་། མ།
273 གུམ་དང་། རྨན་ཟན་སྲང་སུམ་ཅུ་བབསྟེ་། ཡུས་བདག་དང་། འདམ་པོ་ཕྱེད་མར་དབདོ། འདམ་པོ་མ
274 མཆིས་དང་། སྲང་སུམ་ཅུ་ཀུན་ཡུས་བདག་དབདོ། །གུམ་བའི་སྟོང་ཡང་། རུང་། མ་གུམ་པའི་རྨན་ཟན་
275 ཀྱང་རུང་། སྲང་འགྲང་འཚལད་བ་ལ། སུ་ཕྱ་རུང་། སྲང་ཅིག་མ་ཁོར་ན་དགུམོ་། །མདའེས་ནི་

ཐོགསྐེ། ངའི་མདས་

276 མ་ཐོག་ཅེས། སྣོན་སྣོན་མ་ཆངས་ན་། མདས་ཐོག་པ་གྲུམ་ཡང་རུང་། མ་གྲུམ་ཡང་རུང་། ཐོང་སྨི།

277 ཁྲིམས་བཞིན་དུ་དགུམོ། །སྣོན་སྣོན་ཆངས་དང་། སྐུར་པ་ཟན་ཀྲང་། ཐོང་སྨིའི་སྐུར་པ་ཟན་དང་
ཁྲིམ་གཅིག་དུ་དབོར།

278 ༔། །གཙང་ཆེན་དང་། རྒྱལ་འབངས་རྐོད་དོ་འཚལད་། དང་སྟོང་མཉམ་བ་ཞིག་ལ། གཡུང་ངོ་
འཚལད་དང་། སྐོ་བལ་བཙོན་

279 ཡན་ཅད་ཀྱིས། རི་དགས་ལ། སྟོག་པ་ལ་མདས་རྟུལ་ཕས་ཐོག་པ་དང་། །གྲུམ་ཡང་རུང་། ཁོན་
མཆིས་ཧེ་ཆེད་ཀར།

280 འཕངས་རེ་ཅེས། གཙང་དཀར་བཅུ་གཉིས། ཁོ་ན་བདག་དང་བཅུ་གསུམ་བྲོ་སྟལདོ་། །བྲོ་སྟལདེ་།
དཀར་ཆགསྣ་། ཐོང་སྨི་དང་།

281 ཁྲིམས་གཅིག་གོ། །དཀར་ཀྱི་ཆངསྐེ། མདས་ཐོག་པ་གྲུམ་དང་། སྨི་སྟོང་དུ་སྲང་བརྒྱའ་ལྔ་བཅུ་བབསྐེ་།
ཡུས་བདག་

282 དང་འདམ་པོ་ཕྱེད་མར་དབོར།། །འདམ་པོ་མ་མཆིས་དང་། སྲང་ལྔ་བརྒྱའ་ལྔ་བཅུ་ཀུན་ཡུས་བདག་
དབོར། མདས་ཐོག

283 མ་གྲུམ་ན་། རྨན་ཟན་སྲང་སུམ་ཅུ། ཕབསྐེ་། ཡུས་བདག་དང་འདམ་པོ་ཕྱེད་མར་དབོར་། །འདམ་
པོ་མ་མཆིས་དང་སྲང།

284 སུམ་ཀུན་ཡུས་བདག་གབོར་། གྲུམ་བའི་སྟོང་འཇལད་ཡང་རུང་། མ་གྲུམ་བའི་རྨན་ཟན་འཇལད་
ཀྲང་རུང་། སྐེ་སྲང།

285 གྲང་འཇལ་བ་ལ། སྲང་ཅིག་མ་ཁོར་ན། སུ་ཡང་རུང་དགུམོ། །མདས་ནི་ཐོགསྐེ། ངའི་མདའ་མ་
ཡིན་ཅེས

286 སྣོན་སྣོན་མ་ཆང་ན་། མདའས་ཐོག་པ་གྲུམ་ཡང་རུང་། མ་གྲུམ་ཡང་རུང་། ཐོང་སྨིའི་ཁྲིམས་བཞིན་
དུ་དགུམོ་། །སྣོན་

287 སྣོན་ཆང་དང་། །སྐུར་པ་ཟན་ཀྲང་། ཐོང་སྨི་སྐུར་པ་ཟན་དང་། ཁྲིམས་གཅིག་དུ་དབོར་། །

288 ༄། །རྒྱལ་འབངས་གཡུང་ངོ་འཚལད་། ཞང་ལོན་ཆེན་པོ་མན་ཅད་། ཀྱིས། །རི་དགས་ལ་སྟོགས་པ་
ལ་། མདའས།

289 རྟུལདེ། ཐོག་སྐེ། གྲུམ་བ་དང་། མ་གྲུམ་བའི་ཁྲིམས་ལ། །༔། །རྒྱལ་འབངས་གཡུངོ་འཚལད་། དང་

ཞང་ཟོན

290 དང་དམངས་ཀྱི་བྲན་རྒྱ་ལ་གཏོགས་པ་དང་། ལྷ་བལ་ཀྱི་བཙོན་ཡན་ཅད་ཞིག:། ལ:ཞང་ཟོན་ཟངས་ཀྱི:།

291 ཡི་གེ་མན་ཅད་དང་། སྟོང་མ་མཉམ་བ་གཅིག་གིས:། རོ་དགས་ལ་སྟོགས་པ་ལ:། མདའེས་རྩལ་བས་ཐོག།

292 དང་། གུམ་ཡང་རུང་མ་གུམ་ཡང་རུང་། ཕོན་མཆིས་ཏེ་ཆེད་དཀར་བཀུམ་རེ་ཅེས། གཙང་དཀར་

བཅུ་གཉིས།

293 ཕོ་ན་དང་བཅུ་གསུམ་བྲོ་སྐྱལདོ:། །བྲོ་སྐྱལད་ཏེ་དཀར་ཆག་ནའ:། ཐོང་སྒྱི་དང་ཁྲིམས་གཅིག་གོ:། །

དཀར་ཀྱིས

294 ཆངསྟེ:། མདའེས་ཐོག་པ་གུམ་ན། སྨི་སྟོང་དུ། སྲང་ཉིས་བརྒྱའ་སྐྱལདེ། ཡུས་བདག་དང་འདམ་པོ་ཕྱེད།

295 མར་དབཊ། །འདམ་པོ་མ་མཆིས་དང་། སྲང་ཉིས་བརྒྱའ་ཀུན་ཡུས་བདག་དབཊ། །མདས་ཐོག་པ་

མ་གུམ་ན།

296 གསོན་སྟོང་དུ། སྲང་བརྒྱ་ཕབསྟེ། ཡུས་བདག་དང་འདམ་པོ་ཕྱེད་མར་དབཊ། འདམ་པོ་མ་

མཆིས་དང། སྲང།

297 བརྒྱ་ཀུན་ཡུས་བདག་དབཊ། །གུམ་བའི་སྟོང་ཡང་། རུང་གསོན་སྟོང་ཡང་རུང་། སྟེ། སྟོང་འཚལ་

པ་ལ། ཞང་

298 ཟོན་ཡང་རུང་། གྲང་ཅིག་མ་ཕོར་ན། དགུམོ:། །མདས་ནི་ཐོགསྟེ:། ངའི་མདའ་མ་ཡིན་ཅེས། སྣོན་

སྣོན་མ་ཆང་དང

299 མདས་ཐོག་པ་གུམ་ཡང་རུང་། མ་གུམ་ཡང་རུང་། ཐོང་སྨྱིའི་ཁྲིམས་བཞིན་དུ་དགུམ། །སྣོན་སྣོན་

ཆང་དང་། སྐུར་པ།

300 ཟན་ཀྱང་། ཐོང་སྨྱིའི་སྐུར་པ་ཟན་དང་ཁྲིམས་གཅིག་དུ་དབཊ།། །རྒྱལ་འབངས་གཡུང་ཇོ་འཚལད་

དང་། ཞང་ཟོན

301 དང་དམངས་གྱི་བྲན། རྒྱ་ལ་གཏོགས་པ་དང་། ལྷ་བལ་ཀྱི་བཙོན། ཡན་ཅད། གཡུངོ་འཚལད་དང

302 འདི་རྣམས། གཅིག་ལ། །གཙང་ཆེན་མན་ཅད། རྐོད་དོ་འཚལ། སྟོང་མཉམ་བ་ཞིག་གིས། རི་

དགས་ལ།

303 སྟོགས་པ་ལ:། །མདས་རྩལ་པས་ཐོག་པ་དང་། །གུམ་ཡང་རུང་མ་གུམ་ཡང་རུང་། མཕོན་མཆིས་ཏེ་

ཆེད་ཀར

304 འཕངས་རེ་ཅེས། གཙང་དཀར་བཅུ་གཉིས། ཕོ་ན་བདག་དང་བཅུ་གསུམ་བྲོ་སྐྱལདོ། །བྲོ་སྐྱལ་ཏེ་

དཀར་ཆགསྐ་
305 ཐོང་ཁྱི་དང་ཁྲིམས་གཅིག་གོ། །དཀར་ཀྱིས་ཆངསྐེཿ། མདའས་ཐོག་པཿ། གུམ་དང་། ཁྱི་སྟོང་དུ་སྲང་
བརྒྱའ་ཕབ།
306 སྐྱེ། ཡུས་བདག་དང་འདམ་པོ་ཕྱེད་མར་དབོ།། །འདམ་པོ་མ་འཆིསཿན་སྲང་བརྒྱའ་ཀུན་ཡུས་
བདག་དབོ། །
307 མདས་ཐོག་པ་མ་གུམ་ན། རྨན་ཟན་དུ་སྲང་གཉིས་ཤུ་བབསྐེཿ། ཡུས་བདག་དང་འདམ་པོ་ཕྱེད་མར་
སྤྱལདོ།
308 འདམ་པོ་མཿམཆིས་དང་། སྲང་ཉིས་ཤུ་ཀུན་ཡུས་བདག་དབོ། །གུམ་བའི་སྟོང་ཡང་ཏུང་། མ་གུམ་
རྨན་ཟན།
309 ཡང་ཏུང་། སྲང་གྲང་འཛལད་བ་ལཿ། སྲང་ཅིག་མ་ཁོར་ན། སུ་ཡང་ཏུང་དགུམཿ། །མདས་ཐོགསྐེ།
ངའི་མདའ།
310 མ་ཡིན་ཅེསཿ། བསྟོན་སྟོན་མ་ཚང་ན། །མདས་ཐོག་པ་གུམ་ཡང་ཏུང་། མ་གུམཿཡང་ཏུང་། ཐོང་ཁྱི་
དང་ཁྲིམས
311 གཅིག་དུ་དགུྃདོ། །སྟོན་སྟོན་ཚང་དང་། སྐུར་པ་ཟན་ཀྱང་། ཐོང་ཁྱི་སྐུར་པ་ཟན་དྲ་ཁྲིམས་གཅིག་དུ་
གབདོ། །
312 ། ༔། །རྒྱལ་འབངས་གཡུང་དོ་འཚལད་དང་། ཞང་ལོན་དང་དམངས་ཀྱི་བྲན། རྒྱ་ལ་གཏོགས་པ།
གཡུང་དང་སློ་བལ།
313 ཀྱི་བཙོན། མན་ཅད་འདི་རྣམས། རི་དགས་ལཿ། མདས་རྒྱལ་ཕསཿ། ཐོག་པ་ལ། སྟོང་མཉམཿ། །
སྟོང་མཉམ་××××
314 འདི་རྣམས། ནང་། །རི་དགས་ལཿམདའས་རྒྱལ་པ་ལཿསྟོགས་ཕས་ཐོག་དང་། །གུམ་ཡང་ཏུང་། མ་
གུམ་ཡང
315 ཏུང་། །སྐྱེ་ཁོན་མཆིསཏེ། ཆེད་ཀར་འཕངས་རེ་ཙམ་ཅེསཿ། གཙང་དཀར་བཅུ་གཉིས་དང་། ཁོ་ན་
བཅུ་གསུམ།
316 བྲོ་སྤྱལདེ། །བྲོ་སྤྱལད་པ་ལཿ། །དཀར་ཆག་ན། ཐོང་ཁྱི་དང་ཁྲིམས་གཅིག་གོཿ། དཀར་ཆངསྐེཿ།
མདས་ཐོག་པ་ནི་
317 གུམ་དང་། ཁྱི་སྟོང་དུ་སྲང་ལྔ་བཅུ་ཕབསྐེཿ། ཡུས་བདག་དང་འདམ་པོ་ཕྱེད་མར་དབོ། །འདམ་པོ་

མ་མཆིས།

318 དང་། སྲང་ལྔ་བཅུ་ཀུན་ཡུས་བདག་དབོང་། །མདས་ཕོགས་པ་། མ་གུམ་དང་། སྲང་བཅུས་ཕབསྟེ་།
ཡུས་བདག

319 འདམ་པོ་། ཕྱིད་མར་དབོང་། །འདམ་པོ་མ་མཆིས་དང་སྲང་བཅུ་ཀུན་ཡུས་བདག་དབོང་། །གྲུཾ་བའི་
སྟོང་ཡང་

320 ཏུང་། མ་གུམ་བའི་རྒྱན་ཟན་ཡང་ཏུང་། སྲང་ཅིག་མ་ཁོར་ན་དགུམོ་། །མདས་ཕོགསྟེ་། ངའི་མདའ་
མ་ཡིན

321 ཅེས་། སྙན་སྙན་མ་ཚང་ན་། །མདས་ཕོག་པ། གུམ་ཡང་ཏུང་མ་གུམ་ཡང་ཏུང་། ཕོང་སྨི་དང་ཁྲིམ་
གཅིག་ཏུ་དགུམོ།

322 སྙན་སྙན་ཆང་དང་། སྐུར་པ་ཟན་ཀྱང་། ཕོང་སྨིའི་སྐུར་པ་ཟན་དང་། ཁྲིམས་གཅིགོ:། །ཏུ་དབོང། ༔། །
རི་དགས།

323 ལ་མདས་འཕྱུ་བས:། གཅིགི་གཡར་ཕོགསྟེ་གུམ་ན་། གཡར་ཀྱི་བདག་ཕོས། གཡར་འདི་སྲང་གྲངས:།

324 འདི་སྙེད་ཞིག:། སྨི་རོ་རེ་ཅེས:། བྲོས་གཅལདེ་། དང་སྲང་ཏུ་རོའ་བེ:འི་སྒྲིབད་བ་གཅིག་སྐལད་ཤིག:། །
གཡར་མདས་

325 ཕོག་པ་། མ་གུམ་དང་། རྒྱན་ཟན་ཏུ་ལུག་ཤ་ཟན་གཅིག་སྐལད་ཤིག་།

Pel.tib.1071(2) གཉན་པ་དང་མདས་རྟུལ་པས་ཕོག་ན་དམེར་བརྩེ་མིན་གྱི་ཁྲིམས་ཡིག

326 ༄:། །གཉན་བ་དང་། མདའས་རྟུལ་ཕས་། ཕོག་ན་། དམེར་བརྩེ:བ་དང་སྨི་བརྩེ་བའི་ཁྲིམས་ལ:།

327 ༔། །ཞང་ལོན་ཆེན་པོ་མན་ཅད་། དམངས་མཐའ་མ་ཡན་ཅད་། རི་དགས་ལ་སྔོགས་པ། ལ:།
མདའས་རྟུལཏེ

328 ཕུ་ནུ་པོ་ནང་། གཅིག་གིས:གཅིག་བཀུམ་ན་། དམེར་བརྩེ་བ་དང་སྨི་བརྩེ་བ་ནི། ཕོང་སྨིའི་ཁྲིམས་ཀྱི་
ནང་ན

329 ནུ་པོ་ནང་། གཅིག་གིས་བཀུམསྟེ་། དམེར་བརྩེ་བ་དང་སྨི་བརྩེ:བེ:ཁྲིམས་ཀྱི་ཡི་གེ་བཞིན་གཅདོ༔

Pel.tib.1071(3) གཡག་དང་འབྲིའི་འོག་ཏུ་ཆུད་པ་ལ་གཅིག་གིས་གཅིག་ཕྱུང་བ་དང་མ་ཕྱུང་བའི་ཁྲིམས་ཡིག

330 ༄། །ཞང་ལོན་ཆེན་པོ་དང་སྟོང་མཉམ་བ་མན་ཅད། ཕྲ་མེན་གྱི་ཡི་གེ་པ་དང་སྟོང་མཉམ་བ་ཡན་ཅད

331 གཡག་གི་འོག་ཏུ་ཆུད་པ་ལཿ། གཅིག་གིསཿགཅིག་ཕྱུང་བ་དང་། མ་ཕྱུང་བའི་ཁྲིམས་ལཿ། ༔། །བློན་ཆེ་ལ

332 སྐོགསྟེཿ། ཞང་ལོན་བཞི་མན་ཅད། ཕྲ་མེན་གྱི་ཡི་གེ་པ་ཡན་ཅད། ཞང་ལོན་ཁོང་ཧོ་ངོ་བོ་དང་།

333 ཞང་ལོན་འདི་རྣམས་ཀྱི་མྱེས་ཕོ་དང་། ཕ་དང་ཕྱི་མོ་དང་མའ་དང་། བུ་པོ་སྤྱད་ཕན་ཅད

334 ཕ་སྤུན་སྤྱད་ཚུན་ཅད། ཡི་གེ་མ་མཆིས་པའི་རྣམས་དང་། མ་ཡར་མོ་དང་བནའ་མ་དང་ཕྲུ་མོ

335 དང་བུ་སྲིང་ཕྲུ་མ་མཆིས་པ་འདི་རྣམས། གཡགི་འོགཏུ་ཚུད་པ་ལཿ། སྟོང་མཉམོཿ། སྟོང་མཉམ།

336 བའི་རྣམས། གཅིག་གཡགི་འོགཏུ་ཆུད་པ་ལཿ། གཅིག་གན་ན་མཆིསཏེ། མ་ཕྱུང་ནས། གཡགིས

337 བཀུམ་ནའཿ། མ་ཕྱུང་བའི་ཆད་པརཿ། སྲང་ལྔ་བརྒྱའ་ཕབསྟེཿ། དཀུམ་བ་སྐྱལདོཿ། མ་ཀུམ་ན། མ་ཕྱུང

338 པའི་ཆད་པར། སྲང་ཉི་བརྒྱ་ལྔ་བཅུ་བབསྟེ། གཡགི་འོག་ནས་ཐར་པ་སྐྱལདོཿ། གཡགི་འོག་ནས།

339 ཕྱུང་ན། ཕྱུང་བའི་བྱད་གར་བུ་མོ་སྐྱལདོ། བུ་མོ་མ་མཆིས་ན། སྲིང་མོ་དབའོ། བུ་མོ་འམ་སྲིང་མོ་
མ་མཆིས

340 སཾ། སྐྱལདེ་མ་འཚལད་ན། སྲང་ཉིས་བརྒྱའ་སྐྱོལད་ཞིགཿ། །

341 ××××

342 ༄། །ཞང་ལོན་ཆེན་དང་། ཞང་ལོན་ཆེན་པོ་དང་སྟོང་མཉམ་བ་མན་ཅད། ཕྲ་མེན་གྱི་ཡི་གེ་པ་དང་སྟོང།

343 མཉམ་བ་ཡན་ཅདཿ། ཅིག། །གཡགི་འོག་ཏུ་ཆུད་པ་ལཿ། །དངུལ་གྱི་ཡི་གེ་པ་མན་ཅད། ཟངས་གྱི་ཡི་གེ

344 པ་ཡན་ཅད། གྱིས་ཕྱུང་བ་དང་མ་ཕྱུང་བའི་ཁྲིམས་ལ། །༔། །ཞང་ལོན་ཆེན་པོ་བཞི་དང་། སྟོང་མཉམ་
བ་མན།

345 ཅད། ཕྲ་མེན་གྱི་ཡི་གེ་པ་དང་། སྟོང་མཉམ་བ་ཡན། ཅིགཿ། གཡགི་འོག་ཏུ་ཆུད་པ་ལ། དངུལ་གྱི་
ཡི་གེ་དང་།

346 སྟོང་མཉམ་མན་ཅད། ཟངས་ཀྱི་ཡི་གེ་པ་དང་སྟོང་མཉམ་བཿཡན་ཅད་ཅིག་གིསཿ། མ་ཕྱུང་སྟེཿ།
གཡགིས་བཀུམ་ན།

347 མ་ཕྱུངསྟེ་བཀུམ་བའི་ཆད་པརཿ། སྲང་ལྔ་བརྒྱའ་བབསྟེཿ། ཀུམ་བ་སྐྱལདདོ། །སྲང་ལྔ་བརྒྱ་ཕབཿ། སླད་ནའཿ།

348 སྣར་གིས་འོ་དོམ་ཡང་གདགསོཿ། ༑གཡགི་འོག་དུ་ཆུད་པ་མ་གུམ་ནའཿ། མ་ཕྱུང་བའི་ཆད་པརཿ། སྣར་མ་
འོ་དོམཿ།

349 གདག་སུ་བསོཿ། ༑གཡགི་འོག་དུ་ཕྱུང་ནའཿ། བྱད་གརཿ། བུ་མོ་འམཿསྲིང་མོ་གཅིག་སྐུལད། ཀྱང་རུང་། །

350 སྲང་བརྒྱའ་ལྔ་བཅུ། སྐུལཿཀྱང་རུང་། དེ་ཅིག་སྐྱོལ། ༑ཅིག།

351 ༄ཿ། ༑ཞང་ལོན་དཔུལ་ཀྱི་ཡི་གེ་པ་དང་སྟོང་མཉམ་པ་མན་ཅད། ཟངས་ཀྱི་ཡི་གེ་པ་དང་སྟོང་མཉམ་
ཡན་ཅད།

352 གཅིགཿ། གཡགི་འོག་དུ་ཆུད་པ་ལ། ༑ཕོང་ཏ་གཅིག་གིས་གཅིག་བྱུང་བ་དང་མ་ཕྱུང་བའི་ཁྲིམས་ལའ། ༔།

353 ཞང་ལོན་དཔུལ་ཀྱི་ཡི་གེ་པ་དང་སྟོང་མཉམ་མན་ཅད། ཟངས་ཀྱི་ཡི་གེ་པ་ཏྲ། སྟོང་མཉམ་པ་ཡན་
ཅད། ཅིགཿགཡགའི་འོག་

354 པཿལཿ། ཕོང་ཏ་གཅིག་གིསཿ། གཅིག་བྱུང་བ་དང་། མ་ཕྱུང་བའི་ཁྲིམས་ལཿ། ༔། ༑ཞང་ལོན་དཔུལ་ཀྱི་
ཡི་གེ་པ།

355 མན་ཅད། ཟངས་ཀྱི་ཡི་གེ་པ་ཡན་ཅད། ཞང་ལོན་ཕོང་ཏ་ཇེ་བོ་དང། ཞང་ལོན་འདི་རྣམས་ཀྱིཿ།
སྨྱིས་ཕོ་དང་། །

356 ཕ་དང་ཕྱི་མོ་དང། མ་དང་བུ་པོ་སྤྱད་པད་ཅད། ཕ་སྤུན་སྤྱད་ཚུན་ཅད། ཡི་གེ་མ་མཆིས་པའི་རྣམས། དང་།

357 མ་ཡར་མོ་དང་མནའ་མ་དང་། ཕྱི་མོ་དང་། བུ་སྲིང་ཕྱི་མ་མཆིས་པ་དང་། འདི་རྣམས་ལཿ། གཡགི་འོག་
དུ་ཆུད།

358 པ་ལཿ། སྟོང་མཉམོཿ། སྟོང་མཉམ་པ་འདི་རྣམས། གཅིག་གཡགི་འོག་དུ་ཆུད་པ་ལས། གཅིག་གུམ་ན། །

359 མཆིས་མཆིསཏེ་། མ་ཕྱུང་ནས། གཡགིས་བཀུམ་ན་། མ་ཕྱུང་བའི་ཆད་པར་སྲང་སུམ་བརྒྱ་བབསྟེ་

360 སྐུལདོ་།། ༑གུམ་ན་མ་ཕྱུང་བའི་ཆད་པརཿ། སྲང་བརྒྱ་ལྔ་བཅུ་ཕབསྟེ་། གཡགི་འོག་ནས་ཐར་པ་སྐུལདོཿ

361 གཡགི་འོག་ནས་ཕྱུང་ནའ། བྱང་གར་བུ་མོ་དབངོཿབུ་མོ་མ་མཆིས་ན་སྲིང་མོ་དབངོ། སྲིང་མོ་འམ་
བུ་མོ་xxxx

362 མ་མཆིས་སམཿ། སྐུལདེ་སྨྱི་ཆལད་ནཿ། སྲང་བརྒྱའ་སྐྱོལད་ཞིག། །

363 ༄ཿ། ༑ཞང་ལོན་ཆེན་པོ་མན་ཅད། ཟངས་ཀྱི་ཡི་གེ་པ་ཡན་ཅད། ཕོང་ཏ་ཇོ་བོ་དང་། ཕོང་ཏ་དང་།
སྟོང་མཉམས་པའ

364 གཡགི་འོག་དུ་ཆུད་པ་ལས། གཙང་ཆེན་མན་ཅད་ཅིག་གིས། ཕྱུང་བ་དང་། མ་ཕྱུང་བའི་ཁྲིམས་ལ། ༔། །
ཟངས་ཀྱི

365 ཡི་གེ་ཡན་ཅད། ཁོང་ཏ་ཛ་བོ་དང་། །ཁོང་ཏ་བྲ་སྟོང་མཉམ་བ་ཞིག་གཡགི་འོག་དུ་ཆུད་པ་ལ༔། །
གཙང་ཆེན་མན་ཅད།

366 དམངས་མཐའ་མ་ཡན་ཅད་ཞིག་ཕྱུང་སྟེ༔། །གཡགིས་བཀུམ་ན། མ་ཕྱུང་བའི་ཆད་པར། འོ་དོམ་བདག་སྟེ༔།

367 སྟར་མ་བཀུམ་དུ་བས་སོ། །བུ་སྨད་ནི་བང་ཟ་ཕྱུག་ནོར་དང་ཁོལ་ཡུལ་མལ་ན་དགོད༔། །བུ་ཕོ་མ་
མཆིས་ན་འ༔།

368 བུ་མོ་སྨད། བོང་ཟ་ཕྱུག་ནོར། ཁོལ་ཡུལ༔ཕ་སྤྱལ་དོ༔། །ཕ་མ་མཆིས་ན། བུ་མོ་སྨད། བང་ཟ་ཕྱུག་ནོར།
ཁོལ་ཡུལ༔། ཕུ་ནུ་བོ།

369 གག་གིས་འདུར་པ་སྤྱལ་དོ། །ཁོལ་ཡུལ་ནི་ཕུ་ནུ་བོ་དྲུང་མཆིས་ཀྱང་སྨི་སྤྱལད་དོ། སྟར་མ་བཀུམ་
བ། སུའི་འབངས།

370 སོ་བྲིན་སོ་སོར་བཞེས༔འཚལ་ཞིག༔། །ཞང་ལོན་ཞིག་གཡགི་འོག་དུ་གུམ་ན། སྟར་མའི་ཆད་པར།
འོ་དོམ།

371 བཏགསྟེ༔། བང་ཟ་ཕྱུག་ནོར༔། སྤྱལད་ཏེ། སྟུམ་པ་མ་ཕུབ་པ་དང་། ཕྱུགོ༔། ཕྱུག་པའི་ཁོལ་ཡུལ། ནི་བུ་སྟུམ།

372 ཕུབ་པ་མཆིས་ན། བུ་སྤྱལདོ། བུ་སྟུ་པ་ཕུབ་མ་མཆིས་དང་ཕ་སྤྱལདོ། ཕ་མཆིས་ན། ཁོལ་ཡུལ། ནི་ཕུ་ནུ་
བོ་དྲུང་མཆིས།

373 ཀྱང་། སྨི་སྤྱལད་ཏོ།། །ཕྱུག་པ། སོའི་འབངས་སུའི་བྲན་སོ་སོར་བཞེས་འཚོལ་ཞིག༔། །གཡག་གི་འོག་ནས།

374 ཕྱུང་དང་། བྱད་ཀར་སྲང་ལྔ་བཅུ་སྤྱལད་དོ།

375 ༧༔། །གཙང་ཆེན་མན་ཅད། དམངས་མཐའ་མ་ཡན་ཅད་ཅིག༔། གཡགི་འོག་དུ་ཆུད་ཆུད་པ་ལས།
ཞང་ལོན་ཡི་གེ།

376 པའོ་འཚལད་ཞིག་གིས། ཕྱུང་བ་དང་། མ་ཕྱུག་བའི་ཁྲིམས་ལ༔། ༔༔། གཙང་ཆེན་མན་ཅད་དམངས་
མཐའ་མ་ཡན།

377 ཅད་ཅིག༔། གཡགི་འོག་དུ་ཆུད་པ་ལས། ཞང་ལོན་ཟངས་ཀྱི་ཡི་གེ་པ་མན་ཅད། ཁོང་ཏ་ཛ་བོ་དང་སྟོང་
མཉམ་ཡན་ཅད།

378 ཅིག༔། གམ་ན་མཆིས་མཆིསཏེ། གཡགི་འོག་དུ་ཚུད་པ་ལས༔། མ་ཕྱུངསྟེ་གུམ་ན། ཆད་པར། སྲང་བརྒྱའ༔
པབསྟེ༔། གུམ།

379 བ་སྤྱལདོ། མ་གུམ་ན། མ་ཕྱུང་བའི་ཆད་པར་སྲང་ལྔ་བཅུ་བབསྟེ། གཡགི་འོག་ནས་ཐར་པ་སྤྱལདོ།
གཡགི

380 འོག་ནས་ཕྱུང་ན། ཕྱུང་བའི་བྱད་གར་མོ་དབའོ། བུ་མོ་མ་མཆིས་ན་སྲིང་མོ་དབའོ། སྲང་མོ་མ་མཆིས་
སམ། སྐྱོལ་བདེ།
381 ཕོ་མ་འཚལ་བདེ། སྲང་ཉིས་ཤུ་སྐྱོལ་བད་ཞིགཿ། ༛། །གཙང་ཆེན་མན་ཅད། དམངས་ཡན་ཅད། སྨྱི་
དགེ་བ་ཞིགཿ།
382 གཡགི་འོག་དུ་ཆུད་པ་ལས། མྱི་ངན་པས་མ་ཕྱུངསྟེ། གཡགིས་བཀུམ་ན། མ་ཕྱུང་བའི་ཆད་པར། སྣར།
383 མ་འོ་དོམ་བཏགསྟེ། བང་ཟ་ཕྱུག་ནོར། སྐྱལ་དེ། བུ་པོ་ཁྲིམ་མ་ཕུབ་པ་དང་སྐྱོགོ། ཕོལ་ཡུལ་ནི། ཕྱུག་པའི།
384 སླད་ནའ། བུ་པོ་སྟམ་པ། ཕུབ་པ་མཆིས་ན། བུ་སྐྱལ་དོ། སྟམ་པ་ཕུབ་པ་མ་མཆིས་ན། ཕ་སྐྱལ་དོ།
385 མ་མཆིས་ན། ཕྱུག་པ། སོའི་འབངས་སོའི་བྲན་སོ་སོར་བཞིས་འཚོལ་ཞིགཿ། །མ་གུམ་ན། མ་ཕྱུང་བའི་ཆད།
386 པར། སྟར་མ་འོ་དོམ་བཏགསྟེ། འོག་ཏུ་གཡགི་འོག་ནས་ཕྱུང་བ་སྐྱལ་དོ། །གཡགི་འོག་ནས་ཕྱུང་དང
387 ཕྱུང་བའི་བྱད་གརཿ། བུ་མོ་འམཿསྲིང་ཞིག་ཀྱང་རུང། སྲང་བཅོ་ལྔ་འཚལ་ཀྱང་རུང་། དེ་ཅིག་སྐྱོལ་ཅིག།
388 ༚། །མྱི་མཉམཿགཉིས་ལ་། གཅིག་གཡགི་འོག་དུ་ཆུད་པ་ལས། གཅིག་གིས་མ་ཕྱུང་སྟེ་། གཡགིས་
བཀུམ་། ན
389 མ་ཕྱུང་བའི་ཆད་པརཿ། སྟར་མ། འོ་དོམ་བཏགསྟེཿའོག་ཏུ་བཀུཾ་བ་སྐྱལ་དོཿ།། །།མ་གུམ་ན་མ་ཕྱུང་བའི་
ཆད་པར། སྣར་མ།
390 འོ་དོམ་བཏགསུ་བསོཿ། །གཡགི་འོག་ནས་ཕྱུང་ན། ཕྱུང་བའི་བྱད་གར། བུ་མོ་འམ་སྲིང་མོ་དབང་ངོ།
391 བུ་སྲིང་མ་མཆིས་སམ། །སྐྱལ་དེ་ཕོ་སྨྱི་འཚལ་མ། འོག་ཏུ་སྐྱོལ་ཞིགཿ། །༛། །སྨྱི་ངན་པ་ཞིག། གཡགི།
392 འོགདུ་ཚུད་པ་ལས། །སྨྱི་དགེ་བ་ཞིག་མ་ཕྱུངསྟེཿ། གཡགི་འོག་དུ་བཀུམཿནའ། མ་ཕྱུང་བའི་ཆད་པརཿ།
འོ་དོམ།
393 བཏགསྟེཿ། འོག་ཏུ་བཀུམ་བ་སྐྱལ་དོ་། །མ་གུམ་ན་མ་ཕྱུང་པའི་ཆད་པར། འོག་ཏུ་གཡགི་འོག་ནས་ཐར་པ
394 སྐྱལ་དོ་། གཡགི་འོང་ནས། ཕྱུང་ནའ། ཕྱུང་བའི་བྱད་གར། བུ་མོ་སྐྱལ་དོ་། བུ་མོ་མ་མཆིས་ན། སྲིང་མོ་
དབའོ།
395 བུ་མོ་འམ་སྲིང་མོ་མ་མཆིས་སམ། སྐྱལ་དེ་ཕོ་མ་འཚལ་བད་ན། སྲང་བཅུ་སྐྱལ་བད་ཞིགཿ། །
396 ༧། །མྱི་གཡགི་འོག་དུ་ཆུད་པ་འབྲིན་འབྲོན་ཏེ་། གཡགི་འོག་དུ་ཆུད་པ། དང་། འབྲིན་མ།
397 མྱི་གཉིས། གུམ་པ་དང་། མ་གུམ་བའི་ཁྲིམས་ལཿ། །༚། །གཡགི་འོག་དུ་ཆུད་པ་ཡང་གཡགིས་བཀུམ།
398 འབྲིན་པ་ཡང་གཡགིས་བཀུམ་སྟེ་། གཉི་ག་བཀུམ་ནའ། སྟར་གཡགི་འོག་དུ་ཆུད་པས། ལན་གྱིསཿ། །
འབྲིན་

399 བའི་རོ་རྫང་དུ་གཡར་གཅིག་སྟོལ་ཞིག་། འཕྲིན་བ:མྱི་གཡགིས:བཀུམ:། གཡགི:འོག་དུ་ཆུད་

400 པ:ནི:། འཕྲིན་འཕྲིན་པ:མྱིའི་ཡོནད་ཏེ་མ:གུམ:དང་། འཕྲིན་བ:མྱི:རོ:རྫོངསུ:། གཡགི

401 འོག:ནས:བྱུང་བའི:སྲང་གྲངསུ:སྟལད་བསོ། འཕྲིན་བའི་གཡར:གུམ:ནའ

402 གཡར་གྱི་སྐྱིན་པ:ཇན་པའི་སྲང་གྲངྶ:མ:གཏོགས:པར:སྟོལད་ཆི་

403 ༄:། མྱི:གཡགི:འོག:དུ་ཆུད་པ་ལ:གཅིག:གིས:གཡག:དྲངསྟེ:དྲང་དུ་མ

404 ཐུང་ན་བཀུམ:བའི་ཁྲིམྶ:། །༔། །གཡགི:འོག:དུ:ཞང་ལོན་ཞིག:ཆུད་ཀྱང་

405 ཐུང་། དམངས:ཤིག །གཡགི་འོག:དུ:ཆུད་པ:ལ:། །གཆིགིས:གཡག

406 དྲངསྟེ། ཕྱིང་པས:དྲངས:ཀྱང་ཐུང་ཐག:པས:དྲངས:ཀྱང་ཐུང་།

407 གཞུས:དྲངས:ཀྱང:ཐུང་། ཆིས:དྲངས:ཀྱང་ཐུང་། གཡག:རེག་

408 པར་སློག་སྟེ:གཡག:མ་ཐུངསྟེ:གཡགིས:མྱི:བཀུམ:ན་བ

409 ཀུམ:དུ:བསོ། མ:ཕྱིནད:པ:ལ:ཆད་པ་མ:མཆིསོ།

410 ༄:། མྱི:གཡགི་འོག:དུ:ཆད་པ་། མྱི:མང་པོ:ཞིགིས:བྱུང་བའི:ཁྲིམ

411 ས:ལ:། །༔། གཡགི:འོག:ནས:ཕྱུང་པའི:འཕྲིན་བ:མྱི:མང་པོ་ཞིགྱི་

412 བྱུང་ཀྱང་ཐུང་ཁྲིམས:ཀྱི:སྲང་གྲངས:ལ:འགོད་བསོ།:།

413 ༄:། ཞང་ལོན་མན་ཆད་དམངས་ཡན་ཆད། འབྲིའི:འོག:དུ:ཆུད

414 པ:ལ:། ཕྱུང་བ:དང་མ:བྱུང་བའི:ཁྲིམྶ༔ །འབྲིའི:འོག:དུ་

415 ཆུད་པ་ལ:། མ:ཕྱུང་སྟེ:འབྲིས:མྱི:བཀུམ:དང་། ཞང་ལོན་བཀུམ་

416 ཡང་ཐུང་། དམངས:ཤིག:བཀུམ:ཡང་ཐུང་། གཡག:གྱིས:བཀུམ་

417 བ:དང་ཆད་པ:ཁྲིམས:གཆིགོ། །འབྲི་འོག་དུ་ཆུད་དེ་། མ་བཀུམ་ན་། ཞང་ལོན་།

418 ཟངས་ཀྱྀ་ཡྀ་གེ་ཡན་ཅད་ཅིག་ཀྱིས་། གཅིག་གིས་ནང་མ་ཕྱུང་ན། མ་ཕྱུང་བའི་ཆད་པ་། འོག་རྣས་བཅདེ་།
འབྲི་འོག

419 ནས་ཐར་པ་སྟལད་པ་། །འབྲི་འོག་ནས་ཕྱུང་ན་། ཕྱུང་བའི་བྱད་གར་ཡང་འོག་རྣ་སྟལད་། ཞིག་། །
འབྲི་འོག་དུ་།

420 ཆུདེ་། མ་གུམ་པ་། གཙངས་ཆེན་མན་ཅད་། དམངས་མཐའ་མ་ཡན་ཅད་། ཅིག་སྟེ་། གཅིག་གིས་
གཅིག་མ་ཕྱུངསྟེ་།

421 མ་ཕྱུང་བའི་ཆད་གར་། འོག་རྣས་བཅདེ་། འབྲི་འོག་ནས་ཐར་པ་སྟལདོ་། །ཕྱུང་ན་ཕྱུང་བའི་བྱད་གར་

ཏྲ་གཞིའ་།

422 གཅིག་སྐྱོལད་ཞིགཿ། །མ་གུམ་བ་ཟངས་ཀྱི་ཡི་གེ་པ་མན་ཅད་ཅིགསྟེ་། གཙང་ཆེན་མན་ཅད་ཅིག་གིས། མ་ཕྱུང་ནཿ།

423 མ་ཕྱུང་བའི་ཚད་པར་། །འོ་དོམ་བཏགསྟེ་རིང་རེས་། གཅིག་གིས་བཙོད་། །འཕྲི་འོག་ནསཿཕྱུང་བའི་བྱད་གརཿ། གནག་།

424 གྲུས་གཅིག་སྐྱོལ་ཞིགཿ། །འཕྲི་འོག་དུ་ཆུད་དེ་། མ་གུམཿབཿ། གཙངས་ཆེན་ཅན་ཅད་ཞིགསྟེཿ། ཞང་བློན་ཟངས་ཀྱི་ཡི་གེ།

425 ཡན་ཅད་ཅིག་གིས། མ་ཕྱུང་ན་། མ་ཕྱུང་བའི་ཚད་པ། འོག་ཏྲ་གཅིག་གིསཿབཙད་། འཕྲི་འོག་ནས་ཐར་པ་སྐྱོལ་ཞིག།

426 འཕྲི་འོག་ནས་ཕྱུང་དང་། ཕྱུང་བའི་བྱད་གར་འོག་ཏྲ་སྐྱོལད་ཞིགཿ། དབོར་།

427 ༄ཿ།། །གཡག་དང་འཕྲིའི་འོག་དུ་ཆུད་པ་ལས། གན་ན་མཆིས་པས། མ་ཕྱུང་ན། གང་སྣར་མཿའོ་དོམ་གདག་པའི།

428 ཁྲིམས་ལ། །༔། །ཞང་ལོན་མན་ཅད་། དམངས་མཐའ་མ་ཡན་ཅད་། འཕྲི་འོག་དུ་ཆུད་པ་ལཿ། རོག་པོ་འམ་གཡོག་བྲན།

429 ཞིགཿ། གམ་ན་མཆིས་མཆིས་ཏེ་། གཡག་དང་འཕྲི་འོག་དུ། ཆུད་པ་མ་ཕྱུང་འམ། གྲོགས་མ་བགྱིས་ན་། གམ་ནཿ།

430 སུ་ཉེ་བ་མཆིས་པ་རྣམསཿ། ཀྱི་ནང་ནསཿ། ཞལ་ཅེར་སྤྱངསྟེཿ། གང་སྣར་མ་གཅིགཿ། འོ་དོམ་གདགས་པའི་ཁྲིམས།

431 ལཿ། །བབ་ནའ་འང་། འོ་དོམ་གདགསོཿ། །གཞན་ནི་འོ་དོམ་གྱི་གདགས་པར་སྟོང་ཐེ་བབ་པཿ། འཇལ་དོཿ།

432 ༄ཿ། །ཞང་ལོན་ཟངས་ཀྱི་ཡི་གེ་པ་ཡན་ཅད་། ཀྱི་བུ་ཚ་དང་། ཡ་ལག་པཿ། ཡི་གེ་མ་མཆིས་ན་། མདའས་རྩལ

433 པ་དང་། གཡག་དང་འཕྲི་འོག་དུ་ཆུད་ན། ཡི་གེས་འཕྱི་བའི་ཁྲིམས་ལཿ། །༔། །ཞང་ལོན་ཆེན་པོ་མན་ཅད།

434 ཟངས་ཀྱི་ཡི་གེ་པ་ཡན་ཅད་ཀྱི། བུ་ཕོ་སྤྱད་པན་ཅད། པ་སྤུན་སྤྱད་ཚུན། ཅད། ཡི་གེ་མ་མཆིས་སྟེ་མདའ།

435 རྩལ་བ་བཟླ་། གཡག་དང་འཕྲི་འོག་དུ་ཆུད་པ། ལཿ། གཏོགསྟོ་། ཡི་གེ་རྗེ་ལཿགཏོགས་པ་ཁྲིམས་བཞིན།

436 དུ་བགྱིའོཿ། ཡི་གེས་དབྱེས་། བུ་ཡང་རུང་། པ་ལ་གཏོགསོ་། ཕུ་ནུ་བོ་དྲུང་ཡང་རུང་གཅིག་ལ་གཅིག་མ་གཏོགསོ། །

Pel.tib.1071(4) རི་དྭགས་ཁྲུམས་ན་དོན་དབང་བའི་ཁྲིམས་ཡིག

437 ༄ཿ། །རྀ་དགས་ཁྲུམས་ན་དོན་དབང་བའི་ཐང་ལཿ། །༔། །རི་དག་ཁྲུམསཏེ། དོན་དབང་བ་ནི། གཡག་ཅིག་ལ་མདའ

438 དྲུག་དུ་བསྟོའོ། སྤྱ་མདའ་དབང་བ་ནི། ཐུར་ཐུར་གཡོན་ལོགསུཿམཐོཿགང་། ཡོན་ཕྱུར་བཅད་ཏེ། གཡས་ལོག།

439 དཀོ་བ། སྟོབ་མ་ལོག་དབོ། དངའ་མ་དང་སྙིང་དང་བྲང་དང་ལྟེ་དང་ཁྲག་ཕྱིད་དང་རྩ་རྒྱུསཿའདི་རྣམས། སྤྱ་མདའ

440 དབོ།། །ཕྱི་མདའ་དབང་བ་ནི། གཡོན་པག་གྱི་ཚིབ་མ་ཁོ་བ་དང་ཁྲག་ཕྱིད་དང་། ནང་རོལ་ཆུ་སྒྱུགཿ དང་། གཟུལ།

441 རྒྱུས་དང། དེ་རྣམས་ཕྱི་མདའ་དབོ། ཡང་མདའ་ནི་སྟོབ་མ་གཡས་པ་དབོ། བཞི་མདའ་ནི་ཚིབ་མ་གཡོན།

442 ལོག་དབོ། ལྔ་མདའ་ནི་ཁང་སྣ་དབོཿ། དྲུག་མདའ་ནི་ལག་སྣ་དབོཿ། །འབྲི་ཅིག་ལ་མདའ་གསུམ་དུ།

443 བསྟོའ་སྟེ། སྤྱ་མདའ་དབང་བ་ནི། ཐུར་ཐུར་གཡོན་ལོག་མཐོ་གང་ཡོན་ཕྱུར་བཅདེ། གཡས་ལྟག་གྱི་དཀོ་བ།

444 དང་། རྫ་མ་དང་སྙིང་དང་། བྲང་དང་ལྟེ་དང་ཁྲག་ཕྱིད་དང་། གཞང་དང་། རྩ་རྒྱུས་དང་འདི་རྣམས་དབོ། ཕྱི་མདའ

445 དབང་བ་ནི། སྟོབ་མ་གཡོན་ཡོག་གྱི་དཀོ་བ་དང་། ཁྲག་ཕྱིད་དང། ནང་རོལ་ཆུ་སྒྱུག་དང། བོག་བོག་དང་། གཟུལ

446 རྒྱུས་དེ་རྣམས་དབོ། །ཡང་མདའ་དབང་བ་ནི། མཛིང་པའི་ཁོ་བ་དང་བླ་བཞི་དབོ། །ཤ་བ་དང་རྒྱུད།

447 མན་ཅད། དགོ་བ་ཡན་ཅད། མདའ་གཉིསུ་བསྟོའོ། །སྤྱ་མདའ། ནི་ཕགསྱ་དང་། སྙིང་དང་བྲང་དང་ལྟེ་དང།

448 ཁྲག་ཕྱིད་དང་། རྩ་རྒྱུས་དང་དེ་རྣམས། སྤྱ་མདའ་དབོ། །ཕྱི་མདའ་དབང་བ། མཛིང་ཤུན་དང།

449 བོག་བོག་དང་། ནང་རོལ་ཤུ་སྦྲུག་དང་། མཆིན་པ་དང་ཁྲག་ཕྱེད་དང། ཤུལ་རྒྱུས་དེ་རྣམས་དབཞོ་ཞོ་།

Pel.tib.1071(5) རི་དྭགས་ལ་མདའ་ཆང་ན་རི་དྭགས་ཁྲུམས་ཞེས་མཆིར་མི་གནང་བའི་ཁྲིམས་ཡིག

450 ༄:། །རི་དགས་ལ:། མདའ་ཆང་ན། རི་དག་ཁྲུམས་ཞེས་མཆིར་མྀ་གནང་བའི་ཁྲིམས་ལ། །༔། །རི་དགས་ལ་།
451 སྐྱྀ་ཅིག་གི །ལག་ན་མདའ་ཆང་བ་ནི་ཀྱྀ་ཕནོ:། །སྐྱྀ་དུས་འཕངས་པ་བསྐྱིའི:། མ་མཐོང་མ་འཚལ་ཅེས།
452 མཆི་། མཆིས་སྐྱྀ་བརྫོའ:། །

Pel.tib.1071(6) རི་དྭགས་ལ་མདའ་དཀྲུས་པ་དང་མདའ་ས་ལས་རྙེད་པའི་ཁྲིམས་ཡིག

453 :། རྀ་དགས་ལ:། མདའ་དཀྲུས་པ་དང་། མདའ་ས་ལྶ་རྙེད་པའི་ཁྲིམྶ་། ༔༔། །རི་དགས་ལ་མདས་
ཟུགསྟེ། མཆིས།
454 པ་ལ། མདའ་ཕྱུངསྟེ། རྐུས་ནའ། མདའ་གཉིས་དཀུད་དབབོ་། །མདའ་ས་ནས་རྙེད་ན་དཀུད་སྐྱྀ་དབབོ:།
མདའ་ངོས།
455 ཟིན་ནའ། གྱི་ནའ་སྣར་ལོན་ཞིག། །

Pel.tib.1071(7) རི་དྭགས་ཁོངས་ནས་བཏང་བའི་ཁྲིམས་ཡིག

456 ༄:། །རི་དགས་ཁོངྶ་ནས། བཏང་བའི་ཁྲིམས་ལ་། ༔༔། །རི་དགས་བྱྀ་ནའ་བྱྀ་བའི་ཆད་པའ་ནི། གཡག་
ཅིག་ཤོར་ན།
457 ཉ་ཚ་བཞི་བཅུ་སྟལདོ:། འབྲི་ཅིག་ཤོར་ན་། ཉ་ཚ་ཉི་ཤུ་ཕུལ་། རྐྱང་ཅིག་ཤོར་ན་ཉ་ཚ་བཞི་བཅུ་སྟལདོ།
རྣ་བ་སྦྱིན
458 དང་གཙོད་གཤོར་ན། ཉ་ཚ་བརྒྱད་སྟལདོ་། །རྐོ་བ་ཤོར་ན་ཉ་ཚ་དྲུག་སྟལ། ཤིང་སྐྱྀ་བརྒྱུའུ་རྫེ་དང་
བཅུ་སྣའི
459 ཆད་པ་ནི་། ཛོ་འོས་པ་ཉ་ཚའ་གྲངས་ཕྲལ་ལ་སྟལདོ། ཞིངས་ཀྱྀ་རི་དགས་ཀྱྀ་ཤ་ཞིག་ལ་རྐུས་ན་། མཁར།
460 ཙུད་ལོ་གཅིག་གིས་གཅདོ་། སུ་འཛིན་འཛིན་སུ་འདམ་འདམ་བའི་བྱད་གར་འོག་ཏུ་སྟལད་ཏོ།
461 ཡུས་ནས། །རི་དགས་ཀྱི་ཞིངས་བཏབ་པ་ལས་ཤ་རྐུས་ན་། རྐུད་སུམ་ཚལ་དབབོ་། འདམ་པོ་འམ:སུ་རྒྱལ།

462 རྐལ་བ་ནི། རྐུད་ཀྱི་སུམ་ཅུ་སྨལདོ་།

463 ༄:། །ཞིས་ར་ཕས། སང་ཤ་ཁུམསྐེ་། ཡུལ་མྱི། ལ་ཤ་བཏམ་པ་དང་། །ཞིས་ར་ཕས་ཡུལ་མྱི་ཚལ་མ།

464 ཕྲོག་པའི། ཁྲིམས་ལ་། ཿཿ། །ཞིས་ར་ཕས:། བ་ཤ་ཤོར་ཤོར་ཏེ:། མཆིས་བྲང་དུ་མཆིས། གྲོང་དུ།

465 མཆིས་དང། གྲོང་མྱེས་རད་པ་སྨལད་ཞིག། ཆལ་མ་སྟུན་ནས་འཚལ་ན་། འཚལ་དུ་××××་སོ།

466 སྤུ་ནས་མ་འཚལ་ན་། འཚལ་ཅེས་མཆི་། ཚལ་མ་ཕྲོག་ན་། དམྱིག་ཉི་ག་གདོད་དོ། གྲོང་མྱི་ལ:།

467 ཁལ་མ་ཕབ:།

468 ༄:། །ཕྱི་ཤ་མྱི་གནང་བའི་ཁྲིམསྶ། ཿ། །ཕྱི་ཤ་མ་གནང་བས། ཕྱི་ཤ་བགྱིད་དང་། སུས་ཀྱང་། ཟུང་ཞིག།

469 འཛིན་འཛིན་པའི་བྱད་གས། འོག་ཏ་སྨལདོ་། །

Pel.tib.1072(1) སྲོག་སྟོང་གི་ཁྲིམས་ཡིག

1 ××××བའ:ཆུ:

2 ཆུ:ཟནད:××××ཀྱང:ཏུང:།། །སྲང:གངས:འཇལ:××××ལ:སྲང:ཆིག××××ན:སུའང:དགུསོ།། ། མངའ:སྟོ

3 ཕོགསྟེ། ངའི:མདའ:མ:ཡིན:ཞེས:། སྐོན:སྐོན:མ:ཙངས:ན:མདའས:ཕོག:པ:གསུམ:ཀྱང:ཏུང:། མ:གསུམ: ཀྱང:ཏུང:། ཕོང:

4 མྱི:ཁྲིམས:བཞིན:དགུམ:སོ:། སྐོན:སྐོན:ཚངས:དང:སྐྱུར:པ:ཟན:ཀྱང:ཕོང:མྱིའི:སྐྱུར:པ:ཟན:དང: ཁྲིམས:གཅིག

5 ཏུ:དབང:ངོ། །

Pel.tib.1072(2) གཉན་པ་དང་མདས་རྫུལ་པས་ཕོག་ན་དམེར་བརྩེ་མིན་གྱི་ཁྲིམས་ཡིག

6 ༄:། རྒྱལ:འབངས:གཡུང:དོ:འཚལ:དང:ཞང:ལོན:དང:མངའ:གྱི:བྲན:××××

7 རྒྱ:ལ:མ:གཏོགས:པ:དང:སྤོ:བལ:གྱི:བཙོན:ཡན:ཅད:ཞིག:ལ:། །ཞང:ལོན:ཟངས:ཀྱི:ཡི:གེ:པ:ཡན:ཆད:དང: སྟོང:མཉམ:བ

8 གཅིག:གིས། །རི:དགས:ལས:སྤོགས:པ:ལ། །མདའ:རྫུལ:བས:ཕོག:དང:གུམ:ཡང:ཏུང:མ:གུམ:ཀྱང:ཏུང། ། ཁོན:མཆིས:

9 ཏེ་ཚད་ཀ་ཕངས་རེ་ཞེས་གཙང་དཀར་བཅུ་གཉིས་པོ་དང་བཅུ་གསུམ་བྲོ་སྒྲུལཏོ། །བྲོ་སྒྲུལ་པའི་དཀར་ཆག

10 ན། །ཐོང་སྒྲོ་དང་ཁྲིམས་གཆོག། །×××××××××××××གུམ་ན་སྒྲོ་སྟོང་དུ་སྲུང་ཞེས་བརྒྱབ།

11 ཕབསྐྱེ་ཡུས་བདག་དང་འདམ་པོ་ཕྱེད་མར་དབོར་། །འདམ་པོ་མ་མཆོས་ན་སྲུང་ཞེས་བརྒྱ་ཀུན་
ཡུས་བདག་

12 དབོ། །མདའས་ཐོག་པ་མ་གུམ་ན་གསོན་སྟོང་སྲུང་བརྒྱ་ཕབ། ཏེ། ཡུས་བདག་དང་འདམ་པོ་གཉིས་ཕྱེད་

13 མར་དབོ། །འདམ་པོ་མ་མཅོས་ན་སྲུང་བརྒྱ་ཀུན་ཡུས་བདག་དབངོ། གུམ་བའི་སྟོང་ཡང་ཅུང།
གསོན་

14 པོའི་གསོན་སྟོང་ཀྱང་ཅུང་སྟོང་འཇལ་བ་ལ། ཞང་ལོན་ཀྱང་ཅུང། །སྲུང་ཆོག་མ་ཁོར་ན་དགུམ་མོ།
མདའས་ནི

15 ཐོག་ཏེ་། ངའི་མདའ་མ་ཡིན་ཅེས་སློན་སློན་མ་ཚངས། ན་མདའས་ཐོག་གུམ་ཀྱང་ཅུང་མ་གུམ་ཀྱང་ཅུང། །

16 ཐོང་སྒྲི་ཁྲིམས་བཞིན་དགུམོ། །སློན་སློན་ཚངས་དང་སྐུར་བ་ཟན་ཀྱང་ཐོང་སྒྲོའི་སྐུར་པ་ཟན་དང་ཁྲིམས།

17 གཅིག་དུ་དབོ། །༔། རྒྱལ་འབངས་གཡུང་ཪོ་འཙལ་དང་ཞང་ལོན་དང་དམངས་ཀྱི་བྲན་རྒྱ་མ་གཏོགས་

18 པ་དང་ལྷོ་བལ་གྱི་བཙོན་ཡན་ཅད་གཡུང་ཪོ་འཚལ་དང་འདི་རྣམས་གཆིག་ལ། །གཙང་ཆེན་མན་
ཅད་ཐོད་ཪོ

19 འཚལ་དང་སྟོང་མཉམ་བ་ཞིག་གིས། ཪི་དགས་ལས་སྐྱོགས་པ་ལ། །མདའས་རྒྱལ་བས། ཐོག་དང་
གུམ་ཡང།

20 ཅུང་མ་གུམ་ཀྱང་ཅུང་ཁོན་མཆོས་ཏེ་ཚད་ཀར་འཕངས་རེ་ཞེས། གཙང་དཀར་བཅུང་ཞེས། ཁོ་ན་
རང་བཅུ་

21 གསུམ་བྲོ་སྒྲུལཏོ། །བྲོ་སྒྲུལ་པ་ལ་དཀར་ཆག་ན། ཐོང་སྒྲུང་དང་བཀའ་ཁྲིམས་གཆིག་གོ། །དཀར་
གྱིས་ཆངས

22 ཏེ་མདའས་ཐོག་པ་ནི་གུམ་དང་། །སྒྲོ་སྟོང་དུ་སྲུང་བརྒྱ་ཕབ་ཏེ། །ཡུས་བདག་དང་འདམ་པོ་ཕྱེད་མར

23 ་དབོ། །འདམ་པོ་མ་མཅོས། ན་སྲུང་བརྒྱ་ཀུན་ཡུས། བདག་དབོ། །མདའས་ཐོག་པ་མ་གུམ་ན་

24 རྨ་ཟན་དུ་སྲུང་ཉི་ཤུ་ཕབ་ཏེ་ཡུས་བདག་དང་འདམ་པོ་ཕྱེད་མར་དབོ། །འདམ་པོ་མ་མཆིས། ན། སྲུང་

25 ཉི་ཤུ་ཀུན་ཡུས་བདག་དབོ། །གུམ་བའི་སྟོང་ཡང་ཅུང་། །མ་གུན་པའི་རྨ་ཟན་ཀྱང་ཅུང་སྲུང་གྲངས

26 འཆལ། བ་སྲུང་གཆིག་མ་ལོར་ན་སུ་ཡང་ཅུང་དགུམོ། །མདའས་ཐོག་ཏེ་ང་འི་མདའ་མ་ཡིན་ཅེས།

27 སློན་སློན་མ་ཚངས་ན་མདའས་ཐོག་པ་གུམ་ཡང་ཅུང་མ་གུྃ་ཡང་ཅུང་ཐོང་སྒྲོ་དང་ཁྲིམས་གཆིག་དུ

28 དཀྲུམོ། སྨོན་སྨོན་ཚངས་དང་སྐྱུར་པ་ཟན་ཐོང་མྱིའི་སྐྱུར་པ་ཟན་དང་ཁྲིམས་གཚིག་དུ་དབོ། །

29 །རྒྱལ་འབངས་གཡུང་ངོ་འཚལ། དང་ཞང་ལོན་དང་དམངས་ཀྱི་བྲན་རྐྱ་ལ་མ་གཏོགས་པ་གཡུང་

30 དང་ལྷོ་བལ་ཀྱི་བཙོན་མན་ཆད་འདི་རྣམས། རོ་དགས། ལ་མདའ་རྩལ་བས་ཕོག་པ་ལ། །སྟོང།

31 མཉམོ། །སྟོང་མཉམ་བའདི་རྣམས། ནང་རོ་དགས་ལ་མདའ་རྩལ་བ་ལས། སྨོགས་པས་ཕོག་དང།

32 གྲུམ་ཀྲུང་མ་གྲུམ་ཀྲུང་རུང། ཕོན་མཆིས་ཏེ་ཆད་ཀར་འཕངས་རེ་ཞིས། གཙང་དཀར་བཙུ།

33 གཉིས། ཕོ་ན་བདག་ཏང་བཙུ་གསུམ་བྲོ་སྨལཏོ། བྲོ་སྨལ་པ་ལ་དཀར་ཅག་ན་ཐོང་མྱི་དང་།

34 ཁྲིམས་གཚོག་། །དཀར་ཀྲིས་ཚངས། ཏེ་མདའས། ཕོག་པ་ནི་གྲུམ་དང་མྱི་སྟོང་དུ་སྤྱང་ལྔ་བཙུ། །

35 ཕབ་ཏེ། ཡུས་བདག་དང་འདམ་པོ། ཕྱེད་མར་དུ་དབོ། འདམ་པོ་མ་མཆིས་ན་སྤྱང་ལྔ་བཙུ་

36 ཀུན་ཡུས་བདག་དབོ། མདའས་ཕོག་པ་མ་གྲུམ་དང་རྨ་ཟན་དུ་སྤྱང་བཙུ་ཕབ་ཏེ་ཡུས་བདག།

37 དང་འདམ་པོ་ཕྱེད་མར་དུ་དབོ། །འདམ་པོ་མ་མཆིས། ཏང་སྤྱང་བཙུ་ཀུན་ཡུས། བདག་དབོ།

38 གྲུམ་བའི་སྟོང་ཡང་རུང་མ་གྲུམ་བའི་རྨ་ཟན་ཀྲུང་རུང་། སྲམ་གཚིག་མ་ཕོར་ན་དཀྲུམོ། །མདའས།

39 ཕོག་ཏེ་ངའི་མདའ་མ་ཡིན་ཅེས། སྨོན་སྨོན་མ་ཚངས་པ་མདའས། ཕོག་པ་གྲུམ་ཀྲུང་རུང། །མ།

40 གྲུམ་ཀྲུང་རུང་། ཐོང་མྱི་དང་ཁྲིམས་གཚིག་དུ་དཀྲུམོ། །སྨོན་སྨོན་ཚངས་ན་སྐྱུར་བར་ཟན་ཀྲུང།

41 ཐོང་མྱིའི་སྐྱུར་པ་ཟན་དང་ཁྲིམས་གཚིག་དུ་དབོ།

42 རོ་འདགས་ལ་མདའས་འཕངས་པས། གཅིག་གི་གཡར་ཕོགས་ཏེ། མ་གྲུམ་ནའ། གཡར་འི་བདག་པོས། གཡར་

43 འདི་ལ། སྤྱང་གྲངས། དེ་སླེད་ཆིག། མྱི་རེ་རེ་ཞིས། འབྲོ་གཅལད་དང། སྤྱང་དུ་རི་བའི་སྐྱིན་བ་གཅིག།

44 གཙོལད་ཆིག། །གཡར་མདའས་ཕོག་པས་མ་གྲུམ་དང། གཡར་ཀྱི་རྨའ་ཟན་དུ་ལུག་ཤ་བཟན

45 གཅིག་××××

45 ཕྱུག་རྒྱ།

47 ༄། གཉེན་ཀྱི་ནང་མདའས་རྩལ་བས་ཕོག་ན། དམེར་བརྩི་བ་དང། མྱི་བརྩི་བའི་ཁྲིམས་ལ་། །.ཞང་
ལོན་ཆེན་

48 པོ་མན་ཆད། དམངས་ཐ་མ་ཡན་ཆད། རི་འདགས་ལས་སྨོགས་པ་ལ། མདའ་རྩལ་དེ། ཕུ་ནུ་བོ་ནང་གཅིག་
གིས་གཅིག་

49 མ་གྲུམ་ན། དམེར་བརྩི་བ་དང། མྱི་བརྩི་བ་ནི། ཐོང་མྱིའི་ཁྲིམས་ཀྱི་ནང་ནའ། །ཕུ་ནུ་བོ་ནང་གཅིག་གིས་གཅིག་

50 མ་གྲུམ་སྟེ། དམེར་བརྩི་བ་དང། མྱི་བརྩི་བའི། ཁྲིམས་ཀྱི་ཡི་གེ །བཞིན་འདུ། གཙོད་དོ། ཕྱུག་རྒྱ།

Pel.tib.1072(3) གཡག་དང་འབྲིའི་འོག་ཏུ་ཆུད་པ་ལ་གཅིག་གིས་ གཅིག་ཕྱུང་བ་དང་མ་ཕྱུང་བའི་ཁྲིམས་ཡིག

51 ཞང:ལོན:མན:ཆད། དམངས:ཡན:ཆད:གཡག:དང:འབྲིའི:འོག:དུ:ཆུད:པ:ལས། ཕྱུང:ནའ། ཕྱ:དགའ:སྩལ
52 ད:པ། དང། མ:ཕྱུངས:ནའ། ཆད:པ:གཅད:པའི:ཁྲིམས:ལ།
53 ཞང:ལོན:ཆེན:པོ:དང:། སྟོང:མཉམ:པ:མན:ཆད། ཕྲ:མེན:ཀྱི:ཡི:གེ:པ:དང:སྟོང:མཉམ:པ:ཡན:ཆད། གཡག:
54 གི:འོག:ཏུ:ཚུད:པ:ལས:གཆིག:གིས:གཅིག:ཕྱུངས:པ:དང:མ:ཕྱུངས:པའི:ཁྲིམས:ལ། བློན:ཆེ:ལས:སྩོགསཏེ
55 ཞང:ལོན:ཆེན:པོ:བཞི:མན:ཅད:ཕྲ:མེན:ཀྱི:ཡི:གེ:པ:ཡན:ཆད:། ཞང:ལོན:ཁོང:ཏ:ངོ:བོ:དང:། །ཞང:ལོན: འདི:རྣམས:ཀྱི:
56 མྱེས:པོ:དང:ཕ:དང:ཕྱི:མོ:དང:མ:དང:བུ:པོ:སྤྱད:ཕན:ཆད:པ:སྤུན:སྤྱད:ཚུན:ཅད། ཡི:གེ:མ:མཆིས: པའི:རྣམས
57 དང། མ:ཡར:མོ:དང:མནའ:མ:དང:སྲུམ:པ:ཁྲོ:མོ:དང:བུ:སྲིང:ཁྲོ:མ:མཆིས:པ:དང:འདི:རྣམས། གཡག:གི
58 འོག:ཏུ:ཆུད:པ:ལ། །སྟོང:མཉམ:མོ། སྟོང:མཉམ:འདི:རྣམས། གཅིག:གཡག:གི:འོག:ཏུ:ཆུད:པ:ལ། གཅིག:གམ:
59 ན:མཅིས:མཆིས:ཏེ:མ:ཕྱུང:ནས། གཡག:གིས། བཀུམ:ན:མ:ཕྱུང:བའི:ཆད:པར:སྲང:ལྔ:བརྒྱ:ཕབ:ཏེ:བཀུམ
60 བ:བསྟོད། མ:གསུམ:ན:མ:ཕྱུང:བའི:ཆད:པར:སྲང:ཉིས:བརྒྱ:ལྔ:བཅུ:ཕབ:ཏེ:གཡག:གི:འོག:ནས:
61 ཐར:བ:སྩལཏོ:། གཡག:ཀྱི:འོག:ནས། ཕྱུང:ན:ཕྱུང:བའི:ཕྱ:དགའ:བུ:མོ:སྩལཏོ། བུ:མོ:མ:མཆིས:ན
62 སྲིང:མོ:དབའོ། །བུ:མོ:འམ:སྲིང:མོ:མ:མཆིས:སམ། སྩལཏེ:མ:འཚལ:ན:སྲང:ཉིས:བརྒྱ:སྩོལ།
63 ཆིག །ཕྱག:རྒྱ།
64 ༧།:།ཞང:ལོན:ཆེན:པོ:དང:ཆེན:པོ:དང:སྟོང:མཉམ:པ:མན:ཅད:། ཕྲ:མེན:ཡི:གེ:པ:སྟོང:མཉམ:པ:ཡན:
65 ཅད:ཅིག:གཡག:ཀྱི:འོག:དུ:ཆུད:པ:ལ:། དངུལ:ཀྱི:ཡི:གེ:པ:མན:ཅད། ཟངས:ཀྱི:ཡི:གེ:པ:ཡན:ཅད:
66 ཀྱིས:ཕྱུང:བ:དང:མ:ཕྱུང:བའི:ཁྲིམས:ལ། །ཞང:ལོན:ཆེན:པོ:བཞི:དང:སྟོང:མཉམ:པ:མན:ཅད:
67 ཕྲ:མེན:ཀྱི:ཡི:གེ:པ:དང:སྟོང:མཉམ:བ:ཡན:ཅད:གཡག:ཀྱི:འོག:དུ:ཆུད:པ:ལ། དངུལ:ཀྱི:ཡི:
68 གེ:པ:དང:སྟོང:མཉམ:བ:མན:ཅད:། ཟངས:ཀྱི། ཡི:གེ:པ:སྟོང:མཉམ:པ:ཡན:ཆད། གཅིག:གིས:

69 མ་ཕྱུང་བའི་གཡག་གྱིས་བཀུམ། ན་མ་ཕྱུང་བའི་ཆད་པ་སྲང་ལྔ་བརྒྱ་ཕབ་ཏེ་གུམ་བ་སྩལ་འོ།

70 སྲང་ལྔ་བརྒྱ་ཕབ་པའི་སླད་ན་སྟར་གྱིས་འོ་དོམ་ཀྱང་གདགསོ། །གཡགི་འོག་དུ་ཆུད་པ་

71 མ་གུམ་ན་མ་ཕྱུང་བའི་ཆད་པར་སྟར་མ་འོ་དོམ། གདགསུ་བ་མོ། །གཡག་གྱི་འོག

72 ནས་ཕྱུང་ན་བྲ་དགའ་བུ་མོ་འམ། སྲིང་མོ་གཆིག་སྩལ་ཀྱང་རུང། སྲང་བརྒྱ་ལྔ་བཅུ་

73 སྩལ་ཀྱང་རུང་། །དེའི་གཆིག་སྩོལ་ཆིག། ཕྱག་རྒྱ།

74 ཞང་ལོན་དངུལ་གྱི་ཡྀ་གེ་བ་དང། སྟོང་མཉམ་པ་མན་ཆད། ཟངས་ཀྱི་ཡི་གེ་པ་དང་སྟོང་མཉམ་པ

75 ཡན་ཆད། ཅིག་གཡག་འྀ་འོག་དུ་ཚུད་པ་དང་། ལ། གྲོ་ཏའི་གཅིག་གི་གཅིག་ཕྱུང་བ་དང་མ་ཕྱུང་བ

76 ××××××××ཞང་ལོན་དངུལ་གྱི་ཡྀ་གེ་པ་མན་ཆད་ཟངས་ཀྱི་ཡྀ་གེ་པ་ཡན་ཆད་ཞང་ལོན་ཁོང་རྟ་རྡོ

77 པོ་ཟླ། ཞང་ལོན་འདི། རྣམས་ཀྱི་མྱེས་པོ་ཟླ་ཕ་ཟླ་ཕྱི་མོ་ཟླ་མ་ཟླ་བུ་པོ་སྤུད་སྤུད་ཕན་ཆད་ཕ་སྤུན་

78 སྤུད་ཚོད་ཆད། ཡྀ་གེ་མ་མཆིས་པའི་རྣམས་ཟླ་མ་ཡར་མོ་ཟླ་སྲུ་པ་ཁྲོ་མོ་ཟླ་མནའ་མ་ཟླ་བུ་

79 སྲིང་ཁྲོ་མ་མཆིས་པ་ཟླ་འདི་རྣམས་ལ་གཡགི་འོག་དུ་ཆུད་པ་ལ་སྟོང་མཉམོ། སྟོང་མཉམ་བ

80 འདི་རྣམས་གཅིག །གཡགི་འོག་དུ་ཆུད་པ་ལ་གཅིག་གམ་ན་མཆིས་མཆིས་ཏེ་མ་ཕྱུང་ནས།

81 གཡགིས་བཀུམ་ན་མ་ཕྱུང་པའི་ཆད་པར། སྲང་སུམ་བརྒྱ་ཕབ་སྟེ། བཀུམ་པ་ལ་བསྩལད། མ་གུམ་

82 ན་མ་ཕྱུང་པའི་ཆད་པར། སྲང་བརྒྱའ་ལྔ་བཅུ་ཕབ་སྟེ་གཡག་གི་འོག་ནས་འཐར་པ་སྩལད་དོ།

83 གཡག་གི་འོག་ནས་ཕྱུང་ན་ཕྱུང་བའི་བྲ་དགར་བུ་མོ་དབངོ། བུ་མོ་མ་མཆིས་ན་སྲིང་མོ

84 དབངོ། བུ་མོ་འམ་སྲིང་མོ་མ་མཆིས་སམ། སྩལདེ་ཁོ་མྱི་འཚལད་ན། སྲང་བརྒྱའ་སྩོལད་ཤིག

85 ཕྱག་རྒྱ།

86 ༄།།ཞང་ལོན་ཆེན་པོ་མན་ཆད་ཟངས་ཀྱི་ཡྀ་གེ་པ་ཡན་ཆད་ཁོང་ཏ་རྡོ་བོ་ཟླ་ཁོང་ཟླ་སྟོང་མཉམ་པ

87 བ་གཡག་གི་འོག་ཏུ་ཆུད་པ་ལ་གཙང་ཆེན་མན་ཆད་ཅིག་གིས། ཕྱུང་བ་ཟླ་མ་ཕྱུང་བའི་ཁྲིམླ་ལ

88 ཟངས་ཀྱི་ཡྀ་གེ་པ་ཡན་ཆད། ཁོང་ཏ་རྡོ་བོ་ཟླ་། ཁོང་ཏ་ཟླ་སྟོང་མཉམ་བ་ཞིག་གཡག་གི་འོག་ཏུ་ཆུད་པ་
ལ་གཙང་

89 ཅན་མན་ཆད་དམངས། ཐ་མ་ཡན་ཆད། གྱིས་མ་ཕྱུང་སྟེ་གཡག་གིས་བཀུམ་ན་མ་ཕྱུང་བའི་ཆད་པར་

90 སྟར་མ་འོ་དོམ། བཏགས་ཏེ་དགུམ་དུ་བ་སོ། བུ་སྨད་ནི། བང་ཟ་ཕྱུགླ་ནོར་ཟླ་ཁོལ་ཡུལ་ཟླ་མལ་ན་དགོད་དོ

91 བུ་ཕོ་མ་མཆིས་ན་བུ་མོ་སྨད་ཟླ་བང་ཟ་ཕྱུག་ནོར་ཁོལ་ཡུལ་ཕ་སྩལདོ། ཕ་མ་མཆིས་ན་བུ་མོ་སྨད་

92 ཟླ་བང་ཟ་ཕྱུག་ནོར། ཕུ་ནུ་པོ། གག་མདུར་བ་སྩལདོ། ཁོལ་ཡུལ་ནི་ཕུ་ནུ་པོ་ནུང་མཆིས་ཀྱང་མྱི་སྩལདོ

93 སྟར་མ་བཀུམ་པ་སུ་འི་འབངས། །སུའི་བྲན་ཁོལ་ཡུལ་མོ་མོར་བཞེས་འཚོལ་ཤིག། །ཞང་ལོན

94 གཡག་གི་འོག་ཏུ་ཆུད་པ། མ་གུམ་ན། སྐར་མའི་ཆད་པར། འོ་དོམ་བདག་སྐེ་བང་ཟ་ཕྱུག་ནོར་
95 སྐྱལ་ཏེ། བུ་སྟུམ་པ་ཐུབ་པ། ཐྲ། ཕྱུག་གོ་ཕྱུགས་པའི། ཁོལ་ཡུལ་ནི་བུ་སྟུམ་པ་ཐུབ་པ་མཆིས་ན་
96 བུ་སྐྱལ་དོ། བུ་སྟུམ་པ་ཐུབ་པ་མ་མཆིས་མན་ཕ་སྐྱལདོ། ཕ་མ་མཆིས་ན་ཕུ་ནུ་བོ་××××ང་མཆིས་
97 ཀྱང་ཁོལ་ཡུལ་ནི་མྱི་སྐྱལད་དོ། ཕྱུགས་པ་སུའི་འབངས་སོའི་བྲན། ཁོལ་ཡུལ་སོ་སོར་བཞེས་
98 འཚོལ་ཤིག །གཡག་གི་འོག་ནས་ཕྱུང་ན་ཕྱུང་བའི་བྱའ་དགར་སྲང་ལྔའ་བཅུ་སྐྱལ་དོ།
99 ཕྱག་རྒྱ།
100 ༄།:།གཙང་ཅེན་མན་ཆད་ཐྲ་དམངས་ཐ་མ་ཡན་ཆད་ཅིག་གཡག་གི་འོག་ཏུ་ཆུད་པ་ལས་ཞང་ལོན་ཡི་གེ
101 པ་འི་འཚལ་ཞིག་གིས་ཕྱུང་ཐྲ་མ་ཕྱུང་བའི་ཁྲིམས་ལ། གཙང་ཅེན་མན་ཆད་དམངས་ཐ་མ་ཡན་
102 ཆད་ཅིག །གཡག་གི་འོག་ཏུ་ཆུད་པ་ལས་ཞྭ་ལྷོ་ཟངས་ཀྱི་ཡི་གེ་པ་ཡན་ཆད་ཁོང་ཏ་ངོ་བོ་ཐྲ་ཁོང་ཏ་ཐྲ་སྟོང་
103 མཉམ་པའ་ཡན་ཆད་ཛིག །གམ་ན་མཆིས་མཆིས་ཏེ་གཡག་གི་འོག་ཏུ་ཆུད་པ་ལས་མ་ཕྱུངས་
104 ཏེ། གུམ་ན་མ་ཕྱུང་པའི་ཆད་པར་སྲང་བརྒྱའ་ཕབསྟེ། གུམ་བ་སྐྱལདོ། མ་གུམ་ན་མ་ཕྱུང་པའི
105 ཆད་པར་སྲང་ལྔའ་བཅུས་ཕབསྟེ། གཡག་གི་འོག་ནས་འཐར་པ་སྐྱལདོ། གཡག་གི་འོག་ནས།
106 ཕྱུང་ན་ཕྱུང་བའི་བྱ་དགའ་བུ་མོ་དབོར་བུ་མོ་མ་མཆིས་ན་སྲིང་མོ་དབོར། སྲིང་མ་མཆིས་སམ་
107 སྐྱལ་ཏེ་མ་འཚལ་ན་སྲང་ཉིས་ཅུ་སྟོལ་ཤིག། །།༔གཙང་ཅེན་མན་ཆད་དམངས་ཡན་ཆད་མྱི་དགེ་བ་
108 ཞིག །གཡག་གི་འོག་ཏུ་ཆུད་པ་ལ་མྱི་ངན་པས་མ་ཕྱུངསྟེ། །གཡག་གི་བཀུམ་ན་མ་ཕྱུང་བའི།
109 ཆད་པར་སྐར་མ་འོ་དོམ། བཏགསྟེ། བང་ཟ་ཕྱུག་ནོར་སྐྱལདོ། བུ་ཕོ་ཁྲིམ་མ་ཐུབ་པ་ཐྲ། ཕྱུགོ །ཁོལ་
110 ཡུལ་ནི། ཕྱུག་པའི་སྣད་ན་བུ་ཕོ་སྟུམ་པ་ཐུབ་པ་མཆིས་ན་བུ་སྐྱལདོ། བུ་སྟུམ་པ་ཐུབ་པ་མ་མཆིས
111 ན་། ཕ་སྐྱལདོ་ཕ་མ་མཆིས་ན་ཕྱུག་པ་སིའི་འབངས་སི་སའི་བྲན་ཁོལ་ཡུལ་སོ་སོར་བཞེས་འཚོལ་ཅིག
112 མ་གུམ་ན་མ་ཕྱུང་བའི་ཆད་པར་སྐར་མ་འོ་དོམ་བཏེགསྟེ་འོག་ཏ་གཡག་གི་འོག་ནས་ཕྱུང་བ་སྐྱལདོ
113 གཡག་གྱི་འོག་ནས་ཕྱུང་ན་ཕྱུང་པའི་བྱ་དགར་བུ་མོ་འམ་སྲིང་མོ་ཅིག་སྐྱལ་ཀྱང་རུང་སྲང་བཅོ་ལྔ
114 འཇལ་ཀྱང་རུང་དེ་གཅིག་སྟོལ་ཅིག། ༔། མྱི་མཉམ་བ་གཅིག་གཉིསླ་གཅིག་གཡག་གི་འོག་
115 ཏུ་ཆུད་པ་ལ་གཅིག་གིས་མ་ཕྱུང་སྟེ། གཡག་གིས་བཀུམ་ན་མ་ཕྱུང་བའི་ཆད་པར་སྐར་མ་འོ་དོམ
116 བཏགསྟེ། འོག་ཏ་བཀུམ་པ་སྐྱལདོ།། །།མ་གུམ་ན་མ་ཕྱུང་བའི་ཆད་པར་འོ་དོམ་བཏགསུ་བསོ
117 གཡག་གི་འོག་ནས་ཕྱུང་ན་ཕྱུང་བའི་བྱ་དགར་བུ་མོ་འམ་སྲང་མོ་ཞིག་དབོར། བུ་སྲིང་མ་མཆི
118 ས་སམ་སྐྱལ་དེ་ཁོ་མ་འཚལ་ན་འོག་ཏ་སྟོལ་ཅིག། ༔༔། མྱི་ངན་པ་ཞིག་གཡག་གྱི་འོག་ཏུ་ཆུད་
119 པ་ལ་མྱི་དགེའ་བ་ཞིག་གིས་མ་ཕྱུངསྟེ་གཡག་གིས་བཀུམ་ན། མ་ཕྱུང་བའི་ཆད་པར་འོ།

120 ཪོམ་བཏགསྟེ་འོག་རྟ་བཀུམ་པ་སྨྱལ་ཏོ། མ་གུམ་ན་མ་ཕྱུང་བའི་ཚད་པར་འོག་རྟ་བཅདེ

121 གཡག་གི་འོག་ནས་འཐར་པ་སྨྱལཏོ། གཡག་གི་འོག་ནས་ཕྱུང་ན། །ཕྱུང་པའི་བྱ་དགར་

122 བུ་མོ་སྨྱལདོ། བུ་མོ་མ་མཆིས་ན། སྲིང་མོ་དབདོ། བུ་མོ་འམ་སྲིང་མོ་མ་མཆིས་སམ་

123 སྨྱལདེ་ཁོ་ན་ སྨྲི་འཚལ་ན་སྲང་བཅུ་སྟོལ་ཅིག །ཕྲུག་རྒྱའོ

124 ཕྲུག་རྒྱའོ

125 ༄། སྨྲི་གཡགི་འོག་ཏུ་ཆུད་པ་འབྲིན་འབྲོན་ཏེ། གཡག་གྱི་འོག་དུ་ཆུད་པ་དྲ་འབྲིན་མ་སྨྲི་གཉིས་

126 ××××གུམ་པ་དྲ་མ་གུམ་པའི་ཁྲིམས་ལ།། །གཡག་གྱི་འོག་དུ་ཆུད་པ་ལ་འང་གཡག་གྱིས་བཀུམ་འབྲིན

127 འབྲིན་པ་འང་གཡག་གིས་བཀུམ་སྟེ་གཉིས་ག་བཀུམ་ན་སྟར་གཡག་གྱི་འོག་དུ་ཆུད་པའི་ལན་

128 གྱིས་འབྲིན་པའི་རོ་རྫ་སུ་གཡྲ་ཅིག་སྟོལ་ཤིག །འབྲིན་མ་སྨྲི་གཡག་གྱིས་བཀུམ་གཡག

129 གི་འོག་དུ་ཆུད་པ་ནི་འབྲིན་མ་སྨྲི་ཡོན་དེ་མ་གུམ་ཿདྲ། འབྲིན་མཿསྨྲི་རོ་རྫང་སུ་གཡག་གྱི་འོག་

130 ནས་ཕྱུང་བའི་སྲང་གྲང་སུ་སྨྱལ་དུ་བསོ། འབྲིན་པ་འི་གཡར་བཀུམ་ན། གཡར་གྱི་སྐྲིན་པ

131 རྫན་པའི་སྲང་གྲངས་ལ་མ་གཏོགས་པར་སྟོལ་ཅིགཕྲུགཿརྒྱའོ

132 ཕྲུག་རྒྱ

133 ༄།ཿ།སྨྲིག་གཡག་གྱི་འོག་དུ་ཆུད་པ་ལ་གཅིག་གིས་གཡག་དྲངསྟེ་གཡག་དྲང་དུ་མ་ཏུང་ན། སྨྲི་

134 བཀུམ་པའི་ཁྲིམས་ལ། གཡག་གྱི་འོག་ཏུ་ཞང་ལོན་ཞིག་ཆུད་ཀྱང་ཏུང་རྨང་པ་ཞིག་གཡག་གྱི་འོག་

135 དུ་ཆུད་པ་ལ། གཅིགས་གཡག་དྲངསྟེ། ཕྱིང་པས་དྲངས་ཀྱང་ཏུང་ཐག་པས་དྲངས་ཀྱང་ཏུང་གཞུམ

136 དྲངས་ཀྱང་ཏུང་། ཇོས་དྲངས་ཀྱང་ཏུང་གཡག་ལ་རེག་པར་སྐོགསྟེ་གཡག་མ་ཏུང་སྟེ། གཡག་མ་ཏུང་
སྟེ། གཡག་གིས་

137 ཀུམ་ན། བཀུམ་དུ་བསོ་མ་ཕྱིན་པ་ལ་ཆད་པ་མ་མཆིས་སོ།། ། །ཕྲུག་རྒྱ

138 ཕྲུག་རྒྱ

139 ༄། སྨྲི་གཡག་གྱི་འོག་དུ་ཆུད་པ་སྨྲི་མང་པོ་ཞིག་གིས་ཕྱུང་བའི་ཁྲིམས་ལ་

140 གཡག་གྱི་འོག་ནས་ཕྱུང་བའི་འབྲིན་མ་མང་པོ་ཞིག་གིས་ཕྱུང་ཡང་ཏུང་ཁྲིམས་

141 གྱི་སྲང་གྲང་ལ་འགོདུ་བསོ། ཕྲུག་རྒྱ

142 ཕྲུག་རྒྱ

143 ༄། ཞང་ལོན་མན་ཆད། དམངས་ཡན་ཆད་ཁྲིའི་འོག་ཏུ་ཆུད་པ་ལ་ཕྱུང་པའམ་མ་ཕྱུ

144 པའི་ཁྲིམས་ལ། ཁྲིའི་འོག་དུ་ཆུད་པ་ལ་མ་ཕྱུངསྟེ་སྨྲི་བཀུམ་དྲ་ཞང་ལོན་

145 བཀུམ་ཀྱང་རུང་། རྨང་ཞིག་བཀུམ་ཀྱང་རུང་གཡག་གིས་བཀུམ་དང་ཆད་པ་ཁྲིམས་
146 གཅིག་འབྲིའི་འོག་ཏུ་ཆུདེ། མ་གྲུམ་ཞང་ལོན་ཟངས་གྱི་ཡིགེ་པ་ཡན་ཆད་ཅིག་གིས་
147 གཅིག་ནང་མ་ཕྱུང་ན་མ་ཕྱུང་བའི་ཆད་པར། འོག་རྣས་བཅདེ་འབྲིའི་འོག་ནས་འཐར་པ་སྤྱལ
148 ཏོ:། འབྲིའི་འོག་ནས་ཕྱུང་ན་ཕྱུང་བའི་བྱ་དགར་འོག་རྟ་སྤྱོལ་ཤིག། །འབྲིའི་འོག་དུ་ཆུདེ
149 མ་གྲུམ་པ་གཙང་ཅེན་མན་ཆད་དམངས་ཐ་མ་ཡན་ཆད་ཅིག་སྐེ་གཅིག་གིས་ཅིག་
150 མ་ཕྱུང་ན་མ་ཕྱུང་བའི་ཆད་པར་འོག་རྣས་བཅདེ་འབྲིའི་འོག་ནས་འཐང་པས་སྤྱོལ་
151 ཤིག །ཕྱུང་ན་ཕྱུང་བའི་བྱ་དགར་རྟ་གཞི་ཅིག་སྤྱོལ་ཅིག་།། །མ་གྲུམ་བ་ཟངས་གྱི་ཡི་གེ་པ་
152 ཡན་ཆད་ཅིག་སྐེ་གཙང་ཆེན་མན་ཆད་ཅིག་གིས་མ་ཕྱུང་ན། མ་ཕྱུང་པའི་ཆད་པར་
153 འོ་དོམ་བཏག་སྐེ་རིང་རེས་རེས་ཅིག་གིས་བཅདོ། འབྲིའི་འོག་ནས་མ་ཕྱུང་བའི་བྱ
154 དགར། གནག་གྲུས་ཅིག་སྤྱོལ་ཤིག །འབྲིའི་འོག་དུ་ཆུད་མ་གྲུམ་པ་གཙང་ཅེན་
155 མན་ཆད་ཇིག་སྐེ། ཞང་ལོན་ཟངས་གྱི་ཡིགེ་པ་ཡན་ཆད་ཇིག་གིས་མ་ཕྱུང་ན་མ་ཕྱུང་པའི་
156 ཆད་པར་འོག་རྣས་བཅདེ། འབྲིའི་འོག་ནས་འཐར་པ་སྤྱོལ་ཤིག་འབྲིའི་འོག་ནས། ཕྱུང་
157 ན་ཕྱུང་པའི་བྱ་དགར་འོག་རྟ་དབངོ། ཕྱག་རྒྱ
158 ཕྱག་རྒྱ
159 ༄།:།གཡ××××ཞིག་ཏུ་ཆད་པ་ལས××××གམ་ན་མཆིས་པས་མ་ཕྱུང་ན་ག××××མ××××
160 འོ་××××ག××××ཁྲིམས་ལ། ཞང་ལོན་མན་ཆད་དམངས་ཐ་མ་ཡན་ཆད་གཡག་རྣ་འབྲིའི
161 འོག་དུ་ཆུད་པ་ལ་གྲོགས་པོའམ་གཡོག་བྲན་ཞིག་གན་ན་མཆིས་མཆིས་ཏེ་གཡག
162 རྣ་འབྲིའི་འོག་དུ་ཆུད་པ་མ་ཕྱུང་ངམ། གྲོགས་མ་བགྱིས་ན། གམ་ན་སུ་ཉེ་བར་མཆིས་པའི
163 རྣམས། གྱི་ནང་ནས་ཞ་ལྕེད་སྤྱངསྐེ་གང་སྔར་མ་གཅིག་འོ་དོམ་གདགས་པའི་ཁྲིམས་ལ་བབ
164 ན་འོ་དོམ་གདགསོ། གཞན་ནི་འོ་དོམ་མྱི་གདགས་པར་སྟོང་ཇི་བབ་པ་འཇལོ། ཕྱག་རྒྱ།
165 ཕྱག་རྒྱ
166 ༄།:།ཞང་ལོན་ཟངས་གྱི་ཡི་གེ་མན་ཆད་གྱི་××××ཡ་××××། ཡི་གེ་མཆིས་××××
167 བ། གཡག་དང་འབྲིའི་××××འོག་དུ་ཆུད་པའི་ཡི་གེ་ས་དབྱེ་པའི་ཁྲིམས་ལ། ཞང་ལོན་ཆད་པོ་མན་
168 ཆད་ཟངས་གྱི་ཡིགེ་པ་ཡན་ཆད་ཀྱི་བུ་པོ་སྤྱད་ཕན་ཆད་ཕ་སྤྱན་སྤྱད་ཚུན་ཆད་ཡིགེ་མཆིས་སྐེ་མདའ་རྟུལ་
169 པ། རྣ་གཡག་རྣ་འབྲིའི་འོག་དུ་ཆུད་པ་ལ་གཏོགས་ན་ཁོ་ན་ཡི་གེ་ཇི་ལ་གཏོག་པའི་ཁྲིམས་
170 བཞིན་དུ་བགྱིའོ། ཡི་གེས་བྱས་བུ་འང་རུང་ཕ་ལ་མ་གཏོགསོ། ཕུ་བོ་ནུ་བོ་ཡང་རུང་གཅིག་ལ།

171 གཅིག་མ་གཏོགསོ། ཕྱུག་རྒྱ།

172 ཕྱུག་རྒྱ

Pel.tib.1072(4) རི་དྭགས་ཁྱམས་ན་དོན་དབང་བའི་ཁྲིམས་ཡིག

173 ༄།:།རི་དྭགས་ཀྱི་དོན་ནང་ཧྲ་སྔ་མདའ་ཕྱི་མདའི་ཐང་དུ། རི་དྭགས་ལ་མདའ་གྲངས་བརྩིའ།

174 ××××་རི་དགས། ཁོངས་ནས་ཤོར་པ་ལ་ཕྱི་ཤ་སྦྱི། གནང་པའི་ཁྲིམས་ལ

175 ༄།:།རི་དགས་ཁམས་ན་དོན་དབང་པའི་ཐང་ལ། རི་དགས་བཀུམ་སྟེ་དོན་

176 དབང་བ་ནི་གཡག་ཅིག་ལ་མདའ་དྲུག་དུ་རྩིའོ་སྔའ་མདའ་དབང་པ་ནི་ཕུར་ཕུར་

177 གཡོན་ལོགསུ་མཐེ་གང་ཡོན་པོར་བཅད་གཡས་ལོག་ཀྱི་འཕོ་བ་རྩིབ་མ་ལོགས་དབོ་

178 ཛ་མ་ཧྲ་སླིང་ཧྲ་བྲང་ཧྲ་ལྟེ་ཧྲ་ཁྲག་ཕྱིད་ཧྲ། ཙ་རྒྱུས་ཧྲ་དེ་རྣམས་སྔ་མདའི་དབོ། ཕྱི་མདའ་

179 དབང་བ་ནི་གཡོན་ལྷགས་ཀྱི་རྩིབ་མའི་སྔོ་པ་ཧྲ་ཁྲག་ཕྱིད་ཧྲ་ནང་རོལ་ཚུ་སྨྱུག་ཧྲ

180 བཤུལ་རྒྱུས་དང་ཏེ་རྣམས་ཕྱི་མདའ་དབོ། ཡང་མདའ་ནི་རྩིབ་མ་གཡས་པ་དཔོ

181 གཞི་མདའ་རྩིབ་མ་གཡོག་ལོགས་དབོ། ལྟེ་མདའ་ཐང་སླ་དབོ། དྲུག་མདའ་ལག

182 སླ་དབོ། འབྲི་གཅིག་ལ་མདའ་གསུམ་དུ་བརྩིའོ། སྔ་མདའ་དབང་པ་ནི་ཕུར་ཕུར་

183 གཡོན་ལོགསུ་མཐེ་གང་ཡོན་པོར་བཅདེ། གཡས་ལྷགས་སྔོ་བ་ཧྲ་ཛ་མ་དང་བྲང་སླིང

184 ལྟེ་ཁྲག་ཕྱིད་ཧྲ་གཤང་ཧྲ་ཙ་རྒྱུས་ཧྲ་དེ་རྣམས་སྔ་མདའ་དབོ། ཕྱི་མདའ་དཔང་བ་ནི

185 རྩིབ་མ་གཡོན་ལོགས་ཀྱི་ཁོ་པ་ཧྲ་ཁྲག་ཕྱིད་ཧྲ་ནང་རོལ་ཚུ་སྨྱུག་ཧྲ་བོག་ཁོག་ཧྲ་གཤུལ་རྒྱུས

186 ཧྲ་དེ་རྣམས་ཕྱི་མདའ་དབོ། ཡང་མདའ་དབང་བ་ནི་མཛིག་པའི་སྔོ་བ་དང་སླ་བཞི་དབོ

187 ། །ཤ་བ་ཧྲ་རྐྱང་མན་ཆད་དགོ་བ་ཡན་ཆད་མདའ་གཉིས་སུ་བརྩིའོ། སྔའ་མདའ་ནི་པགསྦ་ཧྲ་སླིང

188 ཧྲ་བྲང་ཧྲ་ལྟེ་ཧྲ་ཁྲག་ཕྱིད་དང་ཙ་རྒྱུས་ཧྲ་དེ་རྣམས་སྔ་མདའ་དབོ་ཕྱི་མདའ་དབང་བ་ནི་མཛིང་ཤུན་

Pel.tib.1073 ཁྱིས་སྣད་པ་ཐག་གཅོད་ཀྱི་ཁྲིམས་ཡིག

1 ××××མ་གུམ་གྱི་སྣས་དང།

2 ཁྱི:སྣོད:སྣོད་པ:པོ:ཞིག་ན:རིང:རེས:གཅིག:གིས། བཅད་དེ་དགོད་དུ:འོག:ཏུ:དམ་པའ་གཅིག

3 དང:སྣས་པའི་ཡ:སྟགས། མང:ཅུང:དབོ། མོ:ཞིག:ན་གོ:ཟ:མ། དམ་པ:གཅིག:གྱིས་བཅད་དེ།

ཡ་སྐྲགས་མང་ཉུང་དང་དང་ཡུས་བདག་སྩལད་དོ། ༎ ཞང་ལོན་བྲ་མེན་གྱི་ཡི་གེ་པའ པ་ཡན་འཅད། ཁོང་ཏ་ངོ་བོ་དང་ཁོང་ཏ་དང་སྟོང་མཉམ་བ་གཅིག་ལ། དབྱལ་གི་ཡེ་གེ་པའ། མན་ཅད། ཟངས་ཀྱི་ཡི་གེ་པའ། ཡན་འཅད། ཁོང་ཏ་ངོ་བོ་དང་། ཁོང་ཏ་དང་། སྟོང་མཉམ་བ་གཅིག། གྱིས། ཁྲི། སྲིད་དེ། ཁྲི་སྲིད་པས། བཟའས་དེ་གུམ་ཡང་རུང་། ཁྲི་སྲིད་པས་གཡར། ལས་སྐྱོགས་པའ། ཞོན་ཞོན་པ་ཞིག་འདྲོགས་དེ་བོར་དེ་གུམ་ཡང་རུང་། ཁྲི་སྲིད་པའི་ལན་འདོན་གྱིས། ཅིས་བཀུམ་ཡང་རུང་། ཁྲི་སྲོད་སྲོད་པ་པོ་ཞིག་ན། ཁོ་འདའ་འབྲ་ཤིག་བཀུམ་སྟེ། བུ་སྨད་སྤྱུག་གོ། བང་ཟའ་ཕྱུགས་ནོར། ཅི་མཆིས་པའ། གུམ་བའི་སྟོང་དུ་སྩལད་དོ། ཁོལ་ཡུལ། ནི་སྨད་ན་བུ་རྫུམ་པ་བུབ་པའ། ཞིག་མཆིས་ན་བུ་སྩལད་དོ། བུ་རྫུམ་པའ། བུབ་པའི་མ་མཆིས། ན་པ་སྩལད་དོ། པ་མ་མཆིས། ན་སྤུ་ནུ་པོ་བྲུང་མཆིས་གྱུང་སྐྱི་སྩལད་དོ། བཀུམ་བའ་སྤུའི་འབངས། སྤུའི་བྲན་བའ། ཁོལ་ཡུལ། སོ་སོར་བཞིས་འཚོལ་ཅིག། རྫུམ་པའ། མ་བུབ་པ་ཞིག། ཁྲི་སྲོད་སྲོད་དེ། བཀུམ་ན་སྟོད་སྟུན་དུ། བང་ཟ་ཕྱུགས་ནོར། མ་བགོས་པའི། རྣམས། བགོས་དེ་བཀུམ་པའི་སྐལ་བར། བང་ཟ་ཕྱུགས་ནོར། ཅི། ཐོབ་པ་ཀུནད། བཀུམ་བའི་སྟོང་དུ་སྩལད་དོ། བུད་མེད་ཁྲོ་མཆིས། པའ་ཞིག། ཁྲི་སྲོད་སྲོད་དེ། བཀུམ་ན། མོ་འདའ་གདོད་མའ། པ་མྱིང་གྱིས་ཅིས་བཙངས་པའ། ཀུནད་གུམ་པའི་སྟོང་དུ་སྟོང་དུ་སྩལད་དོ། བུ་སྲིང་ཁྲོ་མ་མཆིས་པའ། ཞིག་ཁྲི་སྲོད་སྲོད་དེ་བཀུམ་ན་མོ་འདའ་ལ་བྲན་དང་ཕྱུགས་ནོར་ཀུནད། པའ་ཅི་མཆིས་པའ་གུམ། བའི་སྟོང་དུ་སྩལད་དོ། ཁྲི་སྲིད་པས་ཞང་ལོནད་ཞིག་བཟས་དེ། གུམ་ནི་མ། གུམ་གི་སྐྱས་གྱུང་རུང་། ཁྲི་སྲིད་པས། གཡར་ལས་སྐྱོགས་པའ། ཞོན་ཞོན་བ་འདྲོགས་དེ་བོར་ཡང་། རུང་གུམ་ནི་མ་གུམ་གི་སྐྱས་དང་ཁྲི་སྲོད་པའ། ཞིག་ན་ཁོ་ན་པོ་རེང་དུ་སྤྱུག་གོ། བང་ཟའ་ཕྱུགས། ནོར་གྱི་བཞི་ཅ་གཅིག་སྐྱས་པའི་དཀོད་དུ་སྩལད་དོ། མོ་ཞིག་ན་མོ་འདའི། སྤྱུགས་ལ། བང་ཟ་ཕྱུགས། ནོར་ཅི་མཆིས་པའི་ཕྱེད་སྐྱས། པའི་དཀོད་དུ་སྩོལ་ཅིག། ༎ ཞང་ལོན་བྲ་མྱིན་གྱི་ཡི་གེ་པའ། ཡན་ཅད་ཁོང་ཏ་ངོ་བོ་དང་། ཁོང་ཏ་དང་སྟོང་མཉམ་བ་གཅིག་ལ། གཙང་ཅེན་མན་ཅད། དམངས་ཐ མ་ཡན་ཅད་ཅིག་གྱིས། ཁྲི་སྲིད་དེ་ཁྲི་སྲིད་པས། བཟའས་དེ་གུམ་ཡང་རུང་། གཡར་ལས་སྐྱོགས་དེ། ཞོན་ཞོན་པ་ཞིག་ཁྲིས་འདྲོས་དེ་བོར་དེ་གུམ་ཡང་རུང་། ཁྲི་སྲིད་པའི་ལན་དོནད་ཅིས། གུམ་ཡང་རུང་། ཞང། ལོནད་དང་དགེ་བ་ལ། ཁྲི་སྲོད་སྲོད་ནོངས། གྱིས། ཁོང་ཏ་བུ་སྨོངས། བྱུང་ཡན་ཅད་དགུམ། མོ། སྨོངས། མ་བྱུང་བ་སྨད་ནི་སྤྱུག་གོ། བང་ཟ་ཕྱུགས་ནོར། ཀུནད་ནི་ཞང་ལོན་གུམ། བའི་སྟོང་དུ་སྩལད་དོ། རྫུམ་པའ་མ་བུབ་པ་ཞིག་ཁྲི་སྲོད་སྲོད་དེ་བཀུམ་ན་སྟོད་སྟུན་དུ་བང་ཟའ་ཕྱུགས་ནོར་མ་བགོས།

29 ××××མས། བགོས། དེ:××××××××

Pel.tib.1075 རྐུན་པོར་ཉེས་ཆད་གཅོད་པའི་ཁྲིམས་ཡིག

1 ××××
2 དུ་མཆིས་པ་ཚལད་འཇོ། སྲང་བཞི་མན་ཅད་སྲང་གསུམ་ཡན་ཅད་ཀྱི་ཁྲ
3 ཞིག་རྐུསྣ་ན་རྐུན་པོ་དུ་མཆིས་པའི་ར་མགོ་གཅིག་དགུམོ་དེའི་འོག་ན་ར་མགོ་
4 པ་གཅིག་ཤུལ་ཉེ་བར་སྒྲུགོ་དེའི་འོག་དུ་རྐུན་པོ་དུ་མཆིས་པས་ཆལད་འཇོ།
5 སྲང་གཉིས་ཞོ་བདུན་ནམ་གཉིས་མན་ཅད་སྲང་གཉིས་ཡན་ཆད་ཁྲ་ཞིག་མྱི
6 གི་གྱིས་རྐུས་ན་ཕོ་ན་དགུམོ་མྱོ་གཉིས་ཀྱི་རྐུས་ན་ཆལ་འཇོ། སྲང་གཅིག །
7 ཞོ་བདུན་ནམ་གཉིས་མན་ཅད། ནམ་ཅིག་ཡན་ཅད་ཀྱི་ཁྲ་ཞིག་རྐུས་ན་རྐུན་
8 པོ་དུ་མཆིས་པ་ཀུན་ཆལ་འཇོ། ཕྱག་རྒྱའ
9 ༄།:།བཙན་མོ་ལྷམ་སྲུ་དྣ་ཇོ་མོ་དྣ་ཞང་ལོན་མན་ཅད་དམངས་ཡན་ཅད་ཀྱི་ཁང
10 པ་དྣ་ས་མ་དྣ་སྲི་དྣ་བང་པ་དྣ་དོང་དུ་རྐུན་པོ་ཞིག་ཞུག་པའི་ལག་དུ་མ་ཐོབ
11 ཟིན་པའི་ཁྲིམས་ལ། །བཙན་མོ་ལྷམ་སྲུ་དྣ་ཇོ་མོ་དྣ་ཞང་ལོན་མན་ཅད་དམངས་ཡན་ཅད་
12 ཀྱི་ཁང་པ་དྣ་ས་མ་དྣ:སྲི་དྣ་བང་བ་དྣ་དོང་དྣ། འཕྲོན་པོའི་ཕྱིས་འབྲང་དྣ། འདི་རྣམས་
13 ལས་སྐོགས་པའི་ནང་དུ་རྐུན་པོ་ཞིག་ཞུགསྟེ་དཀོར་ལག་དུ་མ་ཐོབ་པར་ཟིནད་ན
14 སྲང་གཉིས་མཆིས་པ་ཡན་ཅད་ཀྱི་ནང་ཞུགས་པ་ལས་ཟིནད། ན་རྐུན་པོ་རེ་མགོ་
15 པ་གཅིག་ཕུ་རིང་དུ་ཤུལ་རིང་པོར་སྒྲུགོ། སླད་ན་དུ་མཆིས་པ་ལ་སྲང་གཉིས།
16 རྐུས་པའི་ཐང་དུ་རྒྱུད་ཐོབ་ཤིག །སྲང་ཉིས:སུ:མ:འཙལད་པ:མན་ཆད:ཀྱི་ནང
17 དུ:ཞུགས:ཏེ་དཀོར་ནོར:ལག:དུ:མ:ཐོབ:པར་ཟིན་ན:རྐུན་པོ་དུ་མཆིས་ཀྱང་
18 ཅང་སྲང་ཕྱེད་རྐུསྟེ་ཟིན་པའི་ཐང་རྒྱུད་ཐོབ་ཅིག། ཟིན་ཟིནད་པའི་ཕྱ་དགའ་ནི་རྐུན་
19 པོ་སྒྲུགས་པའི་ནོར་ཕྱུག་དྣ་ཆལད་ཕབ་པ་ལས་བཀའ་གྲིམས་ཇི་དཔང་བའ།
20 ཏང་བཞིན་དུ་སྩལདོ། །ཕྱག་རྒྱ
21 ༄:། བཙན་མོ་ལྷམ་སྲུ་དྣ་ཇོ་མོའི་སྤུང་དྣ་ཞང་ལོན་མན་ཆད་དམངས་ཡན་ཆད་ཀྱི་ནས
22 རྐུས་པའི་ཁྲིམས་ལ:བཙན་མོ་ལྷམ་པ་སྲུ་དྣ་ཇོ་མོའི་སྤུང་དང་ཞང་ལོན་མན་ཆད་དམངས་

ཡན་ཆད་གྱི་ནས་ཞིག །རྒྱུས་ཏེ་ཟིན་ན་ཁལ་གྲང་དང་བྲེ་གྲངས་ལས་སྲང་དང་ཞོར་བསྩོགས་ལ་ནོར་རྒྱུས་པའི་ཁྲིམས་ཏྲ་ཐང་གཅིག་གོཕྱུག་རྒྱ

༄༅། ཁྲིམ་གྱི་བྲང་མ་ལགས་པའ་བྲང་གཞན་ནས་རྒྱུས་པའི་ཁྲིམས། །ཁྲིམ་གྱི་བྲང་མ་ལགས་པའི་སྣད་ན་འདྲོན་པོ་ཆེང་པ་ཞིག་གི་བྲང་ནས་རྒྱུས་མ་སྦྲ་ཞིག་གི་ནང་ནས། རྒྱུས་ཀྱང་ཀུང་ཁྱི་བྲང་ཞིག་གི་ནང་ནས་རྒྱུས་ཀྱང་ཀུང་རྩེའུ་བྲང་ང་ཞིག་ནས་རྒྱུས་ཀྱང་ཀུང་དེ་རྣམས་ཤིག་ལ་རྒྱུས་ན་ཁྲིམ་ཕྱུགས་མ་ལགསོ་དེ་རྣམས་ལྟ་ཞིག་ལས་རྒྱུས་སུ་ལགས་ན་ཡོད་སྲང་དུ་བསྩིས་ཏེ་ཡོད་གྱི་རྟ་གྲངས་སུ་བསྩིསྟེ། རྟ་གྲང་གྱིས། དགུམ་པའི་ཁྲིམས་ལ་བབ་ན་འང། དགུམོ། སྦྱུགས་པའི་ཁྲིམས་ལ་བབ་ན་འང་སྦྱུགས་ཡུལ་ཉེ་རིང་གྱི་བཀའ་གྲིམས་གྱི་ཐང་བཞིན་དུ་སྦྱུགོ་ཆལ་འཇལ་པའི་ཁྲིམས་ལ་བབ་ནང་ཆལ་འཇལོཕྱུག་རྒྱ

༄༅། ཞང་ལོན་མན་ཆད་དམངས་ཡན་ཆད་གྱིས་ལྷ་རྒྱུས་པའི་ཁྲིམས་ལ་། ཞང་ལོན་མན་ཆད་དམངས་ཡན་ཆད་གྱིས་ལྷ་ཞིག་རྒྱུས་ཏེ། ནོར་དུ་འཚལ་པ་ལས་ཟིན་ན་ལྷ་བླས་ཇི་རྒྱུས་པ་ཞོ་གྲངས་ཏྲ་སྲང་གྲང་སུ་རྩིས་ལ་ཁྲིམ་ཕྱུགས་བཏབ་པའི། ཁྲིམས་ཏྲ་ཐང་གཅིག་གོཕྱུག་རྒྱ

༄༅། བཙན་པོ་ལྷམས་སྲུ་ཏྲ་ཇོ་མོའི་དགོར་ཏྲ་ཞང་ལོན་མན་ཆད་དམངས་ཡན་ཆད་གྱི་ནོར་རྒྱུས་པའི་རྒྱན་ཆད་གྱི་ཁྲིམས་ལ། བཙན་པོ་ལྷམས་སྲུ་ཏྲ་ཇོ་མོའི་དགོར་ཏྲ་ཞང་ལོན་མན་ཆད་དམངས་ཡན་ཆད་གྱི་ནོར་བརྒྱུསྟེ། རྒྱན་པོ་རྒྱུད་ཕབ་པའི་རྣམས་འགྱུལ་དུ་ལུང་སྲིད་ཕོའུ་ཚུང་གང་སྟོམ་མཐོ་གང་གྱིས་འཁོར་པ་གཅིག་ཞལ་ཅེ་པའི་རྒྱུས་ཐོབསྟེ་ཐོག་མ་ཤིག་ཉ་ཚ་སུམ་རྒྱུས་གཞུགས་ལ་མཁར་ལན་སླ་བ་རེ་རེ་གཙོད་××××མ་ཕོར་བར་གུམ་ན། ཐུ་ཕོའི་མགུལ་དུ་ལུང××××

ལྷ་སྲུང་དང་ཆོ་ག་ཕྱག་ལེན་གྱི་ཡིག་ཆའི་སྐོར།

དང་པོ། ལྷ་སྒྲུང་གི་སྐོར།

pel.tib.126 ཕྱྭ་དང་དམུ་གཉེན་བགྱིས་བའི་རབས།

103 ༄། །གནའ་དང་པོ། གཞི་ཐོག་མ་། དམུ་དང་ཕྱྭ་གཉེན་པའྀ་འཚོ། ཕྱྭ་འྀ་ཕོ་ཉ་དམུ་འྀ་ཐད་དུ་མཆིས་པ་ལ།

104 དམུ་འྀས་བཀའ་སྩལ་པ། ངེད་ཀྱི་དམུ་ཡུལ་འདི་དག་ན། དགའ་ལྷ་བྱེད་ནི་ནམ་མི་ནངས་ལ། དྲོ་ཉི་འོད་ཀྱིས་

105 ནི། མུན་མི་སྲོས་པའྀ་ས་ཡུལ་འདི་དག་ནི། གཡའ་མཐའ་ནི་གཡ་ཀྱིས་བསྐོར། མཐིང་མཐའ་ནི་རག་གྱིས་

106 བསྐོར་སྟེ། མཐོ་སྟེ་བྱ་མི་ལྡིང་ལ། དམའ་སྟེ་བྱ་མི་བཟུལ་ག་གུ་འདི་དག་ན། ཆུ་ཆུན་ནོང་བུ་དག

107 སྦྲིན་××པའྀ་མཆིད་ན་རེ། ཕོ་བྲང་ཁབ་སྐྱོ་ན། བང་དེ་བུང་དེ་སེ་རུ་ཡོང་ཡོང་། ནེའུ་བུན་བུན་པོ། མི་ཙུང་པོ་ག

108 ཅམ་ལ། ཧ་ཙུང་སློ་བ་ཅམ་ཁ་ཅིག་གདའ་འྀ་སྐད་ན། །མྱི་ནི་སུ་འྀ་མྱི། ཕྱྀན་ནི་གང་ནས་ཕྱྀན། དོན་ནི་སུ་

109 ལ་གཉེར། དྲག་དུ་སྨེད་པས། ཞིབ་ཏུ་སྲིངས་ཤིག །ཕོ་ཉས་ལན་བཏབ་པ། བདག

110 ཅག་ནི་འཕྱྭའྀ་འབངས། ཕྱྭ་འྀས་བཀའ་སྩལད། རྗེ་ནི་ཞུ་ཕུད་ནས། མགོ་ནག་འཁྲིང་ལ་རྗེ་མྱེད

111 རྗེ་སྐོས་ལ། རྗོག་ཆགས་དུད་ལ་ཁྲམ་ཐོབ་ཅིག་ཅེས་བཀའ་སྩལད་པ། འདིབས་ཤེད་མཆི་བའྀ

112 ཤུལ་ག་ན། བབ་དམུ་ཡུལ་དུ་བབསྟེ། དགའ་ནི་ལྷ་བྱེད། དྲོ་ནི་གཉེན་བྱེད། ཡར་ནི་ལྷ་མཚོད། མར་ནི་××

113 གནོན་བའྀ་ཐད་ཀར་བབ་སྟེ། །བདག་ཅག་ངན་པ་ཡང་ལྷ་ལ་ནི་ཡོན་འབུལ། དམུ་རྗེ་ལ་ནི་བགོད་ཅམ

114 འབུལ་ཞིང་སྤྱུང་ངར་མཆིས། །པའྀ་ཕོ་ཉ་ལགས།། །དམུ་རྗེས་བཀའ་སྩལད། པའྀ།

115 མྱི་ཁྱོད་ཅག་གྱི་བཀའ་མཆིད་ལ། གཡོ་སྒྱུས་བསྟན་པའྀ་ཤོ་གེ་དག་རབ་དུ་ཆེ་བས། །ཤུལ་ནོར་×བྱོན་པ

116 འདྲ། ནོར་ཚབས་དག་རབ་དུ་ཆེ་བས། ཐར་གི་ཤུལ་གང་ལགས་པ་དེ་ཁོ་ཟུང་ལ་སྣར་གཤེགས་ཤིག། །ཕོ་ཉས

117 ལན་བཏབ་པ། །བདག་ཅག་ཟང་སྐད་མདོ་ནས་ཚུར་མཆིས་ན། ཤུལ་ཡང་ནོར། ཏེ། །རི་རོང་ནི་རྩུབ། ཆུ་རྫབ

118 ནི་ཆེ། མི་དང་མཇལ་པ་ལས། སྐྲ་ནི་འཕམ་པ་དམིག་ནི་སེར་བ། སྐད་ནི་འཛེར་བ། རྐུ་ལག་ནི་ཁྱེར་བ

119 ཅིག་དང་མཇལ་སྐེ། སུ་འི་མི་ཞེས་བདག་ཅག་ལ་འདྲི་འོ། །བདག་ཅག་གིས་ཀྱང་། དྲང་པོར་སྨྲས་ཏེ།
དམུ་འི་ཡུལ་དུ

120 སྨུ་འི་ཕོ་ཉར་མཆི་ཞེས་བགྱིས་ན། ཕོ་བོ་མཆིད་ནས། འོ་ན་ཁྱོད་ཅག་ནོར་པར་འོངས་སྐེ། ཡུལ་
འདི་ནི

121 སྲིན་གི་ཡུལ་གིས། །དམུའི་ཡུལ་ནི་ཤར་ལྷོ་འི་ཚམས་ན་ཡིན་བས། དེ་ལྟར་ཡོང་སྐད་མར་ཤུལ

122 བསྟན་ཏེ། ད་ལྟར་དམུའི་ཡུལ་འདབ་དུ་འཕེབས་ན། མི་དང་མཇལ་ན། མི་མགོན་པོ་བས་ལེགས

123 སྐད་མདངས་ནི་འབྲུག་སྐད་པས་ཆེ་ལ་སྐན། དྲི་གསུང་ནི་སྤོས་ཀྱི་དྲི་བས་གདའ་འོ། དེ་རྗེ་འི་སྐྱུ
ངར་སྐུ

124 བླ་མ་ཡོན་འབུལ། དམུ་རྗེ་ལ་བཀོད་ཅམ་འབུལ་ཞིང་ཞལ་མཐོང་བར་ཅི་གནང།། །།དམུ་རྗེས

125 བཀའ་སྩལད་པ། ངེད་ཀྱི་ཡུལ་འདི་དག་ན། ས་འཚམས་ཀྱི་སྟག་འཕྲེང་ཁྲི་སྐུགས་དག་ན། གླིས་པ
སྟག་དང

126 གཟིག། དོམ་དང་དྲེད་ལས་བསྒོགས་པ་མང་པོར་མཆིས་ན། དེ་ཀུན་གཅིག་དང་ཡང་མ་ཕྲད་ན། ཁྱེད
ཅག་གནམ་ནས་འོངས

127 ན་ནི། ཕུར་བའི་འདབ་ཤོག་མེད་ལ། ས་ལས་འཛུལ་ཏེ་འོངས་ན་ནི་བྱི་བ་མ་ཡིན་ན། ཁྱེད་ཅག་གི
ཚིག་ལ་ཟོལ་མང

128 བས་སླར་གཤེགས་ཤིག།། །།ཕོ་ཉས་ལན་བཏབ་པ། བདག་ཅག་ངན་པ་ལ་སྒྱུ་དང་ཟོལ་མཆན

129 དམུ་རྗེ་འི་སྟག་ཕྲང་གཟིག་ཕྲང་ན། གླིས་པ་སྟག་གཟིག་དང་ཡང་མཇལ། དོམ་དང་དྲེད་དང
ཡང་མཇལ།

130 ལམ་ནི་བཅས་ཕུལ། མི་ལ་ནི་ཡོན་ཕུལ་ནས། བདག་ཅག་ངན་པ་ལ་ཤུལ་བསྟན་ནས། དམུ་རྗེ་འི
སྐྱུ་ངར་མཆིས

131 པ་ལགས།། །།དམུ་རྗེས་བཀའ་སྩལ་པ། །ཁྱེད་ཅག་གི་ཚིག་ལ་ཡོང་ཟོལ་ཡོད་པས། ངེད

132 དམུ་འི་གཙན་པ་གླིས་པ་ལྕགས་ཀྱི་མི་ཧ་ཞུབ་རླུང་ལྟར་ནི་ཕྱོ་ལ། གློག་ལྟར་ནི་མྱུར་བ། ལྕགས་ཀྱི་རི
བོང་ལ་ལྕགས་ཀྱི

133 ཁྲ་བཀྱེ་སྐེ། སྐེ་ལེན་དུ་ལེན་བ་དག་ཀྱང་ཡོད་ན། དེ་ཀུན་གཅིག་དང་ཡང་མ་ཕྲད་ན། ཁྱོད་ཅག་ཀྱི
ཚིག་ཡང་བརྫུན་དང་ཟོལ་མཆིས

134 པས། སྣར་གཞིགས་ཤིག།། །།ཕ་ཉས་ལན་བཏབ་པ་། །བདག་ཅག་ངན་པ་ལ་རྫུན་དང་ཟོལ་མ་མཆིས་། ལྟུགས་ཀྱི་སྨྲི་
135 རྟ་ཞུབ་ལྟུགས་ཀྱི་ཁྲ་བཀྱི་བ་སྒྱོག་ལྟར་སྨྱུར་བ་དང་ཡང་མཇལ་ཏེ། ལྟུགས་ཀྱི་ཐུར་མ་ལ། ལྟུགས་ཀྱི་རི་བོང་གཏུར་ནས་བསྲེག
136 ཤ་བཀྱིད་པ་དང་ཡང་མཇལ། མཛོ་མོ་དཀར་མོ་ཞིག་བཤས་ཏེ། མཞུག་མ་མ་བཅད་པ་དང་ཡང་མཇལ་ནས། དེ་ཀུན་ལ་ཡང་
137 ཕྱུའི་བཀའ་རྟགས་དང་སྐྱེས་རངས་ཕུལ་ཏེ། རྟ། རྒལ་ནས་མཆིས་ན། ད་སྐུ་བླ་མྱི་མཐུར་མྱིག་གཡོ་བའི་ལྷ་ཡོན་ཅམ་འབུལ་དུ
138 མཆིས་ན། ལྷ་ཞལ་ཅམ་མཐོ་ཞིང་ཕྱག་ཚུད་པ་ཅམ་དུ་གཅིག་ནང་།། །།དམུ་རྗེས་བཀའ་སྩལ་པ་། །
139 འོན་ཕྱུ་འི་ཕོ་ཉ་ངེད་ཀྱི་སྐུ་བུ་ལ་མཆོད་གསོལ་དུ་འོངས་ན། མཆོད་པའི་རྐྱེན་ཅི་ཡོད། འཇང་སྦྱུག་མཆོང
140 ལ། ཐང་ཀར་ཡུག་གྱིས་བསྒྲོན་བ་ལྷ་མདའ་ཡོད་དམ་མྱེད། ལྷ་མདའ་འི་རྐྱེན་རྒྱ་དར་རིས་ཐྲན་ཡུག་གྱིས
141 བཏགས་པ་ཡོད་དམ་མྱེད་། གསེར་ཁ་མ་བླངས་པ་ཡོད་དམ་མྱེད་། གཡུ་འི་སླག་ཅན་ཡོད་དམ་མྱེད་། སྔོན་མོ
142 འབྲུ་བདུན་ལ་ཁལ་དགུ་ཡོད་དམ་མྱེད་། སྔོན་མོ་འདིང་དིང་འབྲས་ཀྱི་ཁྲུ་ཁལ་དགུ་ཡོད་དམ་མྱེད་། མཐུད་གོང
143 གོང་མོ་ཅམ་མཆིས་སཾ་མ་མཆིས། མར་གྱི་སྲིག་ཤ་སྲིག་པ་ཅམ་མཆིས་སམ་མ་མཆིས། ཨོ་མའི
144 གདར་བྲེ་ཁ་ཅམ་མཆིས་སམ་མཆིས། ལྷ་ལུག་ངོ་མར་མཆིས་སམ་མཆིས། ལྷ་རྟ་སྣན་ཀར་མཆིས
145 སམ་མ་མཆིས། ལྷ་འབྲི་ཟལ་མོ་མཆིས་སམ་མ་མཆིས། ལྷ་གཡག་ཤམ་པོ་མཆིས་སམ་མ་མཆིས།
146 དམུ་རྗེ་ལ་ཡང་སྐྱེས་རངས་རྫོགས་པར་མཆིས་སམ་། དམུ་བློན་ལ་ཡང་སྐྱེས་རངས་རྫོགས་པར་མཆིས་ན་།
147 འདྲོན་པོ་དག། ཀྱུང་དགུང་མཐའ་སྐོར་སྐོར་ནི་། ཀྲོད་པོ་མཐའ་ཟགས་ལ་། ངོག་མཐྭ་སྐོར་བསྐོར་ནི་མཚལ
148 བ་ཐིལ་རྫོལ། མྱི་ནི་ཚད་རྟ་ནི་ངལ་ན་ཡང་། ར་མའི་འདབ་ཅམ་དུ་གདབ་དུ་གནང་། སྐུ་བླ་ལ་ཡང་ཡོན་འབུལ
149 དུ་གནང་ངོ་།། །།ཞུ་བ་རྣམ་འག་སྙན་དུ་ཞུས་ཏེ། བཀའ་གཉན་པོས་ལུང་དུ་སྩལ་ཏེ་གནང
150 བ། གཏང་རག་སྤྱི་བོ་གཙུག་གྱིས་འཚལ་ཞིང་མཆིས་སོ།། །།༡།། །།སྐུ་གཉེན་ཕྱོགས་ཀྱི

151 ཞ་སྔ་ནས། མང་ཞམ་ཉིད་ཀྱིས་མཆོད་གསོལ་པ། །བདག་ཅག་ངན་པ་ལྷ་ཞིག་མཆིས་པ། བུས་བ་ངན་པ་

152 འོག་ཞིག་གང་རིངས་ཏེ་སྐྱེས་ན། ཁྱེད་ཀྱི་ཞམ་འབྲིང་འདབ་དུ། རིང་བའི་ནི་སྲབ་མདའ་འཛིན་པ་

འམ། ཐུང་བའི་

153 བའི་ནི་ཡོབ་ཅེན་གི་རྟེན་ཙམ་འམ། མཚན་མོ་ནི་གཡང་མོ་འི་མཐའ་སྐྱོང་བ་ཙམ་དུ་འབུལ་བར་བསེས་

154 ཏེ། རྐེ་×××མ་འོག་ཙམ་ཞུགས་ན། ཡང་། རྐེ་ལོང་དུ་མ་བསྟེས་ཏེ། བཀའ་ཆད་ཀྱིས་མ་བཀྲམ།

155 གཤེ××སུ་གནང་བ་གློ་བ་དགའ། །དེ་འི་རྗེས་ལ་མྱི་དང་འདྲ་བའི་གདན་ཚབ་འམ། གསོལ་དུ་ཙུང་བའི་

156 བཤོས××××ནི་ཅི་ཡང་མ་འགྱོར་ལགས་ན་ཡང་། ཅེའུ་ཚང་དུ་རྒྱལ་གཤེགས་པ་དང་མཚུངས་སྐེ།

གདུགས་

157 ཚོད་མ་ཁོངས་པའི་ཐོག་དུ། གྲང་མོ་ཞལ་བུ་རེ་རེ་ཞིག་སྐུ་ལ་དམྱིགས་ཤིང་མཆིས་ན། ཆུངས་ཀྱིས་

158 བཀའ་མྱི་འབབ། བཞེས་པ་ཙམ་དུ་གཅིག་གནང༎ ༎བདག་ཅག་ངན་པ་མཆིས་

159 པ་ཡང་དེང་གི་གདུགས་ལ། འདི་འདྲ་བའི་བཀའ་ལུང་གཉན་པོ་གཡར་དུ་སྩལ་པ་ཡང་། གཡར་ཚོད་མ་

160 མཆིས། །བདག་ཅག་ཀྱི་ཡབ་ཁུ་དག་ཀྱང་མ་རྗོགས། །ཡབ་ཁུ་དག་དང་བཀའ་གྲོས་བགྱིས་ལ།

161 དེ་ནས་ཁྱེད་ཅག་ལ་བཀའ་ལུང་དག་སྩྭིན་གིས༎ ༎སྐུ་གཉེན་འཕྲུལ་གི་ཞ་སྔ་ནས།

162 དེང་གི་གདུགས་ལ་གོར་བུ་འི་ཞབས་ཚོགས་ལ་མ་་གཟིགས་ཏེ་གདན་གཤེགས་སུ་གནང་བ་གློ་བ་

163 དགའ། བདག་ཅག་ངན་པ་ཡང་ལྷ་ཞལ་ཙམ་མཐོང་། ལྷ་བཀའ་ཙམ་ཉན་ཅིང་མཆིས་ན། བཀའ་

164 སྩལ་པ་ཙམ་དུ་ཅི་གནང༎ ༎དེ་ལགས་ཁྱེད་འོ་སྐོལ་མཆིས་པ་ཡང་། ཕུ་ནི་སྟོང་སྟེ་

165 མདའ་ནི་རྒྱ་སྟེ། རྗེ་གཅིག་གི་འབངས་ལ་ཡུལ་ཅིག་གི་ནི་མྱི། ས་ཅིག་གི་འབྲས། རི་ཅིག་གི་

166 རྡོ། ཁྱེད་འོ་སྐོལ་ལ་དབྱར་མྱེད་པས། ཁྱེད་ཀྱི་××××ཀྱང་ཅེའུ་ཡག་དང་ལོག་མེན་དག་ལྟོས། ཙུང་

167 ཞིང་ཤེས་པར་གྱུར་ན། བདག་×××××བཀའ་གྲོས་དང་། བགྱིས་ལ། ཁྱེད་ལ་བཀའ་ལུང་དག་

སྩྭིན་གིས་

pel.tib.733 ལྷ་ཡུལ་དུ་ལམ་བསྟན་པ།

1 ༄། །དེ་ནས་གཤེན༄། །ཐམས་ཅད་མཁྱེན་པའི་ཡེ་ཤེ་ཀྱང་། །མངོན་བར་ཤེས་པའི××

2. ལ་ཡང་རྣམ་པར་སྤྲུལ་པར་གྱིས་ཤིག། །ཆོས་ཀྱི་དབྱིངས་ལ་ཡང་མ་གཡོས་ཤིག། །བྱང་ཆུབ་ཀྱི་

3 སེམས་བསྐྱེད་པ་ལ་ཡང་མ་གདང་ཤིག། །དེ་བཞིན་གཤེགས་པ་འི་རྣམ་པར་འཕྲུལ་བ་དང་། །ཕྱིན་

4 ཁྲི་ཐབས་ཁྲིང་ཡོངས་སུ་རྟོན་ཅིག། །ལྷ་ཡུལ་དུ་ལམ་བསྟན་བཟོགས་སོ། །ཤོ།། ༎

IOL.Tib.J.739 ལྷ་སྒྲུང་།

1 ༄།ཿ། ཁྲི་རྒོ་ཐང་ནི་རེ་རེ་མོ།། །།ཆའ་བཙུགས་

2 ནི་རོག་མོ་སྤྱན།། །།ཞལ་བཟངས་ནི་གཡུ་མ་

3 མཐོན།། །།ཁྲི་སྐད་ཕྲན་ནི་བྲི་ལེགས་པའས་། ཕྲ་

4 བཀོད་ནི་གཅིག་མྱི་ཡར། དགུ་ཆག་ནི་བྲི་ལེགས་པས་

5 དགུང་སྔོན་ནི་གཞུང་བརྟན་ཞིང། གཉི་ཟླ་ནི་འཛྲོན་གོ་ཤུ་པ།

6 ཞལབཟངས་ནི་མཚོན་བྲིས་པས། ཕུར་གི་ནིརི་མོས་བཏབ།

7 ལྟོ་སྤྲིན་ནི་བྲི་ལེགས་པས། དབྱར་བཞིན་ནི་ཆར་གི་ལུགས་

8 དགུན་ཞིན་ནི་བསེར་གི་སྐྱབས། རི་བྲན་ནི་འདབ་ཀྱིས་བསལ།

9 ཁྲི་ཧྲེ་ལས་××་ཡན་ཆད་དུ། སྐྲི་བསེར་ནི་ཕྱོད་གིས་ཁྲུམས། ཁྲི་

10 སྨན་འཙུན་ནི་གཉན་རོལད་པས། དོག་མཐའ་ནི་ནན་དུ་གཤན།

11 དོག་མོ་ནི་སྣར་གི་བདག། ཁྲི་མདོ་ནས་ནི་ཡར་གཟིགས་ན།

12 དོག་མཐའ་ནི་རྒྱུད་གསུམ་མདའ། ཁྲི་ཆབ་མདའ་ནིམཚོ་ན་རོལ།

13 མདོའ་ནས་ནི་རེ་བྲིས་གིས། དོག་གིས་ནི་སྦྱོང་པ་འདིའ། སྣར་

14 མཐའ་ནི་ལྦོད་མོ་སྟེངས། ཁྲི་ལྷ་འི་ནི་གཡུ་བཙུགས་པས།

15 དབྱའ་བཀོད་ནི་མཐའ་མྱི་གཡོ། མཐིང་བྲང་ནི་བྲི་ལེགས་

16 ལེགས་པ། དོག་མེ་ནི་ནན་དུ་མནན། ཀྲུར་སྲམ་ནི་མཐིང་

17 ལ་ཕྱོའ། ཁྲི་འཕྲེང་གི་ནི་མྱི་སྦྱོང་བའ། མྱི་འི་ནི་མྱི་བ་འདའ།

18 ཁྲི་རྒྱུ་དྲུག་ནི་གོང་དང་སྲེག། ཏོ་བྲལ་ནི་སྤྲལ་དང་ལྦོང། ཁྲི་

19 གུག་ལྕོག་ནི་མོན་དང་སོག། ཁྲི་རྒྱ་ཡུལ་ནི་བྲི་ལེགས་པས་

20 འོ་སེ་ནི་ཕུར་ཀེ་དང། ཕྲུལ་གི་ནི་རིས་ཕྲན་དང། ཁྲི་ལྷ་བྲ་

21 ×××། ས་སྨད་ནི་མཚོདང། ཤུ་ནི་ལྡེའུ་

21 གཙོས། དོག་ཐླངས་ནི་མནའ་ཡིས་སྐད། ཁྲི་རི་འོ་ནི་བྲི་

ལེགས་པས། སྨན་བརྒྱད་ནི་འཕོང་ཞིང་འཚོམ། གནིཾ་སྨན་ནི་གཞན་གྱི་བཀའ། ལྷོ་སྤྲངས་ནི་བདག་གི་མཚད། ཀྱི་ལྷོ་སྤྲངས་ནི་རེ་རེ་མོ། བཙིཾ་དང་ནི་ཡི་གེ་ལ། སུག་སྨུག་ནི་འཕྲིན་འདོགས་པོ། མོ་བདག་ནི་ཕྱི་བླག་མ། ཏ་སྐོང་ནི་གཡས་པ་ཏ། དབྱིཾ་ནི་དཀར་བཏིང་ཞིང། དཀར་མོ་ནི་བྲི་གང་དང། མཚལ་གི་ནི་སྣང་ལྷམ་ཞིང། སྤོས་གི་ནི་དུད་ཀྲུང་ཐུལ། ཏུལ་གོང་ནི་གཡོན་པ་ཏ། གསེར་གི་ནི་ཐིག་ལེ་དང། ནུ་མར་ནི་ལྷོང་བཟངས་དང། དར་ཀར་ནི་གཡབ་འཕོར་ཞིང། ཟ་འོག་ནི་མཆོན་དྲས་ལ། བསྣེ་བྱང་ནི་དཀྲིག་དུ་གསལ། ཀྱི་མཚོ་རོ་ནི་གཡུ་མཚོ་དང། ××ཅེན་ནི་སྣ་ཚོགས་རྣམས། སྨན་གི་ནི་དཀོར་དུ་×× སྨན་བཤོས་ནི་གྲུ་བཞི་དང། འཕྲང་རྒྱུས་ནི་ཞལ་ཀར་དང། གཞིབ་མར་ནི་འོལ་གོན་དང། སྐྱེམས་ཀྱི་ནི་བཙུད་དྲངས་ཤས། སྨན་གི་ནི་ཞལ་དུ་གསོལ།། །།ཀྱེ་གནམ་སྨན་གི་སྤྱན་དྲངས་ནས།། །།ཀྱེ་སྨན་བརྒྱད་ནི་ཡར་གཤེགས་པའ། ་བཀའ་སྣན་ནི་སི་སི་ལི། གཡུ་བུན་ནི་ཐུ་ལུ་ལུ།། །། ཀྱེ་ཕྱུ་ནས་ནིས་བྲུས་བཏབ་པས། ཐག་ཆ་ནི་ཧི་རི་རི། མདའ་ནས་ནི་ཡབ་པོར་བས། ལྷོག་ལྷོག་ནི་ལྡབ་མ་ལྡིབ། ཀྱེ་བདུན་འཕྱིཾ་ནི་སྣར་གི་རྗེ། གནམ་སྨན་ནི་དཀར་མོ་ཞིག། དེ་འི་ནིཕྲུག་རྐྱན་བའ། གནམ་སྨན་ནི་དགུའ་བརྒྱད་དགུ། གཞན་གི་ནི་དིར་མ་དང། བརྒྱའ་མ་ནི་སྟོང་རེ་ཐམ། །ཀྱེ་གང་སྨན་ནི་དགུ་བགྱའ་དགུ། ཤ་མྱེད་ནི་གངས་གར་དང། བརྒྱའ་མ་ནི་སྟོང་རེ་ཐམ། । གཡུ་སྨན་ནི་དགུ་བརྒྱའ་དགུ། དང་མ་ནི་ཟེལ་དྲུག་དང། བརྒྱ་མ་ནི་སྟོང་རེ་ཐིཾ། མང་སྨན་ནི་དགུའ་བརྒྱའ་དགུ། རྗེ་ཕྲུག་ནི་ཕྱིང་འདེམ་དང། བརྒྱའ་མ་ནི་སྟོང་རེ་ཐམ། ཐག་སྨན་ནི་དགུ་བརྒྱའ་དགུ། མཚལ་ཀར་ནི་ཤེན་གངས་དང། བརྒྱའ་མ་ནི་སྟོང་རེ་ཐམ། མཚོ་སྨན་ནི་དགུ་བརྒྱའ་དགུ། ལྷན་གི་ནི་ཕར་འདོམ་དང། བརྒྱའ་མ་ནི་

48 སྟོང་རེ་ཐམ། བྱང་སྨན་ནི་དགུ་བརྒྱའ་དགུ། གཡུ་སྨན་ནི་དྲུལ་མ་
49 དང། བརྒྱ་མ་ནི་སྟོང་རེ་ཐམ།། །། །ཁྲུས་བཏབ་ནི་སླན་མ་
50 སུ། གཡབ་པོར་ནི་སྤུན་མ་རྟུལ། ཁུ་ལུང་ནི་དབྱངས་མ་ཞན།
51 ཀྱི་ཡོན་དང་ནི་ཡས་ཚང་ན། ཀྱི་ཉིན་རྗེ་ནི་མཚན་དུ་རྗེ་
52 ཆེ་གསུམ་ནི་ཆེ་ལ་རྗེ། ཉ་གསུཾ་ནི་དབུ་ལ་རྗེ། ཆུང་གསུཾ་
53 ནི་ཆུང་ལ་རྗེ། ཟོར་ཁམ་ནི་ཆོས་ལ་རྗེ། ཆོ་ལོ་ནི་
54 ནི་བཟང་གསུཾ་ན། བཟང་གིས་ནི་བསྐྱུར་མྱུ་འཚལ། བཟང་
55 གཉིས་ནི་ངན་གཅིག་དང། འབྲིང་གིས་ནི་གཞིའ་ལ་ཞོག། །
56 ངན་གཉིས་ནི་བཟང་ལ་གཅིག་ལ། གཅིག་ཚམ་ནི་བསྐྱུར་ཏེ་བཏབ་
57 ཚོ་ལོ་ནི་ངན་གསུཾ་ན། བསྐྱུར་ཀྱང་ནི་དོན་མ་མཆིས། མོ་གདབ་
58 པ་ནི་××××། ××××
59 ××××།། །ལྷ་ཡུལ་ནི་སྨན་རོལ་ན། གནཾ་སྨན་ནི་
60 གཉན་གིས་བཀའ། བདག་གི་མཆིད། སྨན་གྲངས་འདུ་འདུ་
61 ཞིང། དེང་མ་ནི་བཀའ་བོ་ཆེ། ཀྱི་བཀའ་དྲང་ནི་གསུང་རྟག་པས།
62 ཚོ་ལོ་ནི་གཙུག་འདུས་ཀྱིས། དང་སེམས་ནི་རྣལ་དུ་ཕོབ།
63 སེམས་ཅན་ནི་སོ་ཆེ་གནམ་རིང། མྱི་འཕན་ནོར་ཕྱུག། ལྷ་བརྩན་
64 རྗེ་འབྲུམས། ཚོ་ལོ་མཐར་ཐུག་གྱི་བར་དུ་མྱི་འཆི་ཏེ་བཟང་རབ་
65 པོ།། །××××།། །××××།། །××××།། །ཀྱི་སྨན་མཙུན་ནི་
66 ཐོད་ཏེ་རྗེ། རྣམ་སྨན་ནི་གངས་སྟོང་རྩེ། ཤ་མཐོང་ནི་ལྷོ་མཐོང་གསོལ།
67 ཤ་ཡར་ནི་ལྷོ་ཡར་འཛོའ། སྐྱེམས་སམ་ནི་སྨན་གྱི་འཚོ། མྱི་ཕྱོད་ལྷ་
68 གཉན་ཞིང་ཀུན་གྱིས་བཀུར་བ་བཞོག་འདུག་ཏེ། ཅི་ལ་འཚོར་ཡང་ཅི་ཡང་
69 མྱི་ཉེས་ཏེ་བཟང་རབ་པོ།། །××××།། །××××།། །××××།། །།
70 ཀྱི་ཧྲ་ཞིག་ནི་འཚེར་འཚེར་སླན། ངང་དཀར་ནི་ཡིད་ཀར་གཉིས། གཉིས་
71 ཀ་ནི་དཔལ་གྱི་ཧྲ། འཕྲོང་བུ་ནི་མདོར་སྤྲ་ཙུ། རྒྱུག་ཅིང་ནི་རྒྱིག་མྱི་འབྱུབ་
72 སྤྲ་རྩེད་ནི་དབུ་ལ་རྒྱན། ཧྲ་འི་མོར་བཏབ་ན་ཅི་ཡང་མྱི་ཉེས་ཏེ་བཟང་ངོ། །
73 ××××།། །××××།། །××××།། །ཀྱི་དགུང་སྔོ་དག་ཡང་བྱི་ལ།

74 དགུང་ལ་དག་བཀོད་རེ་ནོངས། སྨྲི་བདུན་ནི་བཟང་མོ་རྒྱལ། ཤར་མཁྱེན་
75 ནི་ནུབ་མྱི་མཁྱེན། ཁོར་ཞོང་ནི་དབུ་ཡུགས་ལྷུང་གདོན་དུ་ནི་འགོང་
76 པོས་བསྐྱོགས། གྲོས་ཏབ་ཏོབ་ཆེ། ཀློ་དགོད། བསམ་པ་ཅི་བསིཾས་
77 ཀྱང་མྱི་གྲུབ་སྟེ། ངན་རབ།། ||××××|| ||××××|| ||××××
78 ××××་|| ||ཀྱེ་ན་ནིང་ནི། ཚལ་མོ་སྐར། དགོངས་སྤྱོད་ནི་རེ་ཆེ་ན།
79 མགོན་བཙུན་ནི་ཕྲ་སྟང་སྟེ། ཕྱུག་ལ་ནི་ཡུན་རེ་རིང། ཅི་བགྱི་ནི་
80 ཅི་བསིཾས་ཀྱང། ཁྲུ་ཁྲུད་ནི་བསྐྱུད་མྱི་འཚལ། དྲན་སེམས་ནི་
81 གསལ་ཡང། དབང་དང་ཆུང་སྟེ་འཛིམ་པ་ཆུར་བཙུག་པ་བཞིན་
82 སྟེ་ངན་ནོ། |××××|| ||××××|| ||××××|
83 ཀྱེ་རེ་སྐྱིད་ནི་དཔལ་པོ་ཆེ། བྱེ་དཔལ་ནི་མཆོད་ལེགས་པས་
84 ལས་བྱེས་ནི་བྱེས་དང་འཕྲད། ཁྱིམ་ས་ནི་གདབ་ལེགས་པས།
85 དོག་ཏུམ་ནི་མཐའ་མྱི་གཡོ། སྲོག་ལྷ་ནི་མཆོད་ལེགས་པས།
86 ཚེ་རིང་ནི་སྲོག་ཀྱང་སྲ། བྱེས་མྱི་ལ་བཏབ་ན་ཅི་ཡང་མྱི་
87 ཉེས་པར་ཡུལ་དུ་འཁོར་བ་འི་རྟགས་སྟེ་བཟང་རབ་བོ། |
88 ××××| |××××| |××××| |
89 ཀྱེ་དབྱར་ལེ་ནི་ཟླ་གསུམ་ན། སྨྲ་ལོ་ནི་ཕྲུམ་ཕྲུམ་སེ། སྐྱེས་
90 ཤེས་ནི་འབྲས་བུ་མྱེད། སྔོན་སླ་ནི་ཟླ་གསུམ་ན། སྤང་རྒྱན་ནི་
91 གཡུ་འི་གཅེ་འུ། མེན་ཏོག་ནི་ས་ལེ་འབྲུངས། གཡག་བལ
92 ནི་སྤོ་འིས་ལོད། མྱི་རྒྱང་པོ་རབས་ཆད་ཏེ་ཤི་བའི་རོ་སྟེ
93 ངན་རབ་བོ།། |××××| |××××| |××××|
94 རི་གསུམ་ནི་སྤྱི་བསྟུས་ཀྱང། ཡར་འབྲོག་ནི་རྐོད་ལྷུར་ཡན།
95 ལུང་གསུམ་ནི་མདོའ་བཅད་ཀྱང། སྐྱུད་ལྕེ་ནི་རྔལ་དུ་ཆད།
96 ལས་རྫིས་ནི་བསྐྱོད་པ་བཞིན། འགྲོ་འདོད་ནི་ཅི་བ་མང་
97 ཡང། |ངོ་འཕྲེ་ཆེད་པོ་ཡོད་པས། མྱི་ཁ་ཟེར། རང་ཡང་
98 དོན་མྱི་གྲུབ། ངོ་ཡོགས་ཀྱི་ཚོ་ག་བྱོས་ཤིག།
99 | ××××| |××××| ××××| ཀྱེ་དགུང་སྤོ་ནི་

ཡ་བྱི་ན། གཏམ་སྨོས་ནི་སོ་ཤི་ཅན། ཐླ་བརྩན་ནི་ཟིང་
པོ་རྗེ། ཐླ་འགྲོངས་ནི་ཉ་ལ་གྲོངས། ཀྱུ་གུད་ནི་བསྐྱོད་
མྱི་འཚལ། ལྷ་ཡུལ་ནི་གཡུ་ཕྲ་ནས། གསྨུ་སྨན་
ནི་གཡན་པ་ལ། རི་ཁྲི་ནི་རྐུན་ཁྲི་འཚལ། དེ་ཙམ་
ནི་གཡར་ལ་བཅགས། མོ་འདི་ཅི་ལ་བཏབ་གྱུང་
ངན། །××××། ××××། ××××།
ཀྱི་གསུམ་འགྲོས་ནི་སྨན་གྱིད་གོར། རི་བསུལ་ནི
སྲང་མཁས་ཏེ། ཕུ་གསུམ་ནི་གངས་གྱིས་བསྐོར།
མདའ་གསུམ་ནི་མཐིང་གྱིས་མཁྱུད། འདྲན་ཕོར་
ནི་མཁྱུས་མྱི་ཚོལ། རེ་དོག་ཆེད་པོ་ཅིག་ལས་
ཅི་ཡང་མ་ཉེས་ཏེ། ཅི་ལ་བཏབ་ཀྱང་བཟང་རབ་བོ།
××××། ××××། ××××། ཀྱི་གངས་ལ་
ནི་མཐོ་དགོངས་ཏེ། བྱང་ཚ་ནི་དཀར་གླངས་ཀྱང།
ཁ་ལམ་ནི་འཕྲུལ་གྱི་རྟ། རྒྱབ་ལ་ནི་སྐལ་མ་
གཏོད། རྐང་ལ་ནི་རྐྱིད་མྱི་རྡོལ། ཅི་བསམས་ཡང་
དོན་ཕྱོན། བསམ་བ་གྲུབ་བཟང་རབ་བོ། །××××། ××××།
××××། །ཀྱི་ཞྭ་ཕྱིང་ནིམྱི་ལྡིད་དུ། ཆར་སྤྲིན་ནིདགུང་ལ་ཁོར།
དུ་བ་ནི་མྱི་འཐུལ་དུ། སེར་བ་ནི་རྒྱ་ཧོག་གུད། མ་སྦྱུར་ནི་དལ།
ཆེས་ན། སེར་སེར་ནི་བྱང་གྱི་རྗེ། རབ་རབ་ནི་སྐྱེས་ལ་འཚལ་
གདོན་དུ་འགོང་པོ་ཡོ་པ་དང། དགྲ་བཟོ་བས་བག་ཟོན་བྱ།
ངོ་ལོན་ཕྱོས་ལ་བག་ཟོན་བྱ། མོ་འཕྲིང། །××××། །
××××། ××××།། །།ཀྱེ་སེ་སྨན་ནི་ཞལ་ན་རེ། ལྷ་རི་
ནི་སྐམ་པ་གོང། སྐྱིབ་སེར་ནི་རྩེ་དགོད་ཀྱང། མྱིང། གྱིས་ནི་ཉེ་
མ་བདེ། བག་མཆིད་ནི་དབྱངས་སྙན་ཡང། དང་སེམས་
ནི་ཡིད་མྱི་བདེ། ང་མྱི་རོང་བུ་ཅན་ཐིག་ཀྱང་ཡིན། མྱི་
ཡང་སྣང་ངོ། སྐལ་བ་ཡང་ཆུང། མོ་འཕྲིང་སྣང་ངོ། །

××××། ××××། ××××། །ཀྱེ་དགུང་སྔོ་དག་ཡ་བྱི་ལ། ཀྱུང་ལ་དག་བཀོད་རེ་ལགས། དགུ་ཚིགས་ནི་རྒྱལ་མོ། སྐོར། ད་ནང་ནི་དབུས་ན་ཤར། དོ་ནོད་དག་དབུས་སུ་ནུབ། ཤར་ནུབ་དག་གཉི་ཟླས་འབྱེད། རྒྱུ་སྐརྡང་འདུ་ཚོག་ས། དཔལ་གྱི་ནི་བུ་བསྐྱེད་པས། དབུ་ལ་དག་ལ་འིས་བཅིངས། རེ་སྐྱིད་དག་དཔལ་པོ་ཆེ། བུ་ཙ་མཐ་ལམ་དང་སྲིད་བྱ་ལ་བདབ་ན། མཐ་ཕན་པོར་འོང་ཏེ་བཟང་རབ་བོ། ××××། ××××། ××××། །ཀྱེ་ཕུ་གསུམ་ནིའ་ཡ་བྱི་ན། གཡུ་ནས་ནི་ལྷང་ཏོག××། གཡུ་བྱ་ན་གསུང་འགྱུར་བ། དེང་ཐོས་ནི་སྐྱིད་པའི་རྟགས། སྤུག་ཐིང་མྱི་བདེ་བ་ལས། གཏམ་སྙན་པ་ཐོས་པ་འམ། ནད་ཚབ་པོ་ཆེ་ལས་ཐར་བའི་རྟགས་ཏེ། བཟང། རབ་བོ། །××××། ××××། ××××། ཀྱེ་དགུང་སྔོ་དག་ཡ་བྱི་ན། གཡ་གོང་ནི་སྤྱང་གོང་ནས། ཆུང་ཞིང་ནི་དཔེར་ལེགས་པ། རྒྱལ་མཚན་ནི་ག་ག་ཙུད། མཁྱེན་ཀར་ནི་མ་བསྐོས་ཀྱང། ཟུར་བཞི་ནི་ལོགས་དང་བརྒྱད། སེམས་འཛིངས་པ་ནི་མྱིས་བསྟོད། ལྷ་གཉན་པོ་ནི་འགོ་ཞིང་ཚད་ཟིན་པས་ནི་རང་སྐྱིད། ད་ལྟར་ཁྱོད་མང་བས་མཐར་བར་འོང་སྟེ་བཟང་རབ་བོ། །××××། ××××། ××××། ཀྱེ་བྱ་ཏུཾ་དག་ཁྱུང་ཙུམ་ལ། ལྷ་གཉན་དག་ཕོ་བྲང་བཏབ། བྱ་ཙུམ་དག་གཡུ་རྩེ་ལ། སྨན་གཉན་དག་ཕོ་བྲང་བཏབ། གཡུང་ཙུམ་དག་ཁྱུང་རྩེ་པ། ཁྱུང་གི་དག་མཁར་ཅིག་བརྩིགས། དགྲ་སྔང་དག་སེམས་དག་ཚོད། འཕྲོས་ན་ཤོར་བ་འམ། འཛིགས་ཤིང་ཉེན་པ་ལ་ཐར་ཏེ་བཟང་རབ་བོ། ×××××། ×××××། ×××××།

152 ཀྱི་ལྷ་རི་དག་མ་བྱི་ལ། མུ་སྨན་ནི་གཉན་རོལ་དཔའ།
153 གསུང་སྙན་ནི་གཡུ་འི་དྲིལ། གཙང་རོང་ནི་བྱུར་གསུམ་
154 པའ། ཁྲུང་གི་ནི་གནས་བཅས་པའ། གཞ་ཕྱིར་ནི་
155 འགྲུམ་སྤྱི་སྲིད། རེ་སྐྱིད་ནི་དཔལ་པོ་ཆེ། བྲ་ངས་སྐུ་བའ་
156 གཅིག་ཡོད་ཀྱང་ངེས་སྤྱི་གོས་ཏེ་བཟང་རབ་པོ།། །།
157 ×××××། ×××××། ×××××། ཀྱི་རི་གསུམ་ནི་
158 གཉན་གི་རི། ལྷ་བྲན་ནི་འདུ་ཚོགས་ས། དོག་མོ་ནི་བྲི་
159 ཞིགས་པས། འགྲེ་ཏུད་ནི་ཀུན་གིས་སྟེན། སྤྱི་གཅིག་ནི་
160 འཛངས་ཤེས་ཀྱིས། གཉེན་བྱམས་ནི་འདུ་འཚོགས་ས།
161 བསམ་བ་སྤྱི་དགར་བྱེད་ཅིང་། རང་མཐར་སྐྱིད་བཟང་
162 རབ་པོ། ×××××། ×××××། ×××××། ཀྱི་བྱ་
163 རོག་ནི་ཕང་ཕུང་ལ། དགོས་ཀྱིས་ནི་ན་ཀོ་ཀོ། གསེར་
164 གི་ནི་སྤྲང་དང་མཇལ། གོར་མ་ནི་བཅེད་བཅེད་ན།
165 ནུ་མེན་ནི་ཕྲག་བཞིན་མ། འོད་བཟངས་ནི་ལྷ་མེ་
166 ལྷམ། གཉེན་ཞིག་བྱུས་ན་མཐར་བཟང་པད་འོང་ཏེ། །
167 བཟང་རབ་པོ།། །××××། །××××། །××××། །
168 ཀྱི་ཤ་ལ་ནི་མ་འཚལ་བར། ཆུ་ལ་ནི་ཡིད་སྤྱི་
169 ཆེས། སྐྱུང་ཁབ་ནི་མཆུ་དམར་མ། མུ་སུ་ནི་གཞན་
170 བགྱིད་ན། ངོ་×××ནི་བདག་ཆེ་བར། དྲི་ངས་ན་རང་
171 ལ་གཞག་སོ་ནམ་ནི་རྒྱ་བསྐྱེད་ཀྱང་། རྒྱ་བཏགས་
172 ནི་སྐྱི་རེར་ཟིན། གདོན་དུ་འགོང་པོ་ཡོད་པས། འདི་
173 མ་བསླད་ན། འཛིམ་པ་ཆུར་བཙུག་པ་བཞིན་བཙུག་
174 ཟིན་ཏེ། ངན་རབ།། །××××། །××××། །××××། །
175 ཀྱི་གནམ་སྲིན་ནི་ཞལ་ག་རེ། གནམ་ནས་ནི་བདུད།
176 ཆད་ཀྱང་ས་སྲིན་ནི་འདུ་ཚོགས་ས། ཤེས་རབ་ནི་
177 སྤྱི་འོ་ལ། སོ་བཏབ་ནི་སོ་རུ་ངན། ལྷས་བཏབ་ནི་ལྷས་

178 ××ངན། གཙན་ལ་ནི་འདུ་འདུ་ཏེ། ཤ་གཅིག་ནི་
179 དཀྱིག་ལས་ལྷུང་། སྲིན་ལ་ནི་འདུ་འདུ་ཏེ། ཐྱི་
180 གཅིག་ནི་པར་འཆི། ཚོ་གི་ཁ་ནས་
181 སྐྱེད་པས་ངན་རབ་པོ།། །།×××××། །×××××། །
182 ××××།། །། །།ཀྱེ་ལྷ་རི་ནི་སྣན་ཤོང་ནས། པས་
183 གྱི་ནི་ཤ་ཅིག་ཡར། གར་ཡར་ནི་ཀླུས་དང་
184 མཇལ་། གུམ་བ་ནྀ་ལུགས་མཆིས་ཀྱང་། མྱི་འགྲུ་
185 ནི་སླར་ལ་གཏད། ནད་ཚབ་པོ་ཆེ་འམ། གསེད་
186 བ་དྲུག་པོ་ཐར་བ་འམ། ལོ་གེག་ལས་ཤོར་ཏེ་བཟང་
187 རབ་པོ། །×××××། །××××།། །×××××།། །།ཀྱེ་དགུང་ལ་
188 ནི་བཀོད་རེ་ནོངས། སྦྲུལ་ལེ་ནི་བཟང་ཏོ་རེ། འཕོང་སྐྱིན་
189 ནི་ཤ་འཚལ། སྐྱིན་དྲུག་ནི་བཟང་མོ་རྒྱལ། ཐགས་མཁས་
190 ནི་ཁོས་མྱི་ཀྱོན། དགྲ་ཞིན་ནི་བྱི་ཞིན་གཉིས།
191 དགྱེས་གྱིས་ནི་གཉེན་བགྱིས་ཀྱང་། གཏན་གི་ནི་གྲིགས་
192 མ་ལགས། འགོང་པོ་ཆེད་པོས་རབ་དུ་བཙུགས་པས་
193 འབྲལ་བར་འོང་ན་ངན་རབ་པོ། །×××××། ××××།
194 ×××××། ཀྱེ་བདག་ཉིད་ནི་བཙན་དུ་བཞུགས། ཁ་དྲག་ནི་
195 ཀུན་གི་རྗེ། ××རིངས་ནི་ཀུན་གི་བདག། དགྲ་དང་ནི་གཡག་
196 འདོར་ཡང་། ཉིད་ཀྱི་ནི་ལྷ་གནན་བས། དགྲ་འདོར་ནི་གཉེན་དུ་
197 མཆི། གཡག་འདོར་ནི་ཟས་སུ་མཆི། འདྲེ་དང་ནི་སྲིན་འདོར་
198 ཡང་། ལྷ་དཔལ་ནི་བསྟེན་ལེགས་པས། འདྲེ་སྲིན་ནི་ཚིག་
199 ཡང་ལྷུང་། དམུ་དག་ནི་ཐན་དུ་བསྲིངས། རེ་སྐྱིད་ནི་དཔལ་པོ་
200 ཆེ། བཟང་རབ་པོ། ××××། ××××། ××××།། །།
201 ཀྱེ་གཞི་ནིང་ནི་ཡན་ཅད་དུ། སྤང་རྒྱ་ནི་མྱི་རེག
202 ལ། བོང་བུ་ནི་གནག་གིས་བསྐོར། དོ་ཅིག་ནི་སང་
203 ཕོད་ནི། ཕྱི་ལེ་ནི་སང་པོ་རྗེ། གདའ་དགུ་རན་

204 གིས་བསྐོར། དབང་ཏང་ནི་ཕྱིར་ཕྱིར་བཞིན་དུ་

205 མཐོ་བར་འོང་གིས། སྨན་ལྷ་ནི་བཟང་མོ་ཞིག་

206 གིས་བགོ་བས་མཐར་སྐྱིད་པར་ཅིང་བཟང་བར་

207 འོང་ངོ། །××××། ××××། ××××། ཀྱི་རེ་

208 ཞིག་ནི་དཔལ་པོ་ཆེ། འདྲེ་དང་བགེགས་གཡོ་

209 ཡང། དེ་འིས་ནི་ཕོད་མྱི་ཚུགས། ལྷ་གཉན་ནི་

210 མཆོད་ལེགས་ཀྱང། བོན་གཤེན་ནི་བསྙེན་

211 ལེགས་པས། བདུད་ཀྱི་ནིསྲུ་གྱུར་དང། སྲི་འི་

212 ནི་གོང་ཐར་རོ། ཚེ་རིང་སྲོག་སྲ་བཟང་རབ་བོ། །

213 ×××××། ××××། ××××། ཀྱི་ཐར་ཧུཾ་དག་གཡུ་ཉམ་

214 ན། རིམ་པ་དག་གཡུ་ལ་བབ། འབབ་ཆུ་དག་

215 གཡུ་ལོ་བབ། གཙུག་ལོ་དག་སར་མྱི་སྣམ། ཡར་

216 ཏ་ནི་མཐིང་མོ་ལ། གནམ་གྱི་ནི་མཐོངས་ཕྱེ་བས།

217 མཛོད་སྤྱོད་ནི་ཅི་བསམས་ཀྱང། གྲོན་དང་ནི་ཆུད་མྱི་

218 ཟོས། ཅི་ལ་ཚེར་ཡང་ཅི་ཡང་མྱི་ཉེས་ཏེ་བཟང་རབ་བོ། །

219 ×××××། ××××། ××××། ཀྱི་ཐྰི་འུ་ནི་བསྙེན་ནོངས་པས། གཡང་

210 མོ་ནི་ལ་ཡུལ་འདས། ལྷེ་འུ་ནི་ཉལ་ནོངས་པས། ཆིབས་

211 དཔོན་ནི་ཚག་རག་ས། དབྱམ་ཕྱིང་ནི་བཏིང་ནོངས་པས།

212 གླྀ་རྒྱན་ནི་སེ་ལོང་ས། ངན་རབ་བོ། ×××××། ××××།

213 ×××××། ཀྱི་གཡར་ཁྲལ་ནི་རྒྱང་ན་ཆེ། གཉེན་སྡུག་ནི་

214 བསེན་དྲིན་ནམ། ལྷ་གཉན་ནི་སྐྱབས་ཀྱི་གཙོང། གནཾ་སྨན་ནི་

215 གཉན་གིས་རིས། དོགས་པ་ཆེ་ཡང་ལྷ་གཉན་པོས་བསྐྱབས་ཏེ།

216 ཅི་ཡང་མྱི་ཉེས་ཏེ་བཟང་རབ་བོ། ×××××། །××××།

217 ××××། ཀྱི་ད་ཙུང་ནི་ད་ཙུང་དུ། ཕྱ་བྲན་ནི་འདབ་ཞན་

218 པས། རྐོད་གིས་ནི་རྫེས་མྱི་སླེབས། ཤེ་འུ་ནི་རྒྱུས་ཞན་

219 པས། རི་ཁ་ནི་དཀྱུས་མྱི་སྲོངས། མྱི་ཙུང་ནི་ནས་ཞན་པས།

ལུ་སུ་ནི་ཆས་ཀྱང་གཙོད། སང་ཕྱི་ནི་གནངས་གོང་དུ། གཉེན་བྱམས་ནི་འདུ་འཚོགས་ས། ལུ་སྨན་ནི་རྒྱལ་རྗེན་གནས། བཟང་རབ་པོ། ×××××། ××××། ××××། ཀྱི་ལུང་ནས་ཕར་བལྟས་ན། ནས་འབྲས་ནི་ཡུལ་ཀྱི་གཉན། སྐུ་འབྲུངས་ནི་ཟ་སྐར་ཆུང་། ཁྲི་མ་བཙུགས་ནི། ཁབ་བདག་སྟང་། གུ་གེ་ནི་འདྲིས་ཤིང་གྲོང་། ཉ་བག་ནི་བཙས་ཤིང་ཕྲུ། ངོ་འཕྲེ་ཆེད་པོ་ཡོད་པས། ངོ་ཡོགས་གི་ཚོ་ག་གྲིས་ཤིག། གསུམ་ཡུལ་རྫོགས།། །། ××××། །××××། །××××། །ཀྱི་མཚོ་རོ་ནི་གངས་ཡུལ་ན། གཡུ་བཟངས་ནི་ལྷུང་ཐོག་ཏུ། གཡུ་བྲན་ནི་བཀའབས་བརྩིས་པས། དང་དོག་ནི་སྐྱིད་པ་འི་རྟགས། བསམ་བར་ནི་འགྲོད་པ་ལས། གཏམ་སྙན་པ་ནི་ཐོས་ཏེ། ངོ་མཐོང་བ་འི་ལྟས་ཏེ་བཟང་རབ་པོ། ××××། ××××། ×××××། ། ཀྱི་ཡར་ཁ་ནི་མཐིང་མོ་ལ། གནམ་གི་ནིམཐོང་ཕྱི་བས། བསམ་དགུ་ནི་ཞིགས་དང་ཕྲད། ཀྱི་གཡུ་རྒྱལ་ནི་སྟོན་པོ་ལ། ཟ་ཡུལ་ནི་དྲལ་ལགས་པས། ཕྱི་བུ་ནི་རྨང་པོ་ལ། ལྷ་གཉན་ནི་བསྟོད་ཞིགས་པས། དཔལ་ག་མཐོ་སྟེ་སྲིད་བྱུར་བཟང་རབ་པོ། ××××། ×××××། ×××××། ཀྱི་གར་ཀྱི་ནི་སུམ་ཟུར་ལ། འཕྲོང་བུ་ནི་བཞེངས་ཞིགས་པས། ནམས་ཀྱང་ནི་གངས་གོང་རྩེ། ང་སྲིག་ནི་ས་བུ་ལ། གསུང་སྙན་ནི་གཡུ་འི་དྲིལ། ནམས་ཀྱང་ནི་སྨན་གི་དགོར། བྱ་མ་ནི་དང་མོ་ལ། བྱ་བྲན་ནི་ཁྱུ་འི་པེལ། ནམས་ཀྱང་མཚོ་འི་རྒྱན། སྲིད་བྱ་དང་རྐོད་མ་ཡོ་མ་ལ་བཏབ་ན་བཟང་རབ་པོ། ××××། ×××××། ×××××། ཀྱི་དགུང་ཙམ་དག་ཡ་ཕྱི་ན། འཕྲོང་དང་ནི་རྐོད་ལྡོང་བབ། གནམ་སལ་དག་ཏོག་ལ་ལུས།

246 གདོན་དུ་ནི་འགོང་པོ་ཟལ། བྱུར་ཆེད་པོ་ཡོད་པས།
247 གཉེན་བྱས་པ་ལས་ཟས་ཟོས་ཀྱང་། ཁ་ཏུ་བབ་པར་
248 མྱི་འོང་ཞིང་། གྲོ་མོ་སྨོས་ཀྱང་སྲིས་སུ་མྱི་འོང་། ཟ་སྐལ་
249 ཆུ་མོ་ངན་རབ་པོ། ××××། ××××། ×××××།
250 ཀྱྀ་བར་སྣང་དག་ཡ་བྱི་ན། ཐང་འཕྲོམ་ནིག་རྐོད་ལྡིང་
251 བལ། རྒལ་བུ་ནི་ཞབས་འདིབབས་ཀྱང་། ཞགས་གྱིས་
252 ནི་རེ་མྱི་ཟིན། གཡུ་འགོང་ནི་སྤྱང་འགོང་དུ། གར་ཤོག་
253 ནི་རྐོད་འདྲིམ་བ། རྐུན་པོ་ནི་རེ་མྱི་ཟུག། རང་བཟོ་བ་
254 ལ་ངན། དགྲ་བྱ་ལ་བཟང་།། །།××××། ×××××།
255 ×××××། ཀྱྀ་མཁར་ནི་ཟོ་ཟོ་བྲང་། ཁ་བད་ནི་སྤྱིན་
256 གིས་བགྱིས། གངས་གར་ནི་དྲུ་མ་རྩེ། སྤྱངས་སམ་
257 ནི་ལྷས་བསྐྱབས་པས། ནམས་ཀྱང་ནི་གཉན་གི་
258 རིགས། བསམ་དགུ་ནི་ལེགས་ཀྱིས་འགྲུབ། མོ་བཟང་
259 རབ་པོ། ××××། ×××××། ××××། ཀྱྀ་གཡང་གོང་དག་ཡ་
260 བྱི་ལ། གོང་སྲིག་དག་མ་བུ་ལ། ཟས་ཀྱི་ན་སྐལ་ཆད་པ། སྤྱུ་སྤྱུ་ནི་ལོ་
261 བཟངས་དང་། སྐོམ་གྱི་ནི་སྐལ་ཆད་པ། ཆབ་དམྱིག་ནི་རྩུལ་བཟངས་
262 གཉིས། ཆབ་ཐ་ནི་སླི་འི་འིས་བསྐོར། ཟེམ་ཏེ་ནི་མ་གཞིགས་ན།
263 ཉོངས་ཏེ་ནི་འཁྱོད་ད་རེ། ངན་ཤོམ་བ་ཞིག་ཡོད་པས། ཟོན་ཆེར་
264 གྱིས་ཤིག།། །།། ××××།། །×××××། །××××།། །།ཀྱྀ་བསམ་དང་ནི་
265 བག་པོ་ཆེ། ན་རྩུང་ནི་འུ་གཞོན་ལ། སྤྱན་དོར་ནི་མ་གུམ་ཤིག་
266 གྲོས་གྱིས་ནི་མ་བཤད་ཅིག། སང་བྱི་ནི་གནངས་སྔོང་དུ། འགྲིང་
267 འདུད་ནི་འདུ་ཚོགས་ནས། འགོ་ནག་ནྀ་བརྒྱབ་སྟན་ས། བཙན་
268 དང་ནི་ཁ་ཡད་མཉམ། མགྲོགས་དང་ནི་བང་ཡང་འགྲིན་
269 མོ་བཟང་རབ་པོ།། །།××××། །×××××། །×××××།། །།ཀྱྀ་སྐར་
270 མ་ནི་སྨྲིན་དྲུག་ལ། གཟ་བརྒྱད་ནི་ཡར་དུ་འདུས། སྨྲིན་
271 དྲུག་ནི་ལྡེབས་སུ་ཤོར། སྤྲུང་ཁབ་ནི་ནག་མོ་ལ། ཁྲ་བདུན་

ནི་ཡར་དུ་འདུས། སྐྱུང་ཁབ་ནི་ལྡེབས་སུ་ཤོར། དང་ཉེན་བ་
ཞིག་ལ་ཐར་ཏེ། དགྲ་བྱ་ལ་བཟང་རབ་བོ།། །།××××། །×××××། །
××××།། །།ཀྱེ་དཔལ་ཆེན་ནི་ལྷ་གཞན་པས། སྤོས་ཐོབ་ནི་
××རྗེ། རྗེ་ཐོབ་ནི་དགུང་དང་དེག། ལྷ་ཡུལ་ནི་མདོན་
གསུམ་བ། སྐྱིད་པའི་ཡུལ་ནི་ཡམ་ཙན་ཙན། སྣ་ཚོགས་
ནི་སྤྱི་བྱམས་པས། དང་སྤོག་ནི་ལུག་དུ་གསལ། ཚེ་འི་ནི་སྤོག་
ཀྱང་སྲ། གཞ་ཕྱིང་ནི་འགུམ་མྱི་སྲིད། བཟང་རབ་བོ།། །××××།། །
××××། །×××××།། །ཀྱེ་སྨྲ་ཡུལ་ནི་ཐགས་བརྒྱད་ན། ཏྲུ་གུ་ནི་
མཐའ་བསྐོར་བ། གང་ནས་ནི་གར་མཆིས་ཀྱང་།
སྒྲོ་བ་ནི་ཡར་མྱི་སྤྲོ། སྣང་སྟོན་ནི་ཉོན་མོངས་པ།
མཐིང་ལ་ནི་གང་ཙུ་མཐིང་། གདུང་འཕྲུམ་ནི་མགོད་
མྱི་སླམས། གདོན་དུ་ནི་ཕོ་གདོན་ཡོད། འཛིམ་
པ་ཆུར་བཙུག་པས་འདྲ་ངན་རབ། ××××། ××××
××××། ཀྱེ་རྨ་འི་ནི་བྲག་གོང་ན། སླན་ཤོང་
ནི་ལྡེམ་མེ་ལྡེམ། གཡུ་ལི་ནི་ལྷུབ་པེ་ལྷུབ།
སྡུག་གི་ནི་གཞན་བསོགས་པ། དྲིན་ལ་ནི་ལན་
གིས་ལན། རང་གྱི་ནི་བུ་སྐྱེས་པ། དགྲ་སླིང་ནི་
ཕུར་གིས་འདེབས། ཙུ་མཛངས་པ་སྐྱེས་
བ་དང་། དཔལ་ཁ་གོང་དུ་མཐོང་ཏེ་བཟང་རབ། །
××××། ××××། ××××། ཀྱེ་ཚ་བ་ནི་སྐྱོལ་ཡུལ་ན་
རྟོལ་བུ་ནི་ལི་ཆུ་སྣར། ཆུང་ནས་ནི་རན་ཚལ་
འཚལ། གཡར་དུ་ནི་འཇུག་མ་བཙད། སྐྱིད་ནས་
ནི་ཞིང་རྗོས་པ། གཙང་དུ་ནི་ཤེར་ར་རེ། བྱང་དུ་
ནི་ཚ་བླངས་པས། ལྷ་གོར་ནི་རྒྱབ་མྱིག་རྟོལ།
སྐྱུ་འབྲུངས་ནི་མྱི་བཤིགས་པས། ་སུངདང་ནིའགྲོགས་
མྱི་མཁྱེན། རང་ཡང་ནི་རོང་བུ་ཆེ། མྱི་ཁ་ཟེར་

298 གདོན་དུ་བྱུར་ཆགས་ཡོད་པས། ངོ་ལོན་གྱིས་
299 ཤིག། འབྲིང། ××××། ××××། ××××།
300 ཀྱེ་དང་མ་ནི་དབྱར་འཁོར་བ། ལུང་ནས་
301 ནི་ཕར་གཟིགས་ནས་ནི། གདུང་འཕྱུམ་ནི་
302 ཆབ་རེ་རྐོན། རིལ་མ་ནི་ཐོང་དུ་མཐིང། དཔལ་ཅེན་
303 ནི་ལྷ་རྩན་པས། བདག་ཉིད་ཟླ་འི་གོང།
304 དགྲ་ཅིག་བདག་ལ་འདོད་དེ་རྗོགས་བྲེ། སྨྲི་བཟྲི་
305 སྙེ་བརྨྱི་ངན་བཟང་རབ། ××××། ××××། ××××།
306 ཀྱེ་ལྷ་རྗེ་ནི་སྐྲ་མཁར་ལ། དབུ་རྩེ་ནི་སྔོན་
307 ཡིགས་པས། ཁ་བས་ནི་བྲེཡིགས་པས། འགྲེང་
308 འདུད་ནི་རྒྱབ་རྗེན་ས་། སྨྲི་བརྩན་ནི་ཉེའུ་གཞན་
309 ལ། དཔལ་ཅེན་ནི་ལྷ་གཉན་ཞིང། བཙན་
310 ཕྱུགས་ནི་དྲེགས་བཙན་པས། ཕྱི་ནང་ནི་རེ་
311 ལྡོས་ས། ཚེ་རིང་སྲོག་སྲ་བཟང་རབ།
312 ××××། ××××། ××××། ཀྱེ་ལྷ་རེ་ནི་སྨན་རི་གཉིས།
313 གཉིས་ཀ་ནི་དཔལ་གྱི་ཤརི་། ལྷོ་རི་ནི་བྱང་རི་
314 ཉིས། གཉིས་ཀ་ནི་སྨན་གྱི་རི། རྟགས་ཙན་ནི་
315 བྱང་བཙུན་ཉིས། སྔོང་དང་རྒྱ་ལི་གྱིས།
316 མཐར་བཟང་པོར་འོང་ཞིང་བཟང་རབ་པོ།
317 ××××། ××××། ××××། ཀྱེ་ཉེ་འུ་སིང་ནོ་སྦོ་མཐ་ཏྲ། དབྱམ་
318 ཕྱིང་ནི་དཀར་བཏིང་ཞིང། ལྷ་དང་ནི་སྲིན་གཉིས་གྱིས།
319 ཚོ་ལོ་ནི་རྒྱན་ཅིག་བཏབ། ཉེན་གསུམ་ནི་བྲེ་བྲེ་
320 ཞིང། མཚན་གསུམ་ནི་རྒྱ་རྒྱ་སྙེ། ལྷ་རྒྱལ་ནི་
321 སེག་དུ་བྱུང། སྲིན་པམ་ནི་གོདུ་ཆད། ལྷ་དང་ནི་སྨྲི་ཡུལ་
322 ན། གད་རྒྱངས་ནི་ཡེ་རེ་མོ། འདྲེ་དང་ནི་སྲིན་ཡུལ་ན། དུད་
323 རྒྱངས་ནི་ཧི་རི་རི། ཁར་ཙང་ནི་ཁར་ཉེན་སྡུན། ལྷ་དང་

ཉི་སྲིན་རྒྱ་བ། ལས་ལ་ལྷ་རྒྱལ་དེ་བཟང་རབ་བོ། ××××། ×××××།
×××××། ཀྱེ་ལྷོ་ག་ཉི་ཟས་མཇེད་། བསམས་ཀྱང་ཉི་དོན་
སྨྱི་གྲུབ། གདོན་དུ་འགོང་པོ་ཞིག་དང་བྱུར་ཆགས་པ་ཡོད།
པས་མོ་འགྲོད། ××××། ×××××། ×××××། ཀྱེ་སྨུ་སྨན་ཉི་ཞལ་
ན་རེ། སྨན་རི་ཉི་ཡ་བྱི་ན་ཟློག་པར་ཉི་མ་འདྲོལ་ཀྱང་
ཤ་ཤོར་ཉི་ཕས་ཀྱང་མཆི། ལྷོ་འདྲིམ་ཉི་ཚུས་ཀྱང་མཆི་
དེ་འིས་ཉི་ཉམས་སྨྱི་སྐྱོད། སྐྱོ་ལེ་ཉི་བདག་གྱི་ནོར། སྤུས་
ཤིང་ཉི་ར་བར་གསོལ། བཟང་རབ་བོ། ××××། ××××།
××××། །ཀྱེ་མཐོ་ཏེ་ཉི་ཅི་ལ་སྨན། ལྟ་རི་ཉི་སློ་ཕྲོཾ་
ཞིག། སྨད་དེ་ཉི་××ས་བ། ལྷ་རི་ཉི་སྐམ་བ་གོང་།
ཁ་འཛིན་ཉི་ལྷ་ཡང་བྱེད། སྤྱི་མདུད་ཉི་ལྷ་ཡང་འདོར་
ཁྲིམ་བྱུར་བཏབ་ཉི་བཟང་རབ་བོ། ××××། ××××། །
×××××། ཀྱེ་གནས་ལ་ཉི་མཆོད་ལེགས་པས།
སྐྱུ་བླ་ཉི་མ་གསོལ་བར། སྟང་གྱི་ཉི་དགྲ་ཞིག་གུཾ།
སྨན་ཏུ་ཉི་མ་སྤུངས་པར། བས་གྱི་ཉི་ཤ་ཅིག་གུམ།
ཡུལ་གྱི་ཉིལྷ་གསོལ་དང་། བྱང་གྱི་ཉི་ཤ་ཤོར་ཅིག། བྱིཾས་
གྱི་ཉི་གཉེན་བསོགས་ཤིང་། དགྲ་སློང་ཉི་ཕུར་གྱིས་
བཏབ། མོ་ཅི་ལ་བཏབ་ཀྱང་བཟང་རབ་བོ། ××××།
××××། ××××། ཀྱེ་ཙུ་ཏུ་ཉི་ཕན་པོ་སྐྱེས།
ཉི་མཐོ་བགྲོད་ཀྱང་། དེང་ཐུགས་ཉི་ཡེམ་པང་ཚལ། མད
རྒྱལ་ཉི་དུམ་བྲ་ཞིག། ཁྲིན་མཁར། ཉི་མ་ཆགས་
བྱང་། ངལ་ཉི་ཁོར་ལས་སྐྱེས། སེམས་ཁྲལ་
ཆེ་ཆེར་ལ་ཟ། ཆེར་ལ་རྒྱན། མོད་གྲུ། འདི་
ལས་དཔལ་དང་ལྷ་སྨྱི་འགྱུར་ཏེ་བཟང་རབ་བོ།
××××། ××××། ××××།
ཀྱེ་ཁྱུང་ལུང་ཉི་རྟུལ་མཁར་ན། གཡུང་དྲུ་ཉི་

350 ཚབ་འང་བས། གྲུ་དང་ནི་གཟིངས་བཅས་ལ། སྨན་
351 རི་ནི་མཐོ་ཡིས་ཁྲུམས། མྱི་ཁྱོད་གྱིས་ཅི་
352 བསམས་ཀྱང་ཕྱི་དལ་ཆེ་ཞིང། དོན་མྱི་གྲུབ།
353 རབ་དུ་མྱིའི་ཁ་འཇུག། གདོན་དུ་འགོང་པོ་ཡོད།
354 ངན་རབ་བོ། །××××། ××××། ××××།
355 ཀྱི་ཕུ་སུམ་ནི་ཡ་བྱི་ལ། སྤང་སྣར།
356 ནི་གསེར་སྤོངས་ལ། ཤ་ཤོར་ནི
357 བདུན་གྱིས། ཤ་གཅིག་ནི་ཁྲུས་བཏབ་པའ།
358 མདའ་གསུམ་ནི་མ་བྱི་ན། གྱུར་གསུံ་
359 ནི་ཐུགས་སྣུང་བའ། འོ་བརྒྱལ་ནི་འགྲེས་
360 ཀྱི་ཨོན། དགྲ་ཞིག་ལ་དོགས་པ་ལས་
361 ཉེན་མྱེད་དེ་བཟང་རབ་བོ། ××××། ××××།
362 ××××། ཀྱི་ཉེན་ཞིང་ནི་སྐུགས་ན་ཉལ།
363 མཚན་ཞིང་ནི་ཡི་གེ་འདྲི། ཡི་གེ་ནི་

Pel.tib.0966 འཇིག་རྟེན་ཆགས་ཚུལ་བཤད་པ།

1 ༄། །རྒྱ་གར་སྐད་དུ་ལོ་ཀའ་ཐྲད་ཤ། །བོད་སྐད་དུ་འཇིག་རྟེན་གྱི་
2 ལོ་རྒྱུས་བཤད་པ། །སྐུ་གསུམ་ལ། ཆོས་ཀྱི་སྐུ་ནི་རྣམ་པར་མྱི་རྟོག་པའི་ཡེ་ཤེས་ཀྱི་རང་བཞིན་
3 གཟུགས་ཅན་མ་ཡིན་བ། །ཤེས་བྱ་ཐམས་ཅད་ཁྱབ་པ། །མྱི་ལོང་ལྟ་བུའི་ཡེ་ཤེས་དང་། །ཆོས་ཀྱི་
4 དབྱིངས་རྣམ་པར་དག་པའོ། །དེ་བཞིན་ཉིད་ལ་འོ། །ལོངས་སྤྱོད་རྫོགས་པའི་སྐུ་ནི། །བྱང་ཆུབ་སེམས་
5 དཔའི་དཀྱིལ་འཁོར་ན། །ཆོས་ཀྱི་མེ་ལོང་སྤྱོད་པ་ཆེན་པོས། མ་ལུས་པར་སྨྱོང་བར་མཛད་པ། །
6 རྣམ་པར་སྣང་མཛད་ཀྱི་སྐུ་སྟེ། །མཚན་དང་དཔེ་བྱད་བཟང་པོ་ཐམས་ཅད་དང་ལྡན་བའོ། །སྤྲུལ་པའི་
7 སྐུ་གང་ཞེ་ན། །སྟོན་བྱང་ཆུབ་སེམས་དཔའ་སྤྱོད་པ་སྤྱོད་པའི་ཚེ། །སྐྱེ་འགྲོ་མ་ལུས་པའི་དོན་དུ།
8 སྨོན་ལམ་རྒྱ་ཆེན་པོར་བཏང་པ་དང་། །ཆོས་ཀྱི་སྐུ་ལྷུན་གྱིས་གྲུབ་པའི་བྱིན་གྱི་རླབས་ཀྱིས། །སེམྶ་
9 ཅན་མ་ལུས་པའི་དོན་དུ། །སངས་རྒྱས་ཀྱི་སྐུ་འཇིག་རྟེན་དུ་འབྱུང་བ་ནི། །སྤྲུལ་པའི་སྐུ་ཞེས་བྱའོ། །

དེ་ལ་དོན་དུ་སྐུ་གསུམ་ཡང་ཐ་དད་དེ། གཅིག་ལས་གཅིག་དུ་འབྱུང་ངོ་། །ཅི་དང་ཅི་སྤྱོད་ན་སངས་རྒྱས་དང་བྱང་ཆུབ་སེམས་དཔའ་འགྲུབ། །ལན་བཏབ་པ། །ཕ་རོལ་དུ་ཕྱིན་པ་དྲུག་དང་དགེ་བ་བཅུ་སྤྱོད་དེ། །སྐྱེ་འགྲོ་མ་ལུས་པའི་དོན་བྱས་ནས། །ས་བཅུའི་རིམ་པར་རང་གི་སེམས་སྦྱངས་པས་ནི། །བྱང་ཆུབ་སེམས་དཔའི་སྤྱོད་པའི་ས་བཅུ་དང་། །ཕ་རོལ་དུ་ཕྱིན་པ་བཅུའི་སྟེང་དུ། སྟོབས་བཅུ་དང་། མི་འཇིགས་པ་བཞི་དང་། སངས་རྒྱས་ཀྱི་ཆོས་མ་འདྲིས་པ་བཅོ་བརྒྱད་སྤྱད་དེ། །སྒྲིབ་པ་རྣམ་གཉིས་བྱང་བ་ནི་སངས་རྒྱས་ཀྱི་སྤྱོད་པའོ། །བཅོམ་ལྡན་འདས་ཞེས་བགྱི་བ། །བཅོམ་ནི་ཅི་བཅོམ། ལྡན་ནི་ཅི་ལྡན། འདས་ནི་ཅི་འདས། །ལན་བཏབ་པ། །བཅོམ་ལྡན་འདས་ཞེས་བགྱི་བ། །བཅོམ་ནི་བདུད་སྡེ་བཞི་བཅོམ་སྟེ། །ཡོན་ཏན་དྲུག་དང་ལྡན་བའོ། །བདུད་སྡེ་བཞི་ནི། །ཉོན་མོངས་པའི་བདུད་དང་། འཆི་བདག་གི་བདུད་དང་། ལྷའི་བདུད་དང་། ཕུང་པོའི་བདུད་དོ། །ཡོན་ཏན་དྲུག་དང་ལྡན་བ་ནི། །

གཟུངས་

དང་ལྡན། གྲགས་པ་དང་ལྡན། །དབང་ཕྱུག་དང་ལྡན། །དཔལ་དང་ལྡན། བརྩོན་འགྲུས་དང་ལྡན། །ཤེས་རབ་དང་ལྡན་བའོ། །འདས་ཞེས་བྱ་བ་ནི། །འཇིག་རྟེན་གྱི་ཉོན་མོངས་པ་ལས་འདས་པའོ། །སངས་རྒྱས་དང་བྱང་ཆུབ་སེམས་དཔའ་གཉིས། གཡུང་དྲུང་ཐོབ་པར་ནི་འདྲའ་ན། །བར་ན་ཅི་མཆིས་ན་ཆེ་ཆུང་དུ་གྱུར་ཏེ། མཚན་ཐ་དད། །ལན་བཏབ་པ། །སངས་རྒྱས་དང་བྱང་ཆུབ་སེམས་དཔའ་གཉིས་ཀྱི་ཁྱད་པར་ནི། །ཆོས་ཀྱི་དབྱིངས་ཐོབ་པ་ལ་ནི་ཁྱད་པར་མ་མཆིས་ན། །སྤྱོད་པ་བྱང་བ་དང་མ་བྱང་བའི་ཁྱད་པར་ནི་མཆིས་ཏེ། །བྱང་ཆུབ་སེམས་དཔའ་ནི། །ཉོན་མོངས་པའི་བསྒྲིབས་པ་ནི་བྱང་། །ཤེས་བྱའི་བསྒྲིབས་པ་ནི་མ་བྱང་། །མདོ་སྡེ་ལས་ཀྱང་། བྱང་ཆུབ་སེམས་དཔའ་ནི། །ལས་ཀྱི་རྣམ་པར་མཁྱེན་པ་ཞེས་འབྱུང་སྟེ། །བསྒོམ་ཞིང་སྤྱད་པ་ལ་གནས་ཤིང་། །ཁྱད་པར་དུ་རྟོགས་ཏེ། །མཐར་ཕྱིན་བ་ནི་མ་ཡིན། །སངས་རྒྱས་ནི་དཔེར་ན་རིམས་ནད་བྱང་བ་བྱང་བ་ལྟ་བུ་སྟེ། །བསྒྲིབས་པ་རྣམ་གཉིས་ནི་བྱང་། །བུམ་པ་གང་བ་དང་འདྲའ་སྟེ། །ཐམས་ཅད་མཁྱེན་པའི་ཡོན་ཏན་གྱིས་བརྒྱན་ཏེ། །སངས་རྒྱས་དང་བྱང་ཆུབ་སེམས་དཔའ་གཉིས་ཀྱི་ཁྱིད་བར་ནི་དེ་ཙམ་མཆིས་སོ། །བྱང་ཆུབ་སེམས་དཔའ་ཐོག་མ་ཤེས་བྱའི་བསྒྲིབས་པ་ཅི་ལྟར་མ་བྱང་། །ལན་བཏབ་པ། །ཤེས་བྱའི་བསྒྲིབས་པ་མ་བྱང་ཞེས་བྱ་བ་ནི། །དཔེར་ན་ཡི་གེ་མ་བྱང་བ་དང་འདྲའ་སྟེ། །ཤེས་རབ་ཤེས་པར་བྱ་བ་ཐམས་ཅད་ཀྱི་མཐར་ཕྱིན་བ་མ་ཡིན་བས་ནི། །ཤེས་བྱའི་བསྒྲིབས་པ་མ་བྱང་ཞེས་བྱའོ། །རང་སངས་རྒྱས་ཞེས་བྱ་བ་ཅི་ལྟར་ན་

རང་སངས་རྒྱས་ཞེས་བྱའ། །ལན་བཏབ་པ། །རང་སངས་རྒྱས་ཞེས་བྱ་བ་ཡང་། །ཐོག་མ་ནས་དགེ་བའི་བཤེས་གཉེན་ལ་མི་རྟེན་པ་ནི་མ་ཡིན་གྱི། །དང་པོ་དགེ་བའི་བཤེས་གཉེན་སངས་རྒྱས་ལ་ཆོས་མཉན་ཏེ། །བསྒོམས་ནས། རང་གི་རིག་པའི་ཤེས་རབ་སྐྱེས་ཏེ། །འདུ་ཤེས་འགོག་པའི་ཏིང་ངེ་འཛིན་ལ་སློམས་པར་བཞག་པས། །མི་གཉིད་ལོག་པ་དང་འདྲའ་བར། ཏིང་ངེ་འཛིན་གི་བདེ་བ་ལ་ཆགས་ཏེ། །འབྲས་བུ་ཆེར་གནས་པ་ཕྱོགས་གཅིག་ཏུ་སྐྱེས་ནས། །བསྐལ་པ་གྲངས་མེད་པའི་བར་དུ་དེར་གནས་པ་ལས། །སླར་འཇིག་རྟེན་དུ་སྐྱེས་ཏེ། །སྔོན་པའི་བཤེས་གཉེན་ལས་ཆོས་ཉན་པ་དང་། །བསྒོམས་པའི་རྒྱུས། ཆུའི་ནང་དུ་གྲིབ་མ་སོང་བ་དང་། །ཐོང་པ་གཡང་དུ་འདྲིལ་བ་ལས། ཁམས་གསུམ་གི་ཆོས་ཐམས་ཅད་མི་རྟག་པ་དང་། གཟུགས་བརྙན་ལྷ་བུར་ཆུད་དེ། །བསྒོམས་པས་ཡང་དག་པའི་དོན་རྟོགས་ཏེ། །འབྲས་བུ་ཐོབ་པས། རང་སངས་རྒྱས་ཞེས་བྱའོ། །ཉན་ཐོས་ཞེས་བྱ་བ། ཅི་ལྟར་ནི་ཉན་ཐོས། །ལན་བཏབ་པ། །ཉན་ཐོས་ཞེས་བྱ་བ་ནི། །དགེ་བའི་བཤེས་གཉེན་སངས་རྒྱས་ཀྱི་ཞབས་དྲུང་ནས། གཞན་དུ་མི་འགྲོ་ཞིང་། །དགེ་བའི་བཤེས་གཉེན་ལས་ཅི་སྐད་ཐོས་པའི་དོན་ཉིད་ཅེ་བསྒོམ་ཞིང་སྤྱོད་པས་ན། །ཉན་ཐོས་ཞེས་བྱའོ། །ལྷ་མངོན་བར་གྲུབ་པ་གང་དང་གང་། །ཅི་དང་ཅི་སྤྱོད་ན་ལྷ་མངོན་དུ་གྲུབ། །ལན་བཏབ་པ། །ལྷ་མངོན་བར་ཤེས་པ་ལ། །ལྷའི་མིག་དང་། ལྷའི་རྣ་བ་ཤེས་པ་དང་། ཕ་རོལ་གི་སེམས་ཤེས་པ་དང་། རྫུ་འཕྲུལ་བྱེད་པར་ཤེས་པ་དང་། ཟག་པ་ཟད་པར་ཤེས་པ་དང་ལྔའོ། །ཅི་དང་ཅི་སྤྱོད་ན་ལྷ་མངོན་བར་གྲུབ་ཞེས་ན། །བསམ་གཏན་བསྒོམས་པས་ལྷ་མངོན་བར་ཤེས་རབ་སྐྱེའོ། །སངས་རྒྱས་དང་ཆོས་གཉིས་གང་སྔ། །ལན་བཏབ་པ། །སངས་རྒྱས་དང་ཆོས་གཉིས་ནི་རྒྱུ་དང་འབྲས་བུ་སྟེ། །སངས་རྒྱས་ཀྱང་ཆོས་ལས་འབྱུང་། །ཆོས་ཀྱང་སངས་རྒྱས་ལས་འབྱུང་སྟེ། །སྔ་ཕྱི་མེད། །ནས་དང་ལྗང་བུ་དང་། །བྱ་དང་སྒོང་ང་ལས་སྐྱོགས་པ་ཡང་གོང་མ་དང་འདྲའོ། །ཆོས་ལ་ཡོད་ཀྱང་ཡོད། མེད་ཀྱང་མེད་ཅེས་འབྱུང་བ། ཡོད་ནི་ཅི་ལྟར་ཡོད། མེད་ནི་ཅི་ལྟར་མེད། །ལན་བཏབ་པ། །ཡོད་ཅེས་བཤད་པ་ནི། སེམས་ཅན་གྱི་དངོས་པོ་ཉིད། །སངས་རྒྱས་ཀྱི་རྒྱུ་ཐམས་ཅད་སེམས་ཅན་ལ་ཡོད་ཅེས་བྱ། །མེད་པ་ཞེས་བྱ་བ་ནི། །དཔེར་ན་མིའི་དམིག་ལ་རབ་རིབ་ཡོད་པས། །ནམ་ཀ་སྐྲ་ཤད་འཛིངས་པ་ལྟར་མཐོང་བ་དང་འདྲའ་ཐར། །ཡང་དག་པའི་ཤེས་རབ་ཀྱི་དམིག་ལ། མ་རིག་པའི་

ཞིང་ཧོག་གིས་བསྒྲིབས་པའི་སེམས་ཅན་རྣམས་ཀྱིས། །དབང་པོ་ལྔའི་སྤྱོད་ཡུལ་དུ་གྱུར་པ་ཡོད་པ་མ་ཡིན་ཏེ་ཧྱོད། །ཆོས་ཀྱི་སྒོ། དུ་ནི་གཅིག་གི་ནང་དུ་འདུ། །འཕེལ་ནི་བལ་གླང་བརྒྱད་ཁྲི་བཞི་སྟོང་གི་ཁལ་དུ་འཕེལ་ཞེས་འབྱུང་བ། །འཕེལ་ནི་ཅི་ལྟར་འཕེལ། །འདུ་ནི་ཅི་ལྟར་འདུ། ལན་བཏབ་པ། །བཅོམ་ལྡན་འདས་ཀྱིས་ཆོས་ཀྱི་སྒོ་མོ་བརྒྱད་ཁྲི་བཞི་སྟོང་དུ་གསུངས་པ་ནི། ། སེམས་ཅན་གི་འདུ་ཤེས་བརྒྱད་ཁྲི་བཞི་སྟོང་གི་གཉེན་པོར་བཀའ་སྩལ་པ། །འདུ་ནི་དཔེར་ན་ཆུ་བོ་ཐམས་ཅད་རྒྱ་མཚོར་འདུ་བ་དང་འདྲའ་བར། །ཆོས་ཀྱི་སྒོ་མོ་བརྒྱད་ཁྲི་བཞི་སྟོང་བཀའ་སྩལ་ཀྱིས་ཀྱང་། །མཐར་དོན་དུ་ཐར་པའི་སྒོར་འདུའོ། །ལས་ཅི་འདྲའ་བ་ཡིན། ལན་བཏབ་པ། ། ལས་ནི་ལུས་དང་ངག་ཡིད་གསུམ་གི་སྒོ་ནས། །དགེ་བ་དང་སྡིག་པ་སྤྱད་པ་ལས། །དགེ་བ་བཅུ་སྤྱད་པས་མཐོ་རིས་སུ་སྐྱེ་བ་དང་། སྡིག་པ་སྤྱད་པས་ངན་སོང་དུ་སྐྱེ་བ་ནི་འབྲས་བུ་སྟེ། ། དགེ་སྡིག་གི་ལས་ཀྱི་འབྲས་བུ་ཆུད་མྱི་ཟ་བ་ནི། །དཔེར་ན་ས་བོན་གྱི་བཏབ་པ་ལས། ཁྲི་འབྲས་སུ་མྱི་འགྲོ་བ་དང་འདྲའོ། །འཇིག་རྟེན་གྱི་ལྷ་ཞེས་གསོལ་ལོ་འཚལ། །ཚེ་རིང་ཐུང་དང་དབང་ཆེ་ཆུང་མཆིས་སམ་མ་མཆིས། །ལན་བཏབ་པ། །འཇིག་རྟེན་གྱི་ལྷ་ཞེས་གསོལ་པ་ནི། །ལྷ་ཞེས་མྱི་བྱ་སྟེ། །ལྷ་མ་སྲིན་གི་ཁམས་སུ་འདུས་སོ། །མཐུ་ཆེ་ཆུང་གི་རྒྱུ་ནི། །སྔོན་དགེ་སྡིག་འདྲིན་མར་སྤྱད་པས། །དགེ་བའི་ཤས་ཆེ་བ་ནི་དབང་ཆེ་ཚེ་རིང་ངོ་། །ཚེ་རིང་ཐུང་ནི་ངེས་པར་མྱེད་དེ། །མདོར་ན། མྱིའི་ཚེ་རིང་ཐུང་དང་འདྲའོ། །བར་སྣང་ཁམས་ཀྱི་ལྷ་གང་དང་གང་། །ལན་བཏབ་པ། །བར་སྣང་ཁམས་ཀྱི་ལྷ་ནི་གྲངས་ངེས་པར་མྱེད་དེ། །སྲིད་པའི་རྩེ་མོ་མན་ཅད་དང་། དམྱལ་བ་ཡན་ཅད་ཀུན་ཀྱང་། བར་སྣང་གི་ཁམས་ནམ་གྣ་སྟོང་པ་ལ་གནས་ཏེ། །སོ་སོའི་ལས་དང་གནས་དང་རྟེན་འདྲའ་བར་མཐོང་བར་ཟད་དེ། །དཔེར་ན་ཆུ་ལྟ་བུ་ལ། །ཉས་ནི་གནས་སུ་མཐོང་། །མྱིས་ནི་སྐོམ་དུ་མཐོང་། །ལྷས་ནི་ཡིད་བཞིན་གྱི་ནོར་བུ་རིན་པོ་ཆེར་མཐོང་། ། འདྲི་སྲིན་ལས་སྩོགས་པ་ཁ་ཅིག་གིས་ནི། །རྣག་ཁྲག་དང་མྱི་མ་མུར་དུ་མཐོང་བ་དང་འདྲའ་སྟེ། ། བར་སྣང་ཁམས་ན་གནས་པའི་ལྷ་རྣམས་ཀྱིས་ཀྱང་། །ནམ་ག་སྟོང་པ་ལ། །མྱི་ས་གཞི་ལ་འདུག་པ་དང་འདྲའ་བར། བར་སྣང་གི་ཁམས་སུ་གནས་སོ། །སངས་རྒྱས་ཤག་ཀྱ་ཐུབ་པ་ཡང་དང་པོ་རྒྱ་གར་གི་ཡུལ་དུ་མངོན་བར་གཤེགས་ཏེ། །ཆོས་བལ་གླང་བརྒྱད་ཁྲི་བཞི་སྟོང་གི་ཁལ་བཤད། །ཡིག་རྩིས་ཡན་ཅད་བསླབས་ཤེས་གདའ་ནའ། །ཐབས་ཅི་ལྟར་གཤེགས་ལན་བཏབ་པ། །ཤག་ཀྱ་ཐུབ་པ་དང་པོ་རྒྱ་གར་གི་ཡུལ་དུ་གཤེགས་པའི་ཐབས་ནི། ། འཛམ་བུ་གླིང་གི་སེམས་ཅན་ལ་ཆོས་བཤད་པའི་སྐལ་བ་དང་ལྡན་བར་ཐུགས་སུ་ཆུད་ནས། །

རྫོགས་ལོངས་སྤྱོད་པའི་སྐུ་འོག་མིན་གྱི་གནས་ན། །བྱང་ཆུབ་སེམས་དཔའ་རྣམས་ལ་ཆོས་བཤད་པ་ལས། །སངས་རྒྱས་སྤྲུལ་པའི་སྐུ་བལ་སྤང་དཀར་པོར་སྤྲུལ་ནས། ། ཡུལ་ལྷ་མཛེས་ཀྱི་ལྷུམས་སུ་གཤེགས་ཏེ། །རྒྱལ་པོའི་ཟས་གཙང་མའི་སྲས་སུ་བལྟམ་ནས་རབ་ཏུ་བྱུང་སྟེ། །བྱང་ཆུབ་སེམས་དཔའི་སྤྱོད་པ་སྤྱོད་དེ། །སེམས་ཅན་གྱི་འདུ་ཤེས་བརྒྱད་ཁྲི་བཞི་སྟོང་གི་གཉེན་པོར། །ཆོས་ཀྱི་སྒོ་མོ་བརྒྱད་ཁྲི་བཞི་སྟོང་གསུངས་ཏེ། །མང་ཉུང་གི་ཚད་ནི་བལ་སྤང་དཀར་པོ་བརྒྱད་ཁྲི་བཞི་སྟོང་གི་ཁལ་ཡོད་དོ། །ཆོས་ཀྱི་སྣོད་དུ་མ་གྱུར་པའི་སེམས་ཅན་རྣམས་ལ་ཡང་། །རིག་པའི་གནས་བརྒྱད་དང་། །ཡིག་རྩིས་ལ་སོགས་པ་ཡང་། སེམས་ཅན་སོ་སོའི་ཐབས་རྐྱེན་དུ། སངས་རྒྱས་ཀྱིས་བཀའ་སྩལ་ཏེ། །སངས་རྒྱས་མྱ་ངན་ལས་འདས་པའི་འོག་ཏུ། །སེམས་ཅན་ཕྱི་མའི་དོན་དུ་གཞུང་ཆེན་པོར་བྲིས་ནས། ། ད་ལྟར་སེམས་ཅན་གྱིས་བསླབ་ཅིང་སྤྱོད་དོ་ཚོག་ཐམས་ཅད་ཀྱང་། །སངས་རྒྱས་ཀྱིས་བཞག་པ་ཡིན་ནོ། །ཅི་དང་ཅི་སྤྱད་ན་གནམ་གྱི་ལྷ་བྲན་དུ་སྐྱེ། །ལན་བཏབ་པ། །གནམ་གྱི་ལྷ་བྲན་དུ་སྐྱེ་བ་ནི། །དགེ་བ་བཅུའི་ཁྲིམས་བསྲུངས་པའི་སྟེང་དུ། །འཇིག་རྟེན་པའི་བསམ་གཏན་བཞི་སྟེ། །རྟོག་དཔྱོད་དགའ་བ་དང་། བདེ་བ་བཞི་བསྒོམས་པས། །གནམ་རིམ་པ་སུཾ་ཅུ་རྩ་གསུམ་གྱི་ལྷ་བྲན་དུ་སྐྱེའོ། །ཅི་དང་ཅི་སྤྱད་ན་མིར་སྐྱེ། །ལན་བཏབ་པ། ། མིར་སྐྱེ་བའི་རྒྱུ་ནི། །དགེ་སྡིག་འདྲེན་མར་སྤྱད་པས་མིར་སྐྱེས་པ་ལས་ཀྱང་། །དགེ་སྡིག་གི་ཤས་ཆེ་ཆུང་གིས། །སྐྱིད་སྡུག་དང་བཟང་ངན་གྱི་རིམ་པར་གྱུར་ཏེ། །མི་ལུས་ཐོབ་པར་འདྲ་བ་ལས། ། རྒྱལ་པོ་དང་བློན་རིགས་ལས་སྩོགས་པ་ཁ་ཅིག་ནི། །གནམ་གྱི་ལྷ་བས་ལོངས་སྤྱོད་ཆེ་བ་ཡོད་དོ། ། མི་སྨད་རིམས་ཁ་ཅིག་ནི་མནར་མེད་པའི་སེམས་ཅན་དམྱལ་བ་བས་ཀྱང་སྡུག་བསྔལ་ཆེ་བ་ཡོད་དོ། ། དེ་ལ་མི་འཛངས་པ་ནི་ཤེས་རབ་ཀྱི་མཚན་ཉིད་མ་ནོར་བར་རྟོགས་པ་ལས་གྱུར་ཏོ། །བློན་མཚན་དང་ཡིག་ཚང་ཐབས་པའི་རྣམས་ནི། །ནན་ཏན་གྱིས་བསླབས་པ་ལས་གྱུར་ཏོ། །རྒྱལ་རིགས་དང་བློན་རིགས་ལས་སྩོགས་པ། །ཚེ་རིགས་གཙང་མར་སྐྱེས་པའི་རྣམས་ནི། །ཚུལ་ཁྲིམས་བསྲུངས་པ་ལས་གྱུར་ཏོ། །བུད་བཞིན་བཟང་པོའི་རྣམས་ནི་བཟོད་པ་ལས་གྱུར་ཏོ། །ཕྱུག་ཅིང་ལོངས་སྤྱོད་ལྡན་བའི་རྣམས་ནི། །སྦྱིན་བ་བཏང་བ་ལས་གྱུར་ཏོ། །འདི་རྣམས་གང་སྤྱད་ཀྱང་བརྩོན་གྲུས་མེད་དུ་མི་རུང་བས། །བརྩོན་འགྲུས་ནི་ཀུན་དུ་འགྲོའོ། །ཤེས་རབ་ཀྱིས་ཆོས་ཀྱི་མཚན་ཉིད་མ་བརྟགས་པས། །མྱ་ངན་ལས་འདས་པར་མི་འགྱུར་རོ། །བསླབས་པ་ལ་ནན་ཏན་མ་བྱས་པས་ནི། །ཡིག་ཚང་དང་བློན་ཐབས་མི་ཐོབ་པོ། །ཚུལ་ཁྲིམས་མ་བསྲུངས་པས་ནི་མི་ངན་

113 པར་སྐྱེའོ། །བཟོད་པ་མ་བསྒོམས་པས་ནི། །བྱད་བཞིན་ངན་པར་འགྱུར་རོ། །སེར་སྣ་བྱས་ཏེ་སྦྱིན་པ་

114 མ་བཏང་བས་ནི། །མི་དབུལ་པོར་འགྱུར་རོ། །ཅི་དང་ཅི་སྤྱད་ན་ཨ་སུ་རར་སྐྱེ། །ལན་བཏབ་པ། །

115 ཨ་སུ་ར་ལས་སྨྲོགས་པ་གནོད་སྦྱིན་མཐུ་པོ་ཆེར་སྐྱེས་པའི་རྣམས་ནི། །དགེ་བ་ཡང་སྤྱོད་ལ། ཁྲོ་གཏུམ་

116 ཞེ་སྡང་ཆེ་བའི་རྒྱུས་ཨ་སུ་རར་སྐྱེའོ། །ལྷ་མ་སྲིན་ཞེས་བགྱི་བ་གང་དང་གང་། །ལན་བཏབ་པ། །

117 ལྷ་མ་སྲིན་ཞེས་བྱ་བ་ནི། །སྡེ་བཙོ་བརྒྱད་དེ། །དགེ་སྡིག་འདྲིན་མར་སྤྱད་པས་ལྷ་མ་སྲིན་གི་གནས་
སུ་སྐྱེས་

118 སོ། །ཅི་དང་ཅི་སྤྱད་ན་འཕྲུལ་སོང་དུ་སྐྱེ། །ལན་བཏབ་པ། །ཀླུན་ཞིང་གཏི་མུག་པའི་ལས་སྤྱད་པས་འཕྲུལ་

119 སོང་དུ་སྐྱེའོ། །ཅི་དང་ཅི་སྤྱད་པས་སེམས་ཅན་དམྱལ་བར་སྐྱེ། །ལན་བཏབ་པ། །སེམས་ཅན་མ་

120 ཉེས་པ་ལ་ཞེ་སྡང་གིས་སྲོག་བཅད་པ་དང་། གཞུས་པ་དང་བརྫིགས་པ་ལས་སྨྲོགས་པ་ལས་ངན་པ་

121 བྱས་པའི་ལན་གྱིས། །སེམས་ཅན་དམྱལ་བར་སྐྱེའོ། །བདུད་སྡེ་བཞི་ཞེས་བགྱི་བ་གང་དང་གང་། །ལན་

122 བཏབ་པ། །ཉོན་མོངས་པའི་བདུད་དང་། འཆི་བདག་གི་བདུད་དང་། ལྷའི་བདུད་དང་། ཕུང་པོའི་
བདུད་དོ། །

123 ཉོན་མོངས་པའི་བདུད་ཅི་ལྟ་བུ། འཆི་བདག་གི་བདུད་ཅི་ལྟ་བུ། ལྷའི་བདུད་ཅི་ལྟ་བུ། ཕུང་པོའི་
བདུད་ཅི་ལྟ་

124 བུ། །ལན་བཏབ་པ། །ཉོན་མོངས་པའི་བདུད་ནི་སྡུག་བསྔལ་བརྒྱད་དེ། །སྐྱེ་བའི་སྡུག་བསྔལ་དང་། །
འདོད་

125 པ་མི་རྙེད་པའི་སྡུག་བསྔལ་དང་། དགྲའ་སྡང་བ་དང་ཕྲད་པའི་སྡུག་བསྔལ་དང་། །བྱམས་གཉེན་
དང་བྲལ་

126 བའི་སྡུག་བསྔལ་དང་། རྒས་པ་དང་འཆི་བའི་སྡུག་བསྔལ་དང་། །ཕུང་པོ་ལྔ་རྒྱས་པའི་སྡུག་བསྔལ་ལས་

127 སྨྲོགས་པ་གྱིས། །ལུས་དང་ངག་ཡིད་གསུམ་ཉོན་མོངས་པས། ཉོན་མོངས་པའི་བདུད་ཅེས་བྱའོ། །

128 འཆི་བདག་གི་བདུད་ནི་སྐྱེ་ཤི་ལ་གནས་པ་ཡིན། །ལྷའི་བདུད་ནི་ལུས་ཀྱི་ཕུང་པོ་འདི་གླངས་པའི་ཚེ། །

129 ལྟ་འདྲི་ལས་སྨྲོགས་པས་བགེགས་བྱས་ཏེ་མི་བདེ་བ་ཡིན། །ཕུང་པོ་འི་བདུད་ནི་ཕུང་པོ་ཆེན་པོ་བཞིའི་

130 ལུས་ཉིད་ན། །ཚེའི་གཞིར་གྱུར་པས། ཕུང་པོའི་བདུད་ཅེས་བྱའོ། །དུས་གསུམ་ཞེས་བགྱི་བ་གང་དང

131 གང་། །ལན་བཏབ་པ། །དུས་གསུམ་ནི། སྔ་མ་འདས་པ་དང་། མ་འོངས་པ་དང་། ད་ལྟར་གི་དུས་དང་

132 གསུམ་མོ། །ཕྱིན་ཅི་ལོག་བཞི་ཞེས་བྱ་བ་གང་དང་གང་། །ལན་བཏབ་པ། །ཕྱིན་ཅི་ལོག་བཞི་ནི། །

133 མི་གཙང་བ་ལ་གཙང་མར་ལྟ་བ་དང་། མི་རྟག་པ་ལ་རྟག་པར་ལྟ་བ་དང་། བདག་མེད་པ་ལ་བདག་

ཡོད་དུ་

134 ལྟ་བ་དང་། སྡུག་བསྔལ་གི་ཕུང་པོ་ལ་སྙིད་པར་ལྟ་བ་དང་བཞིའོ། །ན་རག་རིམ་པ་དྲུ་མཆིས། །ལན་
བཏབ་

135 པ། །ན་རག་རིམ་པ་ཆེན་པོ་བརྒྱད་དེ། །ཨ་ན་ན་དང་། ཨ་ཏུ་ཏུ་དང་། སོ་ཐམས་ཐམས་དང་། ཡང་སོས་

136 ཡང་སོས་དང་། ཐིག་ནག་འདྲིན་པ་དང་། ཨ་ལ་ལ་དང་། ཨ་ཚ་ཚ་དང་། མནར་མྱེད་པའི་སེམས་
ཅན་དམྱལ་

137 བ་ཆེན་པོ་དང་བརྒྱད་དོ། །སྐྱེ་བ་རྣམ་བཞི་ལ་གང་དང་གང། ལན་བཏབ་པ། །སྐྱེ་བ་རྣམ་བཞི་ལ་
མངལ་ནས་

138 སྐྱེ་བ་དང་། སྒོང་ལས་སྐྱེ་བ་དང་། དྲོད་གཤེར་ལས་སྐྱེ་བ་དང་། བརྫུས་ཏེ་སྐྱེ་བ་དང་བཞིའོ། །སེམས་ཅན་སྲོག་

139 ཆགས་ཤིང་དབུགས་རྒྱུ་འོ་འཚལ་ཐོག་མ་ཅི་ལས་བྱུང་། །ཚེ་འཕོས་ནས་ལུས་བཟང་པོ་ཐོབ་པ་དང་།

140 གནས་མཐོན་དམན་དུ་འགྲོ་བ་ཅི་ལས་འགྲོ། །ལན་བཏབ་པ། །སེམས་ཅན་སྲོག་ཆགས་ཤིང་

141 དབུགས་རྒྱུ་འོ་འཚལ། །ཐོག་མ་སྐྱེ་བའི་རྒྱུ་ནི། །རང་གི་སེམས་འཁྲུལ་པ་ལས་འབྱུང་སྟེ། །ལས་

142 བཟང་ངན་དང་གནས་མཐོན་དམན་དུ་འགྲོ་བ་ནི། །ལུས་དང་ངག་ཡིད་གསུམ་གི་སྒོ་ནས། །དགེ་བ་དང་

143 སྡིག་པ་སྤྱད་པའི་རྒྱུས། གནས་མཐོན་དམན་དུ་སྐྱེའོ། །སེམས་ཅན་ལུས་འཕོས་ནས་སེམས་

144 ཅི་ལྟར་འཁོར། །ལུས་ནི་གང་གི་འཁམས་སུ་འཆི། །ལན་བཏབ་པ། །སེམས་ཅན་གི་ལུས་

145 ཞིག་ནས། སེམས་འཕོས་པ་ནི། །དཔེར་ན་རྫ་མའི་ནང་དུ་བྱེའུ་གནས་པ་ལས། །རྫ་མ་ཆག་ནས་

146 བྱེའུ་འཕུར་བ་དང་འདྲའ་བར། །ལུས་ཀྱི་ཕུང་པོ་ཞིག་ནས། །དགེ་སྡིག་གི་བག་ཆགས་ཀྱིས། གནས་

147 མཐོན་དམན་དུ་སྐྱེའོ། །ལུས་ཀྱི་ཕུང་པོ་ཞིག་པ་ནི། །ཆེན་པོ་བཞི་སོ་སོའི་བག་ལ་ཞའོ། །

148 ཆེན་པོ་བཞི་གཅིག་གི་ནང་དུ་བཞི་མཆིས་ཞེས་བགྱི་བ་གང་དང་གང་། །ལན་བཏབ་པ། །ཆེན་པོ་

149 བཞི་གཅིག་གི་ནང་ན་གཅིག་ཡོད་པ་ཅི་ལྟ་བུ་ཞེས་ན། །སའི་ནང་ན་ཡང་ཆེན་པོ་བཞི་ཡོད་དེ། །

150 ས་བ་ཉིད་སའི་ཁམས་སོ། །རྫུག་པ་ཉིད་ཆུའི་འཁམས་སོ། །དྲོ་བ་ཉིད་མྱེའི་ཁམས་སོ། །གཡོ་

151 བ་ཉིད་རླུང་གི་ཁམས་སོ། །དེ་དང་འདྲའ་བར་ཤེས་ཆེ་ཆུང་ཙམ་དུ་ཟད་དེ། །གཅིག་གི་ནང་ན་

152 གཅིག་ཡོད་པར་རིག་པར་བྱའོ། །སྟོའི་འཛམ་བུ་གླིང་དང་། ནུབ་ཀྱི་བལ་གླང་སྤྱོད་དང་། བྱང་གི་སྒྲ་

153 མྱི་སྙན་དང་། ཤར་གི་ལུས་འཕགས་པོ་གླིང་བཞིའི་མྱི་ལ། །ཚེ་རིང་ཐུང་དང་སྙིད་སྡུག་མཆིས་སམ་

154 མ་མཆིས། །ལན་བཏབ་པ། །སྟོའི་འཛམ་བུ་གླིང་གི་མྱིའི་ཚེ། རིང་ཐུང་གི་ཚད་ནི་ལོ་བརྒྱའ་ཐུབ་

155 སྟེ། །དེ་ལ་ཡང་ཡེ་འདྲོག་གི་དབང་གིས་དུས་མ་ཡིན་བར་འཆི་བ་ཡང་ཡོད་དོ། །ལ་ལ་ནི་མངལ་

156 དུ་འཆི། །ཡ་ལ་ནི་ལོ་དང་། ཟླ་བ་དང་། ཞག་དང་། དུས་མ་ལགས་པར་འཆི་བ་ཡང་གྲངས་ཀྱིས་མང་། །
157 ལོངས་སྤྱོད་ཀྱང་གཅིག་ཏུ་ངེས་པ་མེད་དེ། །སྐྱིད་སྡུག་འདྲེན་མར་གནས་སོ། །ནུབ་ཀྱི་བ་གླང་
158 སྤྱོད་ཀྱི་མིའི་ཚེ་ཚད་ནི། །ལོ་བརྒྱའི་ཐུབ་སྟེ། །ལུས་པོང་དང་ལོངས་སྤྱོད་ཀྱང་འཛམ་བུ་གླིང་གི་མི་
བས་ཆེ་ཞིང་
159 སྐྱིད་དོ། །ཕྱུགས་སུ་ནི་བ་གླང་འབའ་ཞིག་སྤྱོད་དོ། །བྱང་གི་སྒྲ་མི་སྙན་གྱི་མིའི་ཚེ་ཚད་ནི། །
160 ལོ་སྟོང་ཐུབ་སྟེ། །བློ་བུར་གྱིས་འཆི་བ་ཡང་མེད། །ང་དང་བདག་ཏུ་ལྟ་བ་ཡང་མེད། །ཁྱིད་པ་ཡང་
མེད། འཚོ་བ་དང་ལོངས་
161 སྤྱོད་ཅི་འདོད་པ་ཡང་། །དཔག་བསམ་གྱི་ཤིང་ལས། བསམས་པ་ཙམ་གྱིས་ཟས་དང་གོས་ལས་
162 སྩོགས་པ་ཡང་དེ་ལས་འབྱུང་། །ལོ་སྟོང་ལོན་པ་དང་། འཆི་བའི་དུས་ཀྱི་ཚེ། །ཤིང་དེ་ལས་སྒྲ་མི་
163 སྙན་པ་ཞིག་འབྱུང་བ་དང་། འཆི་བར་འགྱུར་བས་སྒྲ་མི་སྙན་ཞེས་བྱའོ། །ཤར་གྱི་ལུས་འཕགས་
164 པོའི་ཚེའི་ཚད་ནི། །ལོ་བརྒྱའི་ཐུབ་སྟེ། །ལུས་ཀྱང་དཔག་ཚད་ཕྱེད་ཙམ་ཡོད། །ཤར་གྱི་ལུས་
165 འཕགས་པོ་ཞེས་བྱའོ། །རི་འཛམ་བུ་ཏའི་ངོས་ནི་སྔོན་པོ་ན། །ངོས་བཞིའི་ཁ་དོག་ཅི་འདྲའ། །
166 ལན་བཏབ་པ། །རི་རབ་ཀྱི་ངོས་བཞི་ལ། །ཤར་གྱི་ལུས་འཕགས་པོའི་ངོས་ནི་རྡུལ་ཏེ་དཀར། །
167 ལྷོའི་འཛམ་བུ་གླིང་གི་ངོས་ནི་རིན་པོ་ཆེ་བེ་དུ་རྱ་སྔོ་སོ། །ནུབ་ཀྱི་བ་གླང་སྤྱོད་ཀྱི་ངོས་ནི། ཨ་སྨ་
168 གར་བ་སྟེ་དམར། །བྱང་གི་སྒྲ་མི་སྙན་གྱི་ངོས་ནི་ལྷང་ཀ་སྟེ། །ངོས་བཞིའི་ཁ་དོག་ནི་དེ་ལྟར་དབྱེ། །
169 བསམ་གཏན་འདི་བསམ་ན་ནི་ཆགས་པར་འགྱུར་ཏེ་མི་རུང་། །མ་བསམས་ན་ནི། །གཏི་མུག་
170 ཏུ་འགྱུར་ཏེ་མི་རུང་ཞེས་འབྱུང་ན། །དེའི་བར་དུ་ཅི་ལྟར་བསམས་ནས་བསམ་གཏན་དུ་འགྲུབ། །
171 ལན་བཏབ་པ། །བསམ་གཏན་གྱི་གཞུང་ནི་སེམས་དྭང་པོར་མཉམ་པར་བཞག་པ་ཡིན་པས། །
172 རྟག་ཅིང་ཆགས་པར་མི་བྱ་སྟེ། །སྒྱུ་གཡོ་བར་གསལ་བར་བསྒོམ་མོ། །གནམ་འདི་ཐོག་མ་རྒྱུ
173 ཅི་ལས་བྱུང་། །རྟེན་ཅི་ལ་རྟེན། །རིམ་པ་དུ་མཆིས། །ལན་བཏབ་པ། །གནམ་རིམ་པ་སུམ་ཅུ་རྩ་
174 གསུམ་མཆིས་ཏེ། །འཇིག་རྟེན་པའི་ཐ་སྙད་དུ་ནི་གནམ་ཞེས་བྱའོ། །ཆོས་ཀྱི་གཞུང་ལས་
175 ནི་ནམ་མཁའ་ཞེས་འབྱུང་སྟེ། །ཡེ་ནས་དེ་བཞིན་གནས་པ་ཡིན་གྱི། །ཐོག་མ་རྒྱུ་འདི་ལས་
176 འབྱུང་ཞེས་རྒྱུའི་སྒོ་ནས་བརྟག་ཏུ་མེད་དེ། །སྐྱེ་འཇིག་མེད་པའི་ཆོས་ཅན་དུ། །འདུས་མ
177 བྱས་པའོ། །རྟེན་ཅིང་མི་གནས་པའོ། །ས་འདི་ཐོག་མ་ཅི་ལས་བྱུང་། རྟེན་ཅི་ལ་རྟེན། །
178 རིམ་པ་དུ་མཆིས། །ལན་བཏབ་པ། །ས་འོ་རིམ་པ་གནས་པའི་ཐབས་ནི། །ནམ་མཁའ་སྟོང་
179 པ་ལ། རླུང་གི་དཀྱིལ་འཁོར་ལས། ན་བུན་དང་ཁུག་རྣར་འབྱུང་བ། ཆར་འགྱུར་ཏེ། ཆུའི་དཀྱིལ་

འཁོར་ལས་རླུང་གིས་བསྐུབས་ནས། ཆུ་ལས་འཁྲིས་མར་གྱུར་ཏེ། །འཁྲིས་མ་ལས་ས་གཞི་གནས། །ས་གཞི་ལས་གསེར་གི་ས་གཞིར་གྱུར་ཏེ། །ས་དང་ཆུ་མེ་དང་རླུང་ཆེན་པོ་བཞི་ནི། ཡེ་ནས་དེ་བཞིན་གནས་ཏེ། །གཅིག་གི་རྒྱུ་གཅིག་གི་རྐྱེན་གཅིག་གོ། །ཉི་མ་འདི་ཐོག་མ་ཅི་ལས་བྱུང་། །དབྱར་རིང་ལ་དྲོ་བ་ནི་ཅི་ལྟར་རིང་ལ་དྲོ། །དགུན་ཐུང་ལ་གྲང་བ་ནི་ཅི་ལྟར་ཐུང་ལ་གྲང་། །ལན་བཏབ་པ། །འཛམ་བུ་གླིང་གི་སེམས་ཅན་སྤྱི་ལས་ཀྱིས་བསྐྱུབས་ཏེ། །ཉི་མའི་རྒྱུ་ནི་མེ་ཤེལ་ཏེ། །འོད་ཆེ་ཞིང་དྲོ་བ་ནི་དེ་ལས་གྱུར། །དབྱར་ཉི་མ་དྲོ་ལ་རིང་བ་ནི། །ཉི་མ་རི་རབ་ཀྱི་ངོས་སྔོམ་པོ་ནས་རྒྱུ་བས་རིང་ལ་དྲོ། དགུན་ཉི་མ་ཐུང་ལ་གྲང་བ་ནི། །རི་རབ་ཀྱི་ངོས་ཕྲ་མོ་རྒྱ་མཚོ་དང་ཉེ་བ་ནས་རྒྱུ་བས། ཉི་མ་ཐུང་ལ་གྲང་། །ཐོག་མ་ཉི་མ་བྱུང་བ་ནི། །སེམས་ཅན་གི་ལས་ལས་བྱུང་ངོ་། །ཉི་མ་འདི་མཚན་མོ་མ་མཆིས་པ་ནི་ཅི་ལས་གྱུར། །ལན་བཏབ་པ། །ཉི་མ་ནི་རི་རབ་ཀྱི་ངོས་ནས་རྒྱུ་སྟེ། །ཤར་ཕྱོགས་སུ་ཉི་མ་ནུབ་ན། །ལྷོ་ཕྱོགས་སུ་ཉི་མ་ཤར། །ཤར་ཕྱོགས་སུ་ནམ་སྲོས་ཏེ། ལྷོ་ཕྱོགས་སུ་ཉི་མ་ནུབ། །ནུབ་ཕྱོགས་སུ་ཉི་མ་ཤར་ཏེ། །གླིང་བཞི་བར་དུ་གོང་མ་བཞི་ཆས་བསྒྲིས། །ཟླ་བ་འདི་ཐོག་མ་ཅི་ལྟ་བྱུང་། །ཚེས་ནས་ཇེ་ཆེ་ཇེ་ཆེ་ལ་ཉར་ཕྱིན་ནས། ཟླུམ་པོར་གྱུར་ནས། །ཉ་ནས་ཕྲི་སྟེ། །གནམ་སྟོང་དུ་ཕྱིན་པ་དང་། མ་མཆིས་པ་ཅི་ལས་གྱུར། །ལན་བཏབ་པ། །ཟླ་བ་དང་ཉི་མ་འདྲའ་སྟེ། །ཐོག་མ་ནི་སེམས་ཅན་གྱི་ལས་ལས་བྱུང་སྟེ། །ཟླ་བའི་རྒྱུ་ནི་ཆུ་ཤེལ་ཏེ། །གྲང་ཞིང་བསིལ་བ་ནི་དེ་ལས་གྱུར། །ཟླ་བའི་དབྱིབས་ནི་ཟླུམ་པོ་སྟེ། །ངོས་གཅིག་ནི་ཆུ་ཤེལ་དཀར་པོ། །ངོས་གཅིག་ནི་རིན་པོ་ཆེ་བེ་དུ་རྱ་སྔོན་པོ་སྟེ། །ཚེས་ནས་ཉ་འི་བར་དུ་ནི་དཀར་པོ་ཇེ་ཆེ་ཇེ་ཆེ་ཞིང་། །ནག་པོ་ཇེ་ཆུང་ཇེ་ཆུང་དུ་གྱུར། །ཉ་ནས་གནམ་སྟོང་གི་བར་དུ་ནི། །ནག་པོ་ཇེ་ཆེ་ཇེ་ཆེ་ཞིང་། དཀར་པོ་ཇེ་ཆུང་ཇེ་ཆུང་དུ་གྱུར་ཏེ། །དོན་དུ་ན་ཉི་མ་ཤར་པར་གྱུར་པ་ནི་ཞག་ཟླའི་གྲངས་ཏེ། །སེམས་ཅན་གི་ལས་ལས་གྱུར་ཏོ། །སྐར་མ་གྲངས་ཀྱིས་མི་ཚོད་པ་ཞིག་མཆིས་པ། །ཐོག་མ་ཅི་ལས་བྱུང་། །རྟེན་ཅི་ལ་རྟེན། ལན་བཏབ་པ། །སྐར་མའི་རྒྱུ་ནི་རིན་པོ་ཆེ་སྟེ། །གནམ་གི་ལྷ་བྲན་གནས་པའི་གཞལ་མེད་ཁང་ངོ་། །སྐར་མ་ཆེ་ཆུང་དང་འོད་བཟང་ངན་དུ་སྣང་བ་ནི། །གནམ་གྱི་ལྷ་དབང་ཆེ་ཆུང་ལས་གྱུར། །རྣམ་ཅིག་དུ་ནི་དམའ་བའི་རྣམས་ནི། །འོད་ཆེ་ལ་བཟང་། ཡར་མཐོ་བའི་རྣམས་ནི་ཆུང་ལ་འོད་ཀྱང་ངན། །རྟེན་ནི་བར་སྣང་གི་ཁམས་ལ་རྟེན། །སྐར་མ་ལྷུང་བ་ནི་གནམ་གི་ལྷ་བྲན་ཚེ་འཕོས་ནས། །གཞལ་མེད་ཁང་གི་སྐར་མ་ཡིན་ནས་ལྷུང་ངོ་། །གཟའ་ཆེན་པོ་ནི་དུ་མཆིས། མྱིང་ནི་གང་དང་གང་། །ལན་བཏབ་པ། །གཟའ་ཆེན་པོ་ནི་བརྒྱད་དེ། །གཟའ་མྱིག་མར་དང་། གཟའ་ཕུར་བུ་དང་། གཟའ་སྤེན་པ་དང་།

གཟའ་ལྷག་དང་། གཟའ་ཕུར་བུ་དང་། གཟའ་པ་སངས་དང་། གཟའ་སྤེན་པ་དང་། གཟའ་ཉི་མ་དང་། བརྒྱད་དོ། །རྒྱ་སྐར་ཉི་ཤུ་རྩ་བརྒྱད་ཅེས་བགྱི་བ་གང་དང་གང་། །ལན་བཏབ་པ། །རྒྱ་སྐར་ཉི་ཤུ་རྩ་བརྒྱད་ལ། །ཤར་ཕྱོགས་ནས་རྒྱུ་བ་ནི་སྨིན་དྲུག་དང་། སྣར་མ་དང་། མགོ་དང་། ལག་དང་། ནབ་སོ་དང་། རྒྱལ་དང་། སྐར་ཆེན་བྱ་བ་དང་བདུན་ནོ། །ལྷོ་ཕྱོགས་ནས་རྒྱུ་བ་ནི། །མཆུ་དང་། གྲེ་དང་། དབོ་དང་། མེ་བཞི་དང་། ནག་པ་དང་། ས་རི་དང་། སག་ག་དང་། བདུན་ནོ། །ནུབ་ཕྱོགས་ནས་རྒྱུ་བ་ནི། །ལྷ་མཚམས་དང་། སྣྲོན་དང་། སྣུམས་དང་། ཆུ་སྟོད་དང་། ཆུ་སྨད་དང་། གྲོ་ཞིན་དང་། བྱི་ཞིན་དང་བདུན། ནོ། བྱང་ཕྱོགས་ནས་རྒྱུ་བ་ནི། །མོན་གྲུམ་དང་། མོན་གྲེ་དང་། ཁྲུམས་སྟོད་དང་། ཁྲུམས་སྨད་དང་། ནམ་གྲུམ་དང་། ཐ་ཉེ་དང་། ཐ་སྐར་དང་བདུན་ཏེ། །སྤྱིར་བདུན་བཞི་ཉི་ཤུ་བརྒྱད་དོ།། །།དཀོན་མཆོག་གསུམ་གི་མཚན་དང་། ཡོན་ཏན་ཐར་པའི་ལམ་དང་། བདེན་བའི་དམིགས་ལ། །དཀོན་མཆོག་གསུམ་ནི། སངས་རྒྱས་དཀོན་མཆོག་དང་། ཆོས་དཀོན་མཆོག་དང་། དགེ་འདུན་དཀོན་མཆོག་གོ། །དེ་ལ་སངས་རྒྱས་ཞེས་བྱ་བ་ནི། །ཡོན་ཏན་ལས་མཚན་དུ་གསོལ་པ་ཡིན་ཏེ། །དཔེར་ན་མི་གཉིད་ལོག་པ་ལས་སངས་པ་བཞིན་དུ། །མ་རིག་པའི་གཉིད་ལས་བསངས་པ་དང་། པད་མ་ཁ་བྱེ་བ་བཞིན་དུ་བློ་ཁ་བྱེ་ཞིང་རྒྱས་པས་ན། །སངས་རྒྱས་ཞེས་བྱ་སྟེ། །མདོར་ན་ཆོས་སོ་ཆོག་ཐུགས་སུ་ཆུད་ཅིང་མཁྱེན་པ་ལ་བྱའོ། །སངས་རྒྱས་ནི་བདག་ཀྱང་གྲོལ་ཞིང་ཐར་ལ། །ཐུགས་རྗེ་ཆེན་པོས་སེམས་ཅན་ཉོན་མོངས་ཤིང་བཅིངས་པའི་རྣམས། ཐར་པའི་ཆོས་སྟོན་པར་མཛད་པས། །སྟོན་པ་དེ་ལྟ་བུ་གཞན་མེད་དེ། །མཆོག་དུ་དཀོན་བས་ན། སངས་རྒྱས་དཀོན་མཆོག་ཅེས་བྱའོ། །དེ་ལ་ཆོས་ནི་ཐོབ་པའི་ཆོས་ཏེ། །མྱ་ངན་ལས་འདས་པ་ཞི་བ་བདེན་བ་བཞི་ལ་བྱའོ། །དེ་ཡང་ཉོན་མོངས་པ་དང་སྡུག་བསྔལ་ཐམས་ཅད་སྤངས་ཏེ། །འཁོར་བའི་སྡུག་བསྔལ་གི་རྒྱུ། །ཉོན་མོངས་པའི་འདོད་ཆགས་དང་། ཞེ་སྡང་དང་། གཏི་མུག་གིས་གདུང་བ་དང་བྲལ་བའོ། །འདོད་ཅིང་སྡུག་བསྔལ་ཐམས་ཅད་དང་བྲལ་བས་བདེ་སྟེ། །ཐར་པའི་རང་བཞིན་གྱིས་མཚན་ཉིད་འཛིན་པས་ན། །ཆོས་ཞེས་བྱའོ། །ཆོས་དེ་ཡང་ཞི་བ་བདེ་བ་དེ་ལྟ་བུ་གཞན་མེད་དེ། །མཆོག་དུ་དཀོན་བས་ན་ཆོས་དཀོན་མཆོག་ཅེས་བྱའོ། །དགེ་འདུན་ནི་འཕགས་པ་མང་པོ་འདུས་པ་ལ་བྱ་སྟེ། །འཕགས་པ་དགེ་བ་མང་དུ་འདུས་པ་དེ་དག། ནི། །རྟོགས་ནས་ཐོག་མ་ནས་དད་པ་ཡིན་ལ། །ནམ་དུ་ཡང་བདུད་དང་། མུ་སྟེགས་རྣམས་ཀྱིས། དབྱེ་ཞིང་དཀྲུག་མི་ནུས་པས་ན། །དགེ་འདུན་དཀོན་མཆོག་ཅེས་བྱའོ། །དེ་དག་སངས་རྒྱས་ཀྱི་ཐར་པའི་ལམ་ཅི་ལྟར་བསྟན་པ་བཞིན་བསྒྲུབས་སྟེ། །

ལ་ལ་ནི་ཉོན་མོངས་པ་ཆེ་བྲ་སྤངས་ཏེ། །ཉོན་མོངས་པའི་དགྲའི་ཚོམས་པས། །དགྲའི་བཅོམ་པའི་འབྲས་བུ་ཐོབ་པོ། །ལ་ལ་ནི་ཉོན་མོངས་པ་སྤོང་ཞིང་འབྲས་བུ་གོང་མ་ཐོབ་པར་བྱེད་པ་ཡིན་ཏེ། །དགེ་འདུས་པ་དེ་གྲུབ་པ་དེ་ལྟ་བུ་དང་ལྡན་བས་ན། །འཇིག་རྟེན་ན་སངས་རྒྱས་ཀྱི་སློབ་མ་ལ་གཏོགས་པ་གཞན་མེད་དེ། །མཆོག་ཏུ་དཀོན་བས་ན། །དགེ་འདུན་དཀོན་མཆོག་ཅེས་བྱའོ། །

ཐར་པའི་ལམ་ནི་འཕགས་པའི་ལམ་ཡན་ལག་བརྒྱད་དེ། །ཡང་དག་པའི་ལྟ་བ་དང་། ཡང་དག་པའི་རྟོགས་པ་དང་། ཡང་དག་པའི་ངག་དང་། ཡང་དག་པའི་ལས་ཀྱི་མཐའ་དང་། ཡང་དག་པའི་འཚོ་བ་དང་། ཡང་དག་པའི་རྩོལ་བ་དང་། ཡང་དག་པའི་དྲན་པ་དང་། ཡང་དག་པའི་ཏིང་ངེ་འཛིན་ཏོ། ། དེ་ལ་ཡང་དག་པའི་ལྟ་བ་ནི། ཆོས་རྣམས་ཀྱི་དོན་གང་ཡིན་བ་དེ་མངོན་བར་བལྟའ་བའོ། ། ཡང་དག་པའི་འཚོ་བ་ནི། །ཆོས་དང་མཐུན་པ། གཡོ་སྒྱུ་དང་གཞན་ལ་གནོད་པར་འཚོལ་བ་སྤངས་པའོ། །ཡང་དག་པའི་རྩོལ་བ་ནི། །དགེ་བ་བསྒྲུབས་པའོ། །ཡང་དག་པའི་དྲན་པ་ནི། ཆོས་ཀྱི་དོན་རྟོགས་པ་མི་བརྗེད་པའོ། །ཡང་དག་པའི་ཏིང་ངེ་འཛིན་ནི། ཆོས་ཀྱི་དོན་རྟོགས་པ་དེ་ལ་སེམས་རྩེ་གཅིག་ཏུ་འཇོག་ཅིང་། །གཞན་དུ་མི་གཡེང་བར་བྱེད་པའོ། །ཐར་པའི་ལམ་འདི་རྣམས་བསྒོམས་ན། །ཉོན་མོངས་པའི་རྣམས་ནི། སྡུག་བསྔལ་ལས་གྲོལ་ཞིང་ཐར་བར་འགྱུར་བས་ན། །ཐར་པའི་ལམ་ཞེས་བྱའོ། །

བདེ་བ་དམིགས་ནི་གཉིས་ལ་བྱ་སྟེ། །དེ་ལ་ཀུན་རྫོབ་ཀྱི་བདེན་པ་དང་དོན་དམ་པའི་བདེན་པའོ། །ཀུན་རྫོབ་ཀྱི་བདེན་པ་ནི་རྒྱུ་དང་འབྲས་བུ་འབྲེལ་པ་དང་། བྱ་བ་བྱེད་ནུས་པ་ལས་སྩོགས་པ། །འཇིག་རྟེན་སྣ་ཚོགས་གནས་ཤིང་སྣང་བ་སྟེ། །ཡང་དག་པའི་ཤེས་རབ་ཀྱི་དམིག་གིས་བརྟགས་ན། །སྒྱུ་མ་བྱུང་གི་བར་དུ། རེས་ཤིག་དེ་ལྟར་བདེན་བར་སྣང་བས། །ཀུན་རྫོབ་ཀྱི་བདེན་པ་ཞེས་བྱའོ། །དེ་ལ་དོན་དམ་པའི་བདེན་པ་ནི། ། དངོས་པོ་རྣམས་ལ། ཡང་དག་པའི་ཤེས་རབ་ཀྱི་དམིག་གིས་བརྟགས་ན། །ཀུན་རྫོབ་ཅི་ལྟར་སྣང་ཞིང་གནས་ཏེ། དེ་བཞིན་མི་གནས་ཏེ། བརྟག་མི་བཟོད་ལ། །དངོས་པོ་གྲུབ་པ་ནི་ཡང་དག་པའི་བདེན་པ་ཡིན་བས། དོན་དམ་པའི་བདེན་བའོ།། ༎

༄། །ཆོས་ཀྱི་མདོ་གཅེས་པར། དཀོན་མཆོག་གསུམ་གི་མཚན་དང་། ཡོན་ཏན་དང་། ཐར་པའི་ལམ་དང་། བདེན་པའི་དམིགས་དང་། ལས་དང་། ལས་ཀྱི་རྣམ་པར་སྨིན་པ་གང་གང་གསུངས་པ་དག་དང་། མཐུན་བར་ལོག་ནོན་ཙམ་དུ་བཤད་པ་རྫོགས་སྷོ།། ༎

༄། །ཧོར་གི་རྒྱལ་པོའི་མཆན་ཡིག་པ། ཚེའུ་སྨན་ལ་གིས་བྲིས།། ༎

IOL.Tib.J.731-r(ch.82.iv-A) ཆོ་སྣོམས་པའི་ལེའུ་དང་རྟ་རྐྱང་དབྱེ་བའི་རབས།

1 ཀྱི་ཆེ་ནི་ཡཏུདགོར། རྐྱང་སྡིག་པ་ནི་ཕྱིར། གཆོད། ཡུལ་བཅུ་གཉིས་ན་ལྷབ་མ་

2 དང་དང་བཅུ་གསུམ་ཀྱི་བྱིན་ཆེན་ནི་ཡུར་དགོར་རྐྱང་སྡིག་ནི་ཕྱི་ཏུ་གཆོད། །མཁར་བཅུ་གཉི

3 ན་འབྲུམ་ད་ང་དང་བཅུ་གསུམ་ཀྱི་བྱིན་ཆེན་ནི་ཡར་ཏུ་དགོར། རྐྱང་སྡིག་ནི་ཕྱི་ཏུ་གཆོད། ག××

4 ཐོད་ཐོད་ཀྱི་བྱིན་སྨན་པད་པད་ཀྱི་ཕྱིན་ཆེ་ནི་ཡཏུ་དགོར་རྐྱང་སྡིག་ནི་ཕྱི་ཏུ་གཆོད། །ག××

5 ལ་འབྲི་འི་བྱིན་ཆེ་བ་ཡཏུ་དགོར་རྐྱང་སྡིག་པ་ཕྱི་ཏུ་གཆོད། །སྤང་ལ་ལུག་ཀྱི་བྱིན་ཆེ་

6 གཆོད་བྱིན་ང་བ་ཕྱི་ཏུ་སྤྱོས། །གསིང་ལ་རྟའི་བྱིན། །མཚལ་ལ་ར་འི་བྱིན་ར་དང་ཚའི

7 ཕྱིར་བྱིན་ང་རྐྱང་སྡིག་པ། །སྟོར་ལ་མཛོ་འི་ཕྱིར་བྱིན་ང་རྐྱང་སྡིག་པ། །སྐྱིབས་ལ་

8 ཕག་ཀྱི་ཕྱིར་བྱིན་ཆེ་རྐྱང་སྡིང་བ། །བྱིན་ཆེ་ནི་སྤྱི་འོ་རྐྱང་སྡིག་ནི་ཕྱི་ཏུ་གཆོད

9 རྒྱལ་ཕུང་བ་འི་དགོར་མཁར་རལ་མོའི་བཅུད། །ཞིང་ཏ་བའི་རྣ་ཆབ་གསང་

10 ཀྱི་སྡིགས། །བྱིན་ཆེ་ནི་ཡཏུ་དགྲོལ་རྐྱང་སྡིག་ནི་ཕྱི་ཏུ་གཆོད། །འབྲོང་ཀྱི་ཁོ་ནན་

11 གཡང་ཀྱི་ཚོའི་རིགས་ལས་བྱིན་ཆེ་ནི་ཡཏུ་དགོར། །རྐྱང་སྡིག་ནི་ཕྱི་ཏུ་གཆོད། །

12 ད་རིང་ད་ཆུང་ཏུ་ཕྱུགས་སྦོ་མ་ཉེདུ་དོ་མ་སྐི་དགས་ཁྲིད་ལ། །སྐར་མ་གཡེན་དགུ་འི་

13 གཡེན་ཏུ་ནི་ཟ་བག་ཏུ་ནི་ལྷག་པས་ཕྱི་གཡལ་ཆོ་དགུ་ནི་སྤུ་མ་མད་ལྷར་ཟུག་ན་གནམ་

14 ལ་གཟ་སྐར་བདུན་བུམ་བདུན་ཁྲི་ཟིལ་ཏུ་ཟ་བག་ཏུ་ལྷག། །པས་སྐྲལི་བཟ

15 ཐོ་རེ་མདོ་ནས་གཞི་བདུངས་ཁྲུང་ཁ་ལེ་ཛ་མ་དམརད་འཕོང་སྐྱེ

16 ཤ་མ་ཁྲུམས། ་། །སྐར་མ་གཡེན་ཀྱིས་འཚལ། །དྲུག་དྲུག་བཙན་མོ་སྐར་མདོ་ན་

17 ཞིང་རྫོས་ཁྲུང་ཁ་ལེ་ཛང་སྟོདུ་དཔོག་ཆིག་དངར་མ་གསོལ་སྐར་མ་གཡེན་ཀྱིས

19 ཡིངེ་ཡིང་སྐར་མ་གཡེན་ཀྱིས་འཚལ། །སྐར་མ་བེའུ་ཛྷོ་མོ་མདོ་ནས་བ་བདས་ཀྱང་

20 ཁ་ལ་ཛང་སྟོདུ་ཟོ་སྟོ་མགུལ་ན་དོགས་ཟེའུ་ནང་མ་དཀར་སྐར་མ་གཡེན་ཀྱིས

21 འཚལད། །སྐར་མ་གཡེན་དགུའི་གཡེན་ཏུ་ནི་ཟ་བག་ཏུ་ནི་ལྷག་ཀྱིས་ཕྱུགས་སྦོ་མ་

22 ཉེདུ་ཁྲིན་་རྣམས་ལ། །གནམ་ལ་གཟ་སྐར་བདུན་འབུམ་བདུན་ཁྲི་འིས། །ཟིལ་ཏུ་ནི་

23 མ་ཟ་ཤིས་བག་ཏུ་ནི་མ་ལྷག་ཤིག་སྐྱབས་ནི་མ་འཁྲི་ཤིག། །ང་རིགས་དགུ་རིག

24 ནས་ད་དབྱུངོ། ཚད་དགུ་ཚད་ཀྱིས་ད་གཆོད། །ཞེས་བགྱིས་ལ་ཚད་རིགས་ནས་དབྱུངོ།

།:ཕྱི་ཆོ་ལ་ནི་ཆོ་བཀྱིས་ཕྱི་འབྲང་ལ་ནི་འབྲང་བརྩུགས་སྨ་ཡོ་བ་ལ ནི་མཐོ་བཙམས་དགོ་ཏུ་ཆག་པ་ལ་ནི་གཉེར་བགྲངས་གཡང་ཕྱུ་བོ་ལ་ནི་རྟ་བཏང བ་མེན་ནི་སྒྱུད་བཅད་ཧ་མེན་ནི་དཕྱལ་དམར། །ཤིད་རབས་ཤིག་ནི་དེ་ནས བྱུང་འབྲང་རབས་ནི་དེ་ནིས་ཤོར་རོ། ད་དི་རིང་སང་ལྟ་ན་བཙན་ནི་འདྲན་ཕྱི་བད་མགྱོ ནི་དཀྲུས་ཕྱི་ཆོལ་འགྲེང་ཕྱི་བུ་ནི་ཉམ་ཉེས་དུད་ཕྱུགས་ཕྱུ་ནི་ཡང་ཐག ཚལ་ལོ། ཤིང་སྟོང་པོ་གཅིག་ཆག་ན་དྲལ་བུ་ཕྲ་མོ་ཀུན་ཐམ་འཚོལ སེ་སྐྱེར་དབྱི་མོ་གཅིག་དྲངས་ན། སེར་སྐྱེས་ཀུན་གཡོས་སོ། སྨྲའི་སྤྱོལ་གོང་གཅིག་དྲངས ན་སྤྲོ་རྩ་ཀུན་གཡོས་དཔོན་ཏེ་ནི་རྗེ་གྲོངས་བྱ་ཁྲུང་ཁྲུང་ན་སྟོང་རྟོལ་ཏོ་བཟང་སྐྱེ་ནི གཡུ་གྲུགས་སོ། རྡོའི་ནི་ངར་ཡལ་ཏུས་ཀྱི་རྗེ་གྲོངས་སླད་ཀྱི་ནི་ཕུད་ཉམས། ཕྱུགས སྤྱི་མ་ཉེདུ། དོ་མ་སླིང་དགས་ད་དི་རིང་ཆབ་གང་ལཏུ་བཀྱི་འཚལ། ཡང་བ་རབ་ཏུ་སྤྱོག ཚལ་ལོ་གྲལ་རྗེ་གྲལ་ནི་མཐོ་གཉེར་ཚལ་ལོ་རྩི་བྱང་རྩི་ནི་གད་མནབས་འཚལ ལོ་ཆབ་གང་ལ་ཏུ་བཀྱི་ཚལ་ལོ། ཡང་བ་ནི་རབ་ཏུ་སྤྱོག་ཆོལ། གཞི་རིང་དུང་གསང ཡིད་ཀི་རྗེ་དང་ཡང་ད་མཐལ་ལོ། །ཆོ་སྨོས་པའི་ཞིའུ་ལག་སྐྱེ་གཞན་ནི་ལོབས་ལགསོ་འདིར་ནི་ག ཆུང་ཞིག་བྲིས།། །།ཧ་གྲུང་དབྱེ་བའི་རབས་ལ། །ཁན་ཁར་ཀ་གཞི་དགུ་ག་ད ག་དགུ་གསང་ག་གསང་ཕྱོག། །ན་སྐྱིན་དང་བབ་ཀྱི་འོག་རྨན་དང་གཡོས་ཀྱི་འོག། ནའ། ཧའི་ཕ་དང་ཡ ཀྱི་མཚེའི་ཕ་ཁར་ཧ་འི་ཡལ་བ་དང་། །མ་གསང་ཧའི་ཕྱོད་མ་གཉིས་བཤོས་དང་ནམས་ཀྱི་སྲུས། ཧ་ཟ་ལུང་བྲང་ཀྱི་བྱ་མ་རོན་ཏུ་ལྷམ་ཏེ། ཧ་བཞུགས་ནི་གནམ་ལ་བཞུག་རྨང་བཞུགས་ནི་དགུང་ལ་བཞུ ནའ་ཁ་ཡངས་ཀྱི་རན་མ་མཆིས། །མགྲིན་ཡངས་ཀྱི་ཆབ་མ་མཆིསྐྱེ་ཧ་བབ་ནི་གནམ་ནས་བབ་རྨང་བབ དགུང་ནས་བབ། །ཏེ་བབ་གང་ཏུ་བབ་ན་ཡུལ

ལྷ་ཡུལ་གུང་དང་ཀྱི་ནང་ཏུ་བབ་ཏེ་དགོར་སུ་འི་དགོར་ན་ལྷ་ཟ་གུང་རྩུན་ཀྱི་དགོར་དང་དད་ཏུ། བབ་སྐྱེ། ས་ཁྲིམ་ཁང་མོའི་ནང་ཏུ་ནི་སྨལད། འབྲས་ཀྱི་ལྩང་པ་ནི། སྨལད། སྤོ་མོ་དར་ཕྱེ་ནི། བསྒོམས། བུ་རམ་རླུང་རྩུ་ནི་ཕླུད། དགོར་དང་དད་ཏུ་བཀྱིས་ན། ཧ་ལ་ལོག་པ་ཆེ་རྨང་ལ་མཁྲིས་པ་ཆེ། ཧ་ཟ་ལུང བྲང་གི་བྱེ་མ་རོ་ན། ནང་སླན་རན་ན་སླན་ཏུ་མ་བཏུབ་ནུབ་གཟུང་རན་ན། གཟུང་ཏུ་མ་བཏུབ། ལྷ་ཟ གུང་མོ་ཙུན་བཀྱོན། ནས། ས་ཁྲིམ་ཕུག་མོའི་ནང་ནས་ནི་ཕྱུང་སྐྱེ། བསླད་ན། བབ་གང་ཏུ་བ ན་ཡུལ་རྗེ་ལུང་དང་བ་འི་ནང་ཏུ་བབ་ནས་རྗེ་ཕྱུར་ཕྱུར་དང་མཐལད་ཏེ་བཤོས་དང་ནམས ཀྱི་བུ། ཧ་ནི་སྤུན་གསུམ་རྨང་མཆེད་གསུམ། ཏུ་བཏུམ། ཕུ་བོ་གཆེན་པོ་ནི་ཕུ་ཡིད་ཀྱི་གདང་ཕྱམ

51 ནུབོ་འབྲིང་པོ་ནི། རྒྱང་རོན་རྫོག་བཀྲ་ཞེ་འོ། ནུ་པོ་ཐ་ཆུངས་ནི། ཁྲུག་རོན་གྱི་རྨང་དར་ཞེ་
52 འོ། ཡུལ་རྫི་ལུང་དང་བའི་ནང་། ཁ་ཡངས་ཀྱི་རན་མ་མཆིས། མགྲིན་པ
53 ཀྱི་ནི་ཆབ་མ་མཆིས། པུ་པོ་གཆེན་པོ་ཡི་ཀྱི་གདང་པྱམ་ནི། ཡུལ་བྱང་ཀ་སྣམ་རྒྱུད་དུ་གཤེགས་
54 ཏེ་ཁ་ཡངས་ཀྱི་ནི་ཆབ་འཚལ་མགྲིན་ཡངས་ཀྱི་ནི་རྩི་འཚལ། རྒྱང་རོན་རྫོག་བཀྲ་ནི། ཡུལ་ཕྱི་འབྲོག་
55 བརྒྱུད་གོང་དུ་ཁ་ཡངས་ཀྱི་ནི་རྩི་འཚལ། མགྲིན་ཡངས་ཀྱི་ནི་ཆབ་འཚོལ། ཁྲུག་རོན་རྨང་
56 དར་ནི། ཡུལ་འབྲོག་ཕྱི་གཏང་སུམ་ན། འབྲོག་རྩི་ཕྱིར་བ་པང་པུང་ནི་འཚལ། བྲེ་མོ་ནེའུ་
57 ཀོལ་ནི་འཐུང་། ཞིང་མཆིསོ། །ད་རེ་ཤིག་རེ་ཤིག། ན། ཡུལ་བྱང་ཀ་སྣམ་བརྒྱུད་ན། པུ་ཡིད་
58 ཀྱི་གདང་པྱམ་དང་ཕ་འབྲོང་གཡག་སྐར་བ་གཉིས་མཇལད་ནས། འབྲོང་གཡག།
59 སྐར་བའི་མཆིད་ནས། ན་ནི་གཞི་ནིང་སང་། གནམ་གྱི་ཡ་ལྷ་དགུང་གི་ཡ་སྟེངས་ནས་
60 རྗེ་ཡབ་ལྷ་བདག་དྲུག། མགོན་ཚུན་པས། འིས་བསྐོསྟེ། ཧྲ་ཡུལ་ནི་འབྲོག་ཡིན་
61 བའི་རིགས་གཡག་ཡུལ་ནི། བྱང་ཡིན་བའི་རིགས་ན། པུ་ཡིད་ཀྱི་གདང་པྱམ་ག་ལ་
62 གར་བཞུད་ཆེས་མཆི་ན། །ཕུ་ཡིད་ཀྱི་གདང་པྱམ་གྱི་ཞལ་ནས། རྗེ་ཡ་ལྷ་བདག་
63 དྲུག་མགོན་ཚུན་ཕྲུས་བསྐོསྟེ། ཧྲ་ཡུལ་འབྲོག་ཡིན་ཀྱང་བདེན་གཡག་ཡུལ་པྱང་ཡི
64 གྱང་བདེན། ན། ད་དེ་རིང་སང་ལྟ་ན། ཧྲ་དང་གཡག་གཉིས་ཤང་སྒྱི་འཐབ་འོ།
65 ཧྲ་སྤྱ་བ་ནི་རྩ་ལ་ཟ་འོ། གཡག་འབྱི་བ་ནི་ཆུ་འཐུང་ཤིག། གཡག་སྤྱ་ནི་རྩ་ཟོ་ཤིག།
66 ཧྲ་འབྱི་ན་ནི། ཆུ་འཐུང་ཤིག། ཆེས་གསུང་ན། འབྲོང་གཡག་སྐར་བ་མ་བགྲིངས་ཏེ།
67 འབྲོང་གི་ཕྱི་ཕྱོགས་ཀྱིས། ར་གཡས་ཀྱིས་ནི་བླངས། ར་གཡོན་ཀྱིས་ནི་བཟར་ཏེ་ཕུ་ཡིད་ཀྱི་གདང་
པྱམ་ནི་དེ་ཏུ་བཀྲོངསོ། །
68 ཤ་བྱ་ཟ་ནི་ཧལ་ཧལ་ཁྲག་ས་འཐུང་ནི་ཅིབ་ཅིབ། ཏུས་པ་གླི་འཆ་ནི་ཁྲམ་ཀྲུམ་མགོ་སྤྱུ་རྫིས་ཁྱིར་ནི།
བན་བན། །
69 ཕུ་ཡིད་ཀྱི་གདང་པྱམ་ནི་དེ་ཏུ་བཀྲོངསོ་ད་རེ་ཤིག་ན། ནུ་རྒྱང་རོན་རྫོག་བཀྲ་དང་། ཁྲུག་རོན་རྨང་
དར་གཉིས་ཀྱི།
70 ཧྲ་སྐད་ནི་ཚེར་ཚེར་རྨང་སྐད་ནི་ཚེར་ཚེར་ཞེ་འོ། ཕུ་ཡིད་ཀྱི་གདང་པྱམ་གྱི་གསུང་མ་མཆིསྟེ། ཁྲུག་
རོན་རྨང་དར་
71 གྱང་རོན་རྫོག་བཀྲ་གཉིས་ཡུལ་བྱང་ཀ་སྣམ་བརྒྱུད་དུ་ཕུ་ཀླག་ནུ་ཡིས་ཚོལ་དུ་མཆི་མཆི་ན།
72 ཕུ་ཡིད་ཀྱི་གདང་པྱམ་གྱི་བཤོས་ཀྱི་ཞལ་དང་དང་ནི་མ་མཇལ། ནོངས་ཀྱི་ཕྱུར་དང་མཇལད། ནས། །

ཉ་ཁྱུག་རོན་རྨང་དར་གྱི་མཆིད་ནས། ཕུ་ཤ་ནི་ཉ་ཡིས་མ་ཐྣན། ལྕག་ཤ་མཇིང་གིས་མ་གཉེར་བས། སྟང་གི་ནི་སྙིང་མྱི་ཆོད་བྱམས་ཀྱི་ལན་མ་ལོན་ན་གཏང་དུ་སྙིང་རེ་ན། །རོ་ཁྲག་ཁུང་དུ་མ་འཕྱུངས་ན་ལྕག་ཤ་འཛིང་དུ་མ་གཉེར་ན། བས་སྐོམ་ཁ་ཏུ་སྐམས་ན་འདི་ཐེ་ནོངས། ཕུ་ཤ་ཉ་ཡིས་ཐྣོ། ཡིད་ཀྱི་གདང་ཕྱམ་གྱི་ཤ་ཁྱུག་རོན་རྨང་དར་དང་རྒྱུང་རོན་རྫོག་བཀྲས་གཉེར། སྟང་གི་སྙིང་གཆོད་འབྲོང་གཡག་སྐར། བའི་སྙིང་གཆོད་བྱམས་ཀྱི་ལན་སྣན་ནོ། ཕུ་ཡིད་ཀྱི་གདང་ཕྱམ་གི་ལན་སྣན་ནོ། །ཞེས་གསུང་ན། རྒྱུང་རོན་རྫོག་བཀྲའི་ཞལ་ནས། ཕུ་ཡིད་ཀྱི་གདང་ཕྱམ་ནི་རྟ་ལ་ནི་བང་མགྱོགས་རྨང་ལ་ནི་རྩལ་ཆེ་བས་འབྲོང་གཡག་སྐར་བ། མ་ཐུབ་ན། ཁྱོད་དང་ང་གཉིས་ཀྱིས་ཀྱང་ན་ནི་མྱི་སློབས་འབྲོས་ན་ནི་མི་ཐར་རྒལ་ན་ནི་མྱི་ཐུབ་གྱིས་ཕུ་ཤ་ཉ་འིས་མི་ལོན་རོ་ཁྲག་ཁོང་དུ་མྱི་འཕྱུངས་ཤེས་མཆི་ཏེ། །ཡུལ་འབྲོག་ཕྱི་ལྷང་གསུམ་དུ་ཁ་ཡངས་ཀྱི་ནི་རྩི་ཟ་མགྲིན་ཡངས་ཀྱི་ནི་འཕྱུང་དུ་འདོངོ་ཞེས་གསུང་ནའ། ཉ་ཁྱུག་རོན་རྨང་དར་འི་མཆིད་ནས། །རྟ་ལ་ཆབ་གང་ཆུང་རྨང་ལ་ཆབ་གང་ཆུང་ན་ཉ་ཁྲུང་རོན་རྫོག་བཀྲ་ཁྱོད། །དཔྱི་སྣན་ཆདུ། སོ་ན་ནི་ཡུལ་འཕྱི་འོ། ཤ་ན་ནི་དུར་འཕྱེ་འོ། ཞེས་མཆི་ནས། ཡུལ་མྱི་ཡུལ་སྐྱི་མཐིང་དུ་མཆི་འོ་ཞེས་མཆི་ནའ། །ཕུ་ཁྲུང་རོན་རྫོག་བཀྲ་འི་མཆིད་ནས། ཉ་ཁྱུག་རོན་རྫོག་བཀྲ་ཁོད་ནི་ཡུལ་མྱི་ཡུལ་སྐྱི་མཐིང་དུ་མཆིསྟེ་མྱི་དང་བསེན་བགྱིས་པས་སང་ནམ་ནམ་ཞ་ཆིག་ན། །རྟ་ཁྱོད་ནི་ཁར་སྤྲབ་གྱིས་བསྣུསྟེ་ཁ་དྲུང་ཤུ་བབ་འཕོར་ཆིག་རྒྱབ་དུ་སྒས་སྟེ་རྒྱབ་དུ་སྒལ་བྱུང་ཤིག་སྐྱི་སྐྱིས་མནན་ཏེ་ཁོང་ན་སྙིང་ཉམས་པར་ཤོག་ཤིག་ཆེས་གསུང་ནའ། ཉ་ཁྱུག་རོན་རྨང་དར་འི་ཞལ་ནས། ཕུ་ཁྲུང་རོན་རྫོག་བཀྲ་ཁྱོད་ནི་ཡུལ་ཕྱི་འབྲོག་ལྷང་གསུམ་དུ་སོང་ན་བཞོན་གྱི་མྱི་མྱེད་ཀྱང་སྐར་མ་གཡེན་གྱིས་བཞོན་ཏེ་རྒྱབ་བྱ་འབྲས་དང་ཚག་མ། ཚིག་པར་ཤོག་ཤིག་སྤྲབ་གྱི་མྱི་མྱེད་ན་འབྲོག་རྩི་ཕྱོར་བས་རང་དུ་སྤྲས་ཏེ་ཁ་དྲུང་ཤུ་བབ་འཕོར་བར་ཤོག་ཤིག་སྐྲག་གྱི་མྱི་མྱེད་ན་མགྱོགས་ཤ་ཁྲིས་སྐོགས་ཤིག་འཛིན་གྱི་མྱི་མྱེད་མ་མགྱོགས། གཞི་ཁྲིན་གྱིས། འཕངས་ཤིག་ཆེས་མཆི་ནས། ཕུ་རྒྱུང་རོན་རྫོག་བཀྲ་ནི་འབྲོག་ཕྱི་ལྷང་གསུམ་དུ་མཆིསོ། །ཁ་ཡངས་ཀྱི་ནི་རྩི་འཚལ་མགྲིན་ཡངས་གྱི་ནི་ཆབ་འཚལ་དུ་མ་མཆིསོ། །ཉ་ཁྱུག་རོན་རྨང་དར་ནི་ཡུལ་མྱི་ཡུལ་སྐྱི་མཐིང་སྐྱ་ཡུལ་ཐག་རྒྱང་དུ་མཆི་ཏེ། མཁར་ས་མཁར་སྐྱ་བོའི་ནང་ན་མྱི་རྨ་བུ་ལྷམ་ཤར་གྱི་གན་དུ་མཆིསྟེ། །རྟ་རྨང་དར་འི་

99 མཆིད་ནས། །དེ་རིང་སང་ལྷན་རྟ་ལ་ནི་ཉམ་ཉེས་རྨང་ལ་ནི་ཡང་ཐག་གྱིས་མྱེད་ན། །མྱི་རྨ་བྱུ་
100 ལྷམ་ཤད་ཁྲོད་ཆབ་གང་ལ་རྟ་བགྱི་འམ་མྱི་བགྱི་ཡང་བ་རབ་དུ་སྨོག་གམ་མྱི་སྨོག། །ཆབ་གང་ལ་རྟ་བགྱིས་
101 ལ་ཡང་བ་རབ་དུ་སྨོགས་ན། །དེ་རིང་སང་ལྷན་ནི་བཤོས་ཆེ་ལོ་བརྒྱ་ལ་ནི་རིང་བཙུར། །ནོངས་ཆེ་བདུན་བམ་
102 གྱི་བདག་དུ་གཤེགས་ན་ནི་རྗེ་གདབོ། ཞེས་མཆི་ནས། །མྱི་རྨ་བྱུ་ལྷམ་ཤད་དང་རྟ་རྨང་དར་གཉིས་ཐ××
103 ཚིགས་ནི་སྐམ་ལ་བཆས་དྲིའུ་རྟ་ནི་དབྱེ་ལ་སྟད་ཏེ་མན་བཆད་མཐོ་བཆདེ་བཆད་ཀྱི་མཐེབ་ལི་གོང་།
ཐ་བགྱིས་
104 ཚིགས་བགྲིས་ཏེ་གཉི་དྲུ་ཐབ་མོ་གོར་ཏེ། བཤོས་ན་ནི་རིང་བཀུར་ནོངས་ན་ནི་རྗེ་གདབ་པར་
བགྱིསྟེ། །རྟ།
105 ཁྱུག་རོན་རྨང་དར་ལ་མྱི་རྨ་བྱུ་ལྷམ་ཤད་བཆིབསྟེ། སྟག་རལ་གཟིག་རལ་ནི་སྐྱེས་ཀྱི་རིང་ལ་དྲིགས།
106 རྟ་བོ་ནི་བྲང་མནན་ཏེ། །ཡུལ་ཕྱི་འབྲོག་རྒྱུད་གོསུ་ཕྱོན་ན། ནུ་ཁྱུག་རོན་རྨང་དར་འི་མཆིད་ནས་
107 ཚ་ན་རྒྱུང་རོན་རྫོག་བཞྲ་ལ་ངོ་ཚ་འིས་རྟའི་ངོ་ཁོབ་ཤིག་རྨང་གི་ངོ་ཁོབ་ཤིག་ཆེས་མཆི་ན། །མྱི་རྨ་བ་
108 ཤད་གྱིས་རྟའི་ངོ་བཁབ་རྨང་གྱི་ཞལ་བཀབ་ཏེ། ཡུལ་པང་ཁ་སྨམ་བརྒྱུད་མཆིས་ན། །ཕ་འབྲོ
109 གཡག་སྐར་བ་དང་དེ་རྟ་མཇལོ། མྱི་རྨ་བྱུ་ལྷམ་ཤད་གྱིས། ཁྱུ་ལོ་ནི་སྦྱངས་གྱིས་མཛད། དབྱེ
110 དཀར་ནི་ཕོངས་ལ་བཀྲོལ་སྤུན་ན་ཆེ་ཐུད་ཐུད་ན་འབྲོང་གཡག་སྐར་བ་ཐུད་ཐུད་ཕྱི་ན་ཅེ་བྲེང་བྲེང་
111 ན་ནུ་ཁྱུག་རོན་རྫོག་དར་བྲེང་བྲེང། མྱི་རྨ་བྱུ་ལྷན་ཤར་གྱིས་མཆོག་གར་ནི་དྲ་བཞུག་སྒུ་དམར་
112 ལྷང་བཟུར་ཏེ་དང་དགུ་གཡསུ་བབ་ན་ནམ་མཛོང་གཡོན་དུ་ཕྱུང་དང་དགུ་གཡོན་དུ
113 ནམ་མཚོང་གཡོན་དུ་བྱུང་ཏེ་འབྲོང་གཡག་སྐར་བ་ནི་དེ་རྟ་བཞུམ་མོ། །ནུ་ཁྱུག་རོན་རྨང་དར་འི།
114 མཆིད་ནས། །ཕྱུ་བྱམས་ཀྱི་ནི་ལན་ལོན་་ཡིད་ཀི་གདང་ཕྱམ་བྱམས་ཀྱི་ལན་ལོན། །སྟང་གྱི་སྙིང་ཚོད་
115 འབྲོང་གཡག་སྐར་བ་སྟང་གྱི་སྙིང་ཚོད། །རྟ་ཕྱུ་ཤ་ནི་ནུས་ལོན་རོ་ཁྲག་ནི་ཁོང་དུ་འཐུངསོ་ལྷག་ཤ་ནི་
116 གྱིས་གཉེར། ད་གཡག་ཤ་ནི་ལྕུ་ཏ་གཤོགས་ཤིག་གཡག་སྔོ་ནི་རསུ་དྲོས་ཤིག། །ཇ་མ་
117 ནོ་རྟ་ཁོ་བོའི་རྫོག་ལ་ཐོགས་ཤིག། །ད་ཕྱུ་ལ་ངོམ་གདབ་ན་རྒྱུང་རོན་རྫོག་བཞྲ་ལ་ངོམ་
118 ཞེས་མཆི་ནས། །མྱི་རྨ་བྱུ་ལྷམ་ཤད་གྱིས་གཡག་ཤ་ནི་ལྕུཏ་བཀྲལད་གཡག་སྔོ་ནི་
119 དྲོ་སྟེ། ཇ་མ་བན་ཅིག་རྟ་ཁྱུག་རོ་རྨང་དར་འི་རྫོག་ལ་བཐགས་ཏེ། །སྟང་གྱི་ནི་སྙིང་བཆད་བྱམས་ཀྱི་
120 ལྷན། །ཡུལ་མྱི་ཡུལ་སྐྱེ་མཐིང་སྒྲ་ཡུལ་ཐག་རྒྱུང་དུ་མཆིསོ། །ད་རེ་ཤིག་རེ་ཤིག་ན་
121 ཤད་ནི་གནམ་ནས་ནི་བདུབ། ནི། ནས་བཆད། །ས་ལས་སྲི་ལང་སྟེ་ཆགས་།
122 སྔོགས་ནི་སྲིན་གྱིས་བཀྲོལ་ཏེ་རྗེ་ནི་དཔན་ཏེ་ནོངས་གཡུ་ནི་བཟང་གྲུགས་རྗེ་གྲོངས་ནི་

123 ལས་གྲོངས་གཡུ་གྲུགས་ནི་དབུ་ལས་གྲུགས། རྗེ་དཔན་ཏེ་ནི་ནོངས་སྟུག་སྐེ་ནི་རླག་གི

124 མྱེད་ནས། །ཕ་གཤེན་རབས་མྱི་བོ་དང་རྨ་དད་བས་ལ་ནི་རྒྱལ་སློས་ལུང་དུ

125 བཆས། སྐེ་གཤེན་སྐེ་ཉེར་བུ་ནི་བཆས་རྟན་ཕོད་མོ་ནི་བཕོད་དེ་བཟང་ནི་སེ་ལ་བསགསྐེ་

126 ས་ནི་གྲལ་དུ་དངར་ཏེ། །དོ་མ་སྙིང་དགས་སུ་ནུ་ཁུག་རོན་རྨང་དར་འིས་ཆབ་གང་ནི་ལ་ཏུ་བགྱི

127 བ་ནི་རབ་ཏུ་སྦོག་སྐེ། །རྗེ་གྲལ་ནི་མཐོ་བྱགཉེར་ང་རྩོ་ནི་གད་མནབས་མཚུངས་

128 མཚུངས་མཉམས་དང་ནི་མཉམསོ། །གན་འི་ནི་ཕྱུལ་ཕྱུཪ་ད་འི་ནི་ལ་བསགསོ། །དེ་

129 སང་ལྷ་ན་ཕྱུགས་སྦོ་མ་ཉེདུ་དོ་མ་སྙིང་དགས་ཁྱེད་རྣམས་ཁྱང་ད་དེ་དང་འདྲ་དེ་དང་

130 གྱིས། ཆབ་གང་ནི་ལ་ཏུ་མཛོད་ཆིག་ཡང་བ་ནི་རབ་ཏུ་སྦོགས་ཤིག། སྐན་ཕ་ངག་ནི་ན་ཤི་

131 ཉེན་ཆིག་དྲོ་དཕྱིད་ནི་རིང་ཕོ་ནང་ནས་བ་འཆུག་ཤིག། གཞ་གཞི་དང་

132 མཇལོ། གསན་×××

IOL.Tib.J.504 གཤིན་པོ་ལྷ་ཡུལ་དུ་འགྲོ་བའི་ལམ་བསྟན་པ།

1/1 གཉེན་འཕོར་སྣད་མ་རྣམས་ལ་ཡང་། རྗེས་བཟང་ཞིང་། །རྗེས་བཟང་ཞིང་། །རབ་ཏུ་རབ་ཏུ་བཀྲ་
ཤིས་པར་གྱུར་ཅིག །སྐྱིབས་ལུག་བསྔོ་བ།

1/2 མྱི་ནག་པོའི་གཞུང་། ཤིད་ནག་པོའི་ལུགས། །བོན་དཔགས་འདོད་ཀྱི། སྨང་། །འདྲི་གསུར་འདོད་ཀྱི་
རབས་ལས། །

1/3 མྱི་བས་ལུག་འཟངས་སྐེ། །སྐྱིབས་ལུག་གི་མར་བ་ཁྱོད་ལ། །བཟང་དགུ་སེ་ལ་བཟར་བ་དང་མགྱོགས་དགུའ་

1/4 དཀུས་སུ་བརྒྱུགས་པ་དང་། །བྲུམ་རིལ་མང་དུ་བསད་པ་དང་། །སྐྱིབས་ལུག་ཁྱོད་ལ་གཏད་ཀྱིས། །
དེང་ཕན་ཅད།

1/5 བྲག་ལམ་མྱེད་ལ་ཡང་ལུག། ཁྱོད་ཀྱིས་ལམ་དྲོངས་ཤིག། མཚོ་རབ་མྱེད་ལ་ཡང་། ལུག་ཁྱོད་ཀྱིས་

2/1 རབ་དྲོལ་ཅིག། རྨིག་པས་ནི་བྲག་དྲོལ་ཅིག། སྤུར་པས་ནི་མཚོ་ཇུབས་ཤིག། ཅེས་འབྱུང་ཡང་། །སེམས་

2/2 ཅན་ཐམས་ཅད། །ལས་དགེ་སྡིག་གི་དབང་གིས། འཁྲོའ་བ་ཙམ་དུ་ཟད་པས། །ལུག་གིས་ལམ་དྲངས་
མཁན་

2/3 བྱེད་ཀྱང་མྱི་ནུས། །ལུག་གིས་གཉེར་བླང་ཞིང་། དཀོར་པ་བྱེད་ཀྱང་མྱི་ནུས། རྨིག་ས་པབྲག་དྲལ་ཡང་
མྱི་ནུས། །

2/4 སྟུར་པས་མཆོའ་རྫབས་ཀྱང་མྱི་ནུས་པས། །ལྷ་ཆོས་དཀར་པོའི། །གཞུང་ལྷའི་ཡང་ལྷ་དཀོན་མཆོག་གསུམ་ལ་

3/1 བརྟེན་ཏེ། །ཕྱུགས་གྲང་མ་ན་ཁོང་དུ་མ་བཙུག །ཁྲག་དྲོན་པོ་ནི་ཕྱིར་དུ་མ་ཕྱུང་། །དོན་སྙིང་ན་སྤུར་གྱིས་

3/2 མ་བྲབས། །མགོ་དང་ལག་ཏུ་ནི་མ་ཕྱེ། །ལྟུ་དང་ཚིགས་སུ་ནི་ཕྲལ། །ཤ་དམར་པོ་ནི་ཟངས་སུ་ནི་མ་ཙོས། །

3/3 རུས་པ་དཀར་པོ་ནི། གཏུམ་ལ་མ་བརྫུངས། །གཡང་བཞི་ཕྲག་ལ་མ་བཀལ། །མཐོ་རིས་མྱིའི་ལུགས་ཀྱིས། །

3/4 འདྲེའི་ལས་མ་བྱས། །སྲིན་གྱི་ལས་བྱ། །མྱིག་གསོན་མྱིག་གི་རིག་རིག །རྣ་གསོན་རྣ་ནི་ཐབ་ཐབ། །རུས་

××××

གཉིས་པ། ཚེ་ག་ཕྱུག་ལེན་སྐོར།

Pel.tib.0239V གཤིན་པོའི་བསྒོ་ཡིག

1 ༄། །རིང་གུར་བསོ་ལྷ། །གཉེན་ཡོད་ལ་གཅགས་པའི་མྱི་ངན། །བསང་བའི་ཕྱིར། སྔང་དར་བཟོས་

2 རྒྱ་ཁང་དར་ཁྱིམ་ལས་དཔེ་བླངས་ནས། །དཀྱིག་བཞག་ཏུ་བྱས་ལྷ། །ཤིད་ཡོ་ལང་གི་རྒྱེན། །སེམ་ཤེན་རེ་ནག

3 གྱི་རྒྱན། །རིང་གུར་བཟང་ཞུགས་དོག་གྱི་རྒྱེན་དང་བཅས་པ་འདི་ལྷ་ཞིག །ལྷ་འི་ཡང་དཀོན་མཆོག་
གསུམ་ལ་

4 བརྟེན་ཏེ། །བཟང་རྒྱ་དར་ནོར་གྱི་དཀྱིག་ཚུད་མྱི་གསན་སྲིན་གདོང་དོན་སྐལ་དུ་འགྲིས་། །ལྷ་སྤོས་
གཙང་མས་

5 བསང་། །ལྷ་ཐགས་གཉེན་པོས་བཐགས་པའི་ཡོན་གྱིས། །གཤིན་མྱིང་འདི་ཞེས་བགྱི་བ། །བརྒྱ།

6 རྣམ་པར་གྲོལ་བ་འཕྲུལ་གི་གཞལ་ཡས་ཁང་ཐོབ་སྟེ། །མྱིང་འདི་བཞེས་འབྱི་བ། །བརྒྱ་ལ། དམྱལ་བར་སྐྱེས་

7 ན་ནི། །ཞེ་སྡང་དམྱལ་སྲུངས་གྱི་སྲིན་པོས་མྱི་ཟུང་གཅིང། །དམྱལ་གདུབ་གཤེག་པའི་སེམས་ཅན་ཐམས་
ཅད་འ

8 ཕྲུལ་གྱི་གཞལ་མྱེད་ཁང་ཆེན་པོར་བཙུག་ཅིང། །དམྱལ་བའི་སེམས་ཅན་ཐམས་ཅད་ལ། །སྐྱབས་བྱེད་
ནུས་པར་

9 ཤོག་ཤིག །གཤིན་མྱིང་འདི་ཞེས་བྱ་བ། །ཡི་དགས་སུ་སྐྱེས་ན་ནི། །ཡི་དག་ཐམས་ཅད་གྱི་སྲས་མྱི་ཟུང་གཅིང། །

10 ཡི་དག་བཀྲེས་སྐོམ་གྱི་སེམས་ཅན་ཐམས་ཅད་ལ་སྐྱབས་བྱེད་ནུས་པར་ཤོག་ཤིག །གཤིན་མྱིང་འདི་
ཞེས་བྱ་བ། །

11 ཡི་དགས་སུ་སྐྱེས་ན་ནི། །ཡི་དག་ཐམས་ཅད་གྱི་སྲ། །མྱིང་འདད་ཞེས་བྱ་བ་། །དུད་འགྲོ་གླེན་རྒུགས་གྱི་

12 གནས་སུ་སྐྱེས་ན་ནི། །དུད་འགྲོ་འི་དགྲ་ཐམས་ཅད་ཀྱིས་མི་བཟུང་ཅིང་། །འགྲོ་བ་ཐམས་ཅད་ཀྱི་
སྐྱབས་བྱེད་ནུས་

13 པར་ཤོག་ཤིག། །གཤིན་མྱིང་འདི་ཞེས་བྱ་བ། །མྱིར་སྐྱེས་ན་ནི། །མྱི་འི་དགྲ་ཐམས་ཅད་ཀྱིས་མྱི་ཟུག་ཅིང་། །

14 མྱི་འི་འཇིག་པའ་ཐམས་ཅད་ལས་སྐྱབས་བྱེད་ནུས་པར་ཤོག་ཤིག། །མྱིང་འདི་ཞེས་བྱ་བ། །ལྷར་སྐྱེས་ན་ནི། །

15 ལྷ་མ་ཡིན་གི་དགྲ་ཐམས་ཅད་ཀྱིས་མྱི་ཟུང་ཅིང་། །ལྷ་འི་འཇིགས་པའ་ཐམས་ཅད་ལས་སྐྱབས་བྱེད་ནུས་

16 པར་ཤོག་ཤིག། །ཁམས་གསུམ་གྱི་སེམས་ཅན་ཐམས་ཅད་སྡུག་སྔལ་གྱི་དགྲ་ཐམས་ཅད་ཀྱིས་མྱི་ཟུག་ཅིང་། །

17 རྣམ་པར་གྲོལ་བ་འི་གཞལ་མྱེད་ཁང་ཆེན་པོར་ཕྱི་པར་ཤོག་ཤིག། །གཉེན་ཕོར་སླད་མ་རྣམས་ཀྱང་
བཀྲ་ཤིས་ཤིང་རྗེས་

18 བཟང་བར་གྱུར་ཅིག། །དཔོན་ཡོབ་སྟོ་ལྟ། །སྟོན་གྱི་ལས་མཐུན་བའི་རྒྱུ། །ཡུལ་ཅིག་དུ་སྐྱེས་སྟེ། །ཤས་
བདགས། སྣག་

19 ཀྱིས་འཁྲིལ་དེ། །གཉེན་དུ་གྱུར་ནས། །དབྱར་གྱི་ལྷུམ་བུ་དང་འདྲ་བར་བཀོད་བཀོད་པ་ལས། །ཚེ་སྟ་མ་
ལ་སྔོག་གཅོད་པའི་

20 ལས་བྱེད་པའི་ལན་གིས། །ཚེ་ཐུང་བའི་སད་པ་བབ་སྟེ། །མྱི་རྟག་པའི་སྤྲིན་གྱིས་ཁྱེར་ནས་གཉེན་སྡུག་
པའ་རྣམས་དང་

21 ནི་བྲལ། དེ། གཉེན་ཡིད་ལ་གཅགས་པའི་མཚན་མ། །ཚུ་གང་དང་ཁྲིལ་ལྷུས་ཀྱིས་ནས་མཚན་མ། །
ནོར་གྱི་དབྱིག་ལས་ཕྱུང། །

22 ཕྱུགས་དུ་ཀྱུ་ནས་དྲངས་སྟེ། །ཚུ་གང་ཁྲིལ་ལྷུས་སུ་བསྲིད་པ་ལྟ། །ནོར་ཕུགས་ནས་བཀོད། །ཕྱུགས་ཁྱུ་ནས་
བཀོད་སྟེ། །

23 སྦྱིན་བ་གཉེན་སྲིས་སུ་བདང་ལྟ། །ལྷ་དཀོན་མཆོག་གསུམ་ལ་བརྟེན་དེ། །སྨོན་ལམ་བཟང་པོ་དང་། ལྷ་སྟགས་

24 བཟང་པོས་བདབ་པའི་ཡོན་གྱིས། །འཚེ་འདས་པ་མྱིང་འདི་ཞེས་བགྱི་བ། །གཉེན་བྱམས་པའི་ཡ་ལད་དང་། །

25 འཕྲུལ་གྱི་གོ་ཅ་ཐོབ་སྟེ། །ཚེ་འདས་པ་མྱིང་འདི་ཞེས་བྱ་བ། །གར་སྐྱེས་གར་སྐྱེས་ཀྱང་། །ཕྱུག་གཤེད་གྱི་འདྲེ་

26 སྲིན་དང་། །ཉོན་མོངས་པའི་སྐྲ་ཆ་སྣ་ཚོགས་ཀྱིས་མྱི་ཟུག་ཅིང་། །འཚེ་བདག་གྱི་བདུད་ལས་རྒོགས་པ། །ཁམས་

27 གསུམ་གྱི་དགྲ་ཐམས་ཅད་ལས་རྒྱལ་བར་ཤོག་ཤིག།། །།འཕྲུ་སངས་བསྟ་ལྟ། །གཉེ་སྡུག་ཅི་བྱམས་པ་འི་དགའ་

28 སྲིས་དང་། །བུ་སྲིང་བརྩེ་བ་འི་སྲིས་དང་། །ཁ་བཟས་གཙང་མར་བཤམས་ནས། །ལྷ་སྟགས་གཉན་པོས་
བདབ་སྟེ། །

29 ཡི་དག་ལྟོགས་པའ་རྣམས་དང་། སེམས་ཅན་བྲིལ་ཕོངས་ཐམས་ཅད་ལ། །སྦྱིན་བ་འགྲིས་པའི་ཡོན་

ཏན་གྱིས། །
30 སྨིང་འདི་ཞེས་བྱ་བ་། །ལྷའི་ཞལ་བཟས་དང་། །བདུད་རྩི་བདུང་བ་འི་དབང་ཐོབ་ཅིང་། །སེམས་ཅན་ལ། །
སྨིན་པ་ནམ་ཀ་
31 གང་བར་གདོང་ཞིང་། །གཤིན་འདི་ཞེས་བྱ་བ་དང་། །སེམས་ཅན་ཐམས་ཅད་དེང་དེ་འཛོན་གྱི་བཟས་དང་། །
ལྷ་འི་ཞལ་
32 བཟས་ཐམས་ཅད་ལ་སྐོམ་པ་ལས། །ཡོངས་སྤྱོད་སྣ་ཚོགས་དང་ལྡན་བར་ཤོག་ཤིག། །ཕྲུ་སངས་
ལས་སྐོམ་པས་
33 ལེགས་པར་སྤོ་པས། །བདག་ཅག་གཉེན་པོར་སླད་མ་མཆིས་པ་རྣམས་དང་། །མཐའ་ཡས་པའི་སེམས་
ཅན་ཐམས་ཅད། །
34 བདེ་ལེགས་ཕུན་གསུམ་ཚོགས་པར་ལྡན་བར་གྱུར་ཅིག། །ཀླིབས་ལུགས་སྟ་ལྔ། །སྨི་ནག་པོ་འི་གཞུང་། །
35 ཤིད་ནག་པོ་འི་ལུགས། །བོན་ཡས་འདོད་སྐྱང་། །འདྲི་གསུར་འདོད་གྱི་རབས་ལས། །སྨི་བས
36 ནི་ལུག་འཛངས་ལ། །སྨི་བས་ཀྱང་ལུག་མཐུ་ཆེ་བར་འབྱུང་བ་ཡང་། །སེམས་ཅན་ཐམས་ཀྱང་ས
37 སོ་འི་ལས་ཀྱིས་ཁྲིད་པས། །ལུག་གྱིས་ལམ་དྲང་ཡང་སྨི་དགོས། །ལུག་གྱིས་བྲག་དྲལ་ཡང་སྨི་དགོས། །
38 ལུག་གྱིས་ལམ་མཁན་བྱེད་ཀྱང་སྨི་ནུས། །ལུག་གྱིས་བློ་བྱེད་ཀྱང་སྨི་ནུས། ལག་དུམ་གྱིས་མདའ་འཕེན་ཡང་
39 སྨི་ནུས་པར། །ངོན་དོན་ལ་ཡིད་ཆེས་པས། །ལྷ་ཆོས་དཀར་པོ་འི་གཞུང་། །སྨི་དཀར་པོ་འི་ལུགས་ཤིད་དཀར་
40 པོ་འི་ཆེས། །ལྷ་ཆོས་དཀར་པོ་ལ་རྟེན་ནས། །ཕྱུགས་ལག་གྲང་མོ་ནི་ཁོང་དུ་མ་བཙུག། །ཁོང་ཁྲག་དྲོན་པོ་
41 ནི་ཕྱིར་མ་ཕྱུང་། །དོན་སྙིང་སྣད་ལྟ་ནི་སྟར་གྱིས་མ་བདབ། །གཡང་བཞི་ནི་ཐྲག་ལ་མ་གཟར། །ཀུས་པ་
42 དཀར་པོ་ནི་གདུན་ལ་མ་རྟུངས། །ཤ་དམར་པོ་ནི་བཟངས་སུ་མ་བཙོས་། །མཐོ་རེས་སྨི་འི་ལུག་གྱིས་འདྲི་
43 འི་ལམ་མ་བྱད། །སྲིན་གི་ལས་ནི་མ་བྱས་སྟེ། །དམིག་གསོན་སྨིག་ནི་རིག་རིག། །རྣ་གསོན་རྣ་ནི་དབ་དབ། །
44 ཀུས་གསོན་ཀུ་ནི་ཀྱིལ་ཀྱིལ། །ཞིང་སྤང་སྔར་པོ་ལ་ནི་སྤང་རྩི་ཡན་དུ་ཟ་ཞིང་བཞག་པ་སྟེ། །ལྷ་སྤོས་གཙང་
45 མས་ནི་བསངས། །ལྷ་སྟགས་གཉེན་པོས་པོས་བདབ་པའི་ཡོན་གྱིས། །སྨིང་འདི་ཞེས་བྱ་བ། །གར་སྐྱེས་གར་
46 སྐྱེས་ཀྱང་། །མཆོན་ཆ་ལས་བསྐྱོགས་པའི་སྡུག་སྡལ་ཐམས་ཅད་ལས་ཐར་བ་དང་། །སྐྱེ་རྒན་བའི་སྡུག་
47 སྡལ་མེད་པའི་གཡུང་དྲུང་གྱི་ལུས་ཐོབ་པར་ཤོག་ཤིག། །སྐྱིབ་ལུག་ལེགས་པར་སྐད་པས། །གཉེན་དུན་
48 སླད་མ་རྣམས་ལ། །རྗེས་བཟང་ཞིང་བཀྲ་ཤིས་པར་གྱུར་ཅིག། །ཏ་སྤོས་བ། །འདི་ལྟ་སྟེ། འདས་པའི་
49 དུས་ན་། །ངོམ་མཚར་རྨད་དུ་བྱུང་། །སིང་ག་གླིང་གྱི་གཡུལ་ལས། །རྒྱམ་མཚོ་དབུས་སུ་ནི། །དེད་པོན་
འཁོར་དང་

50 བཙས་པ་གྲུ་གྱི་ནང་དུ་བཞུགས་པ་ལས། །སྲིན་གྱི་པོ་མོ་གནོད་སྦྱིན་འཇིག་པས་བཟུང་། །ཕྱུགས་མཁར་
51 འཁར་མ་ནང་དུ་བཙུག་ནས། །བཟའ་བར་བཤམ་པ་ལས། །སྤྱན་རས་གཟིགས་ཀྱི་དབང་ཕྱུག་ཐུགས་
རྗེ་ཆེན་པོ་
52 དཔེ་མེད་པས། །བདེད་པོན་འཇིགས་པ་སྐྱབས་མེད་དེ་མཐོང་ནས། །འཇིགས་པ་ལས་སྐྱོབ་ཅིང་། །ཐུག་ཐལ་
53 ལས་བསྒྲོལ་བའི་ཕྱིར། །ཐབས་ཀྱི་རྟ་འི་རྒྱལ་པོར་སྤྲུལ་པ་ནི། །སྙིང་རྗེ་ལྡན་བ་ཅང་ཤེས་པ་ལ་ཧོ། །མཁའ་
54 ལ་བྱ་བཞིན་ཆུ་བྱ་དང་འདྲ། །འཇིགས་མེད་མཐུར་ལྡན། ཡོན་དན་ཕུན་སུམ་ཚོགས། །ཕྱུགས་མཁར་དགུ་
55 རིམ་དུ། །གསེར་གི་བྱི་མ་ལ་འགྲོ་ཞིང་སྤྲུག་སྟེ། །ཀུན་དུ་སྒྲ་སྐད་བཀང་པས། །སྐྱབས་མེད་འཇིགས་པ་
56 ལས་ཐར་པར་སུ་འདོད་པ། །མྱི་སྡངས་བརྟན་བའི་སེམས་ཀྱིས་ང་ཞོན་ན། །དེད་པོན་འཁོར་བཅས་
57 སྒྲ་སྐད་དེ་ཐོས་ནས། །རབ་དུ་དགའ་ཞིང་ཅང་ཤེས་རྟ་ཞོན་ཏེ། །རྒྱ་མཚོ་ལས་རྒལ་དེ་འཇིགས་པ་དེ་
58 ལས་ཐར། །བླ་ན་མེད་པའི་བྱང་ཆུབ་སེམས་བསྐྱེད་ནས། །དེ་སྐྱིད་གཡུང་རྟང་ཐར་པ་དེ་བཞིན་དུ། །
59 ངོ་རིང་སང་ལྟར་མྱི་བུ་ལས་ཟད་ཅིང་། །བདག་བདུད་ཀྱིས་བཟུང་ནས། །མྱི་བུ་གཞོན་ནས་ཤི། །ཕྱི་དོག་སྡ་
60 ན་སྐམས་སྟེ།། །།སྐྱབས་མེད་པར་གྱུར་ནས།། །།
61 ཡུན་དུ་ཕོངས་པ་ལ་ཞོན་བར། དོན་དུ་བསམ་ནས། །ངོ་མ་ཏུས་དང་མྱིང་། རྣམ་རྟ་འདི་ཡང་། །རྟ་མཆོག་
62 ཅང་ཤེས་པ་ལ་ཧོ་བཞིན་དུ། །ནམ་ནམ་ཞ་ཞ་ཡུན་ཀྱི་ཐུགས་ཀྱི་སྐལ་བར་དུ་བསྔོ་འོ། །དཀོན་མཆོག་
63 གསུམ་གྱི་ཐུགས་རྗེ་དང་། །དགེ་བ་ཆེ་ཆུང་ཅི་སྤྱད་པའི་མཐུས་ཀྱིས། །རྟག་མཆོག་ཁྱོད་ཀྱི་ཡོན་དན་འདི་
64 རྣམ་སྟེ། །དགོངས་པ་དོན་གྲུབ་འཇིགས་པ་ཀུན་ལས་བསྒྲལ། །ཅི་ལྟར་ལུས་ལ་སྤུ་ནི་གྲངས་མེད་ཞིན། །
65 ཕྱུགས་དང་ནོར་གྱི་སྐྱིད་སྦྱོད་ལྡན་བར་ཤོག། །འཇིགས་པ་འི་གཡུལ་ལས་མགྱོགས་པ་འི་ཤུགས་
66 ཀྱིས་བསྒྲལ། །རྫུམ་འཕྲུལ་རྐང་བཞི་ངན་ཅོང་ཀུན་བསྒྲ་དེ། །ཕྱོགས་བཅུ་སངས་རྒྱས་ཡུལ་ན་ཡོད་
67 བཞིན་ཕྱིན། །མ་ནོར་སྒྲིབ་མེད་འཕྲུལ་གྱི་མྱིག་གིས་ནི། །འཕགས་པའི་རྫུ་འཕྲུལ་མཐོང་བ་གྲངས་
68 མེད་ཤོག། །སངས་རྒྱས་འཕྲུལ་གྱི་རྣ་བ་ཐོས་མེད་པས། །དགེ་བའི་ཆོས་རྣམས་མ་ལུས་ཐོས་ཤོག། །
69 ཁྱེད་ཀྱི་སང་སང་གསལ་བའི་སྒྲ་སྐན་དེ། །འདས་པའི་གཉེན་ས་བཤེས་ཀུན་དང་ཕྲད་པར་ཤོག། །
70 མཛེས་སྡུག་མཐུལ་རྩལ་ཕུན་སུམ་ཚོགས་པ་དེས། །བདེ་སྐྱིད་གཡུང་དྲུང་གནས་སུ་ཕྱིན་པར་ཤོག་། །
71 དེ་ལྟར་སྨོན་ལམ་རྒྱ་ཆེར་བདབ་པའི་བྱིན་གྱི་རླབས་ཀྱིས། །ཚེ་འདས་པ་ཡང་མཐོ་རིས་ཐར་པའི་གནས་
72 ཐོབ་པར་ཤོག། །ཡོན་བདག་སློད་མ་རྣམས་ཀུང་། །བཀྲ་ཤིས་ཞིང་རྗེས་བཟང་པར་གྱུར་ཅིག། །གཉེན་སྲིས་
73 གཡག་སྟོས་ལྷ། །ཐབ་ནི་ཏུ་ཇོ། ལུས་ནི་བརྗོད་བཟང་། འབྲོང་སྟེངས་ཆེན་འདི་ལྟ་ཞིག། །གཤེད་
74 ནག་པོ་འི་འདྲེ་འི་སྣ་འདྲེན། །སྲིན་གྱི་ཆོས་ངན་པ་རྣམས་ནི། །ཆོས་ངན་པ་བཞིན་དུ་སྤངས། །

75 ལུས་ཀྱི་དྲི་མ་བཞིན་དུ་བཀྲུས་དབྱངས་ནས། །

76 ལྷ་ཆོས་དཀར་པོ་འི་གཞུང་ལ། །བཀྲ་ཤིས་ཀྱི་རྗེས་བཟང་པོ་ལ་བརྟེན་ནས། །ངན་པར་མ་བསམ། །མདའ་

77 ནི་མ་འཕངས། །མདུང་ཀྱིས་ནི་མ་བདབ། །སྙིང་ཁྲག་དྲོན་མོ་ནི་ཁར་མ་ཕྱུང། །དོན་སྙིང་སྨད་ལྟེ་ནི་ཕྱར་

78 ཀྱིས་མ་བྲབས། །ཞྭ་དམར་པོ་ནི་མཁལ་དུ་མ་ཕྱུང་སྟེ། །མཁའ་ལུང་གཡང་པར་རྩི་དོག་བཟའ་ཞིང་

79 གཉམས་དངར་དུ་བཞག་པ་དང། །ཕྱུགས་ལས་ངན་པ་མ་བྱས་པ་འི་ལན་ཀྱིས། །གཤིན་སྐྱོང་འདི་ཞེས་

80 བྱ་བ་ལ། །གར་སྐྱེས་གར་སྐྱེས་ཀྱང། །ཐབས་ལ་མཁས་པའི་ཐུ་རྗོན་པོ་དང། །འཛོགས་པ་མྱེད་

81 པའི་ཡག་སྙིང་དཔའ་དང། །བསོད་ནམ་ཆེན་པ་ཡག་ལུས་སྟུག་པ་དང་འདྲ་བའི་གོ་ཙ་ཐོབ་པར་

82 ཤོག་ཤིག། །།

Pel.tib.1047 ཇུ་ཞིག

1 ××××

2 ××××

3 ××××

4 ××××རྒྱལ་པོ་གདུང་རབས་གསུམ་དུ་སྲིད་མྱི་ནོངས་པའི།

5 :ཞལ་དུ་ཚ་ལྷ། རྒྱལ་པོ་ཡབ་སྲས་སྟངས་དབྱལ་སྐྱེམས་གསོལ་ཞིང་ཕྱུགས་དཀྱེས་པའི་

6 :ཞལ། སྐུ་བླ་ཕལ་པོ་ཆེ་རྗེད་དེ་ཞལ་བཞེར་པའི་ཞལ། །དེ་ལ་ཅོ་རྒྱགས་གཉིས་བབ་ནའ:།

7 :གཡས་གཡོས་སུ་བཞག་ནའ། རྒྱལ་པོ་སྟངས་དབྱལ་དང་བློན་པོ་དང:ཞམ་རིང་པ་མན་ཆད།

8 :ན་བཟའ་བཟང་པོ་བནབས་ཤིང་དཀྱེས་སྐྱེམས་གསོལ་བའི:ཞལ། །རྒྱལ་པོ་མྱི་རབས:།

9 :གསུཾ་དུ་སྲིད་མྱི་གྱུརད་པའི་ཚ་ཞལ། མོ་ཤིང་འགྲེང་ཆིག་ལ་གཏོགས་ཏེ་ཇི་ལ་བཏབ་ཀྱང་བཟང།

10 ༔། །སྣང་པརད་ལ:ཅོལ་རྒྱགས་གཅིག་བབ་ནའ:སྐུ་བླ་དང་མུ་སྨན་ཕྱུགས་དཀྱེས་པའི:ངོ།

11 རྒྱལ:པོ་རྒྱལ:མོ:ཕྱུགས་དཀྱེས་ཤིང་གདན་ཅོམ:བའི། ངོ་། །ཅོལ་རྒྱགས་གཉིས:བབ་ནའ།

12 གཡས་གཡོས་སུ:བཞག་ནའ། སྣང་པར་སྤུང་པར་སྐྱེར་པར་སུམ་པར་ཚུ་ཞེས་བགྱི་སྟེ།

13 རྒྱལ:པོ:ཆབ:སྲིད:མྱི་གྱུརད་པའི་ངོ། དེ་ལ་ཤིང་རྒྱགས་གཅིག་བབ་ནའ། ཤིང་རྒྱགས་གཅིག།

14 བཅོས་སྟེ་གཡས་གཡོས་སུ་བཞག་ལ་ཅོལ་རྒྱགས:ཀྱི་གཉིས་དང་ཤིང་རྒྱགས:ཀྱི:།

15 གཉིས་བསྡུས་ཏེ:བཞག་ནའ་སྣང་པར་ཡང་གསུམ་སྤུང་པར་ཡང་གསུམ། སྐྱེར་པར་ཕྱྀ།

གསུམ་སྟེ་སྦྲུ་དང་ལི་ས་བྱེ་དང་རྒྱལ་བུ་ལྡེའ་ཨུ་སྨན་གྱི་རྒྱལ་མོ་གདན་ཆོམ་བའི་ཞལ། རྒྱལ་པོ་ཆབ་སྲིད་འཇོ་ཞིང་ནམ་དུ་འང་སྲིད་མི་གྱུར་ད་པའི་ཡང་ཞལ། མོ་ཤིང་འགྲིང་ཆིག། ལགས་ཏེ་བཟང་རབ་མར་ཀུས་གཏོར་ད་ལ་གདབ་དུ་མི་རུང་། ༔། སྐང་པར་ད་ལ་བག་སྒོ་ཚེ། བབ་ནའ་གཡླ་གཡོས་སུ་བཞག་ལ། སྦྲ་བུན་གཅིག་བབ་ནའ། བཅོས་ཏེ་གཡས་གཡོས་སུ། བཞག་ནའ། སྤྱང་སད་ཟླུ་ཅེའི་སྲིད་པྱའ་རྩལ་མོ་བག་རྗོག་སྟང་ལ་བཏབ་སྟེ་མོ་བ་ཉི་ཤུས། དཔྱད་ནའ་བཟང་ཞེས་མཆི། རྗོག་སྟང་གྱི་མཆིད་ནས། མྱི་རབས་གསུམ་དུ་ནི་རྒྱལ་པོ་བྲ། མཚུངས་པར་སྲིད་འཇོའ། དེ་ནས་ནི་སྲིད་བརླག་པ་ངོ་ཞེས་མཆི། ཡང་ནི་སྐུ་བླ་ཆེན་པོ་མྱི། དགྲེས་པས། ཡ་བདུད་དང་བཙན་དྲི་དང་མ་ཡམས་དང་སྲི་ལས་སྐྱོགས་པ་དྲངས་པའི་ངོ། སྟེ་རྒྱལ་པོ་བྲ་ཞང་ལོན་གྱི་སྲོག་ཕྱུར་ངནད་རབ། དྲ་མ་དྲང་པ་ལ་བཏབ་ནའ། ས་ལ་རུ་སོད། བབ་པ་དགྲ་བླ་ངོ་སྟེ། དྲ་མ་ལན་ཅིག་ནི་ལེགས་པའི་ངོ། ས་ལ་པྱ་མྱེད་གཉིས་བབ་། པ་ནི་ཙུར་ཡང་ཆུང་ཞིག་སྣང་པའི་ངོ། ༔། སྐང་པར་ལ་འབྲིང་གུག་གཅིག་བབ་ནའ། རྒྱལ་པོ་ལོ་ཚིག་གི་བར་དུ་ཙང་མྱི་ནོངས་པའི་ངོ། །ནད་པ་ལ་བཏབ་ན་སྐུ་བླས་བཅའ། སྐྱེ་ལོ་ཆིག་དུ་མྱི་གུམ་བའི་ངོ། དེ་ལ་བག་འབྲིང་གུག་བབ་ན་རྒྱལ་པོ་ལོ་བརྒྱར་མྱི་ནོངས། པའི་ངོ། དེ་ལ་ཅོལ་རྒྱགས་གཅིག་བབ་ནའ། ཅོལ་རྒྱགས་བཅོས་སྟེ་གཡས་གཡོ་སུ་བཞག། ནའ་། ས་ལ་བག་བྱ་བུན་དུ་བབ་སྟེ་མོ་ཤིང་འགྲིང་ཆིག་ལགས་སྟེ་རྒྱལ་པོ་གཡུང་དྲུང་། ཧོབ་པ་དང་དམངས་ཐ་མ་ལས་ཞང་ལོན་དུ་བྱུང་བའི་ངོ། གསོལ་བ་ལ་བཏབ་ན་འཕྲལ་ད། དུ་མྱི་ཆད་ཡུནད་དུ་གནང་པའི་ངོ། འོང་ངམ་མྱི་འོང་ཞེས་བཏབ་ན་མྱུར་དུ་ནི་མྱི་འོང་སྟེ། ཉེ་ཚེ་མྱེད་པའི་ངོ། སྲིད་སྦྲ་དང་སྲོག་པྱུར་ནི་བཟང་རབ་དགྲའ་ཕྱུར་ནི་མྱི་ཟླུས་པའི་ངོ། སྐུ་བླ་མྱི་པང་ཞིང་ལྷ་གཡང་ལོན་བའི་ངོ། ༔། སྐང་པར་ལ་སྒྲི་ཆེ་བབ་ལ་རྒྱུད། རྒྱགས་བབ་ནའ། རྒྱལ་པོ་ཉེ་འོག་གི་འབངས། ཇེ་བགྲིད་པ་གནམ་གྱི་སྤྱུའུ་ཁ་ནས་། སྦྲུ་དྲུ་ལྷ་མྱི་ལང་རྫུང་ལས་སྐྱོགས་པས་གཟིགས་མོ་གཟིགས་པའི་ངོ་སྟེ། སྲོག་སྦྲ་། དང་སྲིད་ཕྱུར་བཏབ་ནའ། གནམ་མཐོངས་བྱེ་ཞིང་ཡུལ་ས་གཅིག་ལས་གཉིས་སུ་། སྐྱེ་བའི་ངོ་ཆུ་སྲིད་མྱི་ཉམས་པའི་ངོ། སྲོག་ཕྱུར་གྲུང་བཟང་། དགྲའ་ཕྱུར་བཏབ་ནའ། གྲོག་ཙུང་ཞིག་ནི་ཡོད་དེ་ཕྱི་དཔད་ཀྱི་ངོ། ༔། སྐང་པར་ད་ལ་ལི་བྱིན་གཅིག་བབ་ན། བཙན་པོ་བྲ་ཕྱིང་བ་དང་མྱི་རྗེ་དང་ཀུང་ལུང་གྱི་ངོ་སྟེ། རྒྱལ་པོ་མཁར་ན་སྐྱེམས། གསོལ་བའི་ངོ། བག་ལི་བྱིན་བབ་ནའ། གཡས་གཡོས་སུ་བཞག་ལ་གློག་རྒྱགས།

གཆིག་བཙོས་ཏེ་བཞག་ལ། སྒྲོག:ཧྲུགས་གྱི་གཉིས:བསྡུས་ཏེ:བཞག་ནའ། ལི་བྱིན།
བརྒྱུད་དེ། བཙན:པོ་ཞ་སྣར་སྤུང་སད་ཟུ་རྩེ་དང། སྤང་ཏྲེ་མུན་གློ་བ་ཉེ་སྐྱེ་མཆིས་ནས།
| ཡིག་མི:ཧྲུ:ལ:ཆབ་སྲིད་མཛད་ནའ། རྒྱལ་ལམ་མི་རྒྱལ་ཞེས་བཐབ་ནའ་འདི་བྱུང་སྟེ།
| སླད་གྱིས་ཡུལ་ས་གཆིག:ལས་གཉིས་སུ་སྐྱེས་ཤིང། ལམ་དུ:ཞུགས་ཤིང་གྲོག:ཆེན་པོ།
| དང་ཕྲད་པ་ངོ་སྐྱེ་མོ་བཟང་རབ། སྲོག་ཕྱུ་དང་སྲིད་ཕྱྭ་དང་དགྲ་ཕྱྭར་བཟང་གསོལ་བ་ལ།
| ཕྱི:དལ:ཆེ། ༔། སྐང་པརད་ལ་ཧྲུད་ཧྲུགས་བབ་ནའ། རྒྱལ་པོ་པོ་བྲང་ཅུ་དུ:དང་བྱེས་བྲང་ནའ།
| བཞུགས:པའི:དོ། སྐུ་བླ་གཏའ་བཅུག་ཆེང:འདས་པའི:དོ། བག་ཧྲུད་ཧྲུགས་བབ་ན་རྒྱལ་པོ་བྱེས།
| བྲང་ཅུ་དུ་གཉིས་སུ་སྐྱེས་པའི་དོ། ཡུལ་ས་ཅུ་དུ་གཉིས་སུ་སྐྱེས་པའི་དོ། སྐུ:བླ:མི་པ:ཚོནད་དོཾ།
| སྤྱན:གཉིས་སླ:གཡས་གཡོསུ་འགྲོ་བའི:དོ། གསོལ་བ་མི:འཆད་པའི་དོ། ཁྲིམ:ས:ནས:གྱུ།
| དུ་མི་འཕག་པའི་དོ། ༔། སྐང་པརད་ལ:གྲེ་གྲེ་གཆིག་བབ་ནའ། ག་རིང་སངས་དང། རྫོང་རོང།
| ཏི་ཙེའི:དོ། རྒྱལ་པོ:ཞ་སྣར:འབངས་ཆིག་ཕྱུག:འཙལད་པའི། བྱ་ཁོད:དང་བྱ་རོག་གཉིས:གཟས།
| གཅིག:ལ:ཟ་པའི་དོ། དེ་ལ་ཙོལ་ཧྲུགས་གཅིག་བབ་ལ། ལི་བྱིན:གཅིག་བབ:ནའ། རྫོང་རོང་ཏི་ཙེ།
| རྗེ་བོ་རྗེ་མོ་སྟོརད་པ་ལས་ངམ:ལེནད:གྱིས་བསྟནད་ཏེ། བྱེ་མ་རིན:གྱི་གེ་ཤེལ་ཤག:གི།
| འཕྲུལ་སྐུགསུ:སྦས་པ་ལས:རྫེ:གོལ་སྤྲད་ཏེ། རྫོང་རོང་གྱིས། ལི:བྱིན:ཀེ་ཀེ:གར:ཤེལ་ཤགྲ།
| པང:དུ:བླངས:ཏེ:གནམ་དུ་གཏང་རག:བཐབ་བའི་དོ། བུང་པརད་གཅིག:མཆིས:པ་ནི།
| གེ:ཤེལ:ཤག:སླད་ཉིས་ཀྱི་དོ། །བར་ནའ། པང་མི་ཏིང་མུ་གལད:མཆིས:པ་ནི:རྫེ་གོལ།
| ཀུནད། གནམ:མ:ཏོངས་བྱེ་བའི:དོ། སྣེ:ཆེ:གཅིག:བབ:པ་ནི་རྫེ་གོལ:དགའ:ཞིང་ཆང:འཐུང།
| པའི་དོ། གྲེ:གྲེ:ནི་རྫོང་རོང་ཏི:ཙེའི་དོ:སྐྱེ་ཇི་ལ་བཏབ:གྱུང་བཟང། ༔། སྐང་པརད་ལ:། །
| སྒྲོག:ཧྲུགས་གཆིག་བབ་ནའ། རྒྱལ་པོ:གཞིག་ཤུགས་ཏེ:གཤེགས་པའི་དོ། སྐུ:བླ:པང།
| པའི:དོ། རྒྱལ་པོ་ཕྱུ:ཉམས་པའི:དོ། དེ:ལ:ལི་བྱིན་གཅིག:བབ་ནའ། ཕུ:བོ:བྱོནད་གྱིས་ནུ་པོ།
| ཁང:པ:ཁྲུམ་ཞེས་བྱེས:ལ། གྲོག་ཧྲུགས:གྱི་གཉིས་གཉིས་པོ་བསྡུས་ཏེ:ལི་བྱིན་ལྷར་བགྱིས:ན།
| རྒྱལ:པོ:ཆབ:སྲིད་ལ་གཤེགས:ནའ་སྐུ་དོན:མངའ་སྐྱེ:སླར་གཤེགས:པའི། །སྐུ:བླ:མི:འཕང་བ།
| འི:དོ། དེའི:འོག་དུ་བཟང་པོ་གང་བྱུང་ཡང་བཟང། དེ:པན:ཆད་ངན་པ:ཇི་བྱུང:མི་སོང། ༔།
| སྐང:པརད་ལ:ཕྱྭ:བུན་བབ:ནའ། བར:ན:ཕྱོང:ཀུག་ཆིག:གྱུང་མཆིས:ཏེ། རྒྱལ་པོ:ཞལ:འཛོ:ཞིང།
| པོ་ཆིག:གི:བར་དུ:ཅང་མི་ནོངས:པའི:དོ། བག་ཕྱྭ:བུན་བབ་ནའ:བར་ནའ:བག་ཕྱོང་ཀུག་གྱུང།
| མཆིས། གཞན:ཇི:ཡང་བཟང། རྒྱལ་པོ:སྐྱུང་བ:ལ:བཏབ:ན:ནི་ཏ་ཆང:ཞལ:འཛོ:ཆེས:ཏེ:མི:བཟང།

68 | ༜། སྐང་པརད་ལ་ཤིང་ཧྲགས་བབ་ནའ། རྒྱལ་པོ་ཞ་སྔར་བུད་མྱེད་སྣར་མོ་དུང་གདུབ་ཆན་བཀྲའ།
69 | ཤིས་མ་གཆིག་ཕྱག་འཙལད། པའི། །སྐུ་བླ་ཁྲིམ་ས་ཙུ་དུ་ནས་བུད་མྱེད་བཀྲའ་ཤིས་མས། །
70 | ཙོ་ཙི་གསོལད་ཏེ་ཞལ་བཞེནད་པའི་ཚྭ་ངོ། ལྷ་གཡང་ཡོན་ཞིང་ལྷ་མྱི་འཕང་བའི་ཚྭ་ངོ།
71 | བག་ཤིང་ཧྲགས་བབ་ན་གཡས་གཡོན་སུ་བཞག་སྟེ། སྐུ་བླ་དགྱེས་ཏེ་བུད་མྱེད་སྤུན་གཉིས།
72 | ཀྱང་རུང་ཆེན་ཆུང་ཞིག་ཀྱང་རུང་སྟེ་ཀྱིམ་ས་གཆིག་ལས་གཉིས་སུ་སྐྱེ་བའི་ངོ། །སྟེ་ཇི་ལ།
73 | བཐབ་ཀྱང་མོ་བཟང་། །འཚོན་པོ་ལམ་རིངས་ལ་བཏབ་ན་ཕྱི་དལ་ནི་མཆིས་ཏེ་ཙང་མྱི་ནོངས།
74 | པར་འགོརད་པའི་ངོ། ནད་པ་ལ་བཏབ་ན་ཡུལ་བསོས་པའི་ངོ་སྟེ་མྱི་བཟང་། གྲོག་ཕྱུར་བཏབ།
75 | ན་གྲོག་མྱི་ཆེ། དགྲའ་ཕྱུར་བཏབ་ན་དགྲའ་མྱི་འཇོ། ༜། སྐང་པརད་ལ་ཕྱུ་ཕུརད་བབ་ན། རྒྱལ།
76 | པོ་དམུ་དག་རྟོགས་པའི་ངོ། སྐུ་བླ་མྱི་འཕང་བའི་ངོ། བག་ཕྱུ་ཕུརད་བབ་ནའ། རྒྱལ་པོ་གཟེར།
77 | ཐབས་བྲ་མདའས་ཕོག་པའི་ངོ། །སུམ་ཕྱུ་ཕུརད་བབ་ནའ། རྒྱལ་པོ་ཐབས་དྲག་པོས་བཏབ་སྟེ།
78 | ནོངས་པའི་ངོ། ཇི་ལ་བཏབ་ཀྱང་ངན། སྐང་པར་ལ་ཕྱ་ཕུརད་གཆིག་བབ་པའི་འོག་དུ་ལི་བྱིན་དང་།
79 | ཕྲིང་ཀུག་དང་ཙོལ་ཧྲགས་དང་། སྣོ་ཆེ་དང་། རྟུད་ཧྲགས་གང་བབ་ཀྱང་རུང་སྲིད་ཕྱ་དང་སྲོག་ཕྱ་དང་།
80 | གྲོག་ཕྱ་དང་དགྲའ་ཕྱར་བཟང་། །ཕྱ་ཕུརད་ཀྱི་འོག་དུ་ཕྱ་རལད་ལས་སྟོགས་པ་མོ་ཡ་བི་ལྟག།
81 | མ་ལྷའ་མ་གཏོགས་པར་གཞན་ཇི་བྱུང་ཡང་ངན། སྲི་དང་གདོན་ཕུར་བ་བཏབ་སྟེ་ཕྱུགས་སུ།
82 | ཞུགས་ནས་བོན་གྱིས། ཤང་མྱི་ཕྱིན་པ་ངོ།། །༜། སྐང་པརད་ལ་ཆེ་སྨྱིད་བབ་ནའ། སྐུ་བླ་ཆེན།
83 | པོ་ལ་མར་ཁུ་ཕོར་བུ་གང་གྱིས་གཏོརད་པའི་ངོ། རྒྱལ་པོ་གཆིག་གིས་སྤྱན་ཟིགས་ཙུང་ཞིག།
84 | གསོལད་པའི། རྒྱལ་པོ་ཐུམ་ཆིག་གཟིམས་པའི་ཚྭ་ངོ། །བུ་མོ་ཙུ་དུ་ཞིག་ཕྱག་འཙལད་པའི།
85 | ངོ། གཏམ་སྙན་པ་ཙུང་ཞིག་མཆི་བའི་ངོ། །བག་ཆེ་སྨྱིད་བབ་ནའ། འདྲི་མྱི་ག་ངན་ཁ་ལས་སྟོགས།
86 | པ་གདོནད་པའི་ཚྭ་ངོ། འགོན་ཟན་ཞིག་གིས་ལྷ་མྱི་དགའ་སྟེ་བུ་མོ་གཆིག་ཤི་བའི་ངོ། །བག་།
87 | ཙི་སྨྱིད་པན་ཚད་ཇི་ལ་བཏབ་ཀྱང་ངན། །གྲོག་ལ་བཏབ་ན་འདྲེ་མྱི་ལྷ་ཞུགས་པའི་ཚྭ་ངོ། །
88 | བྱད་དང་སྟེམ་གྱིས་ཕོག་པའི་ཚྭ་ངོ། ༜། སྐང་པརད་ལ་ཕྱ་རལད་བབ་ནའ། རྒྱལ་པོ་ལ།
89 | སྲི་གདོནད་པའི་ངོ། བག་ཕྱ་རལད་བབ་ནའ། སློ་བྱུང་སྟེ་རྒྱལ་པོ་ནོངས་པའི་ངོ། བག་ཕྱ་རལ།
90 | པན་ཚད་ཇི་བྱུང་ཡང་ངན། ཇི་ལ་བཏབ་ཀྱང་ངན། རྒྱལ་པོ་ཡུལ་པ་དང་བྲལ་བའི་ཚྭ་ངོ།
91 | སྐུ་བླ་ཕང་བའི་ངོ། ༜། སྐང་པརད་ལ་པ་ཚོ་བབ་ནའ། རྒྱལ་པོ་སྤྱན་སྔ་ནའ། བུས་པ་ཆིག།
92 | རྫེ་བའི་ཚྭ་ངོ། །རྒྱལ་པོ་ལ་རྒྱལ་མོ་གཆིག་སྙིང་རིང་དུ་སེམ་བའི་ཚྭ་ངོ། རྒྱལ་པོ་ཞལ་དམྱ།
93 | པའི་ཚྭ་ངོ། །སྐུ་བླ་ལ་མྱི་ལྷ་ཞིག་སྡིག་པའི་ཚྭ་ངོ། བག་པ་ཙེ་བབ་ནའ། གཡས་གཡོས་སུ།

94 | བཞག་ནའོ། བུད་མེད་གཅིག་རྒྱལ་པོ་ཆབ་སྲིད་ཀྱི་ནང་དུ་ཞུགས་སྟེ། རྒྱལ་པོས་སྲིད་མ།

95 | ཟུནད་ཏེ། རྒྱལ་པོ་གདོང་ནི་བྱ་རོག་བཞིན་ནི་བུད་མེད་དུ་བྱས་ཏེ་སྲིད་དམའས་པའི་འོང་ངོ། །

96 | དེའི་འོག་ཏུ་བག་ལི་བྱིན་དང་། བག་ཕྲེང་ཀུག། བག་ཙོལ་ཏྲགས་བྱུང་ནའ་ཙུང་ཞིག་ཐ་གི།

97 | ཕྱ་རལད་དང་ཕྱ་མེད་དང་གྲམ་ཏུངས་བྱུང་ནའ་རྒྱལ་པོ་སྲིད་ཉག་པ་ངོ་སྟེ་ཛི་ལ་བཐབ་ཀྱང་།

98 | ངནད། །བག་ཧྲུད་ཏྲགས་བབ་ནའ་རྒྱལ་པོ་ཞ་སྦར་བབས་པའི་ངོ། །ནད་པ་ལ་བཏབ་ན་ལྷ་ངོ།

99 | དམའས་པའི་ངོ། །གདོན་ལནད་ཆེ་བའི་ངོ། ༛། སྐང་པརད་ལ་བྱ་མེད་བབ་ནའ། རྒྱལ་པོ།

100 | ལ་མ་གདོནད་སྲི་ལས་སྦྱོགས་པ་ཆེ་བའི་ངོ། །བག་བྱ་མེད་བབ་ནའ། རྒྱལ་པོ་དམེས།

101 | པའི་ངོ་སྟེ་ཛི་ལ་བཏབ་ཀྱང་ངནད། །བག་ཕྱ་མེད་པན་ཆད། ལི་བྱིན་དང་བྱ་སྤུརད་བྱུང་ཡྰ།

102 | ཀུམསྣ་ཨྱི་སྨནད། གདོན་པྱི་དཔད་པུར་པ་བཏབ་པའི་ངོ། ༛། སྐང་པར་ལ་གྲམ་ཏུངས་། །

103 | བབ་ནའ། རྒྱལ་པོ་སྤྲུ་ངའ་ནའ། ཁྱིའུ་པ་ཡོད་པ་གཅིག་སྣང་མ་ལྟོམ་བའི་ངོ། །སྤྲུ་བླས།

104 | བུས་པ་མ་ལྟོ་མ་གཅིག་བཙའ་བའི་ངོ། །སྤྲུ་བླ་ལ་སྨྱི་ལྷ་གདོནད་པའི་ཨྲ་ངོ། །བག་གྲམ་ཏུངས།

105 | བབ་ནའ། རྒྱལ་པོ་ཐུགས་སྨྱི་བདེ་བ་ལང་ལྟའ། གྲམ་ཏུངས་གསུམ་བབ་ནའ། བལ་པོ་ལ།

106 | ཚ་སྐུར་བའི་ཨྲ་ངོ། །རྒྱལ་པོ་སྲིད་བརླག་པའི་འང་ངོ་སྟེ་ཛི་ལ་བཐབ་ཀྱང་ངནད། །གྲམ།

107 | ཏུངས་གཅིག་གི་འོག་ཏུ། ཧྲུད་ཏྲགས་ཐྲ་ཕྲེང་ཀུག་བྱུང་ནའ་བུ་མ་ལྟོ་མ་ཞིག། ལྷས་བཙལ།

108 | སྟེ་ཐ་མར་སྐྱིད་ཆེང་ཡུལ་ས་སྐྱི་པའི་ངོ། །

109 || །ཊུ་པར་ཐུན་ལ་སྟི་ཆེ་བབ་ནའ། ས་ལ་སྐང་པརད་གཅིག་སྟེ་ན་ནིང་ས་ལའ།

110 | འདུག་ན་དོ་ཆིག་སྣན་ཏོག་ཏུ་བཞག། ན་ནིང་ཤིང་པོར་ཏུ་འདུང་ནའ་དོ་ཆིག་དཏུལ་པོར་ཏུ་འདུང་པའི་
ངོ་སྟེ།

111 | སྨྱི་དམངས་ལ་གོ་འཕང་གཅིག་སྐྱིས་པའི་ངོ། །ནད་པ་སོས་པའི་ངོ། དེ་ལ་བག་སྟི་ཆེ་བབ་ནའ།
སྨྱི་སྐྱེས་པ་གཉི།

112 | ག་ཤེད་སོང་བའི་ངོ། །འོང་ངམ་སྨྱོང་ཞེ་ན་ཞག་ཟད་དེ་འོང་བའི་ངོ། །གདོན་ལནད་བྱུང་བའི་ངོ་
ལྷ་ཕྱུགས་དང་ཁྱིམ།

113 | ཕྱུགས་གཙང་བའི་ངོ། ༛། ཊུ་པར་ཐུན་ལ་ཙོལ་ཏྲགས་བབ་ནའ། སྨྱི་ཐ་མལ་པ་གཅིག་སྙིང་དགའ་བའི་ངོ།

114 | ཀོས་དང་ཐོད་སར་པ་རྒྱནད་ཆིང་དག་ར་ན་ཉི་མ་འདེ་བའི་ངོ། དེ་ལ་བག་ཙོལ་ཏྲགས་བབ་ནའ། །
གཡས་གཡོས་སུ།

115 | བཞག་ནའ། ས་ལ་སེ་སྙོད་ཀྱང་བབ་སྟེ་སྐྱེས་པ་ལམ་རིང་པོ་ནས་ཕྱིར་འཁོརད་པའི་ངོ། ཁྱིམ་གང་

ཀྱི་སྐྱི་ཚོགས་ཏེ།

116 ། སྙིང་དགའ་བའི་ངོ། །གྲོག་ཐྲ་དོནད་ལ་བཐབ་ན་ཡོད་པའི་ངོ། །ནད་པ་ལ་བཐབ་ནའ་སོས་པའི་ངོ། །ཇི་ལ་བཐབ།

117 ། གྱང་བཟང། ༔། ཏྱ་པརད་ཐུན་ལ་ལི་བྱིན་གཆིག་བབ་ནའ། སྐྱི་ཆིག་མཆོས་བསྐོརད་རིས་བརྟནད་པ།

118 ། ངོ་། །ནད་པ་ལ་བཐབ་ནའ་ནད་གཞི་ཆེ། གྲོག་ལ་བཏབ་ན་གྲོག་སྐྱི་སྐྱོརད། །སྤྲོག་སྤྲུ་ལ་བཏབ་ན་སྐྱི་ཤི་བའི་ངོ། །

119 ། འོང་ངམ་སྐྱོང་ཞེས་བཐབ་ནའ། ཕྱི་དལ་ཆེ། །དེ་ལ་བག་ལི་བྱིན་བབ་ནའ། གསུམ་ཏུ་བཙོས་ཏེ་བཞག་ནའ་སྐྱི།

120 ། ཆིག་ཆུ་སྲིད་ཡོང་སྐྱི་ཉམས་པའི་ངོ། །གྲོག་ཡོང་སྐྱི་སྐྱོརད་པའི་ངོ། །སྐྱི་དམངས་སྐྱི་ཆིག་ལ་དགུ་ཡད་ལྷུམ།

121 ། བའི་ངོ། །དགྲའ་སྤྲུ་ལ་བཏབ་ནའ། ན་བུན་གྱི་ནང་ན་ལམ་སྐྱི་རྙེད་པ་དང་ཁ་མོ་ཆེ་བབ་སྐྱེ་སྐྱི་ཐརད་པའི་ངོ་། །

122 ། གྲོག་ཆེན་པོའི་ངོ། །གསོལ་བ་ལ་བཏབ་ན་ཕྱི་དལད་ཆེ། །༔། ཐུ་པར་ཐུན་ལ་འདྲིང་གུག་གཆིག་བབ་ནའ།

123 ། ལོ་ཆིག་གྱི་བར་དུ་སྐྱི་ཤི་བའི་ངོ། །སྤྲོག་སྤྲུ་ལ་བཟང་རབ། །གྲོག་ལ་བཏབ་ན་སྐྱི་སྐྱོརད་པའི་ངོ། །
གསོལ་བ།

124 ། ལ་བཐབ་ན་ཕྱི་དལ་ཆེ། །ཇི་ལ་བཐབ་གྱང་ཕྱི་དལ་ནི་ཆེ་སྐྱེ་ཡོང་མོ་བཟང། ༔། ཐུ་པར་ཏུན་ལ་
བག་འདྲིང།

125 ། གུག་ཆིག་བབ་ནའ། སྐྱི་ཆིག་ལོ་བརྒྱའི་བར་དུ་སྐྱི་ཤི་བའི་ངོ། །གྲོག་སྐྱི་ཤོརད་པའི་ངོ། །གསོལ་
བ་ལ་ནི་ཕྱི།

126 ། དལ་ཆེ། །༔། ཐུ་པར་ཐུན་ལ་གྲེ་གྲེ་གཆིག་བབ་ནའ། སྐྱི་རྫེ་གོལ་གཉིས་དང་སྐྱི་པ་ཡོད་པ་གཅིག་
དང་གསུཾ།

127 ། འགྲོགས་པའི་ངོ། །སྐྱི་ཆིག་ཏ་སྐྱོ་ཙ་གཆིག་ཁྲིམ་ཏུང་དུ་རྟོད་པའི་ངོ། །འོང་ངམ་སྐྱོང་ཞེས་བཏབ་
ནའ། སྐྱི།

128 ། ངནད་པ་གཉིས་འགྲོགས་ཏེ་འོང་བ་ལ་ལྟའ། །གདོནད་ལ་བཐབ་ནའ། དྲི་བོའི་འཇང་ངོ། ཏེའུ་རང་
གྱི་འཇང་ངོ།

129 ། སེ་དྲི་སེ་བརྩན་གྱི་ངོ། བསེ་རིགས་ཀྱི་ངོ། །བག་གྲེ་གྲེ་བབ་ནབ། གདོནད་དེ་རྣམས་ཆེ་བའི་ངོ། །
ཞལ་ཆེ་ཐྲ།

130 ཁམ་ཆུ་རྫོང་པའི་ངོ། །སར་སྲུར་བོ་བའི་ངོ། །བག་གྲི་གྲི་བྱུང་ནའང་ཟེ་ལ་བཏབ་གྱུང་སྐྱི་བཟང་། །
སྐྱི་འཛིན་ནད།

131 འབྲས། ཚིག་ལ་བཙོན་དྲུག་བདུན་ཚམ་ཟུནད་པའི་ངོ་སྐྱེ་བཟངོ། ༔། རྫུ་པར་ཐུབ་ལ་ཕྲུ་བུན་བབ།

132 སྐྱི་ཚིག་ངོ་འཧོ་སྐད་གསང་བའི་ངོ། །སྐྱི་ཚིག་ཟརད་པའི་ངོ། །སྐྱི་ཚིག་རི་འཧོན་པོའི་ཁར་བྱུང་སྐྱེ།

133 སྣང་གཡེལ་ཆེ་བའི་ངོ། །འོང་ངམ་སྐྱི་འོང་ཞེས་བཏབ་ན་འོང་། །འགྲོ་འམ་སྐྱི་འགྲོ་ཞེས་བྱས།

134 འགྲོ། གདོན་ལནད་སྐྱི་ཆེ་བའི་ངོ། ༔། བག་ཕྲུ་བུན་ལ་བབ་ནའ། སྐྱི་ཚིག་ལམ་རིང་པོར་འགྲོ།

135 བའི་ངོ། །ནད་པ་ཅབས་པོ་ཆེ་ལ་བཐབ་ན་ཕྲུ་བྲོས་པའི་ངོ། །ནད་པ་ཅབས་པོ་ཆེ་ལ་ངོ་དྲག་སྐྱེ།

136 ངནད།། །ཟརད་པའི་ངོ། །འདོགས་པའི་ངོ། ༔། རྫུ་པར་ཐུབ་ལ། ཕྱ་ཕྱུརད་གཅིག་བབ་ནའ། སྐྱི་ཚིག།

137 གི་དམུ་གདས། ཧ་ཚིག་གི་སྤྲབ་མདའ། འགྲོ་འམ་ཞེས་བཏབ་ན་སྐྱི་འགྲོ་བའི་ངོ། །སྐྱི་ཚིག་ལ།

138 གདོན་ལནད། ནད་པ་ལ་ཕུར་པར་འཛུགས་པའི་ངོ། །གྲོག་ལ་བཐབ་ན་ལག་ནས་གྲོག་སྐྱི་ཤོར།

139 བའི་ངོ། །དེ་ལ་བག་ཕྲུ་ཕུར་བྱུང་དྲང་ནའ། སྐྱི་ཚིག་གཟེར་ཐབས་གྱིས་བཐབ་པའི་འང་ངོ།

140 མདའ་དྲག་པོས་པོག་པའི་ངོ། །སྐྱི་ཚིག་གདོན་འདི་རྣམས་ཧེ་པོར་ཆེ་ལ་ཕུགསུ་ཞུགས་སྐྱེ།

141 སྐྱི་ཕྱིནད་པའི་ངོ། །དེ་ལ་ཕྱ་ཕྱུར་གསུམ་བྱུང་ནབ། མཆིང་གི་གཞོང་པ་ནི་ཆག། ཐུག་གི།

142 གཞོང་པ་ནི་གྲུགས་ཤེས་བྱ་སྐྱེ། ཟེ་ལ་བཐབ་གྱུང་ངནད། །༔། །རྒྱུ་པར་ཐུབ་ལ། ཏྲད་ཊུགས་གཅིག།

143 བབ་ནའ། སྐྱི་ཚིག་ཁྲིམ་ས་ཙུ་དུ་དང་བྱེས་བྲང་ན་ཅང་སྐྱི་ཉེས་པའི་ངོ། །སྲོག་ལ་ནི་ཕྱི་དལ་ཆེ་སྐྱེ་བཟང་།

144 བོན་བྱས་ཧེ་པན་ནཾ་སྐྱི་པན་ཞེས་བྱས་ན་སྐྱི་པན་ནད་གཞི་ཆེ། །འགྲོ་སྐྱི་འགྲོ་ཞེས་བྱས་ན་སྐྱི་འགྲོ།

145 འོང་སྐྱི་འོང་ཞེས་བྱས་ན་སྐྱི་འོང་། །གསོལ་བ་ལ་བཐབ་ན་གསོལ་བ་སྐྱི་ཆད། །དེ་ལས་བག།

146 ཏྲད་ཊུགས་བྱུང་ནའ་ཟེ་ལང་ཕྱི་དལ་ཧེ་སྐྱི་ཁྲིམ་གང་གར་གྱུང་སྐྱི་འགྲོ་སྐྱི་གཡོ་བའི་ངོ། །ར་བ།

147 ད་ཧྲ་བྲིས་དང་ར་ལུག་གྱི་ར་བ་རྫོགས་པའི་ངོ་སྐྱེ་གཞི་ཚིག་ན་ཡུནད་རིང་དུ་འཕོར་པའི་ངོ། །

148 ༔། རྫུ་པར་ཐུབ་ལ་པ་ཚི་གཅིག་བབ་ནབ། སྐྱེས་པ་གཅིག་ངོ་དམས་པའི་ངོ། །བུད་མེད་སྙིང་།

149 ངནད་པ་དང་ཕྲད་པའི་ངོ། །སྐྱི་ངནད་པ་ལ་བཏབ་ནའ་བུད་མེད་གཅིག་གི་འདྲི་གདོནད་པའི་ངོ། །

150 ཕྱི་མང་བཟང་ན་ནི་སྐྱི་ཕྲད་སྐད་གསུམ་འཕོད་འགོད་པའི་ངོ།། །དེ་ལ་བག་པ་ཆི་བབ་ནའ།

151 སྐྱི་སྐྱེས་པ་གཅིག་ལ་འདྲི་བུད་མེད་གཉིས་གདོནད་པའི་ངོ། །བུད་མེད་སྙིང་རིངས་མོ་གཟི།

152 སྐྱེས་པ་ལ་ལོག་པར་བྱེད་པའི་ངོ།། །སྐྱི་ཐ་མལ་པ་གཅིག་ཆུ་སྲིད་དམས་པའི་ངོ། ༔།

153 རྫུ་པར་དུན་ལ་གྲམ་རྡངས་གཅིག་བབ་ནའ། སྐྱི་སྤྲད་སྤྲུན་གསུཾ་འཕོད་པའི་ངོ།། །དེ་ལ་རྫོལ་ཏྲུ།

154 གཅིག་བབ་ནའ། སྐྱི་གཅིག་ལས་མང་པོར་འཕེལ་བའི་ངོ་སྐྱེ་བཟང་རབ། །སྐྱི་སྐྱེས་པ་གཅིག།

155 ན་བའི་ངོ། །སྐྲིས་པ་གཅིག་ལ་མྱི་ག་དང་ངན་ཁ་གདོན་པའི་ངོ། །བྱུརད་ཆེ་བའི་ངོ། །དེ་ལས།

156 བག་གྲམ་རྟངས་བབ་ནའྀ། མྱི་ཤ་ཆིངས་ཆན་གཅིག་ཆུས་ཀྱེར་བའི་ངོ། །མྱི་ག་ངན་ཀ་ལངས།

157 ཏེ་མྱི་ཆོག་ཤི་བའི་ངོ་སྟེ་ཇི་ལ་བཏབ་གྱུང་ངནད་རབ། ༛། རྒུ་པར་ཐུན་ལ་ཅེ་སྙེད་གཅིག

158 བབ་ནའ། ཁ་གང་གྱི་གྲོག། དམྱིག་གང་གྱི་གཉིད་དེ་མྱི་ཆིག་ཟན་ཆིག་ཙམ་གྱི་གྲོག་གམ།

159 གཉིད་ཐུམ་ཆིག་ཙམ་ལོག་པའི་ངོ། །མྱི་ཆིག་ལ་མྱི་ལྷ་ཐྲ་འགོར་ཟན་ཕྱིག་པའི་ངོ། །བྱད་ཙུང་།

160 ཟད་ཆིག་གིས་ཕོག་པའི་ངོ། ༛། དེ་ལས་བག་ཆེ་སྙེད་བབ་ནའྀ་མྱི་ཆིག་ལ་དུག་འཏུསྣ།

161 པ་ངོ།། །ཡང་ན། མྱི། ལྷ། འདྲི་གསུཾ་དང་རྒྱ་ལྷ་ལས་སྟོགས་པ་རབ་ཏུ་ཕྱིག་པའི་ངོ། །༛།

162 ཏེ་སྐྲོཾ་ལ། ཙོལ་རྟགས་གཅིག་བབ་ནའྀ་གསེར་གྱི་གཞོང་པ་མར་གུས་གང་བའི་ངོ་།

163 གྲོག་ཆེན་པོ་ལྷ་འམ་དམུ་ཡད་ལ་ལྷ། །དེ་ལ་བག་ཙོལ་རྒྱགས་བབ་ནའ། དག་རའི་ནང་།

164 ན་ཉི་མ་ཤརད་དེ་གསེར་གྱི་གཞོང་པ་མར་གུས་གང་བའི་ངོ་སྟེ་གྲོག་གཞག་གསང་དུ་མྱི།

165 སྟོརད་ཏེ་དམུ་ཡད་ལྡུང་བའི་ངོ། །དབྱ་གཡང་ལོན་བའི་ངོ་ཇི་ལ་བཏབ་གྱུང་བཟང་རབ།

166 ༛། ཏེ་སྐྲུམ་ལ་རྡུད་རྒྱགས་གཅིག་བབ་ནའྀ། །གྲོག་གི་དཔུང་བཙུགས་ཤེས་བྱ་སྟེ་ཏེ།

167 ཏེ་སྐྲུམ་གཉིས་བབ་ན་གཡས་གཡོས་སུ་བཞག་ན་གྲོག་གི་མཁར་བརྩིགས་ཞེས་བྱ།

168 སྟེ་སྲོག་བྱ་དང་སྲིད་ཕྱ་ལ་བཟང་རབ། །གསོལ་བ་ལ་ནི་ཕྱི་དཔད་ཆེ།། །གདོན་ལནད་ལ།

169 ནི་བརྫོག་ངནད་གྱི་ངོ།། །དགྲ་ཕྱ་ལ་པར་ནི་ཏེ་བས་ཙུར་ནི་མྱི་འཛུ། པར་ནི་གྲོག་ཆོད་ཙུར།

170 ནི་མྱི་རྫེ་སྟེ་བཟང་། ༛། ཏེ་སྐྲུམ་ལ་ལི་བྱིན་ཆིག་བབ་ན་ཡར་ལྷ་བང་། སེ་ཉོན་ཞེས་མྱི།

171 བགྱི་སྟེ་ཏེ་སྐྲུམ་གྲོག་ཁ་སྦྲོད་ཆེས་བྱ་སྟེ་གྲོག་ཆེན་པོ་མྱི་ཤོརད་པའི་ངོ།། །གྲོག་ཁ་གཉིས་སུ།

172 འོང་བའི་ངོ།། །སྲོག་ཕྱ་དང་སྲིད་ཕྱ་དང་ཡུལ་ས་དང་ཞིང་ཆུའི་མོ་སྟེ་བཟང་།། །དེ་ལ་བག་ལྀ་བྱིན་
བབ་ནའྀ་མོ་ཤིང་།

173 གྲེང་བའྀ་དང་འདྲའྀ་སྟེ་བཟང་རབ།། །ཏེ་སྐྲུམ་ལ་འཕྲོང་ཀུག་ཆིག་བབ་ནའྀ། གཉིད་ལོགས་གྱི་ཡུལ་
བཟང་ངོ།

174 ནས་ཉི་མ་ཤརད་ཏེ་ཁྱུ་བྱིག་ཧོས་པའི་ངོ།། །དགས་ར་ན་ཉི་མ་འདྲེ་ཞིང་མཆིས་པ་ལས་གཏམ་སྙན།

175 པ་ཐོས་པའི་ངོ།། །སྲོག་ཕྱ་དང་སྲིད་ཕྱ་ལ་བཟང་རབ།། །གཞན་ནི་ཇི་ལང་ཕྱི་དཔད་ཆེ།། །ཏེ་སྐྲུམ་
ལ་གྲེ་གྲེ།

176 ཞིག་བབ་ནའྀ། མྱི་ངནད་པ་ཞིག་གིས་གྲོག་ཆིག་ཐྲ་སྤྲད་པའི་ངོ།། །རྟ་སྒྲོ་ཚ་གཅིག་སྒྱ་བཟང་པོ་ལ་ཟ་
ཞིང་ཉི་མ།

177 | ཤརད་པའི་ངོ།། །སྒོག་སྐྱ་དང་གདོན་ལནད་ལ་བཏབ་ནའོ། གྲོག་ཆིག་ལ་དྲི་བོ་ཞིག་གདོན་པའི་ངོ།། །མྱྀ་ངན་པ།

178 | མང་པོ་གྲོག་ཆོག་ལ་ལྟོད་པའི་ངོ།། །བྱ་ཕལ་པོ་ཆེ་གོད་ཆིག་ལ་ཟ་བའི་ངོ།། །ཏེ་སྐྲུམ་ལ་ཡིང་རྡུགས་ཆིག་བབ་ནའོ།

179 | དག་ར་ན་ཉི་མ་ཤརད་དེ་ཆུང་མ་དུང་དུབ་ཆན་གཅིག་གིས་སྣན་བཏིང་མྱི་བུས་དེ་ཚལ་མ་བཟང་པོ་གཡོ་ཞིང་འདུག།

180 | པའི་ངོ་སྟེ་ཕྱུགས་གཡང་ཡོན་བ་དང་ལྷ་མྱི་ཕང་བ་ཊྲ་གྲོག་མྱི་ཤོརད་པའི་ངོ།། །གདོནད་ལ་བཐབ་ནའོ། བུ་མ་མཚུན།

181 | ཞིག་གྲོག་ཆིག་ལས་མྱི་གདའ་སྟེ་པད་མད་བགྱིད་པའི་ངོ།། །ཏེ་སྐྲུམ་ལ་བག་ཡིང་རྒྱུགས་བབ་ནའོ། སྨར་མྱི་བཟང།

182 | སྟེ་གཡང་ཡམས་པའི་ངོ།། །བུད་མྱེད་གཉིས་ཀྱིས་གྲོག་ཁྱེར་ཏེ་བསྟོད་པའི་ངོ། གྲོག་གི་ནང་དུ་གདོན་ཞུགས་པའི།

183 | ངོ།། །ཆུ་མྱིག་ཁྲོན་པའི་ནང་ནའོ། བུད་མེད་ཀྱིས་ཆུ་བསྟོད་པའི་ངོ། སྨིན་དྲུག།

184 | ལ་གཟའ་ཞུགས་པའི་ངོ།། །ཏེ་སྐྲུམ་ལ་ཕྱྭ་བུན་གཅིག་བབ་ནའ་། གྲོག་ཐོབ་འམ་མྱི་ཏོབ་ཆེས་བཏབ་ནའ་ངོ་འཏོ།

185 | སྟེ་གྲོག་ཏོབ་འགྲོ་འམ་མྱི་འགྲོ་ཞེས་བཐབ་ནའ་འགྲོ། །འོང་ངམ་མྱོང་ཞེས་བཐབ་ན་འོང།། །བར་ན་ཤིང་བུ།

186 | གསུཾ་འདུག་པ་ནི་མྱི་གཡོན་ཆན་གསུམ་ཀྱིས་གྲོག་ཆིག་ལ་བསྟོད་པའི་ངོ།། །ཁམ་ཆུ་ཟེར་བའི་ངོ། :།

187 | དེ་ལ་བག་ཕྱྭ་བུན་བབ་ནའོ། གྲོག་ཀ་ཤེད་དུ་ཀྱེར་ཏེ་སོང་བའི་ངོ།། །རྐུན་པོས་ཕྱུགས་ཏོབ་སྟེ་ཟརད་ཏེ་སོང།

188 | བའི་ངོ།། །སྤྱང་ཀྱིས་གོད་རྙེད་དེ་འདྲངས་ཏེ་སོང་བའི་ངོ།། །ཏེ་སྐྲུམ་ལ་ཕྱྭ་ཕུརད་བབ་ན་གྲོག་མྱི་སྟོརད་།

189 | པའི་ངོ།། །གྲོག་གི་ཕུར་པ་བཏབ་པའི་ངོ། །བར་ཀྱི་ཤིང་བུ་གསུམ་འདུག་པ་ནི་མྱི་གཡོན་ཆན་གསུམ།

190 | ཀྱིས་གྲོག་ཆིག་ལ་སླགས་བལྟ་བ་ནི་ཡིང་རྡུགས་མ་ལགས་ཏེ་འདི་ལགས། །ཆུ་མྱིག་ཀྱི་དྲུང་ནའོ།

191 | སྐྱིད་ཤིང་སྐྱེས་པའི་ངོ།། །བུད་མེད་བཀྲའ་ཤིས་མ་གཅིག་དམུ་དག་འདོགས་ཤིང་ཕྱག་འཚལ་བའི།

192 | ངོ།། །བག་ཕྱྭ་ཕུར་བབ་ན་ཁྱིར་ངནད་ཏེ་གྲོག་དང་ཕྱུགསུ་ཕུར་བཐབ་པའི་ངོ།། །ཏེ་སྐྲུམ་ལ་སྣི་ཅི།

193 ། གཅིག་བབ་ན་གྲོག་ཙུར་འོང་བའི་ངོ། །ཙུ་མྱིག་དང་ཁྲིམ་ས་གཙང་བའི་ངོ། །གྲོག་ཟླ་ལྷ་ཕྱུགས་ནའ།

194 ། གདོན་ལན་མ་མཆིས་པ་ངོ། །དཀྲའ་མྱི་འཇྱུ་བ་ངོ།། །དེ་ལ་བག་སྣི་ཆི་བབ་ནའ་གྲོག་སངས་
པའི་ངོ། །བཙོག།

195 ། ངནད་བྱང་བའི་ངོ། །དགའ་བ་ཡུལ་དུ་སོང་བའི་ངོ། །ལམ་རིངས་གྱི་འདྲོན་པོ་ཕྱིར་འཁོརད་པའི་ངོ།། །།

196 ། ཏེ་སྐྲམ་ལ་པ་ཆི་གཅིག་བབ་ནའ་ཁྲིའུ་ཙུ་དུ་ཞིག་དག་ར་ནའ་ཉེ་མ་ལ་མར་ཀུ་འབྱུང་བའི་ངོ།། །

197 ། ཆུ་མྱིག་ཆིག་ན་ཁྲིའུ་ཞིག་རྩེ་བའི་ངོ། །གྲོག་གི་ནང་ན་མྱི་ག་འདྲེ་ཞིག་འཛུག་པའི་ངོ།། །དེ་ལ་
བག་སྣི་ཆི་བབ།

198 ། བབ་ནའ་ཆུ་མྱིག་གི་ནང་བུས་བས་བརྙོག་པའི་ངོ།། །གྲོག་གི་ནང་ནང་ན་མྱི་ལྷ་འདྲི་ཆེར་གདོནད་
པའི་ངོ་། །

199 ། གོས་རྒྱ་གཡག་ལས་སྐྱོགས་པ། བཙོད་པའི་ནང་དུ་མྱི་ལྷ་འདྲི་ཞུགས་ཏེ་གདོནད་པའི་ངོ། །རི་དགས་ཤོར།

200 ། པའི་ནང་དུ་མྱི་ལྷ་ཟླ་མྱིག་བཞི་གདོནད་པའི་ངོ།། །ཏེ་སྐྲམ་ཆེ་སྙིད་གཅིག་བབ་ན་གྲོག་ཆེ་ཆུང་གཉིས།

201 ། ཤིག་དམྱིག་སྤ་ནའ་སྣང་བའི་ངོ།། །བུ་མོ་ཆུ་དུ་ཞིག་དག་ར་ན་ཉེ་མ་ཤརད་ཏེ་གྲོག་ཚོག་དང་ཕྲད་དེ་དགའ།

202 ། པའི་ངོ། །དུག་མ་ཞིག་གིས་དུག་སྦྱོས་ཏེ་ཉེ་མ་ལ་དུག་ཕྱིས་བཞག་པ་ངོ།། །གྲོག་གི་ནང་ན་མྱི་ལྷ་འདྲེའ།

203 ། མོར་འཕྱུལད་པའི་ངོ། །འདི་ལ་བག་ཅི་སྙིད་གཅིག་བབ་ནའ། དུག་འབྱུངས་པའི་ངོ། །མྱི་ལྷ་འདྲེ་
བུར་མོར།

204 ། འཕྱུལད་པ་གྲོག་གི་ནང་དུ་ཞུགས་ཏེ་རབ་དུ་གདོནད་པའི་ངོ། །བུ་མོ་ཙུ་དུ་གཅིག་ནད་ཚབས་ཆེ་
སྡེ་ཤི་བ་ངོ།། །

205 ། ཏེ་སྐྲམ་ལ་གྲམ་རྟངས་གཅིག་བབ་ནའ། ཁྲིའུ་ན་བའི་ངོ། །གྲོག་གི་ནང་ན་མྱི་ག་ངན་ག་ཞུགས་
པའི་ངོ། །སྨྱིན།

206 ། དྲུག་ལ་གཟའ་ཞུགས་པའི་ངོ། །ཙུ་མྱིག་གི་ནང་ན་བྱད་སྤུས་པའི་ངོ།། །དེ་ལ་བག་གྲམ་རྟངས་བབ་
ནའ་གྲོག།

207 ། མྱི་གས་ཐྭགས་པ་ངོ་སྟེ་ཛི་ལ་བཏབ་ཀྱང་ངནད་རབ།། །ཏེ་སྐྲམ་ལ་ཕྱུ་རལད་གཅིག་བབ་ནའ།
གྲོག་དང།

208 ། ཐ་དད་དུ་སོང་བའི་ངོ། །གྲོག་གི་ནང་དུ་སྲི་ཞུག་སྤྱའི་ངོ་སྟེ་དེ་ལ་བག་ཕྱུ་རལ་བབ་ནའ་གདོན་ཆེ་བའི།

209 ། ངོ་སྟེ་ཛི་ལ་བཏབ་ཀྱང་ངནད་རབ།། །ཏེ་སྐྲམ་ལ་སྒྱོག་རྟགས་བབ་ནའ། ལམ་རིངས་མྱི་གྲོག་དང།

210 ། འོང་བའི་ངོ། །འགྲོ་འམ་མྱི་འགྲོ་ཞེས་བྱས་ནའ། ལམ་དུ་ཞུགས་པ་ཟླ་འདྲའོ། །ནད་པ་ལ་བཏབ་ན་ཕྱུ།

211 | ཉམས་པའི་ངོ། །བོན་བྱས་ནའང་གདོན་ལན་ཕྱིར་ལྡས་ཏེ་མི་ཕན་ནོ།། །ཏེ་སྐྱུམ་ལ་བག་ཕྱོག་ཅུ་སྣ།

212 | བབ་ན། ནད་པ་ཕྱ་ཏེ་ཕོར་ཉམས་པའི་ངོ། །གྲོག་སྨར་མི་ལེན་པའི། ངོ། །ཙུ་དམུ་ཡུལ་དུ་ཏེང་སླེབ། དྭ།

213 | འདུས་པའི་ངོ།། །བག་ཕྱོག་རྒྱགས་བབ་ནའང་ག་ཤེད་སོང་སྐེ་ཕྱིར་མི་འཕོར། བོན་བྱ་ཞེས་བཐབ་ནའོ།

214 | བཟང་།། །འགྲོར་དགའང་སྐེ་གསོལ་བ་བྱས་ནའ་བཟང་།། །གཞན་ནི་ཇི་ལང་མི་བཟང་།། །ཏེ་སྐྱུམ་ལ་
ཕྱ་མེད།

215 | བབ་ནའོ། གྲོག་གི་ནང་ན་འབྲི་བུད་མེད་ཞུགས་པའི་ངོ་དེ་ལ་བག་ཕྱ་མྱེད་བབ་ནའོ། །ཕྱ་ཕུར་དང་ལོ།

216 | ཕྱིན་གྱིས་བཀུམ་ཡང་མི་སྨནད་ཏེ། གདོན་ཕུགསུ་ཞུགས་ཏེ་ཡུག་ས་མོ་བྲ་སི་མོས་ས་གང་བའི།

217 | ངོ་སྐེ་ཇི་ལ་བཏབ་གྱུང་ངནད་རབ། །འདི་མན་ཆད་རྗེ་ཕུརད་ལ་བབ་སྐེ་གཉན་ཀླུ་དང་སྣང་བུ་
ཤ་བའི་

218 | ངོ་སྐེ་ཕྱུགས་ལྷའི་ངོ་མི་ལབ་བ་ན་མི་ངནད་པ་དང་ལྷ་སྟོ་དང་མན་མོན་གྱི་ངོ་། །

219 || །ཏེ་ཕུར་ལ་ལོ་ཕྱིན་གཅིག་བབ་ན་ཤེལ་མཆོའི་ནང་ནའོ། རིང་ན་རྒྱལ།

220 | པའི་ངོ། །སྐེ་ཕྱུགས་གཡང་ལོན་བ་བ་དང་གྲོག་ཧོབ་པ་དང་སྲིད་མི་ཉམས་པའི་ངོ་སྐེ་ཇི་ལ།

221 | བཏབ་གྱུ་བཟང་།། །དེ་ལ་བག་ལོ་ཕྱིན་བབ་ན། ལོ་ཕྱིན་གསུམ་དུ་བཙོས་ཏེ་ཤེལ་མཚོ་ཡུ་མི་སྐམ།

222 | རིང་ན་ཡུ་གཡུང་དྲུང་ཧོབ་པའི་ངོ་སྐེ་ཇི་ལ་བཐབ་གྱུང་བཟང་།། །ནང་ན་འང་སྲིད་ཕྱ་བྲ་སྲོག་ཕྱ་ལ།

223 | བཟང་།། །ཏེ་ཕུར་ལ་ཙོལ་ཅུགས་ཤིག་བབ་ནའོ། མུར་ཟངས་གྱི་ན་འུ་ལ་ཉི་མ་ཤརད་པའི་ངོ།། །ཤ་ཕོ།

224 | ཆེན་པོ་སྟོར་ལ་ཟ་ཟ་སྐེ་ཉ་མ་ཤརད་ཏེ་ཉལ་བའི་ངོ།། །ཐབ་ལ་ཡུ་མོ་དགའ་བའི་ངོ། །སླང་བུ་གཅིག

225 | གམ་མཛེ་པོ་གཅིག་སྟོར་གྱིས་འདྲང་སྐེ། ཉི་མ་ལ་ཅུ་རྟོག་བགྱིད་པའི་ངོ།། །དེ་ལ་བག་ཙོལ་ཅུ་སྣ།

226 | གཅིག་བབ་ནའོ། ཇི་ལ་བབ་ན་ཇི་ལ་བཐབ་གྱུང་བཟང་།། །ཇི་ཕུརད་ལ་སྤྱི་ཆི་གཅིག་བབ་ན་སླང་བུ།

227 | གཅིག་ཁྱུར་ཡོད་པའི་ངོ།། །མུར་ཟངས་ལྷ་དང་སྟོང་བའི་ངོ། །ཏབ་ལ་འཆེས་པའི་ངོ། །བག་སྤྱི་ཅི་བབ།

228 | ནའོ། ཐབ་ལྷ་དང་དུར་ཟངས་དང་གཉན་ཁྱུ་དང་ཡུལ་ལྷ་འདི་རྣམས་སྨང་ཤབ་གྱིས་མ་ཕོག་པའི་ངོ།། །

229 | གདོན་ལནད་བྱང་བའི་ངོ།། །ལམ་དགའ་བར་སོང་བའི་ངོ།། །ཇི་ཕུརད་ལ་འོང་ཀུག་གཅིག་བབ་ནའོ། །

230 | སླང་བུ་གཅིག་ལོ་ཆིག་གི་བར་དུ་ཅང་མི་ཉེས་པའི་ངོ།། །ཤ་བ་མི་སོད་པའི་ངོ། །གཉན་ཀླུ་མི་སྡིག་ཐབ།

231 | ལྷ་མི་འཕང་།། །བག་འོང་ཀུག་བབ་ནའོ། སླང་བུ་གཅིག་ཡབ་བར་ལགས་སྐེ་གཡུང་དྲུང་ཧོབ་པའི་ངོ། །

232 | མི་ཆིག་ལོ་བརྒྱར་མི་ཤི་བའི་ངོ།། །སྲོག་ཕྱུ་དང་དགྲའ་ཕྱུ་སྲིད་ཕྱུ་ལ་ནི་བཟང་རབ། །གྲོག་དང་
གསོལ་བ།

233 | ལ་ཕྱི་དཔད་ཆེ།། །ཇི་ཕུརད་ལ་ཕྱ་ཕུན་བབ་ནའང་ཤ་བ་འདྲོགས་པ་བྲ་རྒྱལ་བ་རོ་སྟོད་མཚོ་སླ་བྱུང་།

234 | བའོ། ཐབ་ལྷ་འམ་གཞན་ཞིག་ཆུང་ཟད་གདོནད་པའི་ངོ།། །དེ་ལ་བག་ཕྱ་བྱུན་ཕྱུང་ནའང་གཞན་ཟླུ།
235 | དང་རྒྱལ་བ་དང་ཐབ་ལྷ་རབ་ཏུ་གདོན་པའི་ངོ།། །ཤ་བ་འཛོགས་པའི་ངོ། །ཕྱི་དཔྱད་ཆུང་། །དགྲལ།
236 | སྤྱི་བྲུས་པའི་ངོ།། །རྗེ་ཕྱུར་ལ་རྡུད་རྟགས་བབ་ནའོ། ར་བའི་ནང་ན་གླང་བུ་གཅིག་འདུག་པའི་ངོ།
237 | སྐེ་ཤ་བ་བ་སྤྱི་སོད་པའི་ངོ།། །གཞན་ཚུ་ཧྲ་ཏབ་སྤྱི་གདོནད་ཕྱི་དཔལ་ཆེ་།། །བག་རྡུད། །
238 | རྟགས་བབ་གྱུང་ཕྱི་དཔལ་ཆེ་སྐེ་འདི་རྣམས་སྤྱི་གདོན་པའི་ངོ། །རྗེ་ཕྱུརད་ལིང་རྟགས་གཅིག།
239 | བབ་ནའོ། བུད་མེད་སྐར་མོ་དུང་གདུབ་ཅན་གཅིག་གྱི་གླང་བུ་གཅིག་སྣ་ནས་བཟུང་སྐེ།
240 | ཕྱུགས་གཡང་ཡོན་པའི་ངོ། །ཕྱི་དཔལ་ནི་ཆེ། །གྲོག་ནི་སྤྱི་ཆེ། །བག་རྡུད་རྟགས་བབ་ནའོ།
241 | མོ་ཤིང་སྐྱར་སྤྱི་བཞུབ་སྐེ་བཟང་པོ་འདང་མ་མཆིས་ངན་པང་མ་མཆིས་ཏེ་མོ།
242 | གཞི་ཙམ།། །རྗེ་ཕྱུར་ལ་གྲམ་རྡུངས་གཅིག་བབ་ནའོ། དེའི་འོག་ཏུ་རྡུད་རྟགས་བབ་ནའོ། །
243 | སྒྲུ་སྒྲུ་ཆི་སྲུམ་ཕྱ་བག་ཆེས་ཕྱ་སྐེ། གུ་ཕྱ་བག། ཏུ་འང་བཅོས་ཏེ་དེ་ལས་བཟང་ཡང་མ།
244 | མཆིས་ཏེ་སྤྱི་དང་ཕྱུགས་འཕེལ་བའི་ངོ། །ཁང་ཁྱིམ་ཐྲ་ཡུལ་ས་སྐྱི་བའི་ངོ།། །མོ་ཤིང་འགྲིང་གཅིག།
245 | སྐེ་དེ་ལས་བཟང་མ་མཆིས།། །གྲམ་རྡུངས་ཀྱི་འོག་ཏུ་ཙོལ་རྟགས་དང་། འོང་ཀུག་དང་ཕྱ་བྱུན་ལས།
246 | སྐོགས་ཏེ་བཟང་པོ་བབ་ན་སྤྱི་གསད་པར་གཞག་སྐེ་ཇི་ལ་བཏབ་གྱུང་བཟང་།། །དེ་ལ་གྲམ་རྡུངས་སམ།
247 | ཕྱ་མེད་དམ་ཕྱ་རལ་ལམ་ལུམ་སུས་སམ། ཆི་སྐྱིད་མང་དུ་བབ་ནའ་གང་བབ་གྱུང་། ན་བ་དང་ཤི་བ་
འི་ངོ་སྐེ།
248 | ཇི་ལ་བཏབ་གྱུང་ངནད།། །རྗེ་ཕྱུར་དང་ཕྱ་ཕྱུར་གཅིག་བབ་ནའ་གླང་བུ་གཅིག་རྟོད་ལ་ཐོགས་པ
ངོ།། །སྐེ་དགུ།
249 | དག་ལང་ལྷ་སྐེ་ཇི་ལང་བཟང་།། །དེ་ལ་བག་ཕྱ་ཕྱུར་གཅིག་བབ་ནའོ། །ཤ་བ་གཅིག་མདའ་དྲག་པོ་ཅིག།
250 | གིས་ཐོག་པའི་ངོ་། །གླང་བུ་གཅིག་ལ་ཐབ་ཅིག་གདོན་ཏེ་གཟིར་ཐབསུ་བྲོ་འཚལད་པའི་ངོ།། །ཐབ་ལྷ།
251 | དང་རྒྱལ་བ་དང་གཞན་ཚུ་གདོནད་པའི་ངོ།། །རྗེ་ཕྱུར་ལ་ལུམ་སུས་གཅིག་བབ་ནའོ། ཤ་བ་འམ་གླང་།
252 | བུ་འམ་མཛོ་ཅིག་སྐོར་གྱིས་འདྲངས་པའི་ངོ།། །གཞན་ཚུ་འམ་ཐབ་ཅིག། བཙོག་ངན་གྱིས་ཐོག།
253 | པའི་ངོ། །དེ་ལས་བག་ལུམ་སུས་ཤིག་བབ་ནའ་ཤ་བ་མང་མོ་ཞིག་སླེ་བྱུང་པའི་ངོ།། །གནག་གོཾ།
254 | མཛོ་ལ་གོར་བྱུང་བའི་ངོ། །གཞན་ཚུ་འམ་ཐབ་ལ་བཙོག་ངན་རབ་ཏུ་ཆེ་བའི་ངོ།། །རྗེ་ཕྱུར་ལ་པ་ཆི།
255 | ཞིག་བབ་ནའོ། ཁྱོའི་རྟུམ་ན་ཁྱོ་མོ་ཉལ་ཏེ་ངོ་ཕྱིར་ལྷས་པའི་ངོ།། །དེ་ལ་ལུམ་སུས་ཤིག་བྱུང་ནའོ།
256 | ཁྱོ་འི་རྟུམ་ནས་བྱུང་སྐེ་ཁྱི་པོ་དང་ཉལད་ཏེ་བཙོག་ངན་བྱས་པའི་ངོ།། །རྗེ་ཕྱུརད་ལ་པ་ཆི་གཅིག་ཚུ་མགོ།
257 | གཅིག་དམས་པའི་ངོ། །ཐབ་ཅིག་ཉེས་ཏེ་སར་སུར་བོ་བའི་ངོ།། །བག་པ་ཆི་བབ་ན་ཐབ་ཅིག་ཉེས་ཏེ།

258 | བུ་ཀྲེའུ་གཅིག་གུམ་པའི་ངོ།། །སླུའི་མགོན་གཅིག་སྣང་དེ་བུ་ཀྲེའུ་གཅིག་ཤི་བའི་ངོ། །ཤ་ཕོ་གཅིག།

259 | དང་ཤེའུ་གཅིག་གཉིས་ཤི་བའི་ངོ།། །རྫི་ཕྱུར་ལ་ཆི་སྐྱིད་གཅིག་བབ་ནའ། ཐབ་ལྷ་ཡོ་མོ་འཐམ་། །

260 | གཉན་ཞྲུ་ལ་ཅུང་ཟད་མཇུབ་ཐོརད་ཚམ་གྱི་ངོ། །ཐབ་བམ་གཉན་ཀླུ་ལ་ སྨྱི་ག་མོ་ཆིག་གདོན་པའི།

261 | ངོ། སླང་བུ་འབམ་མཛོ་ཕོ་ཞིག་སྲིང་བུ་ལ་རནད་སྟོན་ཕོ་ཞིག་རྙེད་དེ་ཅུང་ཟད་ཆགས་པའི་ངོ།། |
ཅུ་སྲིན།

262 | རྒྱན་རྒྱལ་བ་ཞིག་མཚོའི་བྲུང་ཚུ་སྨྱིག་ལ་ཅུང་ཟད་ཆིག་དྲོ་བའི་ངོ།། །རྫི་ཕྱུར་ལ་བག་ཅི་སྐྱིད་ཆིག།

263 | བབ་ནའ་བྱད་མ་ཞིག་གིས་བྱད་བགྱིས་བརླའ་བྲུས་པའི་ངོ། །ཐབ་གྱི་ནང་ན་སར་སུར་བོ་སྐེ་ཐབ་བྷ།

264 | སྨྱི་ལྷ་མོར་སྟོངས་ཏེ་རབ་དུ་གདོན་པའི་ངོ།། །ཤ་གཅིག་གདོས་སམ་ཀོག་ཅོས་ཟུན་པའི་ངོ།། །སླང་བུ།

265 | གཅིག་ཀ་ལག་ཆག་པའི་ངོ།། །འདི་མན་ཆད་ཊ་སོད་ལ་བབ་སྐེ་ཡ་བདུད་ཏང་བཙན་དྲི་དང་བཙུན་
དྲི་དང་སེ

266 | དྲི་སེ་བཙན་དང་དགྲ་གཡག་གི་ང་། །

267 | ཊ་སོད་ལ་ཕ་ཆི་བབ་ནའ། ར་སླག་ཆན་གྱིས། ཡ་ལད་ཆན་གུམས་ཤེས། གཟོད་གདབ། །གདོན་ལན།

268 | འཙལ་ཏེ་སྨྱི་བསད་དེ་བཞག་ནའ་ཡ་བདུད་དང་སྨྱི་ལྷཕོར་སྟོང་བའི་ངོ། །བཙན་རི་དང་འགོན་
ཟན་གྱི།

269 | ངོར་ལྷ། །ཊ་སོད་ལ་ཅི་སྐྱིད་བབ་ནའ། སྨྱི་ཕོ་གཡག་གིས་བསད་དེ། རོ་གཡག་གི་ཊ་གོང་ནའ་འདུག།

270 | ཕ་ལ། སྲིང་མོས་ཤ་བླན་ཏེ་གཡག་བསྡ་པ་ངོ། །སྐེ་ཏེ་སྐྱམ་དུ་བཅོས་ཏེ་གཞག། །གདོན་ལན།

271 | འཙལ་ན་ཡ་བདུད་དང། བཙན་དྲི་ལ་སྨྱི་ལྷ་དང་འགོན་ཟན་ནམ་སར་སུར་གདོན་པའི་ངོ་སྐེ།

272 | སྨྱི་གསད་པར་ཡང་གདབ་སྨྱི་བཅོས། པར་གྲུ་གདབ།། །ཊ་སོད་ལ་ལི་བྱིན་གཅིག་བབ་ན།

273 | དགྲའ་ཞིག་དམག་སྨྱིན་ཕོས། བསད་པའི་ངོ་སྐེ། བསད་དེ་གཟོད་གདབ།། །ཊ་སོད་ལ་ཕྱུ་ཕྱུར།

274 | གཅིག་བབ་ནའ། མདའ་ཀྲུང་གྱི་སྒྲོས་ཀེ་བསྒྲོན། སྟག་གི་རྒྱུས་པས། ནི་གཤུལ་བགྱིསྐེ།

275 | དགྲའ་བསད་པའི་ངོ། །མདའ་བསད་དེ་གཟོད་གདབ། །གདོན་ལན་ལ་བཏབ་ན་ཡ་བདུད་དང།

276 | བཙན་དྲི་རབ་དུ་གདོནད་པའི་ངོ་སྐེ་ལྟས་སུ་བལྟ། དགྲ་ཕྱུ་ལ་བཏབ་ནའ། དགྲ་མདའ་ཕན་ལ།

277 | བལྟ་སྐེ་ལྟས་སུ་ཡང་བལྟའ། །ཊ་སོད་ལ་འོྀང་ཀུག་གཅིག་བབ་ནའ། ཡ་བདུད་གདོན་ཏེ་སྨྱི།

278 | ལྷ་ཟར་ཆས། ཕ་ལ་བྱོལ་ཕོ་ཞིག་བྱས། ལོ་ཆིག་གི་བར་དུ་ཕྱི་དལ་བའི་ངོ་ སྐེ་གཡག།

279 | རྟོད་གཅིག་གིས་སྨྱི་ཆིག་ལ་རྟང་དུ་ཆས་ཕ་ལ་བར་དུ་ངམ་གྲོག་ཆེན་ཕོ་ཞིག་གིས་ཆོད།

280 | པའི་ངོ།། །འདི་ལ་བག་འོྀང་ཀུག་གཅིག་བབ་ནའ། ཡ་བདུད་ཆིག་གམ། བཙན་དྲི་ཞིག།

ཕས་གདོནདུ་ཆས་པ་ལ་གཟུ་དུ་ཡོལ་བའི་ངོ་སྐེ་སྨྱི་གདོནད། །གཡག་ཆིག་རྟུང་དུ་ཆས་པའོ། ལས། ངམ་གྲོག་གིས་ཆོད་པ་ལ་གཟུད་དུ་བྲོས་ཏེ་ལ་འདས་པའི་ངོ། །དགྲ་ཞིག་ཕས་དགྲ་ཕྱེད་དུ་ཆས་པ་ལ། གཟུད་ཀྱི་ཡུལ་དུ་དགྲ་བྱས་ཏེ་སོང་བའི་ངོ།། །ཏྲ་སོད་ལ་ཙོལ་ཏྲགས་བབ་ནའོ། ཡ་བདུད་སྨྱི་ལས་གདོན་ལས་བོན་བྱས་ཏེ་ཡ་སྐུགས་ཀྱིས་མགུ་བའི་ངོ། །གཡག་རྐོད། རྟུང་བ་ལས་གོ་བྱམ་གིས་ཏྲ་གོང་དུ་ཕོག་སྐེ་སྨྱི་རྟུང་བའི་ངོ། །སྐེ་ཛེ་ལ་བཏབ་གྱུང་བཟང།། །བག་། བྱུང་ནང་ཕྱིར་ལོག་པའི་ངོ། སྨྱི་རྟུང་བའི་ངོ། །དགྲ་ཞིག་བྱུང་ནས་གྲོག་དུ་ཡོད་པའི་ངོ།། །ཏྲ་སོད། ལ་རྟུད་ཏྲགས་ཤིག་བབ་ནའ་ཡ་བདུད་དང་བཙན་དྲི་ཞིག་གདོན་དུ་ཆ་བ་ལ། གཟུད་ཀྱི་ཁྲིམ། བུ་ཞིག དུ་ཁ་འདོར་འམ་ཞེས་སྐམ་སྐེ་བདག་ཕོ་ཉིད་ལ་གདོན་པའི་ངོ། །གཡག་ཆིག་རྟུང་དུ་ཆ་བ་ལས། བར་དུ་ར་བ་གཅིག་གིས་ཆོད་པའི་ངོ། །ཕྱི་དལད་ཆུ་དུས་ཆོད་པའི་ངོ།། །བག་རྟུད་ཏྲགས། བབ་ནའ། ཡ་བདུད་དང་བཙན་དྲི་ལས་སྐོགས་པ་གདོན་དུ་ཆ་བ་ལས་གཟུ་དུ་གདོནད་པའི་ངོ་། ། དགྲ་ཞིག་ངོ་སྣང་བ་ལས་གཟུ་དུ་ཡོལ་བའི་ངོ། །ཁྲིམ་ས་ཙུ་དུ་ཕྱི་དལ་ཞིག་གིས་ཆོད་དེ་དགྲ་སྨྱི། འོང་བའི་ངོ།། །།ཏྲ་སོད་ལ་ལིང་ཏྲགས་བབ་ནའ་གཡག་ཆིག་རྟུང་དུ་ཅས་པ་ལས། བུད་སྨྱིད་སྐར་མོ། གཅིག་གིས། གཡག་གི་རྣ་ལས་བཟུང་སྐེ་གཡག་སྨྱི་རྟུང་བའི་ངོ། །ཡ་བདུད་སྨྱི་ལ་ཟར་ཆས་པ། ལས་བུད་སྨྱིད་སྐར་མོ་གཅིག་གིས། ལྷ་ལ་ཕྱག་འཙལད་ནས། ཡ་བདུད་སླར་ཤོལ་བའི་ངོ་། ། དེ་ལ་བག་ལིང་ཏྲགས་བབ་གྱུང་སླད་དལ་གྱིས་ཅོད་དེ་བུད་མེད་གསས་དྲག་མོ་གཉིས་ཀྱིས་བཟློ། དྲི་དང་ཡ་བདུད་ལ་བོན་བྱས་ཏེ་ཕན་བའི་ངོ། བུད་མེད་སྐར་མོ་གཉིས་ཀྱིས་གཡག་ཆིག་རྣའོ། གཡས་གཡོས་གཉིས་ལས་བཟུང་སྐེ་ཕོགས་སུ་ཉོནད་པ་འི་ངོ། སྐེ་བཟང།། །ཏྲ་སོད་ལ་ཕྱི་བུན། གཅིག་བབ་ནའ་ཏྲ་སོད་གཉིས་ཀྱི་ངོ། །བག་ཕྱི་བུན་བབ་ནའ། ཏྲ་སོད་གསུམ་སྐེ། གཡས་གཡོས་སུ། བཞག་སྐེ་སྐེ་རི་བེ་ཆི་སུམ་ཏྲ་སོད་ཆེས་བྱས་དགའ་ན་དགྲ་ཕལ་ཕོ་ཆེའི་ངོ། གདོན་ན་ཡ་བདུད་། བཙན་དྲི་དང། གདོན་ལན་ཕལ་ཕོ་ཆེའི་ངོ། སྐེ་མོའི་ནང་ནའ་ཛེ་ལ་བཐབ་གྱུང་དེ་ལས་ངན་མ་མཆི། །ཏྲ་སོད་ལ་གྲམ་ཏྲུངས་གཅིག་བབ་ནའ། དགའ་སྐྱིད་ཉིས་ཀྱི་ངོ་། །བག་གྲམ་ཏྲུངས་བབ་། ནའ་དགྲ་སྐྱིད་གསུམ་གྱི་ངོ། གདོནད་ནང་བཙན་དྲི་དང་ཡ་བདུད་དང་སྨྱི་གའ་བྲ་མཆུའི་ངོ། དགྲ་ཕྱི་ནང་དགྲ་ཕལ་མོ་ཆེའི་ངོ། མོ་འདི་གཉིས་འདྲ་སྐེ་གཉེ་གའ་ངནད། གཡག་ཆིག་ཤི་སྐེ། རོ་ཆུས་ཁྱེར་བའི་ངོ།། །ཏྲ་སོད་ལ་ལུམ་སུས་ཤིག་བབ་ནའ། །ཡ་བདུད་དང་བཙན་དྲི་། བཙོག་ངན་གྱིས་བསླང་བའི་ངོ། །གཡག་རྟུང་ཀུས་པ་གཅིག་སྐོར་ལ་ཟ་བའི་ངོ།། །བག་ལུཾ། སུས་བབ་ནའ་སློ་ཕལ་མོ་ཆེའི་ངོ། །བཙན་དྲི་དང་ཡ་བདུད་བཙོག་གིས་བསླང་སྐེ་ཏེ་བོར།

307 | གདོན་ནད་པའི་ངོ། །གཡག་ཕལ་མོ་ཆེ་ངོག་པའི་ངོ།། །ཏུ་སོད་ལ་ཀློག་ཏྲགས་གཅིག་བབ་ནའི།

308 | གཡག་ཆིག་གམ་དགྲའི་ཞིག་ཆས་ཏེ་སོང་བའི་ངོ། །ཡ་བདུད་ཀུནད་གཅིག་ཏུ་གདོན་ནད་པའི།

309 | ངོ།། །དེ་ལ་བག་ཀློག་ཏྲགས་བབ་ནའི་དགྲའི་འམ་གཡག་ཀུན་གཅིག་ཏུ་སོང་བ་ལས་སློ།

310 | བྱུང་བའི་ངོ། །ཡ་བདུད་གུད་ཆིག་ཏུ་གདོན་ནད་པའི་ངོ། །མོ་འདེབས་པ་ལ་ནི་མྱི་ལྡོའི། ཏུ་སོད།

311 | ལ་ཕྱྭ་རལད་གཅིག་བབ་ནའི། དགྲ་ཕྱྭ་ལ་ནི་དགྲ་མྱི་ཐད་ཏུ་ལྟས་ཞེས་བྱསྟེ་དགྲ་མྱི་འོང་བའི།

312 | ངོ། །གདོན་ལ་བཏབ་ན་ཡ་བདུད་དང་བཙན་དྲི་དང་སྲི་དང་སྡོང་བའི་ངོ་སྟེ་ཐེ་ལ་བཐབ་གྱུང།

313 | ངནད།། །ཏུ་སོད་ལ་སྦྱི་ཆེ་ཞིག་བབ་ནའི། ཡ་བདུད་དང་བཙན་དྲི་ཞིག་གདོན་ཏུ་ཆས་པ།

314 | ལས་བོན་པོ་གསས་དྲག་པ་ཞིག་གྱིས་ཐུབ་པའི་ངོ། །གཡག་ཆིག་རྟུང་ཏུ་ཆས་པ་ལས།

315 | མྱི་བྲན་ཙམ་ཙོད་ལ་རྟུང་མ་ཕོད་པ་ཚམ་གྱི་ཙོད་དེ་བཟང།། །དེ་ལ་བག་སྡོ་ཆེ་བབ་ནའི་གཡས།

316 | གཡོས་སུ་བཞག་ནའི་བོན་པོ་གསས་དྲག་པོ་གཉིས་གྱིས་ཡ་བདུད་དང་བཚན་དྲི་ཐུབ་པ་ངོ།

317 | མྱི་ངནད་པ་གཉིས་གྱིས་གཡག་ཆིག་ཕོགསུ་ནོན་པའི་ངོ།། །ཏུ་སོད་ལ་གྲི་གྲི་ཞིག་བབ་ན།

318 | ཡ་བདུད་དང་བཚན་དྲི་དང་དྲི་བོ་དང་ཏེའུ་རང་དང་སྡོང་བའི་ངོ།། །བག་གྲི་གྲི་བབ་ནའང་དེ་ལྟ་བོ།

319 | ཏེ་བོར་གདོན་ནད་པའི་ངོ། །དགྲ་ཕྱུར་བཏབ་ནའི་དགྲ་དང་དེའུ་རེ་ཕྲད་པའི་ངོ། །གཡག་ཏྲ་འཕན་ཀར།

320 | ཕྲད་པའི་ངོ།། །ཏུ་སོད་མོ་ཤིང་རབ་སྟེ་ཧོག་མར་བབ་ན་ནི་མཐོང་བའི་ཏད་ཆིག་སྟེ་སྣར་བླངས།

321 | ཏེ་གཟོད་གདབ། ༧༑ འདི་མན་ཆད་སེ་ཉོན་ལ་བབ་སྟེ་ཀྱོད་ཆེན་པོ་དང་ཏབ་སྲི་དང་ཐབ་ཀྱི་ངོ༑
སྲོག་ཕྱྭ་ལ

322 | བདུན་དང་དྲུག་ལ་བབ་ན་སྟང་བྲལ་བའི།། །སྲི་ཉོ་མོ་ཤིང་སྙིང་སྟེ། །ཧོག་མར་བབ་ནའི། མཐོ་སྟེ་
སྣར་བླངས་སྟེ།

323 | གདོད་གདབ།། །སྲི་ཉོན་ལ་ལི་བྱིན་བབ་ནའི། །གཉའ་བསྒྲོན་ཏེ་གཞག། །ཕྱི་མ་ལ་ལི་བྱིན་མ་བབ།

324 | ནའི་བསད་ལ་གདོད་གདབ། །ལི་བྱིན་བབ་ནའི་གསུམ་ཏུ་བཙོས་ཏེ། བཞག་ལ། མོ་ཤིང་འགྲེང།

325 | ལགསྟེ།། །ཧོག་མ་རྒན་པོ་རྒན་མོ་གཉིས་ཤིག། འཕོད་འཕོད་པ་ལས། རྒན་པོ་མོ་འདེབས་པའི།

326 | འཐང་ཏུ་གུམ། ནས། །མོ་ཤིང་ཡང་མ་བསྟུས་པར་ས་ལ་བཞག། །རྒན་མོ་རྟུ་ཞིང་འདུག་པ།

327 | ལས།། །མུ་སྨན་མཆེད་དགུ་རོལད་ཏུ་གཤེགས་པ་ཁར་བབ་པས། །འདི་ལྟར་བྱསྟ་འདི་ལྟར།

328 | འོང་ཞེས། །མུ་སྨན་གཅིག་གིས་མུ་སྨན་ཆེན་མོ་སྙན་ཏུ་གསོལད་ན། མུ་སྨན་ཆེན།

329 | མོ་ཞལ་ནས། །ལི་བྱི་གསུམ་ནི་སྐོལད་ཀྱི་ཞལ།། །སྲི་ཉོན་ནི་། །རྒན་པོ་ནི་གུམ་རྒན་མོ་རྟུ།

330 | བའི་ངོ།། །མྱི་གསོར་གྱུང་མྱི་རུང་ཞེས་བྱུང་ནས། རྒན་པོ་ཡང་གསོས། གཉིས་ཁ་གཞོན་ནུར།

བགྱིས་ཏེ། །ཞོའི་ཆུ་སྨྱིག་དང་། ཅང་ཤྲི་ཙུ་སྨྱིག་གནམ་ལས་འབྲི་སྐམ། གྱི་པོ་མྱུལ་མཐོ། གང་བཆད་ནའ། ཧོ་གང་སྐྱི། །མདོམ་གང་བཆད་ན་མདོམ་གང་སྐྱི་བའི་ངོ་སྟེ་མར་ཁུ་ཕོར། གང་གྲིས་གཏོར་ད་ལ་བཅིངས་ཏེ་བཞག། །སྨད་ནས་བདག་ཧྲུར་སྨྱི་ཙུང་དེ་ལས་བཟང་མ། མཆིས། །མོ་ཤིང་འགྲེང་ཞེས་བྱ་བ་ནི་ཉིད་འདི་ཡིན་ནོ། །ཧོག་མ་གཉིས་ནི་མོ་ཤིང་གྱི། རྣའ། །མ་ཁི་ན་བཞི་ནི་མོ་ཤིང་གྱི་རྐང་པའ། །བར་མ་ནི། མོ་ཤིང་གྱི་བྱ་ལ་ཐྲ་རྐེད་པ་དང་། མཆིང་པ།། །ཞྭི་ཉོན་ལ་འོྭང་ཀུག་གཆིག་བབ་ནའ། སྲིབ་མོ་ཡུལ་ངན་པ་ལ་ཤིང་སྟོང་ཕོ། བཟང་ཕོ་ངོ། །ཡུལ་རོ་སྐམ་ཆུ་སྨྱིད་པ་འི་ཡུལ་ཟླའ་ཆུ་སྨྱིག་གསར་དུ་བྱུང་བའི་ངོ། །སྨྲ ཆིག་འགྲོད་ཆིང་འདུག་པ་ལས་ལོ་ཆོག་གི་བར་དུ་ཅང་སྨྲ་ཉེས་པའི་ངོ། །དེ་ལས་བག། འོྭང་ཀུག་བབ་ནའ། གཡུང་དྲུང་གྱི་ཤིང་སྟོང་ཕོ་ལ། བྱ་ཁྲུ་བྱུག་ཟེར་བའི་ངོ་སྟེ་སྨྱི་ཅོ་རིང་། ཞིང་རྐས་གྲི་བར་དུ་སྨྱི་ཤི་བའི་ངོ་། དམུ་དག་གི་ངོ་སྟེ་ཕྱུ་བཟང་།། །ཞྭི་ཉོན་ཉོན་ལ་སྣི་ཆི། ཞིག་བབ་ནའ། མདུན་བྱད་བྱེད་པ་ལས་མདུན་བོར་ཏེ་བཅག་མཚལ་ཞུགས་པའི་ངོ། སྨུན་པའི་ནང་ན་འདུག་འདུག་པ་པ་ལས་ནམ་ནངས་པའི་ངོ། །སྨྱི་དགའ་ཞིང་འདུག་པའ། ལས་སྨྱ་ངནད་སངས་པའི་ངོ།། །དེ་ལས་བག་སྣི་ཆི་བབ་ན་བཙོན་དོང་ནས་ཤོརད་པའི་ངོ། རྟ་བ་སྐྲི་ལས་ཤོརད་པའི་ངོ། གདོན་ལན་དང་སྨྱི་དགའ་བ་རྣམས་བྱུང་བའི་ངོ།། །ཞྭི་ཉོན་ལ། ཙོལ་ཉྭགས་ཤིག་བབ་ན་བྱ་རྐོད་ཆིག་ཕོད་ཆེན་ཕོ་དང་ཕྲད་པའི་ངོ། །སྨྱི་རྐོད་དམ་རྐུན་། ཕོ་འམ་སྨྱི་འཇོནད་གྲོག་ཆེན་ཕོ་དང་ཕྲད་པའི་ངོ། །སྨྱི་དགའ་ཞིང་འཁྲམ་བ་ལ་གྲོག་ཆེན། ཕོ་དང་ཕྲད་པའི་ངོ་།། །དེ་ལ་བག་ཙོལ་ཉྭགས་གཆིག་བབ་ན་ནད་པ་སོས་པའི་ངོ། །ཉོན་། མོངས་ཤིང་འདུག་པ་ལས་མཏར་སྐྱིད་པའི་ངོ། །ལམ་རིངས་གྱི་སྨྱི་སླར་མཆི་བའི་ངོ་། ། ། །ཞྭི་ཉོན་ལ་སྤྲ་བྲུན་གཆིག་བབ་ནའ། ཕོ་བྱི་ཞི་མཏར་ཡོད་ཆེས་བགྱི་སྟེ་གངས་དཀར། ཕོའི་སྟེང་ན་བྱ་རྐོད་འཁོར་ཞིང་འདིང་བའི་ངོ། །སྟེ་ཉོན་མོངས་ཤིང་འདུག་པ་ལས་ལོ། རིང་ཕོར་འགྲོ་བ་ཡང་ལྷ། ལམ་རིངས་མཐོང་བའི་ཕྱུ་ངོ་སྟེ་ཅང་མཐོང་ཅང་ཚོར།། །། བག་སྤྲ་བྲུན་བབ་ནའ་བྱ་རྐོད་གནམ་གྱི་སྤྲུའུ་ཀ་ནས་ལྡིངས་ཏེ་ཅང་མཐོང་ཅང་ཚོར་བ། བའི་ང་། མ་མཐོང་པ་བག་གྲང་མ་མཆིས། ནད་པ་ཚབས་ཕོ་ཆེ་ལ་ནི་བརྣའ་གནམ་གྱི། སྤྲུ་འུ་ཁར་ཡརད་པའི་ངོ། །ལམ་རིང་པོར་འགྲོ་བའི་ངོ། །ལམ་རིང་པོ་ནས་གཏམ་འོང་བའི། ངོ། །གྲུད་གྱི་ཡུལ་དུ་ཕྱིནད་པའི་ངོ།། །ཞྭི་ཉོན་ལ་གླྭག་ཉྭགས་ཤིག་བབ་ནའ། ཨ་ཁད་། དུ་བཆོས་ཏེ་ཉོན་མོངས་པ་ལ་མོ་ཤིང་སྨྲ་བའི་ངོ། །གདོན་ལན་བཅལ་ནའ་དུ་དུ་བའི།

357 | མལ་ནས་ཕྱུ་ཉམས་པའི་ངོ། །མྱི་དགའ་ཞིང་དུ་ཞིང་ལམ་དུ་སོང་བའི་ངོ།། །དེ་ལ་།
358 | བག་ཀློག་རྟགས་བབ་ནའ། རྐུན་པོ་ཕྱུགས་ཡུལ་དུ་བཏང་བའི་ངོ། །བྱ་གག་གསོན་མ།
359 | འམ་སྤྱང་ཀི་ལྕོང་གྱིས་བཏགསྟེ་ཀ་ཤེད་ཁྲིད་པའི་ངོ།། །སྦྱི་ཉོན་ལ་གྲེ་གྲེ་ཞིག་བབ་ནའ།
360 | རྐུན་པོ་གཉིས་ཤིག་ཀ་ཤེད་རྐུར་འཐམ་བའི་ངོ། །མྱི་གཡོའ་འཚན་གཡོ་བྱི་འཆི།
361 | ཡོགས་སུ་འཏམ་བའི་ངོ། །མྱི་བྲན་ཅམ་གྱི་ཆོད་མྱི་དགའ་ཞིང་ཁ་འགྲོད་པའི་ངོ།། །དེ།
362 | ལ་བག་གྲེ་གྲེ་བབ་ནའ་རྐུན་པོ་མང་མོ་ཞིག་གྱིས་ཆིག་ཆིག་བརྐུས་པ་ལས། གསང།
363 | ཕེལད་པའི་ངོ། །མྱི་ངནད་པ་མང་མོ་ཞིག་མྱི་དགའ་འགྲོད་པའི་ངོ། །གདོན་དྲི་བོ་དང།
364 | བསེ་རིགས་དང་ཏེའུ་རང་དང་དེན་པོ་བཞི་ལ་ཁ་ཆིག་ཏེ་བོ་གདོནད་པའི་ངོ།། །སྦྱི་ཉོན།
365 | ལ་ཕྱུ་རལད་གཅིག་བབ་ནའ། ནད་པ་ལ་སྲི་ཆེར་གདོནད་པའི་ངོ། །སླིང་མྱི་དགའ་ཞིང་འགྲོད་པའི་ངོ། །
366 | དེ་ལས་བག་ཕྲུ་རལད་བབ་ནའ། སྔ་ནས་མྱི་དགའ་ཞིང་ཉོན་མོངས་པའི་ཏོག་དུ་གཏམ་ངནད་པས།
367 | བརྣནད་པའི་ངོ། །སྲི་གཆན་པལ་མོ་ཆེ་ལངས་ཏེ་མྱི་འཆི་བའི་ངོ། །བྱིས་བ་སྲི་འཚན་མྱི་སོས་པའི།
368 | ངོ། །སྦྱི་ཉོན་ལ་ཕྱུ་མྱེད་གཅིག་བབ་ནའ། བུད་མེད་དམེ་འཚན་མ་གཅིག་དུ་ཞིང་འདུག་པ་ངོ། །
འདྲི་བུད།
369 | མེད་གྱི་ངོ། ཐང་རྒྱལ་གྱི་ངོ།། །དེ་ལ་བག་ཕྱུ་མེད་བབ་ན་ཁྱོ་རྣམས་ཤི་དམེ་མ་རྣམས་དུ་བའི་ངོ། །
370 | མྱི་ཕུང་བའི་ར་བ་ནའ། ཐང་རྒྱལ་དང། མ་ཡམས་དང། སྲིས་གང་བའི་ངོ།། །སྦྱི་ཉོན་ལ་གྲུམ་རྟུངས།
371 | བབ་ན་ནད་པ་ཚབས་ཆེ་པའི་ངོ། །བྱ་རྒོད་མདབ་མ་ཅག་པའི་ངོ། །སྤྱང་ཀྱི་ཐོང་པོའི་ངོ། །གདོན།
372 | ལནད་ལ་བཐབ་ན་མྱི་ག་ངན་ག་ག་གདོནད་པའི་ངོ།། །བག་གྲུམ་རྟུངས་བབ་ནའ། མྱི་ནད་པ།
373 | དང་བྱ་འདབ་མ་ཆག་པ་དང་སྤྱང་ཏེང་རྣམས་ཤི་བའི་ངོ།། །སྦྱི་ཉོན་ལ་ལོང་རྟགས་གཅིག
374 | བབ་ནའ། བུད་མེད། སྨར་མོ་གཅིག་ཡུལ་ཞིག་མྱི་དགའ་ཞིང་འདུག་པའི་ངོ། སྡེ་གདོན་ལན་ལ།
375 | ནི་བུད་མྱེད་ཀྱི་མཚུན་ཆིག་གདོནད་པའི་ངོ།། །བག་ལོང་རྟགས་ཤིག་བབ་ནའ། ག་ཤེད་ཡུལ།
376 | གྲུ་གཅིག་ནའ། བུད་མེད་མང་མོ་ཞིག་མྱི་དགའ་ཞིང་འགྲོད་པའི་ངོ། །བུད་མེད། གཅིག་ལ།
377 | མཚུན་ཏེ་ཕོར་མྱི་དགའ་སྡེ་གདོནད་པའི་ངོ།། །སྦྱི་ཉོན་ལ་ལུམ་སུས་ཤིག་བབ་ན་བྱ།
378 | རྒོད་དམ་སྤྱང་ཀི་གཅིག་གིས་སློ་ཅུང་ཟད་ཆིག་རྙེད་པའི་ངོ། །བྱ་རྒོད་དང་སྤྱང་ཀི་གཉིས།
379 | ལ་ཁྲག་ཅུང་ཟད་བྱུང་བའི་ངོ།། །སྦྱི་ཉོན་ལ་བག་ལུམ་སུས་བབ་ན་བུད་མེ་གཅིག་གིས།
380 | ནལད་ཀྱི་བུ་སོད་པའི་ངོ། །ཅུ་ནལ་པོངས་ཀྱི་ཆུ་སྐམས་ཏེ་ཉ་སེ་མ་དང་ལྕོང་ཀེལ་མ།
381 | གུམ་བའི་ངོ།། །སྦྱི་ཉོན་ལ་རྡུད་རྟགས་ཤིག་བབ་ན། བ་རྫེ་ཐང་པོའི་ར་བ་ནས། བྱ་རྡུག

382 ། སང་རྩིས་གནངས་རྩིས་ཞིས་བྱས་པ་ལས་ཅར་ཏེ་སོང་བའི་ངོ། །ནད་པ་དང་མྱི་××××

383 ། སྐེ་ཉོན་མོངས་པ་ལ་××××××××××××××སྨྲ་ངན་སངས་པ་འོང། དེ་ལ།

384 ། བག་རྫོད་རྒྱུགས་བབ་ན། ནད་ཕ་སོས་ཕ××××

385 ། ར་བ་གཉིས་སུ་ལོན་བའི་ངོ་སྐེ་མྱི××××།། །:། འདི་མན་ཅད་སེ་སློད་ལ་བབ་སྐེ་ཕྱུར་མྱེད་ཏང

386 ། རྟ་རྔོད་མའི་ངོ་མོ་སྤྲིའོ།། །།སེ་སློད་ལ་ཙོལ་རྟགས་ཆིག་བབ་ནའ། བུད་མེད།

387 ། གཅིག་འདུག་པ་ལས། ཁྱོ་ཕྱིར་འཀོར་ད་གཟའ་བྲན་སྤྲད་དེ་སྙིང་དགའ་བའི་ངོ།། །སྲི་སློད།

388 ། ལ་ཙོལ་རྟགས་བབ་ནའ། བུད་མེད་ངན་པ་མོ་གཅིག་ལས་བཀྲའ་ཞིས་མར་ལག་སྐེ་མྱི་ཁྱིམ་ག××××

389 ། གྲོག་དང་སྤྲད་འབར་དུ་ཡོད་དེ་སྙིང་དགའ་བའི་ངོ་སྐེ་བཟང།། །སྲི་སློད་ལ་སྐྱི་ཅི་བབ་ན།

390 ། བུད་མེད་ངན་པ་མོ་གཅིག་ཁྱིམ་ས་གཙང་ཕའི་ངོ། །གདོན་བུད་མེད་གཅིག་གིས་××××

391 ། ག་ཞེད་སོང་བའི་ངོ།། །དེ་ལ་བག་སྐྱི་ཅི་བབ་ན་གདོན་བྱུང་བའི་ངོ། །བོན་ཕན་བའི་ངོ། །××××

392 ། ངནད་པ་འི་ཁྱིམ་ས་གཙང་གདོན་ལན་མྱེད་པ་དང་བཙོག་ངན་མྱེད་པའི་ངོ།། །སེ་སློད

393 ། ལ་འབྲིང་ཁྱུག་གཅིག་བབ་ནའ། བུད་མེད་ངན་པ་མོ་གཅིག་བཀྲའ་ཞིས་ཏེ་རྫེ་མོར་ལགས

394 ། ཏེ་ཅང་མྱི་ཉེས་པའི་ངོ།། །བག་འབྲིང་ཀུག་བྱུང་ན་མོ××××

395 ། ཞིས་པ་ལོ་བརྒྱའི་བར་དུ་ཅང་མྱི་ཉེས་པའི་ངོ།། །སེ་སློད་ལ་བྱ་བུན་གཅིག་བབ××××

396 ××××། །འདྲི་བུད་མེད་མེད་གཅིག་གདོནད་ཕའི་ངོ།། །བག་བྱ་བུན་བབ་ན

397 ××××པ་ཞིག་ཏ་ཕོ་གདོན་པའི་ངོ། །བུད་མེད་གཅིག་གུད་གྱི་ཡུལ་དུ་སོང

398 ××××རྐུན་ཕོས་ཁྱེར་བའི་ངོ།། །སྲི་སློད་ལ་ལིང་རྟགས་ཞིག་བབ་ནའ། བུད་མེད

399 ××××བུད་མེད་གཉིས་ཞིག་གདོན་པའི་ངོ། །××××

400 ××××རབ་དུ་གདོན་པའི་ངོ། །××××

401 ××××དུ་འདུས་པའི་ངོ། །འདྲེ་དྲི།

402 ××××བས་རིགས།

Pel.tib.1043 ཤོ་མོའི་མོ་ཡིག

1 ××××མཆིད་ནས་མྱི་××××

2 ××××མ་ངན་དང་སྲོད། ××××

3 ××××××××××

4 རྒྱག་སྦྱིན་གྱི༑མཆིད་ནས་ལྷུག་རྩི་མེད་ཅིང་སྨྲི་བས××××

5 ཕོར་བཀྱེ་འོ།

6 ××××

7 ༄། མདུད་ཟ་ལ་ཏལ༑ཆན་གྱི༑མཆིད་ནས་སྨྲི་ཁྲོ་ན་ལ་སྟར་ནི་བྱེ་མ་བཞིན་

8 དུ་སྤྲུངསྟེ་མཆིས་ཙམ་ན༑ཕྱི་ནས་སྲུན་ཡིས་བཞིན༑ཏུ་གྱེསྟེ། ཤུབ་དུ༑སྨྲི་ཚུད།

9 ××××

10 ༄སྨྲི་ཁའི་མཆིད༑ནས་སྨྲི་ཁྲོ་ན་ལ་ཧ་སྐྲོག༑ལོག༑པར་བཙུག་སྟེ་ག××××་གྱུང་གྲོག་སྨྲི་

11 རྟུང་བའི་ཐོག་དུ་དམ་དུ་བཅིངས་གྱུང་སྨྲི་ཐརའོ། །

12 ×××××××

13 ༄དཔལ་བཟ་ངས་ཆེན་གྱི་མཆིད་ནས། སྨྲི་ཁྲོ་ན་ལ་ཧ་བདོག་མང་པོ་ཁོ་ནར་བདོག་མོ

14 བ་བདག་ཞོན་དུ་སྨོ་སྨྲི་ཕནོ་བང་བདག་གུད་ན་བཞུགསོ། །

15 ××××

16 ༄ཚུ་སླན་གྱི་མཆིད་ནས་སྨྲི་ཁྲོ་ན་ལ་མ་མོ་གཅིག་ཆབ་ཕའ་རོལ་གྱི་རན་ལ་ཟར་སེམས་

17 ཀྱང་ཟ་མོ་བགྲེན་རིང་ཡཱ་ཕ་རོལ་གྱི་རན་ཟར་སྨྲི་གནང་གནའི་གྱ་བཤན་གྱི་རན་ལ་

18 ཟའ་ཤིབ་མཆི་ཤིག །

19 ××××

20 ༄། ལྷའ་མུ་ཙ་མེད་གྱི་ཞལ་ནས་སྨྲི་ཁྲོ་ན་ལ་ས་རྗེ་རྨང་བའི་བུ་སྨ་ཁས་འཚལ་ནས་དགུང་

21 གྱི་དམུ་དག་དབྱང་དུ་བཏང་ནས་དམུ་དག་སྨྲི་ཆོད། །

22 ××××

23 ༄གནམ་རྩེ་མགོན་ཚུན་གྱི་ཞལ་ནས་དབྱར་མོ་ཐང་གྱི་གངས་རྐྱིང་ཞིག་ལ་དགུང་གྱི་ཉི་མ་

24 སྲུན་བདུན་བྱུང་སྟེ་ཞུ་མ་ཁད་ཙམ་མན་ཕྱི་བ་ཡོ་མ་ལག་གྱིས་མདས་ཕངས་ནས་

25 ༄གངས་གྱི་རྩ་སྨྲི་ཆོད། །

26 ××××

27 ༄དྲེ་བོན་གྱི་མཆིད་ནས། རི་དག་ཤོར་དུ་སོང་སོང་ནས་གདོན་དུ་ལྷ་བར་དེ་ཧ་ནི་ཐུར་དུ་བུབ་རི། །

28 དག་ནི་ཀྱི××××××××དོ།

xxxx

༄། དགུང་བོན་སྲིན་རྒྱུན་ཅེན་གྱི་ཞལ་ནས་མྱི་ཁྱོ་ན་ལ་གཉན་ལུང་སུམ་མདོ་རུ་འོ་སེ་དྲུང་ཅིག་པ་ཕུང་སྲིན་སྤུན་དགུས་སྤ་རེས་བཏབ་མ་ཁད་ནས་ཡུལ་གྱི་ཡ་སྤུ་རུ་གདངས་གྱི་འུ་རྒྱལ་བས་ཕྱུང་སྣས་སྲིན་འོ་ཆོག་གདངས་གྱི་འུའི་འག་དུ་སོདོའོ་སཾ་དུང་གདངས་ཀྱིས་འཁོར་ཏེ་ནམས་ཀྱང་མྱི་སྙམས་སོ་

xxxx

༄། ཡུས་སླ་ན་རེ་བལ་ཡུལ་འཚོལ་བཟངསུ། གཟིགས་མོ་སྐྱིད་འགའ་སྐྱོསྟེ་སོང་སོང་ན་བྱུང་ན་བ་ཁྲུང་དུ་རྒྱུདེ་ཕྱིར་xxxxཕྱིན་དོ། །

xxxx

༄ལྷའ་ཟ་དཔལ་མོ་ཤེའི་ཞལ་ནས་མྱི་ཁྱོ་ན་ལ་བྲ་འམ་འཚོལ་བུ་ནང་ནའ་བྱ་ཀུ་བྱུག་ཞིག་ལྡོ་གས་མ་གཙགསྟེ་ཡུལ་ཚོལ་དུ་སོང་སོང་ནས་དབྱར་མོ་ཐང་གྱི་ཆབ་མདོ་རུ་བྱ་གྱི་གདང་དང་མཇ་ཅེལ་ཏེ་སྐྱིད་དགའ་ཡུལ་དུ་ཕྱིན་དོ།

xxxx

༄སྐྱིན་དང་རྗེ་ཞལ་ནས་བལ་རྗེ་ཡུལ་བོར་དུ་བྱང་བྲོག་ལ་སྨོན་ཏེ་སོང་སོང་ནས་དགུང་གྱི་ལྷའ་གཞེགས་པས་གསོར་ཿགྱི་ཟམ་པ་བདསྟེ་སྨོན་བ་ལྷར་མྱི་ཞིན་དོ། །

xxxx

༄། དཔལ་བཛ་ངས་ཅེན་གྱི་མཆིད་ནས་མྱི་ནོར་དད་དང་ཆེད་པོ་ལ་དོད་རྒྱུན་ཆེ་དང་སྤ་མ་སྟོར་དེ་མེད་པར་འོངོ།

xxxx

༄དཔུང་སྲིན་གྱི་མཆིད་ནས་མྱི་ཁྲི་ན་ལ་བསམ་དགུ་ལེགསུ་མྱི་མཆི་ཙམ་ན་རྩོག་དང་སྨྱི་འོ་ཆོག་ལྷའ་ཁྲི་གཏ་བོར་ནས་ལྷའ་འོ་ཅོག་བསྐྱུན་དེ་སྲིན་མགོ་དགུ་དང་བསིན་སྤྱུར་པས་སྙིང་དང་སྲོག་བཉིས་སྲིན་གྱི་ལག་ན་མཆིསོ། །

xxxx

༄ལམ་ལྷའི་ཞལ་ནས་མྱི་དྲོན་པོའི་ཁྱི་བཏག་སྟེ་ལོག་པར་སོང་སོང་སྟེ་གཉིས་ཁ་མྱི་་ཏབ་ན་ལམ་དུ་xxxxགཉིས་ཁའ་དགོའ།

xxxx

55 ༄ལྷའི་གླིང་ཅན་ན་རེ་ཏཙ་མའི་ལྟོ་ན་འདུག་པས་བསེབ་ཚོ་ལ་ལས་ཐབ་མོ་བརྒྱལ་

56 པས་ནམས་ཀྱང་མི་ཐུབ་གྱིས་བཏང་ན་ལེགསོ

57 ××××

58 ༄དགྲ་བླའི་ཞལ་ནས་རྒྱལ་བུ་དགྲ་བྱེད་སོང་སོང་ནས་མད་ཆགས་གཞི་ཆགསྟེ

59 བརྒྱལ་དུ་མི་མཆི་འོ། །

60 ××××

61 ༄བྲུག་ལྡེ་བདུན་གྱི་ཞལ་ནས་རྒྱལ་དགྲ་བྱེད་སོང་སོང་ན་རྗེ་དགུ་ལག་དུ་བླངསྟེ་

62 ཚེ་ལ་བཏབ་ཕྱ་ཚོད།

63 ××××

64 ༄ཡ་མདུད་ན་རེ་ལྕོ་ག་ལྡེ་གཅིན་ཕྱ་གྲའི་སྤུར་གང་གློ་བ་བང་ཆེའང་ཧ་ཕོ་

65 རྨིག་པ་

66 ××××

67 ༄རྣན་དང་ཟབ་ལྷའི་ཧུ་ཟླས་པའ་ཞལ་ནས་མི་ཁྲོ་ན་ས་བྲི་མོའ་བཙ་ཕྱིས་གདངླ་

68 ༄གཏོར་དེ་ལྷའི་ཟ་བདུད་རྩེ་སྐམ་སྤྱན་ལྗོངསྟེ་དཀུང་གྱི་སྐར་ཟ་ལ་མུ་ལེ་དྲུམ་ཤུར་ཤིང་

69 རིན་དུ་མི་ཅིག་དོམ་ཚལདེ་ལོདུ་མི་གནངོ།

70 ××××

71 ༄སྨན་བོན་གཤོག་ཅན་གྱི་ཞལ་ནས་སྨི་ཁྲོ་ན་ལ་དཔལ་དང་མཛལདེ་བདག་མི་བཀས་ཤང་

72 ལྷའི་མ་བརྗོད་ཅིག། །

73 ××××

74 ༄ལྷའ་གཡུ་ཅན་གྱི་ཞལ་ནས་མི་ཁྲོ་ན་ལ་ལྷའ་རྗེ་བཀྲ་ཀུང་ཀུ་སྤུན་བཅེད་ལ་ཤེ་སྤུན་བདུན་

75 གྱིས་མདངས་ཕངས་སྣས་ལྷ་ལ་དགྲ་བཙལདེ་ན་ནམས་ཀྱང་མཐ་མི་ལེགསོ། །

76 ××××

77 ××××་ཞལ་ནས་མི་ཁྲོ་ན་ལ་བྲི་མོ་བཙ་ཕྱིས་གདངས་ལ་གཏོརདེ་ལྷ་ཟ་བདུད་རྫེའི་སྤྱན་

78 ལྗོང་སྟེ་དཀུང་གྱི་སྐར་ཟ་ལ་མུ་ལེ་དྲུམ་ཤུར་ཧོམ་ཚལཏེ་དཔུང་སྲིན་ཁ་ཛལ་ཅན་སྐོར།

79 ཉལ་པོར་མཆིས་མ་ཁདོ་གསས་ཡུད་བཟོ་ལ་བཙལདེ་གསོལ་ན་ལོདུ་གནངོ། །

80 ××××

81 ༄དཕྱུང་སྲིན་ན་རེ་མྱི་ཁྱོ་ན་ལ་བྱང་ན་ཞིང་རྗོས་ཀྱིས་སྲུགས་མྱི་རྟེལྡོང་ལྷོ་སླིང་
82 མེད་གྱིས་ཟས་དོད་པའ་ནི་མྱི་ཕནོ། །
83 ××××
84 ༄ཐབ་ལྷའི་ཞལ་ནས་རྫོ་བ་བཟང་པོ་ལ་མྱི་ཐརདེ་མཆི་པ་ཙམ་ན་དགུང་ཆར་འབབ་སྟེ
85 སྐྱོ་བཟང་དུ་××××སྐྱེ་འོ།
86 ××××
87 ༄དམུ་ཟ་གཡུ་མོ་རྟེལ་གྱི་ཞལ་ནས་ལེའུ་རྗེ་ཟིང་པོ་ལ་སོགས་ལྷའ་འོ་ཆོག་མ་བརྗོད་
88 པར་ལེགས་བཤོཏྟ་ཆི་སྔོན་བ་བཞིན་ཏུ་མཆིའོ་མོ་བཟང།
89 མཆིའོ། །
90 ××××
91 ༄གསས་མགོ་གར་གྱི་ཞལ་ནས་མྱི་ཁྱོ་ན་ལ་རྒྱལ་ཕོ་ཁྲི་གར་བྱུང་ནས་སྣང་ཡུལ་གསར་
92 པ་དང་ཆབ་སྲིག་བཟང་པོ་དང་དབྱར་མོ་ཐང་གྱིས་མཐུདེ་ཕྱྭ་ཏུ་བཞེས། །
93 ××××
94 ༄། ཿསྨན་ད་རྒྱལ་བཙུན་མོའི་ཞལ་ནས་མྱི་ཁྱོ་ན་ཕྲན་ཙད་ནི་གར་སོང་གར་སོང་ཡང་ཆེ་
95 བྱ་དགུ་ཡང་མྱི་རུང་གྱི་ཆའོ་རི་དགས་བཤོར་ཀྱང་མྱི་སོད་ཀྱི་ཆ་མུ་སྨན་ཕྱྭ་རི་
96 སྣང་སླམ་སེམ་ཞིང་མཆིས་སོད་ཀྱང་ད་ཕན་ཙད་ནི་ལྷ་དངས་ཐུགས་གོང་མཛད་ཀྱིས་རི་
97 དགས་ཤོར་དུ་འགྲོ་དང་ན་ནུབ་མོ་ཁྱིམ་ན་མ་ཉལ་བར་རི་ལ་གོས་མི་འབུད་པར་ཉོལ་ལ་ནང་
98 པར་པང་མང་གི་ནང་དུ་བྱུར་བྲུབསྡེ་རི་ཁ་མཐོན་པོ་ན་ཞུག་ཤང་གིས་བུས་ཞིག་དང་ཆི་བསམས་
99 དགུར་ཡང་རྡོ་མོ་བཟང་

Pel.tib.1136 བོན་གྱི་རབས་དང་གསོལ་མཆོད་བྱ་ཚུལ།

1 ××××
2 ××××རྒྱལ་གྲ་××××
3 རྒྱལ་དུ་གཤེགས། །གཉན་དང་གླུ་ཡན་ཆད་རྒྱལ་གཤེགས་པ་ནི་གཡེན་དགུ་བྱ་ཐམ་ཤད་རང་རང་
4 བདུད་ཏང་འདྲེ་བར་སྔོས། །མ་བླ་ཙུད་ཀྱི་རྒྱལ་གཤེགས་ན་སྨྲ་བོ་ལག་རིངས་རྒྱལ་དུ་གཤེགས། དེ་མོ

5 ཨོའི་རྒྱལ་གཤེགས་ནའ་སྙིག་ཕུང་དུར། ཕུའ་བླད་འཕྲོང་དུམ་གྱི་རྒྱལ་དུ་གཤེགས། །བདག་ཤེང་ཕ་དགུ་

6 རྒྱལ་དུ་གཤེགས། སྲིབས་ཤེང་མི་བཙུའི་རྒྱལ་དུ་གཤེགས། །རབས་རྫོགསོ། །

7 ༄།། ཡུལ་དགའ་ཡུལ་བྱུང་རྣམས་ན་སྨྲ་སྨྱི་སྟེ་བཙུན་པོ་དང་རྨ་སྨྱི་དེ་བཙུན་པོ་གཉིས་ཤིག་མཆིསྣ། །འོ་ན་སྨྲ་སྨྱི་སྟེ་

8 བཙྩན་པོ་སྙིང་དུ་ཡང་རྨ་སྨྱི་དེ་ལས་སྟུག་མ་མཆིས། རྨ་སྨྱི་དེའི་སྙིང་དུ་ཡང་སྨྲ་སྨྱི་སྟེ་བཙུན་པོ་ལས་སྟུག་

9 མ་མཆིསྟེ་སྨྱི་སྟུག་གཉིས་ནི་ཤག་རག་བགྱིས་གཅིག་ཤི་ནི་གཅིག་གིས་བདུར་བར་བགྱིས་གཅིག་ཀླག་ནི

10 གཅིག་གིས་བཚལ་བར་བགྱིསྣ། །འོ་ན་རེ་ཤིག་རེ་ཤིག་ན་སྨྲ་སྨྱི་སྟེ་བཙྩན་པོ་ཞིག་བྱུང་འབྲོག་སྣམ་སྟོད་དུ་

11 གཡག་ཨོར་འཕྲོང་འགོར་དུ་གཤེགསྣ། འཕྲོང་བ་སྨྱི་གཤེད་ཀྱིས་སྨྲ་སྨྱི་སྟེ་བཙྩན་པོ་ཞིག་སྨྱི་རྟ་གདུམ་དུ་བལྡ

12 གསྟེ་བཀྲོངས་ཀྱིས་མ་མཆིསྣོ། །རེ་ཤིག་རེ་ཤིག་ན་རྨ་སྨྱི་དེ་བཙུན་པོ་ཞིག་རོ་བསྟད་ནི་ཞག་དུ་མ་བྱིནད་ཞག་བསྟད་ནི་སླར་སླར་མ་བྱིནད

13 | ××××བསྟད་ནི་ལོར་མ་བྱིན་ལོ་བསྟད་ནི་སྙིང་དུ་མ་བྱིན་ནས། རྨ་སྨྱི་དེ་བཙྩན

14 པོ་ཞིག་བྱུང་ཀ་སྣས་བརྒྱད་དུ་སྨྲ་སྨྱི་སྟེ་བཙྩན་པོ་ཞིག་ལྟོལ་དུ་བྱིན་ན་སྨྲ་སྨྱི་སྟེ་བཙྩན་པོ་ནི་འཕྲོང་བུ་སྨྱི་

15 གཤེད་ཀྱིས་སྨྱི་དྲི་ནུ་བཀྲོངས་ཀྱི་ཕྱུར། །དང་××××ལ་ནས་ཐུགས་ཆད་དོ་རྩུ་ཆད་བྱུང་ནམ་གདིངསུ

16 ཀམ་ཐུགས་གནག་ཆད་ཀྱིས་བྱམས་སྟུང་གི་××××འཚལད་ཕྱུན་མཆི་འཕོར་ཀྱིས་ནི་ལྟོལ་དུག་དཀར་

17 སྨྲུ་གཟིགས་དུ་སྨྱི་དུ་ན་མཆི་མ་ཁྲག་གིས་དུསྟེ། བཙྩན་××××ཆེན་པོས། སྨྲ་སྨྱི་སྟེ་བཙྩན་པོའི་ཕྱུར་ཞིག་××××

18 རྨ་སྨྱི་དེའི་བཙུན་པོའི་མཆིད་ནས། སྨྲ་སྨྱི་སྟེ་བཙུན་པོ་འདི་ཤིད་དུ་གཉའ་འཚལ་འབྲང་དུ་གཟུགས་འཚལ་གསུང་སྟེ། །རྒྱལ་ཐིག་བརྒྱད་ནི་

19 བས་ལ་བཅས། སེ་གྲུ་བཞི་ནི་ལུང་དུ་བཙིགས། གདན་བྱུང་གདན་ཡོད་མོ་ནི་གདན་དུ་བཏིང། གྲམ་མཆིང་གྲམ་སྟོན་མོ་ནི་ཕབསུ་བཕྲིད། །འོ་ན་དེ་

20 མ་མཆིས་སྙིང་དགས་མ་མཆིས་ནས། །རྨ་སྨྱི་དེའི་བཙྩན་པོ་ཞིག་དོ་མ་ཚོལདུ་མཆིས་སྙིང་དགས་ཚོལ་དུ་མཆིསྣ། ཡུལ་སྲི་ག་རྟེའུ་ལུང་ན་

21 རྟ་ཕ་ཡབ་ཀྱི་མཚན་ན། གསེར་རྟའི་གསེར་མ་རོན་དང་མ་གཡུ་རྟའི་གཡུ་མ་རོན་གཉིས་རྟ་གཉིས་འཚོས་ཀྱི་བུ་རྨང་གཉིས་འཐམས་ཀྱི་

22 བུ་ལོའི་དུསུ་རྟེའུ་བལ་བུ་མཆོག་ཏུམ་ཞིག་བྱུང་སྟེ། རྟེའུ་མ་ཕྱི་འབྲང་བ་ལས། །རྨ་སྨྱི་དེའི་བཙུན་པོས། རྨང་ཞགས་འབྲེང་གིས་བཟུང་སྟེ། སྐྱེས་

23 མཐུ་ཆེ་ནི་མཐུ་འིས་དྲངས་སྟེ། བསེའི་ཚོ་རོལ་དུ་ནི་བཙུག །མཐིང་གི་དམུ་རྫོང་ཀྱིས་བསྐོགས་ནས། ཕྱུགས་སྤྱོ་མཉེ་དུ་མ། སྨྲ་མྱི་སྟེ་བཙུན་པོ་དང་

24 མྱི་ངན་བུ་གཉིས་མྱི་སྡུག་གཉིས་ནི་ཤག་རག་བཀྱིསྟེ་གཅིག་ཤི་ནི་གཅིག་གིས་བདུར་བར་བཀྱིས་ན། སྨྲ་མྱི་སྟེ་བཙུན་པོ་ནི་ཟྲན་ཏེ་ནི་གྲོངས།

25 སྡུག་སྟེ་ནི་ལག་ན། ཤིད་བཀྱིར་འབྲང་གཟུགས་སུ། རོམ་མཆིས་སྙིང་དགས་མ་མཆིསྟ། །ཕྱུགས་སྨོ་མ་ཁྱོད་ཀྱིས་ཆབ་གང་ལར་བཀྱི་འཚལ

26 ཡང་བ་རབ་དུ་སྤྱོགས་འཚལ་ཞེས་མཆི་ནས། །ཡུལ་དགའ་ཡུལ་བྱང་རྣམས་སུ་རྗེའུ་བལ་བུ་ཁྲིད་བཞུད་ནས། མྱིང་དང་བཙན་བཏགས་པའ

27 སེར་དང་འགེར་བཏགས་ནས་འཚལ་ཏེ་མཆིས་ནས་བྲིས་སྟེ་བྲིས་སྐྱལ་མོ་སྐྱིལ་མོར་སྟལད་ནས། འབྲས་ཀྱི་ལྕང་པ་ནི་གསན། བུ་རམ་ཀུག

28 ཙུ་ནི་ཐུད་ནས། པུམ་ཕུམ་ནི་དར་གྱིས་བཅིངས། དབུལ་བྱ་ཙ་ཁྲུང་ཙ་ནི་བཙུགས། ཛོག་མ་ནི་གཤམ་དུ་བཀྱེ། སོགས་ཤུན་སྐྱེའུ་གོང་ནི། ཁབསུ

29 བཀབ། མཇུག་མའི་སྐྱུངསུ་སྟལད་ཏེ་ཆབ་གང་ནི་ལར་བཏབ་ཡང་འབབ་རབ་དུ་སྤགསྟེ། ཕན་ཏེ་བསོད་དོ། །ནན་སྐོར་ཞིབ་དུ་བཀྱི།

30 ༧།:།ཡུལ་ཆབ་ཀྱི་ཡ་བགོ་ན་རྩང་ཧོ་དེ་འི་ཧོས་བདག་དང་མ་ཡུམ་ཀྱི་མཚན་གཤེན་ཟའི་གྱི་མྱེད་མ་བཤོས་དང་ནམས་ཀྱི་སྲུས་ན། །མྱིང་དྲལ་གྱི་མཚན

31 སྨ་བུ་ཟིང་བའི་ཟིང་སྐྱེས་དང་སྲིད་མོ་ལྕམ་སྐྱོས་པ། ལྕམ་ལྡོ་རྒྱལ་གྱི་བྱང་མོ་ཙུན། །འོ་ནེར་ཤིག་རེ་ཤིག་ན། རྩང་ཧོའི་ཧོས་བདག་ཏང་སྨྲ་བོན་གྱི་ཟིང་བ

32 ཟིང་སྐྱེས་གཉིས་ལ་དཀོར་དང་དགུ་ཆེ་མངའ་ནའ། ར་བདུན་ཆ་བདུན་ཞིག་མངའ། འོ་ན་ཁྲེའུ་ར་རྫི་ཆ་རྫི་པོ་ཞིག །ར་ལྷ་འཚོ་ཞིང་སྤྱང་གཅུག

33 སྨག་གྱོན་ཞིང་དྲིབ་དུ་འཁོར་ཏེ། ར་འཚོ་ཆ་འཚོ་ཞིང་ལུང་འགི་ཡ་ཕུར་མཆིས་ན། འོ་ན་རེ་ཤིག་རེ་ཤིག་ན། །ལུང་འགི་ཡ་ཕུ་བྲག་དམར་ཙམ་ནས

34 སྲིན་ཧ་ཁྲ་མོ་གཅིག་བྱུང། ཡུལ་ལུང་འགི་མ་མདའ་ནས། ཙུ་ཧ་སྔོན་པོ་གཅིག་བྱུང་སྟེ། ཧ་གཉིས་འཚོས་ཀྱི་བུ་རྣང་གཉིས་འཐམས་ཀྱི་བུ་ལོའི་དུས། སུ

35 སླའི་མན་དུ་རྗེའུ་བལ་བུ་མཆོག་ཙམ་གཅིག་བྱུང་སྟེ་རྗེའུ་མ་ཕྱི་འབྲང་རྣང་བུ་ཡུམ་ཕྱི་དགྱུ་ཞིང་མཆིས་ན། །སང་ཕོར་ལོའི་དུས་སླའི་མན་དུ། ཡང

36 ཧེའུ་བལ་བུ་མཆོག་ཏུམ་གཅིག་བྱུང་ན་བཞི་རྨང་བཞི་ཞིག། ཉིན་ཞིང་བས་རི་དཀར་ཀྱི་རྩེ་ལ་ཟ་ཞིང་སྲིབས་རི་གནག་གི་ཚུ་ལ་འཐུང་ཞིང་མཆིས་ནའོ།

37 འོ་ནའ་རེ་ཤིག་རེ་ཤིག་ནའོ། ཁྲིའུ་ར་ཐྱི་ཆ་ཐྱི་པོས་ཇོ་བོ་རྩང་ཧོ་དེའི་ཧོས་བདག་དང་སྐྲ་བོན་ཀྱི་ཟིང་བ་ཟིང་སྐྱེས་ཀྱི་སྐན་དུ་གསོལ་དེ་ནན་སྐོར་གོང་མ་

38 ལས་འབྱུང་བ་བཞིན་བགྱི། །ཇོ་བོ་རྩང་ཧོ་དེའི་ཧོས་བདག་དང་སྐྲ་བོན་ཀྱི་ཟིང་བའི་ཟིང་སྐྱེས་ཀྱི་ཞལ་ནས། འོ་ན་ཁྲིའུ་ཆེ་བདེན་ཆེ་བརྫུན་ཞེས་ཏུ་གཟིགས་

39 སུ་གཤེགས་གཤེགས་ནའ། །ཁྲིའུ་ར་ཐྱི་ཆ་ཐྱི་ཆེ་མཆི་ཆེ་མད་དེ། རྩང་ཧོས་བདག་དང་རྨ་བུ་ཟིང་བའི་ཟིང་སྐྱེས་ཞིག་སྐྱཙ་ཕྱོན་ཏེ། ར་བདུན་ཆ།

40 བདུན་བལ་ཏེ། ཧའི་གོག་ཆེ་རྨང་འགི་གོག་ཆེ་ར་སྐྱི་ཐིང་ག་ལག་བཞི་ཞིག་བགྱིས་སྟེ། ཧ་གླིང་ཁྲུད་ཁྲུད་ལྷོད་ལྡོད་དུ་བཙུགསྟེ། ཕུ་ནས་ཁྲུས་བཏབ་

41 མདའ་ནས་གཡབ་བོར་ན། ཧ་དགུས་སྟེ་མཆིས་རྨང་དགུསྟེ་མཆིས་ནས། ར་སྐྱི་ཐང་ག་ལག་ལ། ཚུ་ཧ་སྔོན་པོ་ཟུན་ནས་རྒལ་པ་ཐབས་གཅིག་རྒལ་

42 ན་ར་སྐྱི་ཐིང་ག་ལག་ཆད་དེ་ལུང་འགི་མ་མདའ་ན་མཚོ་མོ་ཏུམ་དུ་བྲོས་ཀྱིས་མ་མཆིས། སྲིན་ཧ་ཁྲ་མོ་ཟུན་ཏེ་རྒོལ་པ་ཐབས་གཅིག་རྒལ་ན་ར་སྐྱི་

43 ཐིང་ག་ལག་ཆད་དེ་ལུང་འགི་ཡ་ཕུར་བྲག་དམར་ཏུམ་དུ་བྲོས་སྟེ་མཆིས། །འོ་ན་ཧེའུ་བལ་བུ་གཉིས་ཤིག་ཟུན་ཏེ། རྒལ་པ་ཐབས་གཅིག་ཐབས་གཉིས་

44 ཐབས་གསུམ་རྒལ་ཀྱང་ར་སྐྱི་ཐིང་ག་ལག་མ་ཆད་དོ། །ཧེའུ་མ་ཤོརཏེ་ན། དེ་ཏུ་ཟུན་ན། རྩང་ཧོ་དེའི་ཧོས་བདག་དང་སྐྲ་བོན་ཀྱི་ཟིང་བ་གཉིས་

45 ཀྱིས་བསེའི་ཆོ་རོལ་དུ་ནི་བཙུག་མཐིང་འགི་དམུ་ཐོད་ཀྱིས་བརྟོད་ནས། །མྱིང་དང་མཚན་བཏགས་པའ། ཕོ་ནི་བཀྲལ་བྱུར་བཏགས་ནུ་བོ་ནི་གནག་

46 ཧོམ་བྱུར་བཏགསྟེ་དཀོར་དང་དགུ་བགྱིསོ། །འོ་ན་ལྟམ་ལྡོ་རྒྱལ་བྱུང་མོ་ཙུན་ཞིག། །ཡུལ་ཆབ་ཀྱི་ཡ་བགོར། ཇེ་གུ་གེ་ཀང་ཕྲན་དང་གཉེན་

47 དང་གདུམདུ་བགྱིསྟེ། ཇེ་གུ་གེ་ཀང་ཕྲན་ཀྱི་གཉེ་བོ་མྱི་བརྒྱ་རྒྱ་བརྒྱ་ཞིག་ཡས་སེ་བྱུང་ན། །ལྟམ་ལྡོ་རྒྱལ་བྱུང་མོ་ཙུན་ཀྱི་མཆིད་ནས། །ཡུལ་ཁ་ལ་

48 ར་ང་སྟོད་ནི་བགྲོད་ཆེང་ཤུལ་རིང་ལ། །ཞང་ཞུང་གུ་གེ་ཀང་ཕྲན་ནི་འདྲིས་ཤིང་སྟང་། འགྲོ་ནི་བཆེ་ཞིང་ཁ་འིས་གསུང་ནས། རྗིདག་དག་གནག་གིས་

49 འགིགས་སྟེ་དེ་ཏུ་ནོངས་ནའ། །འོ་ན་ཡབ་རྗང་ཧོ་དེ་ཧོས་བདག་དང་མྱིང་སྦྲ་བོན་ཟིང་སྐྱེས་ཀྱིས་ནང་
གི་ཇོ་ལ་བཞིངསུ་གསོལ་ན་ཡུ་
50 བཞིངསུ་མ་གནང་ནུབ་ཀྱི་འོན་ལ་བཞིངསུ་གསོལ་ན་བཞིངསུ་མ་གནང་། །སྟེ་ལྕམ་ལྗོ་རྒྱལ་བྱང་མོ་
ཙུན་ནི་ཞལ་ནི་སྨུན་རེ་ཕབ། ཇི་དག་ནག་པོ་ནི་མགུལ་
51 ན་ནར་ཞིང་མཆིསོ། །ཕ་ཡབ་རྗང་ཧོ་དེའི་ཧོས་བདག་དང་དྲལ་སྦྲ་བོན་ཟིང་སྐྱེས་ཀྱིས། །ཕ་གཤེན་
རབས་ཀྱི་མྱི་བོའི་སྣན་ཏུ་གསོལ་ཏེ། མྱི་ངན
52 བུ་འི་བུ་མོ་ལྕམ་ལྗོ་རྒྱལ་གྱི་བྱང་མི་ཚུན་ནི། ཇི་དག་གནགགིས་འགིགསྟེ་གུམ་ན། ད་ཇི་དག་གནག
ཆིག་དགྲོལ་འཚལ་ཞེས་བགྱིས་ན། ཕ་གཤེན་
53 རབས་ཀྱི་མྱི་བོའི་ཞལ་ནས། ཇི་དག་གནག་པོ་ནི་གྲི་དགྲོལ་མྱི་འཚལ། བྱ་གཤེན་འཛོན་མོས་དགྲོལ་
འཚལ་ཞེས་གསུང་ན་འོ་ན་བྱ་གཤེན་འཛོན་མོ་ཞིག
54 བྱ་བོན་བང་པ་བང་རིག་ཆིག་གཉེར་ཏུ་བཏང་ན་ཡང་བྱ་གཤེན་འཛོན་མོ་མ་ཁུགས་ནས། །སྐྱིན་པོ་ཏུ་
ཐོག་རྫེ་ཞིག་བྱ་གཤེན་འཛོན་མོ
55 གཉེར་ཏུ་བཏང་ན། བྱ་གཤེན་འཛོན་མོ་ཞི་ཁུགསྟེ་མཆིས་ནས་བྱ་གཤེན་འཛོན་མོ་འིས་འགིག་ལུག
ནག་པོ་དང་འགིག་ར་རྒྱ་བོ་ཞིག་རྒྱུསུ་བརྒྱུས
56 ནས། ནུབ་གསུཾ་བོན་གཤེན་བོན་ཏུ་བསྐྱིརད་ན་སང་འགི་ནམ་ནངས་ན་འགིག་ལུག་ནག་པོ་དང
འགིག་ར་རྒྱ་བོ་ལ་བདུད་དགུ་ནི་བདུད་ཏུ་བོར་ཞིང
57 མཆིས། །ལྕམ་ལྗོ་རྒྱལ་བྱང་མོ་ཙུན་གྱི་མགུལ་ནས། །ཇི་དག་གནག་ཆིག་གྲོལ་ཆིང་མཆིསྟེ་ཞལ་མདངས
དཀར་ནི་སྣ་རེ་འོད་དེ་ཞལ་དང
58 བཞད་པ་ལྷ་ཞིང་བཞུགས་ནས། །ཡབ་རྗབ་ཧོ་དེའི་ཧོས་བདག་གིས་ཤིད་ཏུ་ནི་གཏང་འཚལ་འཕྲང་ཏུ
ནི་གཟུགས་འཚལ་ཞེས་གསུང་ནས
59 རྒྱལ་ཐག་བརྒྱུད་བས་ལ་བཆས་སེ་གྲུ་བཞི་ལུང་ཏུ་བཙེསྟེ། ཡབ་ཀྱིས་དོ་མ་ར་ནི་བཀྲ་ལ་བྱ་དྲངསོ། །
མྱིང་དྲལ་པོས་ནི། སྲིང་གིབ་ཏུ་གནག
60 དོམ་བྱ་དྲངསྟེ་ཕན་ཏེ་བསོད་གནའ་ཕན་ད་ཡང་ཕན་གནའ་བསོད་ད་ཡང་བསོད། །

Pel.tib.1194 བོན་གྱི་གཤིན་འདེབས་ཚུལ།

1 ××××ཕྱུག་བུ་མྱེད་དེ་འཁྱོར་དང་ཐོང་××××

2 བ་འི་ཚབ་མ། །བུ་ཐེ་ཞོན་ནེ་ཞོན་བུ་མ་མྱེད་མ་ཏུ་ཏུང་གིས་གསུང་ནས། །××××××××

3 ཡབ་དགའ་ཟིན་དེའི་ཆེད་པོ་འོ། །ཕོ་བྲང་རེ་བོ་གནག་གི་འཁྲུམ་དུ། །སྐྱེ་སེ་ཅུང་གུ་བཞི་བཅས་××××××××

4 བདང་བཙུགས་བྱ་དགུ་བཞི་ཡང་གནམ་དུ་སྤུ་དད་ཏེ་མཐིང་སྔོན་བས་ལ་བྲོས། ས་རི་མ××××

5 ××××ས་སྐྱེ་ཕ་གཤེན་རབ་མྱི་བོ་དང་དུར་ཤེན་རྨ་ད་དང་སྐལ་གཤེ་གཤེན་ཐོའུ་ཡུག་ཞལ་ན་རེ།

6 ××××ཞོན་ནི་བུ་མ་མྱེད་ཀྱི་ཁྱོད་ཀྱི་སྨན་ཐང་ཐང་བའ་མ་ནི། སྲིན་ཨག་ས་རྒྱལ་པ་འིས་ག་

7 ××××ལ་སྔེན་བྱང་དུ་འཆལ་ཏེ་མ་སྲིན་བུ་རྫུས་ཀྱིས་མྱེད་དོ་མ་དྲེད་མོར་ནི་རྫུས་ཀྱིས་མྱེད་

8 ××××མ་སྲིན་རྫུས་ཀྱི་ཆབ་མ་དུ། སྦྲང་ཆང་ཁྲལ་ཁྲིལ་དུ་སྦྲང་ཟེ་མ་གོང་ཏེ་གྱིས་སྦྲང་རྩི་དངར་

9 ལ་གསོས། སྦྲང་རྩི་དངར་ཟ་ཟ་ན། སྦྲང་སྤྱུག་ཚར་ཏེ་མཆིས་ན་བུ་གསོའི་ནས་སྤྱང་སྐར་

10 ནོང་དུ་མ་དགོ་ཐྲ་དེ་ཏུ་མཇལ་ཏེ། མ་དགོ་འིས་བུ་དེ་ཏུ་གསོ་གསོ་ནས། དངར་བྱང་བྱང་ནི་དགོ་མོ

11 ཀྱི་ཞོ་ཏུག་སྤྱང་ཕྱིང་ནི་སྦྲང་ནུ་མ་འི་རྩི། བུ་མ་མྱེད་ཀྱི་གོ་ནི་མ་དགོ་མོ་སྤྱང་སྐར་གཡིལ་གོང་

12 མ་འིས་བཀྱིསྐྱེཿ། ད་དགའ་ཟིན་ཏེ་ཆེན་པོའིཿདཀོར་གཡང་ངོ་རྩའི་བུ་སྤྱུངཕྱུཕྱུ་ཉ་སྐྱེས་ཏོ་རེས་འཚ

13 སྐྱེཿབུ་རླག་སྐྱེ་ཟེར་ཏོང་ཏོང་གཡུབ་བུན་བུན་ཞིང་མཆིས་སྐྱེ། ཕྱུག་བུ་མྱེད་ཀྱི་ནི་བུ་ཏུ་ཏེ་ཞོན་

14 ནེཿཞོན་བུ་མྱེད་བུ་ཏུ་བཀྱི་འཚལོ་གསུང་ནས་གཡང་མོ་ངོ་རྩ་ནི་བུ་ཐེ་ཞོན་ནེ་ཞོན་བསྣམ་ཤེང་

15 བསྐོར་བསྐོར་ན་ནི་བུ་གདའ། བལྟག་བལྟག་ནི་དབོ་ཚ་གདའ་སྐྱེ་དད་

16 ནི་ཞིང་མཆིསོ། ཕ་གཤེན་རབ་མྱི་བོ་དང་དུར་ཤེན་རྨ་དའི་ཞལ། གཡང་ངོ་རྩ་ཁྱོད་ཀྱི

17.vབུ××××ནི་བུའི་སྐྱིན་བ་རླག་གི་ནི་ཆབམ་འོ་འབབ་འབབ་ནི་བོས་ཤེང་སོངཤིག་གཤེན་ཕྱིར་དུ་མ་

18 གསོན་འགྲོ་མོད་མ་སྨན་ཐང་ཐང་བླ་མའི་གོ་མ་དགོ་མོ་ཡར་གྱིས་གསོས་ཏེ་མ་དགོ་བྲིང་ནི་

19 མའི་གོ་མཛོད་ཆིག །སྦྲང་རྩི་ཉག་ཏུག་ཀུང་ལོའི་ནི་བརྒྱུགས་ལགས་མོད། ད་ཆོས་གསར་མ་ལགསོ་ཁར་

20 བར་རྙིང་གི་ཕྱུགསོ། འོ་ན་བུ་ཏེ་ཞོན་ནེ་ཞོན་ལ་ཕན་ཆེང་བསོད་དོ། བུ་མ་མྱེད་ཀྱི་གོ་ཡང་དེ་ལྟར་གོ་མ་བུ་

21 མྱེད་ཀྱི་གོ་ཡང་དེ་ལྟར་གོ། དེ་རིང་སང་ལྟ་ན་མྱི་སྨྲོ་བ་ཡང་ཆོ་ལས་སྨོསོ། ཤི་བའི་ཕ་དང་མ་སྨོས་བུ་

22 ཀྱི××××ཕ་མས་ལསུ་ལྷ་མཆོད་མཆོད་ན་མགོསུ་ལྷ་མ་འགོསྐྱེ་རྨུ་དག་དཀར་པོ་ཀྲུང་དུ་བཆོད་སྐྱིན་
བ་དར

23 མཉེད་གྱིས་མ་འཚབས་མཛོལ་དུ་ནི་གནམ་རྫེབ་ན་དག་བ་ནི་རིས་མ་རྗོན་ད། ཐུད་གཞིགས་ན་པ

24 པ××××་ལོན་ད། དུ་མོད་གནམ་གང་ལ་ཕ་དང་ནི་གཏམ་བགྱི་མོད་གནའ་འི་གཐམ་བགྱིས་དའི་སྤུང་དུ་

25 ལོ་གཏམ་བྱུས་ན་མྱུང་རོ་ནི་རྨད་དུ་གདའ་འོ། །མ་དྲིན་དྲིན་ནི་འབོད་འགོད་ཆེང་འདུགོ་གོ། དངར་
ཞོ་དངར་ནི་འདི་ན་××××

26 ཡོད་དོ། བུ་མཐོ་ལ་ཏུ་ཡང་མ་ཕྲང་ཤིག་དམའ་རབ་ཏུ་ནི་མ་ཆོན་ཅིག །མ་སྨྲང་ཅི་ཉག་ཉུག་ཀྱང་འདི་ན་ཡོ

27 དོ་མ་དགོ་འི་ཞོ་ག་××××ག་མོ་ཡང་འདི་ན་ཡོད་དོ་གདའ་བྱེ་མར་འདའ་འདེ་ཡང་འདི་ན་ཡོད་དོ་བུ་
གཉེན་འོ་

28 བྱམས་ཀྱི་སྲིས་དོན་ནོ་བུ་མ་འདོད་མ་ལ་ལྟོས་ཤིག་ནུ་སྲུ་འདོད་ནི་སྲུ་ལ་ལྟོས་ཤིག །བུ་འདོད་ནི་ཞང་
ལ་ལྟ

29 ཤིག་ཆར་ཡས་བབ་སྤྱུ་གསོལ་ལོ་སྦྱི་མས་ལངས་ཀྱི་སྐྱབས་གསོལ་ལོ། །བུ་ཆང་ཕ་དང་གཏམ་བྱ་མོད་བོན་ད་

30 སྤུང་བླངོ། བུ་ཁྱོད་མ་ཡིན་སྐམ་སྐེ་མ་ཡིན་ནོ་བུ་ཁྱོད་མ་ནི་སྲིན་མོར་ཐུས་ཀྱིས་མྱེདོ་དྲེད་མོར་ཐུས་ཀྱིས་མྱེ་

31 དོ། །མའི་ལག་ན་ཐག་ཟངས་གཟངས་རིངས་ཁྱེར་ཏེ་ཕུ་ཀྲང་པ་གཙོཟེར་རོ་བུ་མའི་ལག་ན་མཐིང་གི་ནམ་

32 ཁྱེར་ཏེ་བུའི་དམྱིག་བྲུ་འིས་ཟེར་རོ། གསོན་གཤིན་ཤེད་མྱི་མཐུན་ནོ་གསོན་གཤིན་བཛ་མྱི་མཛལད་ཧོ་
ཉེང་ཞེང་××××

33 གཅིག་མཚན་ཞིང་དགོངས་མྱི་མཐུན་བུ་ཤི་བ་དང་མ་གསོན་གཉིས་ཀྱང་གསོན་གཤིན་བཛ་མྱི་

34 ལོ་བུ་གཤིན་དང་ནི་མ་གསོན་གཉིས་བྱེ་འིས་མྱེད་དོ་མ་འདོད་ནི་མའི་གོ་སྲུ་འདོད་ནི་སྲུ་འི་གོ། མ་དྲིན་

35 དྲིན་འདི་རེ་ག་ལུག་སྲོ་མ་ཉེ་དུ་ཁྱོད་ཕ་དུར་ཤེན་གྱི་རྨ་འིས་ཐུགས་དྲུང་ནུ་ནི་ཆེམས་བཞག་གོ་སྐན་
དྲུམ་དུ་ནི་

36 སེལ་དོན་ཧོ་མྱི་མ་མྱེད་ཀྱི་མའི་ཚབ་མར་བགྱི་འོ་ཤི་བའི་མྱིང་ནས་དབྱུང་ཤི་འི་ཚབ་མར་ནྲག་གི་སྐྱིན་པ་

37 འོ། ཤིའི་སྐྱིན་ལོང་ཤིག་ནྲག་ཚབ་ལོང་ཤིག །ཐམ་གཤིན་ཐན་ནི་ཆེ་འིས་བགྱི་བྱ་རྒོད་ཀྱི་ནི་ཕ་སྨོ་

38 ན་རྒོ་པོ་ཐང་ཡག་ཅིག་རྒོད་ཀྱི་མ་སྲོས་ན་རྒོད་མོ་ཐང་རོ་ལྟེམ་ཡག་ཅིག་བུ་རྒོད་ཕུར་རྨང་

39 རྗོན་ཅིག །ཕ་བྱ་བ་ཐན་ངར་གྱིས་བྱ་སྐི་གསྟང་བྲིས་སྐེ་གསྟང་མྱི་གསྟང་ནི་འོག་དུ་ཞུགསོ་སྨྱི་

40 ཁྱི་སྨྱོ་ཁྱི་རོ་བམ་བ་ནི་སྟེང་དུ་བོར་བྱ་སྐི་ནི་གསྟང་བྲིས་སོ་རྒོད་ཐང་ཀར་ནག་ཐང་སེར་གསུ

41 མ་ནེ་ཏུ་བཀུམ་སྐེ་རྒོད་གཞོག་གཡས་ཀྱི་ཀུང་ཏུ་བླངས་སྐེ་ཐན་གཤིན་ཐན་གྱི་ཐན་དུ་ཡང་མ་་

42 ཏང་ངོ་གནམ་དུ་ཡར་གྱིས་མ་མཆིསོ་གཞོག་ལ་འོ་མཉན་ཧོ་རྒོད་ཀྱིས་གཡས་གཞོག་གི་འོག་ཏུ་བླངས་

43 སྐེ་ཐན་གཤིན་དུ་བགྱི་ཤིས་བགྱིས་ན། གཤིན་ཐན་དུ་མ་ཏང་ལྟའི་གཞོག་དུ་ཡར་གྱིས་མ་མཆིསསོ་

དེ་འི་འོག་རོལན་གཤོག་ཏུ་ཞིག་ཐན་གཤིན་ཐན་དུ་ཏུང་ངམ་བགྱིས་ན། གཤིན་ཐན་དུ་མ་ཏུང་སྐེ་ན་ཆ་ཡང་གསས་ཀྱི་སྐད་ལ་བྱ་ཏུ་ཁྲུང་ཏུ་འོང་འོང། ཏེ་ལྷ་དང་གསས་ཀྱི་གཤོག །རྒོད་གཤོག་གཡོ་ཀྱི་གུང་ཏུ་ཞིག་མྱི་གསོན་གཤིན་ཀྱི་ཐན་ཏང་ཕྱིན་དུ་བགྱིས་གཤོག་ལ་རྒྱུས་བཏགས་ན་ལམ་རྒྱུན་ལམ་ནི་ཁྲིང་ཁྲིང་གཤོག་ལ་སྤྱོས་བཏགས་ན་ཤུལ་ལམ་སྤྱོས་བཙོན་ཏོ་གཤོག་སྒྲོན་ཤིང་བཏགས་ན་བྱེ་བར་ནི་ལམ་ལམ་གཤོག་ཁབ་བཏགས་ན་སྐས་ལྕག་སྐས་གནཾ་དུ་ཟང་ཟང། གཤོག་ལ་གོད་ཀད་བྱ་རྫུངས་བཏགས་ན་། གནམ་མཐོངས་འབྱུར་མ སྲིན་གྱི་གོ་སེལད་ཏོ། །གཤོག་ལ་མཚལ་བཏགས་བྱེ་བར་ནི་ལམ་ལམ་ཞིང་མཆིས་གཤོག་ལ་ཚོང་བཏགས་ན། ལམ་ཚོང་ལམ་ནི་ཚོང་གི་དམྱིག་ན་ཟང་ཟང་གཤོག་ལ་སྤྱུག་བཏགས་ན་ལམ་སྤྱུག་ལམ་ནི་ཁྲུད་ཁྲུད་གཤོག་ལ་གཟིག་བཏགས་ན་གཟི་ལམ་ནི་འོལ་འོལ་ལྷ་གསས་ཀྱི་ནན་ཐུ་ཡང་ཆེ་སློ་མ་ཉེ་མ་ཐན་ཕྱིན་ནི་གོད་ཀྱིས་བགྱིས་ལོ་རབས་ནི་གཤིན་ཀྱིས་བཀྲོལ་ལོ་ཕ་དུར་ཤེན་རྨ་ད་འིས་མ་བདུར་ཀྱང་གཅིག་མྱེད་དོ་མཐོ བྱ་འིས་མ་བགོམས་མ་མཆགས་ཀྱང་གཅིག་མྱེད་དོ་ཞེས་བྱས་ལ་ལུགས་རབས་བགྱིའོ་ལུག་ལ་འོ་མཉན་བྱིན་གཡལ་སྐྱི་ལུག་ལ་ཆགས་ཕབ་ལ་ལུག་ལ་མ་གོས་བསྔོན་གཏད་ད་སྤྱོ་མ་ཉེ་དུ་མ་སྦྲ་ཡོ་བ་ལ་མཆོ་མྱི་འཚམ་མོ་གོ་ཏུ་ཆག་པ་ལ་གཉར་མྱི་འགྲུངངོ་རྒྱལ་པོ་གཅིག་ནོངས་ན་རྒྱལ་ཕྲན་ཡང་ཐགོ་དབྱི་མོ་གཅིག་དྲངས་ན་སེ་སྐྱེར་དྲུང་ཡང་ཡོ་གཅིག་ཆིག་ཉམ་ཉེས་ན་གཉེན་ལམ་མཐ་བཞི་ཡང་ཐག་གོ། སྤྱོ་མ་ཉེ་དུ་ཕྱོད་ཀྱ་ཆབ་གང་ལ་ཏུ་ནི་བགྱི་འཚལ་ལོ་གསོན་ཡུལ་ནི་ཛ་ཟ་བས་གཤིན་ཡུལ་འབྲིམ་དང་ན་འབྲས་ཀྱི་ལྟུང་པ་དང་སྡེ་མར་འད་འདེ་དང་བུ་རམ་ཙུ་གུ་རྩུ་འཕྱུང་ངོ། བསྟན་ངག་ཚིག་གསུཾ་ཀ་མ་ཤིར་མ་ཉན་ན་ཤ་བྱ་ཟ་ནི་རལ་མ་རོལད་ཏུས་པ་སླེ་འཆ་ཡང་ཁལ་མ་ཁོལ་ལོ་མགོ་རྫིམ་འདས་ནི་བན་མ་བུན་ཁྲག་སས་འཕྱུངས་ནི་ཆབ་མ་ཆིབོ་ཆིབ་པོ་སྤྱོ་མ་ནི་དཀྱེས་ལགས་དང་ནི་ལོད་ལགས་སམ་བསྣམ་སཤིང་བུ་རི་གདའ་འོ་བདགས་ཤིང་དབོན་ཚ་གདའ་འོ། མཐོ་སྐེ་ནི་གོང་སྤྲག་མ་བུ་མོ་དང་མཉམ་དུ་ལ་རྒོལ་ཆིག་ཐུལ་ཐུལ་ནི་ཁ་སྤྱོགས་ཤིག་དམའ་སྐེ་རབ་འབོག་ཀྱང་ཉ་བེ་བ་ལྟུམ་པོ་དང་མཉམ་དུ་རབ་འབོག་ཤིག་སབ་སུབ་དུ་དབ་གཞོམ་ཤིག་ལམ་ལུམ་དུ་མྱི་མ་འདོར་ཞིག་ད་ཆོས་གསར་མ་ཡིན་ཁར་བ་ནི་ཆེང་གི་གཙུག། ཡུལ་དག་ཡུལ་བྱང་རྣམས་ན་ཕ་དང་ཡབ་ཀྱི་མཚན་ན་དགའ་ཟིན་ཏེའི་ཆེན་པོ་ཞིག་དགོ་མོ་མ་བུ་མྱེད་ཀྱི་མའི་གོ། སྨན་ཐང་ཐང་བའ་མ་འི་དཀོརད་དགོ་ཡང་

70 ཇོ་མ་ཡང་བུ་མྱེད་ཀྱི་མ་འི་སྐྱིན་ལགསོ། །སྲིང་རྗེ་ཞུག་མོ་བུ་མ་མྱེད་ཀྱི་མ་སྨན་

71 ཐང་ཐང་བཀྲ་མའི་སྐྱིན་ཀྱང་སྐྱིན་གཡང་མོ་དཀ་རི་ངོ་རྩ་ཡང་བུ་ཐེ་ཝོན་ནེ་ཝོན་གྱི་བུ་

72 མ་མྱེད་ཀྱི་སྐྱིན་ཀྱང་སྐྱིནོ་མ་སྟོར་གྱི་སྐྱིན་ཀྱང་སྐྱིན་ནོ་མ་ཏྲག་གི་ཚམ་མ་ཡང་ཚ་

73 བ་མ་མོད་གནའ་དེ་ལྟར་ཕན་ཆིང་བསོད་དོ། །གནའ་དེ་ལྟར་ཕན་ཆིང་བསོད་ན་དེ་རིང་

74 དེ་ལྟར་ཕན་ཆིང་བསོད་དོ། ད་བུ་མ་མྱེད་སྐྱིན་བ་འོ་བུ་མ་འདོད་ཀྱང་མ་ལ་ཐོས་མ་བུ་

75 འདོད་ཀྱང་བུ་ལ་ལྟོས་ཤིག་བུ་སྲུ་འདོད་ཀྱང་སྲུ་ལ་ལྟོས་ཤིག །ཚྭ་འབྲས་ལུག་ཚྭ་སྤྱི་དཀར་

76 གཆིག་ཀྱང་ལུག་ཆིད་དང་ན་མཉམ་མོ། བུ་མྱེད་ཀྱི་མ་ཏུ་བགྱིའོ་གཉེན་འོ་བྱམས་ཀྱི་སྲིས་

77 དོན་ནོ། རྒྱལ་ཐག་བརྒྱུད་གཙོར་འདོན་ནོ། །

pel.tib.1289 གཉེན་འདེབས་ཀྱི་ཆོ་ག

1 ༄།:།མཛོ་མོའི་རབས་འདི་ནི་མཆོན་གཤེན་ཕོང་རྒྱའི་ལགས་ཏེ་བཟང་རབ་བོ། །ཡུལ་དང་ཡུལ་གྱི་དབྱེ་
བགྲ་ན

2 རྗེ་དང་ད་དང་སྐྱི་རྗེ་དང་རྗེ་ཚོགས་སྣམ་ཟའི་སྣམ་ཁྲི་མ་གཉིས། བཤོས་དང་ནམས་ཀྱི་སྲུས་གཤེན་བལྟམ་
ན་ཐོང

3 རྗེ་འི་དག་མོ་སྲུས། །གཙུང་བལྟམ་ན་དནང་དང་ས་འི་རྗེ་དགོར་ཏུ་ཐི་མངའ་ན་ཧ་རོ་གུ་ཏུ་རོན་ཞིག་
མངའ། མཛོ་མོ་ཚོགས

4 སྣམ་ཁྲིད་མ་ལ་དགོར་ཏུ་ཐི་མངའ་ན། ཡབ་དབུ་ཙ་འོང། །མ་དང་ཡུམ་གྱི་མཚན་ན་གཞི་སྐེ་མལ་མལ་
གཉིས། ཡུལ་ཕྱི་འབྲིག

5 ཕ་ཕྱི་ན་བ་ནག་གསེང་མ་ནི་དབྱམ་ཚམ་སྟོ། ཡབ་དགུ་ཙ་འོང་འོང། །མ་བཞི་སྐེ། མལ་མལ་ཐེ་ཉེ་ཐི་ཉེ་
ན་ཐུགས་དང་གོས་ཉེ

6 ཐེ་ཉེ་ཐེ་ཉེ། སྤྱན་གྲུས་ཐེ་ཉེ་ཐེ་ཉེ། སྤུ་དྲང་ཧུལ་གྱིས་ཉེ། འཚོས་དང་ནམས་ཕུ་མོ་གཙེན་གྱི་མཚན་བཏུད་
མཛོ་ཧིང་ཉག

7 གཉན། ནམ་གདོད་ཀྱི་མཛོ་སྣ་མཛོ་མར་མོ་ལ་རྒྱབ་ནི་ཁྲ་བོར་མཆིས། མ་བཐུབ་སྨྱི་ཀ་སླུ། སྨྱིག་དང་
དཔོ་དྲང་གསུམ་ཞིག་མ་

8 བཏུབ་མ་བཅད། སླུ་མར་གཏང་བཟངས་དང་བ་ཙ་སྐམ་དང་། དང་སེ་ནམ་གྲུན་གསུམ་གྱིས། མཐལ་

བསྐྱེ་བས་ཤིང་བོར་རོ།

9 སྙིང་ལས་བསྐྱེ་བས་ཞིང་བོར། གཉན། ནམ་གདོང་ཇོ་གུ་མཛོའི་སྣད་ན་མཛོ་མོ་བྲེ་བྲེ་བྲེ་ཅུང་ལྷན་བྲོ་
××ཅུང་འདི་མཛོམོ

10 ཚོགས། སྣམ་བའི་སྣམ་ཁྲིད་མ་དཀོར་དང་དད་དུ་བབ། བྱང་ནས་ཚ་ལྷངས་ཀྱི་མཛོ་སྣར་མ་དང། བྱང་
ནས་ཚ་ལྷངས་སྣ་མ་ནས།

11 ཉ་ཉ་ཀྱི་མཛོ་སྣར་མ་ནས། ཉ་ཕུ་མོ་སྙིང་ཆེ་དང་། ནབ་མོ་སྙིང་གྱི་ཆེ་བབ་བོ། འདུག་ཀྱང་ནུབ་མོ་ཀུ་
གྱི་དྲག་ཕུ་མོ་སྤུ་སྟུག

12 ཀྱང་། ནུ་མོ་སྤུ་ཀྱི་སྟུག །ཕུ་མོ་ནི་ང་ཡ་ནུ། མོ་གན་ཀྱིང་ན་ཁེ་མཛོ་དྲུགདུ་གསུམ་རྫེ་ཡག་པ་འོས་མཛོའི་
སྣ་ད་ཕུག་མཛོ་མོའི་སྣཕུག

13 ༧།:།དང་ཕུའི་གཡལ་གྱི་ཆེ་ནུ་ནས་ཞོ་བཞོས་དང་ཕུ་འིགཡལ་གྱི་ཆེ། རྒྱབ་དུ་སྐ་སྐྱད་དང་པ་འི་གཡལ་
ཀྱི་ཆེ་། མཛོ་མ་ཚོགས་ཚོགས

14 སྣམ་ཟའི་སྣམ་ཁྲི་མས་ནུ་ནས་ཞོ་བཞོས། བྱང་ནས་ཚ་ལྷངས། ཕྱུགས་ནི་ཞོ་རེ་བདམ། ཕྱུགས་ནི་རྒྱབ་
རེ་གཡོར། ཀྱི་མཛོ་སྣར་མ་འདི་དཀོར་དང

15 དད་དུ་སྣམས། སྦོམ་ཞོ་རེ་ཆེ་སྦོམ་རྒྱབ་རེ་གཡོར། མཛོ་མོ་ཚོགས་སྣམ་ཟའི་མཛོ་ལ། བཟུགས་ཆགས་
སམ་མཛོ་ལ་འཁྲང་གམ་འམ

16 ལྷ་སྲུད་པ་པ་བྱི་ན་། ཇོབོ་ལྷ་བུ་ལང་ལིང་ལ་གྱི་མཐའ་གཉེན་དུ་བཀྱི་ཀྱི་གྱིང་སྲིང་དུ་ནི་སྨོས། འདྲུལ་
ནས་ཕྱུགས་དང་ནོར་གྱིས་བསྲུལ། ཟས་དང་སྐོམ

17 གིས་སྲུལ། ཕྱུགས་དང་ནོར་གྱིས་འདྲུལ་འདྲུལ་འཆབ་འཆག་ན་། མཛོ་ཚོགས་སྣམ་ཟའི་སྣམ་ཁྲིད་མའི་
གསུང་དང་མཆིད་ན་རེ་། ཁ་ངན་སྨོས་མ་

18 ལགས་དེ་ཀྱིང་པོ་ཁྱོད་ནོངས་ཤིང། ལྷ་བུ་ལང་ལིང་ཁྱོད་ནོངས་ནའ་། ཀྱི་སྐྱེ་ཁོ་མོ་འོས་སྣམ་གྱི་ཁྲི་ཚང་
དབྱུང། བུ་སྲིང་བཟང་ཅན་གྱིས་ལྟམ་

19 ཤས་ཀྱང་ཁོ་མོས་དབྱུངོ། གྱི་མ་ཁོལ་མོ་ལ་མཛོ་ཅིག་ཡོད་ཀྱི་མཛོ་སྣར་མ་ཞིག་ཡོད་ཀྱིས། མཛོ་རོགས་
གྱེད་ཀྱིས། གྱིང་པོ་ལྷ་བུ་ལང་

20 ལིང་ལ་ཀྱི་མཛོའི་རོགས་ཅིག་ཚོལ་སྟོད་ཀྱི་རོགས་ཅིག་གསོལ། གསོན་གྱི་གྲོགས་བཀྱི་འོས་གྲོངས་ན་
སྲིང་དེ་གྲོངས་མཛོ་གྲོངས་ཅིག་སྦྱལད

21 དུ་གསོལ། ལྷ་བུ་ལང་ལིང་གྱིས་པ་དང་ཡབ་ཀྱི་མཚན་མཛོ་འི་པ་དང་ཡབ་ཀྱི་མཚན། དུང་ལང་དཀར་པོ་

ནི་སྔོ་ཡུལ་ཡ་བྱི་ན་ལྷ་ཆབ་འགྱུ

22 མགོ་ཤེད་ན་དུང་སླང་དེ་བཞུགས། དཀར་པོ་དེ་ན་བཞུགས། སྔོ་སློའི་སྦོམ་བྱི་དྲུང་ན་འཚོལ། སྔོ་ཆབ་མགོ་ན་འཚོལ། འགྱུ་ཕལ་ཆེ་མགོ་ན་འཚོལ། སྔོ་ཆབ་འགྱུ་འགྱུ

23 ཞབས་ཤེད་ན་མ་ཞིག དེ་ན་མཆིས་མཆིས་ནའ། སྨད་བདུན་དེ་ན་མཆིས། འབྲི་བདུན་ཆབ་འཚོལ། ཕའི་དྲི་མ་གདའ། དུང་ལང་དཀར་པོའི་དྲི་མ་གདའ། སྦོས་ཚམ་

24 ངད་དེ་ངད། སྤོརཆེ་ཞིམ། དྲི་མ་ངད་དེ་དྲོ་ན་ཆབ་ཀྱི་ཡ་མགོ །ཡ་བྱི་ན་ཇི་ཞིག་ཆོ་རེ་འཕྲུལ་ཇི་ཞིག་འཕྲང་རེ་རྫུས། ཆབ་ལ་སྣམ་ཞིང་གཤེགས་ན་ལྤོང་བྲེ་མོ་ན་ཆེ

25 ཞིག འགྲི་ཞིང་གདའ། དུང་ལང་དཀར་པོ་འགྲི་ཞིང་གདའ། མའི་ཤངསུ་གདའ་མཆིང་འབྲི་སྨད་བདུན་ཤངསུ་འདའ། འདི་ལྷ་སྐྱུ་སྟུག་པ་སྐྱུ་ནི་ཇིའི་སྐྱུ།

26 དབྱི་དང་མཚའ་འི་སྐྱུ་ན་ཆུངས་ཤིང་ཕུངས་གཡག་དང་འབྲོང་གི་སྐྱུ་ན་ཆུང་ཞིག་རིངས་ཀྱང་རིངས། སྐྱུ་ནི་ཇིའི་སྐྱུ་སྐྱུ་བཟངས་འོལ་ཏེ་འོལ། ན

27 དཀར་པོ་འོལ་ཏེ་འོལ། རྗེས་བལྟས་བདག་དང་འདྲ། ཡར་ཉེ་ཡར་ཉེ་ན་ལུང་གི་ཡ་ཕུ་ཡ་ཀོན་ཡ་འབྲུག །སྐད་ཐོང་སེ་ཐོངས་དམྱིག་གཅིག །

28 མྱེ་ལྟར་ཆེར་ཏེ་ཆེརད། ཙའུ་ཐུང་ཟུམ་གྱི་ཙ་འོང་སེ་འོང་ཕྱུགས་ནི་སྨད་དུ་བྱེར་ཞེས་བགྱིས། འབྲི་མ་སྨད་བདུན་སྨར་བྱེར་ཞེས་བུ་གསུམ།

29 བདུན་ཤར་ཤར། ཤ་བྲུན་དགོ་བྲུན་ཚམ་ཞིག་འདུན་དུ་ཤ་ར་ར། སྨུག་པ་ཁྲིགས་སེ་ཁྲིགས། དར་སྨུག་པ་ཚམ་ཞིག་མདུན་ན་ཁྲིམས་སེ་ཁྲིགས།

30 ཇེ་ཉེ་ཇེ་ཉེ་ན་སྤྱན་ལམ་བསྐྱབ་ཏེ་ཉེ། །ཇེཉེ་ཇེ་ཉེ་ན་སྐྱུ་དྲང་རྟུལ་གྱིས་ཉེ། ཕོའི་དུས་དུསུ། ཕོ་མོ་སྨད་བདུན་གཅེན་བ་དང་བཞོས་དང་ནམས་

31 ཀྱི་སྲུས། སྐྱི་ལྷེ་ཙ་བྲན། མ་མཛོ་ཆིག་དེ་ན་གདའ། རྗེ་སྔོ་བུ་ལང་འོང་གིས། ཆབ་མྱིག་དངོ་མྱིག་དུ་གསེར་གྱི་གོག་ཆེ་གཙུགས། དར་ཀྱི་སྐྱི་བྲིས།

32 ཆ་རྔང་བའི་གསུམ་པ་ཕོན་དུ་ཕྱུང་གསུམ་ཁྲག་ལྷད་ལྡོད་མ་མཛོའི་གཟན་དུ་བོར། སྐྱི་ལྷེ་དེ་ཙ་བཟུང་། ཙ་བྲན་དེར་ཙ་བཟུང། ཙ་བལྟས་གསེར་གྱི་ཙ་

33 ཛ་བལྟས་ནི་ཏའི་ཛ། །མྱིག་བལྟས་ནི་ཞྭགས་ཀྱི་མྱིག །མཛོ་སྣ་ཕུག །མཛོ་སྣས་སྟོད། སུཾ་པ་སླང་ཚས་འིས། མཛོ་སྤོ་མ་སྣ་མ་དྲག།

34 ཉེ་དུ་རྒྱབ་མ་རྐོད། ཉེ་དུ་སྣ་འཕྲང་རྗེའི་ཕྱག་དུ་གསོལད། སྔོ་བུ་ལང་འོང་ཕྱག་དུ་གསོལད། སྔོ་བུ་ལང་

ཞིང་ཕྱུགས་ནག་པོ་དང་། སེམས་
35 མྱི་གཅུག་གིས། ཕའ་མཉན་མ་ཕྱིན་ཕྱི་བ་བལ་གྱི་མཐོན་རྒྱན་དང་། སེ་བའི་ལྕགས་རོས་ཀྱིས་མ་ཕྱིན་
ཡང་སྤྱི་སྤྱོ་མ་སྣ་མ་དྲག །
36 ཤོབ་ཤོག་རྩར་བཞོ། འིས་ཤར་ཤར་རྨྱིག་པ་འཕྲལ། ཉེ་དུ་རྨྱིག་མ་འཕྲ་རྗེ་ལྗོ་བུ་ལང་ལིང་གྱིས། ཉེ་དུ་
བགྲི་ཞིང་བཤལད། བ་བསེ་མཉེན་མོ་བགྲིའ།
37 ༄།:།××××དུ་བཐགས××××སྣ་རུ་བཐགས། གསེར་གྱི་སྣལ་ལྕུ་བཙུག །སོ་མ་ཉེ་དུ་བགྲི་ཞིང་བཤལ།
38 ལྗོ་བྲང་མཉེན་དུ་མཚོའི་སྙིང་རེ××། དེའི་ནི་དྲྀ་མ་གདའ། སྟེ་སྟོར་བ་སླང་དུང་གྲང་དཀར་པོ་སྙིང་རེ་
ལངས་། མའི་སྙིང
39 རེ་ལངས་མཆིང་འབྲིན་སྨིད་བདུན་སྙིང་རེ་ལངས། མཛོ་ལེས་ཡངས། ལྗོ་བོན་འོལ་ལྕོགས་ཀྱིས། གདོ་
དང་དཔྱད།
40 བགྱིས་དེ་ཡས་སུ་ཇོ་ཞིག་འཚལ་སེས་ན་མ་དང་སླུ་ཚུ་གྲུ་གྲུ་དང་གཉན་པོར་བ་དང་། ཤོང་ཤོང་སུ་མྱི་
དྲག །ཕོར་××
41 ཕོར་ནི་རྒྱབ་མྱི་རྒལ། སླུ་ཚུ་ནི་སླད་བཆིང་བསྟབས། བགྲི་ཞིང་ནི་བཤལ་བཤལ་ན་མཛོ་མོ་ནི་སྣ་རེ་
གཡུང་མཛོ
42 མོ་ནི་རྒྱབ་རེ་རུལ། གཆོས་སྣམ་ནི་སྣམ་ཁྲིད་མས་། ཕྱི་ཕོ་རྒྱབ་ནས་མཛོར་ཕྱི་ཕྱོགས་པར་ཕྱིན།
43 ལྕམ་མཛོ་འོང་བསླམ། སྐྱི་ལྷེ་། ××××འོང་བ་སླམ། མྱིང་གི་བཤོས་ཤིག་བགྱི་། སྐྱེམས་ཤིག་བསླལད
44 མྱིང་××××××། ཞག་གསུམ་དྲོད་པ་བཞི། མྱིང་ཕས་སེ་གཤེགས་ན་། ལྗོ་བུ་ལང་ལིང
45 ཕ་སེས་གཤེགསན། མཛོ××××མ་གཤེགས་ན། སྐྱི་ལྷེ་རུ་བྲན་པསེ་གཤེགས། ཛོ་མོས་ཚུས་སེ་བསུས།
46 ××××××××××ལེའུ་ཤེད་འཕྲོད་ན་རྩེ་ཞིང་རྒལ་བ་ལྟའ། ཕྱུགས་རུ་ཕྲོད་ན་ལྕེས་ལྟག་པ
47 ལྟའ། མཐང་སྦྲ་སྔོན་མོ་གང་ནས་ཕུབ་ནན་ནམ་རིམ་དགུ་གདན་དུ་བཐིང་ན་། གསེར་སྐྱོགས་ཧྲུལ་
སྐྱོགས་ནི།
48 འཁྲིལ་ནས་འཁྲིལ་། སྲིང་མོ་གཉན་ལ་། སྨྱིང་པོ་ལྗོ་བུ་ལང་ལིང་གྱིས། སྐྱིལྷེ་རུ་བྲན་ནི་། ལྕམ་ཕ་གསོན་
49 ༄།:།དུ་ཕྱུང་རྗེ་ལྟར་པན་ན་རྗེ་དང་དང་དས་ཀྱི་རྗེའི་ཡུལ་ན་དགྲ་མ་མཆིས། བྱང་ན་གཡག་མ་མཆིས་དགྲ
50 མྱིད། ན་དག་ཡང་ཚོལ་། གཡག་མྱིད་ན་གཡག་ཀྱང་ཚོལ། རྗེ་དང་དང་དངས་ཀྱི་རྗེ་བྱང་ག་སྣམ་བརྒྱད་དུ
51 ཤ་ཤོར་དུ་གཤེགས། དགོ་འདྲིམ་དུ་གཤེགས་། ཛོ་མི་ཚོགས་སྣམ་ཟའི་སྣམ་ཁྲིད་མའི་མཆིད་ན་རེ། ཛོ་པོ་མ
52 གཤེགས་རྗེ་དང་དང་དངས་ཀྱི་རྗེ་མ་གཤེགས་། མྱི་ནི་ཞལ་མ་འཚོལ་སྲིད་པོ་ནི་ངོ་མ་གནགས། རེ་པོ་

ནོ་དུད་མ་

53 སེརད། རྫ་བོ་མ་གཤེགས་ཅེས་བགྱིས་པ་དང། དབུ་བཟུང་ནི་ཞབས་ཤོརད། ཞབས་བཟུང་ན་ནོ་དབུ་ཤོརད་ཏེ་

54 སྐྱེས་བུ་རྒྱེན་དུ་ཞུགས་ན་ངོམ་ངོམ་ལྟའོ། ཧ་པོ་ནི་ཐུར་དུ་བཞུད་ན་འཐར་འཐར་ལྟའོ། བྱང་འབྲོག་

55 སྨམ་སྟོད་ན་སྲིན་ཤ་ཞིག་ཕསེ་བྱུང་ན། བབ་ཏུ་རིངས་ཕས་སེ་བྱུང་སྲིན་ཤ་བསད་པ་དང་ཉི་མ་ནབ་ནུབ་ན།

56 ཤ་ལྷུགས་ཀྱི་ནང་དུ་བཙུད། མཆིན་མོའི་ནང་དུ་བཙུད་སེར་བཤོགས་སེ་འབབ་འཕྱུམ་བདུན་ཞིག་ཕབ་སེ།

57 བབ། སྲིན་ཞ་མོ་དགུ་ལྟོགས་མོས། ཁ་ནས་ལག་བཙུག་ཕོང་ནས་སྙིང་ཕྱུང་སྟེ། རྗེ་དང་དང་དངས་ཀྱི་རྗེ་དེར

58 བཀྲོངས་ཀྱིས་མྱེད། ཧ་××ཏུ་རོན་གྱིས་ཞག་གཞེས་ཀྱང་དེ་བཞིན། ཞག་གཉིས་གཞེས་ཀྱང་དེ་བཞིན།
བཞེངས་མ་སྒྱུད་དེ་མཐོ

59 མཁར་ལས་ཐུགས་ཆད་དམ། བཟང་འཕྲོ་བཞི་ལས་ཐུགས་ཆད་དམ། རྗེ་དང་དང་དངས་ཀྱི་རྗེ་ཕྱི་
བལྟས་ན་བྱ་སྤུ་ཙམ། ཕོང་

60 བལྟས་ན་ཁྲག་ལྡེ་བ་ཙམ་མ་མཆིས། ཤ་བལྟསྣ་ནོ་ཏུང་བས་དཀརད། སྤྱན་བལྟསྣ་ནོ་མཐིང་བས་
སྔོ། ཕྱག་གི་ཐེབ་ཕོང་ཏུ་ཤ་བྲེང

61 ༄།ཿ།མཆིན་མོས་འོས་ཕྱག་གི་འཐེབས་ལ་བསྐྲིས་ཏེ་ཧ་ར་གུདུ་རོན་གྱིས། བཀྲི་ཞིང་བཤལ་བཤལ་ནས།
གྲམ་བསྐྱལ་མ་དྲངས། གཡའ་སྦོ་ལམ་

62 བཤལ། སྤང་སྤུར་ལ་དྲངས། རྫ་མོ་ཚོག་སྨམ་ཟའི་སྨམ་ཁྲིད་མས། བལྟས་ཤིང་གཟིགས་པ་ནའོ། སྤྱན་
ནི་ཇི་ཁྲིད་ན་ནག་པོ་ནོ་ལུག་ཙམ་ཞིག་སྣད་ནས་

63 འཕྲང་བ་ནོ་རི་ཐང་ནོ་སྐྱ་བོ་ཚམ་ཞིག་དྲུད་ཅིང་ནོ་བཤལ་ལོ་ལྟ། ཇེ་ཉེ་ནི་ཇེ་ཉེ་ནས་སྤྱན་ན་ནི་ཁྲིད་
པ་ཞིག། རགུ་ནོ་ཏུ་ཐོན་ཞིག་མོད། སྣད་ན་ནོ་ཁྲིད་པ་ནི།

64 རྗེ་དང་དང་དངས་ཀྱི་རྗེ་ནོངས་པ་ནོ་སྤུར་བ་ལྟའོ། ཡུལ་དང་ཡུལ་གྱི་དབྱེ་བཀྲའི་ནང་དུ་གཤེགས། རྫ་མོ་
ཚོག་སྨམ་ཟའི་སྨམ་ཁྲིད་མས་ཕྱག་མ།

65 དུད་ཀྱིས་འཚལད། སླེ་བ་ནི་ལེབ་ཀྱིས་བླངས། རི་དགས་རི་ཕྱོགས་བཞིའི་ནི་བཅད་མྱི་ཆུང་ཆེ་ཏུ་
བརྩིས། ལུད་དུ་གཏང་ཀྱང་མྱི་མཐོ་དམའ་ཏུ་བཀྲོས་སྣ་ལ་

67 ནོ་ར་ཡང་བཀྲིས་ལུང་ནས་ནོ་འབྲིང་ཡང་བཤས་རྒྱལ་ཏག་བརྒྱད་ནོ་བས་ལས་བྲིས། གུར་ཀར་ལུང་
དུ་ཐུབསྟེ་ཐང་སྟེ་ག་ཡེ་ནོ་ཐང་ལ།

68 བརྩིགས། ངོམ་སྙིང་དགསུ་ཧ་ཁྲིན་ཁྲིན་གྱིས་བསད་མར་གུ་དུ་རོན་ཞིག་དམག་རམས་ཀྱི་ཧྲར་××××།
ཧྲར་གུདུ་རོན་ནོ་ཁྲིད་ཅན་ཁྲིད་ཀྱིས་བསད་དེ་ཧ་རང་

69 གིས་རང་ཆས། ཇོ་མོ་ཚོག་སྨམ་ཟའི་སྨམ་ཁྲིད་མས་། རྗེ་ནོངས་པའི་སླད་བཞིན་སོ་ཡུལ་ན་བསྟང་ཞིང་བྲག་བྲག་གིས་ཡུལ་ན་རྗེ་བདག་སྐྱེས་བུ་རང་

70 ཆས་ན་ཁོང་དུ་ཐུགས་མྱི་ཚོ། མྱི་མོ་རང་ཆས་ན་མགུལ་དུ་རྩད་མྱི་ཚཏེ་། རྗེ་དང་དང་དངས་ཀྱི་རྗེའི་ཕྱིར་ཁབ་དབྱེ་སྨམ་ཟའི་སྨམ་ཁྲིད་མང་གིས།

71 རང་ཆས་ཏེ་མཛོ་རང་གིས་རང་ཆས་ན་ཕ་མྱིང་བྱམས་ཀྱིས་རྩལད་པའི་མཛོ་སྐྱི་ལྡེ་ཏུ་བྲན་གིས་རང་གིས་རང་ཆས་། མཛོའི་སླད་དུ་ལས་ནའ།

72 མྱི་མཛོ་སྣར་མ་སླད་དུ་ལས། མྱི་མཛོ་སྣར་མ་ཆབ་གང་རེ་ཆུད། ཡང་བ་རེ་ཐུད། ཕ་ཕ་སེ་གཉེགས་ན་གཉེན་རབས་ཀྱི་མྱི་བོ་ཕ་སེ་གཉེགས།

73 གཤང་དྲིལ་ཆེན་ན་ཕྱག་མ་གཡོན་ན་སྣམས། གཞོག་ཐེ་ར་ཐེར་བུ་ནི་ཕྱག་མ་གཡས་ན་སྣམས། ཤི་ནི་བླྡུར་ཆྲག་ནི་ཚོལ་། མྱི་གཤིན་ནི་གཉེན་ཀྱིས་སདོ

Pel.tib.1134 བོན་གྱི་གཤིན་འདེབས་ཚུལ།

1 ××××

2 ××××ག:ཚོགས:××××

3 ××××××××:ནི:བགྲོད:ནོངས:ཏེའ། ××××

4 ××××ཐཀྲུས། ན། ཤེ:ཟ:ལ:རོ:སྨན། སྨུ། ××××

5 ××××གནི:ཆར:མ:མཉན:ཇྲོ:དཔྱིད:ཉི:རིང:པོ:ནི:ནུབ××××

6 .××××××××གྲོད:ནོངསོ:སོ:གྲུ:བཞི:ནི:བགྲོད:ཏེ། རྗེ:གྲལ:ནི:མཏོ:མ:སླེབས། ཤ:××××

7 ××××ས:། རྗེས:བཀུར:ནི:ཇོ:མྱི:འཏོལ། རྟས:བཀུར:ནི:འཕྲུག:མྱི:རིང:གཞ:རི××××

8 ××××བབ། གི:བར:དུ:སྐར:མ:གྲུ:གྲུམས། ཏང:མཇལད:ཏེ:སེ:གྲུ:བཞི། ན།

9 ××××ཕྱུགས:སྤྱོ:མ:ཉེ:དུ:ཁྲིད:ཀྱང། སེ:མོ:བགྲོད། ནོངས:ཤིང:རྟ:སྦྲང:ལམ:པོ:ལྷ

10 ར། གཞ:རིང:དུ:སེ:མོ། གྲུ:བཞི:ན:ལུ:ས:རེ:སེ:མོ:བགྲོད:ལེགས། གྲུ:བཞི:བགྲོད:ལེགས།

11 ན། གནམ:གྱི:ཡ:བླ:དཀུང:གི:ཡ:སྟེངས:ན། པ:དང:ཡབ:སྨོས། ན། མགོན:ཚུན:ཕྱྭའ། མ།

12 དང:ཡུམ:སྨོས:ན། ཏ:ང:དུར:མོ། ཏང། བཞོས:ཏང:ནམས:ཀྱི:སྲུས། མགོན:ཚུན:གཏིངས:ན

13 རྗེའ། མགོན:ཚུན:ཕྱྭའི། སྲས:ཤིག། བཏུད:ཏང:ནི:ཆབ:གང། བསྟོསྟེ། །བདུད:དང:བང:ཕྱལ། བསླ

གས། མནརད་ནི་བདུད་གྱིས་མནར་ཏེ། །ལྦའི་སྲས་ཤིག། གྲོངས། ན། དོ་མ་སླིང་དགས། ནི ཕྱ་དང་མགྱོགས། ཏང་དམག་རབ་གྱི་རྟ་པོ། ནུ་ཡིད། མགྱོགས། གནམ་གྱི་པ་མཐ་དགུ ང་གི་པ་འབྲུམ་ནས། བུ་ནི་ལྷ་འི། བུ། ཚ་ནི་སྲིན་གྱི་ཚ་སྟེའོ། བོན། གཤེན་གཤེན དྲག་གི། པ་ངག་ནི་རྐར་ཉནད། དཔྱིད་ཉི་ནི་ནུབ་ཏུ་འཇུགས། ཕྱ་དང་མགྱོགས་ཏང་ནུ་ཕྱི་ མགྱོགས་གཉིས། རྗེ་གྲལ། ནི་མཧོ་ཡང་སླེབས། ཤ་ཚེ་ནི་གདའ། ཡང་མནབས་རྗེས་བཀུར ནི། ངོ། ཡང་མཧོའ། རྟས་བཀུར་ནི། འབྲག་གྱང་རིང། གནམ་རིམ་པ་དགུ་སྟེང་དུ་མགོན་ཚུན། གདིངས་ན་རེ། ལ་མཧོ་རྐལ་གྱང། མྱི་ཕྱུགས་མཉམ་དུ་རྐལ། དམ་རབ་འབོག་གྱང། མྱི་ཕྱུགས་མཉམ་དུ་རྐལ། ཚེ་དབྱར་སྔོ་དགུན་དུ་སྔོ་ཡང། མྱི་ཕྱུགས་མཉམ་དུ་སྔོ། སྔོ་མོ། ངར་འགམ་ཡང་མྱི་ཕྱུགས། མཉམ་དུ་འགམ། སེ་མོ་བགྱོད་ལེགསོ། གནམ་རིམ་པ་དགུ འི་སྟེང་ནས། པར་གཤེགས་ན་སེ་མོ་བགྱོད་ནོངསྟེ། གྲུ་བཞི་བགྱོད་ནོངསྟེ། གནམ་གྱི་པ་མཏའ དགུང་གི་པ་འབྲུམ། ན། པ་དང་ཡབ་གྱི་མཚན། དིང་དིང་དིངས་གྱི། རྗེ། མ་དང་ཡུམ་གྱི་མཚ×××× དོག་ཏུར་ཏུར་ཏུར་མོ་ཚུན། བཤོས་དང་ནམ་གྱི། སྲས། གདགས་དྲེའུ་རྗེ་བཙན་པ་ཞིག། འབྲོག་དབྱེ་ །ལྟེང་སུམ་དུ། ཤ་ཤོརད་འབྲོང་གོང་དུ་གཤེགས། ན་བྲག་གནམ་བྲག། གདྲིངས་བྲག་གི། ཀ་ནས། ཆིབས་ཀ་ཡིངསྟེ། གདངས་དྲེའུ་རྗེ། བཙན་པ། དྲིར་གྲོངས་གྱིས་མྱིད། ན། དོ་མ། སླིང་དགས། སེར་ངང་གེ། པ་ཏུར་གཤེན་རྨ་ད་ནས། བསྟན་དྲུང་ནི་མ་མཉན། གཡན་དྲུང་མ་དགསྟེ། བསྟན་པ་ངག་ནི། རྐར་མ་མ་ཉན། དྲོ་དཔྱིད་ཉི་ནི་ནུམ་དུ་མ་འཇུགས། སེ་མོ་ནི་བགྱོད་ནོངསྟེ། གྲུ་བཞི་ནི་བགྱོད་ནོངསྟེ། གཤེན་སྟེ། ཉེར་བུ་བགྱོད་ནོངསྟེ་། རྗེ་གྲལ་ནི། མཧོ་མ་སླེབས། ཤ་ཚེ་ གདའ། མ་མནབས། རྗེས་བཀུར་ནི་ངོ་མྱི་འཧོ། རྟས་བཀུར་ནི། འབྲག་མྱི་རིང། གཞ རིང་ཏུང་གྱི་བར་དུ། སེ་མོ་ནི། རྒྱནད་དུ་ལུས། གྲུ་བཞི་ནི། རྒྱནདུ་ལུས། མཇད། ལྟད་མོ ནི། མྱིས་བལྟ། གད་མོ་ནི། མྱིས་བགད། པ་ཏུར་གཤེན་རྨ་ད་ནས། གཤེན་ལམ་མར་བ་ཡང། བསྟནད་གཤེན་སྒྲོག། མར་བ་ནི་གྲི་ཡུ་རིངས་གྱིས། བྲམས། པ་ངག་གཤེན་ངག་ཚིག་གསུཾ་ ལ་ནི། གཤེན་ལ་གོང་གསུམ། མ་རྐལད། གཤེན་ཡུལ། མར་བ་མ་བགྱོད། ཆེས་བྱས། ན། སྟེའུ་ཀྲུད་ཀྲུད། གྲུང། སླིང་མ་བདུན་གྱི་ལོཾ། དྲང་བུ་སག་སིག་གྱང་སླིང་མ་བདུན་གྱི་ལམ ཆབ་བུ་ཆལ་ཆོལ་གྱང། སླིང་མ་བདུན་གྱི་ལམ། རབ་གཤེན་རབ་མ་རྐལྡ་ལ་གཤེན་ལ། ཡང། མ་རྐལད། སེ་མོ་ན་ལུས་གིས། མྱིད། སྒྲོ་མ་ཀྲེད་གྱང། སེར་གང་འགི་ལྟར། སེ་མོ་བགྱོད་ནོངས་ གྲུ་བཞི་བགྱོད་ནོངས། ཤིང། སེ་མོ་ན། ལུས་ས་རེ། གྲུ་བཞི་ན་ལུས་ས་རེ།། །ཆབ་གྱི་ཡ་

40 བགོ་ན། སྨི་རབ་འགྲིང་ཐ་ཆོ་ཞག། ཀབ་དང་དབྱལ། བཚལད་པ། ཆབ་གྲི། མ་བཞུག་

41 ན། འགྲུམ་མོ་ཆེ་འོ་བུ་མོ། འགྲུམ་ཟ་ཏིང་གུག །ཆིག་ཀབ་དང་གདར་དུ་བླངས། ན་སྤྲ་མ་ནི། བདུད།

42 གྲིས་བགྲིས། བཀྲོན་ནི། ཕྱ། བཀྲོནཏེ་། སྨི་རབ་འགྲིང། ཐ་ཆོ། འབན་ཏེ་ནི་གྲོངས་གྲིས་སྨེད

43 སྨུག་སྟེ་ནི་ཕྲག། གིས། སྨེད། རྣེ་སྟེ་ནི། ཆགིས། སྨེད། སྨི་སྨི་ཤེ་འི་ཡུལ། ན་སྨི་ཤིས་སྨེད།

44 པ་སྨི་ཕྲག་གི་ཡུལ་ན་པ་ཕྲག་གིས་སྨེད། འཕན་གྲི་བུ་གྲོངས་ན། གསོ་ཐ། བོན་མ་མཆིས།

45 གྲུང་གྲུང་ནི་སྟོ་རྟོལ་ན། བཏུང་དུ། བགར་མ་འཚལྷ། རྗེ་གྲོངས་གྲིས་སྨེད། གཡུ་གྲུགས་

46 གྲིས་སྨེད་སྨི། སྨོན་ནི་སྨོན་དུ། མ་ཐུང་མཆེ་གཟུགས་གཟུགསུ་མ་ཚུགས་ན་དོ་མ་སླིང་དངས་

47 གི། སྨིང་བ་ནི་ལྷགས་ཏེ་ཀུ་ཀུ་དམག་རབ་གྲི་རྟ་པོའི་ཟངས་ཏེ། ཕྱུ་ཕྱུ་གནམ་གྲི་པ་མཏ་དགུང་

48 གི་པ་འབྲུམ། ན། བུ་ནི་ལྷའི། བུ་ཙ། ནི་སྲིན་གྲི་ཙ་སྟེ་པོན། གཤེན་གཤེན་དྲག་ཅིག་དུར་ཤེན་རྫ་

49 ད་ན་སླན་ཤེན་དྲིལ་བུ་ལྟེའུ་ཤེན། རྒྱུན་བུ་པོན་གཤེན་གསས། དྲག་གིས་གཏོ་བགྲིས་དཔྱད་

50 བགྲིས་པ་ཤིད་བགྲི་རྫང་ཚུགས་ཤིག་ཆ་གར་ནི་ཅེ་ཐུ་རྟིགས་ཤིག་བས་ལ་ནི་རྒྱལ་སྒོ

51 ཤིག་ལུང་ན་ནི་སེ་བཆསྟེ་ཏེ། སེ་གྲུ། བཞི་ལ་ཤིང་ཏང་བཞི་བཙུགས། བྱ། ཀྲི་བཞི་སྦྱོརད་ཅིག་བཟང

52 སེ་ལ་ནི་སོརད་ཅིག། མགྲོགས་དགུསུ་ཆོནད། ཅིག་བཟང་སེ་ལ། སརད་ན་ཕུར་ཀི་མུར་ཀི་གཉིས།

53 གཙོས་གྲི་ནོ་སླིང་ཁབ་དང་རྫ་བཟང་ནི་ཆབ་མ་དམྱིག་བཟང་སེ་ལ་སརད་ན་དར་ཅ། འོམ་བུ། སེ་ལ།

54 སརདོ་མགྲོགས། །དགུསུ་བརྒྱུགས་ན། ལྷགས་ཏེ་ཁུ་ཁུ་དང་ཟངས་ཏེ་ཕྱུ་ཕྱུ་པོན་ཀར་སྐྲིས

55 འདབ་རྒྱན་ཀ་རྩེ་དང། མགྲོགས་དགུསུ་ནི་བརྒྱུགས་ཤེད་བཞི་ནི་གནཾ་ལས་བགྲི་སླ། བཞི་ནི་ས་ལ

56 བཀོད་ཐུགས་ཤུལ་ནི་དགའ་ཐང་དུ་ཐུགས་སྨ། ནི། དཀར་མོ་ཕུབ་རྟན་བྱང་རྟན་ཁོད་མོ་ནི་བཀོད་
སེ་འབྲུམ

57 བཞིའི་ནང་དུ་ལྷགས་ཏེ་ཀུ་ཀུ་དང་ཟངས་ཏེ་ནི་ཕྱུ་ཕྱུ་གཉིས་གྱ་མ་ཟ་ཏིང་ནི་དམེ་གོས་ནག་པོ་ནི་སླུལ་

58 | མནབས། ཕྱག་ན་དར་གྲི་པག་ཅེ་ནི་སྣམས་སྲུབ་མདའ་ཤ། ཐྲིང་མཉེན་མོ། ནི་བཟུང་ཐུགས་
དང། ཅད་གྲིས། ནི

59 གཉེན་འདུན་གི་ཞལ་སྨི་འཙོལད་གྲིས། བསྣན་ད་པ་ངག་ཅིག་སྲུ་ནི་རྐར། མཉེནད། དྲ། དཔྱིད། ཉེ་རིང་
པོ་ནི་ནུབ་

60 དུ་འཇུགས་སྟེ་སླན་དྲུང་ནི་སིལ་པོནད། ཕྱུ་དྲུང་ནི། ཏེམས་བཞག་ཐུགས་ཐུམ་དུ་ཐེམས་བཞག

61 པ་དུར་ཤེན་རྫ་ང་དང། གཤེན་རབས་རབ་སྨི་པོ་དང་སྐར་ཤེན། ཐེའུ་བཞུག་དང་ཕྱུགས་སྤོ་མ་ཉེ་དུ་
ཁྲིད་གྲུང་

62 གྲོངས་རྫེས་གྲོངས་གིས་མྱེད་གྲུགས་གཡུ་གྲུགས་གིས་མྱེད་འཕན་གི་ནི་བུ་གྲོངསོ་ཁྲུང་ཁྲུ་ནི་སྔོང་རྗེ་ལྷ།

63 རྗེའི་ནི་གཞུ་ཆག་གིས་ཕྱི་སྔོ་ནི་གཟིགས་ཤིག་ར་སྐྲོམ་ལུག་སྐྲོམ་གྱིས་ནི་བསྐྲོམས་གཤིན་།

64 སྐྲོམ་མར་བར་ནི་བཙུག་སྟེ་མཧོ་ལ་འང་མྱི་འདའ་དམའ་རབ་གྲང་མྱི་འབོག་གོ། པ་དུར་ཤིན་རྨ་ང་ན་ཐྲ

65 གཤེན། རབ་མྱི། བོ་གཉིས་གྱིས། སེ་མོ་ནི་བགྲོད་ལེགས་ཧེ་གྲུ་བཞི་ནི་བགྲོད་ལེགས་ཧེ་རྫེ་གྲལ་ནོ་མཧོ་

66 ཡང་སྙིབས་ཤ་ཙི་ནོ་གདའ་ཡང། མནབས། ད་ཏུང་ནི་ད་ཙུང། དུ་བཤོས་གྱི་ནི། ལྷ་ས་ན་མ་གྲོངས་
ནི་བཤོ

67 ས་གྱི་རབས། སོ།། །༠༠༠༡། ལྷེའུ་ཡང་ཀའ་རྗེའུ་རབསོ།། །གནའ་ཀར། ག་ལ་གཞི་དགུ་ག་ལ། །

68 སྐྱིན་དང་མ་བབ་གྱི་བ་སྤུ་ན་གནམ་གྱི་ཡའ་བླ་ན། དགུང་གི་ཡ་སྟེངས་ནའ། འགོན་ཙུན་ལྷུ་ཞིག་ཁབ་དང།

69 དབྱལ་མ་མཅིས་ཀབ་དང་དབྱལ་བཅལད་པ། བདུད་རྗེ་བཙན་ཧོག་སྐྱོལད་གྱི་སྲས་མོ་ཧང་ང་བདུད་
མོ་ཧང

70 ཞིག་ཀབ་དང། དབྱལ་དུ་བླངས་ཧེ་བཤོས་ཧང། ནམས། གྱི་སྲས། བུ་ཕོ་ཏྭ། བྱུང། སྲས་དྲལ་དུ་བལྟམ་
བུའི་མྱིང

71 བཏགས། སྲས་གི་མཙན་བཏགས་པ། ལྷེའུ་ཡང་ཀ་རྗེ་ནི་ལྷ་དརད་བཙན་མྱི་མགས་སྔོག་ཧོག་ནི

72 གཡ་མྱི་མགས་བཙན་ནི་འདྲན་འཧོར་མཀྱོགས་ནི་དཀྲུས་ཙོལ་ཞང་དང་ཆབ་གང་སྟོས། ཞང

73 བདུད་དང་ཆབ་གང་བསྟོས་བདུད་དང་ཡང་བསྒྲོགས། མནརད་ནི་ཞང་བདུད་གིས་མནརདེ་ལྷེའུ་ཡང་

74 ཀ་རྗེ་གནམ་ལས། ནི་བདུད་བཅད་ས་ལས་ནི་སྲི་ལངསྟེ་གྲོངས་གྱིས། མྱེད་སང་གི་ནམ་ནངས། དགུང

75 སངས། ནའ་པ། ཡབ་གྱིས་བལྟས་ཧེ་གཟིས། འགོན་ཙུན་ལྷྭས། བལྟས། ཧེ། གཟིགས་པ་ན། བུ། མ་
བཞེངས་སྲས

76 མ། བཞེངས། གྲིས་མྱེད་པ། ཡབ་གི་ཞལ་ནས་འགོན་ཙུན་ལྷྭའི་ཞལ་ནས་བུ་ཅི་ལ་ཐུགས་ཆད་ཅོ་ལ་

77 འབྲང་འོལད་མཧོ་མཀར་བཞེད་ན་བཞེས་ཧེ་བཞུད་དམའ་ཡུལ་བཞེད་ན་བཞེས། ཧེ། བཞུད་ཅེས་
བགྱིས་ན་

78 བུ་མ། བཞེངས་སྲས། མ་བཞེངསོ་འོ་ན། བཙན། ཁོལ། པ། བཙུ་དང་ལྷུགས་བདག། སྣ་དགུ། བཞེད། དཾ

79 ལུང་དགས་××××བོ་མཚོ་དགུ་ན་ལུག་མྱིང་སྡོང། བཞེད། ན་བཞེས་ཤེས་བགྱིས་གྲང་བུ་མ་བཞེངས

80 གིས་མྱེད། འོ་ན་འགོན་བཙུན། ལྷྭས། བལྟས་ཧེ་གཟིགས། ན་སྤྱན། བལྟས། ན་མཅིང། བས་སྟོ་ཤ།
བལྟས་གྱིས

81 དར། བས་དཀར་འགོན་ཙུན། ལྷྭ་ལས། བོན། བཏབས་གསས་དྲག་མྱེདེ་བུ་ལྷེའུ་ཡང་ཀ་རྗེ་ནི་པང་དུ་བླངས

82 ཏྀ་ཞག་གསུམ། ཏུ་བསྐྱེད་བྱང་བུ་མྱི་མཙག་སྣར་ཀྱང་སྣདུ་གྲོངས། གིས་མྱེད་བླ་ཟ་འོ་འབོས། ཀྱང

83 སླ་དུ་གྲོངས་སྤྱན་བྱེ། འང། སྣདུ་གྲོངས། ཀྱིས་མྱེད། པ་ཡབ་གི་ཞལ། ནས། འགོན་ཙུན་ལྷྭའི

84 ཞལ་ནས་བཙན་རྒྱལ་ཁ་བ་མགྱོགས་དཀྱུས་ཙོལ་བ། ཞང་དང་ཅབ་གང་བསྐོས་བདུད།

85 དང་ནང། བྱལ་བསྣགས་གིས། ཞང། བདུད་ཀྱིས། བསྒྲོངས། ན། མྱི་ཤི་བ་འདི་གསོ་ན་སོས། སམ

86 མྱི་སོས། གོར། གམ་བ་འདི། སྤྱར་ན་འགྲོརད་ཧཾ་མྱི། འགྲོར་ཆེས། གནམ། ཀྱི། ཕ་མཏལ། དཀུང

87 གི། པ་འབྲུམ། ན། བུ་ནི་ལྷ་འི། བུའ། ཙ་ནི། སྲིན་ཀྱི་ཚལ་བོན་གཤེན། གཤེན་དྲག། ཆིག་ཡོད་ན།

88 དེ་གཉའ་ཧེའ། མགོན་ཙུན་ཕྱྭའ་དང་གཉིས། ཀྱིས། གཏོ་བགྱིས། དཔྱད་བགྱིསྟེའ། མྱི། ཤི། བ

89 ནི། གསོར་མྱི་སོས། །གོར་གམ་བ་ནི། མྱི་འགྲོར་ཀྱིས། མདད་ཤིད་ཆེར་གཏང་ཆ་གར་ཆེར་བརྩིག་ཆེས།

90 བགྱིསྟེ། དའ་ཆིབས་དོ། གཉིགས། གྲར་བཙུད། ན། ཕུ་དང་བསྒྱོགས། ཏང། ནུ་ཡིད་མགྱོགས། གྲར་བ

91 ཙུད། དའི་རེ་ཤིག་རེ་ཤིག་ན། ས་མ་ཕིའ། ཏོག། ན་དྲང་ང་དབྱེན་བརྒྱད་ཀྱི་ནང་ན་ཆེ་བཞི་ཞིག

92 ཤག་རག་བགྱིསྟེ། མནའ་བཆད་མཐོ་བཆད། ཉ་ཅེ་ཡོར་རྨང་སྲུམ་ཆེ་དང་དདུལ། བྱ་ཆེའ་ལྷོགས།

93 མོ་ལྷ་ཆེ་སྤྱང་ཕྱོམ། དང་བཞིའ། ཤ་རག། མན་མཐོ་བཆད་ནས། སྲུམ་ཆེའ། དང་དདུལ་གིས།

94 ཤག་རག། མནའ། ཐོས། མ་བུ་དུག་འཕུངསྟེ། ཉ་ཆེ་ཡོར་སྦྲ་བསད་། ལྷ་ཆེའ། སྤྱང། ཕྱོམ་གིས། ཤག

95 རག་མན་ཐོསྟེ། ཉ་ཆེ་ཡོར་མང་གི། ཤ་ལ་ནི་ཟ། གྲག་ལ་ནི་འཕུང་ཞིང་མཆིས། བྱ་ཆེ་ལྷོགས་མོས་

96 ཉ་ཆེ་ཡོར་མང་གི། རོའ། མདབ་མའི། གཤོག་ཏོག་དུ། བླངསྟེ། སྲིནད་ཀྱི་གོ། བསལད། གནམ་

97 ཀྱི། མཐོངས་ཕྱེ་སྟེ། གནམ་གོང་ཡང་དུ། བོར་དཀུང་གོང་ཡང་དུ་བོར། ཉ་ཆེ་ཡོར་མང་གི

98 རོའ། ནང་ནས། ལྷ་ཆེ་སྤྱང་ཕྱོམ། བྱུང་སྟེ། །མགོན་ཕྱྭའི་དོ་མ་སྙིང་དགས། ཏང་མགྱོག

99 ས། ཡིད་མགྱོགས། ཀྱི། བསེ་འི། ཚོ་རོལད། ཏང། བྱང་གི། སྤྱངས་མཆེམརད་འཚོསྟེ་ཆིབས་ཏང་མ

100 གྱོགས། ཡིད་མགྱོགས། གཉིས་བྲོས་ཏེ། སོང་མགོན་ཙུན། ཕྱྭས། བསྣགས། ན་ནི་མ་སླེབས། གཟུང་དུ

101 ནི། མ་ཟིནད། མཐོ་ལ་རུ་བྲོས། ཀྱང་བསྣག་དུ་མ་སླེབས། དམའ་རབ་ཏུ་བྲོས། ཀྱང་བསྣག་ཏུ་མ་སླེབས།

102 དབྱེ་ཆེ་ལ། བསྣགས། ཀྱང་མ་ཟིནད། འཕྱང་རུབ་ཏུ་བྲོས། ཀྱང་མ་××××ཟིད། རེ་ཤིག་རེ་ཤིག་
ན། གནམ་ཀྱི། པ

103 མཐའ། དཀུང་གི། ཕ་འབྲམ་ན། གཡུའ། ཡི་ཕ་བོང། གཡག་ཙམ་ཤིག་མཆིས། གཡུའི། ཕ་བོང་གཡག། ཚ

104 མ་ཀྱི། ཕ་རོལད། ན། གཡུའི། རྒྱུ། སྨྱིག། ལ། རྒྱ་འཕུང་ཞིང་མཆིས། གཡུའི་རྒྱུ་སྨྱིག་གི། དརྫ་རུ།
བསེ་འི། མ

105 ང་ལག་ནི་བྲིས། ལན་ཚའ། དགོན། རྩིག། གང་ཞིག་ནི། གཏོར་ཧེ་བཞག། ཕུ་ཏང་མགྱོགས་ཏང་ནུ་ཡི

106 ད་མགྱོགས། གཉིས། གཡུའི། ཆུ་སྨིག་ཏུ། ཆུ་འཏུང་ཞིང། ལན་ཚ་དགོ་ཆེག། གང་ལ། ལྷག་ཆིང། གཤེགས།
པ་ལ། བསེ

107 མང་ལག་ལ་ཧོགས། ཕྱུ་དང་མགྱོགས། ནུ་ཡིད་མགྱོགས། གཉིས། སྤྲེལད། རྒྱང་སྤྲེལ་ཏུ་སྤྲེལད།
ནས། མང

108 ལག། གྱེར་ཏེ་བྱེར། རི་ལུང་གཉིས་སུ། བསྐགས་གྱང་མ་སླེབས། གཡུའི་ཆུ་སྨིག་དུ་དོ་ཟིནད། དོ་མ་ཟིནད

109 གསེར་གི་ཆུ་སྨིག་དུ་དོ་ཟིནད། དོ་མ་ཟིནད། དངུལ། གི་ཆུ་སྨིག། ཏུ་དོ་ཟིནད། དོ་མ་ཟིནད། ར་
གན་གྱི། ཆུ་

110 ཏུ་དོ་ཟིནད་དོ་མ་ཟིནད། ཁར་བའི། ཆུ་སྨིག། ལྕགས་གྱི་ཆུ་ཟངས། གྱི་ཆུ་ཏུ། དོ་ཟིནད་དོ་མ་ཟིན།
རི་ལ

111 བྲོས་ཏེ་སོང་དམུ་རི་མཐོ་ལ་བྲོས་ཏེ་སོང་ན། དམུ་རྗེ་རྒྱལ། བདུན་གྱིས། རི་ཁའ། ཁྲུས། བཏབསྟེ་དམུ

112 དབྱེ་ཆེ་ལ། བཀུག་དམུ་ཞགས། གསང་གིས། བཟུངསྟེ། འབྲོང་གི། རྡོད་སྒྲོག་གིས་བརྡོད། བསེའི་།
ཚོ་རོ་

113 ལ་དུ་ནི་བཅུག་སྟེ་བཞག་ན། འགོན་ཚོན། ཕྱྭས། སྦབ་མདའ། ནས་ནི། བཟུང་སྟེ། བཤུམས་མོ་རྒྱང

114 གིས། བཤུམསྟེ། ངའི། བུ་ཆིག། ཆིག། འཕན་ཏེ་གྲོངས། སྟུག་སྟེ་ནི་རླ་གིས། སྨེད། ན། ཕྱུ་དང་མགྱོག

115 ས། ཏང་ནུ་ཡིད་མགྱོགས་གཉིས། གྱིས། ཆབ་གང་ལ་ཙུ་བྱ་འམ་སྨི་ཡང་བ་རབ་ཏུ་སྤྱོགས་སམ

116 སྨི་སྤྱོགས་ཤེས། བགྱིས། ལན་ཆེན། ཁའིས། བླངས། དུག་ཆེན་མཆུས་འཏུངས། ཕ་མགོན་ཚུན། ཕྱྭས

117 ཁྲི་དེ་མཀར་ལྕགས། མཀར། རྗེ་དགུའི། ནང་དུ་བཅུགསྟེ། །འབྲས། གྱི། ལྕང་པ་ལ། སནད། ནས།

118 སྟོམོ་ངར་བྱིའ། ××××ལ་ནི། བསྐམས། བུ་རམ་དུག་ཆུ་ལ་ནི། བླུད། སླད་ལ་ཙུ་བཏགསསྣ་བྱ་ཙུ་འོང་
འོང། འོན་ག

119 ཤེན་དྲག། བུ་ནི་ལྷའི་བུ་ཚ་ནི་སྲིན་གྱི་ཚའ། སྨི་བོན། ལྷའི་བོན། རྒྱ་བོན་བྲིམ་ཏང་གིས། རྒྱལ་ཏག་བརྒྱ

120 ད། ནི། གནམ་ལས། བྲི་སེ་གྲུ་བཞི་ནི། ས་ལ། བཅས། བས་ལ་ནི། རྒྱལ། བསྐོས། ལུང་ན་ནི། སེ་བཅསྟེའ།

121 གཤེན་སྡེའུ་ཉེར་བུ་ནི་བརྩིགས་བྱང་བརྟན་ཀོད་མོ་ནི་བཀོད། ཤིང་ཏང་བཞིའ། ནི་བརྩུགས། བ་དགྱི་བ

122 ཞི་ནི་སྤྲརད། མགྱོགས། གྲལ་དུ་དངརད། ན། དོ་མ་སྙིང་དགས། བོན་ཀར་སྐྱེས། འདབ་ཕུ་དང་མགྱོག

123 གས། ནུ་ཡིད་མགྱོགས། གཉིས། དྲལ་དུ་དངརད། མགྱོགས། ཕུམ་ཕུཾ་ནི་དར་གིས། བཅིངས། ཛ་མ་
ནི་སླུངས

124 སུ་བཅུག། གཉེན་གང་གིས། ནི། བལྟལ། བོན་གང་གིས། ནི། བགྱེརད། མགོན་ཚོན། ཕྱྭའིས།

སྐྱིབས། ལུག

125 མར་བ་ལ། གཏདེ། །ད་དེ་རིང་པ་འཚདུ་སྐྱིབས། ལུག། མར་བ་གཏ་དོ། ང་འི། བུ། འཕྲ་ཏེ་ནི་གྲོངས། སྟུག་
126 སྡེ་ནི་ཁྲག། ན། གྲོངས་ཀྱི་བདུར་ན། གསོན། མགུར་ཕྲས། ཁྲག་ཀྱི་བཙལ་ན། ཕྱུགི་ར་སྟོངས། དའ། ཕུ
127 དང་མགྱོགས། ཏང། ནུ་ཡིད་མགྱོགས། གཉིས། མཐོ་ལ་ཁལ་གྱང་ཀྱི་ཕྱུགས། མནམ་དུ། སྐྱིབས་ལུ
128 ག་མར་བས། དྲོངས་ཤིག། དམ་རབ་འབོག་གྱང་ཀྱི་ཕྱུགས་ཀྱི་ཕྱུགས། མནམ། དུ་སྐྱིབས་ལུག་མར་
129 བས་དྲོང་ཤིག། ད་དེ་རིང་པན་ཆདུ། ཕུ་དང་མགྱོགས། དང་ནུ་ཡིད་མགྱོགས། དང་ལྷེའུ་ཡང་ཀ་རྗེ་
130 དང་གསུམ། ཡང། བྱ་རོག་གུའི། ཕྱུ་དང་མཆུངས། སྨུག་ཙམ། ན་པོ་རོ། སྐྱིབས་ལུག། མར། བས།
131 བགྲིས། ན། ལྷེའུ་ཡང་ཁ་རྗེའ། ཕུ་དང་མགྱོགས། ནུ་ཡིད་མགྱོགས། གསུཾ་སྟེ་གནའ་སུ་ལ། པན་ཏེ་བསྡོ
132 ༎ །གནམ། རིམ་ཕ་དགུའི། སྟེང་དུ་བཙན་བཙུན་ལྷའ། དགོས། ན། བཞུགས། གྱང་མི་ཕྱུགས། མནམ། དུ
133 དགོས། ན་བཞུགས། ཤ་ཁྲི་ལྟར། ཡོགས་ལ། སྣར་གྱང་ཀྱི་ཕྱུགས། མནམ། དུ་ཡོགས། ལ། སྣར༎ །གན
134 སུ་ལ་པན་ཏེ་བསོད། ན། ལྷེའུ་ཡང་ཁ་རྗེའ། ལ། དོ་མ། སྙིང་དགས། པན་ཏེ་བསོད༎ །ད་དེ་རིང་སང་ལྟ་
135 ན། སྤོ་མ་ཉེ་དུ། ཀྱོད། གྱི། རྗེའ། ནི་གྲོངས། གིས། མྱེད། གཡུ་ནི་གྲུགས་གྱིས། མྱེད་རྗེ་གྲོངས། ན། བ
136 གྲོགས། ལྟའ། ག་ལ་སྲིད། གཡུ་གྲུགས། ན། མྱི་སྲུར་ལྟ། ག་ལ་སྲིད། །ད་མྱི་གཤིན་ཕྱིཙུ། སྤོ་མ། ཉེ་དུ།
137 པོན་ཀར། སྐྱིས་འདབ། ཀྱོད། འདོང་དགོས། གྱིས། །ད་དོ་མོད། ནཾ་གང་ལ། བཏམས། པ་ངག་ཚིག། སུམ།
138 ནི། ཁ་ཉེན་ཆིག། དཔྱིད་ཉེ་རིང་པ་ནི་ནུབ་ཏུ་འཇུག་ཤིག། སྐན་དྲུང་ནི་སིལ། པོན་དོ། ཕྱུ་དྲུང་དུ་

ནི། ཏམས

139 བཞ་གོ། བསྣན། དྲུང་མ་ཙང། སླན་དྲུང་མ་བཏགསྡེ། རྣ་དྲུང་དུ་སུབ་བ་རེ། ཁོ་རེ་ཡེ། ལེལེ། ལམ་ལུམ
140 དུ། ལས་ས་རེ། སབ་སུབ་ཏུ། ཞོ་མ་རེ། བཏགས། པ་ངག་ཚིག་སུམ། ནི་ཁར་གསོན། ཆིག། དྲོ་དཔྱིད་ཉེ
141 རིང་པོ། ནི། ནུབ་ཏུ་འཇུགས། ན། མཆོངས། ཏང་ནི་མཙུངས། གི །ཡུལ་དུ། བཞུ་དོ། མནམས་ཏང་ནི
142 མནམས། གྱི་ཡུལ། དུ་བཞུ་དོ། རྗེ་ཡིད། གྱིས། ནི། བསཾས། ཤིང་བཞུ་དོ། ཀོལ། དང་གིས་ནི་མདོ། ཤིང་
143 འགྲོའོ། རི་དགའ། རི། ལ། གཤིན། རྩི་པང། ཕུང། ཡུལ་དགྲ། ཡུལ། ན། ཚུ་གཤིན་ཚུ་ནི་སྟ་ན།

བཟལ་བཟུ

144 ལ། དེ་རིང་པན། ཆདུ། སྤོ་ཉེ་དུའ། ཀྱོད་གྱང་རྗེ་བདེན་གྱིས། བགོལ། ན་སླེ་ཕྱར་ག་དོད། གིས། ག་

ངནད་གྱིས

145 ཁ་ངནད་ཀྱི། མྱི་བཟའ། སྐ་བདེན། གྱིས། བསྟད་ན། མྱི་ངནད། རྒྱ་ངནད། ཁ་ངན་གྱིས། མྱི་ངནད། གཞུ
146 གེར། གིས། མྱི་འཕང། དེ་རིང་པན་ཆདུ། དོ་མ་སྙིང་དགས། ཀྱོ་ན། རྣམས། གྱང་སྐྱིབས་ལུག་མར

147 བ་ལ། གད་དེ་གཏང། ཀྱྭའ། དཔྱུང་མར་ལ། གཏ་དེ་གཏང། ལ། མཐོ་རྒལ། མྱི་ཕྱུགས། མཉམ། དུ་རྒལ
148 ཀྱུང་སྦྲིབས། མར། བས། རྡོངས། ཞིག། དམའ། རབ་འབོག། ཀྱུད། མྱི། ཕྱུགས་མཉམ། དུ། སྐྱིབས་ལྕུག།
149 མར་བས། རྡོང་ཞིག། །།མཐོ་འདའ་ན། གོང་སྲིག། ལྟའར། རྒོལ་ཆིག། དམའ་རབ་འབོག་ཀྱུང
150 ཕྱི་བ་ལྷུམ་པ་ལྟར་མྱི་ཕྱུགས། མཉམ་དུ། འབོག་ཞིག། །དེ་རིང་ཟླ་ཚདུ། ང་ཞེས། ནི། བདག། པོ
151 ང་ཞིག། སྣ་ནར། ཐེ་གཟོད། ཆིག། གཞ་རིང། ཏུང་གི། དོ་མ། སྙིང་དགོས། སྟུང་འོ་བག། གི། པོན
152 གར་སྐྱེས། འདབོ་དོ་མ་སྙིང་དགས། པོན་གར། སྐྱེས་འདབ། ཁྱོད། གྱིས། བཀུར་ན་ནི་རི་ཡང་
153 ཏིག། བསྣུག། ན། ནི་བྱ་ཡང་སླེབས། །དེ་རིང་པན་ཆ་དུ། མཐོ་ལ། འདས། ཀྱུང་མྱི་ཕྱུགས། མཉཾ། དུ
154 འདསྟེ། ལ་མཧོའི་ནི་གཆན། པས་དེ་ན་ཡང་པོན་གར་སྐྱེས་འདབ། གིས། མགར་ལྟར་ནི།
155 ཆེན་ཆིག། །དམའ། རབ་འབོག་ཀྱུང་མྱི་ཕྱུགས། མཉམ། དུ་འབོག་སྟེའ། རབ་ཀྱི་ནི་གཆན་
156 པས། དེར་ན་དོ་མ་སྙིང་དགས། གིས། སྨ་ཟམ་གི་གྲུ་ལྟར། ཧོགས། ཞིག། །།ད། གཞིན་ཡུལ།
157 བྲི་མ། དང། དུ། ཕྱིན། ན། རྩྭའ། དབྱར། སྔོ། དགུན། སྔོ་ཡང་སྤུ་ན་མཆིས། རྒྱ། མྱིག། གྲང་གྲུང་ཡང
158 སྤུ་ན། མཆིསོ། རྩི་གཞིན། སྔོ་ན། མཆིས། །འབྲི་དས། དྲག། གིས། དྲས་དེད། པ་ནི། དམག་རབས་
159 ཀྱི། རྟ་པོ། སླད་ནས། མཆིའོ། སྐྱིབས། ལུག། མར་བ་དང་བགྲོགས། ཏེ་དེང་ཞིག། བཙན་བཙུ
160 ན། དང་མཚུངས། དགོས། ན་བཞུགས། ཀྱུང་མྱི་ཕྱུགས། མཉམ། དུ་བཞུགས། ཤ་བྲི་ལྟར
161 བས། ལ། སྣར། ཀྱུང་མྱི་ཕྱུགས་མཉམ་བས་ལ། སྣོར་ཆིག། མྱི་དང་རྟ་ལ། བསྣན། པའ། མྱི། རྨ་བུ་
162 མཆིན་རྒྱལ། འདི། མྱིའ་མྱི་གྲོངས། གི་ཡུལ། དགའ། ཡུལ། བྱང་རྣམས་ན། དཔན་གྱི་ནི་བུ་ཆིག། གྲོངས
163 བདག་མྱི་རླག་གི་ཡུལ། བརླ་མོ། ཆབ་གོར། ན། དབུལ། ཀྱི། པ་ཆི་རླ་གིས། མྱིད། གསོན། ཆེ
164 ལོ། བརྒྱའ་ནི། བྲང་བསྣན་ལ། དེངས། གྲོངས་ཆེ་བདུའན། འབུམ་ནི། སྣམ་ཕྱི་གདུབ་ལྟར། འགོར།
165 ཏེའ། དེ་རིང་སླན་ཆདུ། སྐྱིན་དང་བབ། གི་འོག། ཏུ། མྱི་དུ། མྱི། གསོན། གཞིན།
166 ཡུལ། མྱི། གཆིག། ཕྱི་པག། ཙང་མྱི་གཆིག། དེ་རིང་པན། ཆདུ། འཛིགས།
167 ཡུལ་དུ། དོན་གཉར་འཚོའ། སད་ཁུང་དུ། ཞིང་རྨོ་འཚོའ། གནམ
168 ཕྱིར་མདའ། པང་འཙོའ། གཞིན། ཡུལ་དུ། ཏན་བཏའ།
169 གཞིན་ཡུལ་དུ་ཏན་བཏའ་ན་ཏནད་ཀྱི། གཙས་ཀྱུང་ག་ལ་ཡོད་ཆེས། སྤྱི་མ་ཏུགས་མ། གདུང།
170 ཞིག། འགྲོ་ལམ་མྱེད་ཀྱུང་ལམ་འཕར། འཙོའ། ནང་དྲོ་མྱེད་ཀྱུང་དྲོ་བཙལ་འཙོའོ། ནུབ་ཀྱི། དགོང་
171 ན་དགོངས། འཕྲལ་ལ་བཙལ་འཚོའ། ཤི་སྟེ་མྱི་སོས། ན། ཁང་ཕོ་བདུད། བསྐྱེནདེ། ཕྱྭའི། ནི།
སྲས། བགྲོངས་

172 སོ། གཤིན་ཡུལ་དུ། གཤིན་ཡུལ་དུ་ཏན། བཏའ་ན་ཏན་གྱི་གཆས། ཏན་གྱི་གཆསས་མྱེད་པ
173 སྟང་མ་ཡར་མོས། བུ་ཡར་མོ་ལ། གཤིན་ཡུལ། དུ། ཏནད་བཏབ། བའི། གཆས། མྱེདོ། །དེ་རིང་སླན་ཆ
174 དུ། གཤིན་ཡུལ་ནས། སླར་འགོར་པའི། མྱི་མྱེ་དོ། །དེ་རིང་སང་ལྟའ། །ན། འགྲིང་མྱི་ཡི་བུ་བརྐྱེད་
175 བརྐྱེད་ན། ཏ་མ། སའི། འོག །དུ་འདས། གྱིས། མྱེདོ། མགྱོགས་གྱི་བུ་བརྐྱེད་བརྐྱེད
176 ཏ་མ་གཙོར་དུ། འདསོ། བཟང་རྣབ་རྣབ་ན་ཏ་མ་ཞུགས་ཏོག། དམར་ལ་ཞེནོ། མགྱོགས་བྲིང་བྲིང
177 ན། གོར་ཏོག་སླུམ་གྱི་ཡ་བོ། །གདའ་བརྐྱེད་བརྐྱེད་ན། ཏ་མ་ཆུར་འདསོ། གནའ། པ་མྱེས། ཆེད་ཕོ། ཆུ་
178 གང་ཡང་བ། དེ་རིང། སང་ལྟ་ན། བུ་ཚ་གཞོན། གྱི་བདུད། དེ་རིང་པན་ཆདུ། དྲུ་གདུགས་ལས། གྱུང་འཔ
179 གོ །སྟུག། བུ་ལས་གྱུང་འཔངོ་དྲོ་མ་ལས། གྱུང་འཔངོ། རྗེ་གསོན་རྗེ་སྤང་རྗེའི་སྤུར་བུ་ལས་གྱུང་འཔངོ་
180 རྗེ་གཞིན། རྗེ་ཕྲུབ་མ་དང་མཚུན་རྗེ་ཡུང་བྲང་དང་ཡང་མཇལདོ། ལྟ་ལུག་ངོ། མར་དང། ཕྱུགས།
181 ལ། སྐྱེར་བཞོན་ལས་གྱུང་འཕངོའ། །ཡུལ། གསོན། ཡུལ། ངར་འགམས། ན། གཤིན་གཤིན།
182 ཡུལ་བྲིམ་དང་ན། འབྲས་གི་ལྷང་པ་དབྱར་སྡོ་དགུན། སྡོའ། དང་མཇལདོ། ཡུལ་གཤིན། ཡུ
183 ལ། ན། བྱང་སྐྱོགས། དུང་སྐྱོགས། གྱི། ནང་དུ་ཆང་ བླུགས། པ་གཤིན་ཡུལ། འབྲིམ་དང། རི་རོ་སྨ
184 མ་ལ། ཆབ་མྱིག་ཇོ་བཟངས། ཆང་བས། ཞིམ། སྐན། དར་སྐན། ཆིག་རྒྱུད། རིང་དུ་མ་གསནད
185 ཆིག། སྤྱན་སྤུག་སྤྱན་ནི། རྒྱུད་རིང་དུ་མ་གཟིགས། ཤིག། གོར་ཟད་ནི་ཤིང་དེངས། ཏེ། དོ་མ་སྐྱི
186 ང་དགས། གྱི་རྨྱིག་པ་ལྷགས། རྨྱིག་བཞིའ། མར་རྗེད་ཕྱིང་ནུ་གངགི། རྗེད་ཕྱིད། ཡང
187 བའི། རྗེད་ཕྱིད། གཤིན་ཡུལ། ན། མདོ་རོ་དར་བས། འཇཾ། སོ། མྱི་མེའུ། གཉེན། གྱིས། ནས
188 ནས་རྗེད་ནས། བོན་པ་ནི། གཤིན། ཡུལ་འབྲིམ། དང་ན། གྲམ་བུ་ཅལ་རྟུ་ན་བྱི་མ་གནུབ་བས་འཇམ་མོ།
189 དེ་རིང་ཕན་ཅད་དུ་སེ་མོ་ཡེ་ལེ་ཡེའ་རེ་གནག་ཟིབསེ་ཟིབས་སེ། བྱིའུ་ཕུ་རུ་རུ་རྒྱུ་བྱུ་གང
190 ག་ཅིག་ཅིག་པུ་རུ་རུ་འགྲོ་ལམ་མྱེད་དེ་བྲག་ལ། ལམ་ཚོལ་བ་སྐྱིབས་ལུག། གྲུ་དབུང
191 མར་རྣས་བྲག་འདྲའོ་དཔུང་པས་རི་འཕུལོ། མཚོ་རབ་མྱེང་ལ་རབ། །
192 འདོད་པ་ཕྱོ་ཕྱོ་རྒྱལ་ཏེ་ཕྱགསོ། སྤོ་མ་ཉེ་དུ་ཕྱོད་སྤ་གྲིན་ནི། །གཤིན་ཡུ
193 ལ་འབྲིམ་དང་ན་ཕྱུགས་གསོན་གཤིན་མྱི་གསོན་གཤིན་གཉིས། རྫེ་གོལའོ། སྒྲིབ
194 ས་། ལུག། མར་བ་ཕྱོད། པ་མྱེད་གྱི་པའོ། མ་མྱེད་གྱི་མ་རྗེ་ཁམ་གྱིས། སྐྱན་གྱུང་
195 མྱི་ཕྱོད་གྱིས་སོན་ཆིག། ཆུ་རྡབས་གྱིས། །སྐྱུད་གྱུང་མྱི་ཕྱོད་གྱིས། ལུད་ཆིག། །།
196 ༄་།དའ། ལ་དང་དགོས་གྱི་མྱིང་བ་ནི། བཀིའུ་ལའ། ཟིགས་སྤངས། ཤིག། སྤང་ཆིག། པ་
197 རུ་འདས་ན། གཙོས་དགོ་བྲི་དེ་བྲིང། ཤ་རྒྱུད་རམ་མ་རེམ། སན་ཀར་སྐྲ་བོ་ཞིག། གནམ་

198 ཙ་ཟང་ངེ་ཟང་ལམ་གྱི་གཡོན་རོལད། ན། གོ་སུ་སྔོང་ཙམ་གྱོནད། བཙེདུ། སྦྲང་བུས
199 བཙྫེད། ལཾ་གྱི་གཡོན་རོལ་ན། གོ་སུ་ཚེམ་བུ་གྱོནད། ཟ་སུ། པྱེ་མར་ཟའོ། ལསུ།
200 ཉུན་ལུག་འཚོའོ། ལམ་གྱི་གཡས་རོལད་ན། གོསུ་ར་བྱརད་གྱོནད། ཟསུ། ལྤུམ
201 ཏོག་ཟའོ། རོགསུ། ཐྲག་ཆས། བསྒྲིགས། ཉོན་མོངས། སྡུག་པའི་ཡུལ། ལམ་གྱི་
202 གཡོན་རོལད་ན་གོསུ་དགཱ་ཙ་གྱོནད། ཟསུ་དགཙ་ཟའོ། བསྟོད་ནི། སྦྲང་བུས།
203 བསྟོན། དགོ་རེ་གས། བསྟོད། ཡུལ། གཤིན་ཡུལ། ན། སླན་བའི་མྱི་མྱི་དོ་སྐྱིབས་ལུག
204 མར་བས་སླན་བའི་རྩི་ཡང་བྱའོ། ཉུན་ལུག་གིས། མ་བྱས་ན། ནང་དྲོ་མྱེད་གྱི
205 ཡུལ། ན། དྲོ་ཡོད། ནུབ་དགོངས་མྱེད་གྱི་ཡུལ། དགོས། གྲུང་ཡོད། དབྱར་སོ་དགུན་དུ
206 སོ་སྟེའོ། དག་དང་སྐྱིད་པའི། ཡུལ། སྨྲ་ཤུག་བྲུམ་ཕོ་དབྱར་སོ་དགུན་དུ་སོ། སྟེ་སྣམ་ནྷ
207 དེ་ཙ་ཁོལ་ཆིག། མཆིང་གི་ན་དྲའོ། སོན་མོ་ལ། ཆིབས། གྱིའོ། པངས། རྗོད་ནི། དེ་ཙ།
208 རྗོད་ཆིག། བགྲེའུ། འོ། ར་མ་པ་མཆིས་ཏང་ར་མ་པ་འི་བཙསུ། ཆེའུ་སུག། ཡ་ཆིག
209 དང་ཆོལ་རེ་བོ་དར་ཆིག། འནད་ཆིག། ཕོ་བྲང་ནི་གཡོན་ཏུ་རྟེབས་ཤིག། ཞུགས། ཏབ་ནི། །
210 གཡསུ་གླིངས་ཤིག། སྐྱིབས་ལུག་མར་བའི། འབ་འབབའ། ཏབསུམ་ལ། རྫེ་ཡིང་སྟེ་མ་བཞུ
211 གས། ཤིག། ཕྱུགས། སྲོ་མ་ཉེ་དུ། དོ་མ་སླིང་དགས་ཁྱིད་གྲུང་མཆིང་གི་ན་དྲ་སོ་
212 ན་མོ་ལ། ཡིངས། སྟེ་མ་འདུག་ཤིག། །།དེ་སྟེ་ཕན་ཆདུ་གནམ་དང་སའོ། འདབླ་
213 ཏེ་། ཁྲིགསེ་ཁྲིགས། བྱེའུ་ཁྱུགསྤ་སོང་ན་འཛུ་གི་མཐའ་ཟ་རིག། བྱེའུ་སླེག
214 ས་སོང་ན་འཛུགི་དྲུང་ཟ་རིག་མྱི་བདག་འོངས། གྱིས། སྔོ་བྱེ་ཞེས་གསུ
215 ང་སྟེ་སྤྱུ་མཚལ། ཉག་ཆིག། བཙསུ་བོར་ཏེའ་མྱི་བཟངས་ནི་འཛུལད་ཏེ་གཤེགས་
216 ཤིག། རྒ་བཟངས། ནི། མདུར་ཏེ་གཤེག་ཤིག། ཁྱི་བཟངས་དོམ་བཟངས་ནི། འདྲུལ་ཏེ་
217 གཤེག་ཤིག། བ་བྲི་ནི། གཡབ་གྱིས། ཏོབ་ཤིག། དེ་སྟེ་པན་ཆ་དུ། བྱེ་མ་ནབ་ནུབ་གྲུང།
218 སླིང་མ་བདུན་གྱི་ལམ། དགའོ། ལ། ཆིག། ཕྱུར་ཞེས། འདས། ན། ལའོ། མྱིང་བ་ནི་དྲོ་ལ། པམ་
219 ཕུམ། སྤྱང་ཆིག་པ་ཙ་སྣར། ཤ་རྒྱང་བྲིངེ་བྲིང་གཙོས་དགོ་རཾ་མ་རེམ། སན་ཀར་སྐྱུ་བོ། ཞི་
220 ག །གནམ་དུ་ཟ་ངེ་ཟང། ལམ་གྱི་གཡོན་རོལད་ན། སྐྱེས་པོ་བརྒྱའོ། ཞིག། མདའོ། རྫལ། འཕོང
221 རྩོལད་ཏེའོ། གོསུ་དགཙ་གྱོནད་ཕྱུགསུ་དགཙ་བཏོག་དགའ་དང་སྐྱིད་པའི། ཡུལ། ཤ་སྟེ
222 མ་བདུར་ཕའོ། རྣག། སྟེ་མ་བཙལད། པ། མཆེན་དམར། གྲི་མ་དམརད་ཕ། བ་གར་བ་མ། བཞུས་
223 ཏེའོ། ཆེ་ཕྱུར་ལྡའོ། ཞིང། ནམ་གྱི། འོན་ལ་རྐྱའོ། ཡུ། སུའི། ཡུལ། ཞེས། བགྱིསྣ།

224 མྱི་བརྩུན་དྲི་ཏྲ། གྲོངས། པའི། ཡུལ་ཏེའ། ཉོན་མོངས་སྡུག་པའི། ཡུལ། ལམ་གྱི་གཡོ
225 རོལད། ན། གསེར། གི། ལྷང་བྲང་སེར་མོ་ལ། འབང་སྣ་དེ་ཏུ་ཁོལད་ཆིག། མཆིང་གི། ན།
226 དྲའ། སྔོན་མོ་ལ། འཕངས་རྫོད་ཏུ་རྫོད་ཆིག །དྲི་གི། ར་མ། པ་མཆིས། ཏང་བཙསུའ། ཚོ
227 ལ། རེ་བོ་དར་ཆིག། ཏང་ནེའུ་སུག་ཡ་ཆིག། བོན་ཆིག། དབྱར་སྔོ་དགུན་དུ་སྔོ་སྐྱེ་དེ་ན
228 དགྱེས་དགྱེས། ལྷའ་སྐྱེ། གཞ་རིང་ཏུང་གི་ཡུལ། མ་ལགས། གྱིས། དེ་ན་མ་བཞུགས
229 ཤིག། ཕོ་བྲང་ནི་གཡོན། ཏུ་རྟེབ་ཤིག། ཞུགས་ཐབ་ནི། གཡསུ་གླིངས། ཤིག
230 སྐྱིབས་ལུག། མར་བའི་། འབའ། འབ་ཏབས་སུམ་ལ། རྫེ་ཡེངསྐྱེ་མ་བཞུགས། ཞིག
231 ངོ་མ་སྙིང་དག། ཁྱེད་ཀྱང་མཆིང་གི་ན། དྲ་སྔོན་མོ། ལ། ཡེངསྐྱེ་མ་བཞུགས་ཤིག།
232 དེ་སྐྱེ་པན་ཆདུ་གནམ་དང་གངས་འཏབས་ཏེ་ཁྲིགསེ་། ཁྲིགས། ཁྱེའུ་ཁྱུག་སྔའ་
233 སོང་ན་འཇུ་གི་མཐ་ཟ་རེག། ཁྱེའུ་སྐྱིག་ས་སོང་ན། མཇུ་གི་དྲུང་ཟ་རེག། སྤུ་མཆ
234 ལ་ཉལ་ཆིག། དང། ཚོལ། རེ་བོ་དར་ཆིག། དང་ནེའུ་སུག། ཡ། ཆིག། ཏང། ལ། བཙསུ།
235 བོནདེ་། མྱི་བཟངས། ནི། འཇོལཏེ་གཤེག་ཤིག། རྟ་བཟངས་ནི་མདུར་ཏེ་གཤེགས་ཤིག
236 རོལ། བཟངས། ནི། འབནད་ཏེ་གཤེགས། ཤིག། ཁྱི་བཟངས། ངོམ། བཟངས། ནི། འདྲལ། ཏེ་གཤེགས
237 ཤིག། བ་བྲི་ནི། གཡབ་གྱིས། ཧོབ་ཤིག། དེ་སྐྱེ་པན་ཆདུ་གྲམ་བུ་གསེག་མ། ཡང་སྙིང་མ་
238 བདུན་གྱི་ལམ། དེ་སྐྱེ་པན་ཆདུ། །ལ། ཆིག་པཏུ་འདས། ན་ལའི། མྱིང་བ་ནི་བགྱ་ལ་
239 ལྡོད་མོ། ལགས། བཀྲ་ལ་ལྡོད་མོ་ནི། སྤང་ཆིག་པ་ཏུ་སྣརད། ཤ་རྒྱང་བྲེ་དེ་བྲེད།
240 གཙོས། དགོ་རེ་མེ་རེམ། སན་ཀར་སྐྱ་བོ་ཞིག་གནོ་དུ་ཟངེ་ཟང། རྐན། ཕྱི་གཉིས། ཤིག
241 ཏུ་སྲོ་འདྲབ། དབྱར་སྔོ་དགུན་སྔོ་དགུན་དུ་སྔོ། སྐྱེའ། ལམ་གྱི་གཡས། རོལད། ན། མྱི
242 རྐན་གཉིས་ཤིག། རྐན་ཏེ་ནི། བཁྲ་མ། མཆོད། ཡུལ་དེ་ཟ་སུ་ནི་ལྷུམ་ཧོག་ཟའ། གོསུ་
243 ནི། སྣ་ལྷམ་གྱོནད། ཤིང་དུ་ནི་མ་གལ་ཤིང། འབུད། ལམ་གྱི་ནི་གཡོན་རོལད། ན། རྐནི་ཕྱི
244 རྐས། ཏེའ། བཀྲའ། ཏུ་ནི་མ་མཆོད་གྱིས། ཉི་མ་ནི་ནུབ་ཏུ་འཇུགས། ལསུ་ནི་གླུ་དང་བྲོ
245 ཚུ་བཆུས། ནི་ཆང་དུ་ཏུང་མྱི་བཀྲ་མ་མཆིས་པའོ། ཡུལ། ཏེ་སྨྲ་ཤུག་ནི་རྒྱུམ། པོ
246 ཞིག་དབྱར་སྔོ་ནི་དགུན་དུ་སྔོ། སྣམ་རལ། ནི། རྟེ་ཏུ་ཁོལད། ཆིག། མཆིང་གི། ན
247 དྲ་ནི་སྔོན་མོ་ནི། དབྱར་སྔོ་ནི། དགུན་ཀྱང་སྔོའ། པངས་རྫོད་ནི་དེའ། ཏུ། རྫོད། ཆིག། བཀྲའོ།
248 ར་མ་པ་མཆིས། ཏང་ནེའུ་སུག་ཡ་ཆིག་ཡ་ཏང་ཚོལ་རེ་བོ་དར་ཆིག། འོན་ཆིག
249 སྐྱིབས། ལུག། མར་བའི་འབའ་འབ་ཏབས་སུམ་ལ། རྫེ་ཡེངས་སྐྱེ་མ་བཞུགས

ཤིག་ཕྱུགས་དོ་མ་སྙིང་དགས། གྱང་མཆིང་གི་ན་དྲ་སྟོན་མོ་ལ་ཡིདསྟེ་མ། བཞུགས་ཤིག། པོ་བྲང་ནི་གཡོན་དུ་རྡེབ་ཤིག། ཞུགས་ཏབ་ནི་གཡསུ་སླིངས་ཤིག། དེ་སྟེ་པན་འཚདུ་གནམ་དང་གཡའ། འདབས་ཁྲིགས། བྲེའུ་ཁྱུགསྤྱའ། སོང་ན། མཇུ་གི་མཐ་ཟ་རིག། བྲེའུ་སྐེག་ས་སོང་ན། མཇུག་གི་དྲུང་ཟ་རིག། དེ་སྟེ་པན་ཆདུ་དགབ། ལ། ཚིག་ཕྱུག་ཞེས་འདས་ན་ལ་དེའི་སྤྱིང་བ་ནི་སྤྱི་བཅུན་སྨན་དུ་གྲོངས་པའི་ལ་སྟེའ། དགའ། ལ་ཚིག་ཕྱུར་ཞེས་འདས་ལ་དེའི་::འདས་ལ་དེའི་སྤྱིང་བ་ནི། སྐྱེས་དརད་ན་གྲོངས། པའི། ལ། སྟེའ། ལ་ཚིག་པ་རུ་རྒྱལད། སྤང་ཚིག་པ་རུ་སྨརད། ཤ་རྒྱང་རི་མེ་རིམ། གཙོས། དགོའ། ཟྲི་ཏི་ཟྲིད། སན་ཀརསྐྱི་བོ་གནམ་དུ་ཟ་དི་ཟང་ལ་ཚིག་པ་རུ་འདས། སྤང་ཚིག་པ་རུ་སྨརད། སྐྱེས།ལམ་རླག། པའི། ཡུལ། ཏིའ། ལམ་གྱི། གཡས་རོལད། ན་བུ་ལོན་ཁྱུངས། མ་ཀེརད་ཁྲམ་བུ་ཁྱུར་ཧོགས། པའི་ཡུལ། ཏིའ། ལམ་གྱི་གཡོན་རོལད། ན་སྨྲི་ལ།ངན་མ་བྱས། དུད་དགུས། ནི། བསྐྱལད་འདྲིང་དགུས་ནི་བསྐོད་གོ་སུ་ནི། ཉི་མ་དྲོ་གསེར་གྱི། ལྷང་བྲང་སེར། མོའ། ལ། སྨམ། རབ་དེའི་རུ་བོལ་ཚིག་ཚིབས། གྱིརྟོད་སནི་མཐིང་གི། ན་དྲལ་སྟོན་མོ། ལ། རྟོད་ཚིག། པོ་ནི་གཡོན་དུ་རྡེབ་ཤིག། ཞུགས་ཏབ་ནི་གཡསུ་སླིང་ཞིག་དེ་སྟེ་པན་ཆདུ། གནམ་དང་བྲག་འདབ་ཁྲིགསེ་ཀྲིགས།བྲེའུ་ཀྱུག་སྤ་སོང་ན་མཇུ་གི་མཐ་ཟ་རིག། བྲེའུ་སྐེག་ས། སོང་ན་མཇུག་གིདྲུང་ཟ་རིག། སྤྱི་བཟངས་ནི་འཛུལ་ཏེ་གཤེགས་རྟ་བཟངས། ནི་མདུརད་ཏེ་གཤེགས་དེ་སྟེ་པན་ཆདུ། ཤིང་ཁྱུང་རབ་རིབ་གྱང་སྙིང་མ་བདུན་གྱི་ལམ། དག་ལ་ཚིག། ཕྱུར་ཞེས་འདསྨ།དམག་རྟ་མ་བསད་པ། ཝེ། ལ་སྟེའ། ལ་ཚིག་པ་རུ་འདས། སྤྱ་ཚིག་པ་རུ་སྨར་དམག་རྟ་ཁྱུངས། ནསཕྱུང་ན་ལུག་ལགས་བུ་གཅིག་ལ། སྨ་××××སྨན་དེ་རུ་ཀོལད་པའི་ལ་སྟེའ། ལམ། གྱི། གཡས། རོལདན་དམག་གི་རྟ་མ་བསད་པའི་ཡུལ་ཏེའ། སྨ་སྨན་ཁྱུར་དུ་ཀྱེར་བའི་ཡུལ། ལམ། གྱི། གཡོན། རོལདན། དམག་རྟ་ཁྱུངས་ནས། ཕྱུང་ན། སྨ་སྨན། གཡསུ་ཀོལད། ལམ་གྱི་གཡས་རོལད་ན། དམགི་རྟ་བ་རུ་སྲིན་རྗེ་ཝུ་ཁྲིད་ན་སྲིན་སྤྱིག་སླད་ལྟེའི་ལྟེད། སྲིན་སྐད་ཧོང་ཧོད། སྨ་སྨན་ཏང་ལ། བྲུལ། བའི།ཡུལ། ལམ་གྱི་གཡོན་རོལད་ན། སྤ་བྲིན་དེད་པ། དོ་མ་སྙིང་དགས། འབྲེད། ས་དེད། པ། དམག། རབ་གི་རྟ་པོ། གསེར་གྱི། ལྷང་བྲད། སེར་མོ་ལ། སྨམ་རབ། བོལ། ཚིག་མཆིང་གི་ན་དྲ་སྟོན་མོ་ལ་ཚིབས་དེ་རུ་རྟོད་ཚིག། ར་མ། པ། ཝེ། བཙསྨ། ནེའུ་སུག། ཡ་ཚིག། ཏང་

276 ཆོལ། རེ་བོ། དར་ཆིག། འོན། ཆིག། ××××
277 དེ་སྐེ་པན་ཆད་ཆབ་བྲག་འདབསྐེ་ཁྲིགསེ་ཁྲིགས་དེ་སྐེ་པན་ཆད་པ་བོང་ཁྲལ། ཁྲོལ། གྲང་སྐི
278 མ། བདུན་གྱི། ལམ། སྲིང་གི་བ་མ་བསད་པ་འི། ལ། སྐེའ། དགའ། ལ། ཆིག་པ་འདས། ན། སྲིང་བ་ཁྲུངས་
279 ནས། ཕྱུང་ན། ལུགུ་ལགས། བུ། གྲང་ཟོ་བ་འགྲུལ་དུ་ཏོགས། པའི། ཡུལ། ཏ། ལམ་གྱི། ག
280 ཡས། རོལད། ན། སྲིང་གི་བའ། མ་བསད་པ། འི། ཡུལ། ཏ་བསྒྲོགས་ན་སྲིང་ར་རྒྱ་མོས
281 བསྒྲོགསྟེ་ཟསུ། དབྱར་གྱི་ལྷུམ་ཏོག་ཟའ། ལམ་གཡོན། རོལ་ན། སྲིང་གི་མཚོ་མོ་ཁྲུངས
282 ནས། བཕྱིན་ན་ལྷུ་ཤུ་གཉན་གྱིའ། འབྲི་བརྒྱལ། འཛོ། བ་བསབ་གཅིག། ཞོན་བཏམ། ལམ་གྱི
283 གཡས་རོལ་ན་སྲིང་བམ་བསད་ན། འབྲི་བརྒྱལ། འཕྲལ། ལ། དེད་གྲང་ཟོ་སྟོང་མགུལ
284 དུ་ཏོགས། ལམ་གྱི་གཡོན་རོལ། ན། སླང་མ་ཤེའུ་སླང། མ་དྲུང་ན་སྲིང་གུག་ཤམ
285 ཟ། ཏོག། མྱི་གཉེན། ཤི་ན་བ་སྐྱེའ། འབྲིང་ཏིང། ཊུ་སྦྲུབ་ཕྱིན། བ་ནང་བཞོས། ཕྲི་ནུབ་བ
286 ཐུང། བལ་ནང་བལད། ན། གོས། ནུབ་བགོབའི། ཡུལ། ཏ། བ་དང་མྱི་གཉིས། འགྲོགསྟེ་
287 དགའ། དང་སྐྱིད་པའི་ཡུ་ལོ། སྨ་ཤུག་སྦུམ་པོ་ཞིག། དབྱར་སྟོ་དགུན་། སྐེའ། སྨམ། དེ
288 རལ་དེ་ཊུ་ཁོལ་ཆིག། དེ་སྐེ་པ་འཆད། བདགས་ཏང་སྲིབས་འཏབསྐེ་། ཁྲིགསེ། ཁྲི
289 གས། དེ་སྐེ་པ་འཆད་བྲག། དབྱེ་ཆུ་དགུ་ཡང་སླིང་མ་བདུན་གྱི་ལམ། དགའ་ལ་ཆིག
290 ཞེས་འདས། ན་ཚ་ལོབ་ཁྲུངས་ནས་ཕྱིན། ན། སྲུ་མོ་མཉེས། གཤིན་མས། ཤ་མོ་ཕྱུབས
291 ཤིག། རི་འི་ཤོ་མ་མདབ་ཆིག། ཕྱུབ་ཆེང་གྲོང་འདུག་ཤིག། ལམ་གྱི་གཡས། རོལད་ན
292 ཚའ་ལོབ་མྱེད་ཏང་ན། གོས། བརྒྱའ། ཕྱུགསུ་གཏང་ལ། བཟརད་གྲང། སྲིག་ཏང་སྤུཾ་ཕྱུམ
293 ཟེལད། དང། ཡེང་ཡེང་གི་ཡུལ་ལཾ་གཱི་གཡོན་རོལད་ན་ཙ་ལོབ་ཁྲུངས་ནས་ཕྱིནད་ན་ཕྱུར། ཀེསུར་
294 ཀེའིས་བཀབ་པ་ས་ཁྲིམ་དགུ། བས་དྲུ་དབྱརད། སླ་སུམ་ལ། རེ་བོ་ཕྱུགས་སུཾ་བས་
295 གྲང་འབྲུ་རྫི་མས་ལངས་གི་སྦྲུབསོ་དགའ་དང། སྐྱིད་པའི་ཡུལ་དབྱརད་སྟོ་དགུན་དུ
296 སྟོ་ནང་གི་དྲྭ་ཕོག་ཤིན་ནུབ་གི་དགོངས། ཕོག་ཤིག། ར་མ། པའི། བཚསུ་ཅེའུ་སུག་ཡཅིག
297 དང། ཅོལ། རེ་བོ་དར་ཅིག་ཕྱིན་ཅིག།། །།

Pel.tib.1039 ཤི་རྨ་བུ་མཆིད་རྒྱལ་གྱིས་བྱད་དན་བློག་ཚུལ།

1 ××××ཁག་གུན་མ་པ་ན་པོག

2 གུན་མ་བུ་དགའ། མྱ་འབུད་ཕུད་ཚུ་སྐོལ། ལྐུག་བྱེ་ཁྲུད་མོ། གཏིང་བྱ་གནུར། མོ་ཐང་དགྲ
3 མོ་ཐང་ཞིག་ཤོག། ཕུང་ཏྲ་སྟངསྟེ། མཆིང་རྒྱལ་ལ་ཕུང་བྱད་ཆེ་དགུར་བཅིངསྟ། ཕ་སླའི་ཡང་
4 ད་བོ་མ་ས་སྲིན་བྱེད་སྨྱེད་མ། རྨ་ཁྲིམ་འཕྲང་ར། བྱད་ཁྲིམ་སྲི་ག་ན་ཀུ་ཏུ་ག་ཤོག་ཤོག། འབོད་
5 འབོད་དགའ་ཏྲ་སྟངསྟེ། སྨྱི་རྨབུ་མཆིང་རྒྱལ། སྟོན་པོ་ལྟ་བོ་ཏྲ་གནུབས་གཉིས། ལྟོ་ཏྲ་རིགས་གཉིས་
6 ཁོལ་ལྡེ་ཁོལ་ཐོགསྟོང་། ལྡེ་ཟ་གག་གར་ཞིབ་སྨྱི་རྨབུ་ལ་སྤ་གོས་ངན་ལས་བྱུད་བཅིངས་ཕྱི་ཟས་
7 ངན་དུག་དུ་གདོན་ན། དུག་ཁྲིམཿགསང་ར་བྱད་ཁྲིམ་སྲི་ག་ནངདུགུཏཏ་ཤོག། འབོད་འབོད་ཡུལ་དབྱེ་མོ་
8 ཡུལ་ཏྲུག་ཀུ་ན་རྗེ་དབྱེ་རྗེ་ཁར་བ་བླྷ་གྲོ་ཏྲ། རྨྀའུ་གཉིས། ཁོལ་དབྱེ་ཀོལ་ལུག་དགྲ། དབྱེ་ཟ་ཀོ་མ་མ་ཞིག་
9 སྨྱི་རྨ་བུ་མཆིང་རྒྱལ་ལ་སྤ་གོས་ངན་ལ་བྱ་ཏུ་བཅིངས། ཕྱི་ཟས་ངན་ལ་དུགདུའདོན་ན། གུཏ་ཤོག།
10 ཡུལ་རིགས་ཡུལ་སྲི་མོ་ལུང་སུཾ་ན་རྗེ་རིག་རྗེས། གླིང་བྲག་ཆེའུ་སྟོན་གསས་པ་ཏྲ། སྨྱུས་གཉིས།
11 ཁོང་བོད་གདུག་གཉིས། རྗེ་རིགས་ཟ་ཐྲ་གར་སྨན་ཞིག་སྨྱི་རྨབུ་མཆིང་རྒྱལ་སྤ་གོས་ངན་ལ××××
12 ཏུ་བཅིངས་ཕྱི་ཟས་ངན་ལ་དུགདུ་གདོན་གུཏཏ་ཏ་ཤོག། ཡུལ་འགའ་ཤུལ་གྲུ་བཞི་ན་རྗེ་གདང་རྒྱལ་སྲོག་
13 ཟིན་སྟོན་པོ་དགུམ་ཏྲ། ཕོག་རོལ་གཉིས། ཁོང་སྟོང་བཙུ་དགའ་ཟ་ཁྲུག་ཕངས་ཞིག་སྨྱི་རྨབུ་མཆིང་
རྒྱལ་ལ་
14 སྤ་གོས་ངན་ལ་བྱུད་དུ་བཅུག། ཕྱི་ཟས་ངན་ལ་དུག་དུ་གདོན། དཀུ་ཁྲིམ་སྟང་ར། རྨ་ཁྲིམ་ཕྲང་ར་བྱད་ཁྲིམ་
15 སྲི་གའི་ནངདུ་ཀུ་ཏ་ཏ་ཤོག། འབོད་འབོད། ཡུལ་མཚམས་ཡུལ། དཀུ་ཡུལ་ན་རྗེ་མཚམས་རྗེ་སྟོན་པོ་××××
16 ཏྲ་ཕྱུགས་གཉིས། ཁོལ་མཚམས་ཁོལ། ཕ་བཙུ་མཆིས། ཟ་ཤ་ཆང་མ་ཞིག་སྨྱི་རྨ་བུ་མཚམས་རྒྱལ་ལ་
17 སྤ་གོས་ངན་ལ་བྱུད་བཅིངས། ཟངས་དཀུ་ཟངས་བྱད་ཟངས་ནི་བཙུགས་དཀུ་ཆང་
18 ཏུག་པ་ནི་བཙོས། དཀུ་ལུག་སྟང་ལུག་བྱད་ལུག་ནི་བསད། བྱད་ར་རྒྱ་མོ་ཏྲ་བྱད་བྱད། བྱེ་སེ་མོ་ནི་
བཟུ××××
19 བྱད་བཅིངས། རྒྱེན་བཀྱོལ་གྱི་ནི་བྱད་བཀྱོལ་རྒྱེན་གྱིས་བྱད་དགྱོལ། གོང་ཏྲམ་ཏ་ལ་བོར་གླིངས། ལ་བཙར་
20 གནམ་བྱད་ཆེ། དགུ་གོང་དགུ་གྱི་དགུ་ཕམ་ལ་བཅིགས། ཕ་བྱད་ཆེ་མ་ཆེ་དགུ་ནི་ཆོག་མོར་མོལ་
21 བཅིས་ཀར། གྱི་ཡན་ཀལ། གནགི་མན་གལ། གཡགི་ཡན་གལ། སྐུན་གྱི་མན་གལ། ཐོན་ཀྱི་མན་གལ་
22 ××××སྐུགི་མན་གལ། ལས་བཀོལ། ཤ་བོ་འགམ་གྱི་ཙ་ཏྲ། གཡག་པོ་གཉའི་ཆུ་ལས། དགྱོལ་
23 ནས། སྨྱིལྡེ་ཕྱུས་བྱ་ཙམ་བ་ལྟར་བསྒྱུད། ཏ་ལྟར་བསྒྲིགས། ང་བཤོས་གསུང་ལྐུགས་བཞུགས་ན། པ་ཐེབས་
24 པ་ང་བཤོས་ཞེ་བཞ་འགབ་དུ་ཁྲུམས། ཕྱུག་ཞ་འགབ་བྲང་ལ་ཞ། བ་ཡང་བཤེས་ཞལ་བ་བ་ཏག་ལྟར་
25 ནན་པ་ཏྲ། ཐུགས་རེའུ་ཆིལ་ལྟར་འཁྲུགས་པ། ང་བཤོས་བུ་བུང་ནི་བཞེངས། གེ་གེ་གོག་ནི་བཤོསྟེ་གནའ་

26 བས་ད་བཟང་། ཕྲུམ་བས་ལོ་ལོ་དཀར། གནའ་དེ་ལྟར་འཕན་ཏེ་བསོད། ད་མྱི་རྨབུ་མཆིང་རྒྱལ་འདི་དཀུ
27 བབས་ནི་དགུ་བཀྱིས། དབྱར་བྱད་མས་ནི་བྱད་བཀྱིས་བ་ལྟར་ནི་བསྒྱུད། ཧ་ལྟར་ནི་བསྒྲོགས། ཡན་ཏྲ་ནི་
28 མན་སྣ་ཏྲ་ནི་ཡན་གསུང་ཏྲ་ནི་གསུགས། ཞུད་ཏྲ་ལྟེབས། བོན་པོ་འབོ་བུ་ལག་ངན་གྱིས་བྱད་ཁྲིམ་སྲི་
29 ནི་ཕུབ། དཀུ་ཟངས་ནི་བཙུགས་པ་ལུག་དཀུ་ལུག། བྱད་ལུག། སྣང་ལུག་ནི་བསད། ཚང་དཀུ་ཚང་
སྟ××××
30 བྱད་ཚང་ཏུག་པ་ཚང་ནི་བཙོས། ར་བྱད་ར་སྐྱ་མོ་ཏྲ། ཁྱ་བྱད་ཁྱ་སེ་མོ་ནི་བཟུངསྟེ། གནམ་ཆོ་མ་
31 ཆོ་དགུ་ནི། ཁོང་དགུ་ཁྲི་དགུ་ལ་ཕན་དུ་བཙིས། ས་བྱད་ཆོ་མ་ཆོ་དགུ་ནི་ཅིག་མོ་རོམ་མོ་ལ་བཙིས།
32 དཀར་གྱི་ཀལ་གན་གི། མན་ཀལ། གཡགི་མན་གལ། ཀལ་སྐྱུད་ཀྱི་ཡན་ཀལ། ཐོན་གྱི་མན་གལ།
33 སྐྱུགི་ཡན་ཀལ། ལས། གྲོ་ལེ། ཕོ་བཅུ་ཏུ་གཉའི་ཆུ། གཡག་པོ་གཉའི་ཆུ་ལས། དགྲོལོ། བྱད་ནི་དགྲོ
34 དགྲོ་ལོ། ཟཏུ་དྲི་མོ་མཆིང་སྐྱིན་མཆིང་གི་མྱི་ཐི་གྲོལ་སྐྱིན་གྲོལ་གྱི་ཐེ་གནའ་ཕན་ད་ཕན་
35 གནའ་བསོད་ན་ད་བསོ་གནམ་གྱི་མཐ་བཞིར་བསོ། །

IOL.Tib.J.73(ch.85.ix.4) སྐུ་གླུད།

1 ×××། །ཡང་ན་
2 གིས་མྱི་གཡོན་ཅན་གྱི་རོགས་བྱས་པས། །མྱིགཡོན་ཅན་སྟོབས་ཆེ་བར་འོང་
3 ངོ། །
4 ༄:།མྱི་ཕྱུག་ཇོང་ནོར་བདོག་ནའ། ངན་པ་ཡང་འཇངས་ཤིང་ཞེས་བསྟོད་པར་འོང་ངོ། །
5 མྱི་དབུལ་བའི་ཕྱིར། འཇངས་ཀྱང་ངན་ཧོ་ཞེས་སྨད་པར་འོང་ངོ། །དཔེར་ཕ་མ་
6 གཉིས་ལ་བུ་སྤུན་གཉིས་བདོག་ན། བུ་གཅིག་གིས་ཕ་ལོག་པོ་ལ་ངན་དཀུར་བྱས།
7 པས་ནོར་བཅལད་ཏེ་འོངས་ན་ཕ་མ་གཉིས་ཀྱང་བུ་དེས་ནོར་རྙེད་འཇངས་པོ་ཞེས་
8 བསྟོད་པར་འོང་ངོ། །བུ་གཅིག་དྲང་མཁྲང་ཆེ་མྱི་ཕ་ལོག་པོ་ལ་དངན་མྱི་བྱེད་ནོར་མྱི།
9 ཚོལད་ཏེ། གཙུག་ལག་གི་མྱི་ནི་ངན་ཅེས་སྨད་པར་འོང་ངོ། །འུང་ལྟར་ཕ་མ་གཉིས་
10 ཀྱང་སྙིང་ཀྲུརད་ཏེ། །བུ་འཇངས་ངན་གྱི་བྱེ་བྲག་ཀྱང་མྱི་ཕྱེད། བུ་འི་ངོ་ཡང་མྱི་སྐོམས་
11 པར་འོང་ངོ། །མྱི་ཆེད་པོ་ཕྱུག་པོ་ཞིག་གིས་མ་རིག་པར་ཚིག་ངན་པ་དང་བརྫུན་ཞིག་ཟེར་ན་ཡང་།
12 མྱི་འོ་ཅིག་གིས་གསག་བྱས་ཏེ། །ཀུན་གྱིས་མཉན་དེ་སྟོད་པར་འོང་ངོ། །མྱི་ཆེད་པོ་དང་ཕྱུག་པོའི་ཁ།

ནས་དགོད་མྱི་བྲོ་བའི་ཚིག་ཐོས་ན་ཡང་ཀུན་གྱིས་དགག་མོའི་ར་མདའ་བྱས་ཏེ། བགད་པར་འོང་ངོ། །མྱི་དབུལ་པོ་འི་ཕྱིར་ཁ་ནས་སྲིད་པ་ཕན་པའི་ཚིག་བཟང་བདེན་པ་ཞིག་ཟེར་ན་ཡང་སུས་ཀྱང་མྱི་བཉན་བར་འོང་ངོ། །ལ་ལ་ཚིག་བདེན་པ་དེ་ཐོས་ན་ཡང་། །རྣ་བ་ཡ་ཡི་གཅིག་ཏུ་ཐོས་ན། རྣ་བ་ཡ་ཅིག།ཏུ་ཕྱུང་སྟེ། ཡིད་ལ་མྱི་འཛིན་བར་འོང་ངོ། བདེན་ཞེས་སུས་ཀྱང་མྱི་བཉན་མྱི་བསྙོད་པར་འོངོ། །དགད་བྲོ་བའི་ཚིག་ཅིག་བྱས་ཀྱང་སུས་ཀྱང་མྱི་བགད་པར་འོངོ། །རབས་ཕྱི་ཕྱིར་མྱི་གཉེན།དགུ་ཡང་དབུལ་བའི་ཕྱིར་གཉེན་ཏུ་མྱི་རྩི་བར་འོང་ངོ། །ཕྱུག་པོ་གཉིས་ནི་མྱི་གཉེན་མྱི་རྟུག་ཀྱང་།ཕྱུག་པའི་ཕྱིར་གགཉེན་རྟུག་ཅེས་ཤ་ཚང་སྟོན། མོ་འདྲི་ཞིང་གཉེན་ཏུ་འཐམ་བར་འོང་ངོ། །དབུལ་པོ་ནི་དབུལ་བའི་ཕྱིར་གཉེན་དངན་ཅན་བྱས་སྟེ། །གཉེན་ན་ཡང་སོ་སོར་བྱེད་པར་འོངོ། །

༄ཿ།རབས་ར་ཞིང་། །ལྷ་མྱི་མ་བྱེ་བའི་དུས་བཟང་པོ་ལྟར་སུ་ཡང་ལེགསུ་མྱི་བྱེད།པར་འོང་ངོ། །ཚེ་དུས་ངན་པ་ལ་བབ་ཀྱིས། །ཕྱི་ཕྱིར་ཞིང་འགྲིང་མྱི་འོ་ཆག་ཁེལ་མྱེད་ལྟས།མྱེད་པར་འོང་ངོ། །ངོ་ཚ་མྱི་ཤེས་པར་འོང་ངོ། །བནའ་གཟུངས་མྱེད་པར་འོང་ངོ། །ནོར་དང་ཀྱི།ཕྱིར་བདག་བདུད་སྲོག་གིས་མྱི་འཛོགས་པར་འོང་ངོ། །མྱི་ཕ་ལོག་པོ་ལ་ངན་དགུ་བྱེད་ཅིང་ནོར་ཚོལ།བར་འོང་ངོ། །འུང་གིས་ལ་ལྟས་མྱེད་ཅིང་མནའ་ཟོས་པ་སྟོག་སྟེ། །ཕ་པས་བུ་ངན་བུ་པས་ཙ་ངན་དེ།མྱི་རབས་ཕྱི་ཕྱིར་ཞིང་ངན་དུ་འོང་ངོ། །ལུས་ཀྱང་ཕ་བས་བུ་ཐུང་པ་ཤ་དག་ཏུ་འོང་ངོ། །ཅི་བྱ་འོ་ཆག།པ་ཅམ་བུས་མྱི་ཕོད་པར་འོང་ངོ། །ཇེ་ལྟ་ཞེ་ན་མྱི་དཔའ་བོ་གཅིག་ལག་ན་མདུང་ཅིག་ཐོགསྟེ།དམག་ཏུ་ཁྲི་ཏུ་སྟོན་གི་ནང་ན། །ཕར་བརྒལ་ཚུར་བརྒལ་ཏེ་འོངས་པ་བས་ཀྱང་། །མྱི་ཕ་ལོག་པོ།འི་ཆུང་མ་ལ་ཕྱི་བ་བྱས་སམ། །ཕྲོག་རློག་བྱས་སམ། རྐུན་པོ་བྱས་སམ། །མྱི་ལ་ངན་དུ་བྱས་པ།གསང་ཞིང་མྱི་འཛོག་པར། །ལེགསུ་བཟང་སྟེ། །ངོ་ཚ་མྱི་ཤེས་པར། །མྱི་འོ་ཆག་ལ་གཐམ་ཟེར།བར་འོང་ངོ། །རབས་ཕྱི་ཕྱིར་ཞིང་སྐྱེས་པ་ལས། །བུད་མྱེད་བསྐོག་པར་འོང་ངོ། །བུད་མྱེད་ངོ་ཚ་མྱི་ཤེས།ཤིང་མྱི་སྲུན་བར་འོང་ངོ། །བུད་མྱེད་ངན་པར་འོང་ངོ། །ཕྱུར་བར་འོང་ངོ། །སྐྱེས་པ་ཕས་མྱི་ཟེར་པར། །མོས་ཚུལ་བསྐུལ་ཏེ་ཉལ་པར་འོང་ངོ། །བུད་མྱེད་གཅིག་ནུབ་ཅིག་ལ་སྐྱེས་པ་ལས་རེ་མོས་བརྒྱས་ཀྱང་།སློང་མྱི་ཚིམ་སྟེ། །ད་དུང་འདོད་པར་འོང་ངོ། །

༄ །ཆེ་སྟེ་རྒྱལ་པོ་འི་ཆུང་མ་མན་ཅད། །རྒྱལ་པོ་བས་མོ་འཛངས་རྩེ་སྟེ། །སྲིད་ཀྱི་ནང་དུ་ཞུགསྟེ།རྒྱལ་པོ་དང་བློན་པོ་འི་བར་དུ་ཞུགས་ནས་འཕྲ་མ་བྱས་ཏེ། །རྒྱལ་པོ་དང་བློན་པོ་གཉིས་ཀྱང་ཕྱེ་བར།འོང་ངོ། །འུང་གི་ཕྱིར་འབངས་ཀྱང་ཉོན་མོངས་ཐན་ཁོལ་བར་བར་འོང་ངོ། །བརླག་པར་འོང་ངོ།རབས་ཕྱི་ཕྱིར་ཞིང་མྱི་འོ་ཅིག་ཁྱོ་བས་ཆུང་མ་ཁ་དྲག་པར་འོང་ངོ། །ཆུང་མས་ཕ་དང་བུ། ཕུང་ཕྱེ་བར།

39 འོང་ངོ། །ཕྱུ་བོ་དང་ནུ་བོར་ཕྱེ་བར་འོང་ངོ། །གཉེན་དགུ་སྟུག་དགུ་ཕྱེ་སྟེ་ཐབ་འཁྲིག་པར་འོང

40 གཉེན་གསོད་པར་འོང་ངོ། །དེ་ནས་ག××ར་འོངས་××མཆུང་དང་ཕྱུད་དེ་ཕྱུག་པོ་མཐོན། །

41 ×××ང་གྲོས་མ་དགལ་ན། འཚལ་××རབ་×××ཏུ།

42 ཚད་མ་ཁད། ཐང་པས་བཏགས་མ་ཁད། །བཤོས་ལོ་བརྒྱ་བབས། ངས་བདུན་བམ་གྱི་བདག་དུ་
གཤེགས།

43 མ་ཁད། །བཤོས་ལྷ་ས་དགེའུ་ལས་པང་མ་ཁད། གྲོངས་ལྟང་ཁུང་གྲུ་བཞིའི། བདག་དུ་གཤེགས།

44 བཤོས་སྐད་བྱིན་གནམ་དགུང་དུ། ཡར་མ་ཁད། །གྲོངས་སྐད་ཐམ་ཐམ་ནི། གང་འགྲམ་དུ།

45 འལ་མ་ཁད། མགོ་ལྟས་ནི། སྐར་མགོ་ཡེང་ཡེང། ཞབས་བྱ་ཀྲང་། ནི་འདྲ་ན་རིང་། རམས།

46 མཐིལ་ལྟར་ཚོགསུ་མཐུར་མ་ཁད་སོགས་མཐིལ་ལྟར། སྦུབསུ་ཞོམ་མ་ཁད། བདགས་རབ་

47 དཀར་པོ་ལ་པོ་གཤེན་ཐོད་ཀར་བསོགས་ཏེ།:།མོ་བཐབ་བྱ་བལྷགས། སྲིབས་ནག་པོ་ལ།

48 མ་མོ་གཤེན་ཞུ་བུབ། བརྒྱ་སོགས་ཏེ། མོ་བཐབབྱ་××། ཟུངས་ལ་ནི་བཟུང། ཐུགས་ལ་ནི་བཐགས་།

49 ཉན་ཀར་ནི། གཟུགས། སྣན་ཀར་ནི་བརྒྱབ་××འོ××མ་ཆུ་ང་མ་བསྡུས་ན། ཕྱ་ཡ་སླ།

50 ××བཙུགས་མ་ཀྱིས། བྱ་ལྟར་ག ××མ××མད×××མ་ཕླ་ཙུད་པོ་ཙུ་གཉིས།

51 ཡུལ་ནས་ལཉ་ལྟར། ཚོད××བཙུ××ན་བཀྱིད་གདངས་རླིལ་ལྟར་མ།

52 ཁད་སྐར་××གཡེན་དགུ་××མ་ཁད་།:།འཕྲོག་པོས་ནི་ཕྲོགས་མ་ཁད། ཚམ་པོས།

53 བཙམས་མ་ཁད། །ཕུར་པོས་ནི་ཕྱུང་མ་ཁད། ཐོམ་པོས་ནི་གཐོམས་མ་ཁད། སྤོད་ཀྱི་དུས།

54 ནི་བཞབས་མ་ཁད། ཐོ་རངས་རྒྱན་དུས་ནི་རྒྱུས་མ་ཁད། མཐོ་མཁར་གྱི་རྩེ་ནས་སྐྱུའི་ཕླ་ཞིག།

55 ཡར་མ་ཁད། དམའ་མཁར་གྱི་སྒོ་ནས་སྐྱུའི་བརླ་ཞིག་ཡར་མ་ཁད།:།བལ་ཁྲིམ་གུར་མོ་ཆར་ཁྲིམ་

56 རེ་བོ་ཤིང་ཁྲིམ་ཁང་མོ་ནང་ནས་སྐྱུའི་བརླ་ཞིག་ཡར་མ་ཁད། ད་ཉན་ཀར་ནི་གཟུགསོ། སྣན་ཀར།

57 རྒྱུདོ། །པོན་ཀར་ནི་གཟུགསོ། གོན་གར་ནི་རྒྱུདོ། །ཕྱི་རྒྱ་བུ་མཆིང་རྒྱལ་འདི། ཉན་འོག་དུ་ནི་གཟུགས།

58 ཉན་འོག་དུ་ནི་སླུདོ། ཟུབ་གསུམ། སྐུ་ཉན་དུ་གཟུགས་ན། ལྷ་དགུ་གསས་དགུ་དང་རྗེ་དགུ་གར་་དགུ་དང

59 ཕ་དགུ་བོན་དགུ་དང།:།རྗེ་ཉིས་སྣེན་ཆེན་པོ། དང་མཚོ་ཏས་པོ་ཉིས་བདག། མ་མཆིས།

60 ནད་སུམ་སྐུ་བརླ་ཀར། ཉེན་སུམ། གཡན་དུ་ལྷ་བོན་འཕྲང་ཟུ་གཡང་བོ་ཐེག་ལེག། དང་ཕྱ་བོན་

61 ×××བོ་ཕླ་སྲད། མཆོ་སྲད་པོ་མ་མཆིས། །སྐུ་ཙ་སྦྱོན། ཉེན་སུ་གཡང་དུ།

62 ཕླན་ཡང་ཕླ་མཆོ་མ་མཆིས་ཕླ་མཆོ་སྲད་པོ་མ་མཆིས།:།ཉེན་སུམ་ཉན་ཀར་གཟུགསུ་ཡང་མཆོ་ཕླ།

63 མཆོ་སྲད་པོ་མ་མཆིས། ཏིས་པོ་ཏིས་བདག་མ་མཆིས། སྣན་ཀར་རྒྱོབ་ཉན་ཀར་རྟིག་དུ་ཡང།

64 མཆོ་ཧྲིས་པོ་ཧྲིས་བདག་མ་མཆིས་ལྷ་མཆོ་སྲིད་པོ་མཆིས། ཧྲིན་ཀར་གཟུགས་འཕན་ཀར་རྒྱབ་དུ་ཡང་
65 མཆོ་ཧྲིས་པོ་ཧྲིས་བདག་མ་མཆིས།:།གོན་ཀར་སླུད་ཡང་མཆོ་ཧྲིས་པོ་ཧྲིས་བདག་མ་མཆིས།
66 ལྷ་མཆོ་སྲིད་པོ་མཆིསད་ཀྱི་ཞན་འོག་དུ་གཟུགས་ཅིང་ཞན་འོག་དུ་ཡང། སླུད་ཡང་མཆོ་ཧྲིས་པོ།
67 ཧྲིས་བདག་མ་མཆིས།:།སྐུ་ནྷ་གང་ཞན་ཁང་དབུབ་དུ་ཡང། མཆོ་ཧྲིས་པོ་ཧྲིས་བདག་མ་མ་ཆིས།
68 ནྷ་མཆོ་སྲིད་པོ་མ་མཆིས།:།ནྷན་མཁར་རྩིག་དུ་ཡང་མཆོ་ཧྲིས་པོ་ཧྲིས་བདག་མ་མཆིས།:།
69 ལྷ་མཆོ་སྲིད་པོ་མ་མཆིས།:།ནྷ་ཁྲིམ་ཕྱུག་ར་རྩིག་དུ་ཡང་མཆོ་ཧྲིས་པོ་ཧྲིས་བདག་ནྷ་མཆོ་སྲིད་
70 པོ་མ་མཆིས།:།ནྷ་ལམ་སྐྲ་སྐྲོ་རྩིག་དུ་ཡང། མཆོ་ཧྲིས་པོ་ཧྲིས་བདག་ནྷ་མཆོ་སྲིད་པོ་མ་མཆིས།
71 ××ཆོ་བྱང་ཐོག་སྒྲོད་གསེར། ཁྲུང་མཆོ་ལ་རབ་མཆོ། མཆོ་ཧྲིས་པོ་ཧྲིས་བདག་མ་ལགས།:།ལྷ་མཆོ་སྲིད་
72 པོ་མ་ལགས། ལྟོ་བྲག་མཆོ། རྒྱང་བརྫངས་དང་ལྕམ་མཆོ་ཁར་བ་ཡང་མཆོ་ཧྲིས་པོ་ཧྲིས་བདག།
ལྷ་མཆོ།
73 སྲིད་པོ་མ་ལག་ས། སྤྱ××ལྷའི་མཆོ་ཏུམ་བའི་ཞན་མཆོ་ག དོ་བོ་ཡང་མཆོ། ཧྲིས་པོ་ཧྲིས་བདག།
74 ལྷ་མཆོ། སྲིད་པོ་མ་ལགས། གས་མཆོའི་ཐལ་བ། དང་གཡ་མཆོའི། ཕྱུར་བུའ། དང་སྤང་མཆོའི་གྲུན།
75 ××ན་དུ་ཡང་མཆོ་ཧྲིས་པོ་ཧྲིས་བདག་མ་ལགས། ཞན་ཀར་གཟུགས། སྣན་ཀར་རྒྱབ།
76 ××ཕོན་ཀར་རྩིག་གོན་ཀར་སླུད་གྱི་མཆོ་བཚལ་བཙལ། མཆོ་ཧྲིས་པོ་ཧྲིས་བདག།
77 ××། ཧྲིན་ཀར་གཟུགསུ་འཕན་ཀར་རྒྱབ་ཀྱི་མཆོ་ཧྲིས་པོ་ཧྲིས་བདག་མ་མཆིས། ལྷ་མཆོ་
78 སྲིད་པོ་མ་མཆིས་མཆོ་ཧྲིས་པོ་ཧྲིས་བདག། ལྷ་མཆོ་སྲིད་པོ་བཙལ་གང་དུ་བཙལ་ན། གཙུག་རི་ཡོ་འ།
79 ××ཧྲིས་པོ་ཧྲིས་དགས་གཉིས། ཚོལ་གཙུག་རྀ་ཡོ་འ་གཉིས་ན། མཆོ་ཧྲིས་པོ་ཧྲིས་བདག་
80 ××ཙལ། གཙུག་རྀ་ཡོ་འ་གསུམ། ཆ་དང་སླམས། དྲུག་ཙ་དང་སྔེངས་དགུ་ཆ་དང་གྲུད××ཆ་
81 ××ས་དགུ་ཆ་ཕྱི་གྲུད་ཀྱི་སྔེང་ན། བཅུ་ཆ་དང་××། དེའི་ཡ་ལྷ་ཡ་སྔེངས། ན། རི་རིང་པོ།
82 རིང་ཀྱི་མཆོ་ན་ལྷ་རི་རྀང་ཀྱི་མཆོ། དཔེ་ཆེའི་མཆོ་ན། ལྷ་དཔེ་ཆེའི་མཆོ་འཕྲང་ཏུབ་ཀྱི་མཆོ་ན།
83 ལ་འཕྲང་ཏུབ་ཀྱི་མཆོ། །རྀ་རིང་ཀྱི་མཆོ་ན་འགྲོ་རྀ་རིང་ཀྱི་མཆོ། དབྱེ་ཆེའི་མཆོ་ན། འབྲོག་དབྱེ་ཆེ་མཆོ།
84 འཕྲང་ཏུབ་ཀྱི་མཆོ་ན། འབྲོག་འཕྲང་ཏུབ་ཀྱི་མཆོ། རྀ་རིང་ཀྱི་མཆོ་ན་སྐྱི་རྀ་རིང་ཀྱི་མཆི། དཔེ་ཆེའི་མཆོ་
ན་སྐྱི་དཔེ་ཆེའི་
85 མཆོ། འཕྲང་ཏུབ་ཀྱི་མཆོ་ན། འཕྲང་ཏུབ་ཀྱི་མཆོ།:།པ་ཡབ་ཀྱི། མཚན་བ་ལྷ་མཆོ་ཁར་བ། མ་ཡུམ་
86 ཀྱི་མཚན་བ། མཆོ་མའི་ཁྲིན་བཟངས། བུ་ལྷ་མཆོ་སྲིད་པོ། ནང་སུམ་སྐུ་ཏུ་སྦྱོན། ཉིན་སུམ་གཡང་དུ་ལྷན།:།
87 ལྷ་བོན་འཕྲང་བྲུ་གཡང་བོན་ཐེག་ལེག། ཕྱ་བོན་གྱུ་ར། རྗེ་ལྷ་པོ་ཀྲ་སྲུས། ལྷ་མཆོ་སྲིད་པོ་དང་ནང་སུམ་སྐུ་

ཏུ་སྦྱོན།

88 ཉིན་གསུམ་གཡང་དུ་སླན། ནུབ་གསུམ་ཉན་དུ་གཟུགས་ཀྱི་མཚོ། ཧིས་ཕོ་ཧིས་བདག་མ་མཆིས། །རོ་བཟུར་

89 ཧེ་བཟུར་ནམ་ཧེ་བཟུར་ཧེ་བཟུར། སྤང་ལྡེབ་བེ་ལྡེབ་ན་སྣི་སྤང་ལེབ་བེ་ལྡེབ། ཕུ་དང་དང་ན་སྣི་ཕུ་དང་

དང། མདའ་ལྡོང་

90 ལྡོང་ནམ་མདའ་ལྡོང་ལྡོང། །ཀྱི་ནང་ན་ཕ་ཡབ་ཀྱི་མཚན་བ་མཆེ་བ་རང་རོད། མ་ཡུམ་ཀྱི་མཚན་ནི་

མཆེ་མ།

91 བྱང་པངས། ཕྱུ་མཆེ་བུ་ཁྲུན་བཟངས་ལྡོན། བཟངས། མཆེ་བུ་ལྡོན་བཟངས། ཐོག་ཡ་ཏུ་བལྟས་ན།

ཐེ་བྲིང་བྲིང་ན། གཡུ་

92 རྒྱ་རེ་སྤྲ་××། གཡུ་མོང་རེ་སྤོ། ལུགིས་གཡང་ཀྱིས་གཡུ××རེ་སྤོ་ཞིང་བཞུགས། དྲུང་མ་ཏུ་བལྟས་ནབ།

93 བྲིང་བྲིང་བསེ་བས་དམར་བང་བས་དམར། བའི་ས་སྐྱིའི་ས་ཚོགས་བལྟས་ན་མདའ་རྒྱལ་དྲུམ་ཀྱི་ཚོགས།

94 ཁོང་བལྟས་ན། གཞི་རྒྱལ་འོད་ཀྱི་ཁོང། ཁྲུན་བལྟས་ན། བྱ་རྒྱལ་ཛེའི་ཁྲུན། སྤུ་བལྟས་ན་ར་རྒྱལ་གཡང་

ཀྱི་སྤུ།

95 སུས་ཀྱང་མ་འཚལ་སུས་ཀྱང་མ་མཐོང། བྱ་རྒོད་པོ། ཐང་སྤྲོམ་ཐང་གཡག་གྱིས་མཐོང་སྟེ། ཡ་མང་ཡ་

ཏུ་བཀལ།

96 ཚོགསུ་གཐུབས། མཆེ་མོ་ཉག་ཅིག་འདབ་ཀྱི་སྟེར་གོང་དུ་གཐུར། དེ་བཏད། ན། ལྷ་མཆེ་བྱང་པངས་གསས་

97 མཆེ་སུམ་པངས། ལགས། མཆེ་མོ་ཉག་ཅིག་འདབ་ཀྱི་སྟེར་གོང་དུ་གཐུར་ཏེ་བཏད། ན། བོན་ཀྱི་ནི་

ཡས་མཆོ།

98 སླུན་ཀྱི་ནི་མས་མཆེ་ལགས། ཡ་མང་ནི་ཡ་ཏུ་བཀལད། ཚོགས་མང་ནི་ཚོགསུ་གཐུབས། མཆེ་ཧིས་པོ་

ཧིས་

99 བདག་ལགས། མཆེ་མ་བྱང་པངས་ལགསོ། །སུམ་བཟུར་ལགསོ། ཛེ་སྣམས་ཧེ་གཤེགས། ནླ་བོ་ནླ་བཀྲ་སྲས།

100 སྣམས་ཧེ་གཤེགས། ནུབ་སུམ་སྐུ་ཉན་དུ་གཟུགས། ཀྱི་མཆེ་ཧིས་པོ་ཧིས་བདག་ལགསོ།:།ཧིས་པོ་ཧིས་

101 བདག་གྱིས་ཛེ་དགུ་གར་དགུ། ལྷ་དགུ་གསས་དགུ་པ་དགུ་བོན་དགུ་ཧིས་སྟེན་ཆེན་པོ། མཆེ་མོ་སུམ་

102 ཟུར་དང་ནུབ་སུམ་ནི་ཉན་དུ་བཙུགས་ཉན་ཀྱི་བདག་པོ་ཡང་ཧིས་པོ་ཧིས་བདག་འདི་ལགས་སོ

103 ནླན་མཁར་སྣང་སྟེང་ཅིག ས་ཀྱང་མཆེ་ཧིས་པོ་ཧིས་བདག་གྱིས་རྩིགས་ནླ་ཁྲིམ་རྩིགས་ཀྱང།

104 ཧིས་པོ་ཧིས་བདག་གྱིས་རྩིགས། །ནླ་ལམ་སྐྲ་སྐྱོ་བགྱིས་ཀྱང་ཧིས་པོ་ཧིས་བདག་གྱིས་བགྱིས་

105 ནའ་ སྙི་རྨ་བུ་མཆིང་རྒྱལ་འདི། ལྷ་ལ་ཉན་གར་བཙུགསོ། སྣན་གར་རྒྱབོ། ཕོན་མཁར་ནི་བཙུགསོ།

106 གོན་གར་ནི་སྨུདོ། །པན་གར་ནི་རྒྱབ། མཆེ་ལ་ཉན་དུ་བཙུགས། ན། མཆེ་མོ་བྱུང་པངས་སུམ་བྲུར་
107 ལ་ཉན་དུ་བཙུགསོ། ༄ ༔། ཉན་ཀྱི་བདག་ཀྱུང་སིབ་བསེ་གོང་གར་བེ་ནེ་ཆོག་པོ་ལགས། །སྐྱ་ཀྱི་
108 དྲུང་པོ་ཡང་སིབ་བསེ་གོང་གར་བེ་ནེ་ཆོག་པོ་ལགས། །ལོ་དེ་བདག་ཀྱུང་སིབ་བསེ་གོང་གར།
109 བེ་ནེ་ཆོག་པོ་ལགས། །ཀླན་མཁར་སྟང་སྟང་རྩིག་དུ་ཡང་སིབ་བསེ་གོང་གར་བེ་ནེ་ཆོག་པོ།
110 མ་མཆིས། ཀླ་ཁྲིམ་ཕྱུག་ར་རྩིག་དུ་ཡང་སིབ་བསེ་གོང་གར་བེ་ནེ་ཆོག་པོ་མ་མཆིས། ཀླ་ལམ་སྟང་སྟེང་
111 རྩིག་དུ་ཡང་སིབ་བསེ་གོང་གར་བེ་ནེ་ཆོག་པོ་མ་མཆིས། །ཉན་གར་གཟུགསུ་སིབ་བསེ་གོང་གར་
112 བ་ནེ་ཆོག་པོ་མ་མཆིས། སྟན་གར་རྒྱབ་དུ་ཡང་སིབ་བསེ་གོང་གར་བེ་ནེ་ཆོག་པོ་མ་མཆིས་
113 པོན་གར་རྩིག་དུ་ཡང་སིབ་བསེ་གོང་གར། བེ་ནེ་ཆོག་པོ་མ་མཆིས། །གོན་གར་སྨུདུ་ཡང་
114 སིབ་བསེ་གོང་གར་བེ་ནེ་ཆོག་པོ་མ་མཆིས། ཧིན་གར་གཟུགས་པན་གར་རྒྱབ་དུ་སིབ་བསེ་
115 གོང་གར་བེ་ནེ་ཆོག་པོ་མ་མཆིས། ཁང་སྐྱ་གང་ཉན་ཁང་ཀླ་གང་དབུབ་དུ་ཡང་སིབ་བསེ་གོང་གར་བེ་ནེ་
ཆོག་པོ་མ་མཆིས ༔།

116 ནན་འདི་བཞིན་དུ་གཡུ་དང་ནས་དང་པོ་མ་དང་རས་ལ་ནན་འདི་བཞིན་བསྐོར་རོ། ༔། །སིབ་བསེ་
གོང་གར་། བེ་ནེ་ཆོག་པོ།

117 བཙལ། ན་བསེ་ཤང་ཤང་ཏུ་རིངས། ཀྱི་རབས་སློས་ཏེ། བསེའུ་ཕ་སློས། ཀྱུང་བསེ་གོང་གར་མ་ལགས།
སིབ་བསེ་གོང་གར།

118 བེ་ནེ་ཆོག་པོ་མ་ལགསོ། ཕ་དྲུང་ཀྱི་སྤང་པོ་དང་། མ་གཡུའི་འཕྲ་མོ་གཉིས་སློས་ཏེ། བསེའུ་ཕུ་ཏུ་ཅིག་
ཀྱི་གྱུ-ས། ན།

119 སིབ་བསེ་བེ་ནེ་ཆོག་པོ་གོང་གར་ལགས་སོ། །ཐུབ་སུམ་ཉན་དུ་བཙུགས་ན། ཉན་ཁར་ནི་བཙུགས་སོ།
སྟན་གར་ནི་རྒྱབོ།

120 ཕོགར་ནི་བཙུགསོ། །གོན་གར་ནི་སྨུདོ། །ཧྲིན་གར་ནི་བཙུག་སོ། ཕན་གར་ནི་རྒྱབོ། བསེ་ཆོག་མ་བཙལ་
འདི་སྐོར་

121 དེ་བརྩེགས་ཤིང་ཧྲེད་ཅེས་བགྱི་འོ། ། ༔ ། ། །གཡུ་ལ་ཡང་ནན་ལྟག་མ་བཞིན་དུ་མྱེ་ཚ་ཐིང་སྣར་གཡུ།
རྒྱ་སྤྲངས་ཐེ་ཐོག་×××

122 ནམ་པོ་འབྲིང་ཏུ་མ་མཆིས་ཤེས་བགྱི་འོ། །ཐུབ་སུམ་ཉན་དུ་གཟུགས་ཀྱི། གཡུ་ནེ་ཚ་མ་མཆིས།
ཐིང་སྣར་ནེ་ཚ་

123 གཡུ་བཙལ་ནེ་ཚ་ཐིང་སྣར་ནམ་པོ་འབྲིང་ཏུ་མ་མཆིས། །གཡུའི་ཕ་ནི་གཡུ་རྫེ་ཐང་པོ། གཡུའི་མ་ནི་

གཡུ་འི་

124 སྐོ། སྤྱི་རྒྱལ་མཉམ་ལས་ག ཞིགས། །ཀྱི་གཡུ་བྱ་སྔོང་།:།ད་རྒྱལ་ཀྱི་གཡུ་རྨ་ལགས་རོང་རྒྱལ་ཀྱི་གཡུ་

125 ཐིང་སྣར་སྨིའི་གཡུ། །སྤོ་མཐིང་པྱགི་གཡུ། ཀྱ་ར་ཀྱུ་རའི་གཡུ། འ་ཞ་བོན་ཏུ་མེ་ཉག་བོན་ཏུ་ཉན་ཀྱི་

གཡུ་མ་

126 ལགས།:།གཡུའི་གནམ་པོ་འཁྲིང་ཏུ་གཡུ་རྒྱལ་སྤྲངས། ཀྱི་ཁེ་ཐོག་ནི་ཆོ་ཐིང་སྣར་མ་ལགསོ།:། གནམ་ཀྱི་

127 པ་མཐ། དགུང་ཀྱི་པ་འབྲུམ་ན།:།གནམ་དང་ས་འཐབ་ཡིང་ཡིང་དམ་དམ། ལགས་དང་ཟངས་

འཐབ་ཁྲོལ་ཁྲོལ་

128 སིལ་སིལ་།:།དེའི་པ་ལོགསན། ཐྲག་གནམ་དུ་ཟང་ཟང་གཡུ་ཐྲག་སྔོན་མོ་གནམ་དུ་ཟང་ཟང་མཆོ་ཐདུ་།

129 ཁྲིལ་ཁྲིལ་གཡུ་མཆོ་སྔོན་མ་ཐདུ་ཁྲིལ་ཁྲིལ། གྲུ་ཡང་དུང་གྱི་གྲུ། གདོས་ཀྱང་དུང་གྱི་གདོས། སྐྱ་ཡང་

130 དུང་ཀྱི་སྐྱ།:།མཆོ་པ་ཏུ་རྒྱལ་ན། གཡུ་མཆོ་སྔོན་མོ་པ་ཏུ་རྒྱལ། གཡུ་ཐྲག་སྔོན་མོ་ལ། གཡུ་སྟ་གཟང་

རིངས་ཀྱིས××།

131 ཕུད་ཅིག་བཐབ་པ་ལ། གཡུ་རྒྱལ་ཏེ་མཆིས། ལྷ་གཡུ་གམ་དང་རོགས་ཞིག་ཉན་ཀྱི་གཡུ་མ་ལགས།

གནམ་ཀྱི་

132 རིམ་བདུན་དུ་གཡུ་མཉན་གཡུ་གཐོད། སྟ་རེ་ཕུད་ཅིག་བཐབ་ན། གཡུ་རྒྱལ་ཏེ་མཆིས་སྲིན་གཡུ་ནང་

133 ××མ་ལགས་ས་རིམ་བདུན་དུ། གཡུ་མཉན་གཡུ་གཐོད།:།སྟ་རེ་ཐབས་ཞིག་བཐབ་ནའ།

134 ××གལ་ཞིང་ལྷག་པ་རྒྱལ་ཏེ་མཆིས།:།ལྷ་དང་ཆགས་ཀྱི། བསོད་། སྨི་ཐུགས་ཕུད་ཀྱི་རྟན་

135 ××མལགས།:།སྟ་རེ་ཐབས་ཞིག་བཏབ་ནའ།:།སྨིང་བ་ནི་མོན་བུ་མནོ་འཛུ། གཡུའི་སྨིང་བ་ནི་ཙོ་

136 ཐིང་སྣར། གཡུ་རྒྱལ་སྤྲངས། གནམ་པོ་བྲི་ཝུ་ཏུ་ཉན་ཀྱི་ལགསོ།:།གཡུ་ལ་ཉན་དུ་བཙུགས་ན།

137 གཡུ་ནེ་ཙོ་ཐིང་སྣར་བ། གཡུ་རྒྱལ་སྤྲངས་ཀྱི་ཐོག་ནམ་པོ་བྲི་ཝུ་ཏུ་ལ་ཉན་དུ་བཙུགས། ཉན་གར་

138 ནི་བཙུགསོ། སྟན་གར་ནི་རྒྱབ་པོ། པན་གར་ནི་བཙུགསོགོན་གར་ནི་སླུད་དོ།:།ཏེན་གར་ནི་བཙུགསོ

139 ཕན་གར་ནི་རྒྱབ་པོ།:།ཉན་ཀྱི་བདག་ཆེས་མཆི་བ་དང་ཊྭན་གར་ལས་སྐྱོགས་པ་འོང་གཡུ་ནེ་ཙོ་ཐིང་

140 སྣར་གནམ་པོ་བྲི་ཝུ་ཏུས་རྟིགས་ཞིང་ཉན་ཀྱི་བདག་ཅེས་སྨོས་ཏེ་ཉན་ཀྱི་བདག་ཀྱང་ཞེས་

141 སྨོས་ཕ་གུན་དང་ཊྭན་གར་སྐྱོགས་པ། གུན་སྨོས་ཏེ། ཉན་ཀྱི་བདག་སྟན་ཀྱི་དུམ། ཉན་ཀྱི་བདག་ལྷ་མ་

142 ཀྱི་བྲུ་བདུན་ནས་མོ་བྱུང་དུག་ལས་གཤེགས་ཞེས་བགྱིའོ།:༔། །ནས་ཀྱི་པ་ཡབ་སྨོས་ན་ཆབ་བགོ་རོ་དུ་

143 ན་ལྡིང་སྨི་ལྡིང་ན། པོ་ཕོ་བྱ་རྐོད་ཙམ་ལྡིང། ནས་ཀྱི་མ་ཡུམ་ཀྱི་མཚན་ཆབ་ཀྱི་མ་ཞུག་ཆབ་ཞུག་སེར་

144 ××ན་ས××གད་ད་ན་གཡང་མོ་དབོག་ཙམ་སྐད། གནག་པལ་ཆེ་ན། ཚུད་དང་། གཡེན་ཀྱིས་སྐལ་

གྱིས།

145 ×××ལགསོ།:།བུ་བཙོ་ཕྱི་ནས་ནི་དཀུ་དང་དྲིན་གྱི་ནས། ཀྱིས་ཉན་གྱི་ནས་མ་ལགས། གྲོ་ཁ་

146 ×××གདོད་ཀྱི་སྐལ་ཀྱིས། ཉན་ཀྱི་ནས་མ་ལགསོ། སྦོ་མོ་ཀྲངས་མངས་དང་རབ་མོ་བཞི་

147 ×××ས་ཀྱི་གསང་ཁྲིས་ཉན་ཀྱི་ནས་མ་ལགས། ནས་མོ་བྱུང་དྲུག་ལྷ་ནས་ལྷ་ནས།

148 ×××གསོ།:།ནས་ལ་ཉན་དུ་བཙུགས་ནའ། ལྷ་ནས་བྲུ་བདུན་ནས་མོ་བྱུང་དྲུག།

149 ××ན། དུ་ཉན་དུ་བཙུགས།:།ལུག་དང་གཡང་གྱིས་བགྱིས་ནའ། གད་ཥ་སྨྱ་ཆད།

150 ×××གྱིས་ནའ། གསེར་ཁང་སེར་མོ་སྨྱི་ལུས་དགའ་ཞ་ཞ་ལྷག་མ་ལ་ཉན་དུ་བཙུགས།:།

151 ×××། དུམ་ཕ་ལས་ཉན་དུ་བཙུགས།:།ནས་སྦོ་མོ་ལ་ཉན་དུ་བཙུགས།:།ཉན་གར་ནི་བཙུགས།

152 སྟན་གར་ནི་རྒྱབ། ཕོན་གར་ནི་བཙུགས། གོན་གར་ནི་རྒྱབ། ཧིན་གར་ནི་བཙུགས། པན་གར་ནི་
རྒྱབ།:།ནན་ཐོག་མ་བཞིན་དུ་སྐོར་

153 ཞ་××ས་བགྱི་འ××། ༔ ཉན་ཀྱི་བདག་ཀྲང་ཕོ་མ་ཀླུམ་ཙུབ་ཅེས་བགྱི་སྟེ། ཕ་ཡབ་ཀྱི་མཚན་ནི་རྟང་

154 འོ་དེ་ཁོ་ར་བ། མ་ཡུམ་དུ་སྨོས་ན། མ་དྲུམ་པང་འདབ་ཆེན།:།བྲན་འདི་མྱེད་པ། བུ་སྨྲིག་གྱུ་ལྡེམ་པང།:།

155 སྨྲི་གྱུ་སུམ་བྲུར། མོན་སྨྲིག་ལྡེམ་པང།:།སུམ་བྲུར་བཟུང་པར་བཟུང། བཙད་པར་བཙད། དཔེ་ཅུ་ལ།

156 ཉན་དུ་བཙུགས།:།ཕོ་མ་ལ་ཉན་དུ་བཙུགས།:།མོན་སྐུར་ལྗོ་སྐུར་རྒྱ་སྐུར་ཁོར་བ་ལ་ཉན་དུ་བཙུགས།

157 སྨྲི་གྱུ་ལྡེམ་པང་ལ་ཉན་དུ་བཙུགས།:།ཉན་གར་ནི་བཙུགསོ། སྟན་གར་ནི་རྒྱབོ། ཕོན་གར་ནི་
བཙུགསོའ།

158 ཧིན་གར་ནི་རྒྱབོ། ཚན་གར་བཙུགསོ། ནན་སྔ་མ་བཞིན་དུ་བསྐོར་རོ།:།རས་ལ་ཉན་དུ་བཙུགས་××

159 ཡུལ་རྒྱ་ཡུལ་གཏན་བཟངས་ན་ཐང་ན་རྒྱ་མོ་ཐང་འབབ་ཀྲང་ཤིང་ལ་འབུལ།:།འབྲས་ཀྲང་ནི་རྒྱ་
འབྲས། འབྲས་

160 འཇུད་ཀྲང་ནི་རྒྱ་གརད་འཇུད། ཐང་ན་ནི་རྒྱ་མོ་ཐང། དང་ཐང་མོན་མོ་ཐང་དང་ཐང་ལྷ་མོ་ཐང་
དང་ཐང་བལ་

161 མོ་ཐང་ཀྱི་རས་བཐགས་པ་སྨོས་ཏེ།:།རས་ལ་ཉན་དུ་བཙུགས་ཤེས་བགྱིའོ། ༔། །ཉན་གར་ནི་

162 འཇུགས།:།སྟན་གར་ནི་རྒྱབ། སྐུ་ར་ཕྱི་ཉན། ར་ཕྱི་་སྟན། ར་ཕྱི་ཕོན་གར་བཙུགས། གོན་གར་ནི་རྒྱབ།

163 ཧིན་གར་ནི་བཙུགས། པན་གར་ནི་རྒྱབ། ད་སྨྱི་ཟ་བུ་མཆིང་རྒྱལ་འདི་ནང་སུམ་སྐུ་ཅ་སྦྱོན། ཉེན་
སུམ་གཡང་ད་བླན།

164 ན་ལྷ་ཕོན་འཕྲང་བྲུ་གཡང་ཕོན་ཐེག་ལེག། ཕྱ་ཕོན་ཁྲུ་ར། རྗེ་བླ་ཕོ་བླ་སྲས། བླ་མཆོ་སྲིད་ཕོ་བྲུ་བདུན་

དང་ཉིན་གསུམ་གཡང་

165 དུ་བླན་ན་གཡང་ཡང་ཡོད།:།ཉུབ་གསུམ་སྐུ་བླ་ཙ་སྡོན། ཉུབ་གསུམ་ཉན་དུ་འཛུགས་ན། ཛེ་དགུ་གར་དགུ་དང་ལྷ་དགུ་གསས་

166 དགུ་དང་ཕ་དགུ་བོན་དགུ་དང་། ཛེ་རིས་སྟེན་ཆེན་པོ་དང་། མཚོ་རིས་པོ་རིས་བདག་དང། ཉུབ་གསུམ་ཉན་འཛུགས་ན་ཉན་ཀྱང་

167 ཚུགས། ཀླན་མཁར་སྟང་སྟེང་ནི་རྩིགས། ཀླ་ཁྲིམ་སྒྲུགས་ར་ནི་རྩིགས། ཀླ་ལམ་སྒྲ་སྒྲོ་ནི་བགྲི་ས། ཁང་སྐུ་ཁང་

168 ཀླ་ཁང། ཉན་ཁང་ནི་ཕུབ་།:།ཉན་ཀྱི་བདག་བགྲིས། སྟན་ཀྱི་དྲུམ་བགྲིས། ཕོ་དེ་བདག་བགྲིས། སི་སི་དྲུམ་བགྲིས།

169 མཚོ་ལ་ཉན་དུ་བཙུགས་ན། རིས་པོ་རིས་བདག་བྱང་པང་གསུམ་བྱུར་ལ་ཉན་དུ་བཙུགས། གཡུ་ལ་ཉན་དུ་བཙུགས།

170 ན། གཡུ་ནི་ཙོ་ཐིང་སྔར་གཡུ་རྒྱལ་སྔངས་ཁེ་ཐོག་ནམ་པོ་འཁྲིང་ཙ་ལ་ཉན་བཙུགས། བསེ་ལ་ཉན་དུ་བཙུགས་པ་

171 ན། སིབ་སེ་གོང་ཀར་བེ་ནི་ཆོག་པོ་ལ་ཉན་དུ་བཙུགས། ནས་ལ་ཉན་དུ་བཙུགས་ནའ། ལྷ་མོ་འབྲུ་བདུན་ནམ་

172 ནས་མོ་བྱུང་དྲུག་ལ་ཉན་དུ་བཙུགས། སྲེ་འུ་ལ་ཉན་དུ་བཙུགས།:།སྐྱར་བུ་ཁྲི་བཙུགས་ལ་ཉན་དུ་བཙུགས།:།

173 རས་ལ་ཉན་དུ་བཙུགས་པ་ན། རྒྱ་རས་རྩང་འབྲང། མོན་རས་ཁུལ་ཐིང་ལྕོ་རས་ཤག

174 རྣམ་བལ་རས་ཚོགས་མ་ལ་ཉན་དུ་བཙུགས། ཉན་གར་ནི་བཙུགས།:།ནན་ནི་སྔ་མ་བཞིན་དུ་འགོར།

175 །:།བདག་རོ་ཐམ་ཤད་ལ་སྤུ་རྨ་བོའི་ཉན་གར་བཙུགས། སྟན་གར་རྒྱབ། སྔོ་ར་ཕྱི་ཉན། སྔོ་ར་ཕྱི་སྟན།

176 ཤིང་རིང་ཐུང་ཡང་སྤུ་རྨ་བོའི་ཤིང་། རྩི་བཟང་ངན་ཡང་སྤུ་རྨ་བོའི་རྩིའ། གོར་ཆེ་ཆུང་ཡང་སྤུ་རྨ་བོའི་

177 གོར། ཚབ་དྲང་དྲོ་ཡང་སྤུ་རྨ་བོའི་ཚབ། འབྲོག་ཆེ་ཆུང་ཡང་སྤུ་རྨ་བུའི་འབྲོག། ཡུལ་ཕུས་མདའས་ཀྱང་

178 སྤུ་རྨ་བོའི་ཡུལ།:།སྤྱི་རྨ་བུའི་མཆིང་རྒྱལ་ཡང་སྤུ་ཡ་བླའི་ཉན་མཉན། ན། སྤུ་རྨ་བུའི་ཉན་དུ་མཉན།

179 ཉན་དུ་འཛུགས། ཉན་གར་ནི་བཙུགས། སྟན་གར་ནི་བརྒྱབ། སྐུ་ར་ཕྱི་ཉན། ར་ཕྱི་སྟནད། ཤིང་རིང་ཐུང་ཡང་

180 སྤྱི་རྨ་བུ་ཤིང་། རྩི་བཟང་ངན་ཡང་སྤྱི་རྨ་བུ་རྩི། ཚབ་དང་དྲོ་ཡང་སྤྱི་བུའི་ཚབ། གོར་ཆེ་ཆུང་

181 ཡང་སྲི་རྨ་བུའི་གོར། ཡུལ་ཕུས་མདའས་ཀྱང་སྨྲི་རྨ་བུའི་ཡུལ། འབྲོག་ཆེ་ཆུང་ཡང་སྨྲི་རྨ་བུའི་

182 འབྲོག། སྲིབས་རི་ཐམ་ཤད། ལམ་ཀྱི་ཉན་དུ་མཉན། ཉན་དུ་འཛུགས་ལྡམ་ཡུལ་མའི་ཉན་དུ་མཉན། ཉན།

183 དུ་བཙུགས། ཕུ་རྨ་པོ། ལ་མང་བ་བཞིན་དུ་ནན་སྟ་མ་བཞིན་དུ་བསྐོར་ཏེ་ལྡམ་ཡུལ་མ་ལ་མཉན་དུ།

184 འཛུག་ཤེས་བགྱིའོ་སྨྲི་རྨ་བུའི་མཆིང་རྒྱལ་ཀྱིས། མ་བླའི་ཉན་དུ་མཉན་ལྡམ་ཡུལ་མའི་ཉན་དུ་

185 མཉན། སྲིབ་རི་ཐམ་ཤད་ལ། ལྡམ་ཡུལ་མ་རང་བཞིན་སྲི་རྨ་བུ་མཆིང་རྒྱལ་མང་ཞེས་ལན་ལྷག་མ་

186 བཞིན་དུ་བསྐོར་རོ། །པོ་བླ་ལ་ཉན་དུ་མཉན་རོད་དཔྱེ་ཐོག་བདེ་དྲུམ་ལ་ཉན་དུ་སྲི་མཉན། འོ་དེ་ལྷ་དཔལ་ཕུ་

187 རྒྱལ་ཀྱི་ཉན་དུ་མཉན། །རད་དཔྱེ་ཐོག་བདེ་དྲུམ་ཉན་དུ་མཉན། ཉན་ཐུ་འཛུགས། འོ་དེ་ལྷ་དཔལ་གུང་རྒྱལ་

188 བས་ཡུལ་ཀྱི་ཕུ་རུ་བཞུད་། ན་ཆབ་དྲུགི་དཀར་ཡང་བྱུལ། ཡུལ་ཀྱི་མད་རུ་བཞུད་ན། ཛེ་ཞིང་འོར་མོའི།

189 དཀྲ་ཡང་བྱུལ། ཡུལ་གྱི་ཕུ་རུ་བཞུད་ན། དྲུག་དང་ཞལ་ཡང་ཙོམ། །མདའ་རུ་བཞུད་ན། ཁབ་དྲུགི་སྒོ།

190 ཡང་བྱུལ། ཕུ་རུ་བཞུད་ན་ཙ་དྲུགི་མཆོག་ཀྱང་གཟིགས། མདའ་རུ་བཞུད་ན། ཕན་དྲུགི་ཁྱིམ་ཡང་གཟིགས།

191 ཡཏུ་སྐེན་སྐེད་ཐིངས་སོ་སྨ་སྨྲ་བོ་ལག་རིངས། ཡ་ཏུ་སྐེན་མ་ཏུ་སྐེན་ཆབ་སོ་ཉ་ཚོལ། ཕོ་རྒྱལ་ཉན་དུ།

192 འཛུགས། བྱ་སྐོག་ཐེག་ཧོ་ཉན་དུ་མཉན། །ཙུགསུ་འཛུགས། འོ་དེ་གུང་རྒྱལ་ཀྱི་ཉན་དུ་མཉན། ཙུགསུ་

193 འཛུགས། སྲི་རྨ་བུ་མཆིང་རྒྱལ་ཀྱང་འདི་བཞིན་ནན་སྐོརད་དེ་བགྱིའ། ད་ལྡམ་ཀྱི་ཉན་དུ་སྲི་མཉན་ཁྲི་མོ་

194 ཁྲི་ཙོག་ཀྱི་ཉན་དུ་སྨྲི་མཉན། རོད་མོ་ལྷ་ལ་ཉན་དུ་མཉན། དོར་མོ་ལྷ་ལ་ཉན་དུ་མཉན། ལྡམ་ཁྲི་མོ་ཁྲི་ཙོག་ཀྱི་ཉན་དུ།

195 འཛུགས། པ་ལ་ཕྱི་ལྡང་ནས་བསུ་ཡང་བསུ། དམའ་རབ་ཀྱི་ཚོམས་ནས་བསྐྱུང་ཡང་བསྐྱུང་། ན་བང་ན་ནི།

196 གཡོ་གཡོ། འབྲུམ་དུ་ཡང་ཐུ་ཐུ། སྣེ་ཞུ་ཁྱུད་པྱིར་ལྷང་ཆེར་ཙམ་ཞིག། སྨྲི་འདུར་སྲི་ཁྲུག། དཔྱི་ཞལ་ཙམ་

197 ཞིག་སྨྲི་འཕུར། སྲི་རྨ་བུ་མཆིང་རྒྱལ་ཆུང་མོ་བླ་ལ་ཉན་དུ་མ་མཉན། ཁྲི་མོ་ཁྲི་ཙོག་ཀྱི་ཉ་ན་དུ་འཛུགས་

198 སྲི་རྨ་བུ་མཆིང་རྒྱལ་ཡང་ལྡམ་ཁྲི་མོ་ཁྲི་ཙོག་ཀྱི་ནན་བཞིན་སྐྱོས་ཏེ་སྐོར་རོ། །ཁ་ཡང་དེའི་བུ།

199 སྲི་སྨྲོན་བུ་ཞིག། ཡུལ་འབྲོག་དབྱེ་ལྡང་སུམ་དུ་ཤ་འཚོར་དུ་གཤེགས་གཡག་འགོར་དུ་གཤེགས། ××འཕོར་དུ་××

200 དུ་གཤེགས་ལྷ་ཤ་ཀར་བུ་ཞིག་ནི་ལྷ་ལམ་དཀར་དུ་ཐོས་ཏེ་ཏུ་དང་འོངས་སེ་འོངས། སླེགས་ནི་མ་སླབས་འཕངས་ནི་

201 མ་ཞོག། སྲིན་ཤ་ནག་པོ་ཞིག་ནི་སྲིན་ལམ་གནག་དུ་བྲོས་ཏེ། གཤུག་དང་ཚུབ་ཚུབ། སྐེགས་ཏེ་ནི་མ་སླེབས་འཕངསྟེ།

202 ནི་མ་ཞོག། མྱི་ཤ་སྤུར་བུ་ཞིག་ནི་མྱི་ལམ་སྤུར་དུ་བྲོས་ཏེ་སྐེགས་ཏེ་ནི་མ་སླེབས་འཕངསྟེ་ནི་མ་ཞོག

203 ཤ་ཕས་སེ་བྱུང་དངའས་པོ་འཕྲུལ་གངའས་ཤིག་ཕས་སེ་བྱུ། ཏུ་བལྟས་ནི་དུང་གྱི་ཏུ། སྣ་བལྟས་ནི་བྱུང་གྱི་སྣ་སྤུ་

204 བལྟས་ནི་གཡགི་སྤུ། རྨིག་བལྟས་ནི་བསེའི་རྨིག། ཤ་སྐེགས་ཏེ་ནི་སླེབས། འཕངས་ཏེ་ནི་བཞིགས ཤ་བྲག་མདོ་

205 ཏུ་ཆེགས། ཤ་ལ་མདའ་ཡིས་འཕངས། སྨྲལ་ལ་དྲུམ་ཀྱིས་ཕྲད། ཤ་ལ་མད་འིས་པོག་སྟོན་མ་པོགདྲུམ་ཀྱིས་བཞི

206 གས་སྟོན་ན་མ་བཞིགས། མདའ་མཐོ་སྐེ་མཆིས། ལྷ་བྲག་དཀར་པོ་རྩེ་ན། འཕྲོག་སྲིན་དྲེ་××

207 སྟོ་ཏུ་ཟུག། ཤ་བྲོས་ཏེ་མཆིས། དངས་པོ་འཕྲུལ་གངས་བྲོས་ཏེ་མཆིས། ལེ་ཝུ་འཕྲོག་ལ་གོང་དུ། འདས་ཏེ་མཆོས། ལེ་ཝུ་

208 འཕྲོག་བྱེ་ལྷང་སུམ་འདའས་ཏེ་མཆིས།:།ཤ་དངས་པོ་འཕྲུལ་གངས་ནི་སྐེགས་ཏེ་ནི་སླེབས། འཕངས་ཏེ་ན་བཞི་གས།:།

209 ཤ་དངས་པོ་འཕྲུལ་གངས་དེ་ཏུ་བཀུམ། ཤ་འཙ་ནི་རྟལ་ཏེ་རྟལད། པགས་བཤུ་ནི་ལྡི་བེ་ལྡི་ཅིང་བཞུགས།

210 ནའ་ལ་དགུ་བ་ལའི་རྒྱབ་ནའ། འཕྲོག་སྲིན་དྲེ་ད་ཞིག་ཕྱི་ཆོ་ནི་ལྗོགསེ་ལྗོགས་སྒྲ་འབྲུག་རེ་ནི་དིར་ང་

211 ཕྱི་ཝུ་ཐོང་པ་ཞིག་བཀུམ། ལ་དགུ་བ་ལ་ཞོག་སླད་འདའསྟེ། མཆོས་ན། ལྷ་བྲག་དཀར་པོའི་རྩེ་ནའ།

212 འཕྲོག་སྲིན་དྲེ་དའི་ཚང་གྱི་སྒོ་ན། མདའ་ཅིག་ནི་ཟུག། ཅིང་མཆིས། ཤ་ཅིག་ནི་རྗེས་ཤིག་བྱུ་ཅིག་ནི།

213 རྗེས་ཤིག་བྱུང།:།ཤ་དང་ནི་རྒྱུ་རྗེས་བཅད། འཕྲོག་ལ་གོང་སུམ་འདས་ཏེ་མཆིས། ཁཡང་དེའི་བུ་

214 ཕུ་ཞིག་ཤ་ཕྱེད་བཤས་ཕྱེད་མ་བཤས། པགས་ཕྱེད་བཤས་ཕྱེད་མ་བཤས། འཕྲོག་སྲིན་

215 མོ་ནི་གནམ་དུ་བརྫབས། ཐིག་རིད་ནི་ས་ཏུ་རྡུངས། ཁ་འོ་དེ་ནི་དམར་སོ་འོ་རིང་ནི་དཀར།

216 སེ་མཆིས།:།ཁ་ཡང་དེའི་བུ་མྱི་སྨོན་བུ་ཙུང་ཞིག། སྤྱན་ཆེར་ཞེས་གཟིགས་། ན། ཐུགས་ཝུར་ཞེས་

217 སྐེང་གྱི་ལམ་དུ། བརྣ་ཞིག་བཅལད། དབུ་སྒྲ་ཉག་བདུན་དང་། སྤྱན་གྱི་ཇི་མ་འབྲུ་བདུན་དང་། ཐུགས་མཆོ།

218 རོ་གཡུ་བདུན། འཕྲོག་སྲིན་དྲེ་དས་འཙལད།:།འཕྲོག་སྲིན་ཕྱག་མ་ཡིད་མོས། འཙལད། མྱི་སྨོན།

219 སྨོན་བུ་ཙུང་ཞིག། སོ་ཡ་དག་ལས་ནི་ཆད་མ་ཁད། འཚི་མ་དག་ལས་ནི་འཆེལ་མ་ཁད། སྤྱན་ཞྲང་མ་

ཧྲིང་ལགས།

220 ལྷབ་མ་ལྷིབ། ཐུགས་རྫང་མ་རྫོང་ཞིང་བཞུགས་བཞུགས། ན་མྱི་མེ་ཙ་གཉེན་བ་ག་ལ་བཞུགས་མིང་

221 སེ་བ་བཤན་བ་ག་ལ་མཆིས། ལྷའི་ཕྱག་ཚང་སྟེར་ཕྱང་ཚ་ཞིག་ལ་བཞུགས་ཤེས་བགྱིས་ན་ལྷའི།

222 ཕྱག་ཚང་སྟེར་ཕྱང་ཚ་ཞིག་པས་སེ་བྱོན། ལྷ་བོན་འཕྲང་ཟུ་གཡང་བོན་ཐེག་ལེག། ཕྱ་བོན་ཀྱུ་ར།།

ཞིག་གཉར་

223 ཏེ། ནང་སུམ་ནི་དམུ་དག་ལྷ་དག་གསས་དག། རྒྱལ་བ་གསུམ་ལ། སྐུ་ཉན་དུ་བཙུགས། མཚེ་ཉག་

ཅིག་དང་ཡུངས།

224 དགང་ཅིག་ནི་སྐུ་སླུད་དུ་བོར།།ན་འཐྲོག་སྲིན་ཕྱག་མ་ཡེད་མོས་འཅལདེ་མཆིས།།ནུབ་སུམ་ནི་སྐུ་

སླུད་དུ་

225 བོར། ནང་སུམ་ནི་སྐུ་ཙ་སྦྱོན་ནུབ་སུམ་ནི་ཉན་དུ་བཙུགས། འཐྲོག་སྲིན་ཕྱག་མོ་ལ་ཉན་དུ་བཙུགས་ནང་

226 སུམ་ནི་གཡང་དུ་ལྷན་ན། ཁ་ཡང་དེའི་ཕུ་མྱི་སྨོན་བུ་ལ་གཡང་དུ། ལྷན།།མྱི་སྨོན་བུ་ཚུང་ནི། སྟར་བས་

227 ནི་ད་བཟང། གཞི་བས་ནི་ད་རྒྱན། ཐོག་ཐོག་ནི་བཞེངས་ཟོར་ཟོར་ནི་ཐྲགས། ད་མྱི་རྨ་བུ་མཆིང་རྒྱལ་

འདི་ཡང་

228 ལྷ་བོན་འཕྲང་ཟུ་གཡང་བོན་ཐེག་ལེག། ཕྱ་བོན་ཀྱུར་ར་གསུམ་ཀྱིས། ནུབ་སུམ་སྲིན་ཕྱིན་དགུམ་སྲིན་

229 ཉན་དུ་བཙུགས། སླུདུ་བོར། ནང་སུམ་ནི་གཡང་དུ་ལྷན།།། ༔ ། ༄།།ལྷ་མྱང་ལྷ་བུ་མོ་ཞིག་ཡུལ་ཀྱི།

230 བདག་མཛད་ཅིང། བཞུགས། ཡུལ་མྱང་ཡུལ་ཤིང་ནགི་བདག་མཛད་ཅིང། བཞུགས། སྲོན་ཀྱི་མགོ་གནོན་

231 ཅིང་ཆེན་མཛད་ན། མྱང་སྲིན་། །ཁ་ཇེ་ཁུའི་མགོ་གནོན་རན མཛད་ཅིང་བཞུགས། ཡུལ་ཕུ་ཙ་

232 གཡོས་ན། མྱང་ཡུལ་ཤིང་ནག། ཕུ་ཙ་གཡོས། ཀྱིས་མྱེད་སྲིན་པས་ཕྱུང་ནའ། མྱང་སྲིན་པས་

233 ཕྱུང། མྱང་སྲིན་ཕླ་ཁ་ཇེ་ཁུ་པས་ཕྱུང། མྱང་ལྷ་བུ་མོ་ཞིག། ཐུམ་ཐུམ་མནའ་ཇེང་བཞུགས་

234 ན། མྱང་སྲིན་ཕླ་ཁ་ཇེ་ཁུས་སྐུའི་བཀླ་ཞིག་བརྐུས། ཐུགས་ཀྱི་མཆོ་རོ་གཡུ་བདུན་འཚལ་ད། མྱ་ང་ལྷ་

235 བུ་མོ་ཞིག་ཐུགས་བསམ་མ་མཁྱེན། ཀྱིས་རྫང་མ་རྫོང། ཞལ་གསུང་མ་མཁྱེན་ཀྱིས་ལྷབ་མ་ལྷིབ་

236 སྤྱན་གཟིགས་མ་མཁྱེན་ཀྱིས་ཧྲང་མ་ཧྲིང། བཤོས་ཡ་དག་ལས་ནི་བཅད་མ་ཁད། གྲོངས་མ་དག།

237 ལས་ནི། འཇེལ་མ་ཁད། ཕྲའིས་ནི་ཆད་མ་ཁད། སྲབ་ཀྱིས་ནི་རྗོལ་མ་ཁད། གཤེན་××མཆིས་

238 ཤིག། མྱང་ཤེན་རྒྱའི་མྱང་ཡུལ་ཐེང་སྣར་དང་དཕྱང་ལད་ལག་གཉིས་ཤིག། སྲིན་ཡུལ་མྱེ་མྱི་ཧྲང་

239 ཚུ་མྱི་རྒུམ་ཀྱི་ཡུལ་དུ། མྱང་སྲིན་ཁ་ཇེ་ཁུའི་གན་དུ་སླུདུ་བོར།།ནུབ་སུམ་ཉན་དུ་བཙུགས་ན།

240 མང་ལ་ལྷ་བོ་ཞིག་ཉན་དུ་བཙུགས། གཡུ་མྱེ་ཅོ་དང་བསེ་བེ་ཅོ་ཞིག་ཉན་དུ་བཙུགས། མྱང་ལ་བོ་མོ།

241 ཞིག། གནྡྷ་བས་ད་བཟང་གཞི་བས་ད་རྒྱན། གནའ་མྱུང་ལྷ་བོ་མོའི་ཉན། ད་སུའི་ཉན་ན་སྨི་རྨ་བུ་
242 མཆིང་རྒྱལ་གྱི་ཉན་ཏོ།:།ཕོ་གག་གི་ཉན། མོ་གུག་གི་ཉན། སེམ་བའི་འོདུ་ཉན། སི་རའི་དཀར་དུ་
243 ཉན། ཤིང་ཁྲ་མོ་མ་བཅག ཁྱ་འཕར་བ་ནི་མ་བཟུང་ཤིག། མཆིག་ཁང་མོ་ནི་མ་འབུབ་ཤིག། ཁྱི་སྣག་
244 པ་ནི་མ་བསྐང་ཤིག། སྨི་པོ་ཉན་ན་དྣ་ཐ་ཅེ་ཕྱི། ཧ་བོ་ཉན་ན། བེ་ཙོ། ཆང་བུ། བཙུན་ཤོ་ཉན། བཀྲ་ཤིས།
245 གྱི་ཉན་ནོ། བཤུར་ལེགས་གྱི་ཉན་ནོ། །ཕ་ཧོ་དེ་ཆེན་པོ་གནམ་ག་ལོང་སུམ་ན་བཞུགས། ཕ་ལ་ཉན།
246 དུ་བཙུགསོ། མ་ཕྲ་དག་བཙུན་མོ་ས་ག་གདིང་དྲུག་ན་བཞུགས་ལ་ཉན་དུ་བཙུགསོ།:།བུ་རིས་
247 བུ་སྲུན་ལ་ཉན་དུ་བཙུགསོ། སྨི་རྨ་བུ་མཆིང་རྒྱལ་འདི་ལ། མཚོ་རིས་པོ་རིས་དང་མཚོ་མོ་
248 བྱང་པང་སུམ་ཟུར། དང་། སིབ་བསེ་གོང་ཀར་བེ་ནི་ཆོག་པོ་དང་གཡུ་གནམ་པོ་ཁྲི་ཞུ་རུ་དང་ནེ་ཙོ་ཐིང་
249 སྣར་གཡུ་རྒྱལ་སྦྲང་ཀེ་ཐོག། འདི་གསུམ་ལ་ཉན་དུ་བཙུགས། ཕྱུ་རྨ་བོའི་ཁ་ཙུག་ཐེན་དུ་ཉན།
250 སྐན་ཀར་བ་བྱ་བགྲེས་པས་ཀྲུང་གསང། རླ་མཚོ་སྲིད་པོ་དང་། མཚོ་རིས་བདགས་དང་བསེ་བེ་ནེ་
251 ཆོག་པོ་གོང་ཀར་དང། སྨི་རྨ་བོ་མཆིང་རྒྱལ་གྱི་དབུ་ལ་གསོལ། ན། བྱ་དཀྲི་བས་སྦོ། བསེ་བེ་ནེ་ཙོག་
252 པོ་དང་བསེ་གོང་ཀར་དང་། གཡུ་གནམ་པོ་ཁྲི་ཞུ་རུ་དང་གཡུ་རྒྱལ་སྦྲངས་ཀེ་ཐོག་དང་དབུ་ལ་ཉན་
253 དུ་བཙུགས།:།ཕྱུ་རྨ་བོའི་ཁ་ཙུག་ཐེན་དུ་ཉན།:།སྐན་ཀར་བ་བྱ་བགྲེས་བས་གས་ང་རླ་མཚོ་སྲིད་
254 པོ་དང་རིས་པོ་རིས་བདག། དང་བསེ་བེ་ནེ་ཙོག་པོ་གོང་ཀར་དང་གཡུ་ནེ་ཙོ་ཐིང་སྣར་
255 ནམ་པོ་ཁྲི་ཞུ་རུ། གཡུ་རྒྱལ་སྦྲངས་ཀེ་ཐོག་དང། མོན་སྐྱུར་ལྡོ་སྐྱུར། རྒྱ་སྐྱུར་ཁོར་བ། དང།
256 རས་རྒྱ་རས་རྩང་གྲང་དང་། མོན་རས་ཁྲུལ་ཐེང་བལ་རས་ཤགས་རྣམས། དང་སྨི་རྨ་བུ་མཆིང།
257 རྒྱལ་ཐུགས་ལ་ཉན།:།སྐུ་ལ་རྟན། རིང་ལ་རྟན་ན། སྐུ་ནང་དུ་སྨི་ཕྱུལ་ཕྱི་རུ་སྨི་འགྲེད།
258 གཡསུ་སྨི་ཡོ་།:།གཡོསུ་སྨི་རྟུལ་། ལྷ་ནས་གྱི་བྲུ་བདུན། མཉན་སྐྱེམས། དམུ་དག་སྐྱེམས་
259 གྱི་ཕྱང་བྱང་ཀྱུ། སྐུ་རུ་གསོལ། ན། སྐུ་ན་མཚལ་ཕྱོ་འོར་འོར། ཁབ་བྱ་རྨང་ཙམ་འོར། གཡུ་
260 རླ་གཡུ་ཐིང་པོ་ཙམ་འོད་དང་ལམ།:།ལམ།:།ཞལ་ལ་ཉན་ན། སྙེན་པོ་བྱ་བགྲེས་ཐེན་ལ་ཉན། རིང་ལ་
ཉན་ན་
261 ཁང་མོ་དགུ་རྣམ་ཐེན་དུ་ཉན། སྐུ་རྟན་བྱང་གཡུ་ཐེན་དུ་ཉན། ཞབས་ལ་ཉན་ན། སླ××བྱེ་ཙུ་སྟེང་ལ་
262 ལྡོང་ཁབ་ཞལ་བཟངས་ཐེན་དུ། ཉན། ད་ཉན་གྱི་བདག་ཀྲུང་མཚོ་རིས་པོ་ཧྲི་ས་བདག། ལགསོ། ཕོ་དེ་
263 བདག་ཀྲུང་མཚོ་རིས་པོ་རིས་བདག། ལགསོ། སི་སི་དྲུམ་པོ་ཆེ་ཡང་མཚོ་རིས་པོ་རིས་བདག།
264 ལགསོ། ད་ཉན་གར་ནི་གཟུགསོ། སྣན་ཀར་ནི་རྒྱུའོ། བོན་ཀར་ནི་རྟིགསོ། གོན་ཀར་ནི་སྐྱུད་དོ།
265 ཧྲིན་ཀར་ནི་སྐྱུད་དོ། ཕན་ཀར་ནི་རྒྱུའོ། སྨི་རྨ་བུ་མཆིང་རྒྱལ་འདི་སྨི་ཉན་རང་ཐེན། དེ་སྐྱུད་ནབ།

266 བཙན་བདུད་རྐུན་མ། བཙུག་རྫུ་རྐུན་མ། གནམ་ལ་གཡེན་དགུ་རྐུན་མས། གཉར་ན། མྱི་སླེབས་ས་
267 ལ་སྲི་རྐུན་མ། ཚུད་རྐུན། རྐུན་མས་བྲག་ཧྥོད་དེ་ཆབ་གསང་བདག། མ་མོས་གཉར་ན་མྱི་སླེབས་
268 ཤ་གསང་གོང་དུ་སླུད་ན། ཕྱི་ལོ་ཚ་ཁང་ཀྱི་མྱི་ཟུགས། ཕྱུམ་སླང་ཐ་སླུད་ན། མྱི་རྐུན་ཀྱི་ས་མྱི་སླེབས་
269 ཤ་བོང་ཟན་སླུད་ན། མྱི་ལྟེ་ཐན་ཀྱིས་མྱི་སླེབས། ཁྲུང་ཁྲུང་དགུ་ལ་འཕར་ན་ཐྱན་ལྷག་གཆན་ཀྱིས་
270 མྱི་སླེབས། ལྷོ་ག་བོན་ཏམ་དུ་འཕྲུས་ན། ཕྱ་རྗེ་ཁྲའིས་མྱི་སླེབས་ད་ཀླན་མཁར་སྨང་སྨང་
271 ཀླ་ལམ་སྒྲ་སྒྲོ་ཀླ་ཁྲིམ་སྒྲུག་ར། ཀླ་ལམ་སྨང་སྨེངསུ། མྱི་རབ་བགྲེས་ཡོབ་དུ་གཤེགས་ཤག་ཤེད་རབ།
272 ཡོ་ཞི་བ་དུ་གཤེགས་ཤིག། མྱི་ཇི་རང་ཐེན།:།མྱི་ཉན་རང། ཐེན། ཉན་ཇི་ད། ཐེན་ན་ཉན་ཙབ་
273 རང་ཐེན། ཆབ་ཇི་རང་ཐེན་ན་ཆབ་གཞུང་རང་ཐེན། གཞུང་ཇི་རང་ཐེན། ན་གཞུང་ཇོ་ར་ང་ཐེན་ཇོ་ཇི་
274 རང་ཐེན་ན། ཇོ་འག་ཙམ་དང་ནའ་བྲག་མཁར་རྩེ་མྱི་རྙེལ། དབུགས་ཆབ་ཙམ་ཤུར་ན་××ཆབ་
275 སྔོན་མོ་ཇོ་མྱི་སྣམས། ད་མྱི་ཛ་བུ་མཆིང་རྒྱལ་འདི། དྲི་སོག་རོལ་ལ་ཞལ་མ་ཆེ་ལྦུགས་མ་རིང།
276 མྱི་ཛང་ཤེ་རོ་ཐ་ལ་ཁྲམ་ཏེན། ཤེང་སྔོང་ཆགི་མགོ་ཐུར་དུ་ཡུ། ཏེན་ག་ཆེད་ལ། ཞལ་ཆེས་ན། ཡུར་བ།
277 ཡ་རོལ་ཀྱི་ནས་ལ་ལྗོས། གཆུང་ལ་ཞལ་ཆེས་ན། ཡུར་བ་མ་རོལ་ཀྱི་ནས་ལ་ལྗོས། རྗེ་ལ་ཞལ་ཆེས་
278 ན་ཡུར་བ་མ་རོལ་ཀྱི་ནས་ལ་ལྗོས། འབངས་ལ་ཞལ་ཆེ། ན། ཤུལ་ཀྱི་མ་རོལ་ཀྱི་ནས་ལ་ལྗོས།:། སེ་ལེ་
279 དྲོན་ལ་ཞལ་ཆེས་ལྦུགས་རིངས། ནམ་ཕྱོད་ཀྱི་ནས་ལ་ལྗོས། མྱི་ཛ་བུ་མཆིང་རྒྱལ་འདི་ཉན་འོག་དུ།
280 བཙུགསོ།:།ཉན་འོག་དུ་སླུད་། དོ། ལྷ་ལ་ཉན་དུ་བཙུགས་ན། ལྷ་འོག་ནི་རྐད་ཐུགས། སེན་འོག་ནི།
281 སླུད་འདོར། གནའ་མྱི་ལུད་ནི་ཇེ་ལྟར། ཟན་དགས་ནི་ཇི་ལྟར་པན་། ཡུལ་ལྷ་ཡུལ་གི་ནང་ན། མྱི་སླེ་མྱི་
282 ཁྲིམ་བདུན་ཞིག། རྗོས་ནས་དང་བྲསུ་རྗོས་ན་ཁྲུངས་མཆེ་དང་ཡུངསུ། འཁྲུངས། མཆེ་འཁྲུངས་ཀྱི།
283 གཞོན་བཟངས། མཆེ་འཁྲུངས་ཀྱི་གཉ་རིངས། ལྷ་བཞུགས་ན་ཡིད་རྣོན། བཞུགས། མྱི་མཆི་ས་ན།
284 བག་རྣོན་མཆིས། སྲིན་མཆིས་ན། སྲིན་མྱིག་རྣོན། མཆིས། མྱི་བག་རྣོན་ཀྱིས། མཆེ་གཅིག་ཉག་
285 ཉིས་ཉག་གསུམ་ཞིག། བཙདེ་། མྱི་བག་རྣོན་འཙལ་ཏེ་མཆིས། སྲིན་མྱིག་རྣོན་ཀྱིས་མཐོང་སྟེ།
286 མྱི་བྲོས་ཏེ་མཆིས་བག་རྣོན་ཐར་ཏེ་མཆིས། སྲིན་ཀྱིས་བསླགས་ན་སྲིན་མག་རྣོན་ཀྱིས་བསླགས།
287 ན་མྱི་བག་རྣོན། མ་ཛ་ཐེན་རི་ཐེན་ཐུངས། ཐེན་ཙིགས་གསུམ་ཀྱི་ཐོག་དུ་བྱོན། སྲིན་××དེ་ཏུ་སེགས་
288 མྱི་བག་རྣོན་ཀྱིས། མཆེ་མོ་ཉག་གསུམ་ཞིག་བོར་ན། སྲིན་འཙལ་ཏེ་མཆིས་མྱིག་རྣོན་འཙལ་ཏེ་
289 མཆིས། མྱི་ཐར་ཏེ་མཆིས་བག་རྣོན་ཐར་ཏེ་མཆིས། དེ་རིང་སང་ལྟ་ན། མཆེ་ཉག་ཅི་ག་ཉག་ཉིས་
ཉག་གསུམ་
290 པ་འདི། མྱི་ཛ་བུ་མཆིང་རྒྱལ་ཀྱི་སྐུའི་སླུད་བོར་རོ། རིང་ཀྱི་ཁབསུ་བོར། རོ། ལྷ་དགུ་ནི་ཉན་དུ་བཙུགས།

291 མྱ་རྫེ་རང་ཐེན་ན་མྱི་ཉན་རང་ཐེན། ཉན་ཛཻ་རང་ཐེན་ན་ཉན་ལྷ་རང་ཐེནད། ཡུལ་རྩང་ཤུལ་མཐོ་××
ན་རྫེ་རྩང་

292 རྫེ་པ྄ྲ་ཏ་ཞིག། སྲིན་རྩང་སྲིན་པོ་དའི་མཆོད། ནས། མྱེ་སྨྱི་དགུ་ཚུ་མྱི་ཆླང་གྱི་ཡུལ་དུ་བགྲི་ཞེས་བགྱིས། ན།

293 རྩང་རྫེ་པྭ྄་ཏས། རྩང་ཤེན་སླལ་ངག་བགུག་སྡེ། ཡུངས་མོ་དག་ཅིག་དང། གཡུ་སླག་ཅེན་དང་

294 ཕྱང་པང་པ་མྱིག་དང། ལྷ་ལ་ཉན་དུ་བཙུགས་ན། རྩང་ལྷ་ཕྱུ་དར་ལ་ཉན་དུ་བཙུགས། ××མཆེ་མོ།

295 ཉག་ཅིག་དང་ཡུངས་མོ་དགང་བཟངས། དང། ཟེར་མོ་འཕན་བཟངས། དང་མོན་ལུག་འབྲས་××ཁ་
སྤལ་

296 བྲི་བ་ཞུང། དང་སྐུའི་སྐྱུད་པོར། ན། སྲིན་རྩང་སྲིན་པོད་དེ་འཚལ་ཏེ་མཆིས། མྱི་ཐར་ཏེ་མཆིས་། ན།

297 རྩང་རྫེ་པ྄ྲ་ཏ་ཐར་ཏེ་མཆིས། སྨྱི་རྨ་བུ་མཆིང་རྒྱལ་འདི་ལྷ་ལ་ཉན་དུ་བཙུགས་ན། རྩང་ལྷ་ཕྱུ་དར་ལ་ཉན།

298 དུ་བཙུགསོ།:སྲིན་ལ་སླུད་པོར་ན། རྩང་སྲིན་པོད་དེ་མྱེ་མྱི་དགུ་ཚུ་མྱི་ཆླང་བའི་ཡུལ་དུ་སླུད་པོར།

299 རོ། ༔། ཡུལ་གནུབས་ཤུལ་སླིང་དྲུག་ན། རྫེ་གནུབས་རྫེ་སྲིབས་པ་བཞུགས། སྲིན་གནུབས། ནི།

300 ཏང་ཕྲན་། གྱིས་སྲིན་ཡུལ་མྱི་དགུ་ཚུ་མྱི་ཆླང་གྱི་ཡུལ་དུ་བགྲི་ཞེས་བགྱིས་ནའ།

301 རོང་པོ་ལྡེ་ཁར་གྱིས། སྲིན་གང་དུ་སླུད་པོར་ན་གནུབས་སྲིན་ཏང་ཕྲན་གྱི་གང་དུ་སླུད་པོར། ལྷ་ལ་

302 ཉན་དུ་བཙུགས་ན། གནུབས་ལྷ་མཐོན་དྲུག་ལ་ཉན་དུ་བཙུགས། ཡུངས་གར་ནི་དགང་ཅིག་

303 དང་གཡུ་སླག་ཅེན་དང་བསེ་ཕྱང་པང་པ྄ྲ་མྱིག་དང། ལྷ་ལ་ནི་ཉན་དུ་བཙུགསོ། ལྷ་ལ་ཉན་བཙུགས་

304 པ་དང་སྲིན་ལ་སླུད་པོར་བའི་རྣན་བཙལ་བ། ནི་ནན་སྔ་མ་བཞིན་དུ་བསྐོར་རོ། ༔། ལྷ་ལ་ཉན་དུ་
བཙུགས་བཙུགས་ན་

305 ཐང་ལྷ་ཡ་བཞུར་ལ། ཉན་དུ་བཙུགས་སྲིན་གན་དུ་སླུད་པོར། ན། ཐང་སྲིན་ཕྱོ་ཕྱོ་མོའི་གན་དུ།

306 སླུད་པོར་རོ། འབྲོག་སྲིན་ཕྱབ་མའི་གན་དུ་སླུད་པོར། རྫེ་ཐང་རྫེ་གསུམ་པོ་ནི་བཤོས་སོ།:མྱི་རྨ་བུ་མཆིང་

307 རྒྱལ་ཡང་ལྷ་ལ་ཉན་དུ་བཙུགས། ན། ཐང་ལྷ་ཡ་བཞུར་ལ་ཉན་དུ་བཙུགས་སྲིན་ལ། སླུད་དུ××།

308 པོར་ན། ཐང་སེན་ཕྱོ་ཕྱོ་མོ་འབྲོག་སྲིན་ཕྱབ་མ་ལ་སླུདུ་པོར་ཅིང་ལ་འོག་དུ་ནི་གདའ་

309 སྤགས། སྲིན་འོག་དུ་ནི་སླུད་པོར། ༔། ཡུལ་ངས་པོ་ཁྲ་གསུམ་ན། རྫེ་དྲང་རྫེ་རྗོལ་ནམ་ཞིག། ངས་པོ།

310 སྲིན་ནག་ར་རྒྱས། སྲིན་ཡུལ་མྱེ་མྱི་དགུ་ཚུ་མྱི་ཆླང་གྱི་ཡུལ་དུ་བགྲི་ཞེས་མཆི་ན། དྲང་གཤེན།

311 འབྲོང་ཕྱག་གྱིས། ལྷ་ལ་ནི་ཉན་དུ་བཙུགས། ཀླམ་ལྷ་ཐུགས་པོ། ལ་ཉན་དུ་བཙུགས།

312 སྲིན་གན་དུ་སླུད་དུ་པོར་ན། ཀླུམ་སྲིན། དོམ་རའི་གན་དུ་སླུད་དུ་པོར། སྨྱི་རྨ་བུ་མཆིང་རྒྱལ། གྱང།

313 ལྷ་ལ་ཉན་དུ་བཙུགས་ན། ཀླུམ་ལྷ་ཐུགས་པོ་ལ་ཉན། དུ་བཙུགས། སྲིན་གན་དུ་སླུདུ་པོར་ནལ་།

ཀླུམ་སྲིན་དོམ་ར་རྒྱའི་གན་དུ་སྐྱུད་པོར།ཿ།མྱི་རྨ་བུ་མཆིང་རྒྱལ་ཡང་མྱི་ལྷ་རང་ཐེན×××ཡུལ་སྐྱི་རོ་ལྷོང་སྔོན་ན། རྗེ་སྐྱི་རྗེ་རྨང་པོ་ཞིག། སྲིན་སྐྱི་སྲིན་ཙ་ལུང་ཞའི་མཆིད་ནས་ཡུལམྱི་མྱི་དགུ་ཚུ་མྱི་རླང་ཀྱི་ཡུལ་དུ་བགྱི་ཞེས་མཆིའ། སྐྱི་གཤེན་རྒྱན་དར་ཞིག་གཉར་ཏེ། སྲིན། འོག་དུ་ནི་སྐྱུད་པོར། ལྷ་འོག་དུ་ནི་གདའ་སྤྱགས། ལྷ་ལ་ཉན། བཙུགས། ན་སྐྱི་བླ་ཕྱ་མངས་ལ། ཉན་བཙུགས། སྲིན་ལ་སྐྱུད་པོར་ན། སྐྱི་སྲིན་ཚ་ལུང་ཞ་ལ་སྐྱུད་པོར་རོ། མྱི་རྨ་བུ་མཆིང་རྒྱལ་ཡང་ལྷ་ལ་ཉན་དུ་བཙུགས་ན་སྐྱི་བླ་ཕྱ་མངས་ལ། ཉན་དུ་ཙུགས་སྲིན་ལ་སྐྱུད་དུ་པོར་ན། སྐྱི་སྲིན། ཙ་ལུང་ཞའི་གན་དུ་སྐྱུད་དུ་པོར། ༔ ། ཡུལ་ཡར་ཁྲིམ་སོགས་ཡར་ནབ། ཡུལ་རྗེ་འོ་སྡེ་སྤྱུ་རྒྱལ་བཞུགས། ན། སྲོན་ཡར་སྲིན་པ་སྣ་རིང་པོའི་མཆིད་ནས། སྲིན་དམུ་སྲིན་ཡུལ། མྱི་མྱི་དགུ་ཚུ་མྱི་རླང་ཀྱི་ཡུལ་དུ་བགྱི་ཞེས་མཆིའ། ལྷེ་གཤེན་རྨུན་བུ་བཀུག་སྟེ། ལྷ་ལ་ཉན་དུ་བཙུགས་ན། ཡར་ལྷ་ཤམ་པོ་ལ་ཉན་དུ་བཙུགས། སྲིན་ལ་སྐྱུད་པོར་ན། ཡར་སྲིན་དྲུ། ལ་སྐྱུད་དུ་པོར། ཡུལ་དབྱེ་མོ་ཡུལ་དྲུག། ན། དབྱེ་རྗེ་ཁར་པ་ཞིག་སྲིན་དབྱེ་སྲིན་ཡུག་མོའི་མཆིད་ནས་སྲིན་ཡུལ་མྱི་མྱི་དགུ་ཚུ་མྱི་རླང་ཀྱི་ཡུལ་དུ་བགྱི་ཞེས་ན། དབྱེ་གཤེན་གར་བུ་ལྡོན་ཕྱུག ག××གཉར། ཏེ་ལ་ཉན་དུ་བཙུགས་ན། དབྱེ་བླ་སྦྱི་གང་གངས་ལ་ཉན་དུ་བཙུགས། སྲིན་ལ་སྐྱུ་ད་དུ་པོར་ན། དབྱེ་སྲིན་ཡུག་མོ་ལ་སྐྱུད་དུ་པོར། ༔ ། ཡུལ་ཛེགས་ཤུལ་སྙིང་བྲང་ཅེ་འུ་ན། རྗེ་ཛེག་རྗེ་སྙིང་འབྲང་ཅེ་འུ་བཞུགས། སྲིན་ཛེགས་སྲིན་ར་ལྕགས་ཀྱི་མཆིད་ནས་སྲིན་ཡུལ་མྱི་མྱི་དག་ཚུ་མྱི་རླང་ཀྱི་ཡུལ་དུ་བགྱི་ཞེས་མཆི། ཛེགས་ཤེན། རྨུང་བུས་ལྷ་ལ་ཉན་དུ་བཙུགས་ན། ཛེགས་ལྷ། ཕྱ་རྨང་ལ་ཉན་དུ་བཙུགས། སྲིན་ལ་སྐྱུད་དུ་པོར་ན། ཛེགས་སྲིན་ར་ལྕགས་ལ། སྐྱུད་པོར། ༔ ། ཡུལ་འོལ་ཕུ་དག་དང་ན། རྗེ་འོལ་རྗེ་ཟིན་པྲང་བཞུགས། འོལ་སྲིན་དེན་པོ་བླའི་མཆིད་ནས། སྲིན་ཡུལ་མྱི་མྱི་དགུ་ཚུ་མྱི་རླང་ཀྱི་ཡུལ་དུ་བགྱི་ཞེས་མཆིའ། ལྷོང་ཅེ་གཤེན་ཀྱི་མུན་ཞག་ཙས་ལྷ་ལ་ཉན་དུ་བཙུགས་ན། སྲིན་ལ་སྐྱུད་པོར།ཿ།འོལ་ཤ་བཟན། ༔ ། ༔ ། ཡུལ་དགས་ཡུལ། ཤིང་ནག་ན། རྗེ་དར་རྒྱལ་སྤྲོག་ཟིན། སྲིན་དགས་སྲིན་སྦྲ་ད་པོ་མགོ་དགུའི་མཆིད་ནས། སྲིན་ཡུལ་མྱི་མྱི་དགུ་ཚུ་རླང་ཀྱི་ཡུལ་དུ་བགྱི་ཞེས་བགྱིས་ན། རྒྱལ་རབས་××གཤན་ལ་དས་ནས། ཉ་ལ་ནི་ཉན་བཙུགས། སྲིན་ལ་སྐྱུ་པོར།ཿ།༔ ། ཡུལ་མཆིས་ཡུལ་། ཀྱི་དགུ་སུལ། ན། རྗེ་མཆིམས་རྗེ་ནེ་འུ། བཞུགས། སྲིན་མཆིམས་སྲིན། པོད་ལྷུ་ངས་×××ཀྱི་བྱ་ཁྲི་མའི་མཆིད་ནས།ཿ།སྲིན་ཡུལ་མྱི་མྱི་དགུ་ཚུ་མྱི་རླང་ཀྱི་ཡུལ་དུ་བགྱ་ཞེ་ནས་མཆིམས་ཤེན་དོ་རབ་འབྲིང་རབ་ཀྱིས་མཆིད་ནས། ལྷ་ལ་ནི་ཉན་དུ་བཙགས། སྲིན་ལ་ནི་སྐྱུད་པོར།

༄སྒྲུང་ཡུལ་ཤིང་སྔོན་ན། རྗེ་སྒྲུང་ཙུན་རྒྱལ་པོ་དོག། ཅིག་བཞུགས། སྒྲུང་སྲིན། གནག་བྲང་
མའི་མཆིད་ནས། སྲིན་ཡུལ་མྱེ་མྱི་དགུ་ཚུ་མྱི་ཆྐང་གྱི་ཡུལ་དུབགྱི་ཞེ་ན་སྒྲ་ང་གཤེན
རྒྱས་ལྷ་ལ་ཉན་དུ་བཙུགས། སྲིན་ལ་སླུད་པོར།:།ঃ།
ཡུལ་རྐོང་ཡུལ་བྲེ་སྣར་ན། རྗེ་རྐོང་འདི་དཀར་པོ་བཞུགས། རྐོང་སྲིན××དེན་པོའི་མཆིད།
ནས། སྲིན་ཡུལ་མྱེ་མྱི་དགུ་ཚུ་མྱི་ཆྐང་གྱི་ཡུལ་བགྱི་ཞེ་ན། རྐོང་ཤེན་××དོག་པོ་དོག་ཉ།
ཡིས་ལྷ་ལ་ཉན་དུ་བཙུགས། སྲིན་ལ་སླུད་པོར། ঃ། ཡུལ་མ་དོ་རོ། ××ལྡུང××། རྗེ་
མདོ་རྗེ་འོན་བྲང་བཞུགས་སྲིན་མདོ་སྲིན་ཁང་མར་གྱི་མཆིད་ནས། སྲིན་ཡུལ་མྱེ་མྱི་དགུ་
ཚུ་མྱི་ཆྐང་གྱི་ཡུལ་དུ་བགྱི་ཞེ་ན། མདོ་གཤེན་མར་ཧྲས་ལྷ་ལ་ནི་ཉན་དུ་ཙུགས་སྲིན་ལ་ནི་སླུད་པོར་
ཡུལ་རྒྱ་ཡུལ་གདན་བཟངས་ན། རྗེ་རྒྱ་རྗེ་མྱེ་མཚང་རྨང་པོ་བཞུགས། སྲིན་རྒྱ་སྲིན་མྱིག་མར་
གྱི་མཆིད། ནས། སྲིན་ཡུལ་མྱེ་མྱི་དགུ་ཚུ་མྱི་ཆྐང་གྱི་ཡུལ་དུ་བགྱི་ཞེ་ན།:།རྒྱ་བོན་ལེག་དང་རྨང་
བས་ལྷ་ལ་ནི་ཉན་བཙུགས་སྲིནལ་ནི་སླུད་པོར།:། མྱི་ཇི་རང་ཧེན་ན། མྱི་ཉན་རང་ཧེན།
ཉན་ཇི་རང་ཐེན་ན་ཉན་ལྷ་རང་ཐེན། ལྷ་དགུ་ཉན་དུ་བཙུགས་ན་སྲིན་དགུ་སླུད་སླུད་པོར།:།
ལྷ་འོག་དུ་ཁད་ཐུགས་སྲིན་འོག་དུ་སླུད་གྱིས་སླུད་ན། མྱི་ལུད×××
མྱི་སྐད་མ་མཆིས་ན། ཡ་ཕླ་བདུང་པོ་ཡོད་གཟངས་མ×××

ལོ་རྒྱུས་ཡིག་ཆ་ཐོར་བུའི་སྐོར།

Pe1.tib.0016(2) ཁྲི་གཙུག་ལྡེ་བཙན་སྐབས་སུ་རྒྱ་དྲུག་སོགས་རྒྱལ་ཁབ་གསུམ་ལ་མཛལ་དུམ་མཛད་ཚུལ།

9 ༄༅། སྨོན་ལམ་དུ་གསོལ་བ། །དཀོན་མཆོག་གསུམ་ལ་ཕྱག་འཚལ་ལོ། །ཕྱོགས་བཅུའི་འཇིག་རྟེན་གྱི་ཁམས་ཆོས་ཀྱི་དབྱིངས་ཀྱིས་ཀུན་དུ་ཁྱབ་པ། ན་ཀའི་དབྱིངས་ཀྱིས་

10 མཐའས་གདུགས་པ་ན། དུས་གསུམ་དུ་རྣམ་པར་བཞུགས་པའི་སངས་རྒྱས་བཅོམ་ལྡན་འདས་ཞི་བ་ཆོས་ཀྱི་སྐུ། ཐམས་ཅད་མཁྱེན་པའི་ཡེ་ཤེས་ཅན། སྟོབས་དང་། མྱི་འཇིགས་པ་དང། མཚན་དང་དཔེ་བྱད་བཟང་

11 པོས་བརྒྱན་པ་འི་སྐུ་ཡིད་བཞིན་གྱི་ནོར་བུ་རིན་པོ་ཆེ་ལྟར། སེམས་ཅན་ཐམས་ཅད་ཀྱི་རེ་བ་ཡོངས་སུ་བསྐོང་བར་མཛད་པའི་ཐུགས་རྗེ་ཆེན་པོ་དང་ལྡན་བ་ཇི་སྙེད་བཞུགས་པ་ཐམས་ཅད་ལ་ཕྱག་འཚལ་ལོ། །

12 དམ་པའི་ཆོས་ངོ་བོ་ཉིད་ཀྱིས་དག་པ་རང་བཞིན་ཀྱིས་རྣམ་པར་གྲོལ་བ། ཉེས་པའི་སྐྱོན་རྣམ་པར་རྟོག་པ་འི་མཚན་མ་ཐམས་ཅད་དང་བྲལ་བ། ནམ་ཀ་ལྟར་ཇི་ལ་ཡང་ཆགས་གོས་པ་མྱེད་ལ། ཤེས་བྱ་ཐམས་ཅད་དུ་ཁྱབ་ཀྱིད།

13 མྱི་འདྲེ་ཞིང་རྣམ་པར་དབེན་བ་རྒྱ་ཆེ་ཞིང་ཡངས་པའི་མཐའ་ཐུག་པ་མྱེད་པས་ཀུན་དུ་ཁྱབ་པ། གཟུང་བ་དང་འཛིན་པའི་མཐྭ་ལས་རྣམ་པར་གྲོལ་བས་བསམ་ཀྱིས་མྱི་ཁྱབ་པའི་ཡེ་ཤེས་མངའ་བའི

14 སྤྱོད་ཡུལ་དུ་གྱུར་ད་པ། སངས་རྒྱས་ཐམས་ཅད་ཀྱི་ཆེ་བ་ཉིད་དང། ཏིང་ངེ་འཛིན་ལ་སྩོགས་པ་ཡོན་ཏན་ཐམས་ཅད་ཀྱི་འབྱུང་གནས། འགྲོ་བ་ཐམས་ཅད་ཀྱི་བསོད་ནམས་དང་། ཡེ་ཤེས་ཀྱི་ཚོགས་ཀྱི་སྒོ

15 འབྱེད་པ་ལ་རྣམ་པར་གསལ་ཞིང་དཔག་དཀའ་བའི་ཆོས་ཀྱི་སྐུ་མ་རབས་རྣམས་ཀྱི་སྤྱོད་ཡུལ་མ་ཡིན་བ། འཕགས་པ་རྣམས་ཀྱིས་རང་གིས་རིག་པ་ལ་ཕྱག་འཚལ་ལོ། །བྱང་ཆུབ་སེམས་དཔའི་

16 དགེ་འདུན་འཇིགས་པ་ལྔ་ལས་ཤིན་དུ་འདས་པ་། ཕྱིར་མྱི་ལྡོག་པའི་གོ་འཕང་ཐོབ་པ། ཐབས་དང་ཤེས་རབ་ཀྱིས་བདག་དང་གཞན་གྱི་དོན་སྤྱོད་པ་། དབང་བཅུ་ལ་མངའ་མཉེས་པས་ལྷུན་ཀྱིས་གྲུབ་པའི་སྐུ་དང།

17 ཐུགས་དང། གསུང་དུ་ལྡན་བས་ཐུགས་ཆེན་པོའི་ཤུགས་ཀྱིས་འགྲོ་བ་མ་ལུས་པའི་དོན་མཛད་ཀྱང་མྱི་གནས་བའི་མྱ་ངན་ལས་འདའས་པའི་ཡོན་ཏན་དང་ལྡན་བ་ཇི་སྙེད་བཞུགས་པ་ཐམས་ཅད་ལ་ཕྱག་འཚལ་ལོ། །

18 ཁྲོ་བོ་འབར་བ་དཔལ་བྱིན་གཟི་བརྗིད་ཅན་གྱི་སྐུ། འདུལ་བའི་སྟོམ་བས་བསྟམས་པའི་ཚུལ་ལྟར་མྱི་
བཞུགས་ཀྱང། འགྲོ་བ་བག་མྱེད་ལ་བརླང་བའི་ང་རྒྱལ་ཅན་དག་བཏུལ་བ་ལ་རྣམ་པར་མཛེས་
19 པ། དེ་བཞིན་གཤེགས་པའི་སྐུ་ལས་སྤྲུལད་པས། ཐུགས་རྗེའི་རང་བཞིན་གྱིས་ཁྲོ་འཛུམ་དུས་གཅིག་
གདའ་ཡང། ང་རྒྱལ་རྣམ་པར་འདུལ་ཞིང། སྡིག་ལ་བག་མྱེད་པར་འཇུག་པ་དོན་མྱེད་
20 ཅིང་སྡིག་པའི་མཚམས་མྱི་འདའ་བར་འགྲོ་བ་ཐམས་ཅད་འདུལ་བ་ལ་མཁས་པ་འོད་གཟེར་རྣམ་པར་འཕྲོ་
བས་ཁམས་གསུམ་ཟིལ་གྱིས་གནོན་པ། ཡུད་ཙམ་གཅིག་ལ། འཇིག་རྟེན་རྒྱ་མཚོ་སྐུ་དང་གསུང་
21 དང། ཐུགས་ཀྱི་སྤྲུལ་པས་འཇིག་རྟེན་ཐམས་ཅད་རྒྱས་པར་མཛད་པ་ཅི་སྙེད་བཞུགས་པ་ཐམས་ཅད་
ལ་ཕྱག་འཚལ་ལོ། །དཀོན་མཆོག་གསུམ་གྱི་ཡོན་ཏན་ཆེན་པོ་བསམ་གྱིས་མྱི་ཁྱབ་བརྗོད་ཀྱིས་
22 མྱི་ལང། བཤད་ཀྱིས་མྱི་རྫོགས་ཏེ། ཇི་སྟེ་སེམས་ཅན་ཐམས་ཅད་ཀྱིས་བསྐལ་བ་ཆུ་བོ་གང་གའི་བྱེ་མ་
སྙེད་དུ་བརྗོད་དུ་ཟིན་ཀྱིས་ཆ་ཤས་སུ་ཡང་མྱི་འགྱུར་བའི་ཡོན་ཏན་མངའ་བའ། བརྗོད་དུ་
23 རུང་བའི་རྒྱུས་མྱི་གཟུང་སྟེ། བརྡ་སྐད་མྱིང་དུ་གདགས་པའི་ཚིག་གིས་བརྗོད་ཀྱིས་མྱི་ལང་བ། དེ་འདྲ་
བར་བསྟན་བཟོད་ཅིང་དཔེར་ཡོམ་བ། འཇིག་རྟེན་གྱི་ཁམས་ན་མྱེད་པ་གྲངས་སུ་བྱ་ན།
24 བགྲང་བའི་རྒྱུས་མྱི་བཟུང་གྱིས་ཀྱང་ཡོན་ཏན་དེ་སྙེད་བགྲང་བའི་རྩིས་ཀྱི་གྲངས་ལ་མྱེད་པ་བརྗོད་
ཅིང་དཔག་པ་ལས་འདས་པ། བསམ་གྱིས་མྱི་ཁྱབ་པའི་ཡོན་ཏན་མངའ་བ་དེ་དག་ལ་རྗེས་སུ་ཡི་རང་
བ་ཆེན་པོས་
25 ༄༅།རྗེས་སུ་ཡི་རང་ངོ། །དཀོན་མཆོག་གསུམ་ལ་མཆོད་པ་ནི་ལྷ་རྫས་སམ། མྱིའི་ལོངས་སྤྱོད་ཀྱི་མཆོག།
རི་རབ་ཙམ་འམ། རྒྱ་མཚོ་སྙེད་དམ། ནམ་ཀ་གང་བ་འམ། འཇིག་རྟེན་རྒྱས་
26 པའམ། ཡིད་ཀྱིས་སྤྲུལད་པ་སེམས་ཀྱིས་དམྱིགས་པ། ཚད་མྱེད་གྲངས་མྱེད་པ། ཕུན་སུམ་ཚོགས་པ་ཐམས་
ཅད་ཀྱིས་མཆོད་པ་ནི། མེན་ཏོག་པོག་སྤོས། འཕྲེང་བ་བྱུག་པ།
27 ཕྱེ་མ་སྦྱམ་བུ། སིལ་སྙན་རོལ་མོ། ལྷབ་ལྷུབ་ལྡ་ལྡི། གདུགས་དང་སྣ་རེ། རྒྱལ་མཚན་བ་དན་མར་མྱེ་
དཀྱིལ་འཁོར་བཤོས་སྤོས་ཆབ་ལས་སྩོགས་པ། མཆོད་རྟེན་བསླང་བ་དང།
28 དཀོན་མཆོག་གསུམ་གྱི་རྟེན་སྐུ་གཟུགས་རིན་པོ་ཆེས་སྤྲས་པ་དང། བཞེན་བ་དང། འཆག་ས་དང། སྐྱེད་
མོས་ཚལ་དང། གཙུག་ལག་ཁང་རྒྱ་ཆེན་པོ་ཚད་མྱེད་པའི་དམྱིགས་པ་དང་ལྡན་པ། རྣམ་པར་
29 དག་པའི་ཡོ་བྱད་ཐམས་ཅད་ཀྱིས། དེ་བཞིན་གཤེགས་པ་དེ་དག་ཐམས་ཅད་ལ་སྤྱི་སྣང་དུ་བགྱིའོ། །
བླ་མར་བགྱིའོ། །རི་མོར་བགྱིའོ། །མཆོད་ཅིང་གསོལ་ལོ། །རིམ་འགྲོར་བགྱིའོ། །
30 བོད་རྗེ་བློན་འཁོར་དང་བཅས་པ་དང། སེམས་ཅན་ཐམས་ཅད་ཀྱིས་བསམ་གྱིས་མྱི་ཁྱབ་པའི་ཚེ་

རབས་ནས་དུས་འདིའི་བར་དུ། ལུས་དང་། ངག་དང་། ཡིད་གསུམ་གྱི་སྒོ་ནས་ཉོན་མོངས་པའི་
31 རྒྱུ་འམ། སྐྱེ་ཤིའི་ས་བོན་ནམ། བདག་དང་གཞན་ལ་ཡོངས་སུ་གདུང་བར་འགྱུར་བ་ཉེས་སྤྱོད་ཀྱི་ལས་
ཆོས་དང་འདུལ་བ་ལས་འགལ་བ་བདག་གིས་བྱས་སམ། གཞན་བཅོལ་ཏམ། གཞན་བྱེད་པ་
32 ལ་སྨོན་པ་འམ། ང་རྒྱལ་དང་བསླུམས་པའི་ཕྱིར་བྱས་སམ། དབང་དང་། མཐུ་ཡོད་པས་བདག་དགའ་
དང་། དངན་ཅན་གྱི་ཕྱིར་བྱས་སམ། ཇི་ཕྱིར་བྱས་ཀྱང་རུང་སྟེ། དེ་ལྟ་བུའི་ལས་ངན་པ།
33 ༄༅།འཕགས་པ་འཇིག་རྟེན་ལས་འདས་པ་རྣམས་ཀྱིས་སྨད་པ། མ་རབས་ཕྱིས་བ་ལྟ་བུ་ཕྱིན་ཅི་ལོག་གི་
སྤྱོད་ཡུལ་དུ་གྱུརད་པ། དེ་རྐྱེན་དང་འབྲས་བུས་ངན་སོང་གསུམ་ཏུ་རྒྱུ་བའི་ལས་
34 ངན་པ་མཐོ་རིས་བདེ་བར་འགྲོ་བའི་ལམ་གཅོད་པ། འཁོར་བའི་གཤལ་ཐག་ཏུ་གྱུརད་པ། གལ་ཏེ་དེ་
ལྟ་བུ་སྤྱད་པ་མ་འཐོལ་མ་བཤགས་སམ། མ་སྤངས་མ་བཏང་ན་ཡུན་རིང་པོར་ཤིན་ཏུ་
35 ཉོན་མོངས་པར་འགྱུར་བས་ན་ད་རྟུལ་ཅིག་གི་སྟེང་ན། རྟུལ་སྟེང་གྱི་སངས་རྒྱས་བཅོམ་ལྡན་འདས་
བྱང་ཆུབ་སེམས་དཔའི་འཁོརད་དང་བཅས་པ་རྣམས་མངོན་སུམ་དུ་གྱུརད་པར་དྲན་བ
36 ཉེ་བར་བཞག་སྟེ། དེའི་ཚད་བཞིན་ལུས་རེ་རེས་ཞབས་ཀྱི་མཐིལ་ལ་སྤྱི་བོས་གཏུགས་ཏེ། སེམས་ཐག་
པ་ནས་འཐོལ་ལོ། བཤགས་སོ། །ཤིན་ཏུ་འགྱོད་ཅིང་གནོང་བའི་སེམས་ཀྱིས་གཏང་ངོ།
37 སྤང་ངོ། །སྔོན་གྱི་སྡིག་པ་རྣམས་ཞུ་ཞིང་བྱང་བར་སྨོན་ཏོ། །རྗེ་བློན་འཁོར་དང་བཅས་པ་དང་། བདག་
ཅག་དང་། སེམས་ཅན་ཐམས་ཅད་ཀྱིས་དུས་འདི་ནས་བཟུང་སྟེ། སྙིང་པོ་བྱང་ཆུབ་ལ་མཆིས་
38 ཀྱི་བར་དུ་དཀོན་མཆོག་གསུམ་ལ་སྐྱབས་སུ་མཆིའོ། །ཕྱོགས་ཤིང་རྟེན་ཏོ། །ཡོང་གནམ་གྱི་ལེགས་པ་
མཐོ་ཞིང་ཡངས་པས་ནི་མྱི་དགབ་པ་མྱེད། སའི་ལེགས་པ་སྟུག་ཅིང་ཆེ་བས་
39 ནི་མྱི་བཀུར་བ་མྱེད། རྒྱལ་པོའི་ལེགས་པ་དྲང་ཞིང་སྙོམས་པས་ནི་མྱི་གསོ་བ་མྱེད་དོ། བོད་ཀྱི་ལྷ་
བཙན་པོ་མྱི་རྗེ་ལྷས་མཛད་པ་ཁྲི་གཙུག་ལྡེ་བརྩན་གྱི་ཞ་སྔ་ནས་ཀྱང་ཡབ་མྱེས་འཕྲུལ་ཀྱི་ལུས་བཞིན།
40 དགབ་ཅིང་བཀུར་བ་ནི་གནམ་ས་དང་མཚུངས། །དྲང་ཞིང་སྙོམས་པས་ནི་སྤྱོག་ཆགས་སོ་ཚོག་བསྐྱུར།
ཡངས་ཤིང་རྒྱ་ཆེ་ལ་ཆོས་གཙུག་ནི། ལུགས་ཀྱིས་བཟང་། ཐུག་སྐམ་དབུ་རྨོག་བརྩན་བའི་ཆབ་སྲིད་ནི
41 ༄༅།ཕྱིན་དུ་ཆེ་བས་ཉི་འོག་ལྷོ་བྱང་ཤར་ནུབ་ཀྱི་རྒྱལ་ཁམས་ཀྱང་། བཀའ་ལུང་གུས་པར་མནོས་ཏེ། ཆགས་
འོག་དུ་འདུས་པས་ཇི་མཛད་དོ་འཚལ་དགོངས་པ་བཞིན་ལྷུན་ཀྱིས་གྲུབ་པའི་
42 ཆབ་སྲིད་ཀྱི་བློན་པོ་ཆེན་པོ་བློན་ཆེན་པོ་ཞང་ཁྲི་སུམ་རྗེ་དང་། ཆེན་པོ་ཞང་ལྷ་བཟང་གིས་འཛངས་ཀྱི་
ཐུལ་ཕྱུང་བས་ནི་ཡིད་བཞིན་གྱི་ནོར་བུ་རིན་པོ་ཆེ་དང་འདྲ། དཔའ་བའི་ལ་བོར་བས་ནི་རྒྱ་དྲུག་
43 ལས་སྟོབས་པ་རང་རང་གི་ང་རྒྱལ་སྙེམས་པ་རྣམས་ཀྱང་དྲག་དལ་གྱི་དམྱིགསུ་བབཔའི་དགྲ་ཚོས་ཀྱིས་

སྤྱི་བཀོད་བྱིན་བརླབ་ཏེ། གཡོའ་སྒྱུའི་ཁྲུང་ནི་བསུབས། དགྲ་ཆོས་ཀྱི་མཚོན་ཆ་
44 ནི་བསླལ། གནའི་ཆོས་ཆེན་པོས་ནི་བསྟུད། ཞིགས་པ་རྒྱས་པ་ནི་རབས་ཁྲིར་བཞག་ནས་ཚུ་གང་ཁྲིལ་
ལྟས་ནི་བཀྲོང་དུ་བཙུགས། འཐབ་མོ་མེད་པ་ནི་གཅེས་པར་བྱས་ནས་བོད་རྒྱལ་ཁམས་གཅིག་
45 འབངས་མཐོ་དམའ་གཉིས་ཆེ་ཆུང་གཉིས་ལ་སོ་སོའི་སྒོ་སྒོར་བདེ་སྐྱིད་པའི་དྲིན་གྱིས་མ་ཁྱབ་པ་ཡང་
མེད། བོད་ཆེན་པོ་དང་རྒྱ་དྲུག་ལས་སྟོགས་ཕ་སོ་སོའི་ཡུལ་ཡུལ་ན་བདེ་སྐྱིད་པའི་དུས་ལ་བཀོད་
ནས། རྒྱ་དྲུག་གིས་
46 ཆབ་སྲིད་མཇལ་པར་གསོལ་བ་ཡང་ཁྲིམ་གཅིག་གི་སྒོ་དང་འདྲ་བར་བཀྲ་ཤིས་ཆེན་པོའི་ཡུལ་དེ་ག་
གཡུ་ཙལ་མཇལ་དུམ་ཐང་དུ་རྒྱ་དྲུག་ཏང་ཆབ་སྲིད་གཅིག་དུ་མཇལད་པའི་ཚིགླ་
47 བཅས་ནས་ཡུན་དུ་ཆབ་སྲིད་ཀྱི་མཐའ་མྱི་འགོང་ཞིང་བརྟན་བ་དང། ནམ་ཞར་མང་པོ་ཀུན་ཀྱིས་ཡིད་
ཆེས་ཤིང་བརྡེ་བའི་རྟགས་རྗེ་རིངས་ལ་བྲིས་ནས་དཀོན་མཆོག་གསུམ་གྱི་རྟེན་བཙུགས་ཕ་འདི་
48 མདོ་སྟེ་འི་ལུང་ལས་ཀྱང། ལ་ལ་ཞིག་གིས་འཛམ་བུ་གླིང་དུ་གཙུག་ལག་ཁང་བརྩིགས་ན། བསོད་
ནམས་ཆེན་པོའི་གཟུགས་བརྙན་འོག་མིན་གནམ་དུ་ལྷའི་གཞལ་མེད་ཁང་འབྱུང་ཞེས་སངས་
49 ༄༅།རྒྱས་ཀྱིས་བཀའ་སྩལ་ཕ་བཞིན། གཙིགས་ཀྱི་གཙུག་ལག་ཁང་བཞེངས་པའི་ཡོན་བདག་ཆེན་པོ་
བློན་ཆེན་པོ་ཞང་ཁྲི་སུམ་རྗེ་དང། ཆེན་པོ་ཞང་ལྷ་བཟང་གིས་བརྩིགས་པ་འདི་ལ་རྗེས་སུ་
50 ཡི་རང་བའི་ཡོན་བདག་ཡ་ཡ་ནས་དད་ཅིང་མོས་པས་གཞི་བཟུང་སྟེ། སྟོངས་མོ་བགྱིས་པའི་རྣམས་
ཀྱང་བསོད་ནམས་ཀྱི་འབྲས་བུ་བྱེད་པའི་བདག་པོ་དང། འདྲའོ་ཞེས་འབྱུང་བས། སྟོངས་མོ་
51 གཅེས་ཐྲས་སུས་བགྱིས་སོ་འཙལ་ཀྱང། ཆབ་མྱི་འཙལ་བར་མཐོ་རིས་ལྷའི་ཁམསུ་བསོད་ནམས་ཆེན་
པོའི་གཟུགས་བརྙན་འབྱུང་བའི་རྒྱུ་དང་རྐྱེན་གཙུག་ལག་ཁང་བརྩིགས་
52 དབུས་རྣམ་པར་སྣང་མཛད། བསོད་ནམས་དང་ཡེ་ཤེས་ཀྱི་ཚོགས་བསམ་ཀྱིས་མྱི་ཁྱབ་པ་ལས་གྲུབ་
པའི་སྐུ་བྱང་ཆུབ་སེམས་དཔའ་ས་བཅུ་པ་ལ་གསང་བ་གསུམ་གྱི་སྒོ་ནས་ཆོས་ཀྱི་ལོངས་སྤྱོད་
53 སྟོན་པས་ཤེས་བྱའི་སྒྲིབ་པ་སྐད་ཅིག་གིས་བྱང་ཞིང་དག་པར་མཛད་ལ། སྤྲུལད་པའི་སྐུས་ཕྱོགས་ཅུའི་
འཇིག་རྟེན་གྱི་ཁམས་ཀྱི་སེམས་ཙན་ཡོངས་སུ་སྨྱིན་ཕའ་མཛད་པ་འི་སྐུའི་གཟུགས་བརྙན་བཞུགསུ་
54 གསོལ་པ་དང། སངས་རྒྱས་སྣང་བ་མཐའ་ཡས་ཀྱི་སངས་རྒྱས་ཐམས་ཅད་ཀྱི་ཞིང་གི་མཆོག་ངན་སོང་
གསུམ་དང་བགེགས་བརྒྱད་ཀྱི་མྱིང་མྱི་གྲག་སྟེ། ལྷའི་ལོངས་སྤྱོད་ཀྱི་རྒྱན་
55 ཐམས་ཅད་ཀྱིས་བརྒྱནཔ་ན། མྱ་ངན་ལས་འདའ་བའི་མྱིང་མྱི་སྲིད་པ་ན་བཞུགས་ཤིང་འཇིག་རྟེན་
ལས་འདས་པའི་སྐྱིད་པ་ཕུན་སུམ་ཚོགས་པ་ཐམས་ཅད་ཀྱིས་བརྒྱན་པྱི་ཞིང་ན། སེམས་

56 ཅན་གྱི་དོན་མཛད་ཅིང་ལྷག་པར་ཐུགས་རྗེ་ཆེ་བས་མཚན་ནས་བརྗོད་པ་ཙམ་གྱིས་སྡིག་པ་ཐམས་ཅད་འབྱུང་ལ་སངས་རྒྱས་ཀྱི་ཞིང་དེར་སྐྱེ་བར་བྱིན་གྱིས་རློབ་པའི་སྐུའི་གཟུགས་བརྙན་བཞུགས་པར་གསོལ།

57 ༄༅པ་དང་། སངས་རྒྱས་བྱམས་པ་ད་ལྟར་དགའ་ལྡན་གནམ་ན་རིན་པོ་ཆེའི་གཞལ་མེད་ཁང་ལྷའི་རྒྱན་ཐམས་ཅད་ཀྱིས་བརྒྱན་པའི་གནས་ན་ལྷའི་བུ་ཐམས་ཅད་ཡོངས་སུ་སྨིན་པར་མཛད་ཅིང་

58 ཆོས་ཀྱི་འཁོར་ལོ་སྐོར་བའི་སྤྱོད་ལམ་གཅིག་ལ་ལྷའི་ཕོ་བྲང་གི་དཀྱིལ་འཁོར་ན་མྱི་གཡོ་བར་བཞུགས་ཀྱང་ཐུགས་རྗེ་ཆེན་པོའི་འོད་གཟེར་དང་། ཐམས་ཅད་མཁྱེན་པའི་ཡེ་ཤེས་སྐད་ཅིག་གཅིག་གིས་

59 འཇིག་རྟེན་གྱི་ཁམས་རྒྱ་མཚོ་སྙེད་དུ་ལྷ་རྫས་ཀྱི་བདེ་བས་རོལ་ཅིང་བཞུགས་པའི་སངས་རྒྱས་བྱམས་པ་། མ་འོངས་པའི་དུས་ན་ཐམས་ཅད་སྟོང་ཅིང་རེ་ལ་ཀུན་གྱི་དབུགས་འབྱིན་པ་མཚན་དང་དོན་དུ་ལྡན་

60 བ་། ཐུགས་རྗེ་ཆེན་པོའི་ཤུགས་ཀྱིས་ཀུན་ལ་བྱམས་པས་ཁྱབ་པའི་སྐུའི་གཟུགས་བརྙན་བཞུགས་སུ་གསོལ་པ་དང་། བྱང་ཆུབ་སེམས་དཔའ་ཆེན་པོ་བརྒྱད་དང་། ཁྲོ་བོ་གཉིས་ལས་སྩོགས་པའི་འཁོར་བཞུགས་སུ་གསོལ་པ

61 དང་། ངོས་བཞིའི་མགོན་པོ་དང་། ཕྱོགས་སྐྱོང་དང་། ལྷ་ཀླུ་སྲི་བརྒྱད་ལས་སྩོགས་པའི་རྟེན་བཙུགས་ཏེ་བཞུགས་སུ་གསོལ་པ་ནས་། བཞོན་བ་དང་འཆག་ས་དང་། བསྐྱེད་མོས་ཙལ་དང་། རྣམ་པར་དག་པའི་ཡོ་བྱད་ཐམས་ཅད

62 ཡོན་དུ་ཕུལ་ནས་མངའ་རིས་བཅད་པའི་བསོད་ནམས་ཀྱིས་། །བཙན་པོ་ཁྲི་གཙུག་ལྡེ་བཙན་གྱི་ཞ་སྔ་ནས། །དཔག་དུ་མྱེད་པར་སྐུ་ཚེ་རིང་ལ། མངའ་ཐང་ཆེ། ཐུགས་ལ་དགོངས་སོ་འཚལ་འབྱོརད་གྲུབ་སྟེ་འཁོར

63 ལོ་སྐོར་བའི་རྒྱལ་པོ་དང་འདྲ་བར་གླིང་བཞི་རྒྱལ་ཁམས་གཞན་ལ་ཡང་མངའ་མཛད་ཅིང་མཐར་བླ་ན་མྱེད་པའི་སངས་རྒྱས་སུ་གྲུབ་པར་སྨོན་ཏོ། །རྒྱ་དྲུག་དང་ཆབ་སྲིད་མཇལ་བར་མོལ་ཏེ། གཙིགས་ཀྱི་གཙུག

64 ལག་ཁང་བརྩིགས་ནས་མངའ་རིས་བཅད་དེ། མཆོད་པ་གསོལད། ཡོན་ཕུལ་བའི་ཡོན་བདག་ཆེན་པོ་བྱང་ཆུབ་ཀྱི་སེམས་དང་ལྡན་ཞིང་དཀོན་མཆོག་གསུམ་ཀྱི་སྐྱབས་མཛད་པ་བློན་ཆེན་པོ་ཞང་ཁྲི་སུམ་རྗེ་དང་། ཞང་ཆེན་པོ་ལྷ་བཟང་

65 ལྷ་བུ་དཀོན་མཆོག་གསུམ་གྱི་སྐྱབས་སུ་ཆེ་བ་སྟ་སྣད་གཉིས་མ་བྱུང་སྟེ། སྙིང་ཆེན་པོས་ཀུན་ལ་ཕན་འདོགས་པ་འདི་མང་པོ་ཀུན་ལ་ཕངས་ཤིང་གཅེས་པར། །འཕགས་པ་ཐུགས་རྗེ་ཅན་རྣམས་ཀྱིས་ཀྱང་ཐུགས་སུ་ཆུད་

66 ཅིང་མཁྱེན་པ་དང༌། ངོས་བཞིའི་མགོན་པོ་དང༌། ལྷ་ཀླུ་ལས་སྡོགས་ཕས་ཕྱུགས་སུ་ཆུད་ཅིང་མཁྱེན་
པས་བགེགས་དང་བར་ཆད་ཐམས་ཅད་ཡོངས་སུ་བསྒྲལ་ཏེ་དཔག་ཏུ་མེད་པར་ཚེ་རིང་ཞིང་ནད་
མེད་པར་བྱིན་གྱིས་
67 བརླབསྟེ། དགོངས་སུ་གསོལ། །གཟིགས་སུ་གསོལ། །ཕྱུགས་རྗེས་སྐྱབས་དུ་གསོ། །བསམ་བ་ཕུན་སུམ་
ཚོགས་པ་ཐམས་ཅད་གྲུབ་པར་མཛད་དུ་གསོལ། །སླད་འཁོར་ན་ཕྱི་ནང་གྱི་འཁོར་
68 ཐམས་ཅད་བགེགས་དང༌། བར་ཆད་ཡོངས་སུ་ཞི་བྱང་སྟེ། ཚེ་རིང་ནད་མེད་བ་སྐྱིད་པ་ཕུན་སུམ་
ཚོགས་པ་དང་ལྡན་བར་སྨོན་ཏོ། །ནློན་ཆེན་པོ་ཞང་ཁྲི་སུམ་རྗེ་དང༌། ཆེན་པོ་ཞང་ལྷ་བཟང་ལས་
སྡོགས་ཕ་བདག་ཅག་རྣམས་
69 ཀྱིས་བླ་ན་མེད་པའི་བྱང་ཅུབ་དུ་སེམས་བསྐྱེད་དེ། དགེ་བའི་རྩ་བ་བསྔོ་བ་ནི་གཅིགས་ཀྱི་གཙུག་ལག་
ཁང་བརྩིགས་ཏེ། དཀོན་མཆོག་གསུམ་གྱི་རྟེན་བཙུགས་ཕས་བོད་རྗེ་བློན་འཁོརད་དང་བཅས་ཕ་སྐུ་
ཚེ་རིང་ལ་མངའ་ཐང་
70 ཆེ། མཐའི་རྒྱལ་ཁམས་གཞན་དགྲ་ཆོས་ཀྱིས་གདབ་མྱི་འཚལ་བར་འབངས་སུ་རང་འདུས་ཏེ་གཅིགས་
བཅས་པ་བཞིན་ཡུན་རིང་པོར་བརྟན་བ་དང༌། དགྲ་དང་འབྲུག་པའི་མྱིང་མྱི་གྲག། །ལོ་ཕྱུགས་རྟག་
71 དུ་ལེགས་ལ་ཐེག་པ་ཆེན་པོའི་ཆོས་ཡུན་རིང་དུ་བརྟན་ཞིང༌། དརད་པ་དང༌། སེམས་ཐམས་ཅད་དམ་
པའི་ཆོས་ལ་དད་ཅིང་མོས་པར་འགྱུར་ཏེ་བདེ་སྐྱིད་ཕུན་སུམ་ཚོགས་པ་དང་ལྡན་བར་སྨོནཏོ། །
72 གཙུག་ལག་ཁང་བརྩིགས་པས་བློན་ཆེན་པོ་ཞང་ཁྲི་སུམ་རྗེ་དང༌། ཆེན་པོ་ཞང་ལྷ་བཟང་ལས་སྡོགས་
ཕ་སེམས་ཅན་ཐམས་ཅད་ཀྱི་གནས་འཇིག་རྟེན་དང་འཇིག་རྟེན་ལས་འདས་པའི་ལྷའི་ཕོ་བྲང་རིན་པོ་
ཆེ་གཞལ་
73 ༄༅།མེད་ཁང་དང་ལྡན་བར་ཤོག། ཤིག། །དེ་བཞིན་གཤེགས་པའི་སྐུ་འི་གཟུགས་བརྟན་བཞུགས་སུ་
གསོལ་བའི་བསོད་ནམས་ཀྱིས༌། བོད་རྗེ་བློན་འཁོར་དང་བཅས་ཕ་དང༌། བློན་ཆེན་པོ་ཞང་ཁྲི་སུམ་རྗེ་
དང་ཆེན་པོ་ཞང་ལྷ
74 བཟང་དང༌། སེམས་ཅན་ཐམས་ཅད་ཀྱིས་དེ་བཞིན་གཤེགས་པ་འི་སྐུ་མཙན་དང༌། དཔེ་བྱད་བཟང་པོས་
བརྒྱན་ཕ། ཕྱུགས་ཡེ་ཤེས་རྣམ་བཞི་བསམ་ཀྱིས་མྱི་ཁྱབ་པ་དང་ལྡན་བ༌། གསུང་ཚངས་པའི་དབྱངས་
75 དྲུག་ཅུ་རྩ་གཉིས་དང་ལྡན་བས་ཀུན་ཏུ་སྒྲོགས་པ་དང༌། ལྡན་བར་ཤོག་ཤིག། །ཡོན་བླ་རེ་དང༌།
གདུགས་ཕུལ་བས་ནི་འགྲོ་བ་མང་པོའི་བླ་མར་གྱུརཏེ། རིན་པོ་ཆེའི་བླ་རེས་གཡོགས་ཕ་སེམས་ཅན་
76 ཐམས་ཀྱི་ཉོན་མོངས་པའི་དྲོད་འཇོལ་བར་ཤོག་ཤིག། །རྒྱལ་མཙན་དང་བ་དན་གསོལ་པས་ནི་ཉོན་

སོང་བ་པའི་དགྲ་དང་བདུད་བཞི་ལས་རྒྱལ་ཏེ་རིན་པོ་ཆེའི་རྒྱལ་མཚན་ཐམས་ཅད་ཀྱིས་ཆོས་ཀྱི་
དབྱིངས་ཀུན་དུ་གནས་
77 པར་གྱུར་ནས་དབང་གི་རྒྱལ་མཚན་ཙུགས་པར་ཤོག་ཤིག །རྒྱན་དང་ན་བཟའ་གསོལ་བས་ནི་ལྷ་རྫས་
ཀྱི་རིན་པོ་ཆེའི་ན་བཟའ་སྲ་བ་གསེར་གྱི་དང་རིས་ཅན་རྒྱན་ཐམས་ཅད་ཀྱིས་བརྒྱནད་ཕ་
78 ལྷ་རྫས་གོས་ཀྱི་མཆོག་ཐོབ་ཅིང་རང་བཞིན་ཀྱིས་ཁྲིལ་བ་དང་། འཛུམ་བའི་བག་ཡོད་པས་ཀླན་ཀ་
དང་། སྐྱོན་དཔྱས་མེད་པ་ཐོབ་པར་ཤོག་ཤིག །དཀྱིལ་འཁོར་གསོལ་བས་ནི་སངས་རྒྱས་ཀྱི་ཞིང་
ཡོངས་སུ་
79 དག་པར་རིན་པོ་ཆེའི་ཤིང་དང་། རྒྱན་ཐམས་ཅད་ཀྱིས་བརྒྱན་པའི་གནས་སྤྱོད་ཡུལ་ཁྱད་བར་ཅན་
ཐོག་པར་ཤོག་ཤིག །ཡོན་མེ་ཏོག་གསོལ་བས་ནི་ཡིད་དུ་འོང་བའི་གཟུགས་དང་། མཚན་གྱིས་བརྒྱན་
ཏེ། འགྲོ་བ་
80 མང་པོས་བལྟས་ན་མཛེས་ཤིང་མཐོང་ན་དད་པར་འགྱུར་བའི་ལུས་སྐྱོན་མེད་པ་ཐོབ་པར་ཤོག་ཤིག །
པོག་སྤོས་གསོལ་བས་ནི་ཚུལ་ཁྲིམས་ཀྱི་དྲི་བསུང་རྣམ་པར་དག་པས་བརྒྱན་ཅིང་གནས་པའི་འཁོར་
དང་། སྤྱོད་
81 ༄༅།ཡུལ་ཡིད་དུ་འོང་བ་དང་། ལྡན་བར་ཤོག་ཤིག །སྤོས་ཆབ་གསོལ་བས་ནི་གནས་དང་འཁོར་ན་
ཡན་ལག་བརྒྱད་དང་ལྡན་བའི་ཆུ་དང་ལྡན་ཏེ། གཙང་ཞིང་དྲི་མེད་ལ་དབང་པོ་དང་ཞིང་གསལ་
བར་ཤོག་ཤིག །ནོར་རྫས
82 གསོལ་བས་ནི་འཇིག་རྟེན་ཐམས་ཅད་ན་དབུལ་ཞིང་ཕོངས་པའི་མྱིང་མྱི་གྲགསྟེ། ཡིན་བཞིན་ལྷའི་
ལོངས་སྤྱོད་དང་ལྡན་ཞིང་ཟད་མྱི་ཤེས་པའི་གཏེར་དང་ལྡན་བར་ཤོག་ཤིག །ཕང་འཕྲོས་གསོལ་བས་
ནི་འགྲོ་བ་མང་པོ་
83 སྐྱོང་བར་གྱུར་ཏེ་སངས་རྒྱས་ཀྱི་ཞིང་གཅིག་ནས་གཅིག་དུ་རྒྱུ་བའི་རྫུ་འཕྲུལད་ཀྱི་ཕང་ཕ་དང་ལྡན་
བར་ཤོག་ཤིག །ཞལ་ཟས་གསོལ་ཕས་ནི་ཟྲིལ་དངར་བྲོའི་མཆོག་གསུང་མཆོག་བརྟེགས་པའི་
84 ཞལ་ཟས་དམ་པ་དང་ལྡན་བར་གྱུརད་ཏེ། སེམས་ཅན་ཐམས་ཅད་ཀྱི་གསོས་སུ་གྱུར་པར་ཤོག་ཤིག །
མཆོད་སྟོན་གསོལ་པས་ནི་གནས་དང་འཁོར་ན་ལྷ་རྫས་དམ་པའི་རོལ་མོའི་སྒྲ་འབྱིན་ཅིང་ཀུན་ཏུ་ཁྱབ་
85 ཤོག་ཤིག །ཁ་དོག་དང་སྟོབས་མཆོག་དུ་རྒྱས་ཤིང་ཚེ་རིང་ནད་མེད་པ་དང་། ལོངས་སྤྱོད་ཟད་མྱི་ཤེས་པ་
དང་ལྡན་བར་ཤོག་ཤིག །ཡོན་རོལ་མོ་གསོལ་པས་ནི་གནས་དང་འཁོར་ན་ལྷ་རྫས་དམ་པའི་རོལ་
86 མོའི་སྒྲ་འབྱིན་ཅིང་ཀུན་ཏུ་ཁྱབ་པར་ཤོག་ཤིག །མར་མེ་གསོལ་ཕས་ན་འགྲོ་བ་ཐམས་ཅད་ཀྱི་མ་རིག་

པའི་མུན་ནག་བསལ་ཏེ། ཤེས་རབ་ཀྱི་སྒྲོན་མ་དང་ལྡན་བར་ཤོག་ཤིག། །རྒྱན་གྱི་འབངས་
87 ཕུལ་བས་ནི་གཞན་གྱིས་མི་ཕྱེད་མི་ཐུབ་པའི་འཁོར་ཕུན་སུམ་ཚོགས་པའི་དང་ལྡན་བར་ཤོག་ཤིག། །བྱ་
དགའ་རིམ་པར་ཕྱེ་སྟེ་དོན་སྐལ་བགྱིས་སོ་འཚལ་གྱི་བསོད་ནམས་ཀྱིས་འཇིག་རྟེན་དང་འཇིག་
88 རྟེན་ལས་འདས་པའི་ལོངས་སྤྱོད་ཕུན་སུམ་ཚོགས་པ་ཐམས་ཅད་དང་ལྡན་བར་ཤོག་ཤིག། །གཞན་
ཡང་དེ་བཞིན་གཤེགས་པའི་ཡེ་ཤེས་ཆགས་པ་མེད་ཅིང་སྒྲིབ་པ་མེད་པས་མཁྱེན་པ་རབ་ཏུ་མཁྱེན་པ་
89 ༄༅།།གཟིགས་པ་རབ་ཏུ་གཟིགས་པའི་བདག་ཅག་གི་དགེ་བའི་རྩ་བ་གཅིག་ཏུ་བསྡུས་ནས་བླ་ན་མེད་པ་
ཡང་དག་པར་རྫོགས་པའི་བྱང་ཆུབ་ཏུ་བསྔོས་པ་དེས་སངས་རྒྱས་ཐམས་ཅད་ཡོངས་སུ་མཉེས་པར་
90 གྱུརད་ཅིག། །སངས་རྒྱས་ཀྱི་ཞིང་ཐམས་ཅད་ཡོངསུ་སྦྱོང་བར་གྱུར་ཅིག། །སེམས་ཅན་ཐམས་ཅད་
ཡོངས་སུ་སྨིན་པར་བྱེད་པའི་མཐུ་དང་ལྡན་བར་གྱུརད་ཅིག། །དགེ་བའི་བཤེས་གཉེན་ཐམས་ཅད་
91 དང་ཆོས་སྨྲ་བ་ཐམས་ཅད་དུ་མགུ་བར་བྱེད་པར་གྱུརད་ཅིག། །དེ་བཞིན་གཤེགས་པ་ཐམས་ཅད་ཀྱི་
བསྟན་པ་ཡང་དག་པར་འཛིན་ཅིང་སྲུང་བ་དང་ཡོངས་སུ་སྐྱོངབར་གྱུརད་ཅིག། །ལས་ཀྱི་སྒྲིབ་
92 པ་ཐམས་ཅད་བྱང་བར་གྱུརད་ཅིག། །ཉོན་མོངས་པའི་སྒྲིབ་པ་ཐམས་ཅད་རྣམ་པར་དག་པར་གྱུར་ཅིག། །
སྒྲིབ་པའི་ཞིང་ཏོག་ཐམས་ཅད་རྣམ་པར་སྦྱོང་བར་གྱུརད་ཅིག། །བདུད་ཀྱི་རྫོང་པའི་དཔུང་ཐམས་
93 ཅད་རབ་ཏུ་འདུལ་བར་གྱུརད་ཅིག། །ངན་སོང་ཐམས་ཅད་ཀྱི་རྒྱུན་ཆད་པར་གྱུརད་ཅིག། །སངས་རྒྱས་ཀྱི་
ཆོས་ཐམས་ཅད་མངོན་བར་བྱང་ཆུབ་པར་གྱུརད་ཅིག། །ཏིང་ངེ་འཛིན་ཐམས་ཅད་དང་། དབང་ཐོབ་
94 པ་དང་། མངོན་བར་ཤེས་པ་ཐམས་ཅད་ཀྱིས་རྣམ་པར་རྩེནད་པ་དང་། རྣམ་པར་ཐརད་པ་ཐམས་ཅད་ཀྱི་
སྒོ་ནས་རྣམ་པར་འཕྲུལད་པར་གྱུར་ཏེ་འཕགས་པ་འཇམ་དཔལ་ལྟ་བུའི་ཤེས་རབ་དང་། ཀུན་བཟང་པོ་
95 ལྟ་བུའི་སྨོན་ལམ་དང་། ཀུན་ཏུ་སྤྱན་རས་གཟིགས་ཀྱི་ཐུགས་རྗེ་དང་། ཕྱག་ན་རྡོ་རྗེ་ལྟ་བུའི་མཐུ་སྟོབས་
དང་། དྲི་མ་མེད་པར་གྲགས་པ་ལྟ་བུའི་ཐབས་ལ་མཁས་པས་སེམས་ཅན་གྱི་དོན་ལ་འཇུག་པ་
96 འགྱུར་ཏེ། །ཉོན་མོངས་པའི་སྒྲིབ་ནི་ཟད། ཤེས་བྱའི་སྒྲིབ་པ་ནི་བྱང་། བྱང་ཆུབ་ཀྱི་ས་བཅུ་ནི་ནོན་ཏེ་།
མི་གནས་པའི་མྱ་ངན་ལས་འདས་པར་སྨོན་ཏོ། །

97 རྒྱ་དྲུག་ལསྟོགས་པ་མཇལ་དུམ་ཆེན་པོ་མཛད་པའི་གཙིགས་ཀྱི་གཙུག་ལག་ཁང་གྲགས་པ་ཆེན་པོའི་
བཞེངས་པའི་དཀོན་མཆོག་གསུམ་ལ་དབྱར་མོ་ཐང་ཁྲིམ་ཆེན་པོ་རྣོས་ནས་སྨོན་ལམ་དུ་
98 གསོལ་བ་དང་། ཡོན་དུ་དབུལ་བ་། དཀོན་མཆོག་གསུམ་ལ་ཕྱག་འཚལ་ལོ། །སངས་རྒྱས་ལ་ཕྱག་
འཚལ་ཏེ། ཐམས་ཅད་མཁྱེན་པའི་ཡེ་ཤེས་རྫོགས་པ་ལ་འོ། །ཆོས་ལ་ཕྱག་འཚལ་ཏེ་ཐེག་པ་
99 ཆེན་པོའི་ཕ་རོལ་དུ་ཕྱིན་པའི་དོན་དང་ལྡན་བ་རྣམས་ལའོ། །དགེ་འདུན་ལ་ཕྱག་འཚལཏེ། འགྲོ་བ་

ཡོངས་ཀྱི་དོན་སྙིང་རྗེ་ཆེན་པོ་སྦྱོར་བའི་བྱང་ཆུབ་སེམས་དཔའ་རྣམས་ལའོ། །རྗེ་ལྷ་སྲས་འཕྲུལད་ཀྱི་
རྗེ་སློན་ཆེན་པོས་
100 བོད་ཁམས་ཡོངས་ཀྱིས་བདེ་སྐྱིད་པར་ཐུགས་དཔགས་མཛད་དེ། སྐུ་དོན་ཆེན་པོ་གྲུབ་པ་བདག་
ཅག་ཁམས་ཆེན་པོ་ཡོངས་ཀྱི་སྨོན་ལམ་བཞིན་ཏེ། མཆོད་པའི་ཡུལ་ཕུལ་ནས་དཀོན་མཆོག་གསུམ་
ལ་སྐྱབས་སུ་གསོལ་ལོ།
101 རྗེ་ལྷ་སྲས་ཀྱི་ཞ་སྔ་ནས། །ཀྱི་རྗེ་ལྷས་མཛད་པས་ཐུགས་ལ་འཕྲུལ་མངའ། ལྷའི་ཆོས་གཙུག་ལག་བཟང་པོ་
རྒྱས་པར་མཛད་པའི་ཐུགས་རྗེས་གནམ་མཐའ་འོག་གུན་དུ་ཡང་ཁྱབ། དགུ་སྔོག་བརྩན་མངའ་
102 ཐང་ཆེ་བའི་བྱིན་ཀྱིས་ནི་སློན་ཆེན་པོ་འཕགས་པ་དང་ལྡན་བ་རྗེ་སློན་འཕྲུལ་ཀྱིས་ཉི་འོག་གི་རྒྱལ་པོ་
ཆེན་པོ་རྒྱ་དྲུག་ལས་སྩོགས་པ་གདུལ་དཀའ་ཞིང་། སྔན་ཅད་བཀའ་འོག་དུ་མ་ཆུད་པའི་རྣམས
103 འཕྲབས་ཆེན་པོས་བདུལ་ཏེ། རྒྱལ་པོ་ཆེན་པོ་རྒྱ་དྲུག་དང་འཇང་ལས་སྩོགས་པ་བཀའ་འོག་དུ་དུས་
གཅིག་དུ་འདུསཏེ། མཇལ་དུམ་གྱི་གཙིགས་ཆེན་པོ་བཅསཏེ། བོད་འབངས་མགོ་ནག་པོ་མཐ་ཡུན་
104 དུ་བདེ་སྐྱིད་པར་གནང་བའི་བཀའ་དྲིན་ཆེན་པོ་སྨྲལད་པས་ཀྱང་མ་འཚལཏེ། མཐའ་བཞི་ཐམས་
ཅད་དུ་བདེ་བའི་བཀའ་དྲིན་ཀྱིས་བཀབ་ནས་མཇལ་དུམ་ཆེན་པོའི་གཙིགས་བཅས་པའི་གཞིར་བཀྲ་
ཤིས་ཀྱི་གཙུག་ལག་ཁང་
105 ༄༅།གྲགས་པ་ཆེན་པོ་བཞེངས་ནས་ནམ་ཞར་ཡང་མྱི་འགྱུར་བའི་གཙིགས་ཀྱི་རྗོ་རིངས་བཙུགས་ཏེ། རྗེ་
སློན་ཆེན་པོས་ལེགས་པ་ཆེན་པོའི་གཞི་བཏིང་བའི་རྗེ་ལྷ་སྲས་ཀྱི་ཞལྔ་ནས། སྐུ་ཚེ་གཡུང་དྲུང་དུ་
བཞེས་ཏེ། སྐུ་
106 ལ་སྙུན་མྱི་མངའ། སྲིད་རྗེས་སུ་ཡང་དགོངས་འཚལ་འགྲུབ། ཆབ་སྲིད་ཀྱི་སློན་པོ་ཆེན་པོ་ལེགས་
པ་ཆེན་པོ་མཛད་པའི་རྣམས་ལེགས་དགུར་འགྱུར་ཞིང་། རྒྱལ་པོའི་འོག་བཀའ་འོག་དུ་འདུས་པ་
དང། བཀྲ་
107 ཤིས་པར་སྨོན་ལམ་གསོལཏེ། དབྱར་མོ་ཐང་ཁྲིམ་ཆེན་པོ་འི་ཁམས་ནས། ཡོན་དུ་དབུལ་བའོ། །
༄༅།དབུས་ཀྱི་ཁམས་ཆེན་པོ་མདོ་གམས་ཀྱི་དབང་པོ་
108 མན་ཅད་འབངས་ཡོངས་ཀྱིས་གཙིགས་ཀྱི་གཙུག་ལག་ཁང་དུ་ཡོན་དུ་དབུལ་ཞིང་སྨོན་ལམ་དུ་
གསོལ་བའ། །བོད་ཆེན་པོ་འཕྲུལ་ཀྱི་ལྷ་བཙན་པོ་སྐུ་ལ་བྱིནད་ཆགས། ཐུགས་ལ་འཕྲུལ་མངའ་བའི་
ཞ་སྔ་ནས། །
109 འགྲེང་མགོ་ནག་གི་རྗེར་མྱི་རྗེར་ལྷ་ལས་གཤེགསྟེ། རྒྱལ་ཁམས་གཞན་གྱི་རྒྱལ་པོ་གང་བས་ཀྱང་

འཕགས་ཤིང་ཐུགས་ལ་འཕྲུལ་མངའ་དགོངས་པ་ནམ་ཀའི་དབྱིངས་དང་འདྲ་བར་ཡངས་ཤིང་རྒྱ་
ཆེ། རི་རབ་ལྷུན་པོ་བཞིན་དུ་བཀྲའ་དྲང་

110 གསུང་རྟག། གཉི་ཟླའི་འོད་དང་འདྲ་བར། བྱམས་པ་དང་ཐུགས་རྗེས་ཁྱབ་པར་མཛད་དེ། མཐའ་
ཡུན་གྱི་དོན་དུ་དཀོན་མཆོག་གསུམ་གྱི་མཆོད་རྟེན་བཙུགས་ཤིང་དམ་པའི་ཆོས་བདུད་རྩིའི་སྒོ་ཕྱེ་
ནས་སྤྱོད་དུ་

111 སྐལད་ཏེ། བོད་རྗེ་བློན་བྱང་ཆུབ་ཀྱི་སྤྱོད་པ་དང་། སྟོན་གྱི་བསོད་ནམས་དང་། སྨོན་ལམ་གྱི་ཤུགས་
ཀྱིས་འཛམ་བུ་གླིང་འདིའི་རྒྱལ་པོ་ཆེན་པོ་བཞིའི་འབངས་འཁྲིང་དུད་ལ་ཐུགས་རྗེ་ཆེན་པོའི་ཕྱིན་

112 ཀྱིས་ཁྱབ་སྟེ། མཐའ་དག་བདེ་སྐྱིད་པར་དགོངསྟེ། མཇལ་དུམ་ཆེན་པོ་གྲུབ་ནས་འགྲོ་བ་མང་པོ་སོ་
སོ་གནས་གནས་མལ་མལ་དུ་བདེ་སྐྱིད་པ་ཆེན་པོ་མཛད་དེ། དེ་ག་གཡུ་ཚལ་མཇལ་དུམ་

Pel.tib.0840V(3) བོད་ཡུལ་དུ་དམ་ཆོས་དར་བའི་སྣང་ཚུལ་བཀོད་པ།

1 ༄།:།ཡུལ་མཐོ་ས་གཙང་བོད་ཀྱི་ཡུལ། །གངས་རི་མཐོ་གཙང་ཀུན་གྱི་གཉ། ཆུ་བོ་གླུང་ཡས་ཀུན་གྱི་མགོ། །
ལྷ་གཉན་ཡུལ་དབྱིངས་དཀྱིལ་འདི་

2 ན་། །རྒྱལ་××པོ་ཙ་ཞེས་བྱ་བ་དེ། །ལྷའི་རིགས་ལ་བྱང་ཆུབ་སེམས་དཔའི་སྐྱུ། །ལྷ་སྲས་ཁྲི་སྲོང་ལྡེ་
བཙན་གྱིས། །དམ་ཆོས་སློབས་དཔོན་རྒྱ་གར་

3 ཡུལ་ནས་སྤྱན་དྲངས་ཏེ། །མུན་ནག་དཀྱིལ་དུ་སྒྲོན་བཏེག་བཞིན། །རྒྱལ་ཁམས་ཕྱོགས་ཀྱང་སྟོད་པར་
གནང་། །བྱང་ཆུབ་མཆོག་གི་ལམ་

4 ལ་བཀོད། །ལྷ་སྲས་ལྷའི་དྲིན་རེ་ཆེ། །བཀའ་ལུང་གཞུང་དང་འཐུན་པའི་ཚོ། །ཕྱི་ནང་གཉིས་ཀྱི་སློབས་
དཔོན་དང་། །ལས་ཀྱི་རྡོ་རྗེ་མཁས་དང་

5 གསུམ། མ་འདྲེས་སྤྱོད་ལམ་འདི་ལྟ་བུ། །མཁས་བཙུན་སྤྱོད་མཁས་འཁྲུག་པ་མྱེད། །བོད་ཁམས་ཀུན་
ཀྱང་བདེ་ཞིང་སྐྱིད། །ལྷ་སྲས་

6 དར་མ་མན་ཅད་དང་། འོད་སྲུང་དཔོན་སྲས་མན་ཅད་དུ། སྤྱི་ནི་དམ་ཆོས་ད་ཅིང་རྒྱས། ཧ་ཆང་དར་ཅིང་
རྒྱས་ཅེས་པས། །ཕྱིར་སྐྱེས་ཀུན་ཀྱང་འགྲུ

7 བ་པར་བཞེད། །གསུམ་ཁྲིམས་འདུལ་ཁྲིམས་མྱི་ཤེས་པར། ལས་ཀྱི་རྡོ་རྗེ་བོང་བུས་ཇོ། །ལས་ཀྱི་དབང་དང་
མྱི་ལྡན་

8 བར། འདྲེན་པའི་སློབས་དཔོན་སླང་གིས་ཏོ། །འདྲེན་པའི་དབང་དང་མི་ལྡན་བར་རྗོ་རྗེ་རྒྱལ་འཚབ་ཏ་འིས་ཏོ། །རྒྱལ་འཚབ་དབང་དང་

9 མི་ལྡན་བར། རྗོ་རྗེ་རྒྱལ་པོ་བཙོན་གྱིས་ཏོ། །དྲོད་དང་ཚོད་དང་མ་སྦྱར་བའི། ནོར་ཀར་པོར་བའི་སློབས་དཔོན་གྱིས། འཛིག་རྟེན་འདས་པའི་དོན་

10 མི་རིག། །སློབ་མ་བརྒྱ་ལ་སློབས་དཔོན་སྟོང། །ལྷ་ཆོས་ཉན་པའི་མི་མ་མཆིས། །གྲོང་ཅན་གཅིག་ལ་སློབས་དཔོན་བཅུ། ལས་ཀྱི་རྗོ་

11 རྗེ་གྲས་ཀྱང་མྱེད། །ཀུན་ཀྱང་ལྷ་ཏུ་འགྲུབ་སྙམ་སྟེ། མཏྟག་ཏུ་སྐེ་ཅན་མང་པོ་ཡིས། །རྗོ་རྗེ་ཕུང་པོ་བཞིག་ག་དེ། །

12 ༄།:།བླ་མས་གནང་བར་འགྱུར་བར། །གསང་བའི་མཛོད་རྣམས་མྱི་དབྱེ་ཞིང། །གདན་ནས་མྱུར་དུ་བལྟུས་ནས་ནི། གཞན་ལ

13 བསྟན་བར་མྱི་བྱ་སྟེ། །བླ་མས་མ་གནང་བར་དུ་ནི། །ནམས་ཀྱང་བལྟ་བར་མྱི་བྱ་འོ། །གལ་ཏེ་བལྟུས་ན་དངོས་གྲུབ་ཉམས།

14 ཐ་ཚིགས་འདས་ཤིང་བག་པ་ཡིན། །

Pel.tib.0996(1) མཁན་པོ་ནམ་མཁའི་སྙིང་པོའི་ལོ་རྒྱུས།

1 ༄། །མཁན་པོ་ནམ་གའི་སྙིང་པོའི་དགེ་བའི་བཤེས་ཉེན་གྱི་རྒྱུད་མདོར་བཤད་པ་། །དགེ་བའི་བཤེས་ཉེན་ཡང། ཆོས་མཉམ་བ་ཉིད་ཀྱི

2 ལམ་རིག་པ་། མཁན་པོ་ཨ་ཏན་ཏེར་། སེམས་ཅན་གྱི་དོན་དུ་རྒྱ་གར་ཡུལ་ནས་། ཡུལ་ཨན་སེར་གཤེགས་ཏེ་། སློབ་མ་སུམ་བརྒྱ

3 བསྡུས་ནས་། ཐེག་པ་ཆེན་པོའི་དོན་ལ་ཅི་ལྟར་འཇུག་པའི་སྒོ་བཤད་། ལྷའི་ཞལ་ཟས་ནམ་ཀ་ལས་བབས་ཏེ། སློབ་མ་སུམ་བརྒྱ

4 ཚིམ་བར་བྱས་སོ་། ལོ་བརྒྱ་ལོན་ནས་། ནེར་བན་ཐབས་སུ་དུས་ལས་འདས་སོ་། དེ་ནས་ཨན་སེའི་རྒྱལ་པོས་ལུས་བཟབས་ཏེ། མཁན་པོས

5 སེམས་ཅན་དེ་སྙེད་ལ་ཆོས་བཤད་ན་། བདག་ལ་ཚིག་འགའ་ཡང་མ་བསྟན་པར་གཤེགས་སམ་ཞེས་སྨྲས་པ་དང་། ཚེ་འདས་ཏེ་ཞག

6 གསུམ་ལོན་པ་སྐར་བཞེངས་ཏེ། ཨན་སེའི་རྒྱལ་པོ་ཀྲ་ཅི་ཞྭལ་ཆོས་བཤད་ནས་དུས་ལས་འདས་སོ། དེའི་སློབ་མ་སྨི་བརྒྱུད་ཀྱིས་

7 ཆོས་གོ་བའི་དམ་པ་བེའུ་སིང་ཧྭ་ཤང་ཡུལ་ཤ་ཆུ་དང་། ཀམ་ཆུ་ཕྱོགས་སུ་བཞེགས་ཏེ། སློབ་མ་མང་པོ་ལ་ཆོས་བཤད། ལྷའི་ཞལ་ཟས་ནམ་

8 ཀ་ལས་བབས་ཏེ། སློབ་མ་རྣམས་ལ་ཚིམ་བར་བྱས་སོ། ལོ་བརྒྱད་ཅུ་ལོན་པ་དང་། ཡུལ་སྲུ་ཅུན་དགོན་པ་སའི་ནུབ་ཕྱོགས་ནས། མཆོན་སྔ་ལྷའི་

9 སྤྲིན་ཞིག་བྱུང་ནས། །ཧྭ་ཤང་གི་སྤྱི་བོ་འི་ཐད་ཀ་ན་སྡོད་དོ། དེ་ནས་ཧྭ་ཤང་སྐྱིལ་མོ་ཀྲུང་མ་གཡོས་པར་དུས་ལས་འདས་པ། དང་། སྤྲིན་

10 ཡང་སྣང་ནུབ་ཕྱོགས་སུ་སོང་ངོ། དེའི་ཚེ་ཞག་གསུམ་གི་བར་དུ་ཡུལ་རྒྱགས། ཙི་ཤིང་གི་མདོག་ཀྱུར་ཏོ། དེའི་སློབ་མ་ཆོས་གོ་བ་བརྒྱུད་

11 ཅིག་བྱུང་བའི་དམ་པ། མན་ཧྭ་ཤང་ལྷའི་ཞལ་ཟས་གསོལ་བས་གཉིད་ཆོམས་ཏེ། གཉིན་མཚན་རྒྱུན་དུ་སྒོམ་པ་ཞིག་ཡུལ་ཙོང་ཀར་

12 གཤེགས་ནས། སློབ་མ་མང་པོ་ལ་ཆོས་བཤད་དེ། སྒོམ་དུ་སྐུལ་པ་ལས། སློབ་མ་ཚིག་ཙ་ནམ་ཀས་དོན་རིག་ནས། ཧྭ་ཤང་གིས་

13 ཀྱང་ལམ་མཐོང་ངོ། ཞེས་བསྟན་ནོ། དེ་ནས་ལོ་སུམ་ཅུ་ལོན་ཏེ་རྒྱ་ཡུལ་དུ་གཤེགས་ཀར། བདེ་བློན་ཞང་ཁྲི་སུམ་རྗེ་མར་བུས་ཧྭ་ཤང་བཀོས་

14 ཀ། །གསོལ། ཡོན་ཕུལ་ནས་གསོལ་པ། ཧྭ་ཤང་གཤེགས་པའི་སྐད་ན། ཆོས་ལམ་སྟོན་ནུས་པ་སུ་མཆིས། སྐྱེས་དཔའ། བདག་གི་སློབ་

15 མ་ཚིག་ཙ་ནམ་ཀ་ཆོས་ཀྱི་དོན་རིག་སྟེ། ལམ་སྒོམ་ནུས་ཀྱིས་ཆོས་ལམ་སྤྱོད་པ་རྣམས་ཀྱིས་དེར་དྲིས་ཤིག། ཅེས་བསྟན་ནས་རྒྱ་ཡུལ་དུ་

16 གཤེགས་སོ། མཁན་པོ་ནམ་ཀྱི་སྙིང་པོའི་ཡོན་ཏན་མདོར་བཤད་པ། དགེ་སློང་ནམ་ཀའི་སྙིང་པོ་དང་། བཙན་པོ་ཁྲི་སྲོང་ལྡེ་བཙན་

17 གི་སྐུ་རིང་ལ། རབ་ཏུ་བྱུང་ནས་དགོན་སར་དམ་བཅས་པ་དང་། བསོད་སྙོམས་སྤྱོད་པ་ལ་སྩོགས་པ། དབྱངས་པའི་ཡོན་ཏན་གི་ཆོས་ཡི་དམ་

18 དུ་བབས་ཏེ། བསམ་གཏན་གི་མཁན་པོ་མན་ཧྭ་ཤང་ལས། ཐེག་པ་ཆེན་པོའི་དོན་ལ་ཅིག་ཅར་འཇུག་པའི་མན་ངག་མནོས་ཏེ། བསྒོམས་

19 པ་ལས། ཆོས་ཀྱི་དོན་གོ་ནས། ལུང་ཐུབ་སྟེ། ཧྭ་ཤང་གིས་སྨྲས་པ། ཕ་སེང་གེ་ལས་བུ་ཝ་ལྟ་བུ་བྱུང་བ་ནི། བེའུ་སིང་ཧྭ་ཤང་ལྟ་བུའི་སློབས་དཔོན་

20 ལས། ང་འདྲ་བའི་སློབ་མ་བྱུང་བ་ཡིན་ནོ། པ་ཝ་ལས་བུ་སེང་གེ་བྱུང་བ་ནི། ང་འདྲ་བའི་སློབས་དཔོན་ལས། ཁྱོད་འདྲ་བའི་སློབ་མ་བྱུང་ངོ་ཞེས་ཤིན་

21 དུ་བསྔགས་སོ། མཁན་པོ་ནམ་ཀའི་སྙིང་པོས། ཁྲི་ག་ཤིང་ཡོང་གི་སྤྲུལ་པ་ལ། མཆོད་པ་བགྱིས་པ་ལས། སྐུ་གཟུགས་ལས་འོད་བྱུང་ངོ། སྐར་

22 ཡམ་ཡོག་གི་དབེན་སར་བཞུད་པའི་ཚེ། མཆོན་སྣ་ལྷའི་བྱིན་ཀྱིས་བརླབ་པ་ལས་སྔགས་པའི་ཡ་མཚན་བྱུང་ངོ། ཚེ་གཅིག་དུ་ཆོས་ལམ་

23 སྒོམ་ཞིང། དབྱངས་པའི་ཡོན་ཏན་ལ་གནས་པའི་ཡི་དམ་མཐར་ཕྱིན་ནས། ལོ་བདུན་ཅུ་རྩ་གཅིག་སྟེ། ཁྱིའི་ལོའི་དཔྱིད་སྐར་བ་ཆེས་ཉི་

24 ཤུ་དགུ་ལ། ཞང་པོང་གི་དགོན་སར་སྐྱིལ་མོ་ཀྲུང་མ་གཡོས། མདངས་མ་འགྱུར་པར་དུས་ལས་འདས་སོ། དེའི་ནུབ་མོ་ནམ་གི་གུང་ལ།

25 དབེན་སའི་ལྷ་འོག་གི་ཞང་པོང་གི་རི་རྒྱུད་ནས། སྤྲིན་པོ་རིའི་བར་གི་ནམ་ཀ་ལ་འོད་ཆེན་པོ་གཉིས××××ཆགས་སུ་བྱུང་བས་ཡུལ་ཕྱོགས

26 ༄། །གསལ་བར་གྱུར་ཏེ། ནུབ་ཕོགས་སུ་འདས་པར་གྱུར་ཏེ། ཚུབ་ཕྱོག་ཅུ་འགྱི་ལིག་གི་དགེ་འདུན་ལྷམ་རྗེ་དཔལ་གི་རྒྱལ་མཚན་དང་། འགན་

27 བློ་གྲོས་ལས་བསྒོགས་པ་ཡུལ་མི་མང་པོས་མཐུན་བར་མཐོང་། བདུན་ཚིགས་མཐའ་མ་ལ་ལྷ་མི་ལྷ་བརྒྱའི་ཆོས་སྟོན་གསོལ་ཏེ།

28 སློན་ལམ་བཏབ་པ་ལས། དེའི་ནུབ་མོ་ནམ་གི་གུང་ཐུན་ལ། དབེན་སའི་ལྷག་ས་བྲག་རྩ་ནས། འོད་ཆེན་པོ་བྱུང་སྟེ། ནུབ་ཕྱོགས་སུ་

29 འདས་སོ། མཁན་པོ་ནམ་ཀའི་སྙིང་པོས། རྣལ་འབྱོར་གི་ལམ་ལ་བསྟོད་པ། ཕྱི་གནས་མཉམ་བ་རྣལ་འབྱོར་ངེས་པའི་ལམ།

30 ཡེ་ནས་སྐྱེ་མེད་འགག་པར་མི་འགྱུར་ཏེ། ཇི་ལྟར་བར་སྣང་བྱ་ལམ་རྗེས་བཞིན་དུ། བལྟ་བའི་དམིགས་མེད་ཚིག་གིས་བརྗོད་མི་

31 ཏུང་། འཕགས་པ་རང་རིག་ཡེ་ཤེས་བློ་ལྡན་བས། དམིགས་པའི་རྟོག་བྲལ་མཁམ་ཤིང་ཤེས་པས་རིག། འཕྲུག་འཚལ་དེ་བཞིན་

32 གཞིགས་པ་ཉིད་ཀྱི་མཛོད། དེ་ནི་འཕགས་པའི་འབྱུང་གནས་ལམ་སྲོལ་ཏེ། ཡེ་ནས་མཉམ་བ་དྲང་སྲོང་ཆེན་པོའི་ལམ། དམྱིགས་

33 མྱེད་མཉམ་བ་དཀྱིལ་འཁོར་ཏེ། སྐྱེ་འགག་མྱེད་པར་སྐོམས་པ་ནི། རྡོ་རྗེ་དབྱིངས་ཀྱི་ཡེ་ཤེས་སོ། བྱང་ཆུབ་སེམས་ལྡན་

34 མཁས་པ་ཡིས། སྨྲ་གཡོ་ཡིད་ལ་ཀློས་བྱེད་པ། རྒྱས་སྲས་སྒྲོལ་བའི་ཕྱག་རྒྱ་སྟེ། གཟུགས་མཆོག་མཉམ་ཉིད་འདི་

35 བསྐོམས་པས། རྫོགས་པ་ཡང་དག་ཆོས་ཀྱི་སྐུ། འདི་ནི་དཔོས་གྲུབ་མཆོག་ཅེས་གསུངས།། །།

Pel.tib.0996(2) དགེ་སློང་སྤྱག་ཡེ་ཤེས་དབྱངས་ཀྱི་ལོ་རྒྱུས།

36 ༄། །ཐེག་པ་ཆེན་པོ་རྣམ་པར་མྱི་རྟོག་པར་བསྒོམ་བའི་ལམ་འདི། མདོར་བཏུས་ཏེ་བསྟན་པ་ཡང་། དགེ་སློང་སྤྱག་ཡེ་ཤེས་དབྱངས་དང་པོ།

37 རྒྱལ་པོ་མྱེས་ཀྱི་རིང་ལ་རབ་དུ་བྱུང་ནས། ཆོས་གྲར་ཆོས་བསླབས་ཏེ། དགེ་བའི་བཤེས་ཉེན་ཀྱི་ལུང་དང་མན་ངག་དང། རང་གི་ཉམས་

38 ༄། །སུ་ལྡན་བལ་བརྟེན་ནས། དགོག་པར་བྱུང་སྟེ། ལོ་ལྔ་བཅུ་ལྷག་ཙིག་གི་བར་དུ་མྱི་གནས་མྱི་རྟོག་པའི་ཚུལ་དུ་བསྒོམས་

39 པ་ལས། མྱི་གནས་པའི་དོན་ལ་ཡང་ཡིད་ཆེས། ངེས་པའི་དོན་གི་མདོ་སྡེ་རྣམས་ཀྱང་བཏྲའ་མཐལ་ནས། དགེ་བའི་བཤེས་

40 ཉེན་རྣམས་ཀྱི་ལུང་དང་མན་ངག་དང། བདག་ཉིད་སྒོམ་བ་དང་ཡང་སྦྱན་ནས། རྒྱ་གར་དང་། རྒྱ་དང་། བོད་ཀྱི་བསམ་གཏན་མཁན་ཉམས་

41 ཅན་རྣམས་ཀྱི་ལུང་དང་། ནམ་ངག་དང། དེ་དག་གི་དོན་དང། ཐེག་པ་ཆེན་པོའི་མདོ་སྡེ་ངེས་པའི་དོན་དུ་གསུངས་པ་རྣམས་ཀྱི་ཁུངས་དང་

42 ཡང་གཏུགས་ནས། ཐེ་ཙོམ་དུ་ཞུས་པའི་ལེའུ་བརྒྱ་ཙུ་ཙ་བརྒྱད་དང། མདོ་སྡེ་བརྒྱད་ཅུའི་ཁུངས་ནས། ཐེ་ཙོམ་ལེའུ་རེ་རེ་ལ་ཡང།

43 ཁུངས་མདོ་སྡེའི་དོན་གཉིས་གཉིས་གསུམ་གསུམ་གིས་བསྟན་ཏེ། དེ་ཡང་དུས་གསུམ་གི་སངས་རྒྱས་ཀྱིས། ཐེག་པ་ཆེན

44 ཙ་སྒོ་གཅིག་གིས། མྱ་ངན་ལས་འདས་པར་གསུངས་ན། སངས་རྒྱས་ཤཱཀྱ་ཐུབ་པ་མྱ་ངན་ལས་འདས་ནས། ལོ་ལྔ་བརྒྱའ་གསུམ་

45 པ་ལ་དོན་དམ་པར་རོ་གཅིག་པའི་ཆོས་ཉི་མྱི་སློམ། ཚིག་དང་ཡི་གེ་ཙམ་ལ་ཞུགས་ནས། འཐབ་ཅིང་བརྩོད་པ་སྐྱེས་ནས། སྡེ་ལྔར་

46 གྱེས་སོ་ཞེས་འབྱུང་བས། དེ་བས་ན། ཐེག་པ་ཆེན་པོའི་དོན་དམྱིགས་སུ་མྱེད་པ། ཚུལ་གཅིག་པའི་དོན་ཅི་ལྟ་བུ་ཡིན་བ། དགེ་བའི་

47 བཤེས་ཉེན་མང་པོའི་མན་ངག་དང། མདོ་སྡེ་ཟབ་མོའི་ཁུངས་དང་གཏུགས་ནས། མ་ནོར་བར་བསྟན་པ་དེ་ཡང། མྱི་རྣམ་གསུམ་

48 ལ་ཕན་གདགས་པའི་ཕྱིར། མགོ་ནས་བཞུག་དུ་དོན་རྣམ་པ་ལྔ་ཞིག་གིས་བསྟན་ཏེ། དེ་ཡང་ཐེག་པ་ཆེན་པོ་ཚུལ་གཅིག་པ་དང།

49 ཚུལ་གཅིག་པའི་རང་བཞིན་དང། དེ་བསྒོམ་བའི་ཐབས་དང། ཚུལ་གཅིག་པ××××མ་རྟོགས་པའི་སྐྱོན་དང། དེ་བསྒོམས་པའི་

50 ༄། །ཡོན་ཏན་དང། དེའི་འབྲས་བུ་སྐུ་གསུམ་དང། མྱ་ངན་ལས་འདས་པ་དང་ལྔ་འོ། འདི་འི་དོན་ཡང་འདི་ཉམས་སུ་བླངས་ཏེ། མ་བསྒོམས་

51 པར་ཚིག་གིས་མཐའ་པར་ཡང་དཀའ་སྟེ། བསྒོམས་ཏེ་ཉམས་དང་ལྡན་ན། འདིའི་དོན་མ་བཤད་པར་ཡང་རང་མཐལ་པའི་

52 རིགས། འདི་བསྡུས་པའི་བསམ་གཏན་གི་ཁེན་པོ། ཐུག་ཡེ་ཤེས་དབྱངས་ལོ་བརྒྱད་ཅུ་ལོན་ཏེ། ཏ་འི་ལོའི་སྟོན་སླ་ར་བ་ཚེས་

53 བརྒྱད་ལ། ཁྲི་ག་མོང་ཡོག་མདའ་ན། ཚིག་ཙ་ནམ་ཀའི་སྙིང་པོའི་དབེན་སར། སྤ་ཊྲ་མ་ཡོས་བཞིན་དུ་ཚེ་འདས་ཏེ། སྐད་ཀྱིས་

54 སློབ་མ་རྣམས་ཀྱིས་ང་ཅེའི་གཙུག་ལག་ཁང་དུ་བསོད་ནམས་བགྱིས་ནས། ཕྱུར་ཨན་ཅུང་དབེན་སར་འཁོར་དུ་ཡུལ་མྱི་རྣ་

55 མ་ས་ཀྱིས་པན་གདུགས་ཀྱིས་དྲངས་ཏེ་བསྐྱལ་པའི་ཚེ། ཁྲི་ག་མཁར་གོང་དུ། སྙེང་གི་ནམ་ཀ་ལ་སྤྲིན་མཆོན་སྤ་ལྔ་བྱུང་བ་

56 ཡང། ཡུལ་མྱི་དང་ཕྱུགས་རྫི་ཐམས་ཅད་ཀྱིས་མཐོང། ཨན་ཅུང་འཁོར་དུ་ཕུར་སྐྱེལ་བ། དགེ་སློང་འབྲི་ཤཱཀྱ་ལས་

57 སྟོགས་པས་བསྐུལ་པའི་ཚོ། སྲིན་པོ་རོའི་རྩེར་ཕྱིན་པ་དང། ནམ་ཀའི་ལས་མཚོན་ཕྲིན་སྣ་ལྔ་སྨུག་པར་
ཆགས་ཏེ།
58 ཨན་ཚུང་དབེན་སར་ཕྱིན་གི་བར་དུ་ནམ་ཀ་ལ་རོ་རྩེར་ཕྱིན་ཕྱིན་གི་བར་དུ་གདའ།། །། །།

IOL.tib.J.vol.31 བོད་ཡུལ་དུ་བྱུང་བའི་དགེ་བའི་བཤེས་གཉེན་གྱི་རྒྱུད་ཀྱི་རྣམས་གྲངས།

116-8 རྒྱ་གར་གི་མཁན་པོ་བོ་དེ་སྭ་དྭ་ལས་བསྟོགས་པའི་སློབ་མ་ནི། དབའ་བཙུན་བ་ཡེ་ཤེ་དབང་པོ། དབའ་དཔལ་དབྱངས། ང་ན་ལམ་རྒྱལ་མཆོག་དབྱངས། འགོ་འབུམ་རྡོ་རྗེ་རྒྱལ་པོ། རྫིང་གསལ་རབ་རིན་པོ་ཆེ། མྱང་མཆོག་རབ་གཞོནྣུ། མྱང་གནའ་མྱི་གོ་ཆ། སླེའུ་གཞོནྣུ་སྙིང་པོ། ལྷ་ལུང་
116-9 དཔལ་གི་རྡོ་རྗེ། ཚོག་རོ་དཔལ་གི་སེང་གེ། ཅོག་རོ་བྱམས་པའི་སེང་གེ། ཅོག་རོ་བྱམ་ས་པའི་སེང་གེ། ཅོག་རོ་བཆོས་པའི་བཤེས་ཉེས། དེ་ལས་བསོགས་པ་ནི་བསམ་ཡས་དང་འཕྲུལ་སྣང་ཡབ་ཅན་ཀྱི་དགེ་བའི་བཤེས་ཉེན་ལགས་སྟོ།། །།མདོ་གམས་ཀྱི་ཆོས་གྲྭའི་སློབས་དཔོན།
116-10 ཐང་ཤེས་རབ་ཟླ་བ། འདན་མ་བཀུན་དགའ་དཔལ། ནེམ་དགའ་ལྡན་བྱང་ཆུབ་ལས་བསོག་པ་ནི་མདོ་གམས་ནས་བརྒྱུད་པ་ལེགས་སོ།། །།ཀམ་བཅུའི་ཆོས་གྲྭའི་སློབས་པོན། དབས་བྱང་ཆུབ་རིན་ཅེན། ཨན་དགེ་ལམ། ལང་འགྲོ་དམ་མཚོ། །ཅེ་ཟྀ་རྣལ་འབྱོར
116-11 སྐྱོར། འཕྲུ་མ་ལེགས་ལས་བསོགས་པ་ནི། བྱང་ཕོ་ཕྱོགས་སུ་བརྒྱུད་པ་ལགས་སོ། །གོག་ཅུའི་ཆོས་གྲྭའི་སློས་དཔོན་མྱང་རིན་ཆེན་བྱང་ཆུབ། །ཞ་སྤྱ་འཇམ་པའི་སྙིང་པོ། འགོ་འབོམ་པ་མུན་ཏྲ། །འགྲེང་རོ་དགེའི་བློ་གྲོས། ཕུང་དགེ་རྒྱས་ལས་བསྟོགས་ནི་གོང་ཅུ་ནས
116-12 བརྒྱུད་པ་ལགས་སྟོ། །

Pel.tib.0849(2) མདོ་སྡེ་རྒྱལ་པོའི་དབང་ཐོབ་པ་དང་དཔལ་ ཆོས་ཀྱི་རྒྱལ་པོ་དབང་ཐོབ་པ་རིམ་བྱོན།

21 ༄།། །།རྒྱ་གར་སྐད་དུ། ལོ་ཕྱོ་ཧ་ཡ་ས་ད་ན། །(ཀ××ཁྲི་ཐྲག་ལ། གསུམ་དུ་བསྡུས་པ།) མན་དལ་ལ་
ནོ་ཕྱི་ཀ། །(དཀྱིལ་འཁོར་གི་བསྒྲུབ་ཐབས་དང།) འདི་བ་ནོ་ཕྱི་ཀ།(ལྷའི་བསྒྲུབ་ཐབས་དང།)
22 ས་ད་ན་ནོ་ཕྱི་ཀ། །ཨེ་ཏ་ཡ་ས་ཐ། ཧ་ཡ་ཨ་ནོ་ལྷ་ན། །ཐར་མ་ར་ཛ། །(ལེགས་པའི་ཡོན་ཏན་དངོ་སྒྲུབ་
ཀྱི་བསྒྲུབ་ཐབས་དང། དེ་དག་ཐམས་ཅད་སྡེ་སྣོད་གསུམ་དུ་འདུས་པ། །རྒྱ་གར་ཆོས་ཀྱི་རྒྱལ་པོས་

བསྟན་པ་ཡིན་ནོ་།)

23 སུ་བེ་ཏ། མད་ཏྲ་སུ་མྱེ་ཏ། །(དབུས་ཀྱི་རི་རབ་དང་།) ཕུར་བང་ཀུ་ར། །(ཤར་གི་ལུས་འཕགས་པ་དང་།) འདག་ཁྲི་ན། འཛམ་བུ་ཧྲི་པ་། །(ལྷོའི་འཛམ་བུ་གླིང་།) ཨ་པ་ར་འགོ་ད་(ནུབ་ཀྱི་བན་གླང་སྤྱོད་།)

24 ཨ་བ་རཱི། །ཨུ་ཏ་རང་ཨང་ཀུ་དའ། །(བྱང་གི་སྒྲ་མི་སྙན་དང་།) ཨ་ཧ་ཨང་སུ། སུ་མྱེ་ཏ། །(རི་རབ་ཟུར་བརྒྱད་དང་།) ཕུར་བ་འདི་པ། ཨར་ཧ་ཙན་ཧྲ། །(ཤར་ཕྱོགས་ཀྱི་ཟླ་གམ་།)

25 འདག་ཁྲི་ན། ཧི་ཀོ་ན། །(ལྷོ་འི་འཛམ་བུ་གླིང་སོགས་ཀ་།) ཨ་པ་ར་ཀོ་ད། ཨ་བ་རཱི། ཙ་ཀྲ་མན་དའ་ལ། །(ནུབ་ཀྱི་བན་གླང་སྤྱོད་ཟླུམ་པོ། །ཨུ་ཏྲ་ར་ཙ་ཏུ་ཨ་སོ་མན་ད་ལ། །(བྱང་གི་སྒྲ་མི་སྙེན་གྲུ་བཞི།)

26 ཕུར་བ་ཨ་ཛ་ཙན་ཏྲ་དི་གམ་ནུ་ས་ཨ་ཙན་ཏྲ། །(ཤར་གི་ལུས་འཕགས་སོ། ཡུལ་ཡང་ཟླ་གམ། མི་ཡང་ཟླ་གམ།) འཛམ་བུ་ཊི་པ་ཊི་ཀོ་ན། མ་ནོ་ས་ཏྲ་ཀོ་ན།(ལྷོའི་འཛམ་བུ་གླིང་ཡང་སོགས་ཀ། མི་ཡང་སོགས་ཀ་།)

27 འདི་བ་ཙག་ཀྲ། མ་ནོས་ཙག་ཀྲ། །(ནུབ་ཀྱི་བན་གླང་སྤྱོད་ཡུལ་ཡང་ཟླུམ་པོ། མི་ཡང་ཟླུམ་པོ།)ཨུ་ཏྲ་ར་ཨང་འགུ་ར། ཙ་ཏུ་ར་ཨ་ས་མ། །(བྱང་གི་སྒྲ་མི་སྙེན་གླིང་ཡང་གྲུ་བཞི། མི་ཡང་གྲུ་བཞི། །སུ་མྱེ་ཏ་ནི་ལ་ཡ་།(རི་རབ་དབུས་ན་བཞུགས་པའི་)

28 འདི་བ་ལོ་ཀ། ཆག་ཤ་ཨ་ཡོ་། །(ལྷ་འོ། ཚེ་ལོ་ཁྲི་ཕྲག་ཐུབ་།) སྐར་བ་འདུའི་ཤ་ཏྲ་ས་བ་རི་ཤ་ས་འོ་བ། །(ལུས་འཕགས་པོའི་ཚེ་ལོ་ཉིས་བརྒྱའོ།) འདག་ཁྲི་ན་འཛམ་བུ་ཧྲི་པ་ས་ཏ་(འཛམ་བུ་གླིང་ཚེ་ལོ་བརྒྱའོ་།)

29 བ་རི་ཤ་ཨ་ཡོ་། །ཨ་ཡ་ད་ཀོ་དའ་ས་ན་ཛ་ས་ཏ་བ་རི་ཤ་ཨ་ཡོ་། །(ནུབ་ཀྱི་བན་གླང་སྤྱོད་ཚེ་ལོ་ལྔ་བརྒྱའོ་།) ཨུ་ཏྲ་ར་ཨང་འགུ་ར། ས་ཨ་སྲ་བ་རི་ས་(སྒྲ་མི་སྙེན་ཚེ་ལོ་སྟོང་ཐུབ། །)

30 ཨ་ཡོ་འ། །ཕུར་བ་ར་ཛ། འཁྱི་རོ་ཏ་ག་ཡ་། །(ཤར་གི་ཡུལ་ཁོར་སྲུངས། །)འཛམ་བུ་ཧྲི་པ། ར་ཛ་ཁྱི་རོ་པག་ཚ་ཡ་། །(ལྷོའི་རྒྱལ་པོ་འཕགས་སྐྱེས་སོ།) ཨ་པ་ར་ཀོ་དའ

31 ཨ་བ་རི་ར་ཛ། ཨ་དི་པོ་ཏ་ཡའ། །(ནུབ་ཀྱི་རྒྱལ་པོ་དམིག་མི་བཟང་།) ཨུ་ཏྲ་རང་ཨ་གུ་ར། །ར་ཛ་བ་འི་སྲ་མ་ན་ཡ་། །(བྱང་གི་སྒྲ་མི་སྙེན་གི་རྒྱལ་པོ་རྣམ་ཐོས་སྲས་།) ཨ་ཐེ་ལོ་ཀ་(ལྷ་ཆེན་པོ་བརྒྱད་ལ་།)

32 བ་ལ་། །ཕྲ་ཐ་མ་བྲམ་མ་། །(དང་པོ་ཚངས་པ་དང་བྲམ་ཟེ་།) འཁྱི་སྣུ། ན་ར་ཡ་ན། །(ཁྱབ་ནན་ཏན། པ། གཞོ་ནུ་ཀར་ཏྟི་ཀ་)མ་ཧེ་ཤྭ་ར་། །(ལྷ་ཆེན་པོ་མ་ཧ་དེ་བ་།) ཨིནྡ་ཏྲ་ར་ཛ། །(ལྷ་འིི་དབང་པོ་རྒྱ་བྱིན་།) འཛ་མ་ར་ཛའོ།(གཤིན་རྗེ་།)

33 བྱི་ན་ཡ་ཀའ། །(བགེགས་ཀྱི་རྒྱལ་པོ་།) ཀ་མ་འདི་བ། །(འགྲོ་བ་རིགས་དྲུག་སྲིད་པའི་རྩེ་མོ།) པན་ཙ་མ་ཏ་འབུ་ཏ། །(འབྱུང་བ་ཆེན་པོ་ལྔ་།) ཕྲི་ཐི་བྱི།(སའོ།) ཨ་པ། །(ཆུ།) ཏེ་ཛའ། །(མེ།) འབ་ཡོ་། །(རླུང་།)

34 རྒྱ་གར་སྐད་དུ། ཨར་ཥྚ་གྲའ། །(གཟའ་ཆེན་པོ་བརྒྱད་།) ཨ་དྱིད་ཏྱ། །ཙན་དྲ། །མང་འགའ་ལ། །འབྲ་འདའ། །འབྲི་ཡ་སྤ་ཏི།

35 ཤུ་ཀྲའ། །ས་ནི་ཙ་ར། །ར་ཧུ་ལ། །

36 ཨ་ཥྚ་ཀུ་ལ་ན་ག་ར་འཛ། །(ཀླུའི་རྒྱལ་པོ་ཆེན་པོ་བརྒྱ།) བ་སུ་ཀི་ན་མེ་ན་ག་ར་ཛ། །ཨ་ནན་ཏ་ན་མེ་ན་ག་ར་ཛ། །ཀུ་ལི་ཀ་ལ།

37 ན་སྒྲི་ན་ག་ར་ཛ། །ཀར་ཀོར་ད་ན་མེ་ན་ག་ར་ཛ། །ཏག་ཤ་ཀ་ན་ག་ར་ཛ། །པུ་འདད་རི་ཀ་ན་མེ

38 ན་ག་ར་ཙ། །ཤང་ག་ན་མེ་ན་ག་ར་ཙ། །པད་མ་ན་མེ་ན་ག་ར་ཛ།། །།ཨ་ཥྚ་བྱིང་ཤ་ཏི་ན་ཁ་ཏྲ(རྒྱུ་སྐར་ཉི་ཤུ་རྩ་བརྒྱད་།)

39 ཨུ་ནན་པན་ཙ་བ་ཡའི་ར་ཛ། །ཙོའུ་ཤར་ཏུ་མེ་ག་ར་ཛ། །ཤ་ར་ཨ་སིད་ཏི་ས་ཨ་སྲ། རི་ཤི། །(ཀླུང་གི་རྒྱལ་པོ་བཞི་བཅུ་རྩ་དགུ། སྲིན་གི་རྒྱལ་པོ་དྲུག་ཅུ་རྩ་བཞི། རིགས་ཀྱི་བུ་དང་། རིགས་ཀྱི་བུ་མོ་ཐམས་ཅད་འདུས་པ་སྟོང་ཕྲག་བརྒྱད་ཅུ་རྩ་དྲུག། །)

40 ད་ར་ག་སད་ཏ། ཀོ་ཏི་ན། ལག་ཕྲ་ཤ་ཏ་སྲ་ཏ་ཤ་ནི་ཊ། །ཨེ་ཏེ་ཊེ། ག་ག་ན་མན་དའ་ལ། །ཞིར་ཕྱི་ཏ།

41 སྐར་མ་འབུམ་བརྒྱའ། ཁྲི་ཕྲག་སྟོང་བརྒྱའ། །ནམ་ཀའི་སྐར་མ་འི་གྲངས་ཚད་བར་རྫོགས། །

42 ཏྲི་ཐ་ཏུ་ཀ། །(ཁམས་གསུམ་།) ཀ་མ་འཐ་ཏུ། །(འདོད་ཁམས་།) ཏུ་པ་འཐ་ཏུ། །(གཟུགས་ཁམ་།) ཨ་ཏུ་པ་འཐ་ཏུ། །(གཟུགས་མེད་པའི་ཁམས་།) ཀ་མ་ཐ་ཏུ།(འདོད་ཁམས་ཉི་ཤུ།) འབྱིང

43 ཀླག་ཨ་ནོ་སྐ་ན། །ཏུ་པ་ཐ་ཏུ། ཤ་པ་ད་འདའ་ཤ། །(གཟུགས་ཁམས་བཅུ་བདུན་།) ཨ་ཏུ་པ་ཐ་ཏུ། ཙད་པ་རི། །(གཟུགས་མེད་པའི་ཁམས་བཞི་།) འབུ་ཏ། ཛ་བྱི་ཤ། བར་སྤྲ(དུས་གསུམ་ལ། སྔ་རབས་འདས་པ་དང)

44 ཛྙ་ན། །ཤ་ར་ཀ་ཏྲི་ཀ་རི་ཡོ་ཀ་ཐ་ཏུ། །འདི་བ་ཨ་སུ་ར་མ་ནུ་ས་ན་ར་ཀ་ཏྲི་ཛ་ཀ། བྲེ་དའ། (དབ་ལྷ་བཞུགས་པ་དང་། སྣད་ནས་ཕྱོན་པ་དང་། འགྲོ་བ་རིགས་དྲུག་གི་དབྱིངས། ལྷ་དང་། མི་དང་། ལྷ་མ་ཡིན་དང་། དམྱལ་བ་དང་། ཕྱུལ་སོང་དང་། ཡི་དགས་དང་།)

45 ཨ་ན་འཛ་ཏ་ཀ། ཛ་ར་ཟའ་ཏ་ཀ། ཨུ་སྣ་འཛ་ཏ་ཀ། ས་ཡ་འབུ་འཛ་ཏ་ཀ། །སར་བ་དེ། ཐ་བ་ར་ཞ་ང་མ་།(སྐྱེ་བ་རྣམ་བཞི་ལ། སྒོ་ང་ལས་སྐྱེས་པ་དང་། གཟུགས་ནས་སྐྱེས། དྲོད་གཤེར་ལ་སྐྱེས་པ་དང་། ཡིད་ནས་སྐྱེས་པ་དང་། དེ་དག་ཐམས་ཅད་དང་། འགྲུལ་བ་དང་། འགྲུལ་དུ་)

46 ཛའི་བ། ལ་ཏ་ཀུལ་མ། །ཨི་ཏེ་ཏེ་འབུ་ཏ་ཀྲ་མ། །དར་མ་ར་ཛ། ཨ་ཏང་སར་བྱི་ཏེ་བ་ར་འབག་ཐ། །(སྨི་ནུས་པ་དང་། གཟུགས་རིང་པོ་དང་། གཟུགས་སྦོམ་བ་དང་། དེ་དག་ཐམས་ཅད་ནི་འབྱུང་བ་ཆེན་པོ་ལགས་

སོ། །གཟུགས་ལ་ཆེ་བ་རྣམ་གསུམ་ལ། །བྱེ་དང་། །ཉ་དང་། །སྦྲུལ་དང་གསུམ།། །།སྦྲུལ་པ་ཆེ་བ་དང་། སྟོབས་ཆེ་བ་དང་། མཐུ་ཆེ་བ་དང་། མཁྱེན་པ་ཆེ་བ་ནི། རྒྱ་གར་ཆོས་ཀྱི་རྒྱལ་པོ་ལགས། དེ་དག་ཐམས་ཅད་ནི་ཆོས་ཀྱི་རྒྱལ་པོ་བྱས་པ་ཡིན་ནོ་།)

47 དར་མ་དར་ཏུ། ཨ་ཨ་ནོད་སྦ་ན། སྦ་བ་དའ། །མ་ནུ་ས། འདི་བ་འག་ཧི། བ་ར་འག་ཏ།

48 དར་ར་ར་ཛ།(ཆོས་ཀྱི་དབྱིངས། མ་སྐྱེས་པ། མ་བྱུང་བ། ཡེ་ནས་རྣམ་པར་དག་པ། །ཕྱི་ལས་ལྷར་གྲུབ་པ། ཀུན། རྒྱ་གར་ཆོས་ཀྱི་རྒྱལ་པོས་བསྟན་པ་ཡིན་ནོ། །)

49 ཀ་ཏུ་ན། མ་འོ་ཧི། མུ་ཧི་ཏ། ཤུ་ཕྲག་ཤ། ཙ་ཏུར་འབར་མ་བྲ་ཏ་རི། །འདའ་ས་ཀུ་ས(ཆོས་ཀྱི་རྒྱུ་ནི། བྱམས་པ། སྙིང་རྗེ། དགའ་བ། གཏང་སྙོམ་ནི་ཚད་མེད་པ་བཞི། དགེ་བ་བཅུ་དང་།)

50 ལ། ཀར་མ་པ་ཐ། །འཻདའ་ས་པ་ར་མི་ཏ། འདའ་ས་པ་ར་མི་ཏ་སྲ་ཡ། འདའ་ས་པ་ར་མི་ཏ་སུ་ཧི། འད་ས་པ་ར་མི་ཏ(ཕཾ་རོལ་ཕྱིན་པ་བཅུ་དང་། དགེ་བ་བཅུ་མཐའའར་ཕྱིན་པ། གཙང་བ་བཅུ་དང། ཚུལ་ཁྲིམས་བཅུ་དང་།)

51 ན་ཡ། འད་ས་པུ་མི། ཨི་སྲ་ར་ན་ཐུ། འད་ས་པུ་མི་པྲ་ཧི་སྟི་དའ། །འད་ས་ཨ་ཀ་ཏུ།(ས་བཅུ་དང་། དབང་ཕྱུག་ཆེན་པོ་དཔལ་མགོན། ས་བཅུའི་དབང་ཐོབ་པ། སྤྲུལ་པ་བཅུ།)

52 འདས་ས་ཨ་ཏ། ཨ་རྗུ། མུ་ནིན་དེ། །འད་ས་པ་ལོ། འཕྲི་ཕུ།། །། །།(དངོས་སྒྲུབ་བཅུ། རང་དོན་དང་གཞན་དོན་གྲུབ། ཐུབ་པ་དབང་པོ། སྟོབས་བཅུ་འི་རིགས་འཛིན་གི་དངོས་གྲུབ་ཐོབ།)

53 བ་ཛ་ར་ར་ཛ་ཨ་ཕྲི་ཤ་ག། །ཤྲི་དར་མ་ར་ཛ། ཨ་ཕྲི་ཤེ་གི་ཏ། །ཛུ་ཕྲི་སྟི་ར། ས་ར་ས་ར་མ། (ཛོ་རྗེ། རྒྱལ་པོའི་དབང་ཐོབ་པ། དཔལ་ཆོས་ཀྱི་རྒྱལ་པོ། དབང་ཐོབ་པ། རྒྱལ་པོ་ཛུ་ཕྲི་སྟི་ར་དང་། རྒྱལ་པོ་དང་པོ་ར་མ་ན་དང་།)

54 སྭ་ཏ་ས་ཛུ་ན། །ར་ཛ་ར་མ་དེ་བ། །ར་མ་ན། ར་མ་ར་ཛ། །ཀར་ན་ར་ཛ། །(སྤྲུལ་པ་སྟོང་གི་རྒྱལ་པོ་དང་། རྒྱལ་པོ་ར་མ་དེ་བ་དང་། ར་མ་ན་དང་ལག་ཤ་ན། རྒྱལ་པོ་ཀར་ན།)

55 འབ་ལེ་ར་ཛ། འཕྲིན་བའོ་ས་ག་ར་ཛ། །ཙན་ཏྲ་པྲ་ཛྷ་ར་ཛ། །ཤྲི་ཕྲིག་ཀ་མ་ཕྲི་ཐ་ར་ཛ། །(རྒྱལ་པོ་འབ་ལེ་དང། རྒྱལ་པོ་འཕྲིན་བའོ་ས་ག་ར་ཛ། རྒྱལ་པོ་ཟླ་འོད་དང་། རྒྱལ་པོ་འཕྲིག་ཀ་མ་དི་ཐ་དང་།)

56 མན་འད་ཏ་སྟི་ར་ཛ། །ཨ་དི་མུ་ཀུ་ཧི་ར་ཛ། ཀ་མོ་ཛ་ར་ཛ། །ཤུན་མ་ཏ་གི་ས་རི་ར་ཛ། ས་སང་ག་ར་ཛ།(རྒྱལ་པོ་མན་ངག་ཏ་སྟི་དང་། རྒྱལ་པོ་ཨ་དི་མུ་ཀ་ཧི་དང་། རྒྱལ་པོ་ཀ་མོ་ཛ་དང་། རྒྱལ་པོ་ཤུན་མ་ཧི་གི་ས་རི་དང། ཏུང་འབུད་པའི་རྒྱལ་པོ། །)

57 འདི་ཕྲིན་ཧི་ར་ཛ། ར་ཥིན་ཧི་ར་ཛ། །ཀ་ན་ར་དེ་བ་ར་ཛ། གྲི་ སྣ་ར་ཛ། །ས་བུ་ཁ་དེ་བ་ར་ཛ། །(དར་

མ་ལྷའི་དབང་པོ་ཐུ་པའི་རྒྱལ་པོ་དང་། རྡོ་རྗེ་དབང་པོ་ཐུབ་པའི་རྒྱལ་པོ། རྒྱལ་པོ་ཀ་ན་ར་དེ་བ་
དང་། རྒྱལ་པོ་ནག་པོ་དང་། རྒྱལ་པོ་ཏ་བདེ་བའི་གདན་དང།)

58 སོ་ག་ར་ཛོ། སྲི་ཏ་རི་སྲ་ར་ཛ། ཀར་ན་ག་ར་ཛ། །ཀྱིན་ཧྲ་པོ་ཧི་ར་ཛ། །ཨེ་ཧེ་ཧེ་ཕྲག་ཁྲ་དའ། །ཁ་ར་ག་
(རྒྱལ་པོ་དར་མ་ཨ་སོ་ག་དང། རྒྱལ་པོ་སྲི་ཏརི་སྲ་དང་། རྒྱལ་པོ་གར་ན་ག་དང་། རྒྱལ་པོ་ཀྱིན་ཧྲ་པོ་
དེ་དང་། རལ་གི་ཉན་བཏུབ་)

59 ཐུང་ག་ར་ཛ། ཨག་ཉ་ཙག་ཀྲ་བར་ཧི་ར་ཛ། །དར་མ་ཙག་ཀྲ་བར་ཧི་ར་ཛ། །ཁྲིད་ཉ་ད་ར་ཙག་ཀྲི་
བར་ཧི་(པའི་རྒྱལ་པོ་དང་། འཁོར་ལོ་ཉན་བཏུབ་པའི་རྒྱལ་པོ་དང་། ཆོས་ཀྱི་འཁོར་ལོ་སྐྱུར་བའི་རྒྱལ་
པོ་དང། ལྷ་བྱིན་ཐུབ་པའི་རྒྱལ་པོ་)

60 ར་ཛ། །ཏ་ར་ཙན་ཧྲ་ན་མྱི་ར་ཛ། །ཁ་ར་ག་ཙ་ཙག་ཀྲ་བར་ཧི་ར་ཛ། ཙན་ཧྲ་གོ་མྱི་ར་ཛ། །ཨེ་ཧེ་དེ་
(རྒྱལ་ས་གྲུབ་པའི་རྒྱལ་པོ་དང་། རལ་གི་འཁོར་ལོ་སྐྱུར་བའི་རྒྱལ་པོ་དང་། དགེ་བསྙེན་ཟླ་བའི་རྒྱལ་
པོ་དང་།)

61 ར་ཛ་ཤི་ཏ། བ་ཏ་སུ་ཏ་ཏ་ནུ་མན་ཏ་ར་ཛ། །འདད་སྲ་གྲི་བ་ར་མ་ན་ར་ཛ། །རག་ག་ཤ་ར་ཛ། (སྲིད་ཙུ་གི་
རྒྱལ་པོ་ཏ་ནུ་མན་ཏ། སྲིན་པོའི་རྒྱལ་པོ་ལང་ཀ་འགྲིན་བཅུ།)

62 བོད་འཕྲུལ་གི་རྒྱལ་པོ་དམྱིག་གསུམ་པ་དང་། །སྲོང་བཙན་སྒམ་པོ། དང་། །བཙན་པོ་ཁྲི་སྲོམ་ལྡེམ་

63 བཙན་དང་། །བཙན་པོ་ཁྲི་གཙུག་ལྡེ་བཙན། །བཙན་པོ་རལ་པ་ཙན་དང་། དེ་དག་ཐམས་ཙད་

64 ཀྲུང་ཐེག་པ་ཆེན་པོའི་ཆོས་སྐྱོད་པ། བཙན་པོ་ཁྲིས་ཀྱི་ཞིང་དང་། སྲས་ཆེ་བ་ལ་བྱིན་མགོན་དང་། །
བཀྲ་ཤིས་

65 མགོན་དང་། །ཞིག་གཙུག་མགོན་དང་། །བཙན་པོ་བཀྲ་ཤིས་རྩགས་པ་དཔལ་དང་། །དཔལ་ལྡེ་དང། །

66 འོ་ལྡེ་དང་། །འཁྲི་ལྡེ་དང་། །བཙན་པོ་བཀྲ་ཤིས་མགོན་པོ་དང་། །ཙན་པོ་ཨ་ཙ་ར་དང་། འཁྲི་ལྡེ་
མགོན་དང་། །

67 ལྷ་ཙིག་ཙག་ཤེ་དང་། །དེ་དག་ཐམས་ཙད་ཀྲུང་ཐེག་པ་ཆེན་པའི་དབང་ཐོབ་པ་ཡིན་ནོ།། །།

68 དབང་བགྱིད་པའི་སློབས་དཔོན་ལ། །དར་མ་ར་ཛ། །མྱི་དང་ལྷ་དང་དབང་བསྐྱིད་པ་ལ། སྤྱན་རས་གཟིགས་

69 དབང་ཕྱུག་དང་། །སངས་རྒྱས་ཐམས་ཙད་ལ་དབང་བསྐུར་བ་ནི། །འཇམ་དཔལ་གཞུ་ནུ། །

70 མྱི་ལ་དབང་བསྐུར་བ་ནི། །སློབས་དཔོན་ཐི་ར་མ་ཧི་དང་། །རྒྱལ་པོ་པ་སུ་བན་དྷུ་དང། །ཨཱ་ཡུ་མ་ཏ་
སང་ག་དང། །

71 མདོ་སྡེ་དང་། འདུལ་བ་དང་། མངོན་པ་གསུམ་བྱས་པ་ཡིན་ནོ། །དེའི་འོག་ཏུ་སངས་རྒྱས་ཤག་ཐུབ་

པ་དགོངས་

72 པ་གྲུབ་པའི་དུས་ན། །ལྷ་དང་། མྱི་དང་། ལྷ་མ་ཡིན་དང་། འགྲོ་བ་རིགས་དྲུག་ལ་དང་། ཐམས་ཅད་ལ་དབང་བསྐུར་བ་ནི་

73 སངས་རྒྱས་ཤག་ཀྱ་ཐུབ་པ་ལགས་སོ། །ཤག་ཀྱ་མུ་ནི་པ་རི་ནི་རི་པ་ན། །མ་ཧ་ཡ་ན་དར་མ་དར་ཏུ། ། (ཤག་ཀྱ་ཐུབ་པ་མྱ་ངན་ལ་འདས་པའི་དུས་ན། ཐེག་པ་ཆེན་པོ་འི་ཆོས་ཀྱི་དབྱིངས་ལ།)

74 ཨ་ཧཱུྃ་ཐ་ཨ་ན་ཀ་ཏ་པར་ཧཱུ་ཧྲུ་ཏ་བན་ན། །འབྲུ་ཏ་བོ་ཧི་སྭད་ཏྭ། །ས་ཐེ་ཧེ་མ་ཧ་ཡ་ན། །ཛྷོ་ཧོ་ཏ་པ་དའ། ས་ཐ་ཏ་(ཚེ་རབས་སྔ་མ་དང་། ཚེ་འདི་དང་། ཚེ་ཕྱི་མ་དང་། སངས་རྒྱས་དང་། བྱང་ཆུབ་སེམས་པ་དང་། ཐེག་པ་ཆེན་པོའི་ཆོས་ལ། བླ་ན་མྱེད་པའི་བྱང་ཆུབ་ཀྱི་དངོས་སྒྲུབ་ཐོབ་པ་ཡང་)

75 ཨ་སྟེ། །ཨ་ནོ་ཏྲ་ཡང་སམ་མྱག་སམ་འབྲུ་ཧི། །ཨ་བྷི་ཤི་ག་ར་ཛ། ཨ་ཛ་ན་ག་ཛུ་ན། ཉ་ན། ཀུ་ཀུ་ར་ཙ།

76 ཤག་ཀྱ་ཐུབ་པ་མྱ་ངན་ལ་འདས་པའི་དུས་ན། །དབང་གི་སློབས་དཔོན་ནི་འཕགས་པ་ཀླུ་གྲུབ་སྙིང་པོ།

77 ཁྲིའི་རྒྱལ་པོ་ཀུ་ཀུ་ར་ཙ་དང་། །ཉན་བའི་སློབ་མ་ནི་དར་མ་ཨ་སོ་ག་དང་། །ཤི་རི་ཧ་རི་ཤ་དང་། ། རྒྱལ་པོ་ག་ན་ག

78 ར་ཙ་དང་། །རྒྱལ་པོ་ཨིན་ཏྲ་བོ་ཧི་དང་། །འགོ་བ་དེ་བེ་དང་། །སྲས་ཤག་ཀྱ་བོ་ཧེ་དང་། དེ་འདྲ་བའི་རྒྱལ་པོ་གྲངས་མྱེད་པས

79 དེ་ལྟར་དབང་མནོར་ནས། བསྒྱུབས་ནས།། །།དབང་ཐོབ་པའི་དོན་ཅེད་ལ། །བསོད་ནམས་ཀྱི་ཚོགས་དང་། ཡེ་ཤེས་ཀྱི་ཚོགས་གི

80 འབྲས་བུ་ལ། །མངོན་བར་ཤེས་པ་ལྔ་དང་ལྡན། །སྐུ་གསུམ་ཐུགས་ཀྱི་འབྲས་བུ་དང་ལྡན། །ཆོས་ཀྱི་དབྱིངས་ཐམས་ཅད་

81 མཁྱེན་པའི་ཡེ་ཤེས་དང་ལྡན། །ཨ་བྱི་ཤ་ག་བུ་ན་སམ་བ་ར། །ཡ་ན་སམ་བ་ར། །པན་ཙ་ག་ཡད་མ་ག། ། པན་ཙ་(སྐུ་ལྔ་དང་ལྡན། སྤྱན་ལྔ་དང་ལྡན།)

82 ཙག་ཁྲུ། །པན་ཙག་ཀྱ་ན། །པན་ཙ་ཨ་བྷིད་ཉ། །པན་ཙ་ཤག་ཀན་ཏ། །པན་ཙ་ག་མ།(ཡེ་ཤེས་ལྔ་དང་ལྡན། མངོན་པར་ཤེས་པ་ལྔ་དང་ལྡན། ཕུང་པོ་ལྡན། འདོད་པའི་ཡོན་ཏན་ལྡན་དང་ལྡན།)

83 པན་ཙིན་འདྲི་ཡཱ། །པན་ཙི་ཨ་ག་ར། །པ་ན་ཙི་ཐ་ཐ་ག་ཏ། པན་ཙི་ཀུ་ལ། པན་འདྲི་བྱའ་བ་དའ། ། (དབང་པོ་ལྔ་དང་ལྡན། རིག་པ་ལྔ་དང་ལྡན། བྱང་ཆུབ་སེམས་རྣམ་ལྔ་དང་ལྡན། དེ་བཞིན་གཤེགས་པ་ལྔ་དང་ལྡན། རིགས་ལྔ་དང་ལྡན། ཡུམ་ལྔ་དང་ལྡན།)

84 ཧྲི་ཐ་ཏུ་ག་ར་ཛ། །ཨ་ཐྲ་མ་ཧ་སིན་ཧི་བྲ་བ་དའ། །ཨ་ག་ར་དི། །ཁ་བྷ་ར་དི། །པ་རི་ཤུ་རུ་ན། ཨ་སིད་

ཏི་བྲེན་འཛ་ན་།(ཁམས་སུམ་རྒྱལ་པོ་བསྒྲུབ་པ་དང་ལྡན། དངོས་སྒྲུབ་ཆེན་པོ་བརྒྱད་གྲུབ་པ་དང་ལྡན། རྣམ་སྤྲོར་ཚོགས་དང་ལྡན་། རྫོགས་པ་ཆེན་པོ་དང་ལྡན་། དཔེ་བྱད་བཟང་པོ་བརྒྱད་)

85 ལང་ཀྲི་དཔའ། །འདྲའ་བ་ཏིང་སད་ཏ་ལག་ས་ནས་འད་ར་ཀན་ཏི་། །པན་ཙ་འབུ་ཏ་མ་ཀུ་ཏ་། །ཧྲི་ཡ་པོ་ཀ་སུ་ན་ར་། །(ཙུ་དང་ལྡན་། མཚན་བཟང་པོ་སུམ་ཙུ་རྩ་གཉིས་དང་ལྡན་། རིགས་ལྔ་སངས་རྒྱས་དབུ་རྒྱན་དང་ལྡན་། ཁམས་སུམ་དངོས་སྒྲུབ་ཐོབ་པའ་དབང་དང་ལྡན་)

86 འབུ་ཧོ་ཏང་། །བ་ཛྲ་ར་འད་རོ་ཏང་། །ཏན་ཊེ་སིད་ཏི་། །མན་ཋ་སིད་ཏི་། །འགྲུ་ན་སིད་ཏི་། (བདག་དང་སངས་རྒྱས་མཐའ་ཡི་དད་པ་དང་ལྡན་། ལག་ན་རྡོ་རྗེ་དང་ལྡན་། རྒྱུད་ཀྱི་དངོས་གྲུབ། ཐུགས་ཀྱི་དངོས་གྲུབ་། ཡེ་ཤེས་ཀྱི་དངོས་གྲུབ་དང་།)

87 ས་ཧྲུ་ན་སིད་ཏི་། །ར་ས་སིད་ཏི་། །ཤྲིན་འད་སིད་ཏི་། །འགུར་ཏི་ཀ་སིད་ཏི་། །པ་དཔའ་ལི་པ་ན་སིད་ཏི་། ། ཨ་འཛ་ན་སིད་ཏི་། །(བསཾ་གཏན་སྒྲུབ་པ། བདུད་རྩི་བསྒྲུབ་པ་། སྐྲིའི་དངོས་སྒྲུབ་། སྨན་གྱི་འབྲས་བུ་དངོས་གྲུབ། །རྐང་མགྱོགས་ཀྱི་དངོས་གྲུབ་། དམིག་སྨན་གྱི་དངོས་གྲུབ། །)

88 ཁ་ར་ཀ་སིད་ཏི་། །མ་ནོ་ཛ་བ་སིད་ཏི་། །ཨོ་པི་ཙ་ཀ་མྱི་ཀ་སིད་ཏི་། །ཨག་ཉ་སིད་ཏི་། །ཁ་ཉེ་བ་ལ་སིད་ཏི་། །(རལ་གྱི་དངོས་གྲུབ་། ཉི་མ་ཟླ་བའི་དངོས་གྲུབ་། ཐུགས་ལ་ཅི་འདོད་པའི་དངོས་གྲུབ། བཀ་ལུང་ཉན་བར་གྲུབ་པ་། ས་འོག་གི་གཏེར་ཤེས་པར་གྲུབ་པ་།)

89 འཁྲི་ལ་སིད་ཏི་། །བ་ཤེ་ཀ་ར་ན་སིད་ཏི་། །འཛམ་བ་ལ་སིད་ཏི་། །བ་སུ་ད་ར་སིད་ཏི་། བགྱི་མྱི་སིད་ཏི་།(ལྷ་མ་ཡིན་གྱི་སྒོ་ཕྱེ་བའི་དངོས་གྲུབ་། ཀུན་དགེས་པའི་དངོས་གྲུབ་། །ནོར་གྱི་ལྷ་འི་དངོས་གྲུབ་ཐོབ་། རིག་པའི་རྒྱལ་མོ་འི་འབྲུའི་དངོས་གྲུབ་། ཆོས་ཐམས་ཅད་ཡེ་ནས་མཁྱེན་པར་གྲུབ་པའ་།)

90 འཁྲི་ཏ་ད་ར་ཀ་སིད་ཏི་། །འདི་རི་ཁ་ཨ་ཡོ་སིད་ཏི་། །ཨ་རྟ་མ་ཏ་ཕ་ཡ་ན་སྟི་། །ཨ་པ་ར་སིད་ཏ་སིད་ཏི་། ། (རྒན་པོ་གཞོ་ནུར་བྱེད་པའི་དངོས་གྲུབ་། ཚེའི་དངོས་གྲུབ་། འཇིགས་པ་བརྒྱད་ལས་ཐར་པའི་དངོས་གྲུབ་། སྒྲ་གཉེན་བའི་དངོས་གྲུབ་། །)

91 ༧། །ཨ་སིད་ཏི་བྲི་འཛ་ན་། །ཀ་ཁ་ག་འགའ་ང་། ཙ་ཚ་ཛ་འཛའ་ཉ་། ཏ་ཐ་འད་ད་ནྣ།

92 ཏ་ཐ་འད་ཐ་ན་། པ་ཕ་འབ་བ་མ་། །འཞ་ར་ལ་འབྷ་ས་ས་ས་ཧ་ཁྱའ།

93 ཀ་ཀ་། གི་གི་། ཀུ་ཀུ། ཀེ་ཀའི་། ཀོ་ཀའུ་། ཀང་ཀ་། སྨུ་ཀ་ས་ར་། ཀ་ཀ་སྭ་ར། །

94 ཀུམ་བ་སྭ་ར་། མྱེ་ག་སྭ་ར་། སྨྲིར་ཀྲ་སྭ་ར།

95 སི་ཏི་། ར་སྟུ། ཨ་ཨ་། ཨི་ཨི་། ཨུ་ཨུ་། རི་རི་། ལི་ལི་། ཨེ་ཨའི་། ཨོ་ཨའུ། ཨམ་ཨ་།

96 ས་ར་། ཨ་ནག་ཁྲ་ར།། །།ཀ་ཡ་བ་ག་ཙིད་ཏ་། །ཀ་ཀ་སུམ་ཙུ་རྩ་བཞི་དང་། །

97 ན་སྟག་བཅུ་གཉིས་དང་། །སྔགས་ཉི་ཤུ་དང་། །དབྱངས་ལྔ་དང་། །
98 ཡི་གེ་སྡེ་བཏུབ་པ་དྲུག ། དང་། །སྐུ་གསུམ་ཐུགས་དང་། །དེ་ནི་པེ་ཅྲད་
99 བཟང་པོ་བརྒྱད་ཅུ་འོ།། །།འདའ་བ་ཏིང་སད་ད་ལག་ཤ་ན། ད་ར་གན་ཧི།། །
100 མཚན་བཟང་པོ་སུམ་ཅུ་རྩ་གཉིས་ནི། ཨ་ལི་ཀ་ལི།
101 མ་ཧ་ཡོ་གའི་རྩ་བ་འདི་ཡིན་ནོ།། །།དར་མ་མུ་ཧ་དང་། ཀར་མ་མུ་ཧ།
102 ས་མ་ཡ་མུ་ཧ། མ་ཧ་མུ་ཧ། །བོད་སྐད་དུ་ཆོས་ཀྱི་ཕྱག་རྒྱ་དང་། ལས་ཀྱི་
103 ཕྱག་རྒྱ་དང་། ཕྱག་རྒྱ་ཆེན་པོ་དང་། དེ་རྣམས་ནི་ཕྱག་རྒྱ་ཆེན་པོ་བཞི་འོ། །
104 ཐེག་པ་ཆེན་པོའི་བདེན་བ་རྣམ་བཞི་དང་། སྔགས་དང་། ཕྱག་རྒྱ་དང་། ཏི་ངེ་
105 འཛིན་གསུམ་དང་། གསང་བའི་ཡུམ་བཞི་དང་། ཐབས་དང་ཤེས་རབ་ལས་
107 བསྒོགས་ཏེ། རྣམ་སྦྱོར་གི་ལྟ་བ་ལགས་སོ།། །།རིས་ག་ཡིག་ཕྱུག་དང་འདྲ། ག་ཙིད་ཏ་ཙ་ཏ། ག་ཙིད་
108 ཏ་ཕའ་ཧ། །ག་ཙིད་ཏ་བྲ་བད་འཛི་ཧོ་ན་ར། །ག་ཙིད་བ་ཛ་མེ་ཀྲ་ཡ། ག་ཙིད་ཏ(རིས་ག་བྲམ་ཟེ་
དང་འདྲ། རིས་ག་དགེ་སློང་དང་འདྲ། རིས་ག་གཏམ་མང་དུ་སྨྲ།)
107 མེའུ་ན་ག་དའ། །ག་ཙིད་ཏ་ཨེ་ག་ཉེ་ལ་ཡ། །ག་ཙིད་ཏ་ཙན་ཙ་ལ་ག་ཏེ། །ག་ཙི་ཏ་ཐུའུ་ལི(རིས་
ག་ཅང་མི་སྨྲ། རིས་ག་ནི་ས་ཅིག་ན་འདུག། གར་ཡང་མི་འགྲོ། རིས་ག་ཀུན་ཏུ་འཁྱབ་པར་འགྲོ།
རིས་ག་སྣ་ཚོགས་ལུས་ལ་སྐྱ།)
108 ལ་ན། །ག་ཙིད་ཏ་སིའུ་ཙི་སྣ་ན། །ག་ཙིད་ཏ་ཅྲིད་ཏྲ་སི། །ག་ཙིད་ཏ་མི་ཚ་ཛི་ཅྲིད་ཏེ།(རིས་ག་ནི་
དྲི་ཞིམ་པོ་ལ་ཁྲུས་བྱེད། རིས་ག་ཟ་བ་སྣ་ཚོགས་གསོལ། རིས་ག་དྲི་ཞིམ་རྒྱ་ཟ།)
109 ག་ཙིད་ཏ་གན་འད་ན་ལོ་ན། །ག་ཙིད་ཏ་འགི་ཏི་ག་བ་ཙ་ན། །ག་ཙི་ཏ་ར་ཁ་ས་ས་མ།(རིས་ག་ནི་
ཊ། རིས་ག་ནི་ཁྲུངས་དང་རོལ་མོ་བྱེད། རིས་ག་གཞིན་རྗེ་སྲིན་པོ་དང་འདྲ།)
110 ག་ཙིད་ཏ་ག་ཊ་ན་ཨད་མ་ག། །ག་ཙིད་ཏ་ཨན་ཏ་བ་ཏ། །ག་ཙིད་ཏ་འགྲུ་ནི་ཨེ་ག་ཙ་བྱ་མ་ལ(རིས་
ག་སྙིང་རྗེ་ཀུན་ལ་བྱམས། །རིས་ག་ལོང་བའི་ཚུལ་དུ་སྟོན། །རིས་ག་དྲི་མེད་སྤྱན་ཅིག་བཞི། ཁམས་
གསུམ་ཀུན་ཀྱང)
111 ཤ་ཧཱུ་ཤ། །ག་ཙིད་ཏ་འབ་ཧེ་ར་བད་ཏ། །ག་ཙིད་ཏ་བ་གི་སྲ་ར་ས་ཅྲི་ཤ། །ག་ཙིད་ཏ་ཀྲཱ་ལ་བ་ཏ།(རིས་
ག་ཧིག་པ་དང་འདྲ། རིས་ག་གསུང་གི་དབང་ཕྱུག་འདྲ། རིས་ག་འོན་བའི་ཚུལ་དུ་གནས། །)
112 ག་ཙིད་ཏ་འདི་པི་སྲོ་ཏ་ཤ་འདི་ས། །ག་ཙིད་ཏ་ན་ན་ཊ་ཕ་ཐ་ར་འཛི་གི་པ་རི་ཙ་རན་ཏེ། མ་ཧེ་ཏ་
ཐི། །(རིས་ག་ལྷ་འི་སྒྲ་སྐད་སྣ་ཚོགས་ཐོས་པ་འདྲ། རྣམ་སྦྱོར་སྤྱོད་པ་ཅིར་ཡང་མ་ངེས་སྟེ། རིས་ག་

ནམ་ཀ་ཀུན་ཏུ་ཁྱབ་པར་གནས། རྫོགས། །)

Pel.tib.0849(3) དེ་བ་པུ་ཏྲའི་རྣམ་ཐར།

1 ༄། །རྒྱ་གར་ཆོས་ཀྱི་རྒྱལ་པོའི་སྲས། དེ་བ་པུ་ཏྲ་ཆོས་ནི་མ་བསླབས་པར་རང་ཤེས། །
2 འཕགས་པ་སྤྱན་རས་གཟིགས་ཀྱི་དབང་ཕྱུག་གི་དངོས་སྤྲུལ་ནི་བརྙེས། །བོད་ཡུལ་དུ་གཤེགས་
3 ཏེ། བོད་ཀྱི་ལྷ་བཙན་པོ་ཐམས་ཅད་ལ། ཆོས་བཤད་ཅིང་དབང་བསྐུརས། །གངས་ཏི་སི་ལ་བསྙེན་
4 བསྒྲུབ་ཟབ་མོར་བགྱིས། །མཆོ་མ་འཕང་ལ་འཁྲུས་བཀྱིས་ནས། །ཆོས་འཁོར་བསམ་ཡས་སུ་
5 གདན་གཤེགས། བཅོམ་ལྡན་འདས་ཀྱི་རིང་ལུགས་དང་། །དབས་རྒྱལ་བ་ཡེ་ཤེས་དང་། མཁས་བཙུན་
6 མང་པོ་གིས། དགེ་འདུན་སྡེ་གཉིས་གིས། མཆོད་གནས་ཆེར་མཛད། བང་ཆེན་དང་། རིམ་མགྲོན་བགྱིས་
7 ནས། །རྒྱ་ཡུལ་དུ་བསྐྱལ། །རྒྱ་རྗེ་དང་། རྒྱ་བློན་མང་པོས་མཆོད་གནས་ཆེར་བགྱིས། །རི་བོ་རྩེ་
8 ལྔ་ལ། འཕགས་པ་འཇམ་དཔལ་གི་ཞལ་མཐོང་། །སླར་རྒྱ་གར་ཡུལ་དུ་གཤེགས་པའི་ཤུལ་
9 ཀར། །ཕྱུག་ཕུར་གདན་གཤེགས། །ཡུལ་དཔོན་དང་། དགེ་འདུན་སྡེ་གཉིས་དང་། །རྣལ་འབྱོར་
10 འཁྲིང་ཐོགས་གི་སྡེ་དང་། །ཕྱུག་ཕུ་ཡོན་བདག་ཐམས་ཅད་ཀྱིས། མཆོད་གནས་ཆེར་བགྱིས། །
11 སློབས་དཔོན་ཐུགས་དགེས་ནས། །ཐེག་པ་ཆེན་པོ་འི་ཆོས་བཀ་སྩལ།། ༎
12 ༄། །སྣང་གི་ལོ་དཔྱིད་སླ་ར་བའི་ཆེས་ཉི་ཤུ་གསུམ་གི་གདུགས་ལ། །འབོག་རྡོ་རྗེ་རྒྱལ་པོ་དང་། །
13 སྐྱ་ཕུད་ཡང་ཨ་དགེ་དང་། །རྣལ་འབྱོར་སློབས་དཔོན་སྡེ་ལ། །རྡོ་རྗེ་རྒྱལ་པོའི་དབང་ལུང་
14 རྫོགས་པར་སྩལ། །སྔགས་དང་ཕྱག་རྒྱ་མན་ངག་གཏན་ལ་ཕབ་པ། །རྫོགས།། ༎
15 ༄། །འབྲི་དཀོན་མཆོག་དཔལ་གིས་བྲིས་པ།། ༎ ༎

Pel.tib.0129 རྒྱལ་པོ་ལ་བུ་སྲུ་བྱུང་བའི་བརྗོད་པ།

1 ×སྙིང་རྗེ་ཆུང་ཚུལ་ཁྲིམས་ལ་××××། །དམ་པ་འི་ཆོས་××ནོར་པར་སྤྱོད་པ་ལ་ནི། བསྟན་ཅིང་སྐུར་
པ་འདེབས། །
2 ལོངས་སྤྱོད་དང་། ཡོ་བྱད་འཕྲོག། །འཇིག་རྟེན་གྱི་རྒྱལ་པོ་འི་གསང་ལ་རྟེན་ཅིང་རྒྱལ་སྲིད་འཛིན། །
3 རྒྱལ་པོའི་འཁྲིན་ལས་འགྲོ་ཞིང་ངོ་འཕྲལ་ཆོལ། །རྒྱལ་པོ་དང་འབངས་འཕྲུག་པ་འི་དབྱེན་བྱེད། །
4 ཉོ་ཚོང་དང་ཁེ་སྤོགས་བྱེད། །ཐབས་ཆོལ། དམ་པའི་ཆོས་སྤྱོད་པ་ཡང་། སྙིང་ནས་ནི་ཉམས་སུ་བླངས་

5 སྟེ། མྱི་སྤྱོད། ཀྱི་ཕས་ཆེར་ཁ་××དང། འཕྲུལ་གྱི་རྩལ་འཆོས་པ་ཡ་མ་ཏྲ་བྱེད། །དེ་འི་དུས་ན། །
6 ཆོས་ལ་དགའ་བ་འི་ལྷ་ཀླུ་ཐམས་ཅད་ཀྱིས་ཁམས་ཀྱི་དགེ་སློང་འདི་ལྟར་སྤྱོད་པ་འི་ས་གཞི་བོར་ཏེ།
7 མྱི་གནས་ཤིང་××××××××××ཆོས་ཀྱི་བགེགས་རྣམས་དེར་འབྱུང་སྟེ། མཐུ་དང་སྟོབས་སྐྱེ
8 བར་འགྱུར། རྒྱལ་བོ་དང་། བློན་པོ་×××བསྒོགས་××དད་པ་འབྲི། དགེ་སྡིག་གི་མཚམས་མྱི་འཛིན།
9 དམ་པའི་ཆོས་ལ་ཛ་འཕྱིན། དཀོན་མཆོག་གསུམ་གྱི་དཀོར་དང། དགེ་འདུན་གྱི་རྫས་ལ་རྐུ་འཕྲོག་བྱེད། །
10 ×××××ལ་མྱི་འཛེམ། གཟུགས་བརྙན་དང། མཆོད་བརྟེན་གྱི་རྣམས་ཁྲོད་ཀྱིས་བཤིག། །མཆོད་པ་ཡོ་བྱད་
11 བྲི། དེ་འི་ཚེ་དམ་པའི་×××མ་ནོར་པར་སྤྱོད་པ་དགེ་སློང་དང། ཁྱིམ་པ་འགའ་འགའ་ཙམ་གནས་པ། དེ་
12 བསོད་ནམས་ཀྱིས་ཡུལ་ཕྱོགས་སུ་ཁ་ཆར་དུས་སུ་འབབ་ཅིང་ལོ་ལེགས། མྱི་ནད་ཕྱུགས་ནད་ཉུང་ཞིང་
13 ཡུལ་བདེ་བ་དག་ཀྱང་ཡོད། །འདི་ལྟ་བུ་མྱི་གནས་པ་ཕལ་ཆེར་ནི། སྡུག་བསྔལ་མྱི་བདེ་བ་སྣ་ཚོགས་
14 འབྱུང། །དེ་འི་དུས་ན་རྒྱ་གར་དང་། རྒྱ་མ་ཡིན་བ། རྒྱལ་པོ་ཆེན་པོ་གསུམ་འབྱུང་སྟེ། གསུམ་ལ། །ཡ་ཝ་ན་
15 དང། བ་ལ་བ་དང། ཤིག་ཀུན་འདི་གསུམ་དམ་པ་འི་ཆོས་མྱི་སྤྱོད། དམག་འཁྲིད་ཅིང། འཐབ་རྩོད། ནུབ་
16 དང་བྱང་གྱི་ཡུལ་ཁམས་མང་པོ་ཞིག་མྱེད་པར་བྱས། ཡུལ་འཁམས་དེ་འི་མཆོད་བརྟེན་དང། གཙུག
17 ་ལག་ཁང་བཤིག་མྱེས་བཏང་། མཆོད་པ་འི་ཡོ་བྱད་དང། དཀོན་མཆོག་གི་དཀོར་ལས་སྒོགས་པ་འཕྲོག་
18 བཅོམ། རྒྱལ་པོ་འདི་གསུམ་གཅིག་ལ་གཅིག་གནོད་པ་སྣ་ཚོགས་ཀྱིས་ཐབ་མོ་བྱེད། གསུམ་ཆར་
19 གྱི་རྒྱལ་སྲིད་མྱི་བདེ་བར་འགྱུར། །དེ་ནས་རྒྱལ་པོ་འདི་གསུམ་མཇལ་དུམ་སྟེ། སྲིད་གཅིག་ཏུ་བྱས། །
20 དམག་མང་པོ་འདུས་ནས་རྒྱ་གར་གྱི་ཡུལ་འགའ་འགའ་འི་རྩལ་རོལ་འག་ཧྲ་ར་དང། མ་ཏ་དེ་ཤ་
21 ལ་སྒོགས་པ་འི་ཡུལ་ཕྲོགས་ནས་བཟུང། དེའི་དུས་ན་འགའ་འགའི་ཕ་རོལ་ལྷོ་ཕྱོགས་ན། ཀེའུ་ཤ་
22 འབྲིའི་ཡུལ་ན། རྒྱལ་པོ་མེན་ཏ་སེ་ན་ཞེས་བྱ་བ་དེ་ལ་བུ་ཞིག་བྱུང་བ་དེ་འི་མྱིང་ནི་དུ་ཤྲ་ཞེས་བྱ་བ་ཞིག་
23 འབྱུང་སྟེ། སྐྱིན་མཚམས་ན་ལྕགས་ཀྱི་སྐྱི་བ་ཡོད་པ། གྲུ་མོ་མན་ཆད་ཁྲག་གིས་བརྒྱུས་པ་ཞིག་བྱུང་།
24 དེ་དང་དུས་གཅིག་ཏུ་བློན་པོ་ལྔ་བརྒྱ་ལ་བུ་ལྔ་བརྒྱའ་འབྱུང་བ་ཡང་རིལ་ཀྱིས་ལག་པ་མཁྲིག་མ་
25 མན་ཆད་ཁྲག་ཅན་དུ་བྱུང་། དེ་དང་དུས་གཅིག་དུ་རྒྱལ་པོ་དེ་ལ་ཧེའུ་སྨྲ་ཤེས་ལ་གཅིག་ཀྱང་བྱུང་སྟེ། །
26 དེ་འི་ནུབ་མོ་ཡང་གནམ་ལས་ཁྲག་གི་ཆར་བབ་ནས། རྒྱལ་པོ་མེན་ཏ་སེ་ནས། དྲང་སྲོང་གི་མཁན་པོ་ལྔ་
27 མངོན་བར་ཤེས་པ་ཤིག་ལ་བདག་ཆག་གི་འཁོར་གི་བུ་དང་ཧ་ཡ་མཚན་འདི་ལྟ་བུ་བྱུང། །ཁྲག་གི་
ཆར་བབ་
28 པ་ཅི་འི་ལྟས་ཞེས་བརྟགས་པ་དང། དྲང་སྲོང་ན་རེ། ཁྱོད་ཀྱི་བུ་ས་འཛམ་བུ་གླིང་གི་ས་གཞི་འདི་ཁྲག་གིས་
29 གཤེར་སར་བྱས་ནས། དེ་འི་འོག་ཏུ་འཛམ་བུ་གླིང་གི་རྒྱལ་པོ་ཆེན་པོ་བྱེད་པར་འགྱུར་ཞེས་སྨྲས་སོ། །རྒྱལ་

བུ་དེ་

30 བཙས་ནས་ལོ་བཅུ་གཉིས་ལོན་པ་དང་། དེ་འི་ཚེ་རྒྱལ་པོ་ཡབ་ན་དང་། པ་ན་བ་དང་། ཤེ་ག་ཀྲུན་གསུམ་འདུས་

Pel.tib.1240(2) རུས་མིང་ཐོར་བུ།

10 ༄།:།རུས་ནི་འབྲོམ། མཁན་ནི་མདོ་བཞེར། སྨྱིང་ནི་འཇོང་བུ། རུས་ནི་
11 འབྲིང་ཡས། མཁན་ནི་རྒྱལ་གཟིགས། སྨྱིང་ནི་ཁྲིམ་དཔལ། རུས་
12 ནི་ལང་ས། མཁན་ནི་ཁྲིམ་ཉེས། སྨྱིང་ནི་ནོས། ཀོང་། རུས་ནི་དགྲོ་སྣ། མཁན་
13 ནི་མང་གཟིགས། སྨྱིང་ནི་སྣང་ཀོང་། རུས་ནི་

Pel.tib.1068 ལྷ་བཙན་པའི་གཏམ་རྒྱུད་སོགས།

1 ××××བཙན་××××
2 ××××མཐའ་དཀུང་གྱི་འབྲུམ་དུ་མ་ཕྱིན་པོ་ལྷ་××××
3 མཐའ། དཀུང་གྱི་ཚུ་བྲུམ་དུ་ཧོན་ན་སན་གར་སྐྱ་མོ་ཞིག་ས་ལ་ནི་མདོམ་གང་གྱིས་མ་རེག
4 ××××མ་ལ་ནི་གྲུ་གང་གྱིས། མ་རེག་པ་གཅིག་ཟུར་ཞུགས་གྱི་ཟུར་བད་ནི་ཟངས་བདགས་ཤིང་
5 ཅིག་དེའི་ཚུ་རོལ་ན་གཡུའི་ཆབ་སྐྱིག་དུ་××××་ཟ་ཐིན་ཙུན་གྱི་ཆབ་ཚུན་རྒན་མོ་ཞིག་གིས་
6 ××××ནལ་ཟེ་ཐོགས་དེ་ཆབ་ཆུ་པ་དང་མཇལ་ན་ལྡེའུ་བཙན་པའིས་སུ་ཆབ་ཚུན་ཞེས་རྨས་
7 ××××ཆབ་ཚུན་རྒན་མོའི་མཆིད་ནས། པོ་མོ་ནི་བྱ་ཟ་ཐིན་ཙུན་གྱིས་ཆབ་ཚུན་ན་བདག་ག་ལས།
8 བྱོན་པོ་མོ་འི་ཇོ་མོ་བྱ་ཟ་ཐིན་ཙུན་གྱི་ཞལ་ནས་ངའི་ཚ་བོ་ཞིག་འོང་པའི་རིགས་ཤེས་
9 ××××སུ་ལགས་སམ་ཤེས་བགྱིསྣ་། ལྡེའུ་བཙན་པའི་མཆིད་ནས་པོ་པོ་ལགས་ཤེས་
10 མཆི་ཆབ་ཚུན་རྒན་མོའི་མཆིད་ནས་འོ་ན་ལྷིར་གཞེས་ཤིག་དང་ན་པོ་མོ་བྱ་ཟ་ཐིན་ཙུན་གྱི
11 སྤྱན་དུ་གསོལ་ཞེས་སོང་སྟེ་བྱ་ཟ་ཐིན་ཙུན་གྱི་སྤྱན་དུ་གསོལ་ན་བྱ་ཟ་ཐིན་ཙུན་གྱི་ཞལ
12 ནས་། དེ་ངའི་ཚ་བོ་ཡིན་གྱིས་ཡར་ཤོག་ཤིག་××××་གྱི་ཤིག་ཅེས། གསུངོ། སྐྱི་རྒན་མོ་ཕྱིར།
13 འོངསདེ། ཡར་གཤེགས་ཤིག་ཅེས། མཆི། ནས་ཡར་གོམ་སུཾ་ཞིག་ཙགསྣ་ན་པོན་པོ་རུས་དགུ
14 ××××གུང་གསང་ཤུ་བདབ་ནས་ན་བཟ××××་ཡང་བསྐོན་ལམ་ཏ་ང་སྟེངས་གྱིས་དར་བ་དང་
15 དེའི་ཡ་རོལ་ན་བུ་སྤྱ་བརྒྱ་ཕྲག་འཚ××××ཡ་རོལ། ན་བུ་མོ་བརྒྱ་ཕྲག་འཚལ་དེའི་ཡ

རོལ་ན་སློན་པོ་བརྒྱ་གསེར་གྱི་ཁ་××××གས་པ་ཕྱག་འཚལ་དེའི་ཡ་རོལ་ན་སན་
གར་སྐྱ་མོའི་ནང་དུ་ཕྱོན་ན་བྲ་ཟ་ཐིན་ཚུན་ནི་མྱིའི་མྱི་བུ་ལྷའི་སྲས་ལྷ་ཞིག་གསེར་གྱི་
ཁྲི་ལ་བཞུགས་བདགི་སྙིང་ལ་ནི་འཙིགས་ཤིང་འདུག་པ་དང་། བྲ་ཟ་ཐིན་ཙུན་གྱི་ཞལ
××××་ཚ་པོ་མེ་འཙིགས་བར་ཡར་འདུག་ཤིག་××××ས་གསུངས་གསེར་གྱི་ཁྲི་ལ་བཞགསྟེ་
ཉིན་ཞིང་ནི་ཤ་དང་ཆང་མཚན་ཞིང་ནི་སྲོ་དང་སྒྲུ་བགྱིསྣ་ལོ་སུྃ་སྙིང་དང་བཞི་ལོན་ན་ལྷེའུ་
བཙན་པའི་སྙིང་ལ་ད་ནི་སྲིང་མོ་ཞིག་××××་དེ་ལྟར་འདུག་ན་སྙིང་ལ་ཕྱིར་འགྲོར་དགར་བསོམས
××××དང་སྲུ་མོ་བྲ་ཟ་ཐིན་ཙུན་གྱིས་ཚ་པོ་སྙིང་ལ་བསོམས་པ་ཚོ་དེ། ཚ་བོ་ཕྱིར་འགྲོར་དག་བ
། །རད་འགྲོ་ན་འགྲ་ལ་རག་ཅེས་གསུངསྟེ། ཕྱེ་ཡང་ལ་ཡང་བཏགསདེ་ཕྱི་བའི་རྒྱལ་བུ་གང
མར་ཡང་ལ་ཡང་བཞུས་དེ་ཕྱི་བའི་སྙིང་པྲི་ཅང་། ཚ་བོའི་བརྒྱགསུ་བརྫངསདེ་བདང་། གསེར
ཕོ་སྙིང་གཅིག་དང་དར་གྱི་སྣ་དགས་ལྷགས་གྱི་དྲིལ་ཤད་དང་གསེར་གྱི་སྣལ་ཚུ་གཅིག་སྐྱུ་
དེ། འདི་××××་ཕར་བཞུད་ཅིག་དང་ན། གཡུའི་ཆབ་མྱིག་གཅིག་འདུག་གྱིས་ཆབ་མྱིག××××
ན་ཤིང་ཆེ་སྤྱི་མ་དྲུང་ཅིག་མཆིས་གྱིས་སྤྱིད་མའི་དྲུང་དུ་ཡི་××××དེ་བཞུགས་ཤིག་དང་ན། ཉི་××××
××××སུ་བྱ་××××་ཐྱུ་ཅིག་ཆ་××××འཚལ་དུ་མཆི་གྱིས་ཆབ་མ་ཐུ་
××××གས་གྱོ་དྲིལ་ཤ་××××ཤིག་××××ཕོང་ན་གསེར་བྱ་གཅིག་གི་འགྲུལ།
××××གྱི་ཆ། །འོན་དང་ན་ཤིང་ཆ་སྤྱན་མ་ལ་རྟེན་ལ་དྲོངས་ཤིག་དང་ན་རེ་ཤིག་ཚུ་ལྷར་ཁོ་
ཡང་མ་གདང་ཤིག། རེ་ཤིག་མྱེ་ལྷ་རི་བྱར་ཡང་མ་གདང་། ཤིག། བྱ་ལྟར་གནམ་དུ་ཕུར་ཡང་××××
མ་གདང་ཤིག་རེ་ཤིག་ན་གསེར་གྱི་མཛོ་མོར་ཡོད་གྱིས་འོན་དང་ན་ནོན་ལ་གསེར་
གི་ཕོ་སྙིང་གྱིས་སྣ་ཕྱག་ལ་གསེར་གྱི་སྣལ་ཚུ་ཚུག་ལ་དར་གྱི་སྣ་དགས་ཐོག། ××××
××××ར་གྱི་སྣ་དགས་ལས་ཁྲིདདེ་སོང་ཤིག། དང་ན་གོམ་སུྃ་ཞིག་ཅགས་པ་དང་མཛོ་མོའི་
ར་××××ཐ་གཡས་པའི་ཐོག་མ་ཆོད་ལ་མཛོ་གཉན་མཛོ་གདོད་ཅེས་གྱིས་ལ་ཕྱིར་འོར་ཅིག།
ཞུགས་××××ཆ་ཅིག་གནམ་དུ་བུས་ཤོག། །ལ། དར་གྱི་སྣ་དགས་ལས་ཁྲིདེ་བཞུ
ཅིག་དང་ན་ལམ་གྱི་སུྃ་ཉིསུ་ཕྱིན་དང་ན། མཛོ་མོ་ངུར་ཅེས་ཟེར་གི་ཆ། ངུར་ཅེས་
ཟེར་དང་ན་ལམ་ནི། ཀོང་དུ་ལྟོས་ཤིག་དང་ན་ཤོ་མ་དྲུང་ཅིག་འདུགི་ཆ་ལུྃ་གི་འོ
××××མྱུ་ལོས་ཤིག་དང་ན་གྲེས་མ་དྲུང་ཅིག་འདུགི་ཆ་ཤོ་མ་མདབ་ཅིག་ནང་དུ་མཛོ་
མོ་འོ་འོས་ཤིག་དང་ན་འོ་ཐིགས་པ་གཅིག་ལས་མྱེད་གྱིས་གྲེས་མ་ཉག་མ་གཅི
གིས་ཕུར་མ་××××ལ་ཚ་བོ་བདག་གི་སྐྲ་རག་ལ་ཐོགསདེ་བཞུད་ཅིག་ཐ་གཡོན་པའི

ཐོག་མ་ཚོད་དེ་ཕྱིར་འོར་ཅིག་ཞུགས་ཤས་ཆ་ཅིག་གནံ་དུ་ཕུས་ལ་དར་གི་སྣ་དག་ལས། ཁྲིདེ་བཞུད་ཅིག་དང་ན་དེ་སྟེ་ཕན་ཅད་ན་ལ་མཐོན་པོ་ཡང་ཇ་ལྟར་གཡོར་གྱི་ཆདགེ་ཆེད་པོཡང་ཕྱིང་ལྟར་འདྲིལ་གྱི་ཆ། །ལམ་རིང་པོ་ཡང། བེང་ལྟར་གཟད་གི་ཆ། །ཆེ་ཙམ་ན་སྲིང་རོའི་གམ་དུ་ཕྱིན་པ་དང་ཤོ་མ་མདབ་ཅིག་གྱི་ནང་དུ་ལྟོས་ཤིག་དང་ན་མར་སྲོ་མ་ཙམ་འདུག་ཆ། མར་སྲོ་མ་ཙམ་སྲིང་མོའི་སྐྲ་སྒྲུད་གྱིས་ཤིག་དང་ན་ཀོཤིང་སྨུམ་ཤིང་སྨུམོ། མཛོ་མོ་མོད་ལ་། ཤ། ལྷུ་བཞི་ནི་བྱ་ཟ་ཁྲ་འཐོག་དུ་འོར་ཅིགལྷུ་བཞི་གོ་སྟོགས་ནི་མྱིང་པོ་སྙིང་ལན་དུ་ཁྱེར་ཅིག་ཤ་ལྷུ་བཞི་གོ་སྟོགསསྲིང་མོའི་དུར་དུ་ཆུག་ཤིག་མགོ་བྲང་སྨད་ལྡ་ནི་སྲིང་མོའི་ཐུསུ་ཆུག་ཤིཅེས་བསྟན་དེ་བདངོ། མྱིང་པོ་ཆསདེ་བཞུད་ནས་སྲིང་རོའི་གམ་དུ་ཕྱིན་པ་དང་ཤོ་མ་མདབ་ཅིག་གི་ནང་དུ་བལྟསྣ་མར་སྲོ་མ་ཙམ་མཆིས་མར་སྲོ་མ་ཙམ་སྲིང་མོའི་སྐྲ་ཡིགས་པཐོག་དུ་བཞག་ན་ཀོར་སྨུམ་ཤིང་སྨུམ། །ཤ་བའི་ཚོལ་བུ་ཡང་ལ་ཡང་བཞུས་པ་ལུས་ལ་བསྐུསྣ་ཤིག་ནི་གུན་དེར་སོང་མྱི་པོས་མདོ་གཤིན་མར་ཇ་དང་རྩང་ཤེན་སྐལངག་དང་གཤེན་ཚ་ལུང་སྒྲ་གཉེར་དེ་སྲིང་མོའི་ཤིད་བྱས་བྲང་བཙུགསྟེ་མཛོ་མོ་བསདེཞ་ལྷུ་བཞི་གོ་སྟོགས་ན་བྱ་ཟ་ཁྲ་ཐོག་དུ་པོར། །ལྷུ་བཞི་གོ་སྟོགསྣི་མྱིང་པོ་སྙིང་ལན་དུ་ཁྱེར། ལྷུ་བཞི་གོ་སྟོགས་ནི་སྲིང་མོའི་དུར་དུ་བཙུག་མགོ་བྲང་སྨད་ལྡ་ནི་སྲིང་མོའི་མཆུན་དུ་བཙུག། མྱིང་པོ་མཉེས་གཤེན་གྱིས་བཅལ་བཅལ་བ་གཞ་གསྨང་གྱི་རོགས་ཚོ་རབས་ཀྱི་ཕྱུགསོ། ཁྲག་ནི་མཚལ་གི་ཁྲགོ། རུས་ནི་དུང་གི་རུསོ་མྱིག་པ་ནི་ལྷུགསགི་མྱིག་པ་ཐ་གསེར་ག་ཐ། །མྱིག་ནི་སྤུགི་མྱིག་གནའ་ཕན་ན་ད་ཡང་ཕནོ་གནའ་བསོད་ན་ད་ཡང་བསོདོ།། །

༄༅། །ཡུལ་སྐྱི་རོ་ལྡང་སྟོན་ན་སྐྱི་རྗེ་རྨང་པོ་དང་སྐྱི་བདགི་བཙུན་མོ་སྲོ་ཟའི་བུ་མོ་གཉིས་བཤོས་དང་ནམས་གྱི་སྲས་མྱིང་པོ་དྲལ་པོ་སྐྱི་ཕྱུགི་འཛོན་པ་དང། སྲིང་མོ་ལྷམ་མོ་སྐྱི་ནམ་ཉག་ཅིག་མ་གཉིས་བཞུགས་བཞུགསྣ་མ་གཞོན་དུ་གྲོངས་ན། སྐྱི་བདག་བཙུན་མོ་གཞོན་དུ་གྲོངས། གྱིས་མ་མཆིསྣ་སྐྱི་རྗེ་རྨང་པོའི་ཁབ་དང་དབྱལ་དུ་ནི་རྗེགས་ཟ་གང་རགས་མ་ཞིག་ཕྱུངས་ཤིང་བཞུགསྣ་ཕྱུགི་འཛོན་པ་དང་སྐྱི་ནམ་ཉག་ཅིག་མ་གཉིས་ནང་གྱི་བཟ་མ་མཆིས་ནུབ་གྱི་བགོ་མ་མཆིས་ནས་མྱིང་པོ་དྲལ་པོ་ནི་བྱང་ག་སྨམ་བཞིའུ་ཤ་བཤོར་དགོ་འདྲིམ་དུ་བཞུད་

སྲིད་མོ་ལྷམ་མོ་ནི་སྣང་མ་ཡར་གྱིས་ལསུ་ཕག་འཚོར་བཙུག་སྟེ་ཕག་ལ་ཞོ་མྱི་འཞོའ་
ཕག་ལ་བལ་མྱི་བལདེ་དབུ་སྲ་གནམ་དུ་ཡེར། སྲོ་ཤིག་ལ་ཕྱུང་དུ་བྲུག་ཅིང་བཞུགས
ཡུལ་གྱི་མ་མདའ་ཙ་བྲུན་བག་བྲུན་གྱི་ནང་དུ་ལྷམ་སྐྱི་ནམ་ཉག་ཅིག་ནོངས་གྱིས་མ་
མཆིས་ནས། མྱིང་པོ་དྲལ་པོ་བྱང་ཀ་སྣམ་བཞི་ནས་ཤ་ཉིང་ལ་ཉིང་བགལ་དགོ་ཉིང་ལ
ཉིང་བགལདེ་བྱོན་ན་ལྷམ་སྐྱི་ནམ་ཉག་ཅིག་གྱིས། ལའི། ལྷང་དུ་བསུའ་སྟོན་ན་མ་××××་
རབ་སྒྱུ་ཚོམསུ་བསུ་སྟོན་ན་མ་བསུས། སྒོ་ཕྱི་སྒོ་འབྲུམ་དུ་བསུ་སྟོན་ན་མ་བསུས་
ལྷམ་གར་བཞུད་སྐྱི་ནམ་ཉག་ཅིག་གར་བཞུད་ཅེས་བགྱིསྣ་སྣང་མ་ཡར་མོ
མཆིད་ནས་ལསུ་ཕག་འཚོར་བཙུག་ན་ཕག་འཚོ་ཞིང་འདུག་གྲང་ཞེས་མཆི
ཁྲིམ་ཅེས་གདང་གཡག་ལ་དྲིསྣ་ཁར་ཉིན་སྤ་ནི་ཕག་འཚོ་ཞིང་འདུག་འདུག་ན་
དེ་རིང་ནི་གར་སོང་མ་འཚལ་ཅེས་མཆི་ནས། མྱིང་པོ་དྲལ་པོ་ཡུལ་གྱི་མ་མདར། །
བྱོན་ན་ཕག་བྲུང་གྱི་ནང་དུ་འབཅལ་བ་དང་ལྷམ་སྐྱི་ནམ་ཉག་ཅིག་ནི་དབུ་སྲ་ནི་གནཾ་དུ་
ཡེར། སྲོ་ཤིག་ནི་ས་ལ་ལྷགས་དེ་གྲོངས་ཤིང་བཞུགས་པ་དང་མཛལདེ་མྱིང་པོ་
དྲལ་པོ་ནི་ཐུགས་ཆད་བྲང་འགམསྟེ། ཐུགས་ཆད་གྱི་ནི་རོ་ཙ་ཆད་བྲང་གམ་གྱི་ནི་
གདིངསུ་གམ་ནས་སྲིད་གདོ་མྱིང་གྱིས་བགྱིསྟེ་བསྟུསྟེ་སྣམསདེ་བཞུད་ནས་དབུ་
སྲ་གནམ་དུ་ཡེར་བ་ནི་འབྲི་བརྒྱ་སྲལ་བརྒྱ་ཞོ་བཞོས་མར་དྲུམསདེ་དབུ་ལེའི་སྐྱུད་
བགྱིསདེ། བསྐུས་བཤད་གྲང་སྣུམ་ལ་ལེང་མ་ཕནདེ་དབུ་སྲ་ནི་གནཾ་དུ་ཡེར་སྲོ
ཤིག་ཕྱུང་དུ་བྲུགསྟེ་ལུག་བརྒྱ་གཡང་བརྒྱ་ཞོ་བཞོས་མར་དྲུམསྟེ་དབུ་ལེ་བསྐུསྟེ་××××་
གྲང་སྣུམ་ལ་ནི་ལེང་མ་པནདེ་དབུ་སྲ་གནམ་དུ་ཡེར། སྲོ་ཤིག་ཕྱུག་དུ་བྲུག་ཅིང
བཞུགས། རི་དགས་ཆོ་མ་ཆོ་དགུའི་རྒང་གྱིས་བསྐུས་གྲང་སྣུམ་མ་འཕནདེ་དབུ་སྲ་
གནམ་དུ་ཡེར། ནས་མྱིང་པོ་དྲལ་པོས་ཕ་གཤེན་རབ་མྱི་པོ་དང་དུར་ཤེན་གྱི་རྒྱ་ར་
དང་གཤེན་ཚ་ལུང་སྲ་གསུམ་ཞིག་གཉེརདེ། ། ལྷམ་སྐྱི་ཉག་ཅིག་ནི་དབུ་སྲ་
གནམ་དུ་ཡེར་སྲོ་ཤིག་ནི་ལྷགས་གྱིས་མ་མཆིསྣ་པ་ལ་གནོད་ཇི་མཆིས། པོན་
ལ། ག་བྱད་ཅི་མཆིས་ཤེས་བགྱིསྣ་ཕ་དུར་གཤེན་རྒྱ་ར་དངགཤེན་རབ་མྱི་པོ་དང་གཤེན་
ཚ་ལུང་སྲ་གསུཾ་གྱི་མཆིད་ནས་པོང་ལ་གཙོད་མཆིས་གཤེན་ལ། དཔྱད་མཆིས་
གྱིས་ན་སྟེ་སོས་བ་ནི་མཆིས། ཤེསྟེ་བ་ནི་མ་མཆིས་གྱིས་ལན་ཤིད་ནི་ཆེཙ་གཟང་འཚ
ཆ་གར་ནི་རིང་དུ་བརྩིད་འཚལ་གྱིས་དབུ་སྲ་གནམ་དུ་ཡེར་བའི་སྐྱུད་དུ་སྲིན་རབས་

94 ཀྱི་མཇོ་མོ་དྲམ་མའི་ཚོ་བཙོས་མར་དྲུམསྟེ། བསྐུ་འཚལ་གྱིས་མཇོ་མོ་དྲང་མ་ནི་
95 ཡུལ། རྐོང་ཁྲིར་ཀྱི་འབྲི་མོ་སྲང་ན་གླང་ཁྱི་པོ་ཙ་གར་དང་སྨ་སྲལ་མོ་ཕྱུ་གཡག་
96 གཉིས། བཤོས་དང་ནམས་ཀྱི་སྲུས་ཤིག་མཆིས་གྱིས་སྨྱིང་པོ་སྐྱི་ཕྱུག་འཛོན་པ་
97 དེཙ་བཞུད་ཅིག་ཅེས་བགྱིསྣ་སྐྱི་ཕྱུག་འཛོན་པ་ཡུལ་རྐོང་ཁྲིར་ཀྱི་འབྲི་སླ་དུ་
98 ཕྱིན་ན། གླང་ཁེ་བོ་ཙ་གར་དང་མ་ཕྱུ་འབྲི་སྲལ་མོ་གཉིས་བཤོས་པའི་བུ་སྨྱིང་པོ་
99 ཙ་བྱུང་ན། ཕུ་བོ་གཆེན་པོ་ནི་ལྷ་མཇོ་ཙ་སྐྱེས་ཐོང་གར་དུ་སྐྱེས་ཙ་ཚུགསུ་
100 ནི་བསྩོད་ཕྱུ་གཡག་དུ་བསྲིསྟེ་རྒྱབ་དུ་ནི་སྐས་མ་བོར་སྣ་ཙ་ནི་ཤིང་མ་བཙུགས་
101 སྟེ། ལྷ་ཁ་པོ་གངས་རྒྱལ་གྱི་མགུར་ན་འཚལ་ཞིང་མཆིསྟེ། རྨ་ཉམ་ཉེས་ཀྱི། །
102 རོགསུ་མྱིཙང་ནུ་པོ་གཙུང་པོ་ནི་བྱང་ན་ཤ་འགེལ་དགོ་འགེལ་ཡུལ་ན་ས་འགྲོ
103 རྗེ་འགེལ། དེ། དཀོན་ཆེན་ནི་རྒྱལ་གྱི་དཀོར་རིན་ཆེན་ནི་ཧ་པོ་རིན་ལམ་རིངས་ནི་ཧའིས་
104 གཉེར་ཤེད་ཁུར་ཅན་ནི་མཇོའིས་བགུར་དེ་རྨ་ཉམ་ཉེས་ཀྱི་རོགསུ་ཙུད། སྲིང་མོ་ལྕམ་
105 མོ་ཙ་བྱུང་ན། ཁ་བྲི་མོ་གཞུང་སྣར་མོ་ཞིག། པ་འཕྲོང་བུ་ཙ་གསེར་དང་བཤོས་
106 དང་ནམས་ཤེང་བཞུགས་སྐྱི་ཕྱུགི་འཛོན་པའིས་ཞགས་བྲེང་ཞགས་མཉེན་གྱིས་
107 བདབས་དེ། གནམ་དུ་ཏལ་གྱང་མ་བདང་སཙུ་རྩོལ་གྱང་མ་བད་སྟེ་ཁྲིདེ་བཞུད་
108 ཕ་འཕྲོང་བུ་ཙ་སེར་དང་མ་མཇོ་མོ་དྲང་མར། བཤོས་ཀྱི་བུ་མཇོ་མོ་ཕྱི་ན་བུ་རྟོལ་འབྲང་
109 སྟེ། ཁྲིདེ་བཞུད་ནས། ཡུལ་སྐྱི་རོ་ལྕང་སྔོན་དུ་ཕྱིན་ན། མཇོ་མོ་དྲང་མའི་ཚོ་བཙོ་
110 མར་དྲུམསྟེ་དབུ་ལ་བསྐུསདེ་བཤད་ན་དབུ་སྐྲ་གནམ་ཡེར་བ་ལྷན་ཆེས་ཞུ། །
111 སྲོ་ཤིག་ས་ལེ་ལྷགས་པ་ཡང་བྱེར་དེ་མཆིས། །སྨྱིང་པོ་དྲང་པོའི་ཞལ་ནས་མཇོ་མོ
112 དྲང་མ་འདི་ཚོ་བཙོས་ཀྱི་ཐེབ་ལེ་རྒྱན་དུ་ཙང་བ་ལྷ་དབུ་ལེ་སྐུད་ཙང་པ་ལྷས།
113 ཕྱུགས་སྲོ་མ་ཉེ་དུ་ཁྱིད་གྱང་ཆབ་གང་ལཙུ་མཇོད་ཅིག་ཡང་བ་རབ་དུ
114 སྲོགས་འཚོ། །ཞེས་གསུངསྟེ་བས་ལ་ནི་རྒྱལ་བསྩོས། འབྲུམ་དུ་ན་སེ་
115 བཙུགས་སེ་འབྲུམ་བཞི་བཅས། །རྒྱལ་ཐག་བརྒྱད་ནི་འབྲིས། ཤིང་གདང་བཞི
116 ནི་བཙུགས་བྱ་དགྱིགས་བཞི་སྦྲར་ནས། སྲིང་གི་མཇོ་མོ་དྲང་མ་ནི་བཟང་དར་སྣ
117 ཚོན་དགུས་ནི་བརྒྱན་ཙ་བཟངས་ནི་གཡུའི་ཙ། སྐྱིག་བཟང་ནི་ལྕགས་ཀྱི་སྐྱིག
118 སྣལ་ཆུ་ནི་གསེར་ལ་བགྱིས་སྣ་དག་ནི་དར་ཀྱི་དྲངསྟེ་དེ་རིང་ཐུགས་གྱལ། སྟེང
119 ཆེན་ན་གཉེན་ཚོགས་གདུན་འཚོགས་ཆེ་ཚོགས་ཚུང་ཚོགས་མང་ཚོགས། འུ་

120 ཚོགས་ཀྱི་ནང་ན་ལྷུད་མོ་གྲལ་གང་མཛད་ཅིང་བཞུགས། །དོ་མོད་ནམ་སྲོས་

121 དགུང་ཇོས་ན། །སེ་འབྲུམ་བཞི་ནི་བགྲོད་རྒྱལ་ཐག་བརྒྱད་ནི་གཟིགསྟེ་

122 ཕ་དུར་ཤེན་རྫ་དས་བསྐྱིར་ན་སྲིན་རབ་ཀྱི་མཛོ་མོ་ཁྲོད་གྱུང། དེ་རིང་འཕན་ཆད

123 ན་ཆབ་གང་ལཏུ་བགྱི་འཚལ་ཡང་བ་རབ་ཏུ་སྤོགས་འཚལ་གྱིས། ཞོ་བཞོས་ཀྱི

124 ཐབ་ལེ་རྒྱན་མར་དུས་གི་དབུ་ལེ་སྐུད་དུ་འདོན་དོ། །མཐིང་གྱི་ཇེའུ་ཚུང་གྱི་ནང་དུ

125 ཞོ་བཞོས་ན་ནང་བསྣ་ནུབ་བལྟམ་ནུབ་བསྣ་ནང་བལྟམ་སྲིང་ཤེད་མྱིང་གྱིས

126 བདང་ན་ལྕམ་སྐྱི་ནམ་ཉག་ཅིག་གྱི་ཤེད་མྱིང་པོ་སྐྱི་ཕྱུག་འཛོན་བས།

127 བཐང། སྲིང་མཛོ་དྲུང་མ་བསྲིསྟེ་ཕནདེ་བསོད་ན་དེ་ལྟར་བསོདོ། དེ་རིང་སང་

128 ཆད་ན་ཇེ་བཀྲ་པོ་བཀྲ་རྒྱལ་དང་སྣམ་བཙུན་མོ་འདི་ལ་ཡང་མྱིང་མཉེས་གཤེན། ཀྱི་

129 སྲིན་རབས་ཀྱི་མཛོ་མོ་དྲུང་མ་འདི་ཡང། གནའ། ཕན་ན་ད་ཡང་ཕན། གནའ།

130 བསོད་ན་ད་ཡང་བསོད་གྱིས། ངོ་ཤེས་ནི། བདག་གྱིས་ཕོང་ཤིག་སྣ་ནར་བ་ནི་ཛེས།

131 ××××ཅིག་××××

IOL.Tib.J.VOL.6(6) ལིང་ཀའི་མཁན་པོ་དང་སློབ་མའི་ལོ་རྒྱུས།

1 ༄། །ལིང་ཀའི་མཁན་ཕོ་དང་སློབ་མའི་མདོ་བམ་ཕོ་གཅིག་གོ།། །།ཐོག་མ་གཅིག་སྟེ་ཁིའུ་

2 འད་བར་ཏ་རས་བཤད་ཕྲ། །རྒྱ་ཇེ་སོང་གི་ཚེ་ན། །རྒྱ་གར་གྱི་དབུས་ཀྱི་ཡུལ་ནས། ཆོས་ཀྱི་མཛོད་གསུམ་གྱི་
མཁན་པོ་ཁིའུ་

3 འད་བར་ཏ་ར། །ཐེག་པ་ཆེན་པོ་ལ་མཁས་པ་ཤེས་པ། །མཁན་པོ་མ་ཏ་ཡ་ན་ཞེས་བྱ་བ། །ལོའི་མྱིང་འགུན་ཀཱ་

4 ཞེས་བྱ་བ། །ལོ་གཅིག་ལ་གྲུ་ཆེན་པོར་ཞུགསྟེ། །ཀཱང་ཅུར་ཕྱིན་ནས། །རྒྱ་ཇེ་སྤྱོང་ཏ་ཆོས་ཏན་ཡང་ཀུན་
དུ་བསྟུསྟེ། །

5 ལིང་ཀའི་ཆོས་ཀྱི་ཡེ་གེ་བསྒྱུར་ནས། །རྒྱ་ཇེའི་སྲས་དང་གོང་ཙོ་ཁྲིམ་ནས་བྱུང་བ་དང། མ་བྱུང་བས་བསམ་
གཏན་བསྟན་པའི་

6 སྒོ་དབྱེ་བར་གསོལ་ནས། །བར་ཏ་རྒྱའི་སྐད་མྱི་ཤེས་ཏེ། །སྙིང་ལ་ཆགས་ནས། །མཚན་མོའི་རྨྱི་ལམ་
ན། རལ་གྲིས་

7 མགོ་བཅད་དེ། །བརྗེས་པ་སྣམ་བྱེད་ནས། །བསམ་གཏན་བསྟན་པའི་སྒོ་ཕྱེ་ན། །ཆོས་གསུམ་ཀྱི་མཁན་

པོ་ན་

8 རེ། །ཡུལ་འདི་ཤར་ཕྱོགས་ན་འདུག་པས་ལས་སྤྱད་དུ་ཆོས་མེད་དེ་མེད་པས་ན། །ལ་ལ་ནི་ཐེག་པ་ཆུང་
ངུ་དང་། །

9 ༧། །ཐེག་པ་གཉིས་ཀྱི་ཆོས་སུ་ལྷུང་། །ལ་ལ་ནི་མུར་འདུག་པ་རྣམ་པ་དགུ་བཅུ་རྩ་ལྔའི་ཆོས་ཀྱི་ནང་དུ་ལྷུང་། །

10 ལ་ལ་ནི་ལྷ་མ་སྲིན་གྱི་ལམ་དུ་ལྷུང་སྟེ། །སྨྲའོ་ཆོག་གི་ལེགས་ཉེས་ཀྱི་དོན་ལ་བརྟགས་ན། །དེ་ན་རེ་
བསམ་གཏན་

11 ཀྱི་ནང་ནས་མཐོང་བ་འདི་ནི་ཉོན་མོངས་པའི་དོན་ཆེན་པོ་སྟེ། །གདོན་ཆེན་པོ་བདག་ཀྱང་བྱེད།
གཞན་ཀྱང་བྱེད། །

12 ངས་དེ་ལྟ་བུ་སྤྱོགས་པ་བསྐལ་ཡུན་རིང་དུ། །ལྷ་མ་སྲིན་གྱི་ལམ་ན་འདུག་ཅིང་། །ཡུན་རིང་དུ་སྐྱེ་ཤིས་སྐོན་

13 སྐོངསྟེ། །གྲོལ་ཐར་མ་ཐོབ་པ་སྙེ་རྗེའོ། །ལ་ལ་ནི་སྒྱུ་མའི་སྔགས་ཀྱི་ཆོས་ཀྱི་ནང་དུ་ལྷུང་སྟེ། །ལྷ་མ་སྲིན་མངག་

14 ཅིང་། །ཕོང་གཞན་གྱི་ད་ཉུང་མ་འོངས་པའི་དོན་ལ་ལྟ་བ་ཀུན་དེ་ལྟ་བུ་ཡིན་ནོ། །མི་ཕལ་ཐ་མལ་པ་ལོང་བ་

15 བསླད་པས་མི་ཤེསྟེ། །འཕྲུལ་གྱི་ཆོས་དེ་ལྟའོ་ཞེས་ཟེར་ཏེ། །ཀུན་བཏུལ་ཕབ་ནས། ཕྱོགས་ཤིང་

16 རྟེན་དུ་བཙུག་སྟེ། །མཐའ་ཡུན་གྱི་ཆོས་ཡིན་དུ་འཛིན་ཏོ། །ལྷ་མ་སྲིན་དང་འདྲི་གདོན་ཡོད་པའི་ཆོས་ཡིན་

17 ༧། །ཡིན་བར་མི་ཤེས་པ་དེ་ཤིན་དུ་སྡུག་གོ། །ངའི་དབུས་ཀྱི་ཡུལ་ན་ཡང་དག་པ་དྲང་པོའི་ཆོས་གསང་བ་
ཡོད་དེ་མ་བརྗོད་དོ། །བདམ་སྟེ་

18 རྒྱུ་དང་དབང་པོ་སྨིན་པ་ཡོད་ན་ནི། ལམ་ཀར་ཕྲད་པའི་མི་འཛངས་པ་ལ་ཡང་བསྟན་ཅིང་སྦྱིན་ནོ། །
དབང་པོ་མ་སྨིན་པ་ནི་ཕ་བུ་ཡང་

19 གཅིག་ལ་གཅིག་མི་བསྟན་ན། །ཡིད་ཐ་དད་པ་ལྟ་སྨོས་ཀྱང་ཅི་དགོས།:།ཤིང་ཀའི་ཆོས་ཀྱི་ཡི་གེ་ན་རེ་
སངས་རྒྱས་རྣམས་

20 ཀྱི་སེམས་ནི་རང་གི་མཆོག་སྟེ། །ཨ་ཆོས་བསྟན་པ་ནི་སེམས་མི་ལྡང་བའི་གནས་ཡིན་ནོ། །ཆོས་དེས་ནི་
ཐེག་པ་གསུམ་ལས་

21 འཕགསྟེ་རྒྱལ་ཏོ། །ས་བཅུ་ལས་འདས་ནས་མཐའ་ཡུན་གྱི་སངས་རྒྱས་ཀྱི་འབྲས་བུའི་གནས་འདི་ཡིན་
ནོ། །ཅི་ནས་ཀྱང་

22 སེམས་ཐུབ་ཅིང་བདག་ཤེས་པར་ཉུང་གི། ཀྱི་ན་བྱ་ཞིང་གཞན་ལ་སྦྱིན་དུ་མི་ཉུང་། །སེམས་མེད་པས་
ནི་ཡང་གད་པའི་

23 ཤེས་པ་དགོས། །དྲན་པ་མེད་པས་ནི་ལུས་བདེ་བར་བྱ་སྟེ། །དབེན་བར་མི་གཡོ་བར་འདུག་ལ་ཕྱི་མོ་

བསྲུངས་ཤིང་
24 ཡང་གད་པ་ལ་ཕྱོགས་སོ། །ངའི་ཆོས་གསང་ཞིང་གཅེས་པ། །ཐ་མ་ལ་པ་བླུན་པོ་ཤེས་པ་མྱི་ཟབ་པས་
བརྗོད་དུ་མྱི་རུང་ངོ། །
25 ༄། །ཇི་ནས་ཀྱང་ལེགས་པའི་དཔལ་སྟུད་པའི་མྱིས་ན། །གནོད་མནོད་ཅིང་སྲུད་ནུས་སོ། མྱི་ཤེས་པ་ནི་
བརྒྱའི་ནང་དུ་ཡང་
26 བརྒྱ་ཡོད་དོ། །ཤེས་པ་ཡོད་པ་ནི་བརྒྱའི་ནང་ན་ཡང་གཅིག་ཡོད་དོ། །སངས་རྒྱས་བྱ་བར་སེམས་ན་
སྡར་སེམས་བདེ་བར་
27 བྱ་དགོས་སོ། །སེམས་མྱི་བདེ་ན་དགེ་བ་ཡང་དགེ་བ་མ་ཡིན། ངན་པ་སེམས་ལྟ་སློས་ཀྱང་ཅི་དགོས། །
སེམས་
28 བདེ་ཞིང་མྱི་གཡོ་ན། །ལེགས་ཉེས་གཉིས་ཀ་བྱེད་པ་མྱེད་དོ། །སྟོང་པོས་བརྒྱན་པའི་མདོ་ལས་ཆོས་
གཅིག་གིས་གཅིག་
29 མྱི་མཐོང་། །ཆོས་ཀྱིས་ཆོས་མྱི་ཤེས་སོ། །ཡུལ་འདིར་ཕྱིན་ནས་ཆོས་ལམ་སྤྱོད་པའི་མྱིང་ཡང་མཐོང་ན་
སེམས་བདེ་བར་
30 འདུག་པ་མྱེད་པ་ལྟ་སློས་ཀྱང་ཅི་དགོས། །བར་བར་མྱི་གཅིག་འགའ་ཙམ་ལས་བྱེད་པ་མཐོང་ན། །ཆོས་
ལམ་དང་མྱི་
31 འཕྲུན་ཏེ། །ལ་ལ་ནི་མྱིང་སྣན་པ་ཐོས་བར་བའི་ཕྱིར། །ལ་ལ་ནི་གསོ་བའི་ཁེའི་ཕྱིར། །ལ་ལ་ནི་གང་
ཟག་དང་
32 བདག་གི་ཕྱིར་ཏེ། །སེམས་ལ་ཕྲག་དོག་བྱེད་དོ། །ཇི་ལྟ་བུར་ན་ཕྲག་དོགས་ཆེར་བྱས་ན། །ཆོས་ལམ་
དང་མྱི་འགལ་བ་ལ་ལ་
33 ༄། །ཞིག་གིས་ཆོས་ལས་སྲུད་དེ། །གཞུང་ཁོང་དུ་ཆུད་ནས་སྤྱོད་ཅིང་ཤེས་པའི་གནས་མཐོན་པོར་ཕྱིན་
ན། །མྱི་ལ་ལ་ཕྱོགས་
34 ཤིང་རྟེན་ཏེ། གསོལ་བའི་ཁྲི་ཆུང་ཟད་ཐོབ་ན། །དེ་ལ་ཕྲག་དོག་སྐྱེས་ཏེ། །ཡིད་ལ་སྡང་ཞིང་མྱི་སྡུག་སྟེ། །
བདག་དེ་ལས་
35 ལྷག་པར་ཤེས་པ། །འདོད་པར་འཛིན་པ། དེའི་མྱིང་ཕྲག་དོག་ཅེས་བྱའོ། །ཤེས་རབ་རིག་པ་ཡོད་དེ་
ཉིན་མཚན་དུ་སྤྱོད་
36 པའི་རྣམས་འགྲུས་པར་སྤྲུད་པས། སྒྲ་ངན་ཆོད། དེས་འགས་ཤིང་ཐོགས་པའི་རྣམས་བསལ་མོད་

ཀྱི། །ཚོས་ལམ་ནི་བསྒྲོབས། །

37 བགེགས་པ་ནི་སོ་སོ་ནས་གཡོ་སྟེ། །བདེ་ཞིང་མྱི་གཡོ་བར་མྱི་ཏུང་བས་ན། །མྱིང་ཚོས་སྤྱོད་ཅེས་
བྱའོ། མྱིང་སེམས་བདེ་ཞེས་མྱི་

38 བྱའོ། །ལ་ལ་ཕ་རོལ་དུ་ཕྱིན་པ་དྲུག་དང་། ཚོས་འཆད་པ་དང་། བསམ་གཏན་སྤྱོད་པ་དང་། ལ་ལ་བསམ་
གཏན་གཉིས་

39 དང་། གསུམ་ཐོབ་སྟེ། །ཉོན་མོངས་པའི་ལས་བརྩོན་འགྲུས་པར་སྤྱོད་པ་ལས་སྡོགས་པ་ཡོད་དུ་ཟིན་
ཀྱང་། །མྱིང་

40 དགེ་བ་ཞེས་མྱི་བྱ། །མྱིང་ཚོས་སྤྱོད་པ་ཞེས་མྱི་བྱའོ། །སྲིད་པའི་ཚུལ་ལས་ཀྱི་ཞིང་མ་བཙུས་ཀྱི་སྟེང་དུ་
དེའི་ནང་དུ་ནྃ་པར་

41 ༧། །ཤེས་པའི་ས་བོན་མྱི་བསྐྱེད་པ་དེ་ལྟ་བུའི་དགེ་སློང་ནི། །མྱིང་ཚོས་སྤྱོད་པ་ཞེས་བྱའོ། །དེ་སེམས་བདེ་
ཞེས་བྱ་བ་ནི་མདོ་རྣམ་པ་བཞི་

42 ཡོད་དེ། །གཅིག་ནི་གཞུང་དང་གལ་བའི་སེམསྟེ། །གཅིག་དུ་མྱི་ཐ་མལ་པ་འི་སེམས་ལ་ཕྱོགས་པ་ཡིན་ནོ། །

43 གཉིས་ནི་གཞུང་ལ་ཕྱོགས་པའི་སེམས་ཡིན་ཏེ། །སྐྱེ་ཤི་སྐྱོ་ནས་མྱ་ངན་ལས་འདས་པ་བཙལ་ཏེ། །

44 སྟོང་ཞིང་གཡོ་བ་ལ་ཕྱོགས་པ་སྟེ། །མྱིང་ཉན་ཐོས་པའི་སེམས་ཤེས་བྱའོ། །གསུམ་ནི་གཞུང་ལ་ཕྱོགས་པའི་

45 སེམས་ཏེ་བསྒྲིབས་པ་ཚོད་ཅིང་གཞུང་བྱེད་མོད་ཀྱི། །ཡིད་ལ་མཁས་པར་སེམས་དཔའ་ཡོད་པས་བྱང་
ཆུབ་ཀྱི་སེམས་མ་

46 ཡིན་ནོ། །བཞི་ནི་མཉམ་སྙོམས་པའི་སེམས་ཏེ། །ནང་ལོགས་ཀྱང་མྱེད། ཕྱི་ལོགས་ཀྱང་མྱེད་དེ། མཉམ་

47 སྙོམས་པའི་གཞུང་འཛིན་པ་དེ་ན་སངས་རྒྱས་ཀྱི་སེམས་ཡིན་ནོ། །ཐ་མལ་པ་དང་འཕྲུལ་དང་སྐྱེ་ཤི་
དང་། འདུ་

48 མཆེད་དང་ཤེས་རབ་དང་དེ་རྣམས་མ་མཐོང་སྟེ། །གཉིས་སུ་མྱེད་པའི་གཞུང་དང་དོན་ཅིག་ཙར་བྱང་སྟེ། །
ཡིད་ལ་གོཾས་

49 ༧། །པ་དང་། གཙང་མ་གཉིས་ཀྱང་གཅིག་སྟེ། །སངས་རྒྱས་སེམས་ཅན་ཀྱང་མཉམ་སྙོམ་སྟེ་མདོ་་གཅིག་གོ། །

50 ངོ་བོ་ཉིད་གཙང་བས་ན། མྱིང་མཉམ་སྙོམས་པའི་སེམས་ཤེས་བྱའོ། །ཤིང་ཀའི་ཚོས་ཀྱི་ཡི་གེ་ན་རེ་ཐམས་
ཅད་ལ་མྱ་

51 ངན་ལས་འདས་པ་མྱེད་དེ། །སངས་རྒྱས་མྱ་ངན་ལས་འདས་པ་ཡང་མྱེད་དོ། །ཚོར་བའི་ཚོར་བ་ཡང་
ཡོང་བྲལ་

52 ཏེ། ཡོད་པ་དད་མེད་པ་དེ་གཉིས་ཀ་ཡང་བྲལ་ལོ། །ཐེག་པ་ཆེན་པོའི་ཆོས་ལམ་ནི་ཕྱི་མོ་ནས་མུ་མེད་
དེ། །ཁྲབ་པར་

53 གཙང་ངོ་། །ཕྱི་མོ་ནས་ཡོད་དེ་རྒྱུ་ལས་ཐོབ་པ་མ་ཡིན་ནོ། །དཔེར་ན་སྤྲིན་ལྡིང་བས་ཉི་མའི་འོད་
བསྒྲིབས་པ་དང་མཚུངས་སོ། །

54 སྤྲིན་དང་ན་ཉི་མ་ཡང་སྣང་ངོ་། །མང་ཞིང་རྒྱ་ཆེར་སློབ་པ་ནི་ཅི་དགོས། །ཁྲི་མ་དང་རྟུལ་དང་ཡི་གེ་
འབྲུ་དང་གང་གི་ཚིག

55 ལ་ཞེན་ཞིང་མཐོང་ན། །སླར་སྐྱེ་ཤི་ལམ་ལ་ཕྱོགསོ། །ཁས་བཤད་ཅིང་ཡི་གེའི་རོ་མོས་བརྗོད་དེ། །ཆོས་ལམ་

56 སྤྱོད་ན། །མྱི་དེ་ནི་གསོའ་བའི་ཁིལ་བཀམ་བས་བདག་ཀྱང་བཤིག། །གཞན་ཀྱང་བཤིག་སྟེ་ཡང་དག་
པར་དགེ་བའོ་

57 ༄། །གྲོགས་པོ་མ་ཡིན་ནོ། །གཅིག་ཏུ་ན་དཔེར་མྱི་ལོང་ཕྱིས་པ་དང་མཚུངས་སྟེ། །མྱི་ལོང་གི་དྲི་མ་ཟད་
ན་མྱི་ལོང་སྣང་ཞིང་

58 གཙང་ངོ་། །ཡོང་ཆོས་སོ་ཚོག་ལ་ཕྱི་མོ་ནས་སྤྱད་པ་མྱེད་དོ། །ཆོས་ཀྱི་ཡི་གེ་ན་རེ་སངས་རྒྱས་ཀྱི་བྱས་པ་
འང་མྱེད། །

59 སངས་རྒྱས་ཀྱིས་སེམས་ཅན་བསྒྲལ་པ་འང་མྱེད་ན། །སེམས་ཀྱིས་ནན་ཀྱིས་རྣམ་པར་བརྟག་སྟེ། །
སངས་རྒྱས་

60 ཀྱིས་སེམས་ཅན་བསྒྲལ་བའི་སེམས་བྱས་སོ། །སེམས་དེས་བྱ་བ་མྱེད་པ་ལ་མ་རིག་ན། དེ་ནི་མྱི་འགྱུར་
བ་མྱེད་པའོ། །

61 རིག་ན་མངོན་བར་སྣང་བ་ཡོད་དེ། རྐྱེན་ལས་གཡོས་པའི་སྤྱད་པ་ཆེན་པོ་རྒྱས་པར་ཕྱད་དེ། །ལྷངས་པ་
ཡང་མྱེད། ཐོགས་པ་ཡང་

62 མྱེད་དེ། མྱིང་ཆོས་ལམ་ཆེན་པོ་སྤྱོད་པ་ཞེས་བྱ་སྟེ། །བདག་དང་ཕ་ལོགས་གཉིས་སུ་མྱེད་པའོ། །སྤྱད་
པའོ་ཚོག་དང་

63 ཏུས་སོ་ཚོག་ནི་སྔ་ཕྱི་ཡང་མྱེད། བར་མ་ཡང་མྱེད་དེ། །དེའོ་མྱིང་ཐེག་པ་ཆེན་པོ་ཞེས་བྱའོ། །ཕྱི་ནང་ལ་
ཡང་ཆགས་

64 པ་མྱེད་དེ། མཐར་མཉམ་སྙོམས་པ་དེའོ་མྱིང་གཏོང་བ་ཆེན་པོ་སྟེ། །སྦྱིན་བས་ཕ་ལོགས་སུ་ཕྱིན་པ་
ཞེས་བྱའོ། །ལེགས་ཉེས་

65 ༄། །མཉམ་སྙོམས་ལ་གཉིས་ཀ་ཐོབ་པ་མྱེད་པ་དེ་ནི། ཚུལ་ཁྲིམས་ཀྱི་ཕ་ལོགས་སུ་ཕྱིན་པ་ཡིན་ནོ། །

སེམས་ཀྱི་ཡུལ་

66 བྱ་བ་མྱེད་ཅིང་དགྲ་ཟུན་མཉམ་སྙོམས་ན་དེ་བཟོད་པའི་ཕ་ལོགས་སུ་ཕྱིན་པ་ཡིན་ནོ། །ཐུབ་པ་བཞིན་
ལས་སྤྱོད་

67 པ་དེ་ནི་བརྩོན་འགྲུས་ཀྱིས་ཕ་ལོགས་སུ་ཕྱིན་པ་ཡིན་ནོ། །གསོའ་བ་དང་མྱི་གསོ་བ་གཉིས་སུ་མྱེད་པ་
དེ་ནི་བསམ་

68 གཏན་གྱིས་ཕ་ལོགས་སུ་ཕྱིན་པ་ཡིན་ནོ། །དམ་པའི་མྱི་གཡོ་བས་སྣང་བ་མྱེད་པ་དེ་ནི་ཤེས་རབ་ཀྱིས་
ཕ་རོལ་དུ་ཕྱིན་པ་ཡིན་ནོ། །

69 འདི་ལྟ་བུར་ཤེས་པ་དེའི་ཕྱིར་ཐེག་པ་ཆེན་པོ་ཞེས་བྱའོ། །ཐེག་པ་ཆེན་པོ་ཚོལ་བ་སེམས་ཀྱི་བདེ་ཟིན་
ན་ནོར་ཡང་དག་པར་མངོན་ནོ། །ཡང་

70 རིམ་པ་ཆེན་པོ་ཆོས་ཀྱི་ཡི་གེ་ན་རེ་སངས་རྒྱས་རྣམས་ཀྱི་སྤྱན་ལྔས། །སེམས་ཅན་གྱི་སེམས་དང་ཆོས་
སོ་ཚོག་ལ་

71 བརྟགས་ན་མཐར་གཟིགས་པར་མྱི་རུང་ངོ། །སྡོང་པོས་བརྒྱན་པའི་མདོ་ལས་མཐོང་བ་མྱེད་ན། །
གདོད་མཐོང་

72 ནུས་པའོ། །ཕན་སེམས་ཀྱི་མདོ་ལས་མྱིག་གིས་ཅི་འང་མཐོང་བ་མྱེད་དོ། །རྣ་བ་དང་སྣ་དང་ལྕེ་དང་
ཡིད་དང། །

73 ༧། །རྣམ་པར་ཤེས་པས་ཀྱང་ཤེས་པ་མྱེད། །ཇི་ནས་ཀྱང་ཡང་དག་པར་གཤེགས་པའི་མཐོང་བ་དང་
ཐོས་པ་དང་ཚོར་བ་དང་

74 ཤེས་པ་བཞིན་དུ་བྱ་བའྀ་རིགས་སོ། །དེ་ལྟ་བུའི་མཐོང་བ་དང་ཐོས་པ་དང། ཚོར་བ་དང་ཤེས་པ་
བཞིན་དུ་ནུས་ན། །དེའྀ་ཕྱིར་

75 དྲང་པོ་མཐོང་བ་དང་ཤེས་བྱ་བ་ཡིན་ནོ། །བསམ་གཏན་གྱི་མདོ་ན་རེ་ཕ་བང་དང་འུག་པས་ནི་ཉིན་མོ་ཅི་
ཡང་མྱི་

76 མཐོང་སྟེ། །མཚན་མ་ཟླས་མཐོང་བ་ནི་ཀུན་ཤེས་ཀྱང་མྱི་བདེན་པའྀ་སེམསྟེ། །ཕྱིན་ཅི་ལོག་གིས་ལན་ནོ། །

77 དེ་ཅིའྀ་ཕྱིར་ཞེས་བྱས་ན་ཕ་བང་འུག་པས་ནི། །གཞན་གྱི་མུན་པའི་གནས་ལ་སྣང་བར་མཐོང་ངོ། །མྱི་
ཐ་མལ་པས་ཀྱང་གཞན་གྱི་

78 སྣང་བ་མུན་པར་མཐོང་སྟེ། །ཀུན་ཀྱང་མྱི་བདེན་པའྀ་སེམས་ཡིན་ཏེ། །ཕྱིན་ཅི་ལོག་གི་ལན་ནོ། །
གཅིག་དུ་ན་ལས་

79 ཀྱིས་བསྒྲིབས་པས་ཡང་དག་པའི་ཆོས་མ་མཐོང་ངོ། །དེ་ལྟ་བས་ན་སྣང་བ་ལ་ཡང་མི་འགྱུར་བ་
མེད། །མུན་
80 པ་ལ་ཡང་མི་འགྱུར་བ་མེད་དོ། །འདི་ལྟ་བུ་ཤེས་ན་ཕྱིན་ཅི་ལོག་གིས་བསླད་ཅིང་དཀྲུག་ཏུ་མི་བྲུག་སྟེ། །
ཡང་དག་
81 ༧། །པར་གཤེགས་པའི་རྟག་སྙིང་ང་གཙང་དུ་ཆུད་དོ། །མཁན་པོ་ཆེན་པོ་ན་རེ་ཞིང་ཀའི་མདོ་ལས་
བཤད་པ། །ཅི་
82 ལྟ་བུར་ན་སེམས། དང་བ་ཞེས་བྱ། །མི་བདེན་བའི་སེམས་མ་བསམས། །སེམས་མི་བདེན་བ་མ་
བསམས། །གཞན་
83 བསམ་བ་བསྟུ་སྟེ། སངས་རྒྱས་བསམ་མོ། །གཞན་བསམ་བ་བསྟུ་སྟེ་ཤེས་རབ་བསམ་མོ། རྒྱུན་མ་ཆད་
84 པར་བསམས་ན། སྟོང་ཞིང་སེམས་མེད་དེ། ཕྱི་ནང་སྟོང་པ། གཙང་མ་རིག་གོ། །ཡང་གཅིག་ཏུ་ན་རེས་ཤིག། །
ནོས་ཏེ་
85 ཕྱིར་མ་ནུར་ན། །རྟག་པར་མི་གཡོས་ཏེ། སངས་རྒྱས་ཀྱིས་བཤད་པ་ཡིན་ནོ།། །།།
86 ༧། །གཅིག་གི་འོགས་ཏེ། །རྒྱ་རྗེ་འགུའི་ཚེ། །ཆོས་གསུམ་གྱི་མཁན་པོ་བོད་དེ། དར་མས་
87 བཤད་པའོ། །བོད་དེ་དར་མས་ནི་ཁིའུ་འོད་བར་ཏའི་རྗེས་བསབསྟེ། །བསམ་གཏན་གྱི་མཁན་པོ་དར་མ་
88 ནི་ཡིན་ལ་ཐེག་པ་ཆེན་པོ་དྲང་བར་དགའ་སྟེ། །མཚོ་རྒྱལ་ནས་ལག་ཆིའུ་དང་སང་ཆུར་ཕྱིན་ཏེ། །དགེ་
སློང་དེའུ་
89 ༧། །ཡུག་དང་། ཡེ་ག་གཉིས་ག་གཉིས་ཀྱིས་ལོ་ལྔའི་བར་དུ་གུས་པར་གཡོག་བྱས་ཀྱང་། ཉི་མ་གཅིག་
ཙམ་གྱི་ཚོད་
90 དུ་འཛིན་ཏེ། དེ་ནས་གདོད་སྤྱད་པ་བཞིའི་ཆོས་བསྟན་ཏོ། །ཞིང་ཀའི་ཆོས་ཀྱི་ཡི་གེ་བམ་པོ་བཞི་ནི་སྤྱོད་
པའི་མྱིས་
91 དེ་བཞིན་སྤྱད་ནས་སྐྱེ་ཤི་ལས་རང་གྲོལ་ཐར་ཏོ། །གཞན་རྒྱ་ཆེར་ནི་དགེ་འདུན་མངོན་རྟགས་ཡོད་
པའི་མདོ་བཤད་
92 པའི་ནང་ནས་འབྱུང་བ་བཞིན་ནོ། །ད་འདིར་ནི་ཐེག་པ་ཆེན་པོའི་ཆོས་ལམ་སྤྱོད་པ་བཞིའི་མདོ་བཤད་
དོ། །ཆོས་ཀྱི་མཐྲ་པོ་
93 འདི་ནི་ནུབ་ཕྱོགས་ཀྱི་རྒྱ་གར་གྱི་ཡུལ་གྱི་ལྷོ་ཕྱོགས་ཀྱི་ཡུལ་ན་འདུག་སྟེ། །རྒྱ་གར་ཀྱི་རྒྱལ་པོའི་བུ་
གཉིས་ཀྱི་འོག་

94 མའོ། །འཇངས་རྒྱ་ཆེ་ཞིང་གསང་ཞིང་ཡིད་མྱུར་ལ་ཐོས་སོ་ཆོག་ཁོང་དུ་ཆུད་དེ། །ཡིད་ཐེག་པ་ཆེན་པོ་ལ་སྟིད་

95 ནས། །ཁོས་སྐྱ་བོ་བཏང་སྟེ། ཆོས་ཁོས་ཁྱོན་ནས། །འཕྲུལ་གྱི་རིགས་བསམ་སྟེ་སེམས་ཐུབ་ལ་སྟོང་

96 ། ཞིང་མྱི་གཡོ་ནས། །འཇིག་རྟེན་གྱི་དོན་ཅི་འོང་ཁོང་དུ་ཆུད་ནས། །ཕྱི་ནང་གཉིས་ཀ་སྣང་སྟེ། ལེགས་པས་ནི་

97 ༧། །འཇིག་རྟེན་གྱི་ཕྱི་ལོགས་སུ་འདས། །སྙིང་རྗེས་ནི་མཐའ་འཁོབ་ཀྱི་བླུན་པོ་བསྟན་ཏེ། །དྲང་པོའི་ཆོས་རྒྱུད་ནས་

98 ལམ་རིང་པོ་མཚོ་འགྲོད་ཅིང་རྒལ་ཏེ་རྒྱ་ཡུལ་དུ་བསྟན་བསླབས་སོ། །སེམས་ཐུབ་ཅིང་མྱི་གཡོ་བའི་དྲ་མ་ནི་མྱི་

99 ཕྱོགས་ཤིང་ཡིད་མྱི་ཆེས་པ་ཡང་མྱེད་དོ། །གཟུགས་ལེན་ཅིང་མཐོང་བ་ལ་ཆགས་པའི་རྣམས་ནི་དཔྱའ་ཞིང་

100 དབང་བཟ་བ་སྐྱིའོ། །དེའི་ཚེ་དགེ་སྦྱོང་དེའུ་ཡུག་དང་ཤྲ་ཀ་གཉིས་བུ་ན་གཞོན་མོད་ཀྱི། །ཡིད་གཞུངས་ཤིང་རྒྱ་ཆེ་སྟེ།

101 དཔལ་ཡོན་གྱིས་ཆོས་ཀྱི་མཁན་པོ་དང་ཕྲད་ནས་ལོ་དུ་མར་གུས་པར་བྱསྟེ། །ཞྭ་བ་དུ་མར་གསོལ་ནས། མཁན་པོས་

102 དེའི་སེམས་ཡང་དག་པར་རིག་ནས། །ཐུགས་རྗེ་གཅིག་སྟེ་ཆོས་ལམ་བསྟན་ཏོ།། །།འདི་ལྟ་

103 བུར་སེམས་བདེ་བ་འདི་ལྟ་བུ་སྤྱད་པ་བསྒྱོད་པ་འདི་ལྟ་བུར་ཆེ་དང་ཡང་མྱི་འགལ་བ། འདི་ལྟ་བུར་ཐབས་དང་

104 འདི་རྣམས་ནི་ཐེག་པ་ཆེན་པོའི་སེམས་བདེ་བའི་ཆོས་ཡིན་ཏེ། །ནོར་ཅིང་འཁྲུལ་པ་མྱེད་པར་བྱའོ། །

105 ༧། །འདི་ལྟ་བུའི་སེམས་ཤེས་བྱ་བ་ནི་རྟིག་ངོས་ལ་བལྟ་བའོ། །འདི་ལྟ་བུ་སྤྱད་པ་བསྒྱོད་ཅེས་བྱ་བ་ནི་སྤྱད་པ་བཞིའོ། །

106 འདི་ལྟ་བུར་རྗེ་དང་ཡང་མྱི་འགལ་ཞེས་བྱ་བ་ནི། །དཔྱའ་བ་དང་ཁྲལ་བ་མྱེད་པའི་བག་བྱའོ། །དྲི་བ་ནི་གཏན་

107 ཚོགས་ཀྱི་མདོ་ཙམ་ཞིག་བཤད་དེ། །ཞིབ་དུ་ནི་མན་ཅད་ཀྱི་ཡི་གེ་ནང་ན་ཡོད་དོ། །ཡོང་ཆོས་ལམ་གྱི་ནང་

108 དུ་འཇུག་པ་ནི་སྒོ་མོ་མང་སྟེ། །མདོ་སྡེ་ལས་བཤད་པ་ནི་རྣམ་པར་གཉིས་ལས་མྱེད་དེ། གཅིག་ནི་གཞུང་ལ་

109 འཇུག་པའོ། །གཉིས་ནི་སྤྱོད་པ་ལ་འཇུག་པའོ། །གཞུང་ལ་འཇུགས་པ་ནི་བསྟན་པའི་ཞར་གྱིས་ན། །
གཞུང་

110 ཚོར་ཏེ། །སེམས་ཐ་མལ་པ་དང། འཕྲུལ་ཡང་དག་པའི་ངོ་བོ་ཉིད་གཅིག་ཏུ་འཕྲུན་བར་ཡིད་ཟབ་ཏུ་ཆེས་
111 ན། སྒྱི་བདེན་བའི་རྣལ་གྱིས་ཁེ་བསྐེ་མངོན་གསང་བར་མ་ནུས་སོ། །དེ་ལ་སྒྱི་བདེན་བའི་སེམས་བཏང་སྟེ་
112 ཡང་དག་པ་ལ་ཕྱོགས་ལ། གཙང་མར་འདུག་སྟེ། རྟིག་ངོས་ལ་བལྟས་པ་བཞིན་ན། བདག་ཀྱང་མེད་
གཞན་ཀྱང་མེད། །

113 ༄། །ཐ་མལ་པ་དང་འཕྲུལ་ཡང་གཅིག་ཏུ་མཉམ་མོ། །དེ་ལ་སྲུན་ཐུབ་པར་འདུག་སྟེ་མ་གཡོས་ཤིང་
ངག་དང།

114 ཚིག་གི་ཕྱིར་མ་ལ་བྲངས་ན། །དེ་ནི་ཡང་དག་པའི་གཞུང་དང་ཡིད་གཅིག་ཏུ་འཕྲུན་བསྟེ། །ཁྱེ་བྲག་
དབྱེ་བ་མེད་

115 ལ་སྟོང་པ་སྒྱི་གཡོ་ཞིང་བྱ་བ་མེད་དེ། །མྱིང་གཞུང་ལ་འཇུག་པ་ཞེས་བྱའོ། །སྤྱོད་པ་འཇུག་ཅེས་བྱ
116 བ་ནི་སྤྱོད་པ་བཞི་ཡོན་ཏེ། །སྤྱོད་པ་གཞན་ཀུན་ཀྱང་སྣ་མོ་འདིའི་ནང་དུ་འཇུག་གོ། །གང་ལ་སྔོགས་པ་
117 སྤྱོད་པ་བཞི་ཡིན་ཞེས་བྱས་ན། །གཅིག་ནི་ཤ་སློན་བའི་སྤྱོད་པའོ། །གཉིས་ནི་རྒྱ་རྐྱེན་བཞིན་དུ་སྤྱོད་པའོ། །
118 གསུམ་ནི་ཅི་འང་བཙལ་བ་མེད་པའི་སྤྱོད་པའོ། །བཞི་ནི་ཆོས་དང་འཕྲོད་པ་སྤྱོད་པའོ། །ཅི་ལྟ་བུར་ནང་ཤ་
119 སློན་བའི་སྤྱོད་པ་ཞེས་བྱས་ན། ཆོས་ལ་སྤྱོད་པའི་མྱིས་ཉོན་མོངས་པའི་ཚེ། །བདག་གིས་བསམས་པ།
བདག་

120 སྟོན་བསྐལ་པ་གྲངས་མེད་པ་ཚུན་ཙན་ཐོག་མའི་ཕྱི་མོ་བོར་ཏེ། ཐ་མའི་ཕྱིར་འབྲངས་ན། ཡོད་པ་རྣམས་
གྱི་ནང་དུ་

121 ༄། །འགྲམས་པ་ཏེ་བག་ཟུན་མང་དུ་བསྐྱོད་ནས་ལོག་པ་དང་གནོད་པ་བྱས་པ་ཡང་གྲངས་མེད། ད་
གནོད་པ་བྱས་པ་མེད།

122 མོད་གྱི། །དེ་ནི་བདག་གི་སྔོན་ཅད་གྱི་ཚེ་ལ་ལས་ངན་པས་ལེན་ཏེ། །སྡུག་བསྔལ་གྱི་འབྲས་བུ་སྨིན་
པའི་དུས་ལ་

123 རང་སྟེ། ལྷ་དང་མྱིས་བྱིན་བ་མ་ཡིན་གྱིས། །བདག་གི་སེམས་ལ་བཟོད་པ་མནག་སྟེ། །མཁོན་གྱི་སེམས་
124 ཡོང་མེད་པར་བྱའོ། ཆོས་གྱི་ཡི་གེ་ན་རེ་ཉོན་མོངས་པ་དང་ཕྲད་ཀྱང་མྱི་དགའ་བར་མྱི་འཛིན་ཏོ། །
ཇིའི་ཕྱིར་ཞེས་

125 བྱས་ན། །གཞུང་ཁོང་དུ་ཆུད་ཅིང་རིག་པའི་ཕྱིར་རོ། །སེམས་དེ་གཡོས་པའི་ཚེ་གཞུང་དང་འཕྲུན་ཏེ་

ཁོན་གྱི་སེམས་མི་
126 གཡོ་ཞིང་ཆོས་ལམ་ལ་འདོད་པས་ན། །ཤ་གློན་བ་སྤྱོད་པ་ཞེས་བྱའོ། །གཉིས་ཏེ་རྒྱུ་རྐྱེན་བཞིན་སྤྱོད་པ་
127 ཞེས་བྱ་བ་ནི་སེམས་ཅན་ལ་བདག་མེད་ན། ཀུན་ཀྱང་རྒྱུ་རྐྱེན་གྱིས་བསྒྱུར་ཏེ། །སྐྱིད་སྡུག་ཀྱང་ལས་ཀྱི་
128 རང་ལས་སྐྱེས་སོ། །བསྟོད་པ་དང་དར་པའི་ལན་ཐོབ་ན། དེ་ནི་བདག་གི་སྔ་མའི་ཚེའི་རྒྱུས་ཏེ་ད་
ཐོབ་བོ། །
129 ༄། །ཡོན་ཟད་པ་དང་སྐར་མེད་ན་མི་དགའ་བ་ཛེ་ཡོད། །ཐོབ་པ་དང་སྟོར་པ་ཡང་ཡོན་ལན་གྱི་ཁར་
ལུ་སྟེ། །སེམས་
130 ལ་སྐྱེ་ཞིང་འབྲི་བ་མེད་དགའ་བའི་རླུང་མ་གཡོས་ན་ཡིད་དང་ཆོས་ལམ་འཐུན་ནོ། །དེ་ལྟ་བས་ན་རྒྱུ་
རྐྱེན་བཞིན་
131 སྤྱོད་པ་ཞེས་བཤད་དོ། །གསུམ་སྟེ་ཅི་ཡང་བཙལ་བ་མེད་པའི་སྤྱོད་པ་ཞེས་བྱ་བ་ནི་འཇིག་རྟེན་གྱི་མི་ཁོར་
132 མོར་བསླད་དེ། །དེ་སེམས་འདོད་པ་ལྷ་ལ་བཀམ་ཆགས་པས་ན། མིང་ཚོལ་བ་ཞེས་བྱའོ། །འཛངས་
པ་ནི་ཡང་
133 དག་པའི་གཞུང་ཁོང་དུ་ཆུད་པས། སྣར་སེམས་བདེ་བར་བྱས་སོ། །ཡིད་ལ་ཅི་ཡང་བྱ་བ་མེད་པས་
ལུས་ཡོན་ལན་བཞིན་ནོ། །ཡོད་
134 དོ་ཆོག་ཀུན་སྟོང་བ་སྟེ། ཅི་ཡང་སྨོན་ཅིང་སྨྲིད་པ་མེད་དོ། །ལེགས་པའི་དོན་དང་མཐུན་གནག་རྟག་
པར་འགྲོགས་སོ། །
135 ཁམས་གསུམ་ན་ཡུན་རིང་དུ་འདུག་པ་ནི་དཔེར་མིའི་ཁྱིམ་ན་མཚུངས་སོ། །ལུས་ཡོད་དོ་ཆོག་ནི་ཀུན་
136 ཀྱང་ཉོན་མོངས་པ་སྟེ། །བདེ་བ་སུམ་ཐོབ། འདི་ལྟ་བུ་ཐོབ་པ་མངོན་བར་ཁོང་དུ་ཆུད་ན། །ཡོད་པའི་
རྣམས་ལ་
137 ༄། །སེམས་བཀགས་ཏེ། བཙལ་བ་མེད་དོ། ཆོས་ཀྱི་ཡི་གེ་ན་རེ་བཙལ་བ་ཡོད་པ་ནི་ཀུན་ཀྱང་ཉོན་
མོངས་པའོ། །
138 བཙལ་བ་མེད་ན་གདོད་སྐྱིད་དེ། བཙལ་བ་མེད་པ་ནི་ཡང་དག་པའི་ཆོས་ལམ་སྤྱོད་པ་ཡིན་བར་
མངོན་ནོ། །བཞི་སྟེ་
139 ཆོས་དང་འཐུན་བ་སྤྱོད་པ་ཞེས་བྱ་བ་ནི། །ངོ་བོ་ཉི་གཙང་མའི་གཞུང་ནི་རྒྱུ་ལས་ཆོས་བྱ་སྟེ། །དེའི་
གཞུང་གི་
140 ཡང་དག་པའི་གཟུགས་ནི་ཀུན་སྟོང་པ་སྟེ། གོས་པ་ཡང་མེད། ཆགས་པ་ཡང་མེད། ཕན་ཚུན་ཞེས་བྱ་

བ་ཡང་མྱེད་དོ། །

141 ཆོས་ཀྱི་ཡི་གེ་ན་རེ་ཆོས་ལ་སེམས་ཅན་མྱེད་དེ་སེམས་ཀྱི་དྲི་མ་དང་བྲལ་ལོ། །ཆོས་ལ་བདག་མྱེད་དེ་

བདག་གི་དྲི་

142 མ་དང་བྲལ་ལོ། །འཇངས་པས་འདི་ལྟ་བུ་གཞུང་ཡིད་ཆེས་ཤིང་ཤེས་པར་ནུས་ན། །དེ་ནི་ཆོས་དང་འཐུན་

143 བའི་སྤྱོད་པ་ཡིན་ནོ། །ཆོས་ཀྱི་ངོ་བོ་ཉིད་ལ་སེར་སྣ་མྱེད་དེ་ལུས་དང་སྲོག་དང་ནོར་གྱིས་སྦྱིན་བ་དང༌། །

144 བ་བྱས་ཏེ། སེམས་ལ་ཕངས་ཤིང་སེར་སྣ་མྱེད་དོ། །སྟོང་པ་གསུམ་ཤེས་ཤིང་ཕོང་དུ་ཆུད་ན་ཆགས

145 ༧། །ཤིང་ཐོགས་པ་མྱེད་དོ། །ཇི་ནས་ཀྱང་དྲི་མ་བསྐྱལ་ལ་སེམས་ཅན་བསྟན་ཏེ་མྱི་ལེན་མྱི་ཆགས་

པར་བྱས་ན༌། །

146 ད་ནི་བདག་ལ་ཡང་ཕན་གཞན་ལ་ཡང་ཕན་ཏེ། །བྱང་ཆུབ་ཀྱི་ཆོས་ལམ་བརྒྱད་ནུས་སོ། །སྦྱིན་བས་

ཕ་ལོགསུ་

147 ཕྱིན་པ་དེ་བཞིན་དུ། །ཕ་རོལ་དུ་ཕྱིན་པ་གཞན་རྣམས་པ་ལྔ་ཡང་དེ་དང་མཚུངས་སོ། །མྱི་བདེན་བའ་འོ་

148 སེམས་བསྐྱལ་ལ། །ཕ་རོལ་དུ་ཕྱིན་པ་དྲུག་སྤྱོད་ཀྱང༌། །ཅི་འང་སྤྱོད་པ་མྱེད་པ་དེ་ནི་ཆོས་དང་ཐུན་

བའོ་སྤྱོད་པ་ཞེས

149 བྱའོ། །སྤྱོད་པ་འདི་བཞི་ནི་བསམ་གཏན་གྱི་མཁན་པོ་བདེ་དར་མ་ཉིད་ཀྱིས་བཤད་པའོ།། །།

150 གཉིས་ཀྱི་འོག་རྒྱ་རྗེ་རྗོའུའི་ཚེ། སྟང་ཚུའི་དགེ་སྦྱོང་ཡེབ་གས་བོདེ་དར་མའི་རྗེས་བསབས་པའོ། །དགེ་

151 སྦྱོང་ཡེབ་ག་ལོ་བཅུ་བཞི་ལོན་ན། བསམ་གཏན་གྱི་མཁན་པོ་བོ་དེ་དར་མ་དང་ཕྲད་ནས། རི་སྟུང་ཤན་

152 དང་ལག་ཆིའུ་ན་ལོ་དྲུག་གི་བར་དུ་གུས་པར་གཡོག་བྱ་སྟེ། །ཐེག་པ་ཆེན་པོ་ལ་འགྲུབ་པ་ཞིབ་དུ་

གདུགས་ནས། །

153 ༧། །གཞུང་ཟབ་མོར་ཕྱིན་ཏེ། །ཆོས་ལམ་སྤྱོད་པའི་མདོ་བཤད་ནས། །གཅེས་པའི་ཆོས་སེམས་ལ་

མངོན་བར་ཤེསྟེ། །ཡང་

154 དག་པ་ལ་ཕྱོགས་སོ། །ལང་ཀའི་ཆོས་ཀྱི་ཡི་གེ་ན་རེ། སངས་རྒྱས་ཀྱི་སྟོང་ཞིང་མྱི་གཡོ་བའོ་བརྟག་པ་ནི་

སྐྱེ་ཤི་དང༌། ཡོང་

155 བྲལ་བ་ཡིན་ཏེ། དེའི་མྱིང་ད་ལྟར་གྱི་དུས་དང། ཕྱི་མའི་དུས་མྱི་ལེན་པའི་གཙང་མའོ། །ཕྱོགས་བཅུའི་

སངས་རྒྱས་རྣམས

156 དང། མྱི་གཅིག་འགའ་ཞིག་བསམ་གཏན་གྱི་ཡོན་མ་ཡིན་བར། སངས་རྒྱས་གྲུབ་ཆེས་ཟེར་ན། བདེན་

བ་ཡོང་མྱེད་དོ། །ས་བཅུའི་

157 མདོ་ལས་སེམས་ཅན་གྱི་ལུས་ཀྱི་ནང་ན་རྡོ་རྗེའི་སངས་རྒྱས་ཀྱི་ངོ་བོ་ཉིད་ཡོད་དེ། །དཔེར་ཉི་མའི་འཁོར་ལོ་དང་མཚུངས་སྟེ། །

158 ཕྱི་མོ་ནས་གཙང་ཞིང་གང་རྒྱས་ལ་ཆེ་ཞིང་ཡངས་པ་ནི་མུ་མེད་ན་ལྟེ་ཕུང་གི་སྤྲིན་སྟུག་པོས་བཀབ་ཅིང་དཀྲིས་པས་

159 སེམས་ཅན་གྱིས་མ་མཐོང་ངོ། །དེ་ལ་ཤེས་རབ་ཀྱི་རླུང་དང་ཕྲད་དེ། ལྟེ་ཕུང་གི་སྤྲིན་སྟུག་པོ་བུས་ལ་དང་ཞིང་

160 ཟད་ན་སངས་རྒྱས་ཀྱི་ངོ་བོ་ཉིད་ཁྱབ་པར་སྣང་སྟེ། ས་ལེར་གཙང་གདང་ངོ། །སྟོང་པོས་བརྒྱན་པའི་མདོ་ལས་རྒྱ་ཆེ་ཞིང་

161 ༈། །ཡངས་པ་ནི་ཆོས་ཀྱི་ཁམས་དང་མཚུངས། །མཐའ་ཡས་པ་ནི་སྟོང་པ་བཞིན། །གཅིག་ཏུ་ན་བུམ་བུའི་ནང་གི་མར་མེའི་

162 འོད་དང་མཚུངས་སྟེ། །ཡོགས་སུ་སྣང་བར་མི་ནུས་སོ། །ཡང་གཅིག་ཏུ་ན་འཇིག་རྟེན་གྱི་སྤྲིན་དང་མཚུངས། །

163 ཕྱོགས་བརྒྱད་ནས། ཆིག་ཆར་ལངས་ནས་གནམ་མཐའ་འོག་རྒྱུས་ཏེ། །ཉི་མའི་འོད་ཀྱང་སྣང་བར་མི་ནུང་ངོ། །

164 དེའི་ཚེ་ཉི་མའི་འོད་ནི་མ་ཉམས་ན། སྤྲིན་གྱིས་བཀབ་ཅིང་། བསྒྲིབས་པས་ན། སེམས་ཅན་གྱིས་མ་མཐོང་ངོ། །

165 དེ་ལ་སྤྲིན་པ་གྲོས་ཤེང། དང་ན་ཉི་མའི་འོད་ཁྱབ་པར་སྣང་སྟེ། གཙང་གདང་ལ་བསྒྲིབས་པ་མེད་དོ། །སེམས་ཅན་གཙང་གདོང།

166 ཤེས་རབ་ཀྱི་ཉི་མ་ཡང་དེ་དང་མཚུངས་ཏེ། །འདོད་པའི་ཡན་ལག་མི་བདེན་བ་བསམས་པ་དང། མཐོང་བའོ་ཆོག་གི་མུ་

167 ནང་འཁྲུག་པའི་སྤྲིན་སྟུག་པོས་འཕྲུལ་གྱི་ལམ་བཀབ་བསྒྲུབས་ཏེ་མངོན་སྣང་བར་མི་ནུས་སོ། །དེ་ལ་མི་

168 དོན་བའི་སེམས་མྱི་སྐྱེ་ཞིང་ཅི་ཡང་མི་གཡོ་བར་འདུག་ན་ཤེས་རབ་ཆེན་པོའི་ཉི་མ་རང་སྣང་སྟེ། །དཾ་པའི་ཡང་དག་པ་

169 མི་གཡོ་བ་དང་འཐུན་ནོ། །ཐ་མ་ལ་པའི་ཡི་གེ་ན་རེ། ཆབ་རོམ་ཆུ་ལས་སྐྱེས་ན། །ཆབ་རོམ་གྱིས་ཆུ་བཀགས་ཏེ། །

170 མ་རྗོམ་ཞུ་ན་ཆུ་ཐར་ཏོ། །མི་བདེན་བའི་སེམས་བསྐྱད་ན་ཡང་དག་པའི་གཙང་མ་ཡིན་ནོ། །སློབ་པའི་

མྱིས་ཡི་གེའི་

171 འབྲུ་དང་། སྦྲ་བའི་ཚིགས་བཞིན་དུ་ཆོས་ལམ་བཙལ་པ་ནི་དཔེར་ཀླུང་གི་ནང་གི་སྦྲོན་མ་དང་
མཚུངས་སོ། །མྱུན་

172 པ་ཞིགས་པར་མྱི་ནུས་ལ་མྱི་ལྩེ་འབར་བཞིན་དུ་མྱེད་དོ། །གཙང་མར་འདུགས་ཏེ་ཅི་འང་མྱེད་ན་
བདགི་སེམས་

173 བདག་གིས་རྟོག་སྟེ་ཁྱིམ་དཔེན་པའི་ནང་གི་མར་མྱི་དང་མཚུངསྟེ་མྱུན་པ་ཞིག་པར་ནུས། མངོན་
སྣང་ལ་ཐེ་བྲག་ཕྱེད་དོ། །

174 དེ་ལ་སེམས་ཅན་གྱིས་སེམས་ཀྱི་ཕྱི་མོ་གཙང་གདང་བར་རིག་ནས། རྟག་པར་བསམ་གཏན་ལ་སྟེད་
དེ། སྒོ་དྲུག་

175 བཅད་བཀག་ལ་རྟུལ་དུག་ཐམས་ཅད་ཡོན་པོའི་ཀླུང་ནང་དུ་མ་ཆུད་ན། ཤེས་རབ་ཀྱི་མར་མྱི་གཙང་
གདངསྟེ།

176 ཐེ་བྲག་མྱེད་པར་མངོན་སྣང་བས། །སངས་རྒྱས་རང་གྲུབ་སྟེ། སྤྱོད་པའི་སྨོན་ལམ་གང་རྒྱས་ནས། །
ཕྱིན་ཅད་ཕྱོ་

177 ༧། །མྱི་མཐོང་ངོ། །དེ་ལྟ་བུའི་ཆོས་ཀྱི་ལུས་ཐོབ་པ་ནི་སེམས་ཅན་འགའ་འགའི་ཐེ་མ་སླེད་ཀྱི་ནང་ན་
གཅིག་ལས་མྱེད་དོ། །

178 བསྐལ་པ་འབུམ་ཕྲག་འབུམ་གྱི་བར་དུ་འདི་ལྟ་བུ་དང་འཕྲུན་པའི་མྱི་ནི་འག་ཙམ་ཡོད་དོ། །དེ་ལ་
དཔའ་བརྟུལ་ཅིང་

179 བརྩོན་འགྲུས་པ་དང་། སྨོན་ལམ་ཆེན་པོ་བསྐྱོད་མྱི་ནུས་ན། བསྐལ་པ་གྲངས་མྱེད་པ་ལོན་ཏེ། །འག་
འགའི་ཐེ་

180 མ་སླེད་ཀྱི་སངས་རྒྱས་དང་འཕྲད་དུ་མྱི་ཟིན་ཀྱང་། ཅི་ཡང་ཐེ་ནུས་པ་མྱེད་དོ། །དེ་ལྟ་བས་ན་སེམས་
ཅན་གྱི་སེམས་

181 ཀྱི་རྣམ་པར་ཤེས་པས། རང་གིས་རང་བསྐལ་པར་མངོན་ཏེ། སངས་རྒྱས་ཀྱིས་སེམས་ཆན་མ་བསྒྲལ་
ཏོ། །སངས་རྒྱས་ཀྱིས་

182 སེམས་ཅན་བསྒྲལ་དུ་ཟིན་ན། །སྔ་མ་འདས་པའི་དུས་ལ། གྲངས་མྱེད་པའི་འགའ་འགའི་ཐེ་མ་སླེད་
ཀྱི་སངས་

183 རྒྱས་དང་། ཕྲད་ན་ཅི་ཕྱི་ནས། །བདག་ཅག་ལ་སྩོགས་པ་སངས་རྒྱས་སུ་མ་གྲུབ། དེ་ནི་སེམས་ཐག་པ་

ནས་སྨན་

184 ཐུབ་པར་བྱ་མ་ནུས་ཏེ། །ནང་ལོགས་ གྱིས་མ་རྟོགས། ཁས་བཤད་ནི་ནུས་ཀྱི། །སེམས་ཀྱིས་སྤྱོད་མ་
ནུས་སྣ་སྣ།

185 ས་གྱི་ཡི་གེ་ན་རེ། ཁས་སྟོང་པར་བཤད་ལ། སྤྱོད་པ་ཡོད་པའི་ནང་ན་འདུག་ན། མཐར་ལས་ཀྱི་ཕྱིར་
འབྲང་ཞིང་སྐྱེ་བ་

186 ལས་ མི་ཐར་ཏོ། །དེ་ལྟ་བས་ན་སངས་རྒྱས་ཀྱི་ངོ་བོ་ཉིད་ནི་དཔེར་གནམ་གྱི་སྟེང་གི་ཉི་མ་དང་ཤིང་
གི་ནང་གི་མེ་དང་མཚུངས་སོ། །

187 མིའི་ལུས་ཀྱི་ནང་ན་སངས་རྒྱས་ཀྱི་ངོ་བོ་ཉིད་ཀྱི་མར་མེ་ཡོད་པ་ཡང་། མིང་ཡེ་ཤེས་ཀྱི་མེ་ལོང་ཞེས་བྱའོ། །

188 དེ་ལྟ་བས་ན་ཡེ་ཤེས་ཆེན་པོའི་མེ་ལོང་ནི། གཉི་ཟླ་བས་ཀྱང་སྣང་སྟེ། ཕྱི་ནང་ཁྱབ་པར་གཙང་ལ་
མཐའ་མེད་མུ་མེད་དོ། །

189 དཔེར་གསེར་ཡང་དག་པ་དང་མཚུངས་སྟེ། གསེར་དངོས་བྱང་སྟེ་མེད་ཀྱང་གསེར་གྱི་རང་བཞིན་མ་
ཉམས་སོ། །སེམས་ཅན་

190 ཀྱང་སྐྱེ་ཤིའི་གཟུགས་ཟད་དེ་མེད་མོད་ཀྱི། ཆོས་ཀྱི་ལུས་ལ་མ་ཉམས་སོ། །གཅིག་དུ་ན་འཛིམ་པ་དྲིལ་
པ་ཞིགས་

191 མདོ་ཙམ་རྟུལ་ཕྲ་མོ་མ་ཉམས་སོ། །ཡང་གཅིག་དུ་ན་ཆུའི་རླབས་དང་། དབའ་ཞི་མོད་ཀྱི། ཆུའི་རང་བཞིན་
192 པ་པ་དང་མཚུངས་སོ། །བསམ་གཏན་དུ་ཞུགས་པ་དོན་ཡོད་ན། བདག་གིས་མདོན་བར་རིག་གོ། །
193 ༄། །ཁས་ཆོས་ཀྱི་ཡི་གེའི་གཞུང་སླགས་ལ་སེམས་བཤིགསྟེ། སངས་རྒྱས་གྲུབ་པར་ཚོལ་བ་ནི་ཁྲི་ལ་
འང་གཅིག་མེདོ། །

194 གནའི་ཡི་གེ་ན་རེ་རི་མོར་བྲིས་པའི་ཁྱུར་བས་ནི་བཀྲེས་པ་གང་བར་མི་ནུས། །ཟས་ཀྱི་གཏམ་བྱས་པས་ནི་
195 འདྲངས་པ་ལ་མི་ཕན་ནོ། །ཀྲི་ཀུ་སྔ་མ་བྱུང་མོད་ཀྱི། །དེ་བས་ཀྱང་དམ་དུ་ཕྱུར་ཏོ། །སྟོང་པོས་བརྒྱན་
པའི་མདོ་

196 ལས་དཔེར་ན་མི་དབུལ་པོས་ཉིན་མཚན་དུ་གཞན་གྱི་ནོར་རིན་པོ་ཆེ་བགྲངས་པ་དང་མཚུངསྟེ། །
བདག་ནོ་ཅིག་

197 གི་ཤས་ཀྱང་དབང་བ་མེད་དོ། །ཆོས་ལམ་མ་སྤྱད་མ་སྦྱངས་ན། མང་དུ་ཐོས་པ་དེ་ནི་དེ་དང་མཚུངས་
སོ། །སློག་འདོད་ན་ཡང་

198 སྐད་ཅིག་བལྟ་སྟེ་སྐྱིན་པར་སོམས་ཤིག། །དེ་ལ་བཏང་ཞིང་མ་བཞག་ན་སླར་ཡི་གེའི་འབྲུ་ལ་སློབ་པ་

དང་མཚུངས་སོ། །

199 ཚུ་བསྐོལ་པའི་ནང་དུ་ཚབ་རོམ་ཚོལ་བ་དང༌། ཚུ་ཚུན་གྱི་ནང་དུ་ཁ་བ་ཚོལ་བ་དང་མཚུངས་སོ། །དེ་ལྟ་བས་ན་སངས་

200 རྒྱས་རྣམས་ཀྱིས་བར་བར་ནི་བཤད། བར་བར་ནི་མ་བཤད་དོ། །ཆོས་རྣམས་ཀྱི་ཡང་དག་པའི་མཚན་གྱི་ནང་ན་ནི་བཤད་

201 ༄། །པ་ཡང་མེད། །མ་བཤད་པ་ཡང་མེད་དོ། །འདི་གཅིག་གི་གཞུང་ཤེས་ན་གཅིག་བསྐྱོད་པས་ཁྲི་སྟོང་ཡང་དེ་བཞིན་

202 ནོ། །ཆོས་ཀྱི་པད་མོའི་མདོ་ལས། བདེན་པ་ཡང་མེད། རྫུན་པ་ཡང་མེད། འཁྲུན་བ་ཡང་མེད། ཐ་དད་པ་ཡང་མེད། །མཁན་

203 པོ་ཆེན་པོ་ན་རེ་ཡང་དག་པའི་ཆོས་འདི་བཤད་ན། ཀུན་ཀྱང་ཡང་དག་པའི་བདེན་བ་བཞིན་ནོ། །བདེན་བ་ནི་གཞུང་

204 བཞིན་ཏེ། ཐ་དད་པ་ཡོང་མེད་དོ། །ཐོག་མ་ནས་བསླད་པས། དོར་བུ་ལ་རྒྱ་མོ་གྲུགས་མ་ཞེས་ཟེར་རོ། །རང་གིས་ཚོར་

205 བར་ནུས་ན། །དེ་ནི་ཡང་དག་པའི་ནོར་བུ་ཡིན་ནོ། །མ་རིག་པ་དང་ཤེས་རབ་ཀྱང་མཚུངས་སོ། །ཐ་དད་པ་མེད་ན་ཆོས་སོ་ཆོག་ཀྱང་

206 མཐུན་པར་མངོན་ནོ། །འདི་ལྟར་གཉིས་སུ་མཐོང་བའི་རྣམས་ལ་སྙིང་རྗེ་ནས། །ཚིག་བཤད་དེ་ཡི་གེ་འདི་བྱས་སོ། །

207 ལུས་ལ་བརྟགས་ལ་སངས་རྒྱས་དང་ཐ་དད་པ་མེད་ན། །སོ་སོའི་གནས་སུ་བླ་ན་མེད་པ་བཙལ་བ་ཅི་དགོས། །

208 ཡང་གཅིག་ཏུ་ན་ང་ཐོག་མ་སེམས་གཡོས་པའི་ཚེ། །ལག་དར་ཡ་ཅིག་བཅད་དེ། །ཐོག་མ་ནམ་སྲོས་ནས། །

209 ༄། །འཛིང་པོའི་བར་དུ་ཁའ་བའི་ནང་ན་འཁྲིང་ན། ཁ་བ་ཕྱུས་མོ་འདས་པ་མ་ཚོར་ཏེ། །དེ་ལྟར་བླ་ན་མེད་པའི་ཆོས་ལམ་

210 བཙལ་ཏོ། །སྟོང་པོས་བརྒྱན་པའི་མདོ་ལས། །ཤར་ཕྱོགས་ནས་དྲང་པོ་ཚོར་བར་ཞུགས་ན། ནུབ་ཕྱོགས་སུ་ཏིང་ངེ་

211 འཛིན་གཡོས། །ནུབ་ཕྱོགས་སུ་དྲང་པོ་ཚོར་བར་ཞུགས་ན་ཤར་ཕྱོགས་སུ་ཏིང་ངེ་འཛིན་གཡོས་ཏེ། མིག་གི་

212 དབང་པོ་ནང་དུ་དྲང་པོ་ཚོར་བར་ཞུགས་ན། །ཁ་དོག་གི་ཆོས་ཀྱི་ནང་དུ་ཏིང་ངེ་འཛིན་གཡོས་ཏེ། །ཁ་

དོག་གི་ཆོས་

213 མདོན་པར་བསྟན་པ། བསམ་གྱིས་མི་ཁྱབ་སྟེ་ལྷ་དང་མི་ཐམས་ཅད་ཀྱིས་ཤེས་པར་མི་ནུས་སོ། །ཁ་དོག་གི་ཆོས་ཀྱི་ནང་

214 དུ་དྲང་པོ་ཚོར་བ་ཞུགས་ན། མིག་ནས་ཐུབ་པ་གཡོསྟེ། སེམས་མི་འཁྲུག་གོ། །མིག་ལ་བརྟགས་ན་སྐྱེ་བ་ཡང་

215 མེད། །རང་བཞིན་ཀྱང་མེད་དེ། སྟོང་པ་མི་གཡོ་བ་མི་གཡོ་བ་ཅི་འདང་མི་གཡོ་བ་བཤད་དོ། །རྣ་བ་དང་སྣ་དང་ལྕེ་དང་

216 ལུས་དང་ཡིད་ལ་ཐུག་པ་ཡན་ཅད་ཀྱང་དེ་དང་མཚུངས་སོ། །བུས་པ་དང། དརད་པ་དང་ཕོ་མོ་དང་དགེ་སློང་ཕ་དང་དགེ་སློང་མ་

217 ༄། །དང་ཉན་ཐོས་པ་དང་རང་སངས་རྒྱས་དང། བྱང་ཆུབ་སེམས་དཔའ་དང། དབང་པོ་དྲུག་དང་ཕལ་གཞན་ཀུན་ཀྱང་དེ་དང་

218 མཚུངསྟེ། །གཅིག་ལ་གཅིག་ཐོགས་ཤེད། །ཆགས་པ་མེད་དོ། །ཆོས་སོ་ཆོག་དང་ལུས་གཅིག་དང་ལུས་གྲངས་མེད་

219 པར་བྱ་བ་གཅིག་བསྐྱོད་ན། ཀུན་ཀྱང་དེ་བཞིན་ཏེ། ཆོས་ཀྱི་ལུས་དང་དབང་ཡོད་པའི་གཞུང་ངོ། །

220 གསུམ་གྱི་འོག་སྟེ། །རྒྱ་རྗེ་ཟྲུའི་ཚེ། ཤུ་ཅིའུ་འི་སི་ཀོང་གི་རི་ལ་བསམ་གཏན་གྱི་མཁན་པོ་། ཚན་ནས་ཡབ་ཀའི་

221 རྗེས་བསཾས་པ། །དགེ་འདུན་མཁས་པའི་བརྗོད་པའི་ཡི་གེ་ནང་ན། ཡབ་ཀའི་འོག་ཏུ་ཚན་ཞེས་བྱ་བ་སགང་རི་ལ་

222 གནས་ཤེད། བདེན་ཞིང་མི་གཡོ་བར་འདུག་སྟེ། །ཡི་གེའི་འབྲུ་ལས་གཟུངས་སུ་གཟུང་བ་ཡང་མེད། །

223 གསང་སྟེ། །ཆོས་ཀྱང་གཅིག་ནས་གཅིག་ཏུ་མི་བརྗོད། །དགེ་སློང་ཇེའུ་སྦྱིན་འབའ་ཤིག། །ཚན་གྱི་གཡོག་

224 བྱེད་དེ། །ལོ་བཅུ་གཉིས་ལོན་ན་ཟླ་གཅིག་ནས་གཅིག་ཏུ་བསླུགས་པ་དང། །མར་མེ་གཅིག་ནས་གཅིག་ཏུ་བསྲིགས་

225 ༄། །པ་བཞིན་འཁོར་གྲུབ་ནས་ཚན་ན་རེ་དེའུ་སྦྱིན་གྱིས་སངས་རྒྱས་ཀྱི་ངོ་བོ་ཉིད་གི་གནས་མདོན་པར་མཐོང་ངོ་

226 ཞེས་ཟེར་ཏེ། །དེའུ་སྦྱིན་ལ་སྨྲས་པ། །ཆོས་ཀྱི་པད་མོའི་ཡི་གེ་ན་རེ། ཐེག་པ་ཆེན་པོ་འབའ་ཤིག་

བདེན་གྱི། །གཞན་

227 གཉིས་པོ་ནི་ཡང་དག་པ་མ་ཡིན་ནོ། །དེ་ལྟ་བས་ན་འཕྲུལ་གྱི་ཆོས་ལམ་ནི་ཤིན་ཏུ་ཟབ་སྟེ། །ཚིག་

གིས་བརྗོད་

228 པས་མི་རྗོགས། ཆོས་ཀྱི་སྐུ་ལུས་ནི་སྟོང་པ་མི་གཡོ་བ་སྟེ་མཐོང་བ་དང་ཐོས་པས་ཀྱང་མི་དམིགས

སོ། །དེ་ལྟ་བས་ན་ཡི་གེ་

229 འི་འབྲུ་དང། སྒྲ་བའི་ཚིག་གིས་བསྟན་པ་ནི་ཅི་ལ་འང་མི་ཕན་ནོ། །ལང་ཀའི་ཡོན་པ་དང་དྲང་པོ་བྱེ་

བྲག་དབྱེ་བའི་ཐེག་པ་

230 ཆེན་པོའོ། སེམས་བདེན་བའི་གཞུང་གི་མདོ་ན་རེ། འཕྲུལ་གྱི་ཆོས་ལམ་ནི་ཁ་རོག་སྟེ་ཚིག་གིས་ཞར་

ལས་མི་བཤད་དོ། །

231 མཁན་པོ་ཆེན་པོ་ན་རེ། མི་གཞན་ཀུན་གྱིས་ཀྱང་བསམ་གཏན་རིན་ཆེར་བྱའོ། །མཐར་ཡང་དོ་མཚར་ཆེ་

232 བཟུང་ངོ། །ང་ད་འཁྲིད་བཞིན་སྐྱེ་ཤི་ལས་གྱུར་ཏོ། །སླས་ཟིན་ནས་ལག་པས་ཤིང་གི་ཡལ་ག་ལས་འཇུས་

233 ༧། །བཞིན་ཏུ་དབུགས་ཟད་ནས། །ཐ་མར་ཧུང་གོང་གི་རིའི་གཙུག་ལག་ཁང་གི་ནང་ན། འཕྲུལ་གྱི་

འོད་གཟུགས་

234 ཡོད་དེ། རྗེན་གྱི་ཁང་པ་ད་དུང་ཡོད་དོ། །ཀུན་ན་རེ་ཡང་གཅིག་ནས་གཅིག་ཏུ་བསྟོད་ཏེ། གཅིག་པ་

ཡང་དག་པ་ནི་

235 རྒྱ་ཆེ་ཞིང་ཟབ་བོ། །གཟུགས་ཡོད་དོ་ཚིག་ནི་མང་ཞིང་འདྲིས་སོ། །ཡང་དག་པ་དང་ཐ་མལ་པ་ཡང་

ཐ་དད་

236 མོད་ཀྱི། །མདོ་བཞིན་ནོ། །ཐ་མལ་པ་དང་འཕྲུལ་བྱེ་མོད་ཀྱི་ལམ་འཐུན་ནོ། །མཐའ་མའི་རྗེས་བཅད་ན། །

237 ཤུ་མེད་ཐུག་པའི་མཐའ་མེད། ཐོག་མ་ཡང་མེད། ཐ་མ་ཡང་མེད། ཤེས་པ་དང་བསླད་པས་གཅིག་ཏུ་

མཉམ། གོས་

238 དང། གཙང་མ་ཡང་དེ་ལས་གཉིས་ཀ་མཚུངས་སྟེ། སྟོང་པ་དང་མཚུངས་ཅི་འང་མི་གཡོ་ལ། གནំ་སའི་

བར་གྱི་

239 ཡོད་དོ་ཚིག་གཅིག་ཏུ་འཐུན་ནོ། །གསེར་ཡང་དག་པ་ནི་གཏུབ་བུ་ལ་སྐྱོགས་པའི་ནང་དུ་མ་གྱུར་པ་དང་

240 མཚུངས་སོ། །རྩ་བརྩེགས་པ་ནི་ཆབ་རོམ་འཁྲིགས་པའི་ནང་དུ་མ་ཉམས་སོ། །བཤད་པ་ན་རེ་གཞུང་སྣང་

241 ༧། །ཀ་བ་འདི་ལ་མུན་པ་དང་འདྲིས་པ་མེད་དོ། །ཤུ་དང་མཐའ་བཤད་པ་འཆད་དོ། །ཡང་དག་པའི་ངོ་

བོ་ཉིད་ཟས་ལ་

242 བྱས་པ་མྱེད་པས་ན། །ཐོག་མ་དང་ཐ་མ་འི་ནུབ་པ་མྱེད་དོ། །དེ་ལྟ་བས་ན་སྣང་བ་དང་མྱུན་པ་ཞེས་
བྱ་བ་སྟོ་མོ་
243 གཉིས་སུ་མྱེད་དེ། །ཞིགས་ཉེས་ཀྱང་གཟུགས་གཅིག་གི་ཆོས་སུ་ཟད་དོ། །དེ་ལྟ་བས་ན་གཡོ་བ་ལས་ནི་
244 མྱི་སྟོང་བ་མྱེད་དོ། །ཐ་དད་པ་ལས་ནི་མྱི་འཐུན་བ་མྱེད་དོ། །དཔེར་ཆུ་དང་འབབ་རླབས་དང་
མཚུངས་སོ། །
245 གསེར་ལ་བྱས་པའི་སྣོད་ལས་ནི་གསེར་མ་ཡིན་བ་མྱེད་དོ། །དཔའ་རླབས་ལ་ཆུ་མ་ཡིན་བ་མྱེད་དོ། །
རྐྱེན་ལས་གཡོས་
246 པ་ལ་བརྟགས་ན་ནི་ཐོགས་པ་མྱེད་དོ། །ཡོད་དོ་ཆོག་གི་རང་བཞིན་བསམ་བ་ནི་ཡིད་ཆེས་པར་
དཀའོ། །དཔེར་
247 ན་རིན་པོ་ཆེ་འི་ཕོ་བྲང་ལ་ནོར་བུ་རིན་པོ་ཆེ་སྤྱངས་པ་དང་མཚུངས། །ཤེལ་གྱི་སྐྱིགས་བུ་ལ་མྱི་ལོང་འཕྲུང་
248 བ་དང་འདྲ་སྟེ། ཕན་ཚུན་ཐ་དད་ན། །གཟུགས་ནང་དུ་ཞུགསྟེ། ལེབ་རྐན་དང་རྨ་ཕྱེ་ན། གཅིག་གིས་གཅིག་
249 ༧། །བསྒྲིབསྟེ། །རྣམ་ལ་བདག་གི་དང་གཞན་གྱི་ཞེས་ཐོགས་པ་མྱེད་དོ། །དོན་ལ་ཡོན་པོ་དང་དྲང་
པོ་འགག་པ་མྱེད། །
250 སྟོན་ཆེན་པོའི་ཁམས་གྱི་ཆོས་ནི་ནམ་མཁའ་དང་མཚུངས། །སྐད་ཅིག་དུ་དུ་སུམ་གྱི་དོན་ཀུན་མཐོང་
སྟེ། །ཚིག་
251 འདི་ལ་ཡིད་ཆེས་པ་ཞུང་གིས། དོགས་ནས་དབང་པོའི་དྲུ་བ་བནྟས་ཏེ། ཐེ་ཚོམ་བསྐུལ་ཏོ། །གར་ཀྱང་
ཁྱབ་པའི་
252 མྱིག་གིས་ནི་མཐོང་བར་ནུས་སོ། །ཐེ་ཚོམ་གྱི་སེམས་གྱིས་ནི་མྱི་རིག་གོ། །བཤད་པ་ན་རེ་འདིས་ནི་
གཅེས་གསང་
253 བ་དང་རྐྱེན་ལས་གཡོས་པ་མངོན་བར་བྱའོ། །དབང་པོའ་དྲི་བའི་ཆོས་གྱི་ཁམས་ནི་གཅིག་ལས་ཐམས་
ཅད་དུ་གྱུར་ཏེ། །
254 གཟུགས་ཐ་དད་པ་གཅིག་མ་ཡིན། མྱི་འཐུན་ནོ། །དེ་ལྟ་བས་ན་གཟུགས་ལ་བདེན་བ་མྱེད་ན།
གཡོས་བ་ནི་
255 ཡང་དག་པ་ལས་བརྟེན་ཏོ། །ཡང་དག་པའི་གཞུང་རིག་ན། །གཟུགས་ལ་ཡང་ཐོགས་པ་མྱེད་དོ། །ཆེ་
ཆུང་ཐ་
256 དད་མོད་གྱི། དཔེར་མྱི་ལོང་དང་གཟུགས་བརྙན་དང་མཚུངས་སོ། །གཟུགས་དང་མཚན་མ་ཡང་

གཅིག་ལ།
257 ༄། །གང་ཡང་ཞུགས་ན་ཕན་ཚུན་ཞེས་རྣམ་པར་དབྱེའོ། །ཁ་དོག་ཐ་དད་པའི་གཟུགས་ཀྱང་གཅིག་
ལས་ཐམས་ཅད་
258 དུ་གྱུར་ཏོ། །ཐམས་ཅད་ལས་གཅིག་པུར་གྱུར་ཏོ། །རྐྱེན་ལས་གཡོས་པ་ནི་ཐོགས་པ་མེད་དོ། །གཞུང་
259 དེ་ལྟ་བས་ན། ཆེན་པོ་རྒྱ་ཡངས་པ། རྟུལ་ཕྲ་མོ་འི་ནང་དུ་གནས་ཀྱང་མི་དོག། དུས་གསུམ་གྱི་ཡུན་
རིང་པོ་སྐད་
260 ཅིག་གི་དུས་གི་ནང་དུ་བསྡུས་ཀྱང་ཤོང་བར་ནུས། །རང་གིས་ཡངས་པར་བལྟས་ན། །གསེར་དང་
རྫིག་པའི་ཕྱི་
261 ལོགས་ཀྱང་མདོན་ཏེ། །ཚོད་པ་མེད་དོ། །ལུས་བྲག་དོས་ཀྱི་ནང་དུ་སོང་ཡང་ཐོགས་པ་ཡོད་མི་མྱོང་
ངོ། །དེ་ལྟ་བས་ན་
262 འཕྲུལ་གྱི་མྱིས་གཞུང་ཐོབ་སྟེ་གྲུབ་པ་སྤྱད་དོ། །གཞུང་མི་ཅུང་དུ་ཟིན་ན། འཕྲུལ་ལ་ཡང་དེ་ལྟ་བུའི་
263 མཐུ་མེད་དོ། །ཤེས་ན་ནི་གཞུང་ལ་འང་ཐར་ཏོ། །ཐོགས་པ་ཡང་ཡིད་འགགས་པའི་ལན་ནོ། །
264 སེམས་ཀྱི་མྱིག་གི་ཡེ་ཤེས་ཀྱིས། །ཡང་དག་པའི་བདེན་བ་རིག་པར་ནུས་སོ། །ཕྱིའུ་ལུགས་སྒྲོག་དུ་
265 ༄། །བཅུག་ན། སེམས་རྣོད་པ་ཐུབ་བོ། །སྤྲུལ་སྒྲིག་དོང་དུ་བཅུག་ན། འཁོར་བ་རངས་སོ། །མཚོ་ཆེན་པོ་
རྒྱལ་ན་ཆོས་
266 ཀྱི་གྲུ་སྤྱད་དོ། །མ་རིག་པ་སྣང་བར་བྱ་ན། ཤེས་རབ་ཀྱི་སྒྲོན་མ་སྤྱད་དོ། །བཤད་པ་ན་རེ་ཕྱིའུ་ལྟག་
སྒྲོག་དུ་བཅུག་
267 པ་ནི། དཔེར་སེམས་ལ་ཚུལ་ཁྲིམས་ཀྱི་ནན་བྱས་པའོ། །སྤྲུལ་སྒྲིག་དོང་དུ་བཅུག་པ་ནི་དཔེར་བསམ་
གཏན་གྱིས་
268 འཁྲུག་པ་བཀག་པའོ། །ཤེས་རབ་ཀྱིས་བསླབ་པའི་བརྗོད་པ་ན་རེ། སྤྲུལ་འགྲོ་བ་རང་བཞིན་ལས་
འཁོར་ན་སྒྲིག་
269 དོང་དུ་བཅུག་ན་དྲང་བ། ཏིང་ངེ་འཛིན་གྱིས་སེམས་ཀྱི་ནན་བྱ་བ་ཡང་དེ་དང་མཚུངས་སོ། །གསེར་
འོད་སྣང་གི་
270 ཆོས་ཀྱི་ཡི་གེ་ལུས་གསུམ་གྱི་ལེའུ་ན་རེ། སངས་རྒྱས་ལ་མིང་གསུམ་ཡོད་མོད་ཀྱི་ངོ་བོ་ཉིད་གསུམ་
271 དུ་མེད་དོ། །༔༔༔༔། །བཞི་འོག་སྟེ་རྒྱ་རྗེ་ལོའི་ཚེ། གི་ཆེའུ་ཤོང་གི་རི་ལ།
272 བསམ་གཏན་གྱི་མཁན་པོ་ཏ་ཧོ་སྟོན་གྱིས། བསམ་གཏན་གྱི་མཁན་པོ་ཚན་གྱི་རྗེས་བསབས་སོ། །

273 ༄། །བསམ་གཏན་གྱི་མཁན་པོ་ཏ་ཧོ་སྟོན་གྱིས་བསམ་གཏན་གྱི་སྒོ་མོ་བསླབ་སྟེ་ཕྱི་ནས་གནམ་མཐའ་

274 འོག་ཏུ་ཁྱབ་པར་བགྲམ་སྟེ། །བྱང་ཆུབ་སེམས་དཔའི་སྤྱོད་པའི་ཆོས་དཔེའ་གཅིག་དང་ལམ་དུ་འཇུག་
པའི་སེམས་བདེ་

275 བར་བྱ་བའི་ཐབས་ཀྱི་ཆོས་ཀྱི་སྒོ་མོ་གཅིས་པ་ཡོད་དེ། །རྒྱིན་ཡོད་ཅིང་དབང་པོ་སྨྱིན་པ་ལ་བཤད་
དོ། །ངའི་གཅིས་

276 པའི་ཆོས་འདི། ལང་ཀའི་ཆོས་ཀྱི་ཡི་གེ་བཞིན་ཏེ། །སངས་རྒྱས་སོ་ཆོག་གི་ཆོས་ཀྱི་མཆོག་གོ། །གཅིག་
ཏུ་ན་

277 འཇམ་དཔལ་གྱིས་ཤེས་རབ་གྱི་ཆོས་ཀྱི་ཡི་གེ་གཅིག་སྤྱོད་པའི་ཏིང་ངེ་འཛིན་བཤད་པ་བཞིན་ཏེ། །
སངས་རྒྱས་བསམ་བའི་

278 སེམས་ནི་སངས་རྒྱས་ཡིན། །བསམ་བ་རྫོད་ན། ཕལ་ཐ་མལ་པའོ། །འཇམ་དཔལ་གྱིས་ཤེས་རབ་ཀྱི་ཆོས་

279 ཀྱི་ཡི་གེ་བཤད་པ་ན་རེ། འཇམ་དཔལ་གྱིས་གསོལ་པ། །བཅོམ་ལྡན་འདས་ཅི་ལྟ་བུའི་མྱིང་གཅིག་
སྤྱོད་པའི་

280 ཏིང་ངེ་འཛིན་ཆེས་བགྱིའ། །སངས་རྒྱས་ཀྱིས་གསུངས་པ། །ཆོས་ཀྱི་རྒྱིན་དང་ཆོས་ཀྱི་ཁམས་ནི་མྱིང་གཅིག་

281 ༄། །སྤྱོད་པའི་ཏིང་ངེ་འཛིན་ཅེས་བྱའོ། །ཆགས་པའི་རྒྱིན་མཚན་མ་གཅིག་དང་། ཆོས་ཀྱི་ཁམས་ཀྱི་
མཚན་མ་གཅིག་ནི་

282 མྱིང་གཅིག་སྤྱོད་པའི་ཏིང་ངེ་འཛིན་ཅེས་བྱའོ། །ཕོ་དགེ་བ་དང་མོ་དགེ་བ་ལ་ལ་ཞིག་ཅིག་སྤྱོད་པའི་
ཏིང་ངེ་འཛིན་དུ་འཇུག་པར་

283 འདོད་ན། །སྔར་ཤེས་རབ་གྱིས་ཕ་རོལ་སུ་ཕྱིན་པ་དྲིས་ཏེ། །བཤད་པ་བཞིན་དུ་བསླབས་ན། །
གདོད་གཅིག་

284 སྤྱོད་པའི་ཏིང་ངེ་འཛིན་དུ་འཇུག་ནུས་ཏེ། །ཆོས་ཀྱི་ཁམས་ཀྱི་རྒྱིན་བཞིན་དུ། མྱི་ནུར་མྱི་འཇིག་ཅིང། །
བསམ་གྱིས་མྱི་

285 ཁྱབ་ལ་ཐོགས་པ་མྱེད་མཚན་མ་མྱེད་དོ། །ཕོ་དགེ་བ་མོ་དགེ་བ་གཅིག་སྤྱོད་པའི་ཏིང་ངེ་འཛིན་དུ་
འཇུག་འདོད་ན། །སྟོང་

286 དབེན་པར་གནས་ཏེ། །འཁྲུག་པའི་ཡིད་རྣམས་བསྡུ་སྟེ། །མཚན་མ་གཟུགས་མྱི་བླང་བར་སངས་རྒྱས་
གཅིག་གིས་མཚན་

287 འབའ་ཤིག་བསམས་ཏེ། །སངས་རྒྱས་དེའི་ཕྱོགས་ཀྱི་གནས་ཕོགས་སུ་ལུས་དྲང་པོར་བསྲུང་སྟེ། །

ཕྱོགས་ལ་

288 སངས་རྒྱས་གཅིག་གི་མཚན། སེམས་བཞིན་དུ་གཅིག་གིས་གཅིག་མཐུད་ནུས་ན། སེམས་དེའི་ནང་ནས་འདས་པ་

289 ༧། །དང་མ་འོངས་པའི་སངས་རྒྱས་ཀུན་མཐོང་བར་ནུས་སོ། །ཅིའི་ཕྱིར་ཞེ་ན་སངས་རྒྱས་གཅིག་བསམས་པའི་ལེགས་པའི་

290 དོན་གྲངས་མེད་མུ་མེད་དེ། །གྲངས་མེད་པའི་སངས་རྒྱས་རྣམས་ཀྱི་ལེགས་པའི་དོན་དང་ཡང་གཉིས་སུ་མེད་དེ། །

291 བསམ་གྱིས་མི་ཁྱབ་པའི་སངས་རྒྱས་ཀྱི་ཆོས་དང་ཡང་མཉམ་སྟེ། བྱེ་བྲག་དབྱེར་མེད་དོ། །ཀུན་ཡང་དག་པའི་

292 ཐེག་པ་གཅིག་སྟེ། །མཆོག་གི་དྲང་པོ་ཆོར་བ་གྲུབ་སྟེ། །གྲངས་མེད་པའི་ལེགས་པའི་དོན་དང་། དཔག་ཏུ་མེད་པ་གར་ཀྱང་

293 ཁྱབ་པ་ཀུན་ལྡན་ནོ། །དེ་ལྟ་བུར་གཅིག་སྤྱོད་པའི་ཏིང་ངེ་འཛིན་དུ་ཞུགས་པས་ནི་འགའ་འགའི་བྱེ་མ་སྙེད་ཀྱི་སངས་

294 རྒྱས་ཁམས་རྣམས། ཟད་པར་ཐ་དད་པའི་མཚན་མ་མེད་པར་རིགསྟེ། །ལུས་དང་སེམས་དང་། ཏང་པ་བཏིགས་

295 ཏང་པ་ཐབ་པ་ཡང་། །རྟག་པར་ཆོས་ཀྱི་གཙང་མ་ལ་ན་འདུག་གོ། །བཏིགས་པ་བསྐྱོད་ཅིང་བྱའོ་ཆོག་ཀུན་ཀྱང་

296 བྱང་ཆུབ་ཡིན་ནོ། །འཛངས་ཁྱབ་ཀྱི་བརྟག་པའི་ཆོས་ཀྱི་ཡི་གེ་ན་རེ་ལས་ཀྱིས་བསྒྲིབས་པའི་མཆོ་ཐམས་ཅད། །

297 ༧། །ཀུན་ཀྱང་མི་བདེན་སེམས་ལས་སྐྱེས། །དེ་ལ་འགྱོད་སངས་བྱ་འདོད་ན། །དྲང་པོར་འདུག་ལ་བདེན་གཟུགས་བསཾས། །

298 དེ་ཕྱིར་འགྱོད་སངས་དང་པོ་སྟེ། །གདུག་པ་གསུམ་གྱི་སེམས་དང་ཡན་ལག་གི་སེམས་དང་། ཆོར་བ་དང་རྟོག་པའི་

299 སེམས་དང་། །སངས་རྒྱས་བརྩམ་བའི་སེམས་བསྐུལ་ཏོ། །སེམས་ཀྱིས་སེམས་མཐུད་དེ། །ཉི་ངེར

300 དང་ཞིང་སྟོང་ན་གཞན་ཅི་འང་མེད་དོ། །རིམ་པ་ཆེན་པོའི་ཆོས་ཀྱི་ཡི་གེ་ན་རེ་ཅི་འང་བསམ་བ་མེད་པའོ། །

301 དེའི་ཕྱིར་སངས་རྒྱས་སེམས་ཤེས་བྱའོ། །དེ་ལྟ་བུའི་ཕྱིར་ཅི་འང་བསམ་བ་མེད་པའོ། །སངས་རྒྱས་

བསམ་བའ་ཡིནད་ཏེ། །མྱིང་ཇི་ཡང་བསམ་བའ་མྱེད། སེམས་དང་བྲལད་ན། གུད་ན་སངས་རྒྱས་མྱེད། །སངས་རྒྱས་དང་། བྲལད་ན། །གུད་ན་སེམས་མྱེད་དེ། སངས་རྒྱས་བསམ་བའ་ཉིད། །སེམས་བསམ་བ་ཡིན་ནོ། །སེམས་ཆོལ་༧། །བ་ཉིད་སངས་རྒྱས་ཆོལ་བ་ཡིན་ནོ། །ཇི་ལྟ་ཞེས་བྱས་ན། །སེམས་གྱི་རྣམ་པར་ཤེས་པ་ལ། གཟུགས་མྱེད། །སངས་རྒྱས་ལ་བྱིད་གཟུགས་མྱེད་དོ།། །།
ཛོགས་སྷོ། །ཛོགས་སྷོ།

ཏུན་ཧོང་བོད་ཡིག་ཤོག་དྲིལ་ལས་སྤུར་རྒྱལ་བོད་དང་ཞང་ཞུང་།
ལི་ཡུལ་སྐོར་གྱི་ལོ་རྒྱུས་རིག་གནས་ཡིག་ཆ་གཅེས་བསྡུས།

གཙོ་སྒྲིག་པ།　དཔལ་ལྡན་དགྲ་འདུལ།

གཙོ་སྒྲིག་གཞོན་པ།　རིག་འཛིན། ཁམས་སྐྱིད་སྒྲོལ་མ།

རྩོམ་སྒྲིག་འགན་འཁུར་པ།　བསོད་ནམས་དབང་རྒྱལ། ལྷག་པ་ཚེ་རིང་།

དེབ་གཞིའི་མཛེས་འཆོས།　ཅིན་ཡི།

དཔེ་སྐྲུན་མཁན།　མི་རིགས་དཔེ་སྐྲུན་ཁང་།

པེ་ཅིན་གྲོང་ཁྱེར་ཧོ་ཕིང་ལི་བྱང་ལམ་ཨང་14པ། (100013)

http://www.mzpub.com

(010) 64227665　(010) 58130508

པར་འདེབས་མཁན།　སན་ཧོ་གྲོང་ཁྱེར་ཧྭ་ཏུང་པར་འདེབས་ཚད་ཡོད་ཀུང་སི།

བརྒྱུད་འགྲེམ་མཁན།　རྒྱལ་ཡོངས་ས་གནས་སོ་སོའི་ཞིན་ཧྭ་དཔེ་ཚོང་ཁང་།

དེབ་ཚད།　787mm×1092mm　1/16

དཔར་ཤོག　23.75

དཔར་གྲངས།　0001–2000

པར་གཞི་སྒྲིག་ཐེངས།　2024ལོའི་ཟླ་1པར་པར་གཞི་དང་པོ་བསྒྲིགས།

དཔར་ཐེངས།　2024ལོའི་ཟླ་1པར་པེ་ཅིན་དུ་དཔར་ཐེངས་དང་པོ་བཏབ།

དཔེ་རྟགས།　ISBN 978-7-105-16816-3（བོད 262）

རིན་གོང་།　སྒོར 65.00

图书在版编目（CIP）数据

敦煌藏文文献中有关吐蕃、象雄、于阗史料汇编：藏文 / 白伦·占堆主编．—北京：民族出版社，2024.1
ISBN 978-7-105-16816-3

Ⅰ．①敦…　Ⅱ．①白…　Ⅲ．①敦煌学—文献—藏语　Ⅳ．①K870.6

中国国家版本馆 CIP 数据核字（2024）第 008272 号

主编　白伦·占堆
副主编　仁增　看吉卓玛
责任编辑　索南黄加　拉巴次仁
书籍设计　金晔
出版发行　民族出版社
北京市和平里北街 14 号（100013）
http://www.mzpub.com
（010）64227665　（010）58130508
印　刷　三河市华东印刷有限公司
经　销　各地新华书店
开　本　787mm×1092mm　1/16
印　张　23.75
印　数　0001-2000
版　次　2024 年 1 月第 1 版
印　次　2024 年 1 月北京第 1 次印刷
书　号　ISBN 978-7-105-16816-3/K·2945（藏 262）
定　价　65.00 元